江西省志

1991—2010

江西省地方志编纂委员会　编

江西人民出版社
Jiangxi People's Publishing House
全国百佳出版社

江西省地方志编纂委员会

（2012 年 1 月）

主　任　吴新雄

副主任　朱　虹　　蔡玉峰　　刘　斌

委　员　陈东有　　谢碧联　　虞国庆　　王　海　　徐　毅

　　　　胡　宪　　孙晓山　　毛惠忠　　李玉英　　王建农

　　　　涂勤华　　张贻奏　　黄　鹤　　汪玉奇　　胡名义

　　　　陈俊卿　　曾庆红　　刘昌林　　魏旋君　　钟志生

　　　　董仚生　　王　萍　　张　勇　　吴小瑜　　周　慧

（2013 年 3 月）

主　任　鹿心社

副主任　朱　虹　　蔡玉峰　　梅　宏

委　员　陈东有　　谢碧联　　虞国庆　　王　海　　徐　毅

　　　　胡　宪　　孙晓山　　甘良淼　　王建农　　汪晓勇

　　　　张贻奏　　黄　鹤　　汪玉奇　　张　锋　　陈俊卿

　　　　刘昌林　　刘　捷　　钟志生　　蒋　斌　　潘东军

　　　　胡世忠　　张和平　　吴小瑜　　周　慧

（2013 年 12 月）

主　任　鹿心社

副主任　朱　虹　　梅　宏　　蔡玉峰

委　员　方晓春　　张国轩　　张　锋　　欧阳苏勤　吴晓军

　　　　虞国庆　　洪三国　　章凯旋　　徐　毅　　刘三秋

　　　　刘定明　　朱　希　　孙晓山　　甘良淼　　李　利

　　　　陈永华　　王建农　　邝小平　　刘　平　　汪晓勇

　　　　梁　勇　　吴小瑜　　周　慧　　张贻奏　　魏　平

　　　　钟志生　　熊茂平　　蒋　斌　　潘东军　　胡世忠

　　　　张和平

（2014 年 6 月）

主　任　鹿心社

副主任　朱　虹　　梅　宏　　宋雷鸣

委　员　方晓春　　张国轩　　张　锋　　欧阳苏勤　吴晓军

　　　　虞国庆　　洪三国　　章凯旋　　徐　毅　　刘三秋

　　　　刘定明　　朱　希　　孙晓山　　胡汉平　　李　利

　　　　陈永华　　王建农　　邝小平　　刘　平　　汪晓勇

　　　　梁　勇　　周　慧　　张贻奏　　魏　平　　钟志生

　　　　熊茂平　　蒋　斌　　潘东军　　胡世忠　　张和平

（2016 年 9 月）

主　任	刘　奇				
副主任	毛伟明	张　勇	梅　宏	刘晓艺	
委　员	方晓春	张国轩	张　锋	欧阳苏勤	吴晓军
	胡世忠	虞国庆	洪三国	章凯旋	徐　毅
	刘三秋	刘定明	朱　希	孙晓山	胡汉平
	李　利	陈永华	王建农	邝小平	刘　平
	汪晓勇	梁　勇	周　慧	杨志华	张贻奏
	魏　平	钟志生	熊茂平	蒋　斌	潘东军
	张和平				

（2017 年 9 月）

主　任	刘　奇				
副主任	毛伟明	李　利	张　勇	梅　宏	刘晓艺
委　员	郭　兵	李　智	王　俊	郭建晖	李庆红
	钱　昀	叶仁荪	洪三国	王国强	刘金接
	刘三秋	邓兴明	王爱和	罗小云	胡汉平
	池　红	丁晓群	张和平	万庆胜	吴治云
	杨六华	方维华	梁　勇	周　慧	杨志华
	胡立文	周恩海	林彬杨	梅　亦	李江河
	董晓健	于秀明	曾文明	张小平	王少玄
	张鸿星				

（2018 年 9 月）

主　任　易炼红

副主任　毛伟明　　孙菊生　　张小平　　梅　宏

委　员　夏克勤　　张国轩　　王　俊　　吴永明　　张和平

　　　　杨贵平　　叶仁荪　　谢光华　　张　强　　刘金接

　　　　朱　斌　　刘三秋　　张圣泽　　卢天锡　　王爱和

　　　　罗小云　　胡汉平　　池　红　　丁晓群　　胡立文

　　　　万庆胜　　吴治云　　方维华　　梁　勇　　周　慧

　　　　杨志华　　刘建洋　　谢一平　　梅　亦　　李江河

　　　　犹　瑾　　于秀明　　曾文明　　王水平　　谢来发

　　　　王少玄　　张鸿星

（2019 年 8 月）

主　任　易炼红

副主任　毛伟明　　孙菊生　　张小平　　樊雅强　　甘根华

委　员　杨志华　　周　慧　　王　俊　　吴永明　　夏克勤

　　　　张国轩　　张和平　　叶仁荪　　万广明　　杨贵平

　　　　刘金接　　王国强　　朱　斌　　刘三秋　　张圣泽

　　　　陈小平　　卢天锡　　王爱和　　罗小云　　胡汉平

　　　　刘翠兰　　池　红　　丁晓群　　龙卿吉　　辜华荣

　　　　赵　慧　　王福平　　万庆胜　　方维华　　梁　勇

　　　　胡立文　　刘建洋　　谢一平　　刘　锋　　李江河

　　　　犹　瑾　　于秀明　　曾文明　　王水平　　谢来发

　　　　王少玄　　张鸿星

（2020 年 5 月）

主　任　易炼红

副主任　孙菊生　　樊雅强　　甘根华

委　员　杨志华　　张棉标　　周　慧　　王　俊　　吴永明
　　　　夏克勤　　张国轩　　张和平　　郭杰忠　　万广明
　　　　杨贵平　　刘金接　　王国强　　朱　斌　　刘三秋
　　　　张圣泽　　徐延彬　　卢天锡　　王爱和　　罗小云
　　　　胡汉平　　谢一平　　池　红　　王水平　　龙卿吉
　　　　辜华荣　　赵　慧　　王福平　　万庆胜　　方维华
　　　　田延光　　胡立文　　黄喜忠　　谢来发　　刘　锋
　　　　李江河　　犹　瑾　　于秀明　　曾文明　　许南吉
　　　　陈　云　　王少玄　　张鸿星

主　修　吴新雄（2012 年 1 月—2013 年 3 月）

　　　　鹿心社（2013 年 3 月—2016 年 9 月）

　　　　刘　奇（2016 年 9 月—2018 年 9 月）

　　　　易炼红（2018 年 9 月—　　）

副主修　朱　虹（2012 年 1 月—2016 年 9 月）

　　　　李　利（2017 年 9 月—2018 年 9 月）

　　　　孙菊生（2018 年 9 月—　　）

总　纂　刘　斌（2012 年 1 月—2012 年 7 月）

　　　　梅　宏（2012 年 7 月—2019 年 3 月）

　　　　甘根华（2019 年 7 月—　　）

副总纂　吴小瑜（2012 年 1 月—2014 年 7 月）

　　　　周　慧（2012 年 1 月—　　）

　　　　杨志华（2014 年 7 月—　　）

　　　　张棉标（2020 年 1 月—　　）

凡　例

一、本志以马克思列宁主义、毛泽东思想、邓小平理论、"三个代表"重要思想、科学发展观、习近平新时代中国特色社会主义思想为指导，坚持党的路线、方针、政策，坚持辩证唯物主义和历史唯物主义，全面系统记述江西省自然、政治、经济、文化、社会等各方面的情况。

二、本志总名《江西省志》，系首轮《江西省志》续志，由独立出版的各分志构成。各分志名称为《江西省志·××志（1991—2010）》。分志为通志的不标注断限年份。

三、本志断限。上限原则上为 1991 年，与首轮《江西省志》下限相衔接，纵贯详记。首轮未修志书的分志上限不限，从事物发端写起；为全面、完整、系统地记述改革开放历史进程，部分分志上限上溯至 1978 年。下限为 2010 年底。为了反映机构撤并、领导班子换届、重大工程竣工等内容的完整性，部分分志下限适当下延。各分志断限，参见各分志《编纂说明》。

四、本志基本依照行业、部门设置分志，为反映江西地方特色，将《鄱阳湖志》《景德镇陶瓷文化志》《江河志》《名山志》《山江湖工程志》《茶志》《客家志》从相关行业、部门中分离出来，成为独立设置的 7 部分志。

五、各分志篇目根据科学分类和社会分工相结合的原则拟定，采用章节体，运用述、记、志、传、图、表、录等 7 种体裁，以志为主。

六、各分志根据需要设"人物"部分，收录本行业、本部门具有重要影响和作出重大贡献的人物。人物籍贯一律标注省县（市、区）名，城区名前标注设区市名。

七、本志除设《市县概况》分志外，各分志根据需要设"设区市概况"，记述设区市范围内本行业、本部门相关内容。

八、本志一律使用规范的语体文，以第三人称记述，述而不论，寓褒贬于记述之中。

九、本志纪年，一般采用公元纪年。1912 年 1 月 1 日以前的，采用历史纪年括注公元纪年；1912 年 1 月 1 日至 1949 年 9 月 30 日根据需要括注民国纪年。

十、行文中人物的职务、职称、军衔等冠于人名之前。

十一、本志语言文字、标点符号、计量单位、数字等表述执行国家标准和相关规定。

十二、志书编纂运用的数据以政府统计部门公布的法定数据为主，专业部门数据、调查数据为辅。

十三、本志采用统计部门、档案部门及相关单位提供的资料一般不注明出处。专用名词、特定事物、外文缩写等，随文括注。

十四、本《凡例》为《江西省志》全志通用体例，各分志的特殊问题，在各分志《编纂说明》中加以说明。

江西省志

气象志

1991—2010

江西省地方志编纂委员会　编

江西人民出版社
Jiangxi People's Publishing House
全国百佳出版社

《江西省志·气象志（1991—2010）》编纂委员会

（2012 年 3 月）

主 任 委 员	常国刚				
副主任委员	詹丰兴				
委　　　员	封明亮	孙国栋	傅敏宁	邓世忠	胡根发
	谢梦莉	肖月愉	饶建平	李春和	王新宏
	赖怀猛	邓志华	何财福	殷剑敏	金勇根
	李志鹏	聂秋生	章维东	张志平	林景辉
	谢　勇	严智雄			

（2013 年 5 月）

主 任 委 员	薛根元				
副主任委员	詹丰兴	吴万友	谢梦莉		
委　　　员	封明亮	刘晓东	邓世忠	何财福	肖月愉
	傅敏宁	王晓昌	李春和	王新宏	赖怀猛
	邓志华	谢　勇	殷剑敏	章毅之	金勇根
	李志鹏	聂秋生	章维东	张志平	余建华
	单九生	周　山	严智雄		

《江西省志·气象志（1991—2010）》编纂委员会办公室

主　　　任　封明亮（兼）　　　赖怀猛（兼）

常务副主任　邓晓明（兼）

工 作 人 员　罗初元　　马中元　　林景辉　　钟　薇　　黄莉萍

《江西省志·气象志（1991—2010）》编纂指导

胡瑞云　　王小军　　孟　秀

《江西省志·气象志（1991—2010）》审稿人员

初　审　甘根华　　张棉标　　杨沂柳　　王小军　　孟　秀

　　　　　许爱华　　聂秋生

复　审　甘根华　　张棉标　　杨沂柳　　王小军　　孟　秀

　　　　　许爱华　　聂秋生

验　收　孙菊生　　樊雅强　　甘根华　　梅　宏　　胡长春

　　　　　王怀清　　张　瑛

　　1997 年 4 月 7 日，省委书记舒惠国（左）到省气象局调研，并听取省气象局局长陈双溪（右）关于全省气象工作情况的汇报

　　1998 年 2 月 22 日，省长舒圣佑（前左三），省委常委、省委农村工作委员会书记彭崑生（右二）到省气象局调研气象现代化建设

2007年4月1日，省长吴新雄（右）到省气象局调研，并听取省气象局局长陈双溪（左）的工作汇报

1991年4月3日，中国气象局局长邹竞蒙（前中）在省气象局局长潘根发（前左四）陪同下，到遂川县气象局调研指导工作

　　1999 年 1 月 26 日，中国气象局局长温克刚（左五）等出席全省气象部门在南昌举办的文艺汇演，并和部分已退休的省气象局领导合影留念

　　2002 年 1 月 8 日，中国气象局局长秦大河（前中）到江西省气象影视中心调研指导工作

2008年5月5日，中国气象局局长郑国光（前右一）、副省长熊盛文（前右二）在省气象局局长常国刚（前右三）陪同下在省气象局调研指导工作

2001 年在南昌建成的全省第一部新一代多普勒天气雷达

2006 年在庐山建成的九江新一代多普勒天气雷达

2007 年建成的上饶新一代多普勒天气雷达

乐平城市六要素区域自动气象站

萍乡武功山风景区六要素区域自动气象站

吉安校园六要素区域自动气象站

井冈山森林防火六要素区域自动气象站

浮梁县茶叶种植基地六要素区域自动气象站

上饶大气负氧离子监测系统

南昌 GPS 基准站

南昌 GPS 基准站

1998年洪水给部分气象台站造成了严重损失，瑞昌市气象局受淹长达95天，该局全体干部职工克服各种困难，确保各项工作的正常运行

1998年防汛期间，中国气象局副局长刘英金（右二）在省气象局局长陈双溪（右三）等陪同下率中国气象局慰问组在瑞昌市气象局慰问

1998年防汛期间，省气象局副局长毛道新（右三）代表省气象局慰问上饶地区受灾气象台站的干部职工，并在波阳县查看气象局负责的防城堤

1998年防汛期间，沿江濒湖地区的气象台站，在确保气象业务和服务正常运行的同时，积极参加并完成上堤抗洪任务。图为九江市气象局的干部职工在抗洪工地上

1998年特大洪涝期间，余干县气象局被大水淹没，图为省气象局副局长李义源（右一）代表省气象局到余干县气象局慰问受灾干部职工

1998年防汛期间，省气象局副局长黎健（中）代表省气象局赴九江部分台站检查、慰问，并到关系京九铁路安危的郭东圩了解情况

1998年省气象局开通的"12121"天气咨询热线，是大众查询天气信息的专用电话服务号

2002年3月13日，省减灾委员会在省气象局挂牌。图为副省长、省减灾委员会副主任孙用和（左三）为省减灾委员会揭牌

2003 年 8 月，省气象局局长陈双溪（左二）慰问人工增雨作业人员

2005 年 10 月 13 日，省气象部门组织人工增雨森林防火应急演练

2008 年省气象局在南昌市大街上设立了一批天气预报电子显示屏

2010 年 6 月 24 日，省气象局副局长李集明（右三）到设在抚州市临川区唱凯镇附近的气象应急监测点，检查指导抗洪救灾气象服务工作

2002 年 7 月，"全省气象为新农村建设服务暨农业气象业务建设专题会议"在南昌召开

2002 年 7 月 25 日，"江西农经网发展战略研讨会"在省气象局召开，会议由副省长孙用和（中）主持

2004 年冬，省气象局召开年度自然灾害总结暨 2005 年自然灾害发生趋势预测分析会，并形成呈阅件报省委和省政府，供部署防灾减灾决策参考

2005 年 3 月 28 至 4 月 1 日，首届全省领导干部减灾管理研讨班在南昌举行，常务副省长吴新雄（中）出席并讲话。各市政府分管市长（减灾委主任）、部分县政府分管县长（减灾委主任）以及各市减灾委办公室主任参加

1998 年 5 月，丹麦气象代表团访问省气象局

2000 年 6 月 22 日，副省长、省减灾委员会副主任孙用和（左二）率领省减灾委员会考察团在美国考察

2000 年 6 月，省减灾委员会考察团在联合国国际减灾战略秘书处考察（左一为省人大常委会副主任周愍平，左三为省减灾委员会秘书长、省气象局局长陈双溪）

2000 年 6 月，省减灾委员会考察团在日本考察

　　2004年3月，省减灾委员会考察团在澳大利亚、新西兰考察。前排左二为省气象局党组成员、纪检组组长刘祖仑

　　2004年8月，省气象局副局长、省减灾委员会办公室主任黎健（左），省气象局人事处长傅敏宁应邀参加武汉法国领事馆举办的法国国庆节庆祝活动

　　2004年5月，省政府委托省气象局代管理的江西信息应用职业技术学院成立董事会。图为省气象局局长、董事长陈双溪向李泽椿院士（右）颁发聘书

　　2004年6月22日，南京大学与省气象局举行合作协议签字仪式

1995年5月4日，在全国气象部门文艺汇演授奖仪式上，中国气象局局长邹竞蒙（左二）会见省气象局领队邓晓明（左一）及部分演员

2001年6月7日，省青年气象志愿者科技服务计划启动仪式在省气象局举行

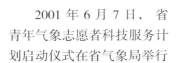

2003年12月14日至18日，中国气象局纪检组长孙先健（主席台右）在全省气象部门调研工作，并作"加强党性修养，弘扬优良作风"报告

2008年，省气象信息中心的女同志荣获省直机关"巾帼文明岗"称号

2008 年 5 月，省气象局通过省红十字会向汶川地震灾区捐款，省气象局副局长詹丰兴（左四）出席捐赠仪式

2009 年 3 月，省气象局召开青年座谈会，欢迎曹允飞（右）南极科考载誉归来

2008 年 11 月，省气象局举办"深入学习实践科学发展观活动专题辅导报告会"

2010 年 4 月，省纪委宣教室主任李泉新（前右）给省气象局干部职工作反腐倡廉建设报告

序

以史为鉴,可知兴替。以志为鉴,可知兴衰。

20 世纪 90 年代至本世纪前十年的 20 年,是我国改革开放和社会主义建设的重要时期,各项事业都取得了举世瞩目的伟大成就。在江西省委、省政府和中国气象局的正确领导下,通过全省气象部门干部职工的共同努力,江西省气象事业实现了快速、协调、可持续发展,气象现代化水平和服务能力得到显著提升。

省气象局历任领导班子,始终致力于探索在经济欠发达地区加快气象事业发展的路子。从 20 世纪 90 年代开始,省气象局坚持改革创新,努力破解事业发展中的难题。秉持"发展才是硬道理"的理念,明确"认清形势、自我加压、攻克难点、再创辉煌"的工作思路,以再创全省气象事业新辉煌为目标,坚持基本业务和现代化建设主业不动摇,大力提高气象灾害的监测预警手段和能力,大力提高天气预报能力和水平。坚持气象工作服从、服务于经济社会发展大局不动摇,主动融入当地经济建设和社会发展主战场,气象工作的经济、社会和生态效益不断提高。坚持科学管理、严格管理,努力构建一支精干高效的科技队伍。坚持"两手抓、两手都要硬"的方针,塑造"管天为民、追求卓越"的气象人精神,形成"团结协作、埋头苦干"的优良传统和作风。坚持大力实施基层台站"五大工程"建设,充分发挥基层的积极性和创造性,全省气象台站工作、生活条件明显改善,气象人精神面貌和整体素质明显提高,全省气象事业取得了长足进步。

盛世修志,利在当代,功在千秋,善莫大焉。省气象局修志办的同志们,在省地方志编纂委员会的指导和帮助下,在全省气象工作者的共同努力下,十年磨一剑,终于编成 70 余万字的《江西省志·气象志(1991—2010)》。这是继 1990 年编修的首轮《江西省气象志》后,省气象局完成的又一重要气象志书,可喜可贺。全志资料较翔实,内容较为丰富,记述较准确,是一本很好的气象志书,必将成为气象人员的工具书,也是社会各界了解江西省气象工作的重要史书。

当前,中国特色社会主义进入新时代,在推动气象事业高质量发展、加快建成气象强国的战略目标指引下,坚持气象工作关系生命安全、生产发展、生活富裕、生态良好的战略定位,坚持贯彻新发展理念,加快推进科技创新,我们一定能够抓住新机遇,迎接新挑战,努力做到监测精密、预报精准、服务精细,为建成气象强国贡献江西力量,为建设富裕美丽幸福现代化江西贡献气象智慧!

江西省气象局党组书记、局长:詹丰兴

2021 年 3 月

编纂说明

一、本志为第二轮《江西省志·气象志(1991—2010)》,时限从 1991 年起,下限统一记至 2010 年末,部分内容有所追溯,重要事件有所顺延。记述承接前志;对首轮《江西省气象志》遗漏的特别重要的内容(如 1970 年庐山气象站为毛主席制作天气预报),进行了补记。

二、本志记述 1991 年至 2010 年这 20 年,江西气象事业发展的历程,是江西省气象事业的专业志,也是《江西省志》分志之一。本志设篇、章、节,全志共 7 篇,38 章,195 节,约 80 万字。

二、本志所用气象科学名词、术语,以 1996 年公布的《大气科学名词》和 2016 年出版的《中国气象百科全书》为准,未公布和未统一的来自气象专业与习惯用语。

四、本志采取横排门类、纵述史实的志书体例,坚持述而不论的基本原则,综合运用述、记、志、图、录、表等体裁与手法,力求全面、客观、系统地反映全省 20 年气象事业的发展。

五、江西省人民政府,简称"省政府";1993 年前,国家气象局简称"国家局";1993 年后,国家气象局更名为中国气象局,简称"中国局";江西省气象局简称"省局"。

六、本志人物简介,收录 1991 年至 2010 年这 20 年,江西省气象局的主要领导,省(部)级以上劳动模范、先进工作者,全国人大代表等人员简介,并按照任职、获奖时间先后顺序排列。

七、各设区市气象工作概况,是首次单独成篇,为保证其记载内容的完整性、权威性、客观性,部分内容记述时间有所前伸。

八、本气象志的基本资料主要来源于:省气象局档案馆、正式出版的有关著作和刊物、江西气象信息(情况、简报)、综合调查报告、年度工作总结、有关会议材料、有关文件,以及各设区市气象局、省气象局各直属单位、省气象局机关各处室等提供的有关材料。

目　录

概　述 ……………………………………………………………………………… 1

大事记 ……………………………………………………………………………… 7

第一篇　气　候 ………………………………………………………………… 22

第一章　气候要素 ……………………………………………………………… 22

　第一节　气　温 ……………………………………………………………… 23

　第二节　降　水 ……………………………………………………………… 25

　第三节　太阳辐射 …………………………………………………………… 28

　第四节　日　照 ……………………………………………………………… 29

　第五节　气压与风 …………………………………………………………… 29

　第六节　空气湿度 …………………………………………………………… 31

　第七节　蒸　发 ……………………………………………………………… 31

　第八节　地　温 ……………………………………………………………… 32

　第九节　其他气候要素 ……………………………………………………… 35

　第十节　全省主要气候要素极端值 ………………………………………… 38

第二章　气候特征 ……………………………………………………………… 40

　第一节　四季气候 …………………………………………………………… 40

　第二节　山地气候 …………………………………………………………… 42

　第三节　鄱阳湖区气候 ……………………………………………………… 44

　第四节　城市气候 …………………………………………………………… 45

第三章　气候资源 ……………………………………………………………… 47

　第一节　风　能 ……………………………………………………………… 47

　第二节　太阳能 ……………………………………………………………… 50

　第三节　热量资源 …………………………………………………………… 53

　第四节　云水资源 …………………………………………………………… 55

第四章　农业气候 ……………………………………………………………… 57

　第一节　双季稻种植气候区划 ……………………………………………… 57

　第二节　杂交水稻制种气候区划 …………………………………………… 53

　第三节　再生稻种植气候区划 ……………………………………………… 53

第四节　柑橘类水果种植气候区划 ·· 59

第五节　南方早熟梨种植气候区划 ·· 60

第六节　优质烤烟种植气候区划 ·· 61

第七节　蚕桑种植气候区划 ·· 62

第五章　气象灾害 ·· 64

第一节　灾害性天气 ·· 64

第二节　重大气象灾害 ·· 69

第六章　气候评价 ·· 98

第一节　1991 年度 ·· 98

第二节　1992 年度 ·· 101

第三节　1993 年度 ·· 104

第四节　1994 年度 ·· 107

第五节　1995 年度 ·· 111

第六节　1996 年度 ·· 115

第七节　1997 年度 ·· 119

第八节　1998 年度 ·· 123

第九节　1999 年度 ·· 127

第十节　2000 年度 ·· 130

第十一节　2001 年度 ·· 132

第十二节　2002 年度 ·· 135

第十三节　2003 年度 ·· 138

第十四节　2004 年度 ·· 141

第十五节　2005 年度 ·· 143

第十六节　2006 年度 ·· 146

第十七节　2007 年度 ·· 149

第十八节　2008 年度 ·· 152

第十九节　2009 年度 ·· 155

第二十节　2010 年度 ·· 159

第二篇　探测、通信和装备 ·· 163

第一章　气象探测 ·· 163

第一节　气象观(探)测站 ·· 164

第二节　气象观(探)测 ·· 168

第三节　特种气象观测站 ·· 169

第四节　气象档案 ·· 176

第二章　气象通信 ·· 182

第一节　气象信息网络建设 ……………………………………………… 182

第二节　气象信息服务 ……………………………………………… 186

第三章　气象装备 ……………………………………………… 190

第一节　观测站的常规装备 ……………………………………………… 190

第二节　装备的维修维护 ……………………………………………… 193

第三节　装备计量检定 ……………………………………………… 195

第四节　装备物资供应 ……………………………………………… 195

第五节　装备运行监控 ……………………………………………… 196

第三篇　天气预报 ……………………………………………… 197

第一章　天气预报业务与预报管理 ……………………………………………… 197

第一节　天气预报业务 ……………………………………………… 198

第二节　天气预报管理 ……………………………………………… 201

第三节　预报和预测体制变革重要事件 ……………………………………………… 201

第二章　灾害性天气预报 ……………………………………………… 205

第一节　历年重大灾害性天气预报 ……………………………………………… 205

第二节　强对流、暴雨灾害天气预报 ……………………………………………… 207

第三节　台风灾害天气预报 ……………………………………………… 209

第四节　高温、低温天气预报 ……………………………………………… 209

第五节　其他重大天气预报 ……………………………………………… 210

第三章　气候预测 ……………………………………………… 211

第一节　气候机构与业务建设 ……………………………………………… 211

第二节　气候诊断与气候预测 ……………………………………………… 212

第三节　气候影响评估 ……………………………………………… 215

第四章　天气预报现代化建设 ……………………………………………… 217

第一节　省、市间远程工作站建设 ……………………………………………… 217

第二节　气象卫星综合应用业务系统建设 ……………………………………………… 218

第三节　气象信息综合分析处理系统建设 ……………………………………………… 220

第四节　短时临近预报业务系统建设 ……………………………………………… 220

第五节　多普勒天气雷达建设 ……………………………………………… 221

第六节　多种探测系统建设 ……………………………………………… 222

第七节　可视会商系统建设 ……………………………………………… 223

第八节　数值预报系统建设 ……………………………………………… 223

第九节　客观预报方法和分析平台建设 ……………………………………………… 224

第五章　重大灾害性天气过程 ……………………………………………… 226

第一节　1991 年暴雨洪涝和雨雪冰冻低温灾害 ……………………………………………… 226

第二节　1995 年特大洪涝灾害 ………………………………………………… 227

第三节　1996 年洪涝灾害 ……………………………………………………… 227

第四节　1998 年特大洪涝灾害 ………………………………………………… 228

第五节　1999 年洪涝灾害 ……………………………………………………… 230

第六节　2003 年特大高温伏旱灾害 …………………………………………… 232

第七节　2005 年罕见秋季连续性暴雨灾害 …………………………………… 233

第八节　2006 年"格美"台风暴雨灾害 ……………………………………… 234

第九节　2008 年雨雪冰冻灾害 ………………………………………………… 235

第十节　2010 年洪涝灾害 ……………………………………………………… 236

第四篇　气象服务 ……………………………………………………………… 238

第一章　决策气象服务 ………………………………………………………… 239

第一节　决策服务机构 ………………………………………………………… 239

第二节　决策服务规范、材料和事例 ………………………………………… 240

第二章　公众气象服务 ………………………………………………………… 243

第一节　影视天气预报 ………………………………………………………… 243

第二节　气象信息服务 ………………………………………………………… 247

第三节　气象警报广播 ………………………………………………………… 250

第四节　手机终端 ……………………………………………………………… 251

第五节　新闻媒体 ……………………………………………………………… 252

第三章　专业专项气象服务 …………………………………………………… 254

第一节　专业气象服务 ………………………………………………………… 254

第二节　专项气象服务 ………………………………………………………… 256

第三节　影视广告和重点客户 ………………………………………………… 257

第四章　农业气象服务 ………………………………………………………… 260

第一节　农业气象服务规章制度 ……………………………………………… 260

第二节　农业气象情报 ………………………………………………………… 260

第三节　农业气象预报 ………………………………………………………… 261

第四节　农业气候资源开发利用决策咨询 …………………………………… 262

第五节　卫星遥感监测 ………………………………………………………… 263

第六节　生态气象和气候变化研究 …………………………………………… 264

第七节　农业气象服务系统 …………………………………………………… 265

第八节　气象科技兴农与科技扶贫 …………………………………………… 266

第九节　现代农业气象和农村经济信息网络 ………………………………… 268

第五章　人工影响天气 ………………………………………………………… 269

第一节　机构与管理 …………………………………………………………… 269

第二节　作业内容 ……………………………………………………… 27□

第三节　重点工程建设 …………………………………………………… 275

第六章　雷电防护气象服务 ………………………………………………… 27□

第一节　雷电防护机构 …………………………………………………… 27□

第二节　雷电监测 ………………………………………………………… 279

第三节　雷电预警预报 …………………………………………………… 280

第四节　雷电灾情调查 …………………………………………………… 28□

第五节　雷电防护专业服务 ……………………………………………… 282

第六节　防雷服务科普宣传 ……………………………………………… 287

第七节　防雷部门协作 …………………………………………………… 288

第七章　气象防灾减灾 ……………………………………………………… 291

第一节　机构与管理 ……………………………………………………… 291

第二节　应急减灾系统平台及预案 ……………………………………… 293

第三节　应急减灾体系建设 ……………………………………………… 294

第五篇　气象科技与教育 …………………………………………………… 293

第一章　气象科学研究 ……………………………………………………… 29□

第一节　研究机构 ………………………………………………………… 29□

第二节　科研项目 ………………………………………………………… 29□

第三节　科学研究成果 …………………………………………………… 302

第四节　获奖统计 ………………………………………………………… 30□

第五节　成果推广 ………………………………………………………… 311

第二章　教育与培训 ………………………………………………………… 314

第一节　职业教育 ………………………………………………………… 314

第二节　专业培训 ………………………………………………………… 318

第三章　气象学会 …………………………………………………………… 32□

第一节　组织建设 ………………………………………………………… 320

第二节　学术刊物 ………………………………………………………… 322

第三节　学术交流 ………………………………………………………… 323

第四节　科普活动 ………………………………………………………… 32□

第五节　人才及成果举荐与表彰 ………………………………………… 328

第六节　防雷资质认定与管理 …………………………………………… 329

第六篇　气象管理 …………………………………………………………… 33□

第一章　气象机构 …………………………………………………………… 33□

第一节　国家气象系统机构编制 ………………………………………… 33□

第二节　地方气象事业机构编制 ………………………………………… 33□

第二章　气象事业管理 ……………………………………………………………… 339

第一节　人事管理 ………………………………………………………………… 339

第二节　计划财务管理 …………………………………………………………… 342

第三节　业务管理 ………………………………………………………………… 345

第四节　产业管理 ………………………………………………………………… 348

第五节　党建和精神文明建设 …………………………………………………… 354

第六节　群团工作 ………………………………………………………………… 359

第七节　综合管理 ………………………………………………………………… 361

第八节　事业结构调整 …………………………………………………………… 364

第九节　考察、交流与合作 ……………………………………………………… 367

第三章　社会气象活动管理 ………………………………………………………… 373

第一节　管理机构及职责 ………………………………………………………… 373

第二节　地方性法规文件 ………………………………………………………… 374

第三节　依法行政 ………………………………………………………………… 377

第四节　普法宣传教育 …………………………………………………………… 382

第五节　防雷安全监管 …………………………………………………………… 382

第六节　标准化管理 ……………………………………………………………… 384

第七节　气象行业管理 …………………………………………………………… 385

第七篇　各设区市气象概况 ………………………………………………………… 387

第一章　南昌市 ……………………………………………………………………… 388

第一节　气候特征 ………………………………………………………………… 388

第二节　台站与人员 ……………………………………………………………… 389

第三节　业务与服务 ……………………………………………………………… 390

第四节　气象管理 ………………………………………………………………… 391

第二章　九江市 ……………………………………………………………………… 393

第一节　气候特征 ………………………………………………………………… 393

第二节　台站与人员 ……………………………………………………………… 394

第三节　业务与服务 ……………………………………………………………… 394

第四节　气象管理 ………………………………………………………………… 396

第三章　景德镇市 …………………………………………………………………… 397

第一节　气候特征 ………………………………………………………………… 397

第二节　台站与人员 ……………………………………………………………… 398

第三节　业务与服务 ……………………………………………………………… 398

第四节　气象管理 ………………………………………………………………… 400

第四章　萍乡市 ……………………………………………………………………… 401

第一节　气候特征 ·· 40[

第二节　台站与人员 ·· 402

第三节　业务与服务 ·· 402

第四节　气象管理 ·· 405

第五章　新余市 ·· 406

第一节　气候特征 ·· 406

第二节　台站与人员 ·· 406

第三节　业务与服务 ·· 407

第四节　气象管理 ·· 409

第六章　鹰潭市 ·· 411

第一节　气候特征 ·· 411

第二节　台站与人员 ·· 412

第三节　业务与服务 ·· 412

第四节　气象管理 ·· 414

第七章　赣州市 ·· 415

第一节　气候特征 ·· 415

第二节　台站与人员 ·· 417

第三节　业务与服务 ·· 417

第四节　气象管理 ·· 421

第八章　上饶市 ·· 422

第一节　气候特征 ·· 422

第二节　台站与人员 ·· 423

第三节　业务与服务 ·· 424

第四节　气象管理 ·· 426

第九章　宜春市 ·· 428

第一节　气候特征 ·· 428

第二节　台站与人员 ·· 429

第三节　业务与服务 ·· 430

第四节　气象管理 ·· 433

第十章　吉安市 ·· 434

第一节　气候特征 ·· 434

第二节　台站与人员 ·· 435

第三节　业务与服务 ·· 435

第四节　气象管理 ·· 439

第十一章　抚州市 ·· 441

第一节　气候特征 ………………………………………………………………………… 441

第二节　台站与人员 ……………………………………………………………………… 441

第三节　业务与服务 ……………………………………………………………………… 442

第四节　气象管理 ………………………………………………………………………… 445

人　物 ……………………………………………………………………………………… 447

　　人物简介 ………………………………………………………………………………… 447

　　人物名录 ………………………………………………………………………………… 451

附　录 ……………………………………………………………………………………… 458

编纂始末 …………………………………………………………………………………… 493

概　述

　　江西地处中国东南部,长江中下游南岸。北纬 24°29′14″至 30°04′41″,东经 113°34′36″至 118°28′58″之间,东邻浙江省、福建省,南连广东省,西接湖南省,北毗湖北省、安徽省而共接长江,属于华东地区。全省面积 16.69 万平方公里,辖 11 个地级市、100 个县(市、区),省会为南昌市。

　　全省属亚热带季风湿润气候,全年受西伯利亚冷气团和西太平洋暖气团交锋影响,天气变化频繁。春季天气变化较大;春夏之交冷暖气流交汇于境内,梅雨连绵;夏季西太平洋副热带高压控制,高温酷热;秋季变性西伯利亚气团占主要地位,出现全年最宜人的秋高气爽天气;冬季常受从西伯利亚和蒙古一带南下的冷气团所控制,气温偏低,潮湿阴冷。但四季分明,春秋季绞短,夏冬季较长。气候温和,雨量充沛,光照充足,无霜期长,宜于各种农作物的生长。但灾害性天气时有发生。

　　全省气象工作,实行地方政府和气象部门双重领导、以气象部门为主的管理体制;实行省气象局、设区市气象局、县(市、区)气象局三级垂直的管理模式。其党群关系实行属地化管理,党团组织和思想政治工作接受当地党委的领导。省气象局既是中国气象局的派出机构,又是省政府的工作部门,管辖全省 11 个设区市气象局、82 个县(市、区)气象局。截至 2010 年底,省气象局内设处级机构 10 个,下属处级单位 10 个,代省政府管理地方处级机构 2 个;管理省内行业气象台、站 13 个。

　　1991—2010 年,改革开放和社会主义建设进入新时期。在省委、省政府和中国气象局的领导下,全省气象事业进入快速发展和开创气象事业新局面的重要时期。

　　全省各级气象部门,主动融入当地经济建设和社会发展主战场。坚持气象现代化建设不动摇,大力提高气象灾害的监测预警手段和能力,大力提高天气预报的能力和水平。坚持气象工作服从和服务于经济社会发展大局,大力提高气象服务的能力和效益。坚持“两手抓、两手都要硬”的发展理念,实现了精神文明建设和气象业务服务齐头并进,协调发展。全省气象事业呈现出健康、快速、可持续发展的局面。

　　全省各级气象部门,以再创全省气象事业新辉煌为目标,秉持“发展才是硬道理”的理念,大力弘扬“管天为民,追求卓越”的气象人精神,团结和带领干部职工,一心一意干工作、谋发展;抓住重要发展机遇,改革创新,全省气象事业取得长足进步。1998—2003 年,在中国气象局开展的全国气象部门目标管理考核中,连续六年获得全国气象部门目标考核“特别优秀单位”;1998 年以来,先后被省委、省政府、中国气象局授予“全省创建文明行业工作先进系统”和“江西省文明行业”等称号。省气象局机关连续两届被评为“十佳文明机关”。全省气象部门多次受到省委、省政府和中国气象局表彰嘉奖。

一

1991—2010 年的 20 年间，在全球气候变暖的大背景下，省内气候也出现变暖现象，只是变暖的幅度比全球变暖的幅度（平均升高 0.6℃）要小（平均低 0.2～0.3℃），其主要原因是全省森林覆盖率较高（60.5%），对气候变暖起到了减缓和抑制作用。

温度上升趋势较明显。1991—2010 年，全省年平均气温 16.6～20.0℃之间，较前 40 年偏高 0.3～0.4℃；年平均最高气温 21.4～25.0℃之间，较前 40 年偏高 0.5～0.3℃；极端最低气温 -15.8℃，较前 40 年升高 3.1℃。全省年平均气温、年平均最高气温、年平均最低气温均呈上升趋势。冬季变暖趋势更加明显，全省无霜期平均延长。

降水量呈略增多趋势。1991—2010 年，全省年平均降水量，各地在 1431～2040 毫米之间。较前 40 年，偏多 91～101 毫米；降水强度偏多 0.9～1.4 毫米；日最大降水量偏多约 3.2 毫米。

洪涝灾害呈增多趋势。1992 年、1994 年，全省出现罕见早汛；1995 年汛期，全省出现四次连续性暴雨过程，洪涝灾害严重；1998 年和 1999 年，连续两年出现历史罕见的洪涝灾害；2002 年全省出现较严重秋汛；2006 年全省出现 15 次区域性暴雨过程；2010 年全省先后出现 19 次区域性连续暴雨过程。1998 年，全省春、夏、秋三季，连续发生洪涝灾害，尤其以 6 月 12—27 日为最重，期间上饶、抚州两地区的 9 个县市区雨量在 601～732 毫米之间，强度之大，历史少见，致使全省 79 个县（市、区）的 1329 个乡镇受灾。

干旱灾害明显增多。全省常年均可发生干旱，中等以上的伏旱或秋旱两年一遇，严重的秋旱四年一遇，严重的伏旱六年一遇。2003 年 6 月末开始到 9 月上旬，全省出现历史罕见的高温少雨干旱天气，致使全省多项气温、干旱指标突破 1959 年以来的记录。

极端天气与气候事件增多。2008 年 1 月 12 日—2 月 2 日全省出现罕见的持续低温雨雪冰冻天气过程，均创历史同期新低。期间全省有 71 个县市区相继出现冻雨，其中 45 个县（市、区）电线积冰直径超过 10 毫米，以庐山 84 毫米为最大。冻雨范围广、持续时间长，为有气象记录以来最严重。1996 年的第 8 号台风、2004 年第 14 号台风（云娜）、2005 年的"泰利"台风、2006 年的台风"格美"和"桑美"台风、2008 年影响省内的 7 个台风，都造成很大的影响和损失。尤其是台风"泰利"，是近 30 年来对全省造成影响最严重的台风。雷击事件呈上升趋势。全省雷电活动增强，雷击致死人数增多。2007 年 6—7 月，全省雷电活动异常频繁，共发生闪电 382659 次，因雷击死亡人数达 141 人，伤 33 人，为历年之最，居全国同期之首。随着防雷气象服务的加强，雷击死伤人数呈逐年下降趋势。

二

1991—2010 年的 20 年间，全省各级气象部门，立足业务发展需求，依靠科技进步，紧紧抓住气象现代化建设不放松，全面提高气象监测的现代化水平。至 2010 年底，全省在南昌、赣州、吉安、九江、上饶等地共建成五部新一代多普勒天气雷达和 1 部移动应急雷达;建成区域自动气象站 1415 个、酸雨观测站 12 个、负离子观测站 15 个、雷电监测站 12 个、紫外线辐射观测站 12 个、自动土壤水分观测站 18 个、大气成分观测站 1 个。全省建成地面气象观测、高空气象观测、农业气象观测、酸雨观测、负离子观测、闪电定位监测、大气成分观测、紫外线辐射观测、太阳辐射观测、GPS/Met 基准水汽监测、自动土壤水分观测等多要素、多维度、全天候的气象灾害监测网络系统,并投入实际应用。

全省中尺度突发性灾害天气自动监测系统基本建成,逐步实现气象观测由人工观测向自动观测转变;已形成以地面通信为主,卫星通信为辅,联通省、市、县三级气象部门的中高速计算机广域网络。建成覆盖全省的分布式气象实时业务数据库系统,建立面向全省的气象业务、服务、管理综合工作平台,面向社会的气象信息服务系统和气象信息高速公路已形成规模,实现地面气象观测自动化;实现气象通信业务从半手工作业到计算机网络通信的历史性跨越。

三

1991—2010 年的 20 年间,全省天气预报在传统预报的基础上,经过不断的探索,基本形成省、市、县三级分工合理、上对下指导、下对上依托、集约化的天气预报业务体系。

通过争取部门和地方的投入,科研攻关和消化吸收并举,远程工作站、气象卫星综合应用业务系统(9210 工程)、气象信息综合分析处理系统、短时临近预报业务系统、新一代天气雷达监测系统、雷电监测系统、可视天气预报会商系统、公共气象服务系统、中尺度数值预报系统、客观预报方法和分析平台等一大批先进技术的建成并相继投入业务应用,天气预报精细化和气象灾害预警能力得到加强。全省气象台站新增网格点降水预报、48 小时分县逐小时要素预报、灾害性天气落区、地质灾害、暴雨洪涝、城市积涝、农村雨涝等天气预报业务。天气预报从原来的短期预报,拓展到临近预报业务、短时预报业务、中期预报业务、延伸期预报业务及气候预测预报。还开展分县指导预报以及气象—地质灾害、旅游、交通安全、紫外线指数、人体舒适度指数、森林火险等级、空气质量等级、农作物产量、农作物病虫害等级预报等专业、专项天气预报。

以数值天气预报产品解释应用为基础,综合应用各种资料信息的业务技术路线和业务流程基本建立;新一代天气预报人机交互处理系统(MICAPS)和数值预报产品的广泛应用,使气象预测预报业务,实现由传统的人工分析为主的定性分析预报方式,向以数值预报产品为基础、以人机交互处理系统为平台、综合应用多种技术方法的自动化、客观化和定量化分析预报方向的变革。

天气预报准确率不断提高,尤其是灾害性天气预报能力显著提高。2010 年与 1990 年相比,24 小时晴雨预报准确率提高 3%,暴雨等灾害性天气预报准确率提高 7%。准确地预报出 1998 年等大洪涝灾害、2008 年的低温雨雪冰冻等重大灾害性天气过程。

四

1991—2010 年的 20 年间,全省气象部门,坚持将气象服务放在气象工作的首位,主动融入经济建设和社会发展主战场,不断开拓新的服务产品和服务领域,满足日益增长的服务需求,努力做到"决策服务让领导满意,公众服务让社会满意,专业服务让用户满意"。

决策气象服务主要为各级党、政、军领导和决策部门指挥生产、组织防灾减灾,以及在气候资源合理开发利用和环境保护等方面,进行科学决策提供气象信息。服务方式以气象呈阅件、气象情况反映、气象灾害预警等书面材料为主,向党、政、军领导和决策部门提供重大天气过程、突发灾害性天气等专题气象监测、预报、预警信息。同时,为各级防汛抗旱指挥部门提供雨情、风情、水情、旱情等气象监测预报预警信息,为部署防灾抗灾提供科学的决策依据。1997 年开始,全省气象部门创办《气象呈阅件》,供党委政府主要领导参阅,继后又开发《气象情况反映》《气象快报》和专线等各种有效形式,以提高决策气象服务的针对性、时效性,为领导决策提供准确的依据,受到各级领导的好评。

公众气象服务在做好报纸、电台、电视台等传统媒体公共气象服务的同时,努力开辟信息、网络、微信等新媒体受众,不断扩大灾害性天气信息的覆盖面。开展包括24、48、72 小时天气实况、气温、降水、风向风速等气象要素预报,每周、每旬气候预测和月气候预报,0~6 小时短时临近预报,暴雨、高温、干旱、暴雪等各类气象灾害预警预报,节假日、重大活动等专题气象预报服务。近年来,随着通信技术装备的现代化和气象科技的不断发展,广播、电视、报纸、手机短信"12121"自动答询电话等多种方式得到普及,防汛抗旱、森林防火灾害预警等服务系统得到广泛应用,全省气象部门相继开展电视天气预报服务、气象信息电话自动答询服务、气象短信服务、手机终端服务、电子显示屏服务、新媒介和网络等新型气象服务;初步解决公众气象服务最后一公里的难题。公众气象服务覆盖范围越来越广,公众满意度不断提高。

专业气象服务从上世纪 90 年代开始,在气象旬月报、气象资料服务为主的常规专业气象服务的基础上,发展到用气象警报广播开展天气预报、灾害性天气预警信息及停限电(水)信息服务、电视天气预报广告、防雷装置定期检测、"121"电话咨询、气象短信、固定电话与移动电话外呼等气象科技服务;开展含紫外线指数、人体舒适指数、城市火险等级、空气质量等级、气象—地质灾害预报等,以及针对交通、水运、电力、旅游、教育、林业、农业、水利等行业的专题气象服务。开展雷电防护与灾害评估、人工影响天气、森林防火等专项气象服务。服务领域不断拓宽,服务能力不断增强,社会经济效益不断提高。

1991—2010 年,全省气象部门加大了对风能、太阳能、热量资源和云水资源等气候资源的考察、探测和研究,形成了一批科研成果,并且及时应用于地方政府和企业开发项目,仅风能开发一项,每年可节约标准煤212.5 万吨。气象服务工作已成为全省清洁能源建设的重要参谋之一。

五

1991—2010 年的 20 年间,全省气象科学研究与推广应用,立足业务发展需求,瞄准国际国内科技前沿,扎实开展气象科研与技术攻关,积极开展国际国内科研合作与交流,大力提升气象科技综合实力,在大气探测、气象通信、卫星遥感、天气预报、气象服务、雷电防护以及人工影响天气等科研方面取得长足进步,共获省部级科技进步二等奖 9 项、三等奖 6 项,先后有 13 人次获省部级或以上表彰奖励。

省气象科学研究所从 1994 年开始研制的微型无人驾驶探空飞机,是世界上体积最小、重量最轻,具有自动导航、自动驾驶功能的无人驾驶飞机。它能在自动控制下完成预定航线和大气探测的飞行任务,并实时将飞行轨迹和探测数据传送到地面。该探空系统参加国家重大自然科学基金项目"内蒙古草原土壤、大气、植被相互作用研究"的科学考察,填补国内空白,达到国际先进水平,获 1998 年度中国气象局科技进步二等奖。

省气象局重视学历教育和技术培训,所属的江西信息应用职业技术学院,紧紧围绕气象业务需求与发展,扎实推进教学改革,学院规模、师资力量、专业设置、招生规模、软硬件建设等方面均有大的提升。该校学生广受欢迎。

气象学会工作,紧紧围绕气象业务服务这个中心,在期刊编辑、学术交流、科普宣传、人才举荐等方面,均取得较好成绩,连续 26 年获省级先进学会和"精品学会"荣誉称号。

六

江西属经济欠发达省份,在人才、钱财两缺的条件下,省气象局一直在努力探索加快全省气象事业发展的路子。

从 20 世纪 90 年代开始,省气象局坚持改革创新,努力破解事业发展中的难题。主动要求并三次承担全国气象部门改革试点任务。特别是 1998 年以来,全省气象部门作为全国气象事业结构战略性调整试点单位,通过机构调整改革,构建新型事业结构;通过业务技术体制改革,减少重复无效劳动;精干业务队伍,开拓业务服务领域;通过人事、分配制度改革,实行分类管理;稳定基本队伍,调动干部职工的积极性、创造性。以 20 世纪 80 年代以来最少的人员总量,支撑并富有成效地运行着精干、高效的江西气象事业。

20 年间,省气象局坚持以人为本,建设高素质的气象干部职工队伍。1996 年,按照省气象局确立的再创全省气象事业辉煌的目标和"认清形势、自我加压、攻克难点、再创辉煌"的工作思路,大力实施基层台站"五大工程"建设,坚持"软硬兼施、协调发展"理念,塑造了"管天为民、追求卓越"的气象精神;形成"团结协作、埋头苦干"的优良传统和作风。重视选拔、培养、引进人才,努力构建学习型部门,激发干部职工学科学、学技术、学知识的热情,为事业发展提供有力的智力支持。

20 年间,全省气象部门坚持科学管理、严格管理,努力构建一支精干高效的科技队伍。20 世纪

90年代初,逐步建立基本业务、科技服务、气象产业的"大三块"的事业结构及相应的运行机制;21世纪初,又进行气象行政管理、基本气象业务、气象科技服务与产业"三部分"的气象事业结构战略性调整。通过开展气象科技服务,将气象科技转化为生产力,提高社会、经济效益的路子,也有效地解决气象现代化建设面临的经费短缺等问题,增强气象事业发展的活力和后劲。通过大家共同努力,全省气象事业也取得长足的进步,许多工作走在全国气象部门的前列。

20年间,全省气象干部职工综合素质明显提高,学历、职称水平大幅度提升,气象业务、服务、科研能力和水平大幅度提升;部门产业实力不断壮大,为事业发展提供坚强的支撑;基层台站面貌改善步伐加快,工作、生活环境大为改观;精神文明建设成绩喜人,各项工作同步发展;全省气象部门步入全面、协调、可持续发展的轨道,初步实现在经济欠发达地区争创全国一流气象工作的目标。

七

全省基层气象台站,担负着直接获取气象信息,向全国、亚洲乃至全球提供气象探测情报的艰巨任务,是气象业务服务工作的重要基石,是全省气象工作的重要组成部分。搞好基层气象台站建设,是实现全省气象事业全面、协调、可持续发展的基础性工程。

1996年6月,省气象局党组做出《关于再创江西气象事业辉煌的决定》,1997年3月,出台《关于加强基层建设,进一步搞活县市气象局的决定》,明确以"五大工程"(气象业务主业工程、气象服务窗口工程、自我发展活力工程、事业发展基础工程、精神文明风貌工程)建设为总抓手,从科学规划设计,制定考评办法,加大奖惩力度,严格运行管理等方面,采取各种有效措施,下大力气抓好全省基层气象台站建设。1999年,"五大工程"建设考评覆盖所有设区市、县(市、区)气象局。2005年,省气象局对"五大工程"建设考评办法进行修订完善,推进基层气象部门一站多功能和综合现代化,全面提升业务服务能力和水平,全面改善基层干部职工工作生活条件,气象业务服务能力大大增强,基层台站面貌发生根本性改变,职工的幸福指数明显提升。

进入21世纪,全省基层气象台站,充分发挥主观能动性和创造性,用"四个一流"的标准加快基层气象台站建设。充分发挥双重计划财务体制优势和项目带动作用,以台站建设规划为龙头,加大台站建设投入,基层台站建设步入快速发展的轨道。坚持与时俱进,不断丰富基层建设的内涵,提升基层建设的内在质量,基层的综合实力进一步增强,基层台站面貌焕然一新,呈现出布局合理、功能区划分清晰、功能完备、基础设施齐全、硬件可靠、环境幽雅、整洁美观、秩序井然的局面。一大批具有时代特征、气象特点、江西特色的气象文化基层台站已经出现,不少台站已初步建成花园式单位,基层气象业务现代化和服务能力明显提升,可持续发展能力不断增强,职工工作生活条件明显改善。2/3的台站实现100%绿化。井冈山市气象局获"全国文明单位"称号。气象工作越来越受到各级党政领导的高度重视,越来越受到社会各界和公众的高度关注和好评。

大事记

1991 年

3月5日　省气象局首次与省劳动厅联合召开全省防雷安全技术服务工作会议,讨论通过《江西省防雷安全管理暂行办法》。

4月10日　省委副书记、省长吴官正在北京与国家气象局局长邹竞蒙共商江西气象事业发展大计。

4月11—20日　国家气象局局长邹竞蒙在江西调研。省委书记毛致用先后两次同邹竞蒙会谈,共商江西气象事业发展大计。邹竞蒙分别到遂川县、井冈山和吉安市等气象台站进行考察,并与当地主要领导及气象部门进行座谈。

5月初　全省出现严重的干旱灾害,且连续发生夏旱、伏旱、秋旱。

6—8月　在全省抗旱气象服务最紧张的时候,省委书记毛致用、省长吴官正等领导多次作出批示。

7月31日　副省长舒惠国到人工增雨作业现场指导。

8月12日　赣州市气象局胡如江夺得全省第八届运动会游泳比赛银牌和铜牌各一块。

12月24日　受北方强冷空气南下影响,全省自北向南出现一次雨雪冰冻严寒天气过程,造成历史罕见的冻害。

1992 年

2月26—29日　省政府召开全省人工增雨表彰会暨全省气象工作会议,省委常委、省委农工委书记张逢雨出席会议并讲话。

3月16日—4月20日　全省出现历史上罕见的早汛,有128县、市(次)集中出现暴雨,有7个县、市出现大暴雨,突破历史同期最高纪录,直接经济损失达19.68亿元。

5月16—22日　国家气象局在南昌、九江两地召开全国气象部门结构调整经验交流会,国家气象局副局长马鹤年主持会议,江西探索出的"九江模式",被全国气象部门广为借鉴。会后,马鹤年副局长视察上饶、鹰潭、景德镇市及湖口、德兴、贵溪县(市)气象局。

7月　国家气象局党组任命新的省气象局领导班子:潘根发任省气象局党组书记、局长。

7月5日　省委副书记、省长吴官正先后两次到省气象台值班室,询问汛期天气情况。

10月8日　省政府以赣府发〔1992〕88号文件下发《关于进一步加强气象工作的通知》。通知明确规定,凡属地方气象事业项目,其所需基本建设投资和事业经费,分别纳入省、地、县三级基本建设计划和财政预算。继后,省气象局召开有省政府有关部门和近20家新闻单位参加的贯彻省政府《关于进一步加强气象工作通知》的新闻发布会。

1993 年

1月14日　省气象台成功预报出全省入冬以来的第一场降雪,该预报在《江西日报》和省、市电视台播出,各地区、各单位采取了防范措施,未造成大的影响。

1月16日　全国气象部门"一先二优"评比揭晓:修水县气象站获先进气象站,赖胜如(南城县气象局)获优秀气象站长,齐移民(德兴市气象局)获优秀青年气象工作者称号。

3月25日　风雹灾害较严重。浙赣铁路沿线10个县、市遭受风雹袭击,直接经济损失达3.69亿元。

4月23—30日　国家气象局副局长马鹤年来江西调研,期间与省委副书记、省长吴官正商讨江西气象事业发展事宜。

6月21日　省委书记毛致用等省领导,约见省气象局负责人,就当前防汛工作作出指示。

9月4日　首届江西省农业科教人员突出贡献奖评选揭晓,全省气象部门五项成果获二、三等奖。

9月16日　副省长郑良玉到省气象局调研。

全省全年有气象科研课题共20项按计划结题,其中:5项获省农业科教人员突出贡献奖,2项获中国气象局气象科技进步奖,2项获省科技进步奖。NOVELL网建设参加中国气象科技成果展览获展览成果三等奖。

1994 年

1月12日　省人工影响天气领导小组第五次会议在南昌召开,副省长郑良玉出席并讲话。

4月12日　中国气象局副局长温克刚对全省强对流天气预报服务做出批示。

6月8—23日　全省出现连续性强降水过程,共有暴雨215县、市(次),大暴雨46县、市(次),石城出现特大暴雨,由于提前做出准确预报,并服务及时,损失大大减少。

6月14日　省委常委、省防汛抗旱指挥部总指挥张逢雨到省气象台参加天气会商。

6月17日　省委副书记、省长吴官正通过长途电话,称赞省气象台连续性强降水过程预报准确、服务及时。

7月25日　中国气象局党组副书记、副局长温克刚一行6人来江西调研气象部门的改革、业务现代化建设、管理等工作。

1995 年

3 月 21 日　中国气象局副局长颜宏来江西调研,省委常委、省委农工委书记张逢雨与省长助理孙用和会见颜宏一行,并就江西气象业务现代化建设等问题交换意见。

4 月 13 日　全省有 24 个县(市)出现大风、8 个县(市)出现冰雹、19 个县(市)出现暴雨。

5 月 26 日　由国家气象中心制作的数值天气预报产品 T63 在全省气象台站投入应用。

4 月—7 月 6 日　全省接连不断的暴雨致使江河湖库水位暴涨,浙赣铁路沿线及赣东北地区反复遭灾,直接经济损失超过 160 亿元。在防汛抢险气象服务最紧张的时刻,省委常委、省农工委书记张逢雨到省气象局听取汇报,并参加天气预报会商。

6 月 28 日　在省政府召开的汛期防洪抢险动员会上,代省长舒圣佑称赞全省气象部门预报服务及时、准确、主动。

7 月 18—20 日　中国气象局副局长马鹤年来江西调研,省人大常委会副主任、省委农工委书记张逢雨与副省长黄懋衡在南昌会见马鹤年一行。

8 月 31 日　省委常委钟家明到省气象局调研。

11 月　省气象局机关、局直属单位机构部分调整:恢复科技教育处,撤销新技术发展处;思想政治工作处与人事处合署办公;原与新技术发展处合署办公、两块牌子一套人马的江西省气象信息网络中心转为省局直属事业单位。

1996 年

1 月 19 日　省委书记吴官正在全省农村工作会议上,强调要加强农业气象预警系统建设。

2 月 13 日和 4 月 3 日　中国气象局副局长温克刚率工作组两次到江西调研。省委副书记舒惠国会见温克刚一行,并就加强省气象局领导班子问题交换意见。

3 月 11 日—4 月 16 日　全省长时间的低温阴雨,平均气温有 82 个县、市为 1959 年以来的最低值。出现罕见的重度春寒,部分地区出现"春分寒"连"清明寒",全省早稻烂种超过 3839.5 吨。

3 月 27 日　中国气象局党组任命陈双溪为省气象局党组副书记,主持全面工作。免去潘根发省气象局局长、党组书记职务,提前办理退休手续。

7 月 31 日—8 月 3 日　受 1996 年第 8 号台风影响,全省的大风风力之强,范围之广,为历史同期少见,直接经济损失达 24.8 亿元。

8 月 2 日　省委、省政府通令嘉奖抗御 8 号台风的有功单位,省气象局受到表彰,获得奖金 10 万元。

8 月 7 日　省气象局在南昌召开全省地(市)气象局局长会议,省委常委、省委农工委书记钟家明,副省长孙用和分别到会讲话。会议审议通过了《中共江西省气象局党组关于再创江西气象事业辉煌的决定》和《全省气象部门"九五"产业发展规划》。

10月9日　省减灾协会成立并在省气象局举行挂牌仪式。省委副书记、省长黄智权任名誉会长,副省长孙用和任会长,省气象局副局长陈双溪任秘书长,省直50余个厅(局)的主要负责同志参加协会的组织领导工作。省政府办公厅下发了《省减灾协会第一次会议纪要》,明确省减灾协会日常办事机构设在省气象局。

1997 年

2月26日　中国气象局党组任命陈双溪为省气象局局长、党组书记。

3月4—6日　全省气象工作会议在南昌召开,省委常委、省委农工委书记彭崴生,副省长孙用和到会讲话。会议审议通过《关于加强基层建设,进一步开放搞活县市气象局的决定》和《关于加强精神文明建设的实施意见》,启动县、市气象局"五大工程"(气象业务主业工程、气象服务窗口工程、自我发展活力工程、职工生活小康工程、精神文明建设风貌工程)建设。

4月7日　省委书记舒惠国对气象工作做出批示,要求气象预报要通过网络,及时传送到各地和可能受到影响的地方,并指导当地群众采取对策措施。

夏季全省平均气温较常年偏低0.1~1.6℃,属历史上罕见的凉夏。

10月6日　经省委宣传部、省文明办批准,省气象局在南昌为省气象台、上饶地区气象局、井冈山气象局等11个文明服务示范单位授牌,并向社会宣布8项文明服务承诺。

10月26—31日　中国气象局副局长李黄来江西调研气象工作,并同省委常委、省委农工委书记彭崴生商谈全省气象事业的建设和发展。

12月16日　省气象局党组在南昌召开党组扩大会议,审议《省气象局党组关于深化事业结构战略性调整的决定》和《关于深化省局直属单位结构调整方案》。

12月30日　由省气象科学研究所研制完成的我国第一套微型无人驾驶飞机探空系统,在北京通过中国气象局科教司组织的鉴定。鉴定委员会专家一致认为,该成果填补国内空白,跻身国际先进行列,荣获中国气象局科研成果二等奖。

1998 年

2月12日　省委书记舒惠国给省委常委、省委宣传部部长张克迅写信,要求在《江西日报》、江西电视台、江西人民广播电台开设春耕生产气象服务专栏。

2月22日　省委副书记、省长舒圣佑,省委常委、省委农工部部长彭崴生,副省长孙用和接见参加全省气象局局长会议的全体代表,并考察省气象部门业务现代化建设。舒圣佑省长表示:用3年时间分期解决鄱阳湖地区中尺度灾害性天气监测基地建设经费,进一步提高气象业务服务能力。

3月13日　中国气象局在井冈山举行全国气象部门革命传统教育基地挂牌仪式。

4月16—18日　全国气象预报工作会议在南昌召开,中国气象局副局长颜宏到会指导。

4月19—21日　卫星综合应用业务系统(9210工程)第三次全国工作会议在南昌召开,中国气象局副局长李黄到会指导。

8月17—20日　中国气象局副局长刘英金率慰问组一行,深入九江、瑞昌、星子、湖口等抗洪抢险第一线的基层气象台站看望慰问气象干部职工。

9月14日　省气象局在南昌召开第三季度工作调度会,会议专题研究县、市气象局"五大工程"建设和全省创文明系统工作。会后,省气象局组织各设区市气象局、省局直属单位、机关处室主要负责人,对105国道沿线气象台站进行"五大工程"建设检查观摩。

全省出现罕见的春、夏、秋汛,并出现持续到8月的、1949年以来最大和特大的洪涝灾害。在抗御洪涝灾害中,全省各级气象部门开展超常规气象服务。省委书记舒惠国等省领导多次做出批示,肯定全省气象部门的服务工作。

年底,省气象局在全国率先完成气象卫星综合应用业务系统(9210工程)建设、获中国气象局嘉奖。通过9210工程建设,全省基本形成卫星通信和地面通信相结合的省、市、县三级气象通信网络和中高速计算机广域网络。

1999 年

1月7日　在中国气象局首次开展的目标管理考核中,省气象局被评为1998年度全国气象部门特别优秀单位(列全国31个省、自治区、直辖市气象局年度考核第三名)。

1月27日　中国气象局、省文明委联合召开省气象系统"创建文明行业工作先进系统"命名大会。省委副书记、省长舒圣佑,中国气象局党组书记、局长温克刚到会并讲话,省委常委、省委宣传部部长张克迅、中国气象局副局长刘英金出席,副省长黄懋衡主持会议。这是省文明委首次授予"省级文明系统"称号,至此,全省气象部门所有创建文明单位全部建成文明单位。

2月16日　大年初一,省委书记舒惠国,省委常委、南昌市委书记钟家明,省委常委、省委政法委书记彭宏松,副省长孙用和,来到省气象局看望慰问节日坚守工作岗位的气象工作者。

4月30日　中国气象局正式批复,江西省气象局作为事业结构战略性调整试点单位。

6月23—28日　全省出现大范围的暴雨、大暴雨,长江九江段和鄱阳湖出现仅次于1998年的高水位,各级气象部门为抗洪救灾开展全面的气象服务。

8月3日　省政府颁布施行《江西省气象管理规定》。

9月　井冈山市气象局被中央精神文明建设指导委员会授予"全国创建文明行业先进单位"荣誉称号。

2000 年

3月13日　省委书记舒惠国在上饶、鹰潭考察时强调:气象部门要抓住全省农业和农村经济结构战略性调整这一机遇,从气候资源开发利用、气候可行性论证、气象信息服务、农业气象技术推广等角度,继续做好气象为农业服务工作。

4月25日　省气象局局长陈双溪受省政府委托,在省人大常委会第十六次会议上作"关于加强全省气象防灾减灾事业建设和发展的汇报"。

6月20—23日　省内中北部出现全省本年度最大的一次降水过程,仅宜春市受灾人口达131.59万人,直接经济损失4.267亿元。

7月12日　省人工影响天气领导小组第13次全体会议在省气象局召开,副省长孙用和出席并讲话。会议审议、修改、通过了《省人工影响天气管理办法》。12月29日,省长舒圣佑签署92号省长令,发布《省人工影响天气管理办法》。

7月28日　全省农村经济信息网络建设工作会议在南昌召开,副省长孙用和到会并讲话。由省政府主办、气象部门承办的"江西农村经济信息网"建成。全省所有县(市、区)均建成本级"农经信息中心",1400多个乡镇建立"农经信息站"。

8月2—16日　省人大常委会副主任周慭平率气象立法考察团,赴新疆、甘肃、青海、宁夏四省区进行考察调研。

9月　省政府授予九江市气象局沈德建"江西省劳动模范"、丰城市气象局陈长文"江西省先进工作者"荣誉称号。

12月3日　是日开始,全省出现持续一星期的大范围浓雾。

2001 年

1月　省气象局在全国气象部门率先成立省雷电防护管理局。同年,省政府赋予省气象局雷电安全管理、经营性氢气球汽艇充灌施放安全管理两项职能。

2月25日　省政府召开全省气象工作暨人工影响天气工作会议,副省长孙用和、中国气象局副局长颜宏出席会议并讲话;会后,颜宏等考察萍乡市、吉安市部分基层气象台站以及井冈山市气象局。

4月28日　抚州市、上饶市部分县遭受大风袭击;4月29—30日,信丰县出现冰雹、雷雨大风;5月22日,乐平市遭受大风冰雹袭击。

10月19日　省人大常委会通过《江西省实施〈中华人民共和国气象法〉办法》。

10月21日　具有国际先进水平的南昌多普勒天气雷达建成。副省长孙用和、中国气象局副局长李黄出席竣工仪式并讲话。

11月中旬　以省人大常委会副主任周慭平为团长、省气象局局长陈双溪为副团长的江西省防灾减灾考察团,赴世界气象组织、联合国国际减灾战略秘书处、德国气象中心考察。

11月30日　省人大农委和法工委、省政府法制办、省气象局联合举行《江西省实施〈中华人民共和国气象法〉办法》新闻发布会,《江西省实施〈中华人民共和国气象法〉办法》于2001年12月1日正式施行。

2002 年

1月4—10日　2002年全国气象局长会议、中国气象软科学委员会2002年年会在南昌召开。会议由中国气象局局长秦大河主持并作工作报告,省委常委、省政府常务副省长彭宏松到会并致辞,省气象局局长陈双溪在会上作《江西省气象事业结构战略性调整情况介绍》专题发言。与会代表参观了南昌多普勒雷达站及省防灾减灾指挥中心。全省设区市气象局局长、局直属单位和局机关主要负责人列席会议。1月6日,省委书记孟建柱,省长黄智权,常务副省长彭宏松,省委常委、省委秘书长陈达恒等省领导以及中国气象局局长秦大河,副局长刘英金、郑国光、许小峰,纪检组长孙先健,会见省气象局领导班子成员。会议前后,秦大河等先后到新余市、吉安市、井冈山市、德安县、南昌市气象局及省气象局机关直属单位调研。

1月8日　"省防灾减灾工程技术研究中心"专家论证会在南昌召开。中国气象局副局长郑国光、省科技厅领导出席,并聘请两院院士陈联寿、李泽椿、丑纪范、周秀骥为"省防灾减灾工程技术研究中心"顾问。

2月10日　省委书记孟建柱,省委副书记傅克诚,省委常委、省委秘书长陈达恒,副省长孙用和等省领导到省气象局调研。对省气象局连续四年获得全国气象部门目标考核前四名给予高度评价。

3月13日　省减灾委员会挂牌暨省减灾委员会成员第一次会议在省气象局召开。副省长、省减灾委员会副主任孙用和到会讲话并为省减灾委揭牌。

6月　省气象局与省国土资源厅合作,正式开展气象—地质灾害风险预警预报,这是一种在全国领先的合作模式。

6月7日　江西信息应用职业技术学院(由原南昌气象学校升格)举行挂牌仪式。

6月12日　省委常委、省委秘书长陈达恒专程来省气象局,感谢省气象局在朱镕基总理视察江西期间提供的准确及时的天气预报及科学的行程建议。

7月26日　由刘文英教授率领的台湾大气科学代表团来省气象局访问,并进行学术交流,副省长胡振鹏会见刘文英一行。

8月6—9日　中国气象局副局长许小峰来省气象局检查多普勒雷达建设,并实地察看了南昌、赣州、吉安多普勒雷达建设情况。

9月1—16日　省气象局局长陈双溪参加由常务副省长彭宏松率领的"江西省经济友好访问团",赴美国、加拿大考察。

10月20日　省委副书记傅克诚会见来赣调研的中国气象局党组成员、纪检组长孙先健一行。在赣期间,孙先健参加全省气象部门加强党风廉政建设会议,考察吉安、井冈山、丰城、樟树、鹰潭、余江等市、县气象局。

10月28—30日　江西南部出现罕见的秋季连续暴雨、大暴雨,赣州市19个县(市、区)受灾,直接经济损失28.8亿元,其中农业损失22.3亿元。

12月15—24日　省气象局局长陈双溪作为中国气象学会专家访问团成员,赴台湾省参加在台北举行的"两岸干旱与灾变天气研讨会"。

2003 年

3月　省气象局被评为全省首届"文明行业"。

是月　省气象科研所黄淑娥当选为世界气象组织(WMO)农业气象委员会(CAgM)专家。

3月21日　省政协主席钟起煌来省气象局调研,并在纪念世界气象日座谈会上讲话。

4月28日　省气象局举行新闻发布会,宣布从5月1日起推出新举措:全省雷电灾害监测系统、紫外线监测系统建成正式投入业务运行,将向社会发布紫外线强度实况与紫外线指数预报,省环境预报中心对外发布全省未来72小时天气预报。

6月25日　省内中北部出现连续暴雨、局部大暴雨和特大暴雨,汛情趋于严峻。副省长危朝安到省气象台参加天气预报会商,听取汇报。

6月25日　中国气象局局长秦大河对前一阶段江西防汛气象服务工作给予充分肯定,并代表中国气象局党组向战斗在防汛气象服务一线的干部职工表示慰问。

6至7月　省人大农委对全省贯彻实施《中华人民共和国气象法》《江西省贯彻〈中华人民共和国气象法〉实施办法》情况进行为期两个月的专项检查。省人大常委会副主任朱英培率队到赣州市开展气象执法检查。

7月31日　省委书记孟建柱到气象局调研,省委常委、省委秘书长陈达恒,副省长危朝安陪同。孟建柱对气象部门开展人工增雨扑灭井冈山森林火灾给予高度评价。

8月4日　省委书记孟建柱到吉安市吉水县醪桥乡人工增雨作业炮点考察人工增雨工作,看望作业人员,并按下人工增雨火箭按钮发射火箭。

11月20—12月4日　应新西兰、澳大利亚政府邀请,以副省长危朝安为团长,省减灾委员会秘书长陈双溪为副团长的省农业减灾考察团一行7人,赴新西兰和澳大利亚两国,进行农业减灾的考察访问。

11月26—30日　第十届全国人大农委贯彻实施《中华人民共和国气象法》执法调研组一行,在组长景学勤率领下来江西调研。副省长胡振鹏代表省政府汇报贯彻落实《中华人民共和国气象法》的情况;调研组深入到省气象局、吉安、井冈山、景德镇等市进行气象执法调研;调研组还向省政府反馈在赣调研的有关情况。

2004 年

1月7日　在全国气象局长会议上,省气象局获得全国气象部门目标管理特别优秀单位(这是省气象局从1998年到2003年,连续6年获得此荣誉,也是全国连续6年获此荣誉的唯一省气象局)。

2月4日 在全省农村工作会议上,省委书记孟建柱、省长黄智权、省委副书记彭宏松、省人大常委会副主任孙用和、副省长危朝安等,来到省气象局展区,观看全省气象工作成果展览,赞扬人工增雨在抗旱中发挥重要作用。

3月5日 以南昌生态环境与农业气象试验站为中心的农田生态网建成运行,这是全国首个以水稻为主的农田生态网。

3月12日 省政府以赣府字〔2004〕20号文件,通报表彰28个单位为2003年度全省人工增雨抗旱工作先进单位。其中气象部门占19个。

4月 省委、省政府联合表彰的全省第九届文明单位中,全省气象部门有28个单位榜上有名。至此,全省气象部门省级文明单位数已达创建数的30.4%。

5月20日 省政府举行聘书颁发仪式,聘请中国工程院院士李泽椿为江西信息应用职业技术学院名誉院长。这是省政府首次正式聘任两院院士为江西高校名誉院长。

5月20日 中国科学院院士李小文一行,参观考察省气象科研所卫星遥感中心,专家们对他们近年来开展的遥感科研业务给予较高的评价,并表示今后将加强合作。

7月14日 省政府召开全省第16次人工影响天气领导小组会议,部署人工影响天气工作,省政府副省长、省人工影响天气领导小组组长危朝安主持会议并讲话。

8月13日 第14号台风“云娜”进入江西省境内,全省气象部门从监测、预警预报、决策服务到为各行各业和社会公众服务,均取得较满意的效果。省委书记孟建柱、省长黄智权、省委副书记彭宏松通过电话表示慰问;副省长危朝安到省气象局,慰问和感谢全省气象干部职工。

10月16日 省气象局引进的“神威”高性能计算机及中尺度数值预报系统,完成安装调试并投入业务试运行。副省长危朝安和中国气象局副局长郑国光出席仪式并讲话。

10月18日 全国第五届农民运动会在宜春市举行,全国政协环境资源与人口委员会副主任、中国气象局原局长温克刚向出席开幕式的中共中央政治局常委、国家副主席曾庆红汇报宜春市农运气象保障服务工作,曾庆红副主席对江西气象保障工作给予充分肯定。

10月23日 省气象局成立50周年庆祝大会在南昌召开。省委书记孟建柱,省长黄智权,省政协主席钟起煌,中国气象局局长秦大河等发来贺信;副省长危朝安、省政协副主席雍忠诚、中国气象局副局长郑国光、中国科学院院士、省气象局顾问丑纪范等到会祝贺并讲话。省委、省人大、省政府等30多个委办厅局、科研院校和军队的代表,1954年底以前参加江西气象工作的老同志等,共200多人出席大会。

10月28日 首届江西青年科学家学术年会在南昌隆重举行,省环境预报中心魏丽、省气象科研所黄淑娥获“江西青年科学家提名”称号,省委书记孟建柱为获“江西青年科学家提名”的魏丽颁奖。

12月21日 省气象局局长陈双溪参加在北京人民大会堂召开的“《中华人民共和国气象法》颁布实施五周年座谈会”,并在座谈会上发言。

2005 年

1 月　省委副书记彭宏松、省人大常委会副主任朱英培、副省长危朝安、省政协副主席倪国熙分别主持会议,听取省气象局关于中国气象事业发展战略的汇报。

3 月 29 日—4 月 1 日　由省委组织部、省减灾委员会联合举办的首期全省领导干部减灾管理研讨班在南昌举行,省委副书记、常务副省长、省减灾委主任吴新雄出席开班典礼并讲话,省政协副主席倪国熙出席结业典礼并讲话。

4 月 22 日　中国气象局局长、中国灾害防御协会副会长秦大河在"中国减灾世纪行"大型公益活动启动仪式上,为江西省减灾委员会、省减灾协会授旗。秦大河对江西实施以气象部门为主导的综合减灾工作给予充分肯定。

4 月 25 日　亚洲防灾中心副主任凯恩乐一行三人来省减灾办、省气象局考察访问,副省长胡振鹏会见凯思乐一行。

6 月 17 日　省委书记孟建柱听取关于 2005 年天气变化趋势预测及建议,充分肯定气象部门将保障人民生命安全放在首位的做法,并称赞气象部门体现出很强的事业心和责任感。

7 月 1 日　省气象局获得省委、省政府联合表彰的"全省 2003—2004 年度文明行业"荣誉称号,全省 11 个设区市气象部门全部共享文明行业荣誉。

7 月 11—13 日　赣北、赣东北、赣中、赣西部分地区抓住副高减弱、低槽东移的有利天气时机,组织较大规模的人工增雨蓄水专项作业。作业累计受益面积 3 万余平方公里,增加降水量约 1.4 亿立方米。

8 月 15 日　中国气象局确定江西省气象局为全国气象部门省以下业务技术体制改革试点单位。

10 月 10 日　香港供水水源区——东江上游人工增雨基地工程可行性研究报告审查会在赣州举行。江西省气象局、广东省气象局、赣州市政府等部门领导和专家参加会议。

10 月 18 日　正在井冈山干部学院学习的中国气象局党组书记、局长秦大河,到井冈山市气象局调研。

10 月 27 日　省气象局、井冈山市气象局被中央文明委命名为"全国文明单位"。

11 月 5 日　《全省气象灾害应急预案》,作为省级 20 个专项应急预案之一,由省政府正式印发。省政府第 38 次常务会议审议通过《江西省突发气象灾害预警信号发布及传播管理办法》,从 2006 年 1 月 1 日起施行。

11 月 7 日　省委、省政府召开全省劳动模范表彰大会,省气象台台长魏丽被授予全省劳动模范荣誉称号。

12 月底　全省气象部门率先在全国建成联通省、地、县三级的计算机网络,预报作业开始向键盘操作、人机对话方式转变。

2006 年

1 月 12—13 日　在全国气象局长会议上,江西省气象台被国家人事部、中国气象局联合授予全国气象工作先进集体。

2 月 13—18 日　正研级高工黄淑娥参加由 WMO/CAgM 组织召开的"农业可持续发展自然与环境资源管理专家会议暨学术交流会",并做题为"沿海低地区域减灾"学术报告。

4 月 5 日　中国气象局印发《江西省国家气象系统机构编制调整方案》(气发〔2006〕90 号),对省气象局机关内设机构进行了调整:撤销业务科技处,成立监测网络处、科技减灾处,至此,机关处室调整为 9 个。地级市气象局中,在赣州、上饶市气象局设省级大气探测技术分中心,实行市气象局与省大气探测技术中心双重领导、以市气象局为主的管理体制;在南昌、宜春、九江、玉山、南城、遂川等 6 个气象局(站)的基础上,组建国家气候观象台。国家气候观象台台长享受副处级干部待遇。

4 月 5 日　亚洲备灾中心专家代表 R. Selvaraju 一行到省气象局参观考察,双方就共同实施气候预测应用国际援助项目达成合作意向。

4 月 27 日　省气象台魏丽被授予全国"五一劳动奖章",中国气象局副局长沈晓农在南昌为魏丽颁奖。

6 月 3 日　赣中北部出现连续暴雨天气。至 6 月 7 日 08 时,全省有 64 个县(市、区)出现暴雨或大暴雨。省委副书记王君、副省长熊盛文到省气象局,调研防汛气象服务情况,并看望慰问坚守在一线的值班人员。

6 月 6—7 日　全国气象部门业务技术体制改革思想政治工作座谈会在井冈山市召开,中国气象局副局长许小峰出席会议并讲话,江西等 7 省(市)气象局在会上作经验交流。

7 月 27 日　中国气象局局长秦大河充分肯定江西气象部门在防御台风"格美"的气象服务工作。对奋战在第一线的全省各级气象部门的干部职工表示慰问。

8 月 11 日　省委书记孟建柱,省委常委、省委秘书长陈达恒等到省气象局,看望慰问奋战在防御台风一线的气象工作者。

11 月 13—17 日　省气象科研所殷建敏、黄淑娥赴印度参加 SPIE 组织第五届亚太地区遥感国际学术交流。共有 3 篇论文参加"灾害预警诊断方法与管理"分会场交流。

11 月 22 日　省政府颁发《关于加快气象事业发展的意见》(赣府发〔2006〕26 号),这是省政府贯彻落实国务院 3 号文件,推进全省气象事业发展的重要部署。《意见》明确提出加快多轨道业务发展的十项重点工作、五项能力建设任务及相应的保障措施。

12 月 28—29 日　在全国气象局长会议上,庐山气象局、南昌县气象局获全国气象部门文明台站标兵;省气象科研所殷剑敏、辜晓青等人的《城市暴雨积涝模型在不同城市的推广》、省气象科研所王怀清、省防雷中心易高流等人的《防雷工程计算辅助设计系统》,获中国气象局 2006 年成果应用奖二等奖。

2007 年

1 月 29 日—2 月 3 日　中国气象局党组成员、中纪委驻中国气象局纪检组长孙先健来赣调研和慰问。省委常委、省纪委书记董君舒会见孙先健一行。

4 月 1 日　鹰潭市、抚州市、吉安市和赣州市成功实施火箭人工防雹作业，实施作业的区域均未出现雹灾。

5 月 30 日　省气象局三项科研项目获 2006 年度省科学技术奖。其中：《暴雨地质灾害风险预报研究》获省科技进步二等奖，《排水管网地理信息系统及其在城市积涝气象预报中的应用研究》《江西省雷电监测预警系统及应用研究》获省科技进步三等奖。

6—7 月　全省雷电活动异常频繁，因雷击死亡 141 人、伤 33 人，为历年之最，居全国同期之首。省委书记孟建柱就防御雷击灾害做出批示：此次雷暴灾害人员伤亡较多，请办公厅告电视台等新闻媒体，近期要加大预防雷电灾害知识的宣传；省长吴新雄也就防御雷击灾害做出批示。

7 月 8 日　中共中国气象局党组以中气党〔2007〕26 号文件，决定常国刚任省气象局局长、中共江西省气象局党组书记；免去陈双溪省气象局局长、中共江西省气象局党组书记职务。

7 月 19—22 日　中国气象局局长郑国光代表中国气象局党组宣布省气象局领导班子调整的决定，并深入到省局直属业务单位和九江市、星子县、永修县气象局，看望慰问一线气象干部职工，检查指导汛期气象服务工作。

8 月 2 日　省长吴新雄，副省长熊盛文，到抚州市临川区人工增雨作业点，看望慰问一线作业人员。

10 月 17 日　在第二届全国气象行业运动会上，全省气象部门运动员共获得三金一银三铜的较好成绩，并获集体顽强拼搏奖。

11 月 16—18 日　按照省长吴新雄、副省长熊盛文的指示，全省 11 个设区市 72 个县（市、区），抓住冷空气影响的有利时机，开展人工增雨作业 146 次，累计受益面积 43800 平方公里，增加降水量 2.2 亿立方米。

12 月 14 日　省政府办公厅印发实施《关于进一步加强气象灾害防御工作的实施意见》，这是省政府贯彻国办 49 号文件的重要举措，也是继《省政府关于加快气象事业发展的意见》后，又一个指导江西气象事业发展的重要文件。

2008 年

1 月 1 日　全省自动气象站实现每 5 分钟上传一次数据。此次自动站系统软硬件技术升级，说明全省自动气象站的传输能力，已达到全国领先水平。

1 月 12 日—2 月 2 日　全省出现罕见的持续低温雨雪冰冻天气，有 71 个县（市、区）相继出现冻雨，其中 45 个县、市电线积冰直径超过 10 毫米，以庐山 84 毫米为最大。全省有 2210 万人受灾，直接经济损失 272.1 亿元。

2月5日　国务院副总理回良玉在中国气象局,通过电视天气预报可视会商系统,听取省气象局局长常国刚关于抗灾救灾气象服务工作情况汇报。

3月6日　省气象局组织实施大规模人工增雨森林防(灭)火作业。至3月7日,赣中、赣北49个县(市、区)共开展作业68次,作业后降雨增强,作业影响区普降小到中雨,局部大雨,高森林火险等级降低。在人力扑救和降雨的共同作用下,高安、崇仁林火被扑灭。

3月14日　省政府办公厅下发《关于切实做好全省雷电灾害预防工作的通知》。要求各地各部门切实加强领导,扎实做好雷电灾害预防的各项工作。

3月25日　省委、省政府表彰全省抗击低温雨雪冰冻灾害先进单位和个人,省气象台荣获“全省抗击低温雨雪冰冻灾害先进集体”称号,省气象台许爱华、于都县气象局邓江、九江市气象台尹哲等3人,荣获“全省抗击低温雨雪冰冻灾害先进个人”称号。

5月5日　中国气象局局长郑国光应邀为江西省省委常委作题为《气候变化与防灾减灾》的专题报告,省气象局副局长魏丽应邀作题为《江西宏观生态特征与气象防灾减灾》的专题报告。省委、省人大、省政府、省政协领导班子成员,省委各部门、省直各单位主要负责同志300余人参加报告会。

7月1日　省气象局直属机关共产党员积极缴纳“特殊党费”。参加自愿交纳“特殊党费”的党员共429人,交纳金额共计202916.2元。

10月5—6日　省内正式开展飞机人工增雨作业。江西曾在1959年首次开展过飞机人工增雨试验工作,是全国开展该项工作较早的省份之一。

10月10—12日　首届全省气象职工运动会成功举办。来自全省20个代表团、430多名运动员,参加田径、篮球、羽毛球、乒乓球、网球5大项29小项的比赛角逐。

2009 年

1月13日　省防灾减灾科技中心奠基暨省气候变化监测评估中心揭牌仪式在南昌隆重举行。省委常委、副省长陈达恒,中国气象局党组副书记、副局长许小峰出席仪式并为省气候变化监测评估中心揭牌。

3月10日　为期6个月的飞机人工增雨工作告一段落,共实施增雨作业28个架次,飞行68小时30分,飞行航程1.8万多公里,缓解了农业干旱,降低了森林火险等级。

5月12日　省委副书记、省长吴新雄在出席全省首个“防灾减灾日”宣传教育活动时指出,要在1-2年内完成全省中、小学校防雷工程建设。继后,省政府将气象部门列为中、小学校舍安全工程领导小组成员,防雷工程列入校舍安全工程。

5月31日　历时三个月的全省人工防雹作业工作结束。赣北、浙赣铁路沿线、赣南三条主要冰雹路径上设立30个人工防雹作业点,动用高炮30门、火箭发射架33架,抓住7次大的强对流天气过程及多次局地强对流过程,开展人工防雹作业696次,防雹保护面积150万亩,作业区没有发生大的冰雹灾害。

6月30日　全省遭遇入汛以来最强连续暴雨。省气象局向省委、省政府及有关部门报送暴雨专题呈阅件,提请各地加强水库、圩堤巡查,山洪、地质灾害防范以及城市、农村积涝和内涝防御。省委副书记、省长吴新雄在气象呈阅件上做出批示。

7月17日　省气象台申报的《多普勒天气雷达预测突发性气象灾害研究》科研成果获省科学技术进步奖二等奖。

7月14日　由德国伯尔基金会(BOELL)资助,CHANGES(国际环境可持续发展研究所)、省气象科学研究所和国家遥感科学国家重点实验室联合开展的气候变化适应对策与鄱阳湖生态资源可持续发展研究项目,在省气象局正式启动。

9月15—18日　共有8个设区市的25个县(市、区)抓住有利天气时机实施人工增雨作业63次,累计受益面积达1.89万平方公里,增加降水量0.95亿立方米,产生直接经济效益0.38亿元。

10月1—15日　是世界气象组织对全球气象数据情报交换的重要考核时段,全省气象部门参加交换的气象数据情报传输率为100%。

11月9日　全省气温持续下降,15日开始伴有明显的雨雪天气,赣北赣中有49县、市出现降雪(包括小雪、冰粒、雨夹雪、霰),至17日,全省平均气温仅为2.4℃,创历史同期新低。9日08时至18日08时,全省平均降水量达108毫米,有21个县(市、区)出现暴雨。

12月2日　省气象局编制的《庐山、井冈山、三清山、龙虎山、南昌西山人工增雨森林防、扑火作业能力建设方案》获省政府批准。

2010 年

1月7—8日　在北京召开的2010年全国气象局长会议期间,江西省气象局被评为全国气象部门2009年度综合考评特别优秀单位,申报的创新项目《建立全社会共同参与应对气候变化的体制机制》获得中国气象局2009年度创新工作奖励。

1月15日　省政府在南昌召开全省气象工作会议。省委常委、副省长陈达恒发表书面讲话,省气象局局长常国刚做工作报告。

5月17—19日　全省遭遇本月第4轮暴雨天气过程。17日开始,省气象台共发布暴雨、雷电预警信号各5次,冰雹预警信号1次。有关市、县气象台站共发布暴雨、雷电、冰雹预警信号191次。

6月10日　中国气象局副局长矫梅燕陪同国务院副总理回良玉到新余市渝水区水北镇考察指导防汛救灾工作。矫梅燕对新余市气象局的暴雨气象服务工作表示满意。

7月初　在全省精神文明建设工作表彰大会上,省气象局、井冈山市气象局等24个气象台站,被省委、省政府授予"江西省文明单位"荣誉称号。

7月中旬　省政府下发《关于2009年度江西省科学技术奖励的决定》,由省气象科研所完成的"鄱阳湖区风能资源储量及分布规律研究"项目获得省科学技术进步二等奖;由省气候中心完成的

"省级气候变化业务系统研究"项目获省科学技术进步三等奖。

7月22—24日　由中国气象局组织,人民日报、新华社、中新社、科学时报、中国气象报、华风气象影视信息集团记者组成的采访组到抚州市唱凯大堤决堤受灾地区实地采访,并深入鹰潭、贵溪、余江等气象部门采访。

8月5日　全省共有82个县(市、区)出现雷电,22个县(市、区)出现8级以上大风,3个县(市、区)出现冰雹,68县、市出现雷阵雨。此次强对流天气的范围为近10年第一位。

9月17日　受省人大常委会邀请,省气象局局长常国刚在省第十一届人大常委会第十八次会议上作题为《切实发挥气象参谋作用提高气象灾害防御能力》的报告。

11月27日　福银高速公路共青城段因大雾发生多起追尾事故,造成2人死亡。省长吴新雄批示,要求加强高速公路灾害性天气预报服务。

12月19—20日　科技部公益性行业(气象)科研专项《长江中下游高产优质双季稻主要农业气象灾害指标试验研究》项目启动会在南昌召开。

是年　庐山气象局韩庐生被人力资源和社会保障部、中国气象局联合授予"全国气象系统先进工作者"称号。

第一篇 气 候

1991—2010 年,全省各地主要气候要素年平均值分别是:气温为 16.6~20.0℃(除庐山、井冈山),比前 40 年偏高 0.3~0.4℃。降水量为 1431~2047 毫米;太阳总辐射量为 3780.5~4537.9 兆焦耳/平方米;日照时数为 1275~1936 小时。空气相对湿度为 72%~86%;水分蒸发量为 923.5~1632.6 毫米。地面温度为 18.8~22.8℃(除庐山、井冈山);雾日数为 4.7~192.2 天;雷暴日数为 30.9~69.7 天;霜日数为 10.1~33.6 天;雨凇日数为 0~43.1 天;雾凇日数为 0~36.9 天;结冰日数为 5.0~69.7 天。

20 年间,全省各地年平均无霜日在 330 天以上。日平均气温稳定在 10~20℃ 的平均间隔日数在 185 天以上,其积温在 4275℃.d 以上。

20 年间,全省年风能资源技术可开发量约为 310 万千瓦,技术可开发面积约为 876 平方公里。全省年太阳能储量约为 18.20×10^5 千瓦时。全省年云水资源人工增雨开发潜力为 11893824.67 千吨。

20 年间,高温干旱和暴雨洪涝是全省主要的气象灾害。省内的高温干旱一年四季均可发生,但主要发生在夏、秋季节。比较严重的秋旱平均两年一次,2003 年、2005 年、2007 年全省性的高温干旱其严重程度都是历史上很少见的。省内 5—6 月暴雨较多,一般性的暴雨洪涝年年都有,大范围的暴雨洪涝平均两年一次,1992 年、1995 年、1997 年、1998 年、1999 年、2002 年、2005 年、2006 年、2010 年全省性的洪涝灾害都是比较严重的,其中 1998 年和 2010 年的洪涝灾害属特大洪涝灾害。

此外,1991 年 12 月的暴雪冰冻、1996 年春季的持续低温、1997 年和 2002 年的凉夏、1999 年冬和 2005 年秋的异常高温、2006 年和 2007 年的严重雷电、2008 年的持续雨雪冰冻等都是比较严重的灾害性天气。

第一章 气候要素

气候要素主要包括:气温、地温、气压、空气湿度、降水、水分蒸发、日照、太阳辐射、风、大气能见度、雷电、雾、冰、雪、霜等。气候要素的观测、记录、传递是气象部门最基础的工作。过去,这项工作主要依靠人工完成,不仅工作量大,观测人员也很辛苦,还容易出错。从 1991 年前后开始,随着科技进步,全省气象台、站的气候要素观测一步步走向现代化和自动化。至 2010 年,部分项目的观测已实现了智能化,为解决在艰苦的农村、山区、湖区、矿区设站观测,扩大观测网点,增加天气信息的来源创造了更好的条件。

第一节 气 温

平均气温

年平均气温 1991—2010 年,全省年平均气温为 18.2℃,各地在 16.6～20.0℃之间(除庐山、井冈山)。自北向南气温逐渐升高,铜鼓最低,于都最高,南北温差 3.4℃。赣北北部和西部、赣中局部 17～18℃,个别地点低于 17℃;赣北南部、赣中大部 18～19℃;赣南大部 19～20℃。

季平均气温 1991—2010 年,全省春、夏、秋、冬各季平均气温分别为:17.8℃、27.6℃、19.4℃、7.8℃。夏季最高,秋季次之,春季再次之,冬季最低。

月平均气温 1991—2010 年,全省各月平均气温的年变化是:1 月最低,为 6.2℃;7 月最高,为 28.9℃。一般年份 7 月比 1 月高 20℃以上。1—7 月气温逐渐递增,8—12 月气温逐渐递减(图 1 - 1 - 1)。

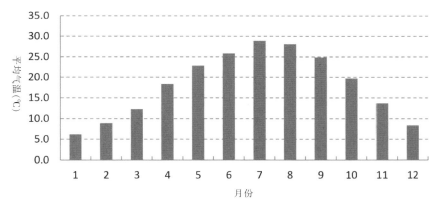

图 1 - 1 - 1 1991—2010 年全省各月平均气温变化图

全省各地 1 月平均气温为 4.4～9.4℃(除庐山、井冈山),南高北低,寻乌最高,彭泽和德安最低,南北相差 5℃。地区分布是:赣北 4～6℃,赣中 5～7℃,赣南 7～9℃。

全省 7 月平均气温为 27.2～30.3℃(除庐山、井冈山),与 1 月正好相反,南低北高,鹰潭最高,寻乌最低,相差 3.1℃。

气温年较差 1991—2010 年,全省气温年较差为 20.6～27.9℃,北部大,南部小,自南向北逐渐增大。赣北 26～28℃,赣中 25～27℃,赣南 21～25℃。进贤最大,寻乌最小,相差 7.3℃。

气温日较差 1991—2010 年,全省气温平均日较差为 8.4℃,各地为 6.6～10.2℃,婺源最大,九江最小,相差 3.6℃。全省各季气温平均日较差:春季为 8.2℃,夏季为 8.3℃,秋季为 9.1℃,冬季为7.8℃;秋季日较差大,冬季日较差小,山区大于平原。

最高气温

年平均最高气温 1991—2010年,全省年平均最高气温为23.1℃,各地在21.4~25℃之间(除庐山、井冈山),南部高北部低,自北向南逐渐增高,会昌最高,湖口和星子最低,相差3.6℃。赣北22~23℃,赣中23~24℃,赣南24~25℃,局部山区22℃以下。

极端最高气温 1991—2010年,全省年极端最高气温为38.3~42.2℃,有71个县(市)出现40℃及以上的高温。赣东北、赣西北、吉泰盆地、抚州地区北部41~42℃,赣州地区南部38~40℃,其余大部分地区40~41℃。黎川2003年8月2日出现42.2℃,为全省20年中气温最高值。2003年全省出现历史上罕见的高温天气,40℃以上的高温范围为历年最大,当年井冈山也出现了36.7℃的高温。

年日最高气温≥35℃日数 1991—2010年,全省年日最高气温≥35℃的日数平均为12.2~51.9天(除庐山、井冈山),上饶县最多,星子县最少,相差39.7天。赣东北中南部地区、吉泰盆地、赣州盆地和抚州地区中部为35~45天,赣东北南部为45~50天,赣北北部和赣南南部为15~25天,其余地区为25~35天。

全省每年日最高气温≥35℃的日数不尽相同,其中:日数最少的年份是1997年,全省平均仅有6天,很多地方没有出现高温日。最多的年份是2003年,全省各地平均达49天,上饶县达72天为最多。当年井冈山也出现了4天。

全省年日最高气温≥35℃的最长连续日数为10~37天(除庐山、井冈山),黎川最长,铜鼓最短。最长连续日数大部分地方出现在2003年,而赣南大部分地方出现在2007年。此外1992年和1998年也有一些地方出现过最长连续日数。地区分布:吉安地区大部,抚州地区南部,新余、萍乡和赣州地区的东北部30~37天;赣州地区南部10~20天;其余地区20~30天。

最低气温

年平均最低气温 1991—2010年,全省平均最低气温为12.8~16.5℃(除庐山、井冈山),于都最高,修水最低,相差3.7℃。

年极端最低气温 1991—2010年,全省年极端最低气温受冷空气时间长短和强度大小及地形等影响,变化比较复杂,但总的规律是:南部高,北部低。地区分布:赣北大部、赣中东部为-13~-10℃;赣中中西部为-10~-7℃,赣南大部为-7~-5℃。庐山1991年12月28日极端最低气温为-16.7℃,为全省20年中气温极端最低值。

年日最低气温≤0℃日数 1991—2010年,全省年日最低气温≤0℃的日数平均为4.2~29.2天(除庐山、井冈山),婺源最多,赣县和于都最少,相差25天。

1991—2010年,全省年日最低气温≤0℃的日数出现较多的年份有2008年、1993年、2005年。出现较少的年份有1991年、2002年、2007年。

积　温

1991—2010 年,全省年日平均气温≥5℃的积温平均为 5990~7272℃·d(除庐山、井冈山),于都最多,铜鼓最少,相差 1282℃·d。全省年日平均气温≥10℃的积温平均为 5517~6923℃·d(除庐山、井冈山),于都最多,铜鼓最少,相差 1406℃·d。全省年日平均气温 10~20℃的积温为 4279~5528℃·d(除庐山、井冈山)。于都最多,铜鼓最少,相差 1249℃·d。

界限温度

1991—2010 年,全省日平均气温稳定通过 5℃的初日平均为 1 月 26 日—2 月 16 日(除庐山、井冈山),信丰、会昌最早,铜鼓最晚,相差 21 天。

全省日平均气温稳定通过 10℃的初日平均为 3 月 7 日—3 月 24 日(除庐山、井冈山),寻乌最早,湖口最晚,相差 18 天。

全省日平均气温稳定通过 10℃的终日平均为 11 月 20 日—12 月 9 日(除庐山、井冈山),铜鼓和修水最早,于都和定南最晚,相差 19 天。

全省日平均气温稳定通过 10℃的初、终日间隔日数平均为 242—275 天(除庐山、井冈山),寻乌最长,铜鼓最短,相差 33 天。

全省日平均气温稳定通过 20℃的终日平均为 9 月 26 日—10 月 18 日(除庐山、井冈山),铜鼓最早,于都最晚,相差 22 天。

全省日平均气温稳定在 10~20℃的间隔日数平均为 187—222 天(除庐山、井冈山),于都最长,铜鼓最短,相差 35 天。

第二节　降　水

降水量

年降水量　1991—2010 年,全省年平均降水量 1671 毫米。各地为 1431~2047 毫米,庐山最多,湖口最少,相差 616 毫米。

季降水量　1991—2010 年,全省季平均降水量:春季为 487~757 毫米,资溪最多,湖口最少,相差 270 毫米。夏季为 486~869 毫米,庐山最多,南康最少,相差 383 毫米。秋季为 159~313 毫米,庐山最多,信丰最少,相差 154 毫米。冬季为 190~301 毫米,德兴最多,星子最少,相差 111 毫米。主汛期 4—6 月为 577~938 毫米,弋阳最多,遂川最少,相差 361 毫米。

月降水量　1991—2010 年,全省各月降水量的年变化是:1—6 月逐月增多,7—12 月逐月减少。4—6 月是一年中降水最多的三个月,也是省内的雨季。一年中 6 月降水最多,10 月降水最少(图 1-1-2)。

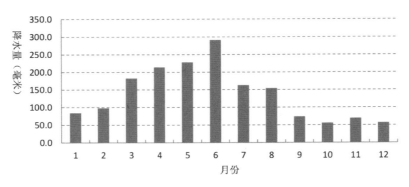

图 1 - 1 - 2 1991—2010 年全省各月平均降水量变化图

日降水量 1991—2010 年,全省平均日降水量为 4.7 毫米,各地为 3.9 ~ 5.6 毫米,庐山最多,湖口最少,相差 1.7 毫米。2002 年 6 月 16 日,广昌一天降水量达 393.8 毫米,为全省 20 年中日降水量极端最多值。

降水日数

年降水日数 1991—2010 年,全省年平均降水日数为 157 天,各地在 138—203 天之间,井冈山最多,九江城区最少,相差 65 天。全省年平均降水日数最多中心在西部地区,年雨日大于 165 天。最少中心在鄱阳湖平原及以北地区,年雨日不足 145 天。

季降水日数 1991—2010 年,全省各地各季降水日数:春季平均为 45 ~ 61 天,井冈山最多,九江最少,相差 16 天。夏季平均为 35 ~ 58 天,井冈山最多,九江最少,相差 23 天。秋季平均为 21 ~ 38 天,井冈山最多,新建最少,相差 17 天。冬季平均为 20 ~ 38 天,井冈山最多,定南最少,相差 18 天。

月降水日数 1991—2010 年,全省一年中以 3 月和 4 月降水日数为最多,平均达 18 天。10 月为最少,平均为 7 天。3—6 月每月的降水日数都超过 15 天。

最长连续降水日数 1991—2010 年,全省各地年最长连续降水日数为 16 ~ 32 天。井冈山和上犹最长,九江城区、星子、武宁、德安、湖口和永新最短,相差 16 天。大部分地区的最长时段出现在 4 月和 5 月。

最长连续无降水日数 1991—2010 年,全省各地年最长连续无降水日数为 28 ~ 92 天,兴国最多,上饶县最少,相差 64 天。全省大部分地区的最长时段出现在秋季。

暴雨日数 1991—2010 年,全省各地年平均暴雨日数为 3.6 ~ 8.7 天,最多在德兴,最少在遂川和泰和,相差 5.1 天。赣东北多,为 7 ~ 8 天;吉泰盆地和赣州盆地少,不足 4 天。其余地区 4 ~ 7 天。2010 年,横峰全年暴雨日数达 18 天,为全省年暴雨日数之最多。

降水强度

年平均降水强度 1991—2010 年,全省各地年平均降水强度为 9.1 ~ 12.9 毫米/日,德兴最大,万安最小,相差 3.8 毫米/日。景德镇、上饶中部、鹰潭大部 12 ~ 13 毫米/日,萍乡、吉安西部、赣州中西部 9~10 毫米/日,其余地区 10~12 毫米/日。

月最大降水量 1991—2010 年,全省各地月最大降水量大部分地区出现在 6 月,其次是 7 月、5 月。赣南部分地区出现在 3 月。全省最大值出现在横峰,一个月的降水量达 1104.2 毫米(1998 年 6 月)。

主汛期(4—6 月)降水强度 1991—2010 年,全省各地 4 月平均降水强度为 9.1~15.4 毫米/日,万年最大,井冈山最小,相差 6.3 毫米/日。5 月为 10.4~17.6 毫米/日,石城最大,井冈山最小,相差 7.2 毫米/日。6 月为 12.4~23.4 毫米/日,东乡和弋阳最大,南康、赣县和安远最小,相差 11 毫米/日。全省主汛期以 6 月的降水强度为最大,平均为 17.9 毫米/日。5 月其次,平均为 14.1 毫米/日。

连续最大降水量 1991—2010 年,全省连续最大降水量为 280.4~1056.2 毫米,弋阳最大(1998 年 7 月),遂川最小(1992 年 9 月),相差 775.8 毫米。最大中心出现在赣北东部和赣中东北部,最小中心出现在吉泰盆地。赣北东部和赣中东北部为 600~1000 毫米,赣中西部和赣南西部为 300~400 毫米,其余地区大部分为 400~600 毫米。

一日最大降水量 1991—2010 年,全省一日最大降水量为 123.7~393.8 毫米,广昌最大(2002 年 6 月 16 日),于都最小(2000 年 5 月 27 日),相差 270.1 毫米。赣北局部、赣中西部和赣南大部为 150~200 毫米。赣北大部、赣中东部和赣南东北部为 200~250 毫米。广昌、南昌县、庐山、石城和余江超过了 300 毫米。

降 雪

降雪初终期 1991—2010 年,全省平均初雪期为 11 月 24 日—次年 1 月 23 日,庐山最早,会昌最晚,相差 60 天。最早中心出现在赣北北部、赣西北和赣西等地区,最晚中心出现在赣南南部和赣东南地区。

1991—2010 年,全省平均终雪期为 1 月 20 日—3 月 23 日,龙南最早,庐山最晚,相差 62 天。大部分地区最晚出现在 3 月中旬至 4 月上旬。赣南南部多年没有出现降雪日。

降雪日数 1991—2010 年,全省各地平均降雪日数为 1.0~27.9 天,庐山最多,寻乌最少,相差 26.9 天。赣西北 7~10 天,赣南 1~4 天,其余地区 4~7 天。

积 雪

积雪初终期 1991—2010 年,全省大部分地区平均积雪初期为 1 月上旬至中旬,一般赣北为 12 月上旬,赣中和赣南为 12 月中旬。

1991—2010 年,全省大部分地区平均积雪终期为 1 月中旬—2 月上旬,一般赣北为 3 月中或下旬,赣中为 3 月中旬,赣南为 2 月下旬。

积雪日数 1991—2010 年,全省各地年平均积雪日数为 0.2~25.6 天,庐山最多,寻乌最少,相差 25.4 天。赣北北部和西部、赣中东北部 3~5 天;赣南 0~1 天;其余地区 1~3 天。

最大积雪深度 1991—2010 年,全省各地最大积雪深度为 2~66 厘米,庐山最大(1998 年 1 月 23 日),寻乌最小(1993 年 1 月 16 日),相差 64 厘米。一般赣西北和赣北为 20~30 厘米,赣南中南部为 2~10 厘米,赣北中东部和赣中大部为 10~20 厘米。

第三节　太阳辐射

年太阳辐射总量

1991—2010 年,全省年太阳总辐射量为 3780.5~4537.9 兆焦耳/平方米,资溪最大,石城最小,各地平均为 4135.1 兆焦耳/平方米。纬向分布变化不明显,但受地形影响较大。赣南北部、赣中南部的赣州至石城东西走向的区域,年总辐射量为 4300~4540 兆焦耳/平方米,是高值区。赣北环鄱阳湖地区,以德安、星子、都昌为中心,年总辐射量达 4250~4400 兆焦耳/平方米,为次高区。另外赣东北上饶市一带,亦有一个高值区,年总辐射量为 4200~4300 兆焦耳/平方米。赣西北、赣中北部,年总辐射量相对较少,为 3900~4100 兆焦耳/平方米,其中赣南西部的崇义、吉安西部的井冈山以及抚州东部的山区,为全省年总辐射量最少的地区,为 3700~3900 兆焦耳/平方米。

月(季)太阳总辐射量

1991—2010 年,春、夏、秋、冬四季全省平均总辐射量分别为 976.9 兆焦耳/平方米、1505.1 兆焦耳/平方米、1030.8 兆焦耳/平方米、622.4 兆焦耳/平方米,夏季最多,秋、春季次之,冬季最少。

春季全省总辐射量,赣北北部为最高区域,在 1050 兆焦耳/平方米以上,其中德安最高为 1112.3 兆焦耳/平方米。次高区位于赣中南部和赣南北部交界处的东西走向区域,为 900~1000 兆焦耳/平方米。赣西山区、赣中的中北部、赣南南部为低值区,多在 900 兆焦耳/平方米以下。

夏季全省总辐射量,以赣南北部与赣中南部交界处的赣县、泰和—石城、广昌一带的纬向分布区域为最高区,在 1550~1650 兆焦耳/平方米之间。其次为赣北德安—鄱阳县一带的环鄱阳湖地区,在 1550~1600 兆焦耳/平方米之间。赣西山区、赣中的中北部、赣南南部为低值区,多在 1400 兆焦耳/平方米以下。

秋季全省总辐射量,赣南为高值中心,多在 1100 兆焦耳/平方米以上。其次是赣北环鄱阳湖地区和赣东北的广丰、铅山一带,多在 1000~1050 兆焦耳/平方米之间。赣西山区、赣中北部为低值区,普遍小于 1000 兆焦耳/平方米。

冬季全省总辐射量,北部少南部多,纬向分布明显。赣北除德安、都昌一带有小片相对较高区域外,其余区域都较低,在 750~800 兆焦耳/平方米。赣南南部与广东、福建交界处,为最高区域,在 850 兆焦耳/平方米以上。

第四节 日 照

日照时数

年日照时数 1991—2010 年,全省年平均日照时数为 1630 小时,各地在 1275~1936 小时之间,德安最多,井冈山最少,相差 661 小时。全省日平均气温 ≥10℃ 初日至终日期间的日照也有 1038~1473 小时。全省日照较充足,但地区和季节分布不均匀,环鄱阳湖一带日照较丰富,在 1800~1900 小时之间,其中德安超过 1900 小时。中部山区 1400~1500 小时,其中资溪和崇义不足 1400 小时。其余地区 1500~1800 小时。

季日照时数 1991—2010 年,全省四季日照时数分布不均,春、夏、秋、冬分别平均为 332 小时、552 小时、463 小时、283 小时,夏季最多,冬季最少。春季各地为 238~425 小时,德安最多,崇义最少,相差 187 小时。夏季各地为 386~642 小时,石城最多,井冈山最少,相差 256 小时。秋季各地为 378~544 小时,德安最多,井冈山最少,相差 166 小时。冬季各地为 230~421 小时,庐山最多,崇义最少,相差 191 小时。

月日照时数 1991—2010 年,全省各月日照时数:2—7 月为递增期,8 月—次年 1 月为递减期。全年 7 月为最多,各地平均为 218 小时。8 月次之,各地平均为 193 小时。2 月最少,各地平均为 79 小时。

日照百分率

年日照百分率 1991—2010 年,全省年平均日照百分率为 37%,各地为 29%~44%,德安最多,崇义和井冈山最少,相差 15%。环鄱阳湖一带为 39%~42%;赣北中东部和赣南北部为 37%~39%;赣西在 35% 以下;其他地区为 35%~37%。

月日照百分率 1991—2010 年,全省各月平均日照百分率分布不均,7 月最多,为 52%。3 月最少,仅有 23%。

第五节 气压与风

气 压

年平均气压 1991—2010 年,全省年平均气压为 1000.2 百帕,各地为 885.6~1013.0 百帕,余干最高,庐山最低,相差 127.4 百帕。环鄱阳湖地区为高值区,在 1010 百帕以上;赣西北,赣中的西部和东部,赣南的大部(西部、南部、东部)为低值区,普遍在 1000 百帕以下。

季平均气压 1991—2010 年,全省春、夏、秋、冬各季平均气压分别为 999.1 百帕、990.8 百帕、

1002.2 百帕、1008.8 百帕。冬季高,夏季低。北部高,南部低。四季最高均出现在余干,四季最低均出现在寻乌。

月平均气压 1991—2010 年,全省 1—12 月平均气压呈高—低—高的变化特征,7 月最低,1—12 月最高,其余各月变化也比较明显。

年最高气压 1991—2010 年,全省年最高气压为 900.5~1039.3 百帕,瑞昌最高,庐山最低,相差 138.8 百帕。全省北部高,南部和高海拔地区低。

年最低气压 1991—2010 年,全省年最低气压为 869.8~990.3 百帕,瑞昌最高,庐山最低,相差 120.5 百帕。全省北部高,南部和高海拔地区低。

风

风　向 1991—2010 年,全省冬季盛行偏北风,夏季盛行偏南风,大部分地区年最多风向为偏北风。受地形影响,新余、分宜、铅山、贵溪和上高年最多风向为偏东风。安福、宜春城区和资溪多为偏西风。丘陵山地的静风频率也较高。

年平均风速 1991—2010 年,全省年平均风速为 0.8~3.8 米/秒,庐山最大,万载和莲花最小,相差 3.0 米/秒。各地风速以鄱阳湖区为最大,赣西北、赣东北和南部丘陵山地较小。由于地形的狭管效应,南城年平均风速远大于周围地区,为 2.8 米/秒。

月平均风速 1991—2010 年,全省各月平均风速为 1.5~1.7 米/秒,7 月最大,11 月最小,2—4月和 7—9 月为相对较大期,这与春季强对流频发和夏季台风影响有关(图 1-1-3)。

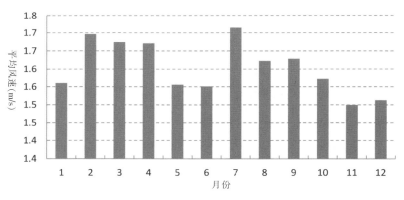

图 1-1-3　1991—2010 年全省各月平均风速变化图

年最大风速 1991—2010 年,全省年最大风速为 10.3~25.0 米/秒,庐山最大,于都最小,相差 14.7 米/秒。

年大风日数 1991—2010 年,全省年平均大风日数为 0.3—68.4 天,庐山最多,宜黄和广昌最少,相差 68.1 天。丘陵、山地少;平原、湖泊、盆地多。大风日数最多中心出现在鄱阳湖区,最少中心出现在赣西北和赣南山地。

第六节 空气湿度

水汽压

年(月)平均水汽压 1991—2010 年,全省年平均水汽压为 12.4 ~ 19.3 百帕,会昌最大,庐山最小,相差 6.9 百帕。南部大,北部小。赣北大部分地区为 16.7 ~ 18.5 百帕,赣中大部分地区为 17.4 ~ 18.7 百帕,赣南大部分地区为 18.1 ~ 19.3 百帕。7—8 月最大,12 月和 1—2 月最小。

最大水汽压 1991—2010 年,全省年最大水汽压为 27.7 ~ 41.9 百帕,余干最大,庐山最小,相差 14.2 百帕。北部大,南部小。各地的年最大水汽压大都出现在 7—8 月。

最小水汽压 1991—2010 年,全省年最小水汽压为 0.7 ~ 2.9 百帕,萍乡最大,庐山和彭泽最小,相差 2.2 百帕。全省各地的年最小水汽压大都出现在 1 或 12 月。

相对湿度

年(月)平均相对湿度 1991—2010 年,全省年平均相对湿度为 72% ~ 86%,大部分地区为 76% ~ 80%。抚州、宜春西部、上饶东北部、九江西部、吉安大部、赣州西部和南部都较大,井冈山为最大。赣北平原、鄱阳湖区、上饶北部和东南部以及吉泰盆地和赣南盆地都较小,上饶县为最小。全省各月平均相对湿度 1—6 月大,7—12 月小,又以 6 月为最大,10 月为最小。

第七节 蒸 发

年蒸发量

1991—2010 年,全省年平均蒸发量为 923.5 ~ 1632.6 毫米,星子最大,井冈山最小,相差 709.1 毫米。大部分地区为 1300 ~ 1500 毫米,年蒸发量少于年降水量。赣西北、赣东北、赣中和赣南西部山区,由于日照少,风速小,气温低,因而蒸发量小,在 1300 毫米以下。鄱阳湖区以及信丰、于都一带,由于日照多,风速大,气温高,因而蒸发量大,在 1500 毫米以上。

月蒸发量

1991—2010 年,全省各月蒸发量,上半年逐月增大,下半年逐月减少。全年 7 月最大,平均为 216.6 毫米。1 月最小,平均为 44.7 毫米。夏季最大,平均为 1828.9 毫米;春、秋季次之,平均为 1123.4 毫米;冬季最小,平均为 523.1 毫米。

第八节 地 温

地面温度

年平均地面温度 1991—2010 年,全省年平均地面温度为 20.5℃,各地为 18.8 ~ 22.8℃(除庐山、井冈山),于都最高,铜鼓最低,相差 4.0℃。

月平均地面温度 1991—2010 年,全省各月平均地面温度 7 月最高,为 33.3℃。1 月最低,为 7.3℃。上半年逐月上升,下半年逐月下降。

最高地面温度 1991—2010 年,全省年平均最高地面温度为 33.6℃,各地为 31.2 ~ 37.4℃(除庐山、井冈山),寻乌最高,湖口最低,相差 6.2℃。

最低地面温度 1991—2010 年,全省年平均最低地面温度为 14.0℃,各地为 12.6 ~ 15.8℃(除庐山、井冈山),全南最高,德安最低,相差 3.2℃。

日最低地面温度≤0℃的日数 1991—2010 年,全省年日最低地面温度≤0℃的日数平均为 7.5 ~ 41.1 天(除庐山、井冈山),德安最多,全南最少,相差 33.6 天。

极端地面温度 1991—2010 年,全省 11 个地(市)气象台观测站的极端最高地面温度是 68.0 ~ 74.6℃,南昌最低,鹰潭最高,相差 6.4℃。极端最低地面温度是 -21.1 ~ -8.8℃,抚州最低,吉安最高,相差 12.3℃(表 1 - 1 - 1)。

表 1 - 1 - 1 1991—2010 年全省 11 个地(市)气象台观测站极端地面温度统计表

单位:℃

站　名	极端最高地面温度(℃)	出现时间	极端最低地面温度(℃)	出现时间
南　昌	68.0	1991 年 7 月 26 日	-18.9	1991 年 12 月 29 日
九　江	72.1	2009 年 7 月 21 日	-12.1	1998 年 1 月 25 日
宜　春	69.1	1998 年 8 月 24 日	-17.4	1991 年 12 月 29 日
上　饶	73.1	2000 年 7 月 25 日	-9.2	1991 年 12 月 29 日
景德镇	70.4	1991 年 7 月 26 日	-18.0	1991 年 12 月 29 日
新　余	70.7	2003 年 8 月 7 日	-9.0	1991 年 12 月 29 日
萍　乡	69.8	2001 年 7 月 28 日 2010 年 8 月 3 日	-15.5	1991 年 12 月 29 日
抚　州	70.5	1991 年 7 月 26 日	-21.1	1991 年 12 月 29 日
吉　安	70.7	2010 年 8 月 19 日	-8.8	1991 年 12 月 23 日
鹰　潭	74.6	2010 年 7 月 31 日	-9.4	1991 年 12 月 22 日
赣　州	70.5	1995 年 7 月 21 日	-9.7	1991 年 12 月 23 日

地中温度

全省各观测站观测的地中温度包括:5 厘米、10 厘米、15 厘米、20 厘米、40 厘米、80 厘米、160 厘米和 320 厘米不同深度的地中温度,其中地面以下 10 厘米左右地中温度的年、月、日变化比较大深度越深变化越小。

月平均 10 厘米地温 1991—2010 年,全省各地月平均 10 厘米地温,以 1 月为最低,7 月为最高。上半年逐月上升,下半年逐月下降。全省各月自北向南逐渐增高(图 1 - 1 - 4)。

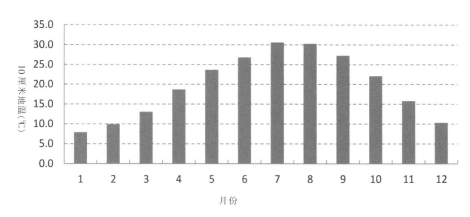

图 1 - 1 - 4 1991—2010 年全省各月平均 10 厘米地温变化图

年平均 10 厘米地温 1991—2010 年,全省年平均 10 厘米地温为 18.8 ~ 22.5℃(除庐山、井冈山),南部高,北部低,于都最高,修水和铜鼓最低,相差 3.7℃。

不同深度地温年变化 1991—2010 年,全省 11 个地(市)气象台观测站不同深度地中温度年变化是:深度越深温度年变化越小。每个深度北方温度年变化大,南方温度年变化小(表 1 - 1 - 2)。

表 1 - 1 - 2 1991—2010 年全省 11 个地(市)气象台观测站不同深度地中温度年变化统计表

单位:℃

站名	深度(米)	1 月	2 月	3 月	4 月	5 月	6 月	7 月	8 月	9 月	10 月	11 月	12 月	全年
南昌	0.4	9.5	10.3	12.6	17.3	22.2	25.2	28.3	29.0	26.7	22.7	17.4	12.5	19.5
	0.8	11.7	11.5	13.1	17.0	21.4	24.3	27.4	28.5	27.0	24.0	19.6	14.9	20.0
	1.6	15.1	13.6	13.9	15.6	18.7	21.5	23.9	25.5	25.4	23.9	21.3	18.0	19.7
	3.2	18.8	17.2	16.2	16.0	17.1	18.8	20.6	22.0	23.0	23.0	22.2	20.7	19.6
九江	0.4	8.5	9.1	11.5	16.2	21.2	24.6	28.0	28.9	26.6	22.3	16.9	11.7	18.8
	0.8	10.8	9.9	11.5	15.2	19.4	22.4	25.8	27.4	26.2	23.5	19.2	14.3	18.8
	1.6	14.5	12.7	12.7	14.3	17.2	20.2	22.8	24.8	25.0	23.6	21.1	17.7	18.9
	3.2	18.7	17.0	15.8	15.5	16.1	17.3	18.8	20.3	21.4	21.8	21.4	20.2	18.7

续表

站名	深度(米)	1 月	2 月	3 月	4 月	5 月	6 月	7 月	8 月	9 月	10 月	11 月	12 月	全年
宜春	0.4	9.7	10.2	12.4	17.0	21.6	24.9	27.9	28.6	26.6	22.6	17.6	12.8	19.3
	0.8	12.0	11.3	12.9	16.5	20.5	23.5	26.6	27.6	26.6	24.1	20.2	15.6	19.8
	1.6	16.1	14.1	13.9	15.0	17.6	20.4	22.9	24.6	25.0	24.0	21.9	19.0	19.5
	3.2	19.8	18.2	16.9	16.2	16.6	17.7	19.3	20.8	21.9	22.5	22.3	21.3	19.5
上饶	0.4	9.1	9.8	12.0	16.2	20.7	23.9	27.4	27.9	26.1	22.0	16.7	11.6	18.6
	0.8	11.4	11.0	12.4	15.6	19.5	22.5	25.8	26.7	25.8	22.9	18.7	14.2	18.9
	1.6	15.2	13.6	13.6	15.0	17.6	20.1	22.6	24.1	24.3	23.3	21.0	17.9	19.0
	3.2	19.1	17.5	16.5	16.1	16.7	17.9	19.3	20.6	21.5	21.8	21.5	20.5	19.1
景德镇	0.4	10.3	10.8	13.0	17.1	21.6	24.7	27.7	28.7	27.0	23.3	18.2	13.4	19.7
	0.8	12.0	11.8	13.5	17.0	21.0	24.0	27.1	28.4	27.3	24.5	20.2	15.3	20.2
	1.6	14.8	13.3	13.8	15.6	18.6	21.6	24.2	25.9	25.9	24.3	21.4	17.9	19.8
	3.2	18.3	16.4	15.6	15.8	17.2	19.2	21.3	23.0	23.9	23.7	22.6	20.6	19.8
新余	0.4	—	—	—	—	—	—	—	—	—	—	—	—	—
	0.8	—	—	—	—	—	—	—	—	—	—	—	—	—
	1.6	—	—	—	—	—	—	—	—	—	—	—	—	—
	3.2	—	—	—	—	—	—	—	—	—	—	—	—	—
萍乡	0.4	10.3	11.0	13.7	17.9	22.7	25.5	28.8	29.3	27.4	24.0	18.6	13.4	20.2
	0.8	12.4	11.8	13.6	17.1	21.4	24.4	27.5	28.6	27.5	25.0	20.6	15.8	20.5
	1.6	16.0	14.0	14.2	16.0	19.2	22.1	24.8	26.4	26.6	25.5	23.0	19.4	20.6
	3.2	20.1	17.9	16.6	16.4	17.5	19.5	21.4	23.0	24.1	24.4	23.8	22.3	20.6
抚州	0.4	10.4	11.0	13.3	17.9	22.8	25.8	28.8	29.5	27.5	23.4	18.4	13.5	20.2
	0.8	12.9	12.1	13.8	17.6	21.9	25.0	27.9	29.0	28.1	25.4	21.1	16.3	20.9
	1.6	16.7	15.0	15.0	16.2	18.9	21.7	24.0	25.6	25.8	24.6	22.4	19.5	20.5
	3.2	20.3	18.7	17.6	17.2	17.8	19.2	20.7	22.0	22.9	23.2	22.8	21.8	20.4
吉安	0.4	11.4	11.8	13.8	17.9	22.5	25.5	28.2	29.0	27.3	23.8	19.2	14.5	20.4
	0.8	13.1	12.7	14.2	17.5	21.6	24.4	27.5	28.6	27.5	25.2	21.1	16.6	20.8
	1.6	16.3	14.7	14.9	16.3	19.3	22.0	24.4	26.0	26.2	24.9	22.5	19.3	20.6
	3.2	19.4	17.5	16.6	16.6	17.9	19.7	21.7	23.2	24.2	24.3	23.3	21.6	20.5

续表

站名	深度（米）	1月	2月	3月	4月	5月	6月	7月	8月	9月	10月	11月	12月	全年
鹰潭	0.4	11.0	11.3	13.4	17.8	22.4	25.4	28.9	29.5	27.8	24.2	19.3	14.1	20.4
	0.8	12.6	11.9	13.4	17.1	21.3	24.2	27.5	28.4	27.4	24.7	20.6	16.0	20.4
	1.6	16.2	14.4	14.5	16.3	19.4	22.0	24.6	26.1	26.2	25.0	22.5	19.2	20.5
	3.2	—	—	—	—	—	—	—	—	—	—	—	—	—
赣州	0.4	12.3	12.9	15.2	19.4	23.7	26.6	29.1	29.6	27.9	24.3	19.6	15.0	21.3
	0.8	14.3	14.0	15.5	18.5	22.6	25.3	28.1	29.2	28.3	25.9	21.9	17.5	21.8
	1.6	17.6	16.1	16.3	17.7	20.5	23.0	25.1	26.6	26.8	25.6	23.3	20.3	21.6
	3.2	21.5	19.9	18.9	18.5	19.2	20.6	22.1	23.4	24.4	24.6	24.2	23.1	21.7

说明："—"表示没有设置观测，即没有记录。

第九节　其他气候要素

云

总云量　1991—2010年，全省年平均总云量为6.4~7.7成，铜鼓和崇义最多，九江城区和彭泽最少，相差1.3成。山地多，平原少。宜春西部、新余、萍乡、吉安北部和西南部、抚州中部和东部、赣南（除宁都、寻乌外）年平均总云量在7成以上。其余各地在6.4~7.0成之间。

全省春季（4月）平均总云量为6.9~8.6成，崇义最多，彭泽最少，相差1.7成。夏季（7月）为6.1~7.7成，石城和全南最多，泰和最少，相差1.6成。秋季（10月）为5.1~7.0成，铜鼓最多，乐平和寻乌最少，相差1.9成。冬季（1月）为6.5~8.0成，宁冈最多，庐山最少，相差1.5成。

低云量　1991—2010年，全省年平均低云量为2.5~6.8成，定南最多，鄱阳县最少，相差4.3成。赣北大部分地区为2.4~4.4成，赣中大部分地区为4.4成左右，赣南大部地区为5成左右。

全省春季（4月）平均低云量为3.2~8.2成，定南最多，鄱阳最少，相差3.8成。夏季（7月）为1.8~7.0成，定南最多，鄱阳最少，相差5.2成。秋季（10月）为1.4~5.3成，全南最多，鄱阳最少，相差3.9成。冬季（1月）为2.6~7.3成，上犹最多，高安最少，相差4.7成。

全省各月平均低云量大都是2—3月最多，10—11月最少。各月平均低云量自北向南逐渐增多，夏半年较多，冬半年较少。

晴天日数　1991—2010年，全省各地年平均晴天（日平均总云量<2成）的日数为18.9~67.1天，永修最多，崇义最少，相差48.2天。赣北大部分地区为50~60天。赣北中部地区在60天以上。赣中和赣南大部分地区、赣北西部为40~50天。崇义、铜鼓、资溪、宜黄为18~30天左右。

阴天日数　1991—2010年，全省各地年平均阴天（日平均总云量>8成）的日数为163.8~

217.1 天,铜鼓最多,南昌最少,相差 53.3 天。萍乡城区、新余城区、分宜、峡江、井冈山、宁冈、宜黄、崇义、上犹、石城、龙南、全南、南康为 200 ~ 215 天。其余地区都在 160 ~ 200 天。

雾

年雾日数 1991—2010 年,全省年平均雾日数为 4.7 ~ 192.2 天,庐山最多,上饶县最少,相差 187.5 天。赣北中北部和东南部、赣中西北部和南部、赣南中东部为 5 ~ 20 天;山区 20 ~ 50 天;铜鼓、宁冈、资溪、井冈山在 50 天以上。

季雾日数 1991—2010 年,全省春季平均雾日数为 1.3 ~ 55.7 天,庐山最多,鹰潭城区最少,相差 54.4 天。夏季为 0 ~ 48.3 天,庐山最多,星子、进贤、临川和于都最少,相差 48.3 天。秋季为 0.7 ~ 41.8 天,庐山最多,靖安最少,相差 41.1 天。冬季为 2.1 ~ 46.4 天,庐山最多,上饶县最少,相差 44.3 天。四季均为山地多,平原少。全省大雾出现频率呈现明显的季节性,最多在冬季,最少在夏季。大雾最多的月份是 12 月,平均达 3.2 天;最少的月份是 7 月,平均仅有 0.6 天(图 1 - 1 - 5)。

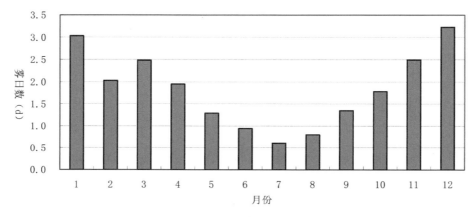

图 1 - 1 - 5　1991—2010 年全省各月平均大雾日数变化图

年最多雾日数 1991—2010 年,全省年最多雾日数为 8 ~ 209 天,庐山最多,横峰最少,相差 201 天。

霾

各地霾日数 1991—2010 年,全省霾日总体上是中北部多,南部少,较多地区主要集中在萍乡至上饶的铁路沿线和九江至樟树的铁路沿线一带(省内的主要城市及较发达地区),又以樟树、安义、南昌城区的霾日最多(年平均分别为 81.6 天、71.8 天、67.4 天)。除赣州地区以外,霾日较少的地区主要位于海拔较高的山区,如:西北部的铜鼓、东北部的德兴和万年、北部的庐山和西部的井冈山等地,其年平均霾日均小于 25 天。

各季霾日数 1991—2010 年,全省霾日秋、冬季节较多,平均每月 3.5 天。12 月最多,平均 5.2 天。其次是 1 月,平均 4.5 天。春、夏季节相对较少,平均每月 0.9 天。7 月霾日最少,平均仅为 0.4 天。其次是 6 月,平均 0.8 天。

雷 暴

雷暴初终日 1991—2010 年,全省平均雷暴初日为 2 月 6 日—3 月 1 日,德安最早,寻乌最晚,相差 23 天。全省最早雷暴初日为 1 月 2 日—1 月 14 日,庐山最早,寻乌最晚,相差 12 天。

全省平均雷暴终日为 9 月 29 日—11 月 2 日,湖口最早,宜春最晚,相差 34 天。全省最晚雷暴终日为 11 月 30 日—12 月 31 日,景德镇最早,万载、新余、铜鼓、宜春城区最晚,相差 31 天。

年雷暴日数 1991—2010 年,全省年平均雷暴日数为 30.9 ~ 69.7 天,寻乌最多,九江最少,相差 38.8 天。

全省年雷暴日数≥80 天的共有 11 个县(市),其中出现 3 年的有全南和寻乌;出现 2 年的有大余、石城、会昌。全省年雷暴日数≥90 天的有寻乌县。

季雷暴日数 1991—2010 年,全省春季平均雷暴日数为 11.5 ~ 20.9 天,宜丰最多,九江城区最少,相差 9.4 天;夏季为 15.8 ~ 39.7 天,寻乌最多,九江城区最少,相差 23.9 天;秋季为 1.9 ~ 8.3 天,寻乌最多,九江城区和湖口最少,相差 6.4 天;冬季为 1.3 ~ 3.3 天,宜春城区最多,定南和寻乌最少,相差 2 天。春、夏、秋三季都是南部多北部少,山区多平原少。

月雷暴日数 1991—2010 年,全省雷暴的频发时段主要在每年的 3—9 月,又以 8 月为最多,月平均 10.1 天。10 月—次年 2 月很少,又以 12 月最少,年平均仅有 0.2 天。春、夏季多,其中夏季又比春季多。秋、冬季少,其中冬季又比秋季少。一天内午后到傍晚为雷暴的频发时段(图 1 - 1 - 6)。

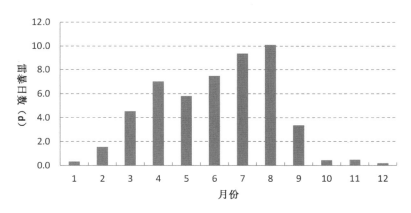

图 1 - 1 - 6 1991—2010 年全省各月平均雷暴日数变化图

霜

霜初终日 1991—2010 年,全省平均初霜日为 11 月 8 日—12 月 15 日,庐山最早,定南最晚,相差 36 天。平均终霜日为 2 月 1 日—3 月 28 日,崇义最早,庐山最晚,相差 55 天。

霜日数 1991—2010 年,全省平均霜日数为 10.1 ~ 33.6 天,德安最多,定南最少,相差 23.5 天。全年出现霜的主要时段是 10 月至次年 4 月,其中 12 月和次年 1 月霜日最多。

无霜期 1991—2010 年,全省平均无霜期为 331 ~ 355 天,定南最长,德安最短,相差 24 天。全省最长无霜期为 276~356 天,崇义最长,宜丰最短,相差 80 天。全省最短无霜期为 222~259 天,寻乌最长,武宁最短,相差 37 天。

淞

淞即为雨滴或者雾滴附着在地面以上物体,遇到低温后的凝华现象,也称为积冰。常见的有树枝积冰、电线积冰、飞机外壳积冰,也就是树枝、电线、飞机外壳上的雨淞或者雾淞。由于雨淞和雾淞在长时间的雨、雾、低温环境下有不断增厚和增重的效果,因此,常常会造成危害,如压断树枝、电线和电线杆,使飞机增重或外壳破裂等。

雨 淞 1991—2010 年,全省年平均雨淞日数为 0~43.1 天,庐山最多,乐平和婺源没有出现过雨淞日。全省各地年雨淞最长时间为 16~912 小时,庐山最长、乐平最短。省内雨淞大多出现在1 月下旬,其中雨淞明显的年份有 2008 年和 1991 年。2008 年 1 月 19 日—2 月 2 日,全省除赣南和赣东北少数县(市)外,其余县(市)每天都有雨淞。全省电线积冰直径超过 10 毫米的有 45 个以上的县(市),以庐山 84 毫米为最大(2008 年 1 月 17 日);抚州市区、井冈山、南城电线积冰直径创历史同期最大值,分别为 36 毫米、45 毫米和 52 毫米。年最多雨淞日数为 55 天,1998 年出现在庐山。

雾 淞 1991—2010 年,全省年平均雾淞日数为 0~36.9 天,庐山最多,其次是修水。赣中较少,赣南更少,但石城和宁都 2010 年 12 月 18 日出现过雾淞。全省各地雾淞年最长时数为 917 小时,2008 年出现在庐山。

结 冰

结冰即为地面积水表面和水体表面的冻结现象。

结冰时段 1991—2010 年,全省各地结冰时段主要出现在 11 月至次年 3 月,其中 12 月至次年2 月占全年的 93%,又以 1 月为最多(占全年的 44.3%,平均为 6.7 天)。

结冰日数 1991—2010 年,全省年平均结冰日数为 5.0~69.7 天,庐山最多,定南最少,相差64.7 天。赣北北部 20~25 天;赣北中南部和赣中 10~20 天;赣南大部 5~10 天。结冰最长持续时间达 40 天(2008 年庐山)。年最多结冰日数 87 天(1992 年庐山)。

第十节 全省主要气候要素极端值

1991—2010 年,全省日极端最高气温为 42.2℃,日极端最低气温为 -16.7℃。年极端最多高温日数为 72 天,年极端最多低温日数为 81 天。年极端最大降水量为 3088.5 毫米,年极端最小降水量为 1001.6 毫米。年极端最多雨日为 254 天,年极端连续最大降水量为 1056.2 毫米,年极端最长连续无降水日数为 92 天,年极端最长连续降水日数为 32 天。此外,日照、地温、风、雾、淞、冰、雪等主要气候要素的极端值见表 1-1-3。

表 1 － 1 － 3　1991—2010 年全省主要气候要素极端值统计表

气候要素名称（单位）	极端值	出现时间	出现地点
日最高气温（℃）	42.2	2003 年 8 月 2 日	黎川
日最低气温（℃）	－ 16.7	1991 年 12 月 28 日	庐山
年最多高温日数（天）	72.0	2003 年	上饶县
年最多低温日数（天）	81.0	1992 年、2005 年	庐山
年最大降水量（毫米）	3088.5	2012 年	资溪
年最小降水量（毫米）	1001.6	2007 年	湖口
年最多雨日（天）	254.0	1997 年	井冈山
年最多暴雨日数（天）	18.0	2010 年	横峰
日最大降水量（毫米）	393.8	2002 年 6 月 16 日	广昌
月最大降水量（毫米）	1104.4	1998 年 6 月	横峰
连续最大降水量（毫米）	1056.2	1998 年 7 月	弋阳
最长连续无降水日数（天）	92.0	2007 年	兴国
最长连续降水日数（天）	32.0	1997 年	井冈山、上犹
年最多日照时数（小时）	2239.0	2003 年	石城
年最大风速（米/秒）	25.0	1998 年 10 月 27 日	庐山
年最多雾日数（天）	209.0	1997 年	庐山
雾凇最长持续时间（小时）	917.0	2008 年 1 月 12 日—2 月 19 日	庐山
雨凇最长持续时间（小时）	912.0	2008 年 1 月 12 日—2 月 19 日	庐山
结冰最长持续天数（天）	40.0	2008 年 1 月 12 日—2 月 20 日	庐山
年最多结冰日数（天）	87.0	1992 年	庐山
最大积雪深度（厘米）	66.0	1998 年 1 月 23 日	庐山
最高地面温度（℃）	75.1	2010 年 8 月 16 日	南昌县
最低地面温度（℃）	－ 29.4	1991 年 12 月 29 日	庐山

第二章　气候特征

　　江西省属亚热带季风湿润气候,四季分明且天气复杂多变,主要是受变性的极地大陆气团和热带海洋气团影响,全年冷、暖气团交汇频繁。冬季,常受从西伯利亚和蒙古一带南下的冷气团所控制,北方寒流频频南下,造成雨雪冰霜,气候比较湿冷。春季和初夏,西伯利亚气团和热带海洋气团两者势力相当,是锋系及气旋活动最盛时期,天气复杂多变。盛夏常受西太平洋副热带高压控制,高温酷热,有时伴有午后的雷阵雨。秋季,变性的西伯利亚气团占主要地位,出现全年最宜人的秋高气爽天气。气温在一年中的变化比较大。全省气候主要特点是:春多雨、夏炎热、秋干燥、冬阴冷,属明显的湿润季风气候。

第一节　四季气候

季节划分

　　划分标准　春季为日平均气温或滑动平均气温≥10℃,且<22℃;夏季为日平均气温或滑动平均气温≥22℃;秋季为日平均气温或滑动平均气温<22℃,且≥10℃;冬季为日平均气温或滑动平均气温<10℃。

　　各季始日　全省各地春季始日为2月9日—3月14日,南部早北部晚,最早出现在寻乌、定南、龙南和全南,最晚出现在德安,相差33天;夏季始日为4月29日—5月25日,南部早北部晚,最早出现在于都,最晚出现在铜鼓,相差26天;秋季始日为9月23日—10月19日,北部早南部晚,最早出现在铜鼓,最晚出现在于都,相差26天;冬季始日为11月29日—12月23日,北部早南部晚,最早出现在瑞昌、湖口、德安、修水和铜鼓,最晚出现在寻乌,相差24天。

　　各季日数　全省各地四季的持续日数不尽相同,其中:春季为59~85天,最长出现在大余,最短出现在九江,相差26天;夏季为119~169天,最长出现在于都,最短出现在铜鼓,相差50天;秋季为45~63天,最长出现在寻乌和定南,最短出现在东乡,相差18天;冬季为43~101天,最长出现在修水,最短出现在寻乌和定南,相差58天。全省大部分地区四季持续日数以夏季为最长、冬季次之、春季第三、秋季最短。赣南则是夏季最长、春季次之、秋季第三、冬季最短。

气候特点

　　四季分明　1991—2010年,全省年平均气温为18.2℃,各地的年平均气温(庐山、井冈山除外)

为 16.6（铜鼓）~ 20.0（于都）℃，自北向南递增，平原高于山区。其中赣北北部和西部、赣中局部 17 ~
18℃，局部低于 17℃，赣北南部、赣中大部 18 ~ 19℃，赣南大部 19 ~ 20℃。全省季风气候特点比较
明显，冬季经常在变性大陆冷高压控制之下，盛吹偏北风，气温较低。夏季经常受副热带高压控制，
盛吹偏南风，气温较高。春、秋两季是冷、暖空气过渡季节，温度较适中。因此，本省气候四季分明，
春季温暖，夏季暑热，秋季凉爽，冬季湿冷。

热量充足 1991—2010 年，全省无霜期较长，平均为 280 天，各地在 254（宜丰）~ 314 天（崇
义）天之间，相差 60 天。赣东北和赣西北 254 ~ 270 天，赣州的西南部 300 ~ 314 天，其余地区 270 ~
300 天。各地日平均气温稳定在 5℃以上的天数有 290 ~ 340 天。各地从 3 月中旬或下旬至 11 月下
旬或 12 月上旬，期间约有 8 ~ 9 个月（240 ~ 275 天）的气温都稳定在 10℃以上。大部分地区大于
10℃的积温都在 5500 ~ 6000℃·d 之间，赣南积温最多，达 6000 ~ 6200℃·d。各地气温稳定在
15℃以上的天数有 190 ~ 225 天。各地日平均气温稳定高于 20℃的天数有 130 ~ 170 天。

雨水集中 省内雨水丰沛，全省年平均降水量为 1671 毫米。4—6 月，雨水比其他季节更多，这
三个月是本省的雨季，也是汛期，期间全省平均降水量占全年降水量的 45%左右，有的年份甚至达
到 60%。

春季寒冷 省内地处长江之南，南岭之北，是南方的暖湿气流与北方的干冷气流交替往返的地
带。由于冷暖空气活动频繁，因此，造成本省春季天气变化剧烈，冷暖无常。

春寒，是指 3 月中旬至 4 月上旬出现的气温连续 5 天以上低于 10℃或伴有雨雪且寡照的低温
阴雨天气，对春播十分不利，常出现烂种烂秧、死苗现象。春寒又分为"春分寒"和"清明寒"（也称
倒春寒）两种。春寒大部分年份出现在春分前后，少数年份出现在清明前后，但也有个别年份出现
春分寒连清明寒。

夏季炎热 受稳定的副热带高压控制，省内夏季炎热。全省 7 月平均气温除局部山区外，南北
各地相差甚小，都在 28.0 ~ 30.0℃之间，极端最高气温大都在 40℃以上。全年日最高气温≥35℃
的天数，除鄱阳湖受湖水调节和赣州南部的三南（龙南、全南、定南）及安远、寻乌一带因植被条件较
好的山区为 10 ~ 20 天外，其他地方都在 20 天以上。赣东北和赣江中游一带多达 30 ~ 40 天。部分
地方 40 天以上，弋阳甚至有 44 天的记录。

秋天干燥 省内的秋季受大陆高压控制，全省多晴好天气，且湿度较小，雨水不多，空气干燥，
森林火险气象等级较高。但气温适中，是一年中最宜人的季节。

冬季湿冷 省内冬季受大陆季风影响，冷空气活动频繁。特别是鄱阳湖区域为向北开口的盆
地，冷空气长驱直入，使北部平原气温显著下降，有时伴有雨雪或冰冻。这里 1 月平均气温为 3.5 ~
5.0℃，最低气温更低；赣南盆地因受山脉阻挡，加之位置偏南，冷空气的影响较小，这里 1 月平均气
温为 7.0 ~ 8.0℃，有的地方在 8.0℃以上，但极端最低气温仍可下降至 - 5℃左右。加上空气湿度
相对较大，省内的冬天常常是又湿又冷。

夏秋多旱 省内每年汛期结束，副热带高压稳定控制全省，开始进入炎热、少雨季节，常常出现
干旱。省内的干旱主要发生在夏、秋季节，春旱和冬旱很少发生，其中秋旱重于伏旱且范围大。伏
旱以中部为重，其次为北部。伏旱中心区域在樟树、玉山、鄱阳一带，以樟树发生频率最高。秋旱以

北部为重,其次为中部。秋旱多发生在鄱阳湖平原,以鄱阳县发生频率最高。从干旱的地理区域分布看,河谷平原较重,丘陵山地较轻。北部、中部较重,南部较轻。从时间分布频率看,基本上是中等以上的伏旱或秋旱两年一遇。严重的伏旱六年一遇,严重的秋旱四年一遇。20 年内,全省性特大干旱年份有 2003 年、2007 年。

第二节　山地气候

全省山地、丘陵约占国土面积的 78%,是全国江南丘陵的重要组成部分。中南部的丘陵海拔一般在 200 ~ 600 米之间。东、西、南三面高山环绕,西部赣湘边境为幕阜山、九岭山和罗霄山,东部有怀玉山、武夷山,南部赣粤边境为大庾岭和九连山。这些山脉海拔多在 1000 ~ 1500 米之间。这样的地形,构成了省境屏障,对气候、物候都有明显影响,省内的高山地区气候,主要有以下特点:

夏天短

以庐山的牯岭(海拔高度 1215 米)为例,这里一般 7 月上旬开始进入初夏,8 月下旬结束,整个夏季不到两个月,同山下的九江、星子相比,短了两个月。

冬天长

庐山牯岭冬季提前一个月来临,又延后一个月结束,比山下长了两个月。庐山一般在 10 月下旬,日平均气温开始降到 10℃以下,一直维持到次年 4 月中下旬,时间长达 5 ~ 6 个月,其中还有四个多月的月平均气温低于 5℃。4 月下旬才真正进入春季,相比山下迟了一个月,这里是三月桃花四月开。

气温低

空气温度一般随地势的增高而降低,但因季节、天气、时间、地形等条件不同,温度递降的幅度也不一样。总的趋势是:高温时期递降的数值大,低温时期递降的数值小。平阔的地形递降的数值稍大,陡峭的地形递降的数值略小。庐山和井冈山的气候资料表明,地势高度每增高 100 米,年平均气温降低 0.4 ~ 0.6℃,夏季降低 0.5 ~ 0.7℃,冬季降低 0.4℃左右。晴天正午前后递降的数值大,夜间至清晨以及阴雨天递降的数值小。

庐山年平均气温 12.1℃,比同纬度平原地区低 5 ~ 6℃。最热月 7 月平均气温 22.6℃,比山下九江、星子低 6 ~ 7℃。7 月极端最高气温 32℃,故而有"清凉世界"的美誉。最冷月 1 月平均气温 0.5℃,比同纬度平原地区低 4 ~ 5℃。极端最低气温都在 -10℃以下。

井冈山年平均气温 14.7℃,比同纬度平原地区低 4℃左右。最热月 7 月平均气温 24.1℃,比同纬度平原地区低 5 ~ 6℃。盛夏时节,吉泰盆地极端最高气温一般都在 41℃以上,而井冈山一般仅为 32 ~ 34℃。这里虽然曾出现过一次 36.7℃高温(2003 年 7 月 15 日),这是十分罕见的。最冷月

1 月平均气温 3.7℃,比同纬度平原地区低 3~4℃。

省内的高山上,一般夏天不到两个月,冬天却有 4 个多月,庐山的冬季有 5 个多月。日平均气温 10℃ 以上的积温也较少:海拔 1215 米的庐山牯岭,20 年内的日平均气温稳定通过 10℃ 的初日大多在 4 月中下旬,终日大多在 10 月下旬前后,平均积温为 3578℃·d。海拔 843 米的井冈山茨坪,20 年内的日平均气温稳定通过 10℃ 的初日大多在 3 月下旬前后,终日大多在 11 月中旬前后,平均积温为 4417.7℃·d。

降雪期长

随着地势的增高,初霜、初雪期提早,终霜、终雪期推迟,无霜期缩短,降雪日数增多,积雪时间增长。

庐山常年 11 月中下旬开始降雪,20 年中最早的初雪日是 11 月 3 日。终雪常年在 3 月下旬—4 月上旬,最晚的终雪日是 4 月 11 日。20 年内平均降雪日数为 27.9 天,平均积雪日数为 25.6 天。积雪深度常达 10 厘米以上,最大积雪深度达 66 厘米(1998 年 1 月 23 日)。平均无霜期为 225 天。

井冈山常年 12 月中下旬开始降雪,20 年中最早的初雪日是 11 月 17 日。终雪常年在 3 月上旬,最晚的终雪日是 4 月 2 日。20 年内平均降雪日数为 10.4 天,比同纬度平原地区多 5 天左右。平均积雪日数为 6 天,比同纬度地区多 4~5 天。

云雾多

山高温度低,水汽容易凝结,故云雾多。高山上的云和雾,难分多变,扑来是雾,吹走即云,有时人在云海走,雾在脚下飞。一般的高山上,年平均雾日有 100~200 天,比一般丘陵平地多几倍,十几倍,甚至更多。庐山的雾日比井冈山更多,年平均雾日 192.2 天(最多年份达 209 天)。庐山顶端因处高空地带,加上江环湖绕,湿润气流在前进中受到山地阻挡,容易形成云雾,一年中的 3 月至 6 月,难有几个晴天,甚至连续云雾蔽山一个月以上,浓雾期间几米外看不清物体。由于温度较低,云雾和降水较多,空气湿度较大。

降水多

高山地区的降雨量比一般丘陵平地要多。1991—2010 年,庐山年平均雨量 2047.3 毫米,最多达 2956.6 毫米;井冈山平均雨量 1920.9 毫米,最多达 2878.8 毫米;相比同纬度平原地带多 400~500 毫米。井冈山一年有一半以上的日子是雨天,年均雨日 202.9 天,最多达 254 天,相比山下多 50 天左右。庐山雨日相对要少一些,年平均雨日 164.6 天,最多有 195 天,相比山下多 30 天左右。此外降水强度比平原丘陵要大,暴雨次数要多,尤其在台风来临时,由于受高山阻挡作用,容易产生暴雨天气,如:2005 年 9 月的"泰利"台风,庐山 9 月 2—4 日的降水量达到 940 毫米,降水强度之大为历史罕见。

大风多

高山地区风速较大,大风天气较多。1991—2010 年,庐山年平均风速为 3.8 米/秒,年平均大风日数为 68.4 天。

天气多变

高山地区的天气变化剧烈而突然,尤其是春、夏季节变化更大,常常在一天之中,时而云雾蔽山、细雨蒙蒙;转瞬阳光灿烂、彩云飘荡;突又雷鸣电闪、大雨倾盆。有时山底下大雨、山上大晴天,山顶阳光烈、山腰云雾遮。

第三节　鄱阳湖区气候

鄱阳湖区位于本省的北部,其主要范围包括:南昌县、新建县、进贤县、东乡县、余干县、鄱阳县、都昌县、湖口县、九江县、星子县、德安县、永修县以及南昌城区、九江城区、庐山区、共青城等环鄱阳湖的地域,总面积约 20300 平方公里(约为全省总面积的 12%),总人口约 1006 万人(约为全省总人口的 23%)。

鄱阳湖是中国最大的淡水湖泊,位于长江中下游结合部和本省北部,南北长 173 公里,东西平均宽约 16.9 公里,最宽处约 74 公里,最狭处约 2.8 公里,湖岸线总长 1200 公里。它汇聚赣江、抚河、信江、修水和饶河五大水系,经调蓄后由湖口注入长江,形成完整的鄱阳湖水系。鄱阳湖是一个季节性涨水湖泊,洪、枯水位面积一般年份在 400～4100 平方公里之间变化,特殊年份在 200～4900 平方公里之间变化(如 1998 年),两者相差 10～20 倍。鄱阳湖流域面积 16.2 万平方公里,占长江流域面积的 9%,多年平均入江水量为长江径流量的 15.6%,其蓄水功能对长江中下游蓄洪、排洪、调洪发挥着重要作用。鄱阳湖区丰富的光、热、水资源适宜多种生物生长,因此,在宽广的湖水、湖滩、湿地中,植物、鱼类、候鸟的种类繁多,不少还属于世界濒危物种。

鄱阳湖区地处中亚热带季风湿润区,气候温和,光照充足,雨量丰沛。四季分明,夏冬长,春秋短。春寒、夏热、秋燥、冬冷。春末夏初阴雨连绵,伏秋多干旱。无霜期长,冰冻期短。1991—2010 年,鄱阳湖区(含 16 个县、市、区)年平均气温 18.1℃,极端最高气温 41.1℃(永修 2003 年 8 月 1 日),极端最低气温 -14.3℃(余干 1991 年 12 月 29 日)。年平均无霜期 281 天。年平均降水量 1667.1 毫米。年平均降水日数 153 天(暴雨 6 天),其中春天 51 天,夏天 41 天,秋天 24 天,冬天 30 天(庐山 165 天)。年平均日照时数 1605.7 小时;年平均日照百分率 39%。年平均太阳辐射总量约 4600 兆焦耳/平方米。年平均大气相对湿度 78%,其中 1 月 79%,4 月 80%,7 月 76%,10 月 75%。年平均风速 2.1 米/秒,其中春季 2.1 米/秒,夏季 2.1 米/秒,秋季 2.2 米/秒,冬季 2.2 米/秒。年极大风速 31.5 米/秒(星子 2009 年 6 月 21 日),庐山 30.6 米/秒(2004 年 3 月 17 日)。年平均蒸发量 1365.5 毫米。年平均雾日数 22 天(庐山 192 天)。年平均雷暴日数 51 天。年平均降雪日数 6 天;

年平均霜日数 19 天。年平均大风日数 3 天。年平均冰雹日数 0.2 天。年平均高温日数 30 天;年平均低温日数 15 天。

第四节　城市气候

南昌市城区气候

相对农村来说,城市是个气候岛,如:热岛、干岛、雨岛、烟霾岛、雾岛等。城市环境对城市气候的影响很大,城市气候是人类活动影响小气候的明显表现,因为城市面积小,人口密集,工业集中,空气污染严重。大量人为热量的释放和特殊的下垫面条件,使城区和农村的气候产生了明显的差异。

随着经济的发展,城市化发展迅速,城市防灾、减灾、救灾面临新的挑战。迅猛的城市化对城市基础设施建设构成了前所未有的压力,也使城市面对各种灾害与灾难事件的脆弱性更为突出。对城市来说,最为敏感的灾害均与气象因素相关,比如:水灾、旱灾、热浪等。其中,因暴雨导致的内涝灾害最为突出。由于城市不透水面积大、蓄水能力较低,一旦发生暴雨,各种因素叠加容易造成暴雨洪涝灾害。

据省气象科技服务中心对南昌市城区和郊区的对比观测和分析,1991—2006 年的 16 年间,南昌市城区比郊区:年平均气温高 0.6 度,年高温日数多 3 天,年霜冻日数少 4 天,年大风日数少 4 天,年平均空气相对湿度小 1.2%,年大雾日数少 2 天,年总降水量多 120 毫米,年暴雨日数多 2 天,年霾日数多 45 天。

城市空气污染

城市空气污染越来越严重,也被社会广泛关注。国家环保总局和中国气象局从 2001 年 6 月 5 日起,正式在中央电视台共同发布全国环境保护重点城市的空气污染指数(即空气质量)预报。空气污染指数(简称 AQI)就是将常规监测的几种空气污染物浓度简化成为单一的概念性指数值形式,并分级表征空气污染程度和空气质量状况,适合于表示城市的短期空气质量状况和变化趋势。空气污染的污染物有:烟尘、总悬浮颗粒物、可吸入悬浮颗粒物(浮尘)、二氧化氮、二氧化硫、一氧化碳、臭氧、挥发性有机化合物等。其城市空气质量污染指数的分级标准是:

一　级　污染指数 0~50,为日均值一级标准,空气质量为优,符合自然保护区、风景名胜区和其他需要特殊保护地区的空气质量要求。

二　级　污染指数 51~100,为日均值二级标准,空气质量良好,符合居住区、商业区、文化区、一般工业区和农村地区空气质量的要求。

三　级　污染指数 101~150,为日均值三级标准,空气为轻度污染。若长期接触本级空气,易感人群症状会轻度加剧,健康人群出现刺激症状。符合特定工业区的空气质量要求。

四　级　污染指数 151～200，为日均值四级标准，空气质量为中度污染。接触本级空气一定时间后，心脏病和肺病患者症状显著加剧，运动耐受力降低，健康人群中普遍出现症状。

五　级　污染指数 201～300，为五级标准，空气质量为重度污染。健康人运动耐受力降低，有明显症状并出现某些疾病。

六　级　污染指数 300 以上，为严重污染，对人的身体健康极为不利。

该分级标准是城市空气质量预报的实施标准，也是进行城市环境功能分区和空气质量评价的主要依据。

根据 2001—2010 年，全国对近 400 个重点城市空气污染程度的监测和统计，省内 11 个设区市城市的空气污染程度排名（从轻到重）一般在 150～220 之间，属于中等水平，其中：赣州每年空气质量达到"良好"或"优"的等级时段较多。九江每年有 1～2 次"中度"以上污染。其他城市的空气质量多数时期在"良好"范围。全省 11 个城市每年出现"重度"以上空气污染的次数很少。如：至 2010 年，全省 11 个设区市城市空气质量全年达标天数比例平均为 90% 左右，其中：二氧化硫年平均浓度为 27 微克/立方米左右，有近三分之一的市达一级标准，其余均达二级标准。二氧化氮年平均浓度为 25 微克/立方米左右，11 个城市均达一级标准。可吸入颗粒年平均浓度为 68 微克/立方米左右，并每年都有下降。全省降雨 ph 值为 5.26 左右，除九江、吉安、宜春外，其余 8 个城市的降水 ph 年平均值都低于 5.60，酸雨污染比较严重（ph 值 <7 为酸性，ph 值 =7 为中性，ph 值 >7 为碱性）。

第三章 气候资源

气候资源主要包括风能资源、太阳能资源、热量资源、云水资源四个方面的资源。1991—2010年,省内开展了大量的气候资源开发利用前期的观测和研究工作,在一些实际开发利用项目中发挥了重要作用。全省风能资源主要分布在鄱阳湖区和高山地区。全省太阳能相对丰富的区域主要有三个:一是赣南及赣中南部偏东区域;二是赣北中部;三是赣东北的铅山、上饶县、广丰一带。全省热量资源南部高北部低,平原和盆地高,丘陵和山地低。热量资源丰富区位于赣南中部地区。全省云水资源南部多北部少,年平均大气可降水量赣州比南昌约多11%。

第一节 风 能

风能储量

全省风能资源主要分布在鄱阳湖区和高山地区。鄱阳湖区是受地形影响形成的孤岛式分布的风能资源丰富区;高山地区是以沿山脉走向的线状式分布或孤立山峰的点状式分布的风能资源丰富区。以70米高度处风功率密度≥300瓦每平方米为划分标准,全省风能资源技术可开发量约为310万千瓦,技术可开发面积约为876平方公里。其中,山地风能资源技术可开发量约为100万千瓦,技术可开发面积约为136平方公里,鄱阳湖区风能资源技术可开发量约为210万千瓦。

风能分布

受地形和气候的共同影响,全省风能资源主要集中在海拔较高的山地和鄱阳湖湖体周围,年平均风速超过5.5米/秒;而远离鄱阳湖的湖道、地势低洼的区域,年平均风速一般在2.5~4.0米/秒之间,风能资源较少。赣北鄱阳湖地区为全省风能资源最密集的区域,风能资源较为丰富的山地遍布于全省各地。

鄱阳湖区 鄱阳湖湖体周围70米高度处,年平均风速约为5.0~6.0米/秒,风功率密度约为200~300瓦/平方米。鄱阳湖北部从狮子山到沙岭的水道两侧,一直延伸到鄱阳县的莲湖附近,存在一个连续的大风区域,其分布和水面有相似性。鄱阳湖区风能资源丰富的区域主要是鄱阳湖北部从湖口到永修的松门山、吉山约60公里长的两侧湖道和浅滩,以及湖中一些岛屿,其风功率密度约为200~400瓦/平方米,年平均风速为5.0~7.0米/秒,年平均有效时数为5000~7000小时。鄱阳湖北部狭长湖道的南部部分浅滩及屏峰、老爷庙、沙岭、松门山至吉山、长岭、矶山湖等地的鄱阳湖北部湖道部分区域,风能资源等级达2~3级以上。白沙洲、小鸣咀、青岚湖、军山湖等地的鄱阳湖南部湖体部分区域风能资源等级为2级。鄱阳湖狭管入口处的狮子山地区风能资源等级为1~2级。

　　根据地理位置、地形、地貌和已经掌握的风力资源情况,鄱阳湖区风能开发最佳区域可分为7个风场,即:皂湖风场、老爷庙风场、长岭风场、青山风场、沙岭风场、松门山至吉山风场、大岭风场。

　　高山山地　高山山地地势高,接近于自由大气,风能资源丰富。庐山山地、玉山、雪山山脉、罗霄山脉等海拔较高的山地地区70米高度处年平均风速超过5.5米/秒,风功率密度大于350瓦/平方米,但高山山体存在很强的风速梯度,沿山体到平地和湖面风速迅速减小。赣南山地风功率密度约为200~500瓦/平方米,年平均风速为5.3~7.8米/秒,年平均有效时数占全年时数的85%以上。其中,上犹风打坳风场50米高度风速为6.1米/秒,风功率密度为230瓦/平方米,达到2级标准;于都屏坑山风场70米高度风速为7.8米/秒,风功率密度为481.0瓦/平方米,达到4级标准。根据实地调研、气候调查及短期测风资料,并结合地形、地貌进行整体分析和评估后,初步规划江西主要山地风场17座,即:大德山风场,装机容量13.1万千瓦;幕阜山风场,装机容量10.5万千瓦;九岭山风场,装机容量18万千瓦;泥阳山风场,装机容量11.25万千瓦;玉华山风场,装机容量4.7万千瓦;武功山风场,装机容量11.8万千瓦;麻姑山风场,装机容量13.1万千瓦;十八排风场,装机容量4.2万千瓦;陈山风场,装机容量11.7万千瓦;高龙山风场,装机容量5.5万千瓦;鱼牙嶂风场,装机容量8.7万千瓦;万洋山风场,装机容量9.4万千瓦;灵华山风场,装机容量6.8万千瓦;水槎风场,装机容量14万千瓦;双溪风场,装机容量5.5万千瓦;屏山风场,装机容量2.4万千瓦;九龙山风场,装机容量7万千瓦。

风能变化

　　鄱阳湖区和赣南山地春、冬季风速和风功率密度较大,夏、秋季较小。省内春、冬季冷空气活跃,寒潮天气频繁发生,风力强劲,是一年中风速的高峰期。夏、秋季多受副热带高压控制,天气稳定,风力较弱。

　　鄱阳湖区正午前后风速最小,傍晚以后到凌晨风速较大,风速最小值出现在正午11—12时左右,风速最大值出现在20时至凌晨1时左右,最大风速与最小风速相差约0.3~0.7米/秒。鄱阳湖地区各风场风速日变化趋势存在一定差异,即:湖滩风速日变化呈现较明显U型分布,而狭管入口处、北部狭管大风区风速日变化相对不明显。风机轮毂高度处风能资源日变化与当地电网负荷不太一致。山地风速日变化明显呈U型分布,午后风速最小,凌晨至清晨风速较大,风速最小值出现在14时左右,风速最大值出现在凌晨2时至清晨7时左右,最大风速与最小风速相差约2.5米/秒。风机轮毂高度处风能资源日变化与当地电网负荷不太一致。

风能成因

　　鄱阳湖北部从湖口到松门山一带为一狭长的狭管,气流入"狭管"后受到压缩,加速运动。此外,鄱阳湖湖面摩擦力小,气流由陆地吹向平滑水体后,气流加速运动使风速增大。受狭管效应影响和湖体影响,鄱阳湖区风能资源较为丰富。

山地风力分布大小与地形、海拔高度有关。由于山体较高,暴露在高空风中,受山脉走向和地形影响,风力较大。

风能利用

风能在风力提水、风力发电、风帆助航、风力制热四个方面得到了广泛利用。利用风力发电已越来越成为风能利用的主要形式。省内能源资源短缺,能源工业的进一步发展面临成本增高、交通运输和环境污染压力大的问题。利用省内丰富的自然资源,大力发展风力发电是保证全省能源安全和可持续发展的重要举措。全省风电场规划技术可开发量为 310 万千瓦,每年可为电网提供 6.89×10^9 千瓦时的电,每年可节约标准煤 212.5 万吨,同时每年可减少排出二氧化碳 672.6 万吨、二氧化硫 3.83 万吨、烟尘 13.92 万吨、氮氧化物 4.46 万吨。按风力发电具有减排的环境价值估算,鄱阳湖区风电场每年的环境价值为 1.93×10^5 万元。

风能资源评价是风电场开发的重要前期基础工作。1991—2010 年间,省气象科学研究所受省电力公司、省发展和改革委、有关地方政府的委托,先后在老爷庙、沙岭、灰山、矶山、白沙洲、矶山湖、小鸣咀、长岭、狮子山、风打坳、凤山等地竖立测风观测塔 29 座。之后,陆续开展了《鄱阳湖区风能资源及风电应用技术研究》《鄱阳湖风电场选址研究》《鄱阳湖区风电资源评估初步研究》《江西省风能资源详查与评估》《鄱阳湖区风能资源储量及分布规律研究》等课题。还编制完成了《江西省风电规划》《江西省风能资源评价报告》《江西省老爷庙风电场微观选址铁塔测风及风力资源评估》《白沙洲风场风资源评价报告》《小鸣咀风场风资源评价报告》《白沙洲风场风资源评价报告》《庐山区长岭风场风资源评价报告》《狮子山风场风资源评价报告》《江西省四县(区)重点风场风资源评价报告》《赣南风场风资源评价报告》等报告,为江西省风能资源开发提供了前期技术支撑。

2008 年 12 月 6 日,省发展和改革委员会根据本省气象部门提供的《鄱阳湖区风能资源储量及分布规律研究》成果,结合地质、交通和电网等部门的意见,制定了本省《"十一五"新能源发展规划(风电篇)》,按照规划,2010 年,江西省风电装机容量将达 10 万至 12 万千瓦。

2009 年 1 月 4 日,省气象科研所全程参与选址、调查、测风、评价和研究的江西省首个风电项目——江西中电投新能源发电有限公司矶山湖风电项目在九江市都昌县大矶山正式投入运行,矶山湖风电场总投资 3.47 亿元,总安装 20 台 1500 千瓦的新型风力发电机组,建成后总装机容量为 3 万千瓦,年发电量为 5500 万千瓦时,每年可节约标准煤 1.9 万吨,减少二氧化碳排放 5.9 万吨,减少二氧化硫排放 215.8 吨。

2009 年 2 月 27 日,长岭风力发电场 23 台风机全部安装到位并实现并网发电,该风电场总投资 3.55 亿元,总装机容量为 3.45 万千瓦,年平均上网发电量为 7000 万千瓦时。

2009 年 12 月 22 日,江西省第三个开工建设的风电项目——位于鄱阳湖畔的星子县大岭风力发电场 13 台风电机组已正式并网发电,大岭风力发电项目总投资 2.15 亿元,安装了 13 台 1500 千瓦风机,累计发电量2.38亿千瓦时,每年可节约标准煤1.35万吨,减少一氧化碳排放3.5吨,减少二氧化碳排放4.2万吨,减少二氧化硫排放202吨,减少氮氧化物排放123吨,减少粉尘排放123吨。

2010年10月29日,江西中电投新能源发电有限公司投建的老爷庙风电场正式开工,项目总投资约5亿元。老爷庙风电场装机容量4.95万千瓦,计划安装单机容量1500千瓦的风电机组33台,设计年发电量1.02亿千瓦时,是江西省继矶山湖、长岭、大岭风电场之后的第四座风电场,也是江西电网内迄今为止装机容量最大的风电场。该项目建成投产后,大约每年可为8.5万户家庭供电,与同等规模燃煤发电厂相比,每年可节约标准煤3.6万吨,相应减少多种有害气体和废气排放。

第二节　太阳能

太阳能储量

全省年太阳能储量约为18.20×10^5千瓦时,折合223.84亿吨标准煤,储量巨大。各设区市以赣州市的储量最为丰富,达4.25×10^5千瓦时,其次为吉安和上饶市。按单位面积功率计算,赣州市功率最大,达0.131千瓦每平方米;其次为南昌市和上饶市,为0.129千瓦每平方米;全省平均为0.126千瓦每平方米,各地差异较小(表1-3-1)。

表1-3-1　1991—2010年全省各地、市年太阳能储量

单位:亿千瓦时

设区市名	面积(万平方千米)	总储量(亿千瓦时)	总储量相当标准煤(亿吨)	单位面积储量(千瓦每平方米)	可获得量(亿千瓦时)	可获得量相当标准煤(万吨)
南昌市	0.72	0.85×10^5	10.51	0.129	170.0	210.2
赣州市	3.94	4.25×10^5	52.23	0.131	850.0	1044.6
九江市	1.91	2.02×10^5	24.81	0.125	404.0	496.2
吉安市	2.53	2.74×10^5	33.65	0.126	548.0	673.0
抚州市	1.88	2.02×10^5	24.83	0.125	404.0	496.6
萍乡市	0.38	0.44×10^5	5.46	0.122	88.0	109.2
宜春市	1.87	1.98×10^5	24.41	0.124	396.0	488.2
新余市	0.32	0.37×10^5	4.53	0.124	74.0	90.6
鹰潭市	0.36	0.42×10^5	5.17	0.127	84.0	103.4
上饶市	2.27	2.50×10^5	30.79	0.129	500.0	615.8
景德镇市	0.53	0.61×10^5	7.45	0.128	122.0	149.0
合计或平均	16.71	18.20×10^5	223.84	平均0.126	3640.0	4476.8

太阳能分布

太阳能资源分布　省内绝大部分地区年太阳总辐射量高于 3780 兆焦每平方米,为太阳能资源丰富区。仅在西部、中东部、中部山区少部分地区年总辐射量低于 3780 兆焦每平方米,属于太阳能资源一般区域。全省太阳能相对丰富的区域主要有三个:一是赣南及赣中南部偏东区域;二是赣北中部;三是赣东北的铅山、上饶县、广丰一带。这三个区域年总辐射量在 4000 兆焦每平方米以上其中赣南的赣县、兴国、宁都、石城、寻乌以及赣北的德安县附近为最丰富区域,年总辐射量普遍在 4200 兆焦每平方米以上,可作为太阳能开发利用的优先选择区域。

太阳能储量场区划　赣南最优太阳能储量场分布于赣县、兴国、宁都、石城、寻乌等地;赣北最优太阳能储量场主要分布于德安县附近的小块区域;较优储量场则在赣北、赣南、赣东北等地,具有较为广泛的分布,其中赣北环鄱阳湖地区的太阳能资源本来非常丰富,但由于该地区多属平原地区,耕地、水域、草洲等不适合开发的土地面积占的比例较大,导致适合开发的太阳能储量场面积比较小。

太阳能变化

省内春、夏、秋、冬四季的平均年太阳总辐射量分别为 976.9 兆焦每平方米、1505.1 兆焦每平方米、1030.8 兆焦每平方米、622.4 兆焦每平方米,夏季最大,秋、春季次之,冬季最小。

春季赣北北部的总辐射量为全省最高的区域,在 1050 兆焦每平方米以上,最高为德安的 1112.3 兆焦每平方米。次高区位于赣中南部和赣南北部交界处,呈东西走向的区域,在 900～1000 兆焦每平方米之间。赣西边缘山区、赣中中北部、赣南南部为低值区,总辐射量多在 900 兆焦每平方米以下。

夏季总辐射量以赣南北部与赣中南部交界处的赣州、泰和至石城、广昌一带的纬向分布区域为最高区,多在 1550～1650 兆焦每平方米之间。其次为赣北德安至鄱阳一带的环鄱阳湖地区,总辐射多在 1550～1600 兆焦每平方米之间。赣西边缘山区、赣中中北部、赣南南部为低值区,大多在 1400 兆焦每平方米以下。

秋季总辐射量赣南为高值中心,多在 1100 兆焦每平方米以上。其次为赣北环鄱阳湖地区和赣东北广丰、铅山一带,多在 1000～1050 兆焦每平方米之间。赣西边缘山区、赣中中北部为低值区,普遍小于 1000 兆焦每平方米。

冬季总辐射量北少南多,纬向分布明显,赣北除德安、都昌一带有小片相对较高地区外,赣南南部与广东、福建交界处为最大区域,在 700 兆焦每平方米以上。

赣州、南昌两个观测站的资料表明,1991—2010 年,年太阳总辐射量均呈波动减少趋势,分别约减少了 387.6 兆焦每平方米、858.0 兆焦每平方米。

日 照

1991—2010 年,全省各地一年中每天日照大于 6 小时的年平均天数为 121.0(井冈山)～177.7

(都昌)天,全省平均为157.4天。赣北环鄱阳湖地区及景德镇一带、赣南北部与赣中南部交界处、赣东北等地,天数较多,普遍在160天以上,这些地方的太阳能资源具有较大的开发利用价值。而西部、赣南南部、赣中大部,天数相对较少,一般在140天以下,这些地方的太阳能资源开发利用价值相对较低。

太阳能利用

太阳能的开发利用是新能源和可再生能源开发的重要内容。太阳能利用的基本方式可分为光—热利用、光—电利用、光—化学利用、光—生物利用,其中光—热利用和光—电利用是目前太阳能资源利用的主要方式。省内的太阳能资源属可开发利用区,有较大的开发利用潜力。省内气象部门在太阳能探测和研究方面已开展了一系列工作。如:

2007年4月,省气象局制定了《江西省太阳能资源监测网建设方案》;2007年7月,全省新建成了上饶市、宜丰县和永丰县三个太阳辐射观测站;2008年9月,庐山气象台为开展太阳能冬季采暖相关服务工作,恢复了太阳辐射观测项目;2010年12月,全省又新增加了都昌、分宜、南城、宁都四个太阳辐射观测站,并增加了南昌、赣县两个太阳能辐射观测站的观测项目。至2010年,全省太阳能监测点由原来的两个增加到十个,完善了全省太阳能资源监测网。

2007年8月,省气象局配合省政协开展了太阳能资源开发利用专题的调研活动,在初步掌握了国内外太阳能开发利用现状和发展前景的基础上,调研组先后到甘肃、西藏、福建等三个不同类型的省、区以及省内的新余市、泰和县进行了专题调研。之后,省气象局向省政协提交了《关于我省太阳能资源开发利用情况的调研报告》,该报告于同年12月13日由省政协转省政府,省领导对《报告》做出批示,指出光伏产业是本省的新兴产业之一,需要相关部门重视并深入开展研究。

2008年8月,由省气候中心主持编写的《太阳能资源评估方法》成为全国气象部门的行业标准(QX/T89-2008),并由中国气象局气象出版社正式出版发行。

2008年11月,省气候中心申报省科技厅重点项目《基于GIS技术的江西省太阳能资源评估研究》,2009年完成了对本省太阳能资源的初步评估(精度10公里×10公里)。截至2009年4月,省发展和改革委员会批复上饶、南昌、新余3地太阳能发电项目,总共建设29个光伏发电工程,装机容量约5万千瓦。

2009年7月28日,江西赛维LDK太阳能高科技有限公司在新余投资兴建本省首个平地太阳能电站建设项目,总投资约50亿元,建设规模为200兆瓦。

2009年8月26日,江西赛维LDK"100千瓦(功率)并网光伏发电研究示范系统"一期工程在新余建成,成为本省首个屋顶光伏并网电站,填补了省内光伏发电系统应用领域的研究空白。100KWp并网光伏发电系统年发电量为10万千瓦时,按照电站30年运营期计算,可累计发电300万千瓦时。

2010年11月16日,省内第一个兆瓦级光伏电站成功并网发电。该电站年均发电量200余万千瓦时,平均每天发电达7560千瓦时,光照充足时日最高发电量可达12000千瓦时。

第三节 热量资源

一个地方热量资源的多少一般用多种气温来表达,如:年平均气温、最高气温、最低气温、积温、各种界限温度等。1991—2010 年,全省热量资源的基本状况如下:

热量资源分布

年平均气温 全省年平均气温为 12.1(庐山)~20.0(于都)℃,其分布趋势是:南高北低;平原盆地高,丘陵山地低。井冈山、铜鼓、修水,年平均气温分别为 14.9℃、16.6℃、16.9℃。全省暖中心位于赣南中部等地,年平均气温在 19℃以上。

最热月平均气温 最热月为 7 月,期间为副热带高压单一气团控制,气温普遍较高,除庐山、井冈山等山区外,南北温差较小(为 2.9℃左右),7 月平均气温在 27.2~30.1℃之间。高值中心位于樟树、贵溪、进贤等地,7 月平均气温为 30.1℃左右。南部的全南、定南、龙南、寻乌、大余、安远等地反而比北部低 2℃左右,适宜栽培喜温而忌高热的作物,如:茶叶、柑橘、瓜果等。

最冷月平均气温 最冷月为 1 月,月平均气温除庐山(0.5℃)和井冈山(3.7℃)外,其余各地在 4.4~9.4℃之间,其等温线呈纬向分布,北冷南暖。赣北 1 月平均气温约为 4.4℃。赣南 1 月平均气温约为 8.8℃,其中全南、定南、龙南等地,1 月平均气温为 9.0℃左右。

年极端最低和最高气温 年极端最低气温为 -16.7~0.9℃,-16.7℃出现在庐山(1991 年 12 月 28 日);年极端最高气温为 28.6~42.2℃,42.2℃出现在黎川(2003 年 8 月 2 日)。

无霜期 初终霜期及无霜期与作物的生长季节关系密切。无霜期的长短,是鉴定某地热量资源的重要指标。全省各地(海拔 300 米以下)的初霜期一般在 11 月中旬至 12 月上、中旬,终霜期一般在 2 月上旬至 3 月中旬,各地无霜期长达 194~365 天,其分布趋势大体是西南长,东北、西北短。各地平均无霜期 279 天,赣南无霜期较长,为 306~312 天,初霜在 12 月上旬,终霜在 2 月上旬;赣西北、赣东南的无霜期较短,为 240~250 天,初霜在 11 月中旬,终霜在 3 月中旬。山区无霜期普遍较短,并随高度增加而减少,井冈山仅 257 天,庐山只有 225 天。由于地形影响和各年冷空气入侵时间和强度不同,有些年份某些平川地区 10 月可现初霜,次年 4 月才为终霜。

日平均气温稳定通过 5℃ 的日期、日数和积温 日平均气温≥5℃初日,表示大多数越冬作物春天开始生长的日期;终日表示其冬天停止生长的日期;间隔期为其持续生长的时间(天数)。除庐山和井冈山外,全省日平均气温≥5℃的持续日数为 298~355 天,积温为 5706~7242℃·d,自南向北逐渐递减。日平均气温稳定通过 5℃:赣南始于 1 月下旬,终于次年 1 月上、中旬;赣中始于 2 月上旬,终于 12 月下旬;赣北始于 2 月中旬,终于 12 月中下旬。海拔 843 米的井冈山始于 3 月 11 日,终于 12 月 7 日,持续 272 天,积温为 4913.5℃·d;海拔 1164 米的庐山始于 3 月 28 日,终于 11 月 20 日,持续 238 天,积温为 4042.6℃·d。

日平均气温稳定通过 10℃ 的日期、日数和积温 日平均气温≥10℃的初日,为水稻开始浸种、育秧的日期,也是冬作物小麦开始拔节、油菜抽薹开花的时间。全省气温≥10℃的初日平均出现在3月中、下旬,终止于11月下旬至12月上旬,间隔8个月至9个月。除庐山,井冈山外,≥10℃的活动积温为5193～6417℃・d,其分布为东南向西北递减。低值区出现在于山北侧、九岭山区、井冈山区、资溪丘陵地区和鄱阳湖北侧,活动积温为5193～5600℃・d;海拔843米的井冈山从4月上旬至11月上旬,间隔222天,活动积温4417℃・d;海拔1165米的庐山从4月中旬至10月下旬,间隔191天,活动积温3578℃・d。高值区出现在赣南的于都、信丰、南康、龙南一带,活动积温为6000～6415℃・d,间隔为259～275天。初日的出现,南北可相差1个月,其80%的保证率北部始于4月初,中部始于3月底,南部始于3月中旬末,春播育秧,南部可比北部早半个月左右;其间各地的活动积温相差500～1000℃・d,80%的保证率北部在5000℃・d以上,中部在5300℃・d以上,南部为5600℃・d以上。全省各地除山区外,种植双季稻所需的热量条件是完全可以满足的。

日平均气温≥20℃的终日 日平均气温≥20℃的终日,是晚稻抽穗扬花的最迟日期,晚于这个日期,晚稻谷粒就不能正常成熟。全省日平均气温≥20℃的终日,平均出现在9月26日—10月19日,其中:赣南盆地和于都、上犹出现最晚在10月10—19日;资溪、铜鼓出现较早,在9月底;其余地区在10月1—10日之间。其80%的保证率日期,山区约在9月20日,平川约在9月下旬。省内晚稻常规品种的安全齐穗期,山区(指300米以下)约在9月20日以前,其他大部地区约在9月25日以前。因此,全省各地晚稻移栽应尽可能在8月上旬完成,使其抽穗扬花出现在9月上、中旬,这是提高晚稻产量的关键,也是晚稻生产中充分利用当地秋季热量资源的关键。

热量资源变化

年平均气温变化 1991—2010年,全省年平均气温主要经历了两个变化阶段:1991—1997年,全省年平均气温偏低,约为17.8℃;1998—2010年,全省年平均气温为18.5℃,此阶段的平均气温显著高于前期。全省年平均气温最高的年份是2007年,为19.0℃;最低的年份是1993年,为17.5℃。

10～10℃积温变化 10～10℃积温是指日平均气温稳定通过10℃的初日到终日期间的积温。2001—2010年,全省年平均为5638.6℃・d,存在逐年增高的趋势,并在2000年前后存在一个明显的突变点。

10～20℃积温变化 10～20℃积温是指日平均气温稳定通过10℃的初日到日平均气温稳定通过20℃终日期间(双季稻安全生长期)的积温。21世纪开始呈显著增温趋势,2001—2010年,全省年平均为5007.2℃・d,在2000年前后存在一个明显的突变点。

日平均气温稳定通过10℃初日变化 全省日平均气温稳定通过10℃的初日平均是3月21日,但进入21世纪后,有明显提前趋势,2001—2010年提前了7天。

日平均气温稳定通过20℃终日的变化 全省日平均气温稳定通过20℃的终日平均是9月26日,但进入20世纪后,有明显推迟趋势,1991—2010年推迟了两天左右。

热量资源利用

热量资源与农、林、牧、副、渔业的生产密切相关,这些部门是对热量资源最敏感的部门。热量资源在其他行业和产业中的应用也很广泛。在各种大小建设项目中,在考虑建筑物的结构和布局中,在疗养和旅游活动中,在能源、交通运输的调控中等,都需要认真考虑当地的热量资源。针对这些情况,全省各地气象部门通过对全省热量资源的监测、分析和研究,及时以不同的形式和内容,为各行各业提供服务,如:为各地的农业生产编制周年气象服务方案、制作农业气候区划图和农业气象灾害风险区划图;评价各地气候条件对主要农作物生产的影响;为较大规模的建设项目进行开工前的气候可行性论证;为环境保护、交通运输、水电生产等提供实时跟踪气象服务等。

第四节 云水资源

大气可降水

省内大气可降水量总体上呈现南多北少分布,年平均大气可降水量南昌为每平方米 33.72 千克,赣州为每平方米 37.22 千克,赣州比南昌约多 11%。省内南部地区在华南向北突出的高湿度覆盖区域内,全年大部分时期都有湿润气流从南海向大陆输送。

云水资源变化

大气可降水量季节变化 全省平均大气可降水量:春季为 33.96 毫米,夏季为 54.72 毫米,秋季为 34.53 毫米,冬季为 18.67 毫米;夏季最为丰富,冬季相对匮乏,春季和秋季一般。大气可降水量随季节南北梯度变化以春季最大(5.8 毫米),秋、冬季次之(冬季为 3.99 毫米,秋季为 3.89 毫米),夏季最小(0.31 毫米)。即:春、秋、冬三个季节全省大气可降水量南北差异大,夏季差异小。

大气可降水量年际变化 2000—2010 年的 10 年中,南昌年平均大气可降水量为 31.78(2003 年)~36.96(1999 年)毫米,赣州年平均大气可降水量为 34.60(2007 年)~38.43(1999 年)毫米,全省年平均大气可降水量总体呈下降趋势,其中:2002—2004 年为急剧下降,2004—2005 年略有增加,随后又持续下降。

各地各月大气可降水量的变化 逐月大气可降水量变化率可以反映大气可降水量月增减趋势。省内各月平均大气可降水量的变化总体上呈单峰型分布:2—6 月是主要增长期,变化率为(6.1%~36.2%),其中 4 月的水汽绝对增长最快;9 月开始下降(变化率为 -16.1%~-33.1%),11 月水汽递减最快;最大值出现在 8 月(56.48 毫米),最小值出现在 12 月(16.98 毫米)。

大气可降水量的垂直变化 各高度层大气可降水量皆以夏季相对丰富(164.39 毫米),春、秋季次之(春季为 102.08 毫米,秋季为 103.6 毫米),冬季最少(56.1 毫米)。各月各层大气可降水量所占比重随高度的增加而迅速减少,夏季水汽伸展高度最高,冬季最低。绝大部分的大气可降水量集中在 400 百帕高度以下,约占 97.7%;地面至 700 百帕高度占 71.9%;700～500 百帕高度占 21.5%;500～400 百帕高度占 4.3%。在相同的位势高度差,地面层至 925 百帕高度层的大气可降水量最为丰富,水汽的贡献主要来自于大气低层,特别是近地面层。

人工增雨潜力

根据统计,仅 2010 年一年内,全省云水资源人工增雨开发潜力为 11893824.67 千吨,其中:各县(市)分别在 12199.05～333568.17 千吨;潜力最丰富的地区位于赣北的鄱阳、修水,达到 333568.17～340356.75 千吨;景德镇、上饶一带次之,为 202622.55～293400.75 千吨;吉安、宜春一带也比较丰富,为 168142.34～196196.13 千吨;赣南以及赣北九江、庐山地区相对较少,在 170536.14 千吨以下。全省有 27 个县(市、区)云水资源人工增雨潜力低于 100000 千吨,有 9 个县(市、区)低于 50000 千吨。

云水资源利用

全省气象部门一直致力于空中水资源的开发和利用研究,其中人工增雨是重要内容,也是人工影响天气的主要工作之一。1991—2010 年,全省人工影响天气工作发展迅猛,已形成高炮、新型火箭、飞机、地面碘化银发生器等多种作业方式。根据 1991—2003 年人工增雨抗旱作业统计,全省累计有 226 个县(市、区)先后设立了近 400 个高炮作业点,调用"37 高炮"(火箭)251 门,参加人员约 4300 人,消耗人工增雨炮弹 8.8 万发,进行人工增雨抗旱作业 2276 次,增加降水 59.25 亿立方米,缓解农田旱情 254.1 万公顷,产生直接经济效益 6.9 亿元。另外,2009 年全省因为抗旱共实施人工增雨作业 200 多次,为减轻城市高温危害实施人工增雨作业 300 多次,受益总面积达 15 万平方公里(约占全省面积的 88.8%),增加降水 4.5 亿立方米,产生直接经济效益 1.8 亿元。

说明:本省的气候资源资料,大部分来源于实地观测和科学实验,与气象台、站的日常观测资料存在一些小的差异,但并不影响资料的准确性和真实性。

第四章 农业气候

1998—2010年,根据中国气象局的统一部署,省气象科学研究所牵头、各地气象台站参加,应用3S技术(地理信息系统、卫星遥感系统、全球定位系统),开展了全省第三次农业气候区划。区划范围包括全省和84个县(市、区),区划种类主要包括优质稻(含双季稻、杂交水稻、再生稻)、优质果业、优质烤烟、优质蚕桑等种植业。

第一节 双季稻种植气候区划

光、温、水等气候条件是影响水稻生产的关键因素。江西是我国双季稻主产区之一,在全球气候变暖的大背景下,日平均气温稳定通过10℃的初日显著提早,高温逼熟风险加大,重度倒春寒与寒露风灾害也有发生。因此,开展双季稻种植精细化气候区划,对于合理调节全省水稻生产布局、保障国家粮食安全意义重大。

关键指标

双季稻种植气候区划指标的确定,主要考虑以下两方面的因素:一是确保双季晚稻能够安全齐穗,即10~20℃有效积温需达到3850℃·d以上;二是降低早稻在灌浆成熟期的高温风险(影响产量与品质),即灌浆成熟期日平均气温≥27℃日数不宜超过15天(表1-4-1)。

表1-4-1 全省双季稻种植气候区划关键指标(1998年制作)

熟性组合	分区指标	
	10~20℃有效积温	且在灌浆成熟期日平均气温≥27℃日数
早熟早稻+中熟晚稻	≥3850℃·d	≤10天为最适宜区(Ⅰ区)
中熟早稻+中熟晚稻	≥4250℃·d	11~12天为适宜区(Ⅱ区)
晚熟早稻+晚熟晚稻	≥4750℃·d	13~15天为次适宜区(Ⅲ区)
		大于15天为不适应区(Ⅳ区)

具体区划

全省双季稻有三大优势种植区,即:

鄱阳湖区种植区:包括鄱阳湖区的大部分县(市)和乐平、高安、丰城、奉新、安义等县(市、区)。可种植面积36.27万公顷。

赣西种植区:包括宜春市的袁州区、宜丰县,萍乡市的芦溪县、莲花县、上栗县,新余市的分宜县,吉安市的安福县。可种植面积22.34万公顷。

赣南种植区:包括宁都、石城、会昌、瑞金、龙南、寻乌等县(市、区)。可种植面积16.04万公顷。

这三大优势种植区合计可种植水稻74.65万公顷,按一季亩产400公斤计算,可生产优质稻谷(双季)约890万吨。加上烟稻轮作区水稻产量约485万吨,早稻产量100万吨,中稻产量约200万吨,总计水稻产量可达1680万吨,可以确保全省的粮食安全。

以上区域布局中双季稻面积约为200万公顷,一季稻面积约33万公顷,合计水稻面积约233万公顷。

第二节　杂交水稻制种气候区划

两系杂交稻制种技术,属"国家高技术研究发展计划"(即"863"计划)成果,"九五"时期开始在国内南方大面积推广。由于两系杂交稻制种对光、温、水等气象因子反应十分敏感,加上气候在年际间存在一定的波动,给两系杂交稻制种带来一定风险,导致一些气候不稳定区多次出现制种失败。为保障该项工作的顺利进行,江西省气象部门运用以地理信息技术等为支撑的综合技术方法,开展了两系杂交稻制种气候风险区划。

关键指标

两系杂交稻制种的关键气候条件,主要表现在两个方面:一是在育性转换期,要求连续20天日平均气温≥24.5℃,日最低气温≥21.0℃。对光敏型品种同时要求天文日照时数≥13小时。二是在亲本扬花授粉期,要求连续15天日平均气温在24~30℃之间,日最高气温≤35℃,且日降水量大于1毫米或日照时数小于3小时的雨日≤2天。

具体区划

区划结果表明,省内两系杂交稻制种的气候适宜区,主要分布在赣东北的铅山、德兴、上饶县的低海拔地区和赣南海拔较低的大部分地区。全省其他平原地区制种的气候风险,大部分为四十年一遇。越往山区,制种失败的风险越大。

第三节　再生稻种植气候区划

为充分发掘和利用各地的优势气候资源,促进全省优质、高效与轻简化粮食产业发展,省内气象部门利用"3S"技术开展全省再生稻种植综合气候区划,为再生稻产业的发展壮大提供气象科学依据。

关键指标

再生稻同样属于双季稻,其种植气候区划指标的确定,主要考虑的因素是确保第二茬(再生稻)能够安全齐穗。多年实践证明10～20℃积温是反映江西省双季水稻品种搭配较好的热量指标,较生长日数指标更为稳定。根据再生稻的生长习性,其区划指标划分为:10～20℃积温在3765～4399℃·d之间,适宜种植早熟型再生稻。10～20℃积温在4400～4700℃·d之间,适宜种植中熟型再生稻。10～20℃积温超过4700℃·d,适宜种植迟熟型再生稻。

具体区划

区划结果表明,全省可供早熟型再生稻种植的水田面积达24.23万公顷,其中九江、宜春、上饶三地(市)适宜种植的面积最大。该区域稳定通过10℃初日至稳定通过20℃终日的天数在155天以上,10～20℃积温达3765～4400℃·d,气候条件能够满足早熟型再生稻种植,并且没有过多富余的热量,该区可大力发展早熟型再生稻生产。

全省可供中熟型再生稻种植的水田面积达73.13万公顷,该区分布面积较广,其中宜春、南昌、上饶、九江等地(市)面积较大。该区10～20℃积温达4400～4700℃·d,热量条件丰富,多为双季稻种植区,该区气候条件十分利于发展中熟型再生稻生产。

全省可供迟熟型再生稻种植的水田面积为90.94万公顷,主要分布在吉安、赣州等地(市)。该区10～20℃积温在4700℃·d以上,超过了晚熟早稻与晚熟晚稻双季生长所需积温,热量条件十分丰富。此分布区多为平原,适宜迟熟型再生稻生产。由于该区热量丰富,种植再生稻会造成气候、土地等资源的过多浪费,因而不宜大量发展再生稻,各地可根据土地利用率、劳动力及市场经济效益等情况酌情发展迟熟型再生稻生产。

第四节　柑橘类水果种植气候区划

江西省处亚热带湿润季风气候区,是柑橘类水果的理想种植区。但是,一方面全省南北跨度大,气候资源丰富多样。另一方面柑橘种类繁多,对气候条件要求不一。因此,要实现柑橘产业的优质、高效和低风险,就需要精细化的气候区划支撑。

关键指标

柑橘属多年生植物,其种植气候区划指标的确定,既要考虑产量与品质形成的最优气象条件,还要考虑致灾、致死的气候因素。就全省而言,柑橘种植的限制性气候因子与气象灾害主要有积温、降水以及干旱、冻害等。脐橙、甜柚、早熟温柑和南丰蜜橘最适宜种植的气候指标见表1-4-2。

表1-4-2 全省优势水果种植气候区划关键指标(1998年制作)

种 类	最适宜区气候指标
脐橙、甜柚	≥10℃以上积温6100℃·d以上,极端最低气温≤-5℃频率低于5%,≤-7℃频率低于3%。
早熟温柑	≥10℃以上积温5600℃·d-6100℃·d,极端最低气温≤-5℃频率低于10%,≤-7℃频率低于5%。
南丰蜜橘	年平均气温18℃以上,7—9月雨量300mm以上,极端最低气温≤-7℃频率低于5%。

具体区划

江西省柑橘类水果最优生产基地气候区域规划结果如下:

脐橙、甜柚最适宜种植区域:优势区集中在赣南和赣中南部的寻乌、信丰、赣县、于都、会昌、南康、上犹、兴国、万安、泰和、遂川等县(市、区)。根据土地利用遥感调查结果,这个区域如果以原有的果园、荒山、荒坡以及疏林地改造为脐橙、甜柚的生产基地,可种植面积共有2.05万公顷。

温柑、无核椪柑最适宜种植区域:优势区主要分布在上高、新干、峡江、崇仁、万年、铅山、玉山、广丰、分宜、芦溪、上栗、莲花等县(市、区)以及新余市的渝水区、宜春市的袁州区。这个区域如果以原有的橘园和部分荒山、荒坡作为无核椪柑、早熟温柑的生产基地,可种植面积共有3.01万公顷。

南丰蜜橘规划区域:南丰蜜橘耐寒性稍次于无核椪柑和早熟温柑,适宜在省内中南部地区种植。区域规划应以南丰为龙头,带动抚河流域建立享誉全国的南丰蜜橘生产基地。主要分布在南丰、南城和广昌,可种植面积共有1.52万公顷。

第五节 南方早熟梨种植气候区划

江西所处的亚热带湿润季风气候,对于砂梨特别是早熟梨的种植具有一定的优势。但地理条件的千差万别,孕育出小气候的多样性。因此,开展精细化气候区划,是南方早熟梨产业发展壮大的基础性工作。

关键指标

影响砂梨正常生长发育和产量、品质形成的因子很多,经比较分析,以下五个气候因子对砂梨的分布和产量、品质的形成影响最大,即:年平均气温(反映各地不同的热量条件),一月平均气温(反映冬季低温休眠的越冬条件),年日平均气温小于10℃的天数(反映砂梨生长期的长短),年日照时数(影响梨树体势、花芽分化、果实外观等),6—8月气温日较差(影响果实品质)。省内砂梨最适宜种植气候分区气候指标见表1-4-3。

表1-4-3　全省砂梨种植气候区划关键指标(1998年制作)

	日平均气温小于10℃天数(天)	年日照时数(小时)	6月至8月气温日较差(℃)
最适宜区	≤130	>1800	8℃
较适宜区	130~140	1600~1800	8℃
一般区	140~150	1500~1600	6~11℃
不宜区	>150	<1500	

具体区划

全省南方早熟梨最适宜种植区主要分布在省内中、北部一带,包括:九江市的德安、都昌、永修、彭泽,景德镇市的乐平,上饶市的波阳、余干、万年、横峰,鹰潭市的贵溪、余江,抚州市的东乡、金溪、临川,南昌市的进贤、新建、安义,宜春市的丰城、高安、奉新、樟树等县(市、区)。该区平均海拔高度一般在150米以下,年日照时数在1800小时以上,年日平均气温<10℃的日数在130天以下,6—8月气温日较差一般在8.0℃以上。这些条件有利于砂梨的生长发育和高产优质。

第六节　优质烤烟种植气候区划

烤烟是省内的重要经济作物,种植面积达2万余公顷,总产3万余吨,其产量虽然能满足省内卷烟生产的要求,但质量与云南、贵州等地相比差距较大。除栽培技术问题,气候条件差异也是重要原因之一。开展优质、高产烤烟种植气候区划,充分利用优势气候资源,是烤烟产业做大做强的必由之路。

关键指标

烤烟生长发育的各个时期对光、温、水等气候因素都有较严格的要求,整个生育期内要求日照较多。成熟期要求气温不宜太高,且降水不宜太多。烤烟种植气候区划指标详见表1-4-4。

表1-4-4　全省优质烤烟种植气候区划关键指标(1998年制作)

区域分类	具体指标
最适宜区	全生育期(3月20日至7月20日)日照时数≥700小时;成熟期(6月20日至7月20日)平均气温22℃至25℃、降水量100毫米至150毫米。
适宜区	全生育期(3月20日至7月20日)日照时数550小时至700小时;成熟期(6月20日至7月20日)平均气温25℃至26℃、降水量150毫米至200毫米。
次适宜区	全生育期(3月20日至7月20日)日照时数400小时至550小时;成熟期(6月20日至7月20日)平均气温26℃至28℃、降水量200毫米至250毫米。

续表

区域分类	具体指标
不适宜区	全生育期(3 月 20 日至 7 月 20 日)日照时数 <400 小时;成熟期(6 月 20 日至 7 月 20 日)平均气温 >28℃、降水量 >250 毫米。

具体区划

区划结果表明,全省优质烤烟区域主要分布在赣中和赣南的西部地区,包括会昌、瑞金、安远、信丰、于都、龙南、大余、南康、赣县、兴国、遂川、万安、泰和、吉安县、永新、安福、峡江、上栗、芦溪、莲花等县(市、区)以及宜春市袁州区。这些区域可根据市场需求,将部分水田改为烟—稻轮作方式,发展烤烟种植产业。该区域水田面积总计为 45.1 万公顷(属于优质水稻区的水田面积除外),按 10% 的水田改为烟—稻轮作,则烤烟种植面积可达 4.51 万公顷。

第七节 蚕桑种植气候区划

种桑养蚕包括蚕桑种植和蚕养殖两个过程,养蚕主要是在室内进行,生产环境可以人工控制。蚕桑种植是在自然环境中进行的,桑叶产量和品质与气候条件关系密切。因此,开展蚕桑种植气候区划同样十分重要。

关键指标

影响蚕桑种植区域分布和桑叶产量、品质的气候因素主要有:一是日平均气温稳定通过 10℃ 持续时间的长短以及同期日照时数的多少;二是 7—9 月降水量的多少,即伏秋干旱是否严重。具体指标见表 1-4-5。

表 1-4-5 全省蚕桑种植气候区划关键指标(1998 年制作)

分区类别	日平均气温稳定通过 10℃ 天数(天)	7 月至 9 月降水量(毫米)	4 月至 10 月日照(小时)
最优区	>250	>460	>1100
较优区	240~250	400~460	1000~1100
一般区	<240	<400	<1000

具体区划

全省蚕桑种植气候区划结果如下:

最优区:主要集中在赣南海拔高度在 500 米以下的地区。

较优区:主要集中在赣中、赣东北以及赣西的部分县(市、区),海拔高度赣东、赣西在200米以下,赣中300米以下,赣南700米以下。

一般区:主要集中在南昌市、鹰潭市、宜春市的东部,抚州市的北部,上饶市的西部以及九江市的部分县(市、区),海拔高度一般在150米以下。

不适宜区:全省各地均有分布,海拔一般较高,赣北在300米以上,赣中在500米以上,赣南在700米以上。这些地区日照普遍满足不了蚕桑优质、高产的要求。

第五章　气象灾害

省内的气象灾害主要有:暴雨洪涝、高温、干旱、大风、冰雹、台风、雷电、雨雪冰冻、低温冷害、春季低温连阴雨、寒露风、大雾和霾等。这些灾害主要由灾害性天气造成:暴雨引发洪涝;高温引发中暑和高温避暑;持续无雨或少雨引发干旱;局地强对流引发大风、冰雹、雷电和短时强降水;寒潮引发低温雨雪冰冻等。这些灾害以直接或次生灾害的形式,每年给全省各地造成大小不同的损失。1998年的特大暴雨洪涝,造成全省超过560亿元的直接经济损失;2003年的高温干旱,造成全省55亿多元的直接经济损失;2005年的冰雹导致全省65人死亡;2007年的雷电导致全省141人死亡;2007年的大雾导致全省22人死亡;2008年初的雨雪冰冻造成全省超过270亿元的直接经济损失。

第一节　灾害性天气

寒　潮

冷空气到达后一天内日平均气温急剧下降8℃以上,或两天内日平均气温急剧下降10℃以上,同时过程最低气温降至4℃或以下,这种强冷空气过程称为寒潮。

年际变化　1991—2010年的20年内,全省共出现32次寒潮过程,平均每年1.6次。出现最多的年份为:1998年(4次),其次为1992年(3次)、1996年(3次)、2006年(3次)、2008年(3次)、2010年(3次)。20年中有4年没有出现过寒潮过程,分别为:1993年、1995年、1997年和2004年。

月际变化　1991年1月—2010年12月,寒潮过程多出现在当年的11月上旬到下年的3月中旬,特别是2月上旬到3月中旬出现寒潮次数较多,各旬均有4次以上,约占20年寒潮总次数的50%。另外在12月上旬和12月下旬及3月下旬未发生过寒潮过程。全省出现寒潮最早日期是2009年11月1—3日,最晚日期是1992年3月15—17日。按月统计,1—3月是寒潮过程出现次数最多的时段,共有27次,占20年寒潮总次数84.3%,其中2月份出现寒潮次数最多,达10次(表1-5-1)。

表1-5-1　1991—2010年全省各月寒潮过程总次数统计表

月　份	1	2	3	4	10	11	12	合　计
寒潮(次)	9	10	8	0	0	3	2	32

持续时间 省内的每一次寒潮过程持续时间一般为 2～4 天;以持续 3～4 天的居多,占 20 年寒潮总次数的 84%;而持续 3 天的,占 47%;持续 2 天的 20 年内仅有 3 次,均发生在 2 月中旬;最长持续时间为 5 天,20 年内有 2 次,分别出现在 1996 年 2 月 14—18 日和 2010 年 2 月 9—12 日,从北到南长时间影响省内。

地理分布 省内寒潮日数的地理分布特点是:南多北少,即赣中、赣南相对比赣北多。赣州东北部、南部和抚州东部为最多,一年达 30 日以上。而九江西部、宜春北部为最少,一年为 15 日以下。井冈山、庐山两个高山站,一年出现寒潮的日数明显高于全省平均值,庐山为 132 天,井冈山为 51 天,呈北多南少的特点。

出现频次与影响范围 1991—2010 年,全省出现寒潮过程共 32 次,其中有 13 次影响达 50 个以上的台站,达到"全省性寒潮过程"标准;有 7 次影响 20～50 个台站,为"区域性寒潮或大范围寒潮过程";有 12 次影响范围不足 20 个台站,为"小范围寒潮过程"。

暴 雨

省内位于长江中游南岸的鄱阳湖流域,纬度约 24.3°N～30.0°N,是冷暖空气经常交汇的地带,加之本省离海洋较近,空气中水汽充沛,成云致雨的条件较好,所以,阴雨较多,暴雨频繁。

月际变化 1991—2010 年,全省暴雨时间分布总的特点是,冬半年少,夏半年多,汛期集中。各月暴雨站次以 1 月最少,平均为 73 站次;6 月最多,平均为 2888 站次;一般年份 6 月暴雨站次是 1 月暴雨站次的 30 倍以上。1—6 月暴雨站次逐渐递增,7—12 月暴雨站次逐渐减少,11 月暴雨站次稍多于 10 月。各月大暴雨站次以 12 月最少,为 0 次;6 月最多,平均为 593 站次。1—6 月大暴雨站次逐渐递增,7—12 月大暴雨站次逐渐减少,11 月大暴雨站次稍多于 10 月。

年际变化 全省年暴雨站次,1991 年最少,为 242 站次;2010 年最多,为 663 站次。大暴雨站次,2007 年最少,为 22 站次;1998 年最多,为 145 站次。

地理分布 全省全年的暴雨中心在上饶地区,吉安地区南部和赣州地区西北部的暴雨较少,九江地区次之。暴雨地理分布有明显的季节(月份)性,其中 1—2 月暴雨很少,大部分集中在赣北;3—4 月暴雨稍多,主要集中在东部武夷山脉的西北侧,而西部地区特别是罗霄山脉的东侧暴雨很少;5—6 月暴雨最多,集中的暴雨带有两条:一条在浙赣铁路沿线,一条在武夷山脉的西北侧,在两条雨带重叠的上饶地区暴雨最多,而西南部暴雨最少;7 月暴雨北多南少;8 月暴雨西多东少,特别是罗霄山脉东侧的暴雨比较集中;9—12 月暴雨不多,分布也比较均匀。

高温干旱

日最高气温达到 35℃ 及以上就是高温天气。干旱是某时段降水偏少、天气干燥而造成的地表水减少、地下水位下降、农田缺墒、塘堰干涸、人畜饮水困难等现象。

月际变化 省内 35℃ 及以上的高温天气,绝大部分出现在 6 月、7 月、8 月和 9 月,这 4 个月的高温站次总数占全年的 97.1%,其中又以 7 月、8 两个月最为集中,分别占全年的 42.3% 和

31.8%,7月高温天气最为明显。37℃及以上的强高温天气也出现在6月、7月、8月和9月,其中以7月和8月最为集中,分别占全年的53.3%和36.9%。

季变化 干旱灾害在省内一年四季均可发生,一般可分为春旱、伏旱、秋旱、伏秋连旱、冬旱,但主要发生在夏、秋季节,且干旱和高温常常相伴出现。伏旱为雨季结束至8月10日的干旱;秋旱为8月11日—10月10日的干旱;伏秋连旱为雨季结束至10月10日期间伏旱和秋旱相继出现。

每年6月下旬至7月上旬,省内自南向北汛期渐次结束,随后迅速转为盛夏高温少雨季节,此时若没有台风外围影响,干旱则会快速发展,一直延续到秋季,出现伏秋连旱。秋旱省内平均两年左右出现一次。

年际变化 1991—2010年,全省共出现35℃及以上的高温35867站次,平均每年1793.4站次。其中:1997年最少,为378站次;2000年最多,为2577站次。出现37℃及以上的高温15400站次,平均每年770站次。其中:1997年最少,仅1站次;2003年最多,为2174站次。

地理分布 全省的高温天气空间分布具有明显的地域性差异,高温日数较多的地区主要分布在上饶市南部、鹰潭市、抚州市、吉安市、赣州市北部、景德镇市、宜春市南部和九江市西北部。而鄱阳湖附近和南昌市、上饶市西部和九江市大部以及省内的西部和南部山区高温天气相对较少。

冰 雹

月际变化 省内冰雹主要发生在3—4月,以3月为最多。这期间冷暖空气势均力敌,0℃层高度相对较低,容易产生降雹;而在夏季,0℃层高度相对较高,冰雹在下降过程中易融化,所以降雹比较少。

年际变化 1991—2010年,全省共出现冰雹293站次,平均每年14.7站次。冰雹的年际变化较大,最多年出现56站次,为1998年;最少年只出现1站次,为2000年。

地理分布 省内冰雹多发区主要在九江市的中部和西部、宜春市中部。1991—2010年庐山降雹20次,居全省之首;其次为修水县,降雹12次。上犹、永丰也是冰雹多发县。

强降水

月际变化 省内强降水总的特点为4—9月多,10月至翌年3月少。其中6—8月占总数的69.2%,以6月发生次数最多。

年际变化 1991—2010年,全省共出现强降水2885站次,平均每年144.3站次,以2010年为最多,共253站次;1991年最少,共76站次。超过160站次的有4年:1998年、2005年、2006年和2010年。100站次以下只有1991年。

地理分布 省内短时强降水主要分布在:上饶市北部和景德镇市;抚州市北部和南昌市东南部;宜春市中部;赣州东北部的宁都、瑞金、石城;赣州西南部的全南、定南、龙南。5个中心分别位于庐山、怀玉山、武夷山、南岭山脉和九连山的迎风坡,地形强迫抬升作用有利形成强降水。另外,赣中、赣北的强降水还与鄱阳湖、乐安河、抚河、信江等水体有关,西风带系统自西向东经过这些较大的江河和湖泊,低层大气的湿度加大,再受到地形抬升作用,更易出现强降水天气,这也是短时强降水东部大于西部的重要原因。

雷雨大风

月际变化 省内雷雨大风总的特点为夏季、秋季多,冬季、春季少。一年当中出现雷雨大风的站次4月和7月明显多于其他月份,1月和12月出现的站次非常少。

年际变化 1991—2010年,全省共出现雷雨大风2578站次,平均每年128.9站次;以1991年为最多,231站次;1999年最少,58站次。超过200站次的有两年:1991年和1992年。少于100站次的有6年:1999年、2000年、2001年、2008年、2009年和2010年。

地理分布 省内雷雨大风多发区主要分布在:九江市东部的星子、都昌以及抚州市东部的金溪、吉安市东部的永丰和南部的万安等地。1991—2010年出现雷雨大风的次数,庐山累计为285次,居全省之首。其次是星子、金溪,分别为154次和104次。

雷 暴

月际变化 省内雷暴总的特点为夏季、秋季多,冬季、春季少。一年当中的7月和8月,全省雷暴在20000站次以上,明显多于其他月份,12月出现雷暴的站次最少。

年际变化 1991—2010年,全省共出现雷暴130817站次,平均每年6540.9站次。以2010年为最多,达7934站次;2001年最少,为5203站次。超过750站次的有4年:1991年、1992年、1998年和2010年。

地理分布 雷暴高密集区主要分布在赣州、吉安、抚州、宜春、上饶和鹰潭等地。1991—2010年,寻乌共出现雷暴2606次,居全省之首;其次为全南、宜丰,分别为2353次和2305次;出现雷暴次数最少的为吉安县,仅177次。

大 雾

雾是指贴近地面层的空气中悬浮有大量的水滴或冰晶微粒的集合体,这种集合体使水平能见度大大降低的天气现象。雾分为轻雾、大雾、浓雾、强浓雾和特强浓雾五个等级。其中:浓雾的水平能见度在200米至500米之间;强浓雾的水平能见度在50米至200米之间;特强浓雾的水平能见度在50米以下。

由于雾的强度与雾的范围呈正相关关系,即大雾站数越多,出现浓雾及强浓雾的概率也越高,因此在能见度资料不连续的情况下,某日雾站数的多少一定程度上代表了雾的强度。

时间变化 省内一年四季都可出现大雾,但季节差异明显。1991—2010年,全省共出现大雾天气37891站次,其中10月至翌年4月的7个月中大雾天气较多,达29354站次,占总数的77.5%,以12月出现频次最高,达5578个站次;5—9月全省大雾天气较少,仅占总数的22.5%,以7月出现的频次最少,为1024个站次。

地理分布 大雾天气也具有明显的地域分布特征,全省雾日西部多于东部,周边山区丘陵多于中间盆地,中、北部多于东、南部。1991—2010 年的 20 年间,总数≥500 个雾日的多雾区大致分布在省内四周的丘陵地带。庐山大雾日数最多(为 3738 天),平均 2 天不到就有 1 天有雾;井冈山大雾日数次之(为 2028 天),平均 3 天就有 1 天有雾;此外铜鼓、宁冈、资溪等山区雾日也很多,均超过1000 天,平均 5 天有 1 天有雾。总数≤300 个雾日的区域主要位于开阔的鄱阳湖平原、吉泰盆地以及浙赣铁路沿线东段、赣南东北部。其中位于长江流域的瑞昌市雾日最少,仅为 123 天。全省其他地区的雾日多在 200~400 天。

寒露风

寒露风是指双季晚稻抽穗扬花期间出现的低温(日平均气温在 22℃或以下)天气,使双季晚稻抽穗、授粉困难,导致空壳率增加、结实率减少,产量下降。寒露风是省内双季晚稻生产的主要气象灾害,具有发生频率高、影响范围广、致灾严重的特点,温度越低、持续时间越长,危害越大。

时间分布 省内寒露风主要发生在 9 月上旬—10 月上旬,赣北和山区早,赣中、赣南和平原地区迟。全省性轻度以上寒露风约 10 年 9 遇,重度寒露风约 4 年 1 遇。

地理分布 赣北、赣中的西部、抚州市中部及山区发生频率最高,基本上年年都有。赣南中部发生频率较低,约 10 年 8 遇。

典型年份 1991—2010 年,全省寒露风严重的年份有:2006 年、2010 年,其中 2006 年,全省有93% 的县(市、区)达到中度寒露风标准。2010 年全省有 30 个县(市、区)出现重度寒露风,有 40 个县(市、区)出现轻度或中度寒露风。

冻雨和地面结冰

时间分布 省内冻雨一般出现在 12 月、1 月、2 月,其中 2 月最多,其次是 1 月,再次是 12 月。地面结冰常伴随着冻雨天气出现。

地理分布 省内的西部、北部山区比较容易出现冻雨,尤其是庐山、井冈山等高山地区。1991—2010 年,庐山、井冈山出现冻雨的天数分别达 197 天和 861 天。鄱阳湖平原以南至赣中一带是冻雨的高频区。其中又以抚州的西部和北部为最多,20 年共出现冻雨 20~30 天。而赣东北、赣西北以及赣南相对为低频区,一般 20 年出现冻雨不超过 10 天。

台　风

年际变化 1991—2010 年,共有 23 个台风影响省内,平均每年 1.15 个。1994 年、2005 年和2006 年这 3 年,影响省内的台风每年有 4 个。1993 年、1998 年、1999 年、2000 年、2001 年、2009 年、2010 年这 7 年,每年都没有台风影响省内。

月际变化 省内受台风影响较多的月份为 7 月、8 月两个月,其中又以 8 月为最多,20 年达 11个。台风经过省内时,一方面会通过大风、暴雨(大暴雨、特大暴雨),给经过地造成灾害或次生灾害。另一方面也通过刮风下雨,起到降温消暑与缓解旱情的效果。

说明:冰雹、龙卷风、雷雨大风(阵风≥8级)的局地强风暴以及短时强降水都属于强对流天气。强对流天气属于中小尺度天气系统,其特点是水平尺度小、生命史短、影响范围窄、强度大、突发性强,破坏力大,是省内的主要灾害性天气之一。

第二节　重大气象灾害

洪　涝

1992年洪涝　全省主要的暴雨过程出现在两个阶段:

3月16—27日,全省出现10多天的连续性大暴雨,有128个县(市)集中出现了暴雨,有7个县(市)下了大暴雨,暴雨总次数突破了历史同期最高纪录。致使山洪暴发,洪水泛滥,省内五大河沆均接近或超过警戒线,其中赣江水位全线超过警戒水位1.26~4.30米。赣州市区以及万安、新干、峡江等县城均被水淹。82个县(市)的1010.6万人受灾,死亡99人。全省直接经济损失达19.6亿元。

6月19日—7月7日,全省接连出现两次强降水过程(分别在6月19—26日,6月30日—7月7日),共出现大暴雨37县(市),暴雨117站县(市),大雨197县(市)。赣北大部分地区降水量超过300毫米,最多达512毫米(上饶市区)。引起山洪暴发,江河水位猛涨,各主要河流、鄱阳湖及长江水位超警戒线,11座大型水库超过限制水位。84个县(市)的900余万人受灾,死亡76人。全省直接经济损失20.7亿元。

1993年洪涝　全年主要的暴雨过程有5次:

6月3—4日,雨区主要集中在赣中、赣北,其中:泰和出现101毫米的大暴雨,其他有10余个县(市)出现了暴雨。

6月8—15日,全省自北向南先后出现了大雨或暴雨,共出现大暴雨6县(市),暴雨29县(市)。赣南局部地区开始出现内涝。

6月17—24日,雨区主要集中在赣北、赣中,共出现暴雨58县(市),大暴雨12县(市),婺源、万载出现特大暴雨。全省大部分地区出现了洪涝。

6月29日—7月5日,雨区仍在赣北、赣中,共出现暴雨107县(市),大暴雨28县(市)。雨区洪涝灾害日益严重,范围不断扩大。

7月24—25日,雨区主要集中在宜春地区。由于降水强度大,引起山洪暴发,锦江水位超过警戒线达3.62米。

这五次暴雨过程,造成全省70个县(市)的1626.58万人受灾,因灾死亡310人。全省直接经济损失50.7亿元。

1994 **年洪涝** 全省主要的暴雨过程有 6 次:

4 月 17 日,玉山—进贤—宜丰一线以北地区 16 个县(市)出现大暴雨,6 个县(市)出现暴雨,造成短时间的轻至中度洪涝灾害。

4 月 24—25 日,浙赣铁路沿线、吉安地区、抚州地区北部共 23 个县(市)出现暴雨,其中永新、莲花等县出现比较严重的洪涝灾害。

5 月 1—3 日,吉安和抚州地区全部、宜春和赣州地区大部出现大范围强降水,共出现暴雨 30 县(市),大暴雨 11 县(市),石城日雨量达 322 毫米,突破历史纪录。这次暴雨造成局部地区严重的洪涝灾害,其中石城灾害更重。

5 月 13—17 日,赣东北出现 17 县(市)的暴雨,其中婺源等地出现轻度洪涝。

5 月 20—24 日,吉安、宜春、景德镇等地(市)共出现 23 个县(市)暴雨,局地出现轻度洪涝。

6 月 8—23 日,全省出现连续性强降水过程,共出现暴雨 215 县(市),大暴雨 46 县(市)。石城县出现特大暴雨,其余大部分地区过程雨量超过 300 毫米,20 个县(市)雨量超过 500 毫米,致使江、河、湖、库水位猛涨。

以上 6 次暴雨过程,造成全省 94 个县(市)的 303.03 万户受灾,死亡 128 人。全省直接经济损失 52.7 亿元。

1995 **年洪涝** 全省主要的暴雨过程有 4 次:

5 月 25 日—6 月 8 日,全省各地降水量 80~664 毫米,其中赣北东部超过 300 毫米;丰城超过 400 毫米;万年、波阳、乐平超过 600 毫米;南部地区少于 200 毫米。共出现暴雨 121 县(市),大暴雨 16 县(市)。昌河浮梁水位超警戒线 2.08 米。乐安河坝口水位超警戒线 3.5 米。信江余江水位超警戒线 1.7 米。

6 月中旬,全省降水主要集中在 14—19 日。全省各地降水量为 44~285 毫米,其中赣南及鄱阳湖周围地区超过 150 毫米,石城、瑞金、武宁超过 250 毫米。共出现暴雨 68 县(市),宁都、石城、瑞金、龙南、全南出现大暴雨。省内南部地区出现了洪涝,赣江赣州段出现中华人民共和国成立以来的次高水位,赣江吉安段除新干外全超过了警戒水位,其中泰和超过警戒水位 2.13 米。同时,省内北部洪涝继续维持。

6 月 21 日—7 月 6 日:全省各地降水量为 101~615 毫米,其中南城—萍乡一线以北地区超过 300 毫米,上饶地区和武宁、铜鼓等地超过 500 毫米,南部地区也达 101~300 毫米,出现暴雨 89 县(市),大暴雨 52 县(市),铜鼓、乐安出现特大暴雨。全省有 22 个县(市)出现大暴雨,突破了省内日大暴雨的最大范围。修河修水段水位超警戒线 2.3 米,袁河樟树段水位超警戒线 2.7 米。信江上饶段水位超警戒线 2.71 米。鄱阳湖水位迅速上升,7 月 4 日星子县鄱阳湖水位达 21.92 米,超历史最高水位 0.07 米。鄱阳湖周围大片土地淹没在洪水之中,多处出现倒堤、倒坝现象。

8 月中旬,全省东部部分地区大到暴雨,共出现暴雨 19 县(市),大暴雨 4 县(市),赣中、赣南东部的局部地区出现内涝。

以上 4 次暴雨过程,造成全省 95 个县(市)的 1800 万人受灾,有 167 座城镇被水围困,因灾死亡 202 人。全省直接经济损失达 80.1 亿元。

1996 年洪涝 全省主要的暴雨过程有 5 次：

3 月 16 日—4 月 19 日，全省共出现暴雨 47 县（市），其中彭泽出现大暴雨，永新及赣南部分地区出现洪涝灾害。

5 月 3 日—6 月 25 日，全省共出现暴雨 110 县（市），其中临川、崇仁、南城、资溪、宜黄等地出现大暴雨，并出现中到重度内涝。

6 月 28 日—7 月 24 日，省内北部出现暴雨 8 县（市），彭泽大暴雨，景德镇发生内涝。昌江、乐安河流域连降大到暴雨，昌江潭口站洪峰水位达 62.94 米，超警戒水位 7.94 米，比历史最高水位（1959 年）高 1.65 米。乐安河三都站洪峰水位比历史最高水位（1988 年）高 0.33 米。206 国道、九景公路、皖赣铁路等重要干线被中断。省内的长江、鄱阳湖水位从 6 月 12 日起，连续 40 天超警戒线，至 7 月 23 日，鄱阳湖星子水位 21.13 米，长江九江水位 21.76 米，长江湖口水位 21.22 米。

7 月 31 日—8 月 24 日，全省出现暴雨 38 县（市），大暴雨 14 县（市），庐山出现特大暴雨。过程总雨量超过 100 毫米的地区主要集中在吉安、赣州两地区及德安、永修、庐山等地，其中庐山 477.6 毫米，兴国 271.4 毫米，安远 203.9 毫米。造成全省极为严峻的防洪汛情，沿江沿湖的九江、彭泽、星子、永修、南昌、新建、都昌、余干、波阳等地圩堤受到巨大压力，不少地段出现塌方、滑坡、裂缝、泡泉、渗水和下沉等险情，紧张局势直至 8 月 24 日左右长江各站水位退至警戒线以下才得以缓解。

8 月 27—30 日，全省出现暴雨 25 县（市），大暴雨 1 县（市）。

1997 年洪涝 全省主要的暴雨过程集中在 7 月：

7 月 3—13 日，全省出现一次范围较大的暴雨过程，过程降水量为 117～548 毫米。上饶、抚州两地区及赣州地区东北部超过 200 毫米，以南丰 548 毫米为最多，其余地区均在 100～200 毫米之间。这一降水过程共出现暴雨 91 县（市），大暴雨 23 县（市）。导致袁河、乐安河、饶河、信江、赣江、抚河均超警戒水位，11 座大型水库开闸泄洪。全省 75 个县（市）的 953 万余人受灾，因灾死亡 25 人，受淹县城 12 座。全省直接经济损失达 56.44 亿元。

1998 年洪涝 全省主要的暴雨过程集中在 6—8 月：

6 月 12—27 日的连续性大暴雨，抚州、上饶地区各县（市）的雨量在 800～1025 毫米之间，其中有 9 个县（市）雨量在 601～732 毫米之间，强度之大，历史罕见。过程范围涉及长江、鄱阳湖、昌江、乐安河、修河、信江、抚河和赣江下游等流域，持续时间长达 15 天。其中，6 月 13 日信江的梅岗站水位一天上涨 7 米，为历史少见。

7 月 17 日—8 月 1 日的连续性暴雨过程，也持续了 15 天。这次过程雨带主要在九江、景德镇、宜春、南昌和上饶五地、市，15 天内北部平均降水量为 418 毫米，婺源高达 911 毫米。由于 7—8 月适逢长江中上游主汛期，长江水位居高不下，导致省内洪水下泄不畅，鄱阳湖地区的严重洪涝持续了 3 个月之久，直至 9 月 25 日才降至警戒线以下。

6 月和 7 月出现两次长达 15 天的连续暴雨天气过程，实属历史罕见。致使赣北大部分地区洪涝（内涝）延续到 8 月，水位居高不下。全省有 4 座 600 公顷圩堤、40 座 66.6 公顷圩堤相继漫顶溃决。由于洪水下泄不畅，水位居高不下，圩堤长时间浸泡，许多堤坝漫顶溃决、崩岸、滑坡。毁坏水利设施 28580 座（处），12229 个村庄被洪水围困，35 座县城（市区）先后进水受淹。6 月鹰厦铁路 2

次中断营运达 30 小时以上,浙赣铁路中断营运 6 小时,京九线昌九段也一度中断营运。206、319、316 国道等主干道被冲垮,有的中断数日。7 月全省有 44 条公路(其中 4 条国道)不能正常通车。星子、武宁、修水、都昌、湖口、彭泽等县(市)交通断绝。湖口、武宁渡口停渡,长江九江到湖口段南岸封航。南昌市 7 月 24 日因强暴雨,造成全市 24 条主要街道受淹,部分街区交通中断。全省冲毁公路路基 1491 公里,冲毁输电线路 773 公里,冲毁通信线路 174 公里。

8 月 7 日 13 时 50 分,长江堤九江段 4 号至 5 号闸口溃决 30 米。党中央、国务院紧急空运解放军部队参加堵口,至 12 日决口封堵成功。这次决口使九江市西城区约 12 平方公里被淹,通往西部县、区的公路中断。至 8 月底,虽经排涝,但因面积太大,西城区仍在一片汪洋之中。企业无法恢复生产,学校无法正常上课,灾民无法正常生活。

年内的洪涝灾害,致使全省 79 个县(市)的 1329 个乡镇受灾,其中有 40 个县(市)的 504 个乡镇重复受灾。全省受灾人口 2031.3 万人(次),死亡 387 人。农作物受灾面积共 179.6 万公顷,成灾 128.7 万公顷,绝收 74.7 万公顷。倒塌房屋 77.3 万间(其中倒塌居民住房 67.2 万间),损坏房屋 173.6 万间。因灾死亡大牲畜 60.3 万头(只)。全省直接经济损失达 503.6 亿元,其中农业损失 223.2 亿元。

1999 年洪涝 全省主要的暴雨过程有:

4 月 15—25 日,赣北赣中出现大范围的暴雨和局部大暴雨,共出现 120 县(市)暴雨,19 县(市)大暴雨。修水、永修、永丰等地还出现了雷雨大风。

6 月 16—18 日,省内中、北部出现暴雨、大暴雨。全省两天累计雨量达到或超过 100 毫米的县(市)31 个;超过 200 毫米的县(市)6 个。

6 月 23—30 日,省内中、北部出现连续暴雨。总雨量有 32 个县(市)超过 100 毫米,其中 8 个县(市)超过 300 毫米,九江沿江地带达 400 毫米以上,以彭泽县 556 毫米为最大。

7 月 8—18 日,全省出现历史同期少有的连续性降水。共有 30 多个县(市)出现大到暴雨,有 18 个县(市)发生洪涝灾害。

8 月降水频繁,且大雨或大暴雨持续不断,全省无降水日数仅 3 天。月内共有 219 个县(市)大雨,103 个县(市)暴雨,29 个县(市)大暴雨。致使全省修、赣、抚、信、饶五大水系及滨湖地区水位全面暴涨。长江九江段、鄱阳湖沿湖地区的水位再次全面超过警戒线,全省 11 座大型水库超出汛限水位。

年内暴雨及洪涝造成 144 个县(市)的 1300 余万人受灾(部分人重复受灾),死亡 46 人。全省直接经济损失 48.28 亿元。

2002 年洪涝 全省主要的暴雨过程集中在 9—11 月,即:

9 月 12—14 日,10 月 5—6 日,10 月 28—30 日,11 月 13—15 日,11 月 17—18 日,11 月 20 日。其中最强的一次出现在 10 月底。

10 月 28—30 日,省内南部出现秋季罕见的连续暴雨、大暴雨。其中:暴雨 29 县(市、区),大暴雨 6 县(市、区),南康市日雨量最大为 139.0 毫米。致使赣州市 19 个县(市、区)全部受灾。全省有 33 个县(市、区)的 385 万人受灾,死亡 16 人。全省直接经济损失 28.8 亿元。

2003 年洪涝 全省主要的暴雨过程有 2 次：

5 月 12—17 日，全省出现较强的连续暴雨过程，其中 45 县（市、区）暴雨，20 县（市、区）大暴雨。致使吉安、赣州、抚州、鹰潭、景德镇、宜春、萍乡、上饶等地（市）65 个县（市、区）的 423 万人受灾。死亡 10 人，6 人失踪。全省直接经济损失 17.2 亿元。

6 月 23—28 日，全省有 26 个县（市、区）过程雨量超过 200 毫米，14 个县（市、区）超过 300 毫米，其中南昌县 530 毫米。致全省有南昌、宜春、景德镇、鹰潭、上饶、九江等地（市）26 个县（市、区）的 331 万人受灾。全省直接经济损失 11.86 亿元。

2005 年洪涝 全省主要的暴雨过程出现在 6 月：

6 月 17—23 日，省内自北向南出现了汛期强度最大、范围最广、持续时间最长的暴雨和大暴雨天气。降雨量全省有 51 个县（市、区）超过 100 毫米，13 个县（市、区）超过 200 毫米，6 个县（市、区）超过 300 毫米，以广昌县 515 毫米为最大。抚河、赣江上游、信江部分支流洪水超警戒线。全省受灾人口 393.80 万人，因灾死亡 9 人，1 人失踪。全省直接经济损失 25.0 亿元。

2006 年洪涝 全省主要的暴雨过程集中在 4—6 月：

全省先后出现 15 次区域性暴雨，并伴有短时强降水，其中汛期（4—6 月）共 11 次，最为严重的是 6 月 3—8 日的暴雨。

6 月 3—8 日，全省出现连续性暴雨，平均降水 134 毫米，有 60 个县（市、区）雨量超过 100 毫米，其中 14 个县（市、区）超过 200 毫米，以资溪 359 毫米为最大。全省累计出现 72 县（市、区）暴雨，15 县（市、区）大暴雨。全省受灾 871.5 万人，死亡 10 人，失踪 3 人。全省直接经济损失 29.4 亿元。

2008 年洪涝 全省主要的暴雨过程集中在 4—6 月：

全省先后出现 15 次区域性暴雨过程，暴雨日达 17 天，其中：汛期（4—6 月）共发生 8 次区域性暴雨，区域性暴雨日有 10 天。特别严重的是：

5 月 27—28 日，省内出现强对流天气，中、北部有 76 个县（市、区）出现雷电，34 个县（市、区）出现暴雨、16 个县（市、区）出现大暴雨，上栗、德兴、乐平等 3 县（市、区）出现特大暴雨，其中上栗县 5 小时雨量达 214 毫米。萍乡、宜春、上饶、鹰潭、景德镇等地（市）出现比较严重的洪涝灾害，直接经济损失 6.5 亿元。

6 月 8—14 日，全省连续遭遇 2 次强降雨过程，平均降雨量 168.8 毫米，共有 28 个县（市、区）过程雨量超过 250 毫米，其中部分区域雨量超过 400 毫米，以婺源县 538.7 毫米为最大。这 2 次强降雨导致大部分地区出现严重灾情。截至 6 月 15 日，全省有 70 个县（市、区）的 387 万人受灾，死亡 1 人。全省直接经济损失 33.7 亿元。

2009 年洪涝 全省主要的暴雨过程集中在 6—7 月：

全省先后出现 10 次共 12 天区域性暴雨，其中：6 月 30 日—7 月 3 日暴雨过程中，全省共有 37 个县（市、区）出现暴雨，28 个县（市、区）出现大暴雨，其中南康、信丰、大余日降水量创历史极值。此外，还有 5 县（市、区）出现特大暴雨，创 24 小时降水量历史极值。

全省全年因暴雨受灾人口 379.4 万人，9 人死亡。全省直接经济损失 35.7 亿元。

2010 年洪涝 全省主要的暴雨过程出现在 3—7 月：

全省先后出现 19 次区域性暴雨过程,并伴有短时强降水,其中:

3 月 4—8 日,省内中、北部出现连续大雨到暴雨,局部大暴雨,各地平均降雨量 105 毫米。有 42 个县(市、区)出现暴雨,1 个县出现大暴雨。赣东北出现历史同期罕见的早汛。

4 月 11—14 日,省内出现区域性暴雨,有 58 县(市、区)暴雨,3 县(市、区)大暴雨。

5 月 5—9 日,全省再次出现暴雨,有 37 个县(市、区)暴雨,8 个县(市、区)大暴雨。

5 月 12—14 日,全省自北向南出现年内范围最大的暴雨,各地平均降水 79 毫米。降水集中在浙赣铁路沿线。先后有 52 个县(市、区)暴雨,16 个县(市、区)大暴雨。

5 月 17—19 日,省内出现明显的对流性暴雨过程,降水中心主要在中、北部地区。各地平均降水 58 毫米,其中 18 日有 23 个县(市、区)暴雨。此外,18 日下午南城出现直径 50 毫米的冰雹。

5 月 21—23 日,全省平均降雨 75 毫米,有 34 县(市、区)暴雨、9 县(市、区)大暴雨。

6 月 7—9 日,全省有 37 县(市、区)暴雨,3 县(市、区)大暴雨,庐山日降雨量达 122 毫米。

6 月 14—25 日,全省出现年内入汛以来最强的降水集中期,有 21 个县(市、区)暴雨,51 个县(市、区)大暴雨。其中 6 月 16—20 日出现最强的暴雨时段,境内 5 大河流、鄱阳湖和长江九江段全面超警戒水位,抚河、信江、赣江同时出现特大洪水。导致山洪暴发、山体滑坡、城镇进水、村庄受淹、房屋倒塌,水利、交通、供水、通信、电力等基础设施严重损毁。全省有 1223 万余人受灾,倒塌房屋 13.64 万余间,转移人口 163 万余人,农作物受灾 103.6 万余公顷。6 月 21 日傍晚,抚州市抚河堤唱凯段发生约 420 米决口,威胁下游 5 个乡镇 14.5 万人口以及京福高速公路、316 国道、12 万亩良田的安全。6 月 27 日 18 时 16 分,经军民的共同努力,决口 6 天的唱凯大堤终于合龙。

7 月 5—15 日,省内的中部和北部地区先后出现 3 次暴雨天气,共有 39 县(市、区)暴雨,30 县(市、区)大暴雨。

3—7 月的暴雨、洪涝,造成全省直接经济损失 565.5 亿元,其中农业损失 230.3 亿元。

高温、干旱

1992 年干旱 雨季结束后,自 7 月中旬开始,全省出现高温晴热天气,最高气温基本上维持在 38℃以上,其中新建县极端最高气温达 40.9℃。许多地方多日滴雨未下,且日蒸发量大,加之农业用水量剧增,大部分地区又出现程度不同的伏旱,旱情极为严重,丘陵地区旱情更加突出。全省伏旱面积达 796.5 万亩,其中二季晚稻 346.6 万亩,棉花 130.7 万亩。8 月中旬,旱情有所缓和。8 月下旬,赣西北、赣北降水偏少,又开始出现轻度干旱。9 月上旬部分地区旱情有所缓解。9 月中旬开始,赣中、赣北部分地区又出现秋旱。9 月下旬至 11 月,全省秋旱不断发展,大部地区降水偏少 8~10 成,受旱面积多达 1300 万亩,其中:粮食作物 850 万亩,经济作物 450 万亩,成灾 990 万亩,绝收 213 万亩,因灾减收粮食 8.4 亿公斤。棉花也明显减产(仅九江市即减产 2597 万公斤)。全省大型水库蓄水不到历史同期的 60%,中型水库蓄水仅为常年蓄水量的 25%,小型水库、山塘蓄水较常年减少 40 亿立方米,不少干涸见底。赣中、赣南、九江等地干旱均持续 100 天左右。全省有 200 万人,30 多万头牲畜饮水困难。全省冬种生产受到影响,播种进度慢,油菜、绿肥出现了死苗现象。

全年干旱灾害致使全省直接经济损失 7.45 亿元。

1995 年伏旱和秋旱 全省各地出现不同程度的伏旱和秋旱。7 月中、下旬,全省出现持续高温晴热天气,降水明显偏少,赣北、赣中大部以及赣南局部连续无降水日数超过 15 天,部分地区出现伏旱,其中九江、抚州两地区东部和铜鼓、安福、上犹等地连续无降水日数超过 20 天,伏旱较为明显。8 月下旬—9 月 27 日,全省基本无雨,部分地区连续无降水日数超过 20 天。赣北西北部山区和赣南中部以及景德镇、婺源、广昌等地 9 月份降水不足 30 毫米,出现了秋旱。赣北部分棉区以及南昌地区大部、抚州地区局部和永丰、南康、瑞金等地连续无降水日数超过 28 天,秋旱较重。10 月下旬—11 月,全省大部分地区以晴为主,降水明显偏少;特别是 11 月,全省降水仅为 2～35 毫米,其中赣北大部分地区普遍不足 10 毫米,再次出现旱情。7—11 月,全省因干旱共有 28.7 万公顷农田、218 万人受灾;2.9 万公顷农田绝收、1786 头大牲畜死亡。全省因干旱造成直接经济损失 3.26 亿元。

1998 年夏秋连旱 省内汛期特大洪涝灾害之后,夏、秋又出现明显的干旱天气:

伏旱(7 月 1 日—8 月 20 日)。汛期结束后,全省转受副热带高压控制,出现连续的晴热高温干旱天气。较明显的伏旱主要出现在宜春地区南部、赣州地区西部和吉安地区。

秋旱(8 月 21 日—10 月 10 日)。除九江地区以外,全省其他地区均出现了大范围的秋旱。其中较严重的旱情出现在上饶地区西部、南昌市、宜春地区、抚州地区东部、赣州地区西部和北部一带。

年内伏旱和秋旱并伴随长时间的高温天气,给农业生产和人民生活带来了严重影响,仅 7 月、8 月两个月,就造成全省中部、南部、西部 35 个县(市)受灾,其中吉安县、泰和县、遂川县和萍乡市等地尤其严重。

全省因干旱受灾 218.3 万人,成灾 91.4 万人,伤病 2200 人,饮水困难 38.17 万人;饮水困难的大牲畜 11.56 万头(只);农作物受灾 15.17 万公顷,成灾 7.91 万公顷,绝收 1.11 万公顷。全省直接经济损失 9.55 亿元,其中农业损失 8.65 亿元。

1999 年初高温 年初(1998 年 12 月—1999 年 2 月)全省年平均气温为 9.3℃,较常年偏高 2℃左右,为 1950 年以来的最高值。虽然年初平均气温异常偏高,但 12 月下旬出现了阶段性低温,12 月 23 日全省最低气温普遍达 −7～−5℃,局部 −8℃。12 月 24 日全省大部地区最低气温仍有 −6～−4℃,给全省柑橘和脐橙生产造成不利影响。

2003 年夏秋高温 6 月末开始至 9 月上旬,全省出现历史罕见的高温少雨天气,致使全省多项温度、干旱指标突破 1959 年以来的记录:

6 月 29 日—9 月 7 日,全省日最高气温有 55 个县(市、区)创历史同期新高(以 8 月 2 日黎川 42.2℃ 为最高);有 20 个县(市、区)为历史同期次高。日平均气温有 28 个县(市、区)创历史同期新高(以 8 月 1 日九江 36.1℃ 为最高);有 29 个县(市、区)为历史同期次高。该时段的高温强度和范围以 8 月 2 日达到顶峰,赣北、赣中有 48 个县(市、区)日最高气温超过 40℃,打破了全省有气象纪录以来的最高值。该时段全省日最高气温大于 35℃、37℃、38℃、39℃、40℃ 的站次分别有 4025 站次、2166 站次、1344 站次、770 站次、299 站次,远远大于历史同期的多年平均值,分别是多年平均值的 2.0 倍、3.8 倍、6.4 倍、12.8 倍和 23.0 倍,异常程度实属罕见。该时段全省平均降雨量为 165 毫米(含人工增雨量),创全省历史同期有记录以来的最低值。夏天全省伏旱指数为 1949 年后的第一位。续特大伏旱之后,9—10 月绝大部分地区降水仍偏少 4 ~ 9 成,全省又出现较明显的秋旱,冬季作物的播种、出苗受到很大影响。由于干旱,全省受灾 1337.3 万人,死亡 9 人,伤病 2.2 万人,饮水困难 170.4 万人;农作物受灾 127.9 万公顷,成灾 79.3 万公顷,绝收 28.2 万公顷;死亡大牲畜 2.4 万头。全省直接经济损失达 55.9 亿元,其中农业损失 47.1 亿元。

2005 年干旱 9 月全省共有 9 个县月平均气温超过历年极值。12—21 日,全省日最高气温普遍达到 34 ~ 38℃,其中以弋阳 39.4℃ 为最高。16—17 日、19—21 日 5 天达到高温(日最高气温≥35℃)的县(市、区)超过 70 个,以 21 日的 82 个县(市、区)为最多,其中有 39 个县(市、区)的日最高气温超过 37℃。9 月中旬平均气温较历年同期偏高 3 ~ 5℃,有 76 个县(市、区)创历史同期新高。29 日、30 日又分别有 48 个和 76 个县(市、区)出现高温,崇义、德兴、上犹、婺源、玉山、铅山等地 9 月下旬平均气温破历史纪录。11 月全省平均气温为 15.7℃,创历史同期新高。其中 11 月上旬气温异常偏高,旬平均气温 19 ~ 23℃,大部分偏高 4 ~ 6℃,有 86 个县(市、区)创历史同期新高。11 月中旬赣北、赣中偏高 0.1 ~ 1.4℃,而赣南接近历史同期。11 月下旬赣北偏高 0.8 ~ 3.0℃,赣中、赣南偏高 1.2℃ 以上。5—10 月,赣东北局部地区出现阶段性干旱,其中乐平、玉山、婺源、弋阳等县(市、区)平均雨量为 632 毫米,偏少 4 成,景德镇城区偏少 4.8 成。

2006 年高温 7—10 月全省降水分布不均匀,北少南多。与历年同期相比,全省北部大部分地区偏少 3 ~ 6 成。全省有 20 个县(市、区)出现明显旱情,受灾人口达 132.3 万人,饮水困难 9.4 万人,转移安置 518 人;农作物受灾 13.7 万公顷,成灾 3.3 万公顷,绝收 1.4 万公顷。6—9 月全省共有 70 个县(市、区)日最高气温≥35℃ 的高温日数在 30 天以上,其中有 47 个县(市、区)的高温日数达到了 40 天以上,以铅山 63 天为最多。持续高温干旱使全省用电负荷一路攀升,8 月 29 日 20 时升至 711 万千瓦,比上年的最高用电负荷还高出 28.5 万千瓦,创历史新高。南昌地区最大电力负荷达到 153.7 万千瓦,也是南昌地区电力该年度迎峰度夏以来第七次突破历史纪录。

2007 年干旱 全省先后出现二次干旱,其中以秋季旱情更严重。

汛期结束后,全省伏旱明显。7 月 1 日—8 月 13 日,全省平均气温达 30.2℃,较历史同期偏高 1.4℃,仅次于特大高温干旱的 2003 年。期间全省平均降雨仅 111 毫米,偏少 4.9 成。35℃ 以上的高温日数除赣北北部和赣南南部为 20 ~ 30 天外,其他地区为 30 ~ 39 天。持续高温少雨,导致全省旱情迅速蔓延,致使二季晚稻栽插期延长,栽插面积减少。直到台风"圣帕"影响后,全省的高温干旱才得到缓解或解除。

9 月中旬开始,全省降水量异常偏少,出现较为严重的秋季和初冬干旱。9 月 15 日—12 月 15 日,全省大部地区出现了明显的秋季少雨天气,平均雨量仅为 42 毫米,较历年同期偏少 7.9 成,全省连续无雨日为 68 ~ 86 天,普遍出现重度以上干旱,且有一半县、市连续一个月达到重度以上干旱。

全省年平均气温 19.0℃,较常年偏高 1.2℃,创 1950 年以来的最高值,也是自 1997 年以来连续第 11 个高温年。2 月全省平均气温为 12.6℃,较常年偏高 4.9℃,除南部部分县、市外,其余县、市均创历史同期新高。

因为干旱,全省共有903.2万人受灾,134.4万人饮水困难;农作物受灾67.0万公顷,成灾41.3万公顷,绝收10.8万公顷。全省直接经济损30.3亿元,其中农业损失25.1亿元。

2008年干旱 全省共出现6次高温天气过程:6月21—24日、7月1—6日、7月14—18日、7月22—28日、8月4—22日、9月18—23日,而范围最广、强度最大的主要出现在7月下旬、8月中旬后期到下旬初两个时段。

6—8月全省平均高温日数31.5天,较历年略偏高。有15个县(市、区)超过了40天,有46个县(市、区)为30~40天,有11个县(市、区)在20天以下,以鹰潭市的46天为最多。7月26日,出现了本年范围最广的高温天气,全省有87个县(市、区)日最高气温超过35℃,82个县(市、区)日最高气温超过37℃,2个县(市、区)日最高气温超过40℃。而8月21日高温强度为本年最大,全省有30个县(市、区)≥39℃,4个县(市、区)≥40℃。11月10日—12月26日,全省平均降水仅7毫米,较历年同期偏少9.1成,部分地区出现阶段性干旱,高森林火险气象等级天数普遍达35~45天,造成局部地区发生多起森林火灾。

2009年高温 8月1日—11月10日,全省大部分地区降水量较常年同期明显偏少,全省平均降水量184毫米,比常年同期(328毫米)偏少44%,为历年同期第三少雨期。特别是9月1日至11月5日,全省平均降水量仅为51毫米,为历年同期最少,但平均气温为历年同期次高。气温高,降水少致使大部分地区出现严重秋旱,鄱阳湖比常年提前两个月进入枯水期。赣江部分河段最低水位创历史新低。部分山丘岗地的水库、山塘干涸。居民生活用水和农业用水困难。全省饮水困难141.3万人,农作物受灾118.4万公顷,78万亩油菜播种困难,已播油菜有102万亩移栽困难。全省直接经济损失40.1亿元,其中农业损失37.6亿元。

2010年高温 全省共经历7次大范围的高温天气过程,分别是6月30日—7月5日、7月16—22日、7月31日—8月5日、8月7—18日、8月21—23日、9月6—8日和9月14—19日。全省年平均高温日数达43.9天,较历年偏多14天。而范围最广、强度最强的时段主要出现在8月前半月,其中8月3—5日连续3天出现40℃以上的高温。8月4日全省平均最高气温达到39.4℃,除庐山和井冈山外,其余87个县(市、区)的日最高气温均≥35℃;有86个县(市、区)≥37℃;有69个县(市、区)≥39℃;有35个县(市、区)≥40℃。年内极端最高气温为41.2℃,分别出现在万载县(3月5日)和遂川县(8月4日)。

风 雹

1992年风雹 3月中旬,全省部分地区出现大风、冰雹(即风雹)天气。4月,全省有4次大范围的风雹灾害,其中以4月29日最为严重。涉及31个县(市),最大风力为11级。5月,赣中、赣北遭受3次大的风雹灾害,特别是5月6—7日,37个县(市)出现8级以上的雷雨大风。7月22日,暴雨和风雹灾害同时袭击德兴市。8月6日,赣北局部又出现一次比较大的风雹灾害,尤以星子、高安较为严重,其中高安最大风速达33米/秒。全省全年因风雹灾害造成的直接经济损失2.03

亿元。

1994 年风雹　4 月 5—8 日,全省有 8 个地、市的 34 个县、市先后遭受大风、冰雹袭击,其中波阳、湖口、信丰等 17 个县(市)灾情较重。4 月 17—20 日,吉安、宜春、上饶地区有 20 多个县(市)出现风雹灾害,其中万年、乐平等地受灾较重。5 月 1—3 日,万安、修水、南康、万年等地出现风雹灾害,其中万安、修水灾情较重。7 月全省有 20 余县(市)出现雷雨大风。8 月全省共出现风雹 5 次,有 51 个县(市)出现大风,有 20 多个县(市)出现雷雨大风,仅南昌市就有 20 多条输电线路中断,有的地区停电长达 3 天。全省全年共有 252 万人受灾,死亡 110 人,受伤 2788 人;倒房 1.14 万间,损坏房屋 30.72 万间;有 392.5 万亩农作物受灾,160 万亩农田绝收。全省直接经济损失 4.66 亿元。

1995 年风雹　3 月 14—17 日,湖口、星子、永修、南城、黎川、南昌、新建、波阳、奉新、东乡、丰城、樟树、新干、吉安、泰和、井冈山等县(市)受到大风袭击;武宁、新建、宜黄、黎川、九江、铅山、广丰等县(区)出现冰雹灾害,其中新建冰雹最大直径达 20 毫米。

3 月 23—24 日,南昌、进贤、东乡、丰城等 10 余个县(市)再次出现大风。

4 月,全省大风有 58 县(市),南城至宜春一线以北大部分平原、河谷地区以及吉泰盆地、赣县、龙南、寻乌、石城等县(市)均受到大风袭击,影响区域达 30 多个县(市),其中金溪大风日数达 4 日,南城达 5 日。大风集中时段有两次,分别出现在 13—16 日和 21—22 日,其中余江、樟树、铅山等地受灾较重。4 月 8—16 日,景德镇市、抚州市以及余江、武宁、石城、宁都、樟树、永丰、吉水、黎川等县受到冰雹危害。仅 15 日石城县的风雹就有 11 个乡(镇)受灾,毁坏房屋 14535 间,倒塌房屋 77 间,受灾农作物 12595 亩,直接经济损失达 1000 余万元。

5 月,星子、波阳、万年、丰城、金溪、南城、上高、新建、东乡、上饶县、南丰、宁冈、宁都等 10 多个县(市)受到大风危害。

11 月 7 日,星子县出现 18 米/秒的大风。23 日,星子、水修、龙南、全南出现大风。

年内,全省共有 63 个县(市)的 268 万人遭受风雹灾害。死亡 33 人。全省直接经济损失超过 21.0 亿元。

1996 年风雹　3 月 7—8 日,德安、都昌、永修、星子出现大风。14 日,金溪、黎川、井冈山出现大风(最大风速达 22 米/秒)。16 日,鄱阳湖周围及抚河流域 14 个县出现大风,星子最大风速达 26 米/秒。31 日,彭泽、都昌、星子、南昌县出现大风。

4 月 2—8 日,武宁、丰城、星子出现大风,奉新、瑞金出现飑线天气。其中:7 日晚 22 时瑞金市出现有记录以来罕见的飑线天气,风速超过 10 级,全市 21 个乡(镇)全部受灾,直接经济损失数千万元。

4 月 17—22 日,受冷空气影响,上饶地区东部以及彭泽、星子、波阳、南昌县、安义、新余、新干、莲花、泰和等地出现雷雨大风和冰雹天气,其中上饶地区东部及新干、泰和等地受灾较重。

5 月,峡江、金溪、临川、余江、永修、星子、安福、兴国等地先后受到大风危害,其中 14 日 18 时许,吉水县阜田镇 30 多个村遭受龙卷风袭击,造成倒房毁田,直接经济损失约 150 万元。

6 月 7 日,宁都县 9 个行政村、1 个乡办企业遭受龙卷风袭击。11 日傍晚,石城县 4 个乡(镇)的 7 个村 39 个村民小组遭受了历年最大的龙卷风和冰雹的袭击,风力在 10 级以上。12 日瑞金、会昌、全南遭受大风冰雹袭击。

7月31日—8月3日,受8号台风影响,全省大部分平原、湖滨、河谷地区受持续性大风危害,共出现大风65县(市),大部分地区最大风速超过20米/秒。这次过程风力之强,影响范围之大,为历史同期少见。全省有43个县(市)的462个乡(镇)受灾,直接经济损失达24.8亿元,其中农业损失17.4亿元。

8月8—28日,全省又有24县(市)出现大风,其中22日星子最大风速达24米/秒。

1998年风雹 4月22日下午,萍乡市出现25米/秒的大风和最大直径超过160毫米的冰雹。26个乡(镇)的64万人受灾。死亡2人,伤120余人。市区停水、停电、停气,通信中断。还导致浙赣铁路中断运行达8小时。导致国家储备粮库30个粮仓有28个屋顶被风掀起,1亿斤粮食处于露天状态,仅此一项损失上千万元,潜在损失近亿元。此外,还有近20万亩农作物受灾,近3000根电杆倒、断,近50台变压器损坏,损坏房屋29693间。直接经济损失约3亿元。

2002年风雹 3月20日,弋阳出现冰雹,最大直径4毫米;玉山、上饶县也先后出现冰雹。3月21日都昌县出现冰雹,最大直径5毫米。这两天的冰雹导致数人受伤,直接经济损失2000多万元。

4月2—9日,全省局地强对流天气频繁出现,雷雨大风或冰雹来势猛、强度大、范围广。2—7日几乎每天都有强对流天气,尤其是5日和7日最明显。5日全省共有43县(市、区)出现8~9级雷雨大风,其中有39县(市、区)暴雨大风,莲花县最大风速达42米/秒,创该站瞬时风速历年极值;靖安站最大风速达29米/秒;另有3站(次)短时强降水;井冈山出现冰雹。这次过程持续近12小时。7日晚,省内中、北部有10个县(市、区)出现8~9级大风,其中波阳、樟树、宜春袁州区、高安等地下了冰雹(最大直径达12厘米,出现在高安市八景镇)。仅4月2—7日,全省有45个县(市、区)分别遭受特大风雹的袭击。受灾419.6万人,死亡5人,受伤7730人。农作物受灾23.27万公顷,绝收1.23万公顷。倒塌房屋3.6万间。此外,水利、通信、电力等基础设施毁损严重。全省直接经济损失8.13亿元。

4月23—24日,省内中、北部出现大风、冰雹、暴雨等强对流天气,有7个县(市、区)出现多次大风,其中峡江、南城伴有冰雹(南城冰雹最大直径2.5厘米)。5月27日,德安局部遭受冰雹袭击(最大直径2厘米),造成多处房屋以及农作物被毁坏。

7月17日,省内发生较大范围的强降水、雷电、大风等强对流天气,庐山五老峰遭雷击,致3人死亡,14人受伤(其中3人重伤)。

8月26日,省内部分地区出现强对流天气,有10县(市、区)出现雷雨大风,6县(市、区)出现小时强降水。进贤县出现翻船事故,致11人死亡。

2003年风雹 4月11日,定南和贵溪分别出现直径1毫米和8毫米的冰雹。

4月12—13日,全省有17个县(市、区)出现8~11级雷雨大风(资溪风速最大达30米/秒)、冰雹(赣州城区冰雹直径最大达30毫米)和强降水等强对流天气。其中弋阳同时遭到雷雨大风(22米/秒)、冰雹(直径12毫米)和强降水的袭击。受其影响,上饶、赣州、鹰潭等地死亡8人,伤569人,倒塌房屋3265间,农作物受灾5.3万公顷,直接经济损失6.4亿元。

5月6日,全省有15个县(市、区)出现8级以上雷雨大风,有9个县(市、区)出现强降水。

2004 年风雹 4月21日，修水出现冰雹天气，并有26米/秒的雷雨大风，冰雹最大直径12毫米（自动气象站观测到的最大风力达29.3米/秒，为11级）；星子、余干、德兴出现短时8~9级雷雨大风；永修出现强雷暴、大风、冰雹（直径3毫米）等强对流天气，过程降水57.3毫米；宜春部分县（市、区）也出现了冰雹、雷雨大风。4月23日，全省出现入春以来范围最大的强对流天气，其中赣州、萍乡出现冰雹，有14个县（市、区）出现8级以上大风，8个县（市、区）出现强降水。另外，崇义、上犹、南康、赣县等地也下了冰雹。4月21—23日，全省有19个县（市、区）的140多个乡（镇）遭受风雹和暴雨的袭击，受灾93万人，伤66人，死亡5人。倒房4000余间，损坏房屋近4万间。农作物受灾3.2万公顷。

5月突发性强降水等强对流天气较多，5月2—31日，有14县（市、区）出现大风，49县（市、区）出现强降水，2县（市、区）出现冰雹。其中，5月底的强对流天气造成宜春、吉安局部地区出现山体滑坡，房屋进水，公路中断，农田受淹等灾害，并有2人遭雷击身亡。5月26日下午，瑞昌市出现局地强对流天气，2小时雨量119.3毫米，最大风速24米/秒，局部还出现了冰雹。受灾22万人，城区出现严重内涝，停水、停电、通信中断达10余个小时。供电、通信设施遭雷击损毁严重，给排水设施被洪水冲坏。大量维修公路木材被冲跑，城区绿化树木连根拔起，大量广告牌被吹倒。全市倒塌房屋18间，损坏房屋401间。农作物受灾2170余公顷。

7月25日，德兴市泗洲镇张家畈、铜埠及金家三个居委会遭受风暴、冰雹袭击，持续时间40分钟。受灾5000余人，房屋倒塌41间，损坏房屋400间。农作物受灾500亩，人工林受灾1200余亩，果树受灾200余亩。公路和街道两旁的树木被吹倒，多处风景灯被毁坏。电力、电讯、照明设施多处受损。

8月10日，德兴市黄柏乡的长田、宋家两个村委会遭风暴、冰雹袭击。强大的风暴历时50分钟，并下了10分钟的冰雹。毁坏房屋654间，倒塌房屋22间，雷电击死耕牛1头，毁坏农田56亩。

年内，全省因风雹、雷电共造成73人死亡，直接经济损失约40亿元。

2005 年风雹 全省有71个县（市、区）出现冰雹、大风等强对流天气，有57个县（市、区）出现雷击事故。

2月8日，修水出现冰雹，最大直径4毫米。

4月30日，省内北部普降中到大雷阵雨，有16个县（市、区）遭受短时雷雨大风、强降水和冰雹天气袭击，其中庐山、德安冰雹直径达20毫米。

7月11日，婺源县出现大风，极大瞬间风速22米/秒，赋春镇游汀村一古树被大风吹倒，造成旁边的房屋倒塌，直接经济损失约6万元。

10月4日，湖口县出现大风，农作物受灾533公顷，直接经济损失约15万元。

2006 年风雹 全省共出现6次强对流天气，其中：

4月9—10日，全省有29个县（市、区）遭受雷雨大风、强降水和冰雹袭击，受灾人口达109.77万人，5人死亡，伤1015人。农作物受灾34288.3公顷。倒塌房屋6304间，损坏房屋16.67万间。死亡大牲畜778头。

4月11日，全省有27个县（市、区）出现8~11级雷雨大风、冰雹、强降水等天气，其中南昌、吉安、抚州、赣州等市,共有 5 个县(市、区)出现冰雹。

4 月 12 日,北方强冷空气侵入省内,都昌、星子、南昌、彭泽、鄱阳等县出现 8 级偏北大风。吉安、南昌、宜春、抚州、上饶、景德镇、新余、萍乡、九江等市,共有受灾人口 392.8 万人,11 人死亡,伤 1026 人。农作物受灾 25.4 万公顷。损坏房屋 23.5 万间,倒塌房屋 1.5 万间。

年内,全省因风雹造成直接经济损失 15 亿余元。

2007 年风雹 全省共有 156 县(市、区)出现雷雨大风或冰雹。

6 月 23—27 日,省内北部、中部出现强雷电、大风、强降水天气,全省平均雨量为 43 毫米,景德镇 90 毫米为最多。有 33 个县(市、区)的 69 个乡(镇)累计雨量超过 100 毫米,其中高安市华林乡 226 毫米为最大。有 112 个乡(镇)出现 1 小时 30 毫米以上的强降水。有 14 个县(市、区)出现 8～9 级大风。

7 月 21—24 日,省内处副高边缘,局部地区午后到夜间出现雷阵雨。全省有 32 个县(市、区)出现短时 8 级以上雷雨大风、强降水、冰雹等强对流天气,以 23 日万安瞬间风速 27 米/秒(10 级)为最大。23 日鹰潭冰雹最大直径 15 毫米。

年内,全省有 178.3 万人受灾,死亡 9 人。倒塌、损坏房屋 7.69 万间。农作物受灾 7.8 万公顷。全省直接经济损失 5.7 亿元。

2009 年风雹 3 月 21—22 日,省内中、北部普遍出现雷雨天气,有 21 个县(市、区)遭受短时 3 级以上雷雨大风等强对流天气袭击,修水、庐山、德安、瑞昌、星子、南昌等县出现冰雹,星子县冰雹直径达 20 毫米,余江瞬间最大风速达 28 米/秒。南昌、九江、景德镇、鹰潭、宜春、新余等市的 13 个县(市、区)受灾严重。

11 月 9—10 日,全省普遍出现雷阵雨,广丰、铜鼓、丰城、崇仁等 13 个县(市、区)出现 8 级以上雷雨大风,其中广丰县的雷雨大风,瞬间风速达 21 米/秒。进贤、万年、崇仁等 7 县(市、区)出现 1 小时 30 毫米以上的短时强降水。安福县的多个地方出现了冰雹。

年内,全省共有 98.8 万人受灾,死亡 4 人,伤 89 人。倒塌、损坏房屋 1.7 万余间。农作物受灾 2.6 万公顷。全省直接经济损失 4.9 亿元。

台 风

1996 年台风 7 月 31 日—8 月 3 日,受第 8 号台风影响,全省出现暴雨 38 县(市),大暴雨 14 县(市),庐山出现特大暴雨。过程总雨量超过 100 毫米的区域主要集中在吉安、赣州和九江三个市,其中庐山达 477.6 毫米。全省大部分平原、湖滨、河谷地区受持续性大风危害,共出现 8 级以上大风 65 县(市),大部分地区最大风速超过 20 米/秒。全省直接经济损失达 24.8 亿元。

2004 年台风 8 月 12—14 日,省内北、中部自东向西普降暴雨,全省平均降雨 96 毫米,64 个县(市、区)超 50 毫米,39 个县(市、区)超 100 毫米,7 个县(市、区)超 200 毫米,庐山 268 毫米为最大。受强降水影响,8 月 14 日,余江县白塔河水位达 31.86 米,超警戒线 0.86 米;庐山、永修、都昌等地出现山体塌方和滑坡 7 处;瑞昌、东乡县城出现内涝;德安县受灾人口 5213 人,农作物受灾

2523.6 公顷,倒塌房屋 10 间,损坏房屋 80 间;都昌县倒塌房屋 162 栋,损坏房屋 1892 间。农田受灾 26150 公顷。冲毁公路 36 处,约 17 公里。多宝乡出现山体滑坡 2 处,约长 60 米,流沙冲毁棉田 56 亩;瑞昌市赛湖农场内涝 4000 亩,市区被淹 1~2 小时;永修县三溪桥附近有一处山体滑坡,316 国道积水,中断交通;星子县受灾人口 5 万人,农作物受灾 1480 公顷。圩坝内近 1 万亩内涝,3000 米沟渠淤塞;永修县棉花受灾 13335 亩,一季晚稻受灾 39610 亩,二季晚稻受灾 6400 亩,鱼塘受灾 689 亩。村级公路被冲毁 16 公里;宜春市受灾乡(镇)67 个,受灾人口 13.56 万人,倒塌房屋 19 间。农作物受灾约 1.5 万公顷。损坏输电线路 18.4 公里,通信线路 17.7 公里,导致 3 个工矿企业停产。损坏堤防 0.4 公里,护岸 84 处,水闸 78 座,灌溉设施 174 座。

年内,先后有 4 个台风减弱成热带风暴或低气压进入省内,共造成直接经济损失 24.7 亿元,其中农业损失约 14 亿元。

2005 年台风 受台风"泰利"的影响,9 月 1—4 日,星子、永修、金溪、南昌县等 8 个县(市、区)出现 8 级大风。全省普降大到暴雨,部分大暴雨,庐山、瑞昌还出现特大暴雨。全省平均降雨 118 毫米,过程累积雨量有 66 个县(市、区)超过 50 毫米,31 个县(市、区)超过 100 毫米,14 个县(市、区)超过 200 毫米,以庐山 940 毫米为最大,瑞昌 428 毫米次之。潦河流域出现洪涝。全省因灾死亡 7 人,失踪 4 人。农作物受灾 4.1 万公顷。全省直接经济损失 24.25 亿元。

2006 年台风 受台风"格美"的影响,省内中、南部 7 月 24 日出现 8 级大风,25—27 日又出现暴雨到大暴雨,局部特大暴雨,致使局部山区发生严重山洪、地质灾害。上犹、全南、定南、龙南、南康、寻乌、信丰、会昌、安远、崇义、遂川等县(市、区)共 86.8 万人受灾,31 人死亡,51 人失踪。倒塌房屋 1.2 万间。农作物受灾 9.7 万公顷。工矿企业停产 80 家。损坏公路 144.48 公里。损坏输电和通信线路 258.7 公里。损坏堤防 338 处 102 公里,堤防决口 128 处,损坏护岸 452 处。冲坏塘坝 979 座、灌溉设施 1615 处、大小桥梁 100 座、小水电站 5 座、水闸 8 座。台风"格美"是 10 年内造成全省人员伤亡最严重的台风,导致全省直接经济损失 8.86 亿元。

受强台风"桑美"的影响,8 月 10—12 日,省内中、北部出现暴雨和大风天气,全省有 10 个县(市、区)出现 7~9 级大风,以庐山 22.8 米/秒(9 级)为最大。有 29 个县(市、区)共 77 个气象观测站雨量超过 50 毫米,资溪、南城、进贤、宜丰、贵溪等 14 个县(市、区)共 24 个站雨量超过 100 毫米,以金溪的琅琚镇 222.0 毫米为最大,南昌县广福镇宋洲村 219.8 毫米次之。有 24 个县(市、区)的 76 个站(次)出现 1 小时 30 毫米以上的强降水,以金溪琅琚镇 1 小时降水 99 毫米为最大。抚州、上饶、鹰潭、宜春、南昌等市共有 74.82 万人受灾,死亡 4 人,农作物受灾 4.37 万公顷,直接经济损失 3.82 亿元。

2008 年台风 年内,影响全省的台风共有 7 个,且影响时间较往年早。其中"风神""凤凰"两个台风减弱后的低压中心进入省内后,致使局部地区灾情严重。"浣熊""海鸥""北冕""森拉克""黑格比"等 5 个热带气旋的外围云系先后影响省内,并造成局部降水。年内,因台风导致全省受灾人口 84.3 万人,死亡 4 人,农作物受灾 3.3 万公顷,直接经济损失约 12 亿元。

雷 电

全省雷电灾害总的情况是:山区多于平原,农村多于城市。南昌、上饶、吉安地区多于其他地区。

1991 年雷电 全省因雷击死亡 3 人,伤 6 人。

南昌市商业储运仓库遭雷击起火,损失 30 余万元;省水利建设公司油库遭雷击起火,损失 12 万余元。此外,都昌县广播站遭雷击,庐山电视台遭雷击。

1992 年雷电 全省因雷击死亡 20 人,伤 70 人。

上犹县电视塔遭雷击。崇义县 8 头牛被雷击死亡。余干县被雷击损坏彩电等家用电器 120 余件,计 24 万余元。弋阳县全年发生 12 次雷击,总损失 22 万余元。江西医学院和江西财经干部管理学院遭雷击,380 多门程控电话被烧毁。余江县被雷击损失 48 万余元。景德镇被雷击损失树木约 800 立方米。九江市区遭雷击,损失 17 万余元。

1993 年雷电 全省因雷击死亡 23 人,伤 74 人。

铅山县遭雷击,直接经济损失约 766 万元。庐山电视台遭雷击,设备基本损坏,通信中断 3 天。弋阳县全年遭雷击 9 次,损失 10 余万元。广昌县林业局电话交换机,甚高频电话等通信设备遭雷击损失约 80 万元。余干县遭雷击损坏家电 100 余件,损失 20 余万元。武宁县遭雷击,损坏民房 3 栋。

1994 年雷电 全省因雷击死亡 54 人,伤 66 人。

弋阳县全年遭雷击 10 次,损失约 12 万元。九江市区全年遭雷击 2 次,损失约 105 万元。婺源县遭雷击,损失约 40 万元。广丰县全年遭雷击 5 次,其中 7 月 23 日,一次死亡 8 人。余干县被雷击,损失达 20 余万元。金溪县陆坊乡教育电台遭雷击,损失约 30 万元。临川县邮电局机房遭雷击,损失 10 余万元。横峰县全年遭雷击 10 次,损失 10 余万元。

1995 年雷电 全省因雷击死亡 58 人,伤 19 人。

宁都县全年遭雷击 29 次,损失约 14 万元。九江市区全年遭雷击 3 次,仅损坏程控电话 1 万余门。横峰县全年遭雷击 12 次。资溪县变电站遭雷击,损失数万元。弋阳县全年遭雷击 4 次,损失约 4 万元。鹰潭市区全年遭雷击 50 多次,死亡 3 人,建筑物被击坏 20 多栋,损坏设备及家用电器 100 多件。6—7 月,宜黄县遭雷击 2 次,损失数万元。6 月,余干县遭雷击,损坏家电 100 余件,损失达 20 余万元。6 月,龙南县遭雷击,损失达 20 余万元。8 月,宜丰县遭雷击,死亡 6 人,击死耕牛 2 头。年内,永丰县遭雷击,死亡 4 人,4 台变压器被击坏。

1996 年雷电 全省因雷击死亡 7 人,伤 13 人。

南城县 708 电视差转台遭雷击,损失数万元。崇仁县人民银行金库监控系统遭雷击,损失数万元。南昌市卷烟厂仓库遭雷击穿顶。余干县城 2 次遭雷击,广电局、县宾馆程控交换机等设备受损。大余县全年 4 次遭雷击,死亡 4 人,伤 13 人,死耕牛 3 头,其他经济损失约 30 万元。定南县 5 月和 8 月有 6 个地方遭雷击,损失约 5 万元。

1997 年雷电 全省因雷击死亡 9 人,伤 8 人。

宜春市第一烟花材料厂遭雷击,损失 5 万余元。奉新县城区 5 次遭雷击,损失 10 万余元。弋阳县变电站、水电工公司、制药厂、第二中学、火车站等遭雷击,损失约 30 万元。广丰县全年 7 次多处遭雷击、损失超过 30 万元。德兴全年 8 次遭雷击,损失超过 6 万元。萍乡市 8—9 月 2 次多处遭雷击,损失超过 70 万元。横峰县遭雷击,损失约 16 万元。新余市无线电管理委员会、市有线电视台遭雷击,造成 22 台发射机被击穿。

1998 年雷电 全省因雷击死亡 21 人,伤 9 人。

南康市因雷击,损失约 4 万元。上犹县因雷击,损失约 15 万元。全南县因雷击,损失约 5 万元。2 月 16 日,抚州地区棉麻公司仓库遭雷击引起大火,损失 1135 万余元。寻乌县全年 6 次遭雷击,损失约 10 万元。安远县电站发电设备和有线电视接收设备遭雷击,损失 22 万余元。横峰县公安局 110 报警台整套设备遭雷击,损失约 60 万元;横峰县县医院、县电教站、各乡变压器遭雷电击,损失约 30 万元。萍乡市全年 6 次遭雷击,损失约 16 万元。6 月 12 日,省棉麻公司波阳 6902 棉花仓库遭雷击,损失 1200 余万元。6 月 18 日,乐平市的江西化纤化工有限公司有机分厂遭雷击引发大火,致使 5 个甲醇罐爆炸,损失约 90 万元。鹰潭市全年 4 次遭雷击,损失约 30 万元。7 月 2 日,赣州市的江西豪德集团遭雷击,损失约 15 万元。8 月 24 日,万安县中医院职工宿舍遭雷击,相邻的 5 户房屋一起化为灰烬,并烧死 1 人,损失超过 20 万元。9 月 15 日,庐山因雷电顺着电源线路侵入电信局手机及无线系统,造成通信中断 20 多小时,损失达 60 多万元。贵溪市建设银行计算机网络、广电局闭路电视系统遭雷击,损失 6 万余元。

1999 年雷电 全省因雷击死亡 13 人,伤 7 人。

3—5 月,南昌市 4 次遭雷击,损失 30 余万元。5 月 14 日,赣州市区有 3 家公司遭雷击,损失约 30 万元。7 月 23 日,万安县城及附近出现强雷暴并伴有降水,城南的水力发电站因雷电击断高压线路引起短路,导致 2 台大型输电变压器及一批配电设备被毁,损失超过 100 万元。5 月 23 日,进贤县粮食局直属粮库遭雷击起火,损失 100 万余元。7 月 17 日,金溪县高坊水库被雷击,毁坏 1 组发电机,损失约 10 万元。7 月 25 日,横峰县遭雷击,损失约 50 万元。7 月 26 日,进贤县国家粮食中转库两个粮仓遭受雷击,其中 1 个起火,100 多万公斤粮食被烧光,损失 120 多万元。9 月 11 日,上饶市区石油公司润滑油库遭雷击,损失约 10 万元。年内,星子县雷击事故 36 起,累计损失 65 万余元。

2000 年雷电 全省因雷击死亡 46 人,伤 33 人。

4 月 25 日,吉安市井冈山医学专科学校计算机室在切断电源的情况下,有 2 台计算机被雷电击毁,损失 1 万余元。6 月 7 日,吉安市第三中学多台多媒体电脑被雷电击毁,损失约 20 万元。婺源县全年 7 次遭雷击,损失 20 余万元。大余县 7 次遭雷击,损失 10 万余元。赣州市章贡区 7 次遭雷击,损失 22 万余元。5 月 30 日,南昌市省民航局电脑办公系统遭雷击,损失 16 万余元。6 月 1 日,南昌市的省证券公司第一营业部、第九医院、昌北机场收费系统、海关中心机房等遭雷击,直接损失约 20 万元,间接损失无法估计。8 月 29 日,鹰潭市农业银行 20 多台进口调制解调器被雷击坏,整个网络瘫痪;两栋家属楼几十户的家用电器几乎全部被雷击坏;逸夫小学一栋家属楼 20 多户人家的家用电器全被雷击坏。6—7 月,都昌县县城两次遭雷击,损坏彩电、电话机、计算机 250 余台。6 月,新干县神政桥乡政府所在地连续 3 次遭雷击,损失约 30 万元。6—10 月,宁都县 3 次遭雷击,损失60余万元。6月24日,石城县高田镇新坪村9头黄牛遭雷击死亡。6月30日,广丰县人民医院遭雷击,损失约20万元;河北乡烟花厂遭雷击,损失约30万元。7月6日,兴国县供电局、县电信局电子设备遭雷击,损失约30万元。9月28日,万安县罗圹乡邮电所遭雷击,损失约20万元。

2001年雷电 全省共发生雷击事件71起,死亡12人,伤14人。

4月28日,广丰县壶桥镇变电站遭雷击,损失约10万元。5月7日,龙南县桃江乡窑头村遭雷击,死亡5人,伤1人。6月26日,鹰潭市君安证券交易所营业部遭雷击,致使整个网络不能运行,停止交易,损失约6万元。7月13日,萍乡市石油公司家属楼、萍乡市建设中路家属楼遭雷击,击坏计算机系统及家电设备,损失约25万元。7月13日,德兴市多处遭雷击,击毁办公楼并引起火灾;击毁百年古树、电视台设备、水电公司电力载波系统、电力计算机自动化调度系统、程控交换系统;击坏工商银行计算机路由器、UPS电源;击坏市电视台电视信号放大器以及400多部电话、200多台彩电等,损失100多万元。7月20日,新余证券交易所遭雷击,击坏7个集线器(HUB),3台交换机、1个卫星接收卡、1台UPS电源,以及若干网卡,损失约12万元。7月23日和8月6日,铅山县永平铜矿2次遭雷击,击毁球磨机等,造成停产,损失约12万元。8月22日,进贤县七里乡东红村遭雷击,死亡2人,伤多人。8月29日,横峰县人民医院遭雷击,击坏CT机等设备,损失6万余元。9月18日,分宜发电厂遭雷击,击坏1个闸刀开关、数台其他设备,损失10余万元。11月4日,萍乡市区遭雷击,击坏计算机系统、供电系统、闭路电视系统和多台电视机,损失约72万元。

2002年雷电 全省共发生雷击事件138起,死亡40人,伤34人。

3月,九江二电厂有线电视系统被雷击,数台电视机和转播设备被击坏,损失10多万元。3月20日,横峰县电信局交换设备遭雷击,损失14万元。3月20日,鹰潭市上清镇木质房屋群遭雷击,造成9间店面被烧毁,损失约20万元。3月28日,上饶县应家乡遭雷雨、大风和冰雹袭击,伤45人,其中雷击伤4人。5月,九江炼油厂变压器被击坏,高压线损坏严重,造成停电、停产3个多小时,损失20多万元。6月9日,分宜县金元造纸厂被雷击、县广播电视网络公司中心机房被雷击、部分居民家用电器被雷击,总损失80余万元。7月17日,庐山五老峰遭雷击,游客4人死亡、10多人受伤,损失100余万元。7月20日,井冈山火车站遭雷击,损失30余万元。8月15日,德兴市李宅因雷击,造成闭路电视线、电视机120余台、电话机90余部被毁,移动通信中断18小时,损失96万余元。8月26日,进贤县一客运船遭雷击,死亡9人。8月和9月,南昌日报社卫星接收系统遭感应雷击及雷电波侵入损坏,导致系统瘫痪,损失10万余元。9月12日,新干县桃溪电信所遭雷击,房屋损坏,变压器、整流器、交换机被雷击坏,线路烧坏,造成供电中断,损失18万余元。9月13日,余干县城因雷击造成空调、变压器、有线电视、计算机等数百台电器损坏,损失100万余元。9月13日,广丰县鹤山烟花厂受雷击,死亡3人。9月13日,广丰县供电所的6台配电变压器、2台JB柜被雷击,损失16万余元。

2003年雷电 全省共发生雷击事件144起,死亡25人,伤25人。

3月5日,九江化工厂储气罐因雷击爆炸,损失300余万元。4月1日和4月12日,横峰县供电局遭雷雨大风袭击,损失15万元。4月12日,上饶县多地遭雷击,损失100余万元。5月7日,余干县城发生强雷暴,击毁电视机、空调等电器千余台,损失100余万元。6月24日,南昌县供电局变压器遭雷击,损失 5 万元。6 月 27 日,分宜县境内发生雷暴,将县供电局 1 台变压器击坏,损失 8 万余元。7 月 6 日,南昌印钞厂监控系统遭雷击,损失 5 万余元。7 月 8 日,修水县竹坪乡遭雷击,损失 5 万余元。8 月 2 日,上饶县境内多处遭雷击,数十户家用电器损坏,损失 5 万余元。8 月 2 日,余江县出现强雷暴大风天气,联通通信公司、移动通信公司、供电局电力变压器、锦江地税分局计算机网络等遭雷击,损失 100 万余元。8 月 10 日,万年县城内发生强雷暴,造成全县 20 多个单位、数百户家庭受灾,损失约 160 万元。8 月 10 日,庐山五老峰游客遭雷击,造成 3 人死亡。8 月 12 日,樟树市广电局遭雷击,击坏电视网络设备,损失 8 万余元。8 月 18 日,婺源县遭受强雷暴袭击,部分居民的房屋和电器被损坏,损失约 20 万元。

2004 年雷电　全省共发生雷击事件 508 起,死亡 45 人,伤 44 人。

2 月 28 日—9 月 21 日,铅山县共遭受 8 次雷击,损失 130 余万元。3 月 12 日和 4 月 3 日,景德镇市乐平境内的江西化纤有限责任公司 2 次遭雷击,损失达 25 余万元。4 月 21 日,星子县武警中队遭雷击,损失 15 万元。4 月 21 日,景德镇市乐平境内多处遭雷击,损失 20 万元。4 月 24 日至 9 月 4 日,广丰县供电公司分别遭 10 次雷击,损失约 150 万元。4 月 29 日,永丰自来水公司遭雷击,损失 12 万元。5 月 12 日,吉水县水田乡富塘村小学遭雷击,损失 15 万元。5 月 29 日,遂川县石油公司等多处遭雷击,损失约 18 万元。5 月 29 日,萍乡市铝厂等处被雷击,损失约 13 万元。5 月 30 日—8 月 10 日,横峰县供电局多次遭雷击,损失 17 万余元。5 月 30 日和 6 月 23 日,德兴市供电系统多处遭雷击,损失约 57 万元。6 月 4 日,上栗县 3 个花炮厂遭雷击,死亡 2 人,伤 8 人,损失超过 100 万元。6 月 19 日,南丰县多处遭雷击,死亡 1 人,伤 4 人,损失约 45 万元。6 月 20 日,定南县 2 个电站被雷击,损失约 20 万元。6 月 23 日,余干县城遭雷击,损失 18 万元。6 月 25 日和 7 月 5 日,万年县万年山庄先后 2 次遭雷击,损失 32 万元。6 月 29 日,莲花县高升生物有限公司遭雷击,死亡 1 人、伤 7 人,损失 30 万元。7 月 9 日,分宜铁坑铁矿遭雷击,损失 50 余万元。7 月 14 日,上栗县兴泉花炮厂遭雷击,损失 16 万元。7 月 22 日,德兴市多处遭雷击,损失 27 万元。8 月 1 日,赣县人民医院遭雷击,损失约 50 万元。8 月 4 日,萍乡钢铁有限责任公司轧钢厂被雷击,损失 30 万元。9 月 1 日,万安县多处遭雷击,损失约 40 万元。9 月 4 日,赣西供电局分宜分局肖家变电站遭雷击,损失约 30 万元。修水县全年共发生雷击 14 次,损失达 150 多万元。德安县全年共发生雷击 70 多次,损失 330 余万元。永修县全年共发生雷击 19 次,损失 140 多万元。

2005 年雷电　全省共发生雷击事件 507 起,死亡 65 人,伤 73 人。

4 月 21 日,东乡县供电公司遭雷击,8 台变压器损坏,损失约 100 万元。4 月 21 日,宜黄县供电公司遭雷击,12 台变压器损坏,损失 100 余万元。4 月 28 日,新余市赣西供电局遭雷击,损失约 300 万元。4 月 28 日,进贤县石灰岭林场遭雷击,损失约 30 万元。4 月 30 日,南昌县新联中学教学大楼遭雷击,损失 30 余万元。5 月 1 日,新建县流湖乡、厚田乡遭雷击,死 3 人。5 月 1 日,南昌县南新乡、新莲乡、蒋巷乡的供电线路遭雷击,损失 66 万余元。5 月 4 日,抚州市供电公司遭雷击,12 台变压器损坏,损失约 100 万元。5 月 4 日,新建县昌邑、乐化、望城、厚田、铁河和溪霞等乡镇遭雷击,共计 62 栋房屋倒塌、1057 间受损,损失约 100 万元。5 月 7 日,南丰县供电公司遭雷击,13 台变压器损坏,损失约 100 万元。5 月 9—21 日,金溪县供电公司 3 次遭雷击,32 台变压器损坏,损失约

300 万元。5 月 13 日,金溪县石门乡政府有线电视台被雷击,损失约 100 万元。6 月 1 日,乐平市鸬鹚乡遭雷击,48 栋房屋倒塌,62 间房屋损坏,120 台家电和机电设备损坏,26 头牛羊死亡,损失 100 余万元。6 月 5 日至 7 日,抚州市供电公司 2 次遭雷击,21 台变压器损坏,损失约 200 万元。6 月 23 日,宜黄县供电公司遭雷击,9 台变压器损坏,损失约 100 万元。6 月 29 日,上饶市电信局遭雷击,10 多台路由器损坏,损失 25 万多元。7 月 7 日,南康区黄屋段新屋组遭雷击,损失约 18 万元。7 月 14 日,广昌县供电公司遭雷击,12 台变压器损坏,损失约 100 万元。8 月,井冈山市新城区遭雷击,2 台变压器损坏,损失约 20 万元。8 月 18 日,抚州市临川区太阳镇富锋花炮厂遭雷击,损失数百万元。

2006 年雷电 全省共发生雷击事件 685 起,死亡 79 人,伤 44 人。

4 月 9 日,玉山县供电公司遭雷击,损失 12 万元。4 月 9 日,南昌县供电有限责任公司南新供电所遭雷击,损失 28 万元。4 月 10 日,安义县交警大队遭雷击,损失 10 万元。4 月 11 日,鄱阳县农业银行遭雷击,损失 12 万元。4 月 11 日,弋阳县供电公司遭雷击,损失 90 万元。4 月 11 日,铅山县供电局遭雷击,损失 12.5 万元。4 月 12 日,昌河汽车股份有限公司遭雷击,损失 19 万元。4 月 15 日,九江中粮(虞家河)直属库遭雷击,损失 35 万元。4 月 25 日,德兴市银城镇遭雷击,损失 22 万元。5 月 8 日,婺源县珍珠山乡大岩坞和县供电公司遭雷击,损失约 26 万元。5 月 10 日,上饶市客车厂遭雷击,损失 700 多万元。5 月 12 日,鄱阳县鄱阳湖医院和皇岗医院遭雷击,损失 70 万元。6 月 6 日,铅山县供电局遭雷击,损失 12 万元。6 月 17 日,玉山县供电公司和七一水库管理局遭雷击,损失 52 万元。6 月 24 日,南昌航空公司空管中心昌北雷达站遭雷击,损失 38 万元。6 月 25 日,万安县县城新村变电站遭雷击,损失 12 万余元。6 月 26 日,弋阳县清湖、弋江、圭峰等地遭雷击,损失超 1000 万元。7 月 5 日,浮梁县供电公司遭雷击,损失 120 余万元。8 月 22 日,高安市上富乡遭雷击,损失 28 万元。9 月 3 日,玉山县万年青水泥有限公司遭雷击,损失 41 万元。9 月 5 日,龙南县供电公司遭雷击,损失 16.5 万元。

2007 年雷电 全省因雷击共死亡 141 人,伤 33 人,死亡人数居全国同期之首,而且几乎都发生在农村,又集中在 6—7 月。

南昌市:6 月 1 日,南昌县幽兰供电所遭雷击,直接经济损失 5.1 万元。

九江市:5—8 月,损失超过 10 万元的雷击事件共发生 5 次。

赣州市:5 月 28 日,上犹县供电公司遭雷击,直接经济损失 10 万元。6 月 13 日,会昌县鹰鹏公司办公楼遭雷击,直接经济损失 8 万元。

上饶市:6 月 24 日,万年县 8 个乡(镇)遭雷击,直接经济损失 200 多万元。6 月 24 日,万年县汪家新建陈家村遭雷击,击毁房屋 50 间,直接经济损失 116 万元。7 月 14 日,弋阳县电信和电力等部门以及私人住宅遭雷击,直接经济损失 1300 万元。

宜春市:6 月 24 日,靖安县广电局有线电视设备遭雷击,直接经济损失 8 万元。

吉安市:5 月 24 日,万安县供电有限责任公司遭雷击,直接经济损失 26.59 万元。6 月 1 日,泰和县沿溪镇沿溪移动基站遭雷击,直接经济损失 42.8 万元。6 月 4 日,井冈山市迎宾馆遭雷击,直接经济损失 20 万元。7 月 11 日,安福县寮塘乡谷口村天台山山顶树木遭雷击,引发火灾,烧毁 50 亩山林,直接经济损失 20 万元。8 月 27 日,遂川县泉江镇共裕村遭雷击,击坏 174 件家用电器,直接经济损失 35 万元。

抚州市:6 月 24 日,金溪县供电公司遭雷击,直接经济损失 8 万元。

景德镇市:6 月 6 日,乐平市供电局遭雷击,直接经济损失 12 万元。6 月 25 日,景德镇开门子酒店遭雷击,直接经济损失 11 万多元。7 月 16 日—8 月 26 日,乐平市供电局先后 3 次遭雷击,直接经济损失 42 万余元。

萍乡市:6 月 26 日,上栗县赤山镇兴旺批发部遭雷击,直接经济损失 13 万元。

新余市:6 月 26 日,仙女湖区河下镇政府大楼遭雷击,直接经济损失 10 万元。

鹰潭市:6—7 月,贵溪供电公司先后 2 次遭雷击,直接经济损失 18 万元。6—7 月,贵溪电信公司先后 2 次遭雷击,直接经济损失 20 万元。

2008 年雷电 省内 3 月 18 日开始出现雷电,全省因雷击共死亡 22 人。

南昌市:4 月 8 日,南昌县向塘供电所遭雷击,击坏 3 台变压器,直接经济损失 2.9 万元。4 月 8 日,南昌县南新供电所 2 台变压器遭雷击,直接经济损失 4.0 万元。4 月 14 日,南昌县莲西供电所遭雷击,击坏 1 台变压器,直接经济损失 4.0 万元。5 月 27 日,南昌县向塘供电所遭雷击,击坏 4 台变压器,直接经济损失 2.2 万元。

九江市:3 月 22 日,彭泽县国税局遭雷击,击坏网络设备及计算机,直接经济损失 2 万元。8 月 16 日,湖口县赣粤高速公路三里收费亭遭雷击,击坏电子收费系统,直接经济损失 15 万元。

赣州市:3 月 18 日,安远县财政局遭雷击,击坏 3 台计算机,5 部电话机,直接经济损失 1.8 万元。3 月 18 日,安远县供电局遭雷击,击坏 1 台变压器,直接经济损失 2 万元。7 月 26 日,全南县大吉山钨业集团公司遭雷击,击坏 25 台计算机、2 部电话交换机,直接经济损失 25.2 万元。9 月 8 日,会昌县麻州镇一高层建筑遭雷击,造成 1 人身亡,4 人受伤,直接经济损失 20 多万元。9 月 22 日,安远县公安局 110 指挥中心遭雷击,直接经济损失 2 万元。9 月 26 日,上犹县气象局自动站遭雷击,直接经济损失 5.6 万元。

上饶市:5 月 28 日,余干县禾丰岭林场和社庚乡移动通信基站遭雷击,直接经济损失 3 万元。5 月 28 日,玉山县六都乡华村清溪桥村遭雷击,直接经济损失 2 万元。7 月 7 日,鄱阳县城遭雷击,击坏 8 台变压器,直接经济损失 3 万元。7 月 7 日,德兴市万村供电所遭雷击,直接经济损失 2 万元。7 月 7 日,德兴市葛源镇供电所再次遭雷击,直接经济损失 15 万元。7 月 7 日,万年县陈营镇南岗村遭雷击引起煤气罐起火,一家房屋全部烧毁,直接经济损失 5 万元。8 月 4 日,婺源县江湾供电所遭雷击,击坏 3 台供电设备,直接经济损失 2.2 万元。8 月 14 日,德兴市金山金矿遭雷击,直接经济损失 2 万元。9 月 25 日,婺源县段莘供电站遭雷击,击坏 3 台供电设备,直接经济损失 17 万元。

宜春市:4 月 14 日,袁州区西村中学遭雷击,击坏 1 台变压器、7 台计算机,直接经济损失 8 万元。7 月,丰城市、上高县分别有 1 村民在室外做农活时遭雷击身亡。

吉安市:4 月 12 日,青原区金三角加油站遭雷击,直接经济损失 2.1 万元。5 月 23 日,泰和县灌溪镇匡家村遭雷击,2 人受伤,损坏房屋 1 栋,直接经济损失 3.6 万元。5 月 24 日,泰和县南溪镇加油站遭雷击,损坏 13 台通信设备,直接经济损失 1.8 万元。5 月 28 日,泰和县普工液化气站遭雷击,损坏 13 台通信设备、1 台电源电涌保护器,直接经济损失 2.2 万元。6 月 25 日,吉安石油分公司禾埠站遭雷击,损坏3个石化设施、2台通信设备,直接经济损失4万元。6月27日,中央储备粮泰和直属仓库遭雷击,直接经济损失13.6万元。7月18日,泰和县灌溪镇乐竹村遭雷击,直接经济损失2.2万元。

鹰潭市:4月8日,贵溪县5个乡的变电站遭雷击,直接经济损失18万元。4月8日,贵溪县电信公司遭雷击,直接经济损失15万元。4月8日,贵溪县化肥厂遭雷击,直接经济损失7万元。4月8日,鹰潭市东门办事处、雄石办事处、铜业公司家属区遭雷击,直接经济损失4.8万元。4月8日,余江县供电公司遭雷击,直接经济损失2.5万元。5月23日,余江县地税局遭雷击,直接经济损失2.5万元。6月6日,贵溪县供电公司冷水等3个乡变电站遭雷击,直接经济损失15万元。6月6日,贵溪县电信公司遭雷击,直接经济损失10万元。6月6日,贵溪县水泥厂遭雷击,直接经济损失5万元。6月6日,鹰潭市东门办事处、雄石办事处等遭雷击,直接经济损失5.5万元。6月8日,鹰潭市月湖区自动气象观测站遭雷击,直接经济损失6万元。6月24日,余江县中国银行遭雷击,直接经济损失1.8万元。7月7日,余江县供电公司遭雷击,直接经济损失20万元。7月7日,贵溪县耳口农电站遭雷击,直接经济损失6万元。7月11日,贵溪县冷水农电站遭雷击,直接经济损失4万元。7月11日,贵溪县冶炼厂遭雷击,直接经济损失1.8万元。8月2日,贵溪县鸿塘农电站遭雷击,直接经济损失2万元。

2009年雷电 全省因雷击共死亡23人。

南昌市:8月9日,南昌县三江供电所遭雷击,直接经济损失5.40万元。8月14日,南昌县渔槎供电所遭雷击,直接经济损失4.08万元。8月22日,南昌县向塘供电所遭雷击,直接经济损失3.18万元。11月2日,南昌县泾口供电所遭雷击,直接经济损失3.86万元。

九江市:2月24日—6月21日,都昌县、星子县先后有8个移动通信基站遭雷击,直接经济损失约330万元。11月9日,修水县黄龙乡官桥村发生雷击,击坏多台电视机,直接经济损失10万元。

景德镇市:4月23日,涌山镇闵口村遭雷击,直接经济损失15万元。6月30日—7月12日,乐平市广电网络分公司先后2次遭雷击,直接经济损失10万元。7月29日,江西世龙实业公司遭雷击,直接经济损失5万元。8月15日,乐平市供电公司辖区内农村供电设备有4处遭雷击,直接经济损失8万元。

萍乡市:7月24日,芦溪县南坑镇万家乐花炮厂遭雷击,直接经济损失48.6万元。

8月23日,莲花县电力公司遭雷击,击坏2台变压器,直接经济损失约1万元。

鹰潭市:7月1日,余江县人民法院办公大楼遭雷击,直接经济损失13万元。7月24日,鹰潭市东门办事处、雄石办事处、铜业公司等家属区12户居民房遭雷击,直接经济损失8万元。7月29日,贵溪电信公司遭雷击,直接经济损失15万元。7月29日,鹰潭市雄石办事处、电厂家属区18户居民房遭雷击,直接经济损失89万元。11月9日,贵溪供电公司周坊、鸿塘、志光等变电站遭雷击,直接经济损失20万元。11月9日,贵溪市周坊、鸿塘、志光、雄石办事处25户居民房遭雷击,直接经济损失7万元。

赣州市:5月13日,瑞金市金沙工业园闽光公司办公楼遭雷击,直接经济损失20万元。8月16日,瑞金市岗面乡政府遭雷击,直接经济损失3万元。11月9日,会昌县庄埠乡中心小学遭雷击,直接经济损失约 2 万元。

上饶市:2 月 15 日,广丰县大石乡和门塘村遭强雷击,14 户人家受灾,直接经济损失约 10 万元。3 月 21 日,鄱阳县汽车检测中心和县城家电中心遭雷击,直接经济损失 10.5 万元。6 月 18 日,上饶县皂头 1 台变压器遭雷击,直接经济损失 19 万元。6 月 24 日,玉山县羊背山电站遭雷击,直接经济损失约 12 万元。6 月 30 日,鄱阳县普降大雨,工业园区佳辉光电公司遭雷击,直接经济损失 12 万元。8 月 15 日,余干县国电黄金埠发电厂遭雷击,直接经济损失 15 万元。9 月 18 日,上饶县蝶景园小区 6 部电梯遭雷击,击坏 200 多台电视机、电话机等,直接经济损失 11 万元。11 月 9 日,余干县峡山乡畈桥村遭雷击,多户家用电器受损,直接经济损失约 30 万元。

宜春市:6 月 19 日,万载县三兴镇花塘村、湖源村安力特有限公司厂区遭雷击引起药品燃烧,1 栋工房烧毁,直接经济损失约 6 万元。

吉安市:6 月 23 日—9 月 20 日,吉安市泰和县先后有 16 个移动通信基站遭雷击,直接经济损失 360 余万元。

抚州市:5 月 20 日,南城县移动公司遭雷击,直接经济损失 20 万元。7 月 12 日,南城县供电公司遭雷击,直接经济损失 20 万元。8 月 23 日 12 时,金溪县供电公司遭雷击,击坏 2 台变压器,直接经济损失 22 万元。

2010 年雷电　全省因雷击共死亡 30 人。

南昌市:4 月 20 日,南昌县富山乡殷家村 10 千伏水厂供电线路遭雷击,击断导线坠入 3 个鱼塘,导致鱼大量死亡,直接经济损失 3.15 万元。5 月 18 日,南昌县泾口乡康庄村遭雷击,直接经济损失约 3 万元。7 月 8 日,南昌县莲塘镇霞山村 10 千伏供电线路遭雷击,击断的导线坠入下方的 5 个鱼塘,导致鱼大量死亡,直接经济损失 5.55 万元。7 月 4 日,进贤县康盛阳光城小区遭雷击,8 部电梯损坏,直接经济损失 7 万元。9 月 3 日,进贤县李渡烟花公司烘房遭雷击,致使房屋爆炸后倒塌,直接经济损失 10 万元。

九江市:3 月 5 日—9 月 14 日,中国移动通信湖口县先后有 17 个基站遭雷击,直接经济损失约 150 万元。7 月 20 日,星子县抗洪抢险工地上有 18 人遭雷击,其中死亡 2 人,伤 16 人。8 月 14 日,湖口县金砂湾工业园区加油站遭雷击,击坏 3 根电线、1 台加油机。9 月 2 日,湖口县金砂湾工业园区变电站遭雷击,击坏线路。

景德镇市:2 月 10 日,景德镇市昌江区供电公司遭雷击,直接经济损失 8 万元。3 月 3 日,昌江区供电公司遭雷击,直接经济损失 40.15 万元。3 月 5 日,景德镇江西电化高科有限责任公司遭雷击,直接经济损失 20 万元。3 月 13 日,昌江区供电公司再次遭雷击,直接经济损失 5 万元。5 月 17 日,昌江区供电公司遭雷击,直接经济损失 12 万元。6 月 17 日,乐平市中油峰下加油站遭雷击,直接经济损失 5 万元。7 月 5—14 日,昌江区供电公司先后 3 次遭雷击,直接经济损失 14.3 万元。7 月 14 日,中央储备粮景德镇直属库遭雷击,直接经济损失 10 万元。7 月 24 日,浮梁县供电公司遭雷击,直接经济损失 5.5 万元。

萍乡市:6 月 19 日,萍乡高等专科学校食堂电控机房遭雷击,直接经济损失 2.54 万元。7 月 6 日,莲花县六市烟花材料化工厂遭雷击,直接经济损失 5 万元。

鹰潭市:5月6日,鹰潭移动通信公司藕塘基站遭雷击,直接经济损失近13万元。5月13日鹰潭环保局空气自动站遭雷击,直接经济损失6.7万元。5月17日,贵溪市供水公司污水处理厂遭雷击,直接经济损失7万元。5月22日,鹰潭广播电视局的广播电台和电视台遭雷击,直接经济损失12万元。6月17日,贵溪市林业局办公楼遭雷击,直接经济损失8万元。6月19日,鹰潭市安顺驾校训练场遭雷击,直接经济损失9万元。6月20日,鹰潭电信公司洪塘通信基站遭雷击,直接经济损失8.2万元。7月15日,鹰潭移动公司机房遭雷击,直接经济损失8万元。7月21日,鹰潭粮食储备库遭雷击,直接经济损失5万元。8月6日,鹰潭移动通信信号铁塔遭雷击,直接经济损失14万元。8月17日,贵溪市第四中学教学楼遭雷击,直接经济损失7.3万元。8月31日,鹰潭供电公司遭雷击,直接经济损失20万元。

赣州市:5月5日—6月23日,信丰县广电网络传输公司先后2次遭雷击,直接经济损失10万元。7月10日,龙南县黛丽斯内衣公司遭雷击,直接经济损失5万元。7月30日,全南县二中教学楼遭雷击,直接经济损失5万元。7月31日,赣县白鹭乡政府办公楼遭雷击,直接经济损失5万元。8月22日,龙南县保险支公司办公大楼遭雷电击,直接经济损失4.7万元。

上饶市:3月6日,广丰县大石乡四公村遭雷击,直接经济损失5万元。4月11日,横峰县黄腾10千伏开闭所遭雷击,直接经济损失5万元。6月20日,玉山县万年青水泥厂遭雷击,直接经济损失6.2万元。7月20日,皇阳贡米集团遭雷击,直接经济损失5万元。7月28日,玉山县樟村水电站遭雷击,直接经济损失4.5万元。7月29日,梨温高速公路三支队第二大队(位于上饶县石狮乡王家坝村)遭雷击,直接经济损失8万元。

宜春市:6月19日—8月17日,高安市、丰城市、袁州区等地共7人遭雷击身亡。

抚州市:5月18日—8月15日,南城、崇仁、乐安、宜黄县共有4人遭雷击身亡。

吉安市:4月11日,新干县网络公司遭雷击,直接经济损失5.6万元。4月12日,吉州区禾埠乡甫塘村变压器遭雷击,直接经济损失10万元。5月22日,吉安市泰和县三都镇菩田移动通信基站遭雷击,直接经济损失4.6万元。6月18日,吉安石油分公司禾埠2个加油站遭雷击,直接经济损失12万元。7月18日,吉安市安福县明月山林场山庄分场办公楼、宿舍楼遭雷击,直接经济吉安市损失5.78万元。8月25日,吉安市万安县水电厂办公楼遭雷击,直接经济损失6万元。

雨雪、冰冻

1991年底雨雪冰冻 12月24日,受入冬以来第一次强冷空气不断补充南下的影响,全省自北向南出现雨雪冰冻严寒天气,出现了历史上罕见的冻害。12月26—27日,全省自北向南普降大雪,雨雪量普遍在20~40毫米,除赣南部分县以外,全省大部出现积雪,有10县(市)积雪深度超20厘米,南昌市为22厘米。赣北、赣中极端最低气温为-8~-15℃,以奉新-15.8℃为最低。赣南极端最低气温为-3~-7℃。全省有47县(市)极端最低气温出现历史最低值。12月27—30日,全省大部冰天雪地,交通、通信、输电、人民生活等受到严重影响。全省交通普遍中断2~3天,部分地区中断4~5天,个别地区甚至中断6~7天。公路由于路面打滑,造成不少行车事故。许多中小学普遍停课 2~3 天。还有许多自来水管和水表被冻坏,生活用水困难。少数输电线路冻断。一些耕牛和家畜被冻死。全省柑橘、油菜、蔬菜和其他越冬作物都受到严重冻害。油菜受冻害面积达 67.8 万公顷,占种植面积的 89%,部分田块基本无收,平均亩产下降 7 公斤左右,总产减少 7 万吨左右。全省 10.8 万公顷柑橘,除赣南少数县冻害较轻外,其他柑橘 100% 受到不同程度的冻害,受冻面积达 8.3 万公顷,占总面积的 76.9%,冻死 2.2 万公顷。南丰县 0.48 万公顷橘树全部受冻,叶片枯黄,树皮开裂,20 余万株橘苗有 30% 冻死。全省杂交桑叶和茶叶也遭受严重冻害,6 万公顷茶园,受冻的约占 68%。山区树木因冰雪冻害导致叶面变黄、卷叶、落叶,其中有大量树木、毛竹被冰雪压断,仅贵溪县被积雪压断的毛竹有 40 余万根。

2004 年底大雪 12 月 27—28 日,赣北赣中普降中到大雪,是近 5 年内影响范围最广、强度最大的降雪过程。12 月 23—30 日,出现连续低温阴雨(雪)天气,其中 27—28 日,赣北、赣中普降中到大雪。12 月 27 日晚到 28 日白天,赣中出现明显的降雪天气,南昌、宜春、上饶、吉安、抚州、萍乡、新余、鹰潭等市雨雪量普遍达 10~25 毫米,并且出现灾情。12 月 28 日 6 时以后,梨温高速和赣粤高速泰赣段陆续被全线封闭或半封闭。28 日昌泰高速公路发生两起交通事故,梨温高速公路一辆货车翻车。民航数个联程航班延误 1~2 小时。新干县 35 千伏和 10 千伏高压电线被压断,大面积停电 5~12 小时。感冒、心血管病患者骤增,到省人民医院就诊的患者是平时的两倍,到省儿童医院就诊的患者比平时多了 30%。南昌市供水管道频频发生爆裂,26—28 日上午 10 时,共出现自来水管网故障 74 起。全省受灾 209 万人,死亡 2 人。农作物受灾 128638 公顷。倒塌房屋 3574 间,损坏房屋 13413 间。

2005 年初庐山冰冻 2 月 16—20 日,庐山出现罕见的冰冻天气,积冰直径 62 毫米,重达 704 克/米。20 日最低气温降至 −10℃。大批树木被压断,仅测站附近就有近 10 棵直径 20~50 厘米、高达 10 余米的大松树被连根拔起。南山公路两侧成片的竹林被压倒。河南路、天主教堂路供电线路的水泥杆折断或倾斜 15 根,受损线路 5000 多米,烧坏变压器两台,供电中断数十小时,供电部门直接损失近 70 万元。另外,庐山交通、通信部门的总损失也超过了 100 万元。

2005 年初大雪 1 月和 3 月全省出现了大雪,其中:

1 月 11—13 日,全省大部地区出现雨雪天气,除赣西北降雪量较少外,其他地区均达 5~20 毫米。其中吉安、抚州两市以及上饶市南部、赣州市北部普降中到大雪。有 33 个县(市、区)积雪深度超过 2 厘米,12 个县(市、区)积雪深度超过 5 厘米,以井冈山积雪 16 厘米为最深。

3 月 12 日,赣北及赣中北部普降 10~25 毫米的中到大雪,全省有 55 个县(市、区)出现积雪,其中有 31 个县(市、区)积雪深度超过 5 厘米。

全省有 318.6 万人受灾,受灾农作物 17.8 万公顷,损坏房屋 1 万多间,倒塌房屋 2067 间。全省直接经济损失 4.18 亿元。

2006 年初大风和雨雪 2 月 15 日开始,全省出现大风、降温和雨雪天气,过程降温赣北、赣中 12~15℃,赣南 16~18℃。17—18 日,赣北普遍出现雨夹雪和小雪天气,部分地区出现中到大雪,雨雪量为 5~12 毫米。18 日上午,赣北有 23 个县(市、区)出现积雪,其中 16 个县(市、区)积雪深度超过 2 厘米,以庐山 22 厘米为最深,修水 9 厘米次之。昌九高速公路、乐温高速公路和九景高速公路短期内全线关闭,部分汽车客运出现延误。昌北国际机场一度关闭,约 40 个进出航班出现延误。

3 月 11—12 日,赣北、赣中有 14 个县(市、区)出现 8 级以上大风,其中庐山、永修、星子、丰城等地风力达到 9 级。12 日夜间开始,赣北普遍出现小到中雨夹雪或雪,部分出现大雪,有 41 个县(市、区)出现积雪,其中 11 个县(市、区)积雪深度超过 5 厘米,以庐山 14 厘米为最深,萍乡 12 厘米次之。11—13 日,日平均气温赣北普遍下降了 12 ~ 14℃,赣中、赣南下降了 15 ~ 18℃。过程最低气温赣北、赣中大部分地区为 - 1 ~ 1℃,赣南 1 ~ 3℃,致使油菜、柑橘、春茶、大棚蔬菜、药材等作物的生长受到严重影响,大量树枝被雪压断,成年腰粗的树干被齐根刮断,狂风大雪造成房屋损坏。受灾区域涉及宜春、新余、吉安、抚州、九江等设区市的 22 个县(市、区),其中:宜春市的高安、丰城、樟树,九江市的永修、都昌,吉安市的泰和、峡江等县(市、区)受灾较为严重。全省有 156 万多人受灾,农作物受灾 11.88 万公顷。倒塌房屋 376 间,损坏房屋 4923 间。冻死大牲畜 375 头。此外,对电力、交通等部门的影响也很大,南昌市共发生 117 起供电故障。另外,南昌市区发生 10 余起广告牌砸落事件,造成车辆受损、行人受伤。南昌昌北机场 13 日 10 时被关闭,多架航班延误。

2008 年初的雨雪冰冻 1 月 10 日—2 月 2 日,国内南方地区接连出现严重的低温雨雪天气过程,致使近 20 个省(区、市)遭受历史罕见的冰冻灾害。1 月 12 日—2 月 2 日,省内出现罕见的低温雨雪冰冻天气过程,全省平均气温 1.7℃、平均最高气温 3.3℃,均创历史同期新低。20 天内全省共出现 4 次范围较大、强度较强的雨雪天气。有 71 个县(市、区)相继出现冻雨,其中 45 个县(市、区)电线积冰直径超过 10 毫米,以庐山 84 毫米为最大。抚州城区、井冈山、南城三地电线积冰直径创历史同期最大值。

此次极端天气过程,对全省多方面造成了严重影响和重大损失,据省民政厅统计,全省有 2210 万人受灾,倒塌房屋 5.2 万间(其中倒塌居民住房 4.2 万间),损坏房屋 23.1 万间,农作物受灾 146.8 万公顷,死亡大牲畜 24.38 万头(只)。机场和部分高速公路因路面结冰暂时关闭。另外,这次持续低温雨雪冰冻天气,使全省林业也遭受了较严重的灾害,尤以毛竹、湿地松、油茶、林业苗木等受灾最为严重。全省一般林地受灾 356.7 万公顷,造林苗木受灾 1.62 万公顷,经济林木损失也很大。全省直接经济损失 272.1 亿元(不包括厂矿、企业损失)。

连阴雨

1997 年末连阴雨 1997 年 11 月—1998 年 3 月,全省各地的雨日在 57 ~ 79 天之间,90% 的县(市)在 65 天以上,亦即这个冬季有一半多的时间在下雨。由于阴雨不断,强度又大,对当年的冬修水利工作影响很大,不仅经常被停工,一些新修的工程还被大雨损坏。全省冬修水利任务只完成计划的 30%,给 1998 年的防汛抗旱造成许多困难。

2000 年连阴雨 10—11 月,全省出现长时间的连续阴雨,特别是 10 月中旬和下旬,出现了自 1991 年以来最严重的秋季连阴雨(烂秋),导致二季晚稻倒伏、发芽,而且影响收晒。对棉花秋桃裂铃、吐絮也十分不利。

2009 年初连阴雨 2 月 14 日—3 月 6 日,省内中、北部出现持续阴雨,全省平均降水量较历年同期偏多 8.2 成,有 23 个县(市、区)的雨量达历史同期最大值。北部降水日数普遍超过 18 天,最长达 20 天。全省日照较历年同期偏少 6.2 成,部分地区偏少 7 成以上。部分地区土壤湿度偏大或出现渍害,严重影响油菜、蔬菜等农作物的生长发育。

2010 年低温阴雨 历年省内春季低温连阴雨的出现时间:赣北、赣中一般在 3 月下旬,赣南一般在 3 月中旬。而 2010 年,赣北局部县(市、区)出现在 4 月 13—15 日,出现时间之晚为有气象记录以来之最。4 月前半月的强降水、低温、阴雨、寡照天气,对当年全省春播工作造成很大的影响,导致早稻、棉花大面积烂种、烂苗、重新播种。

寒　潮

1991 年春寒 3 月,冷空气频繁入侵省内,特别是 3 月下旬,全省气温偏低 2～3℃,雨量偏多 1 成～3.8 倍,赣中、赣南局部地区全旬无日照。日平均气温稳定通过 10℃的初日,赣北略有推迟,赣中推迟 10—15 天,赣南推迟 15—25 天。4 月初,虽天气好转,但气温回升较慢,大部分地区还出现低于 5℃的极端最低气温。赣北、赣中出现严重春寒,赣南出现倒春寒,对早稻、棉花育秧十分不利。

1992 年春分寒 3 月中旬,受强冷空气影响,全省气温急剧下降,日平均气温下降幅度达 13～16℃,赣北由 15～18℃降至 2～4℃,赣中、赣南由 20～23℃降至 6～9℃。同时持续降雨,雨量偏大,日照奇缺,导致全省自北向南出现春分寒,全省早稻烂种、烂秧 707.5 万公斤,春播进度明显减慢。

1993 年春分寒和小满寒 全省出现春分寒,赣南早稻播种期较常年推迟近半个月。5 月中旬和下旬末,受冷空气影响,全省先后出现 2 次低温天气,均达到小满寒标准。5 月 14—18 日,全省降温 8℃以上,石城、遂川以北地区日平均气温连续 4 天低于 20℃,极端最低气温为 14.3℃。5 月 28—31 日,过程降温 5～8℃,遂川以北地区日平均气温 16～19℃,极端最低气温仅 12.4℃。两次低温过程对早稻分蘖均造成危害,导致赣北部分地区出现早稻"僵苗",生育期推迟 3～6 天,早稻三类苗占三分之一以上。

1996 年春分寒连清明寒 3 月中旬—4 月中旬,北方冷空气频繁南下。省内长时间维持低温阴雨,出现重度春分寒,部分地区出现"春分寒"连"清明寒",致使全省早稻大面积播种育秧较常年推迟 7 天左右。赣中、赣南部分播种较早的地区,烂种烂秧严重,全省烂种超过 383.95 万公斤,其中以抚州、赣州两地区最为严重。5 月 4—17 日,全省又出现 3 次低温,大部分地区日平均气温持续低于 20℃,最低日平均气温为 13～17℃,对早稻幼穗分化和抽穗扬花十分不利。

1997 年凉夏和寒露风 夏季,全省平均气温 25.3～27.4℃,较常年偏低 0.1～1.6℃,其中上饶、抚州、吉安、赣州地区及宜春地区西部偏低 1.1～1.6℃。夏季极端最高气温全省各地为 32.6～36.4℃,大部分地区出现在 7 月。7 月有 34 个县(市)月平均气温出现历史最低值。夏季日最高气温大于 35℃的日数,全省大部分地区为 1～10 天,属历年最少年,较常年偏少 10～30 天,因此是历史上罕见的凉夏。9 月 14—19 日,受北方较强冷空气影响,全省自北向南出现降温过程。九江、宜春、吉安、抚州、上饶、赣州等地区先后出现轻度寒露风。20—21 日,全省大部分地区出现重度寒露风,对晚稻抽穗扬花十分不利。同时,低温寡照也影响棉花的幼龄发育和纤维品质。

1998 年春分寒 3 月 19 日开始受强冷空气影响,全省气温大幅下降,大部分县(市)过程气温下降 15℃以上,最低气温全省在 5℃以下。九江大部分地区下降到 0℃以下,还出现了雷打雪的异常天气。这次低温过程南部持续到 24 日,北部持续到 27 日,是省内典型的春分寒。致使早播的水稻、棉花出现烂种、烂芽和死苗现象。

1999 年春分寒 3 月 19 日开始受强冷空气影响,全省气温大幅下降。大部分县(市)过程降温 10 ~ 15℃,最低气温赣北在 5℃以下,赣中、赣南在 5 ~ 7℃。低温过程南部持续到 24 日,北部持续到 27 日,达到重度春分寒标准,对早稻、棉花播种育苗十分不利。

2000 年冻害 上年 12 月 20—23 日,受强冷空气影响,全省过程降温在 10℃以上,部分地区达 15 ~ 20℃。极端最低气温普遍在 -4 ~ -6℃,部分地区达 -7 ~ -9℃。大余、信丰等地创历史同期最低值。全省柑橘受冻面积达 60% ~ 70%,其中南部达 100%。吉安地区柑橘受害面积达 3.0 万公顷,赣州市达 8.0 万公顷。其中以脐橙、柚类、甜橙受害最为严重,普遍为中度至重度(2 ~ 3 级)冻害。

2002 年凉夏 7 月 16 日—8 月 15 日,省内多阵雨或雷阵雨天气,全省平均气温仅为 27.3℃,其中有 41 个县(市、区)平均气温为历史同期最低值。

2004 年低温 1 月 15—20 日,赣南日平均气温由 11 ~ 13℃下降到 2℃左右,降温幅度 9 ~ 10℃,达到强冷空气标准。

2 月 21—24 日,赣北、赣中日平均气温由 14 ~ 21℃下降到 9 ~ 10℃,降温幅度为 5 ~ 11℃;赣南由 19 ~ 21℃下降到 11 ~ 14℃,降温幅度 7 ~ 8℃。

3 月 10—12 日,赣北、赣中日平均气温由 15 ~ 18℃下降到 7 ~ 8℃,降温幅度 8 ~ 10℃。

3 月 16—18 日,赣北、赣中日平均气温由 16 ~ 19℃下降到 9 ~ 10℃,降温幅度 7 ~ 9℃。

4 月 22—24 日,赣北日平均气温由 24 ~ 26℃下降到 14 ~ 15℃,降温幅度 10 ~ 11℃;赣中由 27 ~ 28℃下降到 14 ~ 16℃,降温幅度 12 ~ 13℃;赣南由 27 ~ 28℃下降到 19 ~ 21℃,降温幅度 7 ~ 8℃。

5 月 2—4 日,赣北日平均气温由 21 ~ 24℃下降到 14 ~ 15℃,降温幅度 7 ~ 9℃;赣中由 24 ~ 25℃下降到 14℃左右,降温幅度 10℃左右;赣南由 26 ~ 27℃下降到 15 ~ 16℃,降温幅度 12℃左右。

这样的长期低温,既对冬种作物成熟不利,也对春播作物播种育苗和移栽不利。

2006 年寒露风 9 月 8 日开始,全省出现大风、降温及强降水天气,日平均气温东部和南部下降 7 ~ 10℃,其他地区下降 4 ~ 6℃。

9 月 9—12 日全省平均气温 19.4℃,为历年同期最低。日极端最低气温普遍为 17 ~ 19℃,上饶城区以及黎川、南丰、乐安、万安等县(市、区)在 16℃以下。全省普遍出现轻度以上寒露风,其中有 61 个县(市、区)出现重度寒露风,对正在抽穗扬花的二季晚稻造成危害,导致空壳率增加、直接影响品质和产量。全省各地寒露风出现日期比常年提前 15 ~ 25 天,对农业生产造成了较大的损失。

2007 年 3 月寒潮 3 月 3—8 日,全省自北向南有 86 县(市、区)出现寒潮,过程降温赣北为 13 ~ 15℃,赣中、赣南为 16 ~ 18℃,以万安 19.7℃为降幅最大,过程最低气温全省普遍为 2 ~ 4℃。此期间,全省还有 17 个县(市、区)的 43 个区域自动气象观测站观测到 8 级以上大风,其中 6 站出现 0

级大风。全省普降中雨,局部大雨,其中赣北、赣中5—8日还有14个县(市、区)出现短时雨夹雪。大风和强降温导致农作物受灾,赣北大部分油菜遭受低温冻害。

2009年强冷空气 10月31日—11月17日,省内自北向南先后出现三次冷空气过程,其中10月31日—11月3日、11月10—12日二次达到寒潮标准,且影响范围之广、降温幅度之大,都是历史少见的。11月8—17日的10天时间累积降温幅度有46个县(市、区)突破了历史同期(10—11月)过程降温幅度之最。同时,局部地区积雪初日时间之早、电线积冰强度之强也均创历史同期纪录。急剧降温和降雪天气导致感冒病人急剧上升,也给甲型H1N1流感防控带来困难。

2010年寒露风 9月22日开始,冷空气自北向南影响省内,全省出现降温降水天气。9月23—30日,赣北、赣中平均气温普遍在17~22℃,并伴有降水。其中有30个县(市、区)先后出现重度寒露风,有40个县(市、区)出现轻至中度寒露风。这种天气对二季晚稻抽穗扬花、灌浆都不利。赣北部分棉田出现烂桃,对棉花的产量和品质也十分不利。

大 雾

2003年底大雾 12月4—31日,全省共出现8次大雾,每次大雾最少出现在21个县(市、区),最多出现在52个县(市、区),其中12月12—14日出现的连续3天大范围大雾给全省交通带来较大影响。

2004年大雾 全省共出现22次区域性大雾,其中2月18日晚到19日,全省共有76个县(市、区)被浓雾长时间笼罩,覆盖面积约13.43万平方公里,占全省面积的80.5%,大部分地区能见度只有100~300米,局部不足50米。大雾导致空气质量下降,高速公路被迫关闭,给航空、水上交通也带来不利。2月全省成片(15个县以上)大雾共有6天,每天最少有17个县(市、区),最多有70个县(市、区)被浓雾笼罩。其中2月19日由于大雾范围大、能见度极低(部分路段仅40米),导致全境高速公路被关闭,昌北机场10余架次航班受到影响。

2005年大雾 全省出现区域性大雾30多次,共造成15人死亡,15人受伤,致使多次航班延误、高速公路关闭、空气质量下降。1月14—17日,出现近5年内范围最广、持续时间最长的大雾,全省大部分地区夜间到上午为浓雾笼罩,能见度一般在500米以下,部分地区小于50米。

1月15日早晨4时,大雾覆盖面积达10.2万平方公里,占全省国土面积的61%。省内高速公路夜间开始关闭,直到次日上午10时才陆续开放,部分地段能见度不足20米,造成堵车20多公里。南昌昌北机场有多架次航班延误。

1月17日08时,南昌县能见度仅有50米,境内昌万公路发生一起两车相撞的特大交通事故,一辆小客车与大吊车会车时相撞,致使小客车上8名司乘人员当场死亡。

10月26日早晨,全省有27个县(市、区)出现雾和浓雾,7时45分至8时16分,昌樟高速公路药湖大桥段发生7起追尾撞车事故,导致高速公路受阻。相撞车辆共计20余辆,其中1人死亡,多人受伤。

11月5日,上饶市境内大雾弥漫,能见度不足30米,凌晨1时20分梨温高速公路2公里处发生一起一人死亡两人重伤的重大交通事故。

11 月 27 日早晨,全省有 31 个县(市、区)出现大雾,德安、南昌县等 10 县(市、区)08 时能见度低于 100 米。造成昌北机场部分航班延误,重大交通事故 4 起,5 人死亡。

2006 年大雾 全省共出现 17 次大雾,最低能见度在 50 米以下,其中:

3 月 7—10 日,全省连续 4 天出现区域性大雾。全省有 62 个县(市、区)出现大雾,是年内范围最大的大雾天气。有 47 个县(市、区)能见度低于 500 米,其中进贤、安义、袁州区等 22 个县(市、区)能见度小于 100 米。全省大部分高速公路部分时段被关闭,部分机场航班也被取消。

12 月 15 日早晨,全省有 60 个县(市、区)出现大雾或浓雾,有 37 个县(市、区)能见度低于 500 米,其中南昌、新余等地有 16 个县(市、区)能见度不到 100 米。当天,南昌昌北国际机场的 12 个航班被延误,省内所有高速公路均被暂时封闭,4720 多辆机动车受阻。

12 月 27 日清晨,大雾笼罩昌樟高速公路,能见度很低。当天,在药湖大桥路段,由南向北朝南昌方向,发生 13 辆汽车连环追尾事故,造成 1 死 8 伤,并堵车近 5 个小时。

2007 年大雾 全省共出现 21 次区域性大雾,最低能见度在 50 米以下。因大雾引起的交通事故较多,导致 22 人死亡,多人受伤。

1 月 18 日,因大雾,昌樟高速公路药湖大桥发生重大交通事故,有 11 辆汽车追尾,致 2 人死亡,1 人重伤,堵车近 4 小时,形成一条近 10 公里的汽车长龙。

2 月 11 日,全省有 42 个县(市、区)出现大雾,有 10 个县(市、区)能见度不到 100 米。沪昆高速公路江西樟树段发生多起汽车追尾事故,共死亡 11 人,伤 39 人。

12 月 7 日清晨,全省有 24 个县(市、区)出现大雾,有 18 个县(市、区)能见度小于 500 米,有 10 个县(市、区)能见度小于 200 米。沪昆高速公路江西进贤段发生 6 起汽车追尾事故,共 9 人死亡,18 人受伤,导致公路严重堵塞。

2008 年大雾 全省共出现 23 次区域性大雾,最低能见度在 100 米以下。

11 月 14 日早晨,因大雾导致沪昆高速公路江西东乡段发生 4 起汽车相撞事故,造成 5 人死亡、10 人受伤。

12 月 15—17 日,全省再次连续出现大雾天气,其中 15 日早晨有 54 个县(市、区)出现大雾或浓雾,是年内全省范围最广、强度最强的大雾天气,致使多条高速公路全线封闭。

2009 年大雾 全省共出现 20 次区域性大雾天气。

11 月 22—27 日,全省连续 6 天出现大范围大雾天气,是近 20 年持续时间最长的一次区域性大雾天气过程。

12 月 28—31 日,全省又出现了连续性大雾天气,28 日早晨受大雾及雾凇影响,路面结冰,杭瑞高速公路九景段发生 11 起汽车追尾事故,造成重大人员伤亡。另外,多个航班受到延误。

2010 年大雾 全省共出现 34 次大范围大雾天气,尤其在秋、冬季节大雾频繁出现,局部地区能见度不足 50 米,其中 11 月 5—7 日,部分地区出现了连续大雾。

第六章　气候评价

依据主要的气候要素,1991—2010 年的 20 年间,全省每年的气候灾害年景是:1991、1992、1993、1994 年为一般年景;1995 年为较差年景;1996、1997 年为一般年景;1998 年为差年景;1999 年为较差年景;2000、2001、2002 年为较好年景;2003 年为较差年景;2004、2005 年为较好年景;2006年为一般年景;2007 年为较好年景;2008 年为差年景;2009 年为较差年景;2010 年为差年景。其中:较好年景 6 年,一般年景 7 年,较差年景 4 年,差年景 3 年。

第一节　1991 年度

气候概况

气　温　年平均气温,全省各地为 16.6～19.7℃,瑞昌和修水最低,赣州最高。大部分地区偏高 0.1～0.7℃,少数地区与常年持平或略偏低。

1—2 月,全省气温偏高,特别是 2 月偏高 1～2℃。3 月冷空气频频入侵,全省大部分地区气温偏低,特别是 3 月下旬,偏低 2～3℃。4—6 月,赣北大部分地区略偏低,其余大部分地区均偏高。7—9 月,九江北部略偏低,其余大部分地区偏高,特别是 7 月全省平均气温偏高 1～2℃,暑气逼人。10—12 月,大部分地区偏低,其中 10 月下旬,南部偏低 2～3℃,全省有 6 个县市旬平均气温为历年同期最低;12 月 25—30 日,全省出现雨雪、冰冻过程,气温骤降,有 47 个县(市)极端最低气温低于历年极值。

降　水　年降水量,全省各地为 938.6～1794.0 毫米,龙南最少,修水最多。赣北部分地区正常略偏多,全省大部分地区均偏少,其中南部部分地区偏少 3～4 成,以瑞金为最少。

1—3 月,全省大部分地区降水明显偏多,雨日亦偏多,其中 3 月,全省共有 16 个县(市)月雨量为历年同期最大值。4—6 月,全省出现明显的空汛,3 个月总雨量各地为 234.7～715.4 毫米,赣北偏少 1～3 成,赣中、赣南偏少 3～7 成,约 25% 的县市为历年同期最少值。7—9 月,全省大部分地区降水仍然偏少,其中 7 月,赣中平均雨量仅为 33.5 毫米,偏少 7 成,全省出现伏旱,部分地区出现秋旱。10—12 月,全省降水北多南少,但大部分地区仍然偏少;12 月下旬出现雨雪、冰冻天气,赣北雪量普遍在 20～40 毫米,与历年同期相比,初雪较早、雪量较大。

日　照　年日照,全省各地为 1458.5～1830.2 小时,波阳最多,宜丰最少。与常年相比,大部分地区偏少100~200小时,是1980年后又一个少日照年。

1—3月,全省阴雨寡照,尤其是3月日照明显偏少,3月下旬特少,赣中、赣南部分地区全旬无日照。4—6月,全省各地日照为319.6~484.7小时,北部偏少,南部偏多。7—9月,全省各地日照为587.7~755.5小时,大部分地区偏少,其中7月赣中偏多,8月赣南偏多,9月赣北偏多。10—12月,全省各地日照为324.2~597.4小时,大部分地区偏少。

气象灾害

1991年度全省气候灾害为一般年景。

干　旱　年内,全省最严重的气象灾害是干旱,且夏旱,伏旱,秋旱都不同程度地发生。赣南4—6月降雨特少。7月全省天气晴热,降水仍偏少,出现夏旱连伏旱。7月底至8月中,全省出现三次降水过程,干旱不同程度得到缓解或解除。8月中旬后期至11月中旬,全省又断断续续不同程度出现旱情,其中8月底至9月初,全省出现历史上不多见的高温天气,极端最高气温达37~39℃,秋旱明显。5—11月,宁都、南丰、广昌、樟树、萍乡、寻乌、龙南等地达大旱标准,赣中、赣南普遍为中度偏重干旱,赣北大部为中旱。

春寒和倒春寒　3月,全省阴雨绵绵,低温寡照,特别是下旬,全省气温偏低2~3℃,雨量却偏多1成~3.8倍,赣中、赣南局部地区全旬无日照。日平均气温稳定通过10℃的初日,全省为3月底至4月初,赣北略有推迟,赣中推迟10—15天,赣南推迟15—25天,赣中、赣南部分地区是历年最晚的一年。4月初,虽天气转好,但气温回升较慢,大部分地区还出现低于5℃的极端最低气温。赣北、赣中出现严重春寒,赣南出现倒春寒。

暴雨洪涝　虽暴雨出现早,但洪涝灾害却属历史上较轻的一年。5月18—23日,赣北连降大到暴雨,柘林水库超过控制水位0.7m,被迫泄洪。7月4—8日,九江大部分地区连降暴雨,造成部分地区内涝。8月6—8日和9月4—8日,全省出现集中强降水。部分地区先是受旱,后又受涝。全年全省无大涝,只是赣北部分地区和赣中局部地区出现中等洪涝。

风　雹　年内,全省风雹灾害出现较早、较多,影响较大。3月上旬和下旬均出现损失较大的风雹灾害。4—8月,几乎每个月都出现风雹灾害,如:4月25日赣中、赣南,5月14日南康县,5月18—23日赣北局部,6月5日南昌地区,7月7日南昌县,8月6—8日上饶地区,8月13日金溪、会江等县(市)都先后出现损失较大的风雹灾害。

冻　害　12月24日,全省自北向南受到雨雪冰冻严寒天气影响,出现较严重的冻害。12月26—27日,全省普降大雪,雨雪量普遍在20~40毫米,除赣南部分县(市)以外,全省大部分地区出现积雪。极端最低气温,赣北、赣中为-15~-8℃,赣南为-7~-3℃,有47个县(市)出现历史最低值。12月27—30日,全省大部分地区冰天雪地。

气候影响评价

对早稻的影响　受严重春寒和倒春寒影响,早稻播种出现烂种现象,全省播种于4月9日结束,较常年推迟。播种后北部仍低温寡照,秧苗长势一般。5月上旬,全省气温特低,已移栽的早稻出现僵苗、坐蔸现象。汛期,受北部出现的内涝影响,约有100多万亩早稻受灾。我省南部5月份就开始出现旱象,并不断发展,致使部分地区早稻生育受阻,抽穗不畅,严重的甚至枯死。仅赣州地区就有40多万亩早稻枯萎,甚至无收。7月,赣北局部和赣中、赣南还出现高温逼熟,早稻中、迟熟品种成熟期提前3～7天,千粒重明显下降。

对晚稻的影响 受干旱影响,赣南大部,赣中局部二季晚稻秧苗长势较差,严重的地区秋苗枯死,仅抚州地区就有1800多亩秋苗枯萎。全省受严重伏旱影响,二晚推迟移栽,至8月15日才基本结束,推迟7—10天,部分地区出现缺水无法移栽情况。二晚移栽后,全省大部地区水热条件适宜,有利晚稻返青分蘖。部分地区8—9月上旬初出现秋旱,对二晚孕穗及幼穗分化不利。9月中旬以后,大部地区秋高气爽,光照充足,气温日较差大,对二晚高产非常有利。除赣西北个别山区县9月中旬出现轻度寒露风外,全省绝大部分地区的二晚基本未受寒露风危害,保证了二晚安全齐穗。在二晚成熟期,全省天气晴好,秋收期间气象条件也十分有利。

对油菜的影响 由于上年末油菜播种、出苗、移栽期间天气条件有利,油菜前期长势较好。1月持续出现阴雨寡照天气,对油菜生长不利,一类苗仅占30%。2月全省气温明显偏高,油菜开花期比历年提早3～5天。3月上旬末的风雹灾害和蔓延的病虫害,使油菜产量形成受到较大影响。3月下旬的暴雨、大风和4月的风雹灾害,再次使油菜遭受不同程度的损失。油菜收获期间,阴雨低温。上半年的气象条件对油菜生产不利。

对棉花的影响 全省棉花种植面积较上年大大增加。由于大力推广营养钵育苗,棉花播种出苗较常年提前7～9天。但4月中旬至5月上旬棉区低温寡照,棉苗普遍长势较差,生长不匀。又因土壤湿度太大,棉苗病害严重,死苗率超过70%,有的地区甚至重新播种2～3次,使生育期推迟。5月中旬以后,出现一段晴好天气,棉苗病害停止蔓延,苗情转好。5月下旬局部棉田被淹。6月老棉区光温水条件均可,大多三类苗转为二类苗,棉花生长速度加快,有的提前进入现蕾期。但新棉区出现夏旱和伏旱,影响棉花结桃,伏桃较常年偏少,且蕾铃脱落严重。8月棉区旱情不同程度得到缓解,棉花长势好转,秋桃比上年多,果枝层较上年增加1～3层。9月以后全省气象条件较好,对棉花裂铃、吐絮非常有利。由于晚秋天气晴好,棉花停止生长期较往年明显推迟,对减少僵瓣、提高棉纤品质极为有利。全省棉花生产期的气象条件是前差后好。

对其他作物的影响 由于冬暖,柑橘越冬未受冻害。但5月中、下旬全省出现罕见的高温,使柑橘出现异常落花落果现象。赣州地区不同树龄,不同品种的柑橘落果率高达64%～80%。此后,受干旱影响,柑橘单果偏小,病虫害较重,柑橘品质普遍较差;甘蔗生产受严重干旱影响,甘蔗节间距较短,普遍出现卷叶现象,严重的甚至枯萎。立冬后,天气晴好,气温日较差大,对糖分积累较为有利,但由于受冻害的影响,甘蔗的糖分积累又有所降低;花生因旱或停止生长或未结或果实难以膨大,使产量下降,严重的地区减产60%;烟叶产区受干旱影响,产量减少,品质下降。信丰县烟叶减产明显,损失较大。

对工业和交通的影响 受干旱影响,全省中、小型水力发电站的发电量明显减少。寻乌县是省内最早出现旱情的地区之一,自4月1日—7月19日,发电量较上年同期减少303万千瓦小时,最少日发电量仅为 150 千瓦小时,对全县工业生产影响十分严重。类似寻乌县的情况还有不少,因电力不足,对工业生产影响较大。年内,全省早春出现桃花汛,对航运较为有利。但汛期赣江上游出现空汛,江河水位较低,提前进入枯水期,对航运不利。

对人民生活的影响 年内,干旱对人民生活影响最大。全省因干旱受灾人口 2017.75 万人,有 187.52 万人饮水发生严重困难。由于缺水,部分地区出现争水纷争。由于缺水和水源污染,1—7 月传染病较上年上升 37.36%。7 月,持续高温,各地多发生中暑事件。此外,3—8 月频频出现的风雹灾害,5—7 月、8—9 月的局部洪涝、12 月末的雨雪冰冻天气,对人民生活也造成不利影响。

对森林火灾的影响 1—3 月阴雨绵绵,林火较少,全省共发生林火 47 次,但都是一般火灾。入秋后,天气持续晴好干燥,林火增多。11 月上、中旬林火特多,其中:11 月 14 日,会昌县凤凰村与清溪村林场交界处发生一起重大火灾,火场面积为 631.80 公顷,受害面积 418.30 公顷,损失林木 894.0 立方米,经济损失近 10 万元。年内,全省共发生林火 229 次,其中重大火灾 1 次,火场总面积 3864.3 公顷,受害森林面积为 1480.75 公顷,损失成林 10103.29 立方米,损失幼林 918.9035 万株,死 1 人,伤 9 人,总的经济损失约 30 多万元。

第二节　1992 年度

气候概况

气　温　年平均气温,全省各地为 16.4 ~ 19.1℃,以婺源最低,赣州最高,与常年相比,基本正常。九江、宜春地区和吉安地区大部略偏高,其余大部分地区略偏低。12—2 月、4 月、9 月,月平均气温偏高,其他各月偏低。

冬季(12—2 月)平均气温,全省各地为 6.4 ~ 10.0℃,偏高 0.1 ~ 1.4℃。1—2 月冷空气活动偏少、偏弱,气温偏高,尤其是 2 月,赣北、赣中偏高 1 ~ 2℃。

春季(3—5 月)平均气温,全省各地为 15.8 ~ 18.5℃,大部分地区偏低 0.1 ~ 0.8℃。3 月,由于持续阴雨,全省气温偏低 1 ~ 3℃。日平均气温稳定通过 10℃ 的初日,全省各地为 3 月底至 4 月初,其中:赣北推迟 3—5 天;赣中、赣南推迟 10—15 天;赣南局部地区是历年通过最迟的一年。

夏季(6—8 月)平均气温,全省各地为 26.0 ~ 28.4℃,较历年略偏低。7 月上、中旬,全省气温普遍偏低;但 7 月下旬,全省日最高气温普遍在 37℃ 以上,有 5 个县(市)旬平均气温突破历史最高值;7 月 31 日,有 6 个县(市)极端最高气温突破历史最高值。

秋季(9—11 月)平均气温,全省各地为 16.8 ~ 20.7℃,较历年略偏低。10 月中、下旬,部分地区偏低 3 ~ 4.5℃。11 月全省气温仍偏低。

降　水　年降水量,全省各地为 1058.5 ~ 2287.0 毫米,地区差异明显。东部边缘地区,超过 2000 毫米,以宁都 2287.0 毫米为最多。九江和南昌地区、宜春和吉安地区局部年降水量不足 1600 毫米,其中九江地区北部不足 1200 毫米,以九江市 1058.5 毫米为最少。其余大部分地区偏多。

冬季降水量,全省各地为95.0~387.0毫米。除浙赣铁路沿线以北大部分地区偏少1~5成外,全省其余大部分地区偏多;赣南南部,偏多8~9成,其中2月偏多8成~1.5倍。

春季降水量,全省各地为530.0~1107.0毫米,大部分地区偏多,其中赣南部分地区偏多60%以上。特别是3月,降水特多,全省各地月雨量为338.0~565.0毫米,绝大部分地区超过历史同期最大值。4—5月,全省大部分地区雨量偏少。

夏季降水量,全省各地为287.0~919.0毫米,其中:上饶、抚州地区均超过600毫米,以玉山919.0毫米为最多;井冈山地区、赣北不足400毫米,以九江287.0毫米为最少;赣南大部分地区偏少;其余地区偏多。

秋季降水量,全省各地为22.6~228.6毫米,绝大部分地区不足100毫米,以广昌22.6毫米为最少。全省大部分地区偏少6成以上,其中:赣中大部分地区偏少8成以上,吉安、广昌偏少9成以上。尤其是10月,绝大部分地区雨量不足10毫米,偏少9~10成;11月,赣中、赣南偏少8~10成。

日　照　年日照,全省各地为1481.4~2001.7小时。上饶地区大部、九江地区东部超过1800小时。井冈山区和南康、瑞金、南城、宜春等地不足1600小时,以南康1481.4小时为最少。其余大部分地区均偏少,东部地区普遍偏少100小时以上,樟树、瑞金、南城偏少200小时以上,南康偏少313.9小时。

冬季日照,全省各地为188.0~371.0小时。除赣北部分地区偏多外,其余大部分地区偏少。

春季日照,全省各地为185.1~366.7小时。绝大部分地区较常年偏少,尤其是3月,普遍偏少50~60小时,日照奇缺。

夏季日照,全省各地为484.4~677.4小时。普遍偏少,部分地区偏少100小时以上。

秋季日照,全省各地为470.8~632.5小时。绝大部分地区偏多40~140小时,10—11月,全省光照充足,秋高气爽。

气象灾害

1992年度全省气候灾害为一般年景。

暴雨、洪涝　全省出现历史罕见的早汛。3月16—27日,全省10多天连续性暴雨,有128县(市)集中出现暴雨,有7个县(市)大暴雨,暴雨总次数突破历史同期最多纪录。绝大部分地区3月降水量突破历史同期最大值,省内五大河流均接近或超过警戒线,其中赣江水位全线超过警戒水位1.26~4.30米,上犹江水库和油罗口水库自3月24日开始被迫泄洪。这次洪涝,赣州、吉安地区受灾最为严重,赣州市区以及万安、新干、峡江等县城均被水淹。6月19日—7月7日,全省接连出现两次强降水过程,共出现大暴雨37县(市),暴雨117县(市),大雨197县(市)。赣北大部分地区降雨量超过300毫米,以上饶512毫米为最多。全省大部分地区雨量偏多5成以上,以上饶城区、龙南偏多1.6倍为最多。各主要河流、鄱阳湖及长江水位先后超过警戒线,全省11座大型水库超过限制水位,其中信江梅港站最高水位达29.14米,超过历史纪录。

干　旱　7月中旬开始,全省出现高温晴热天气,许多地方多日滴雨未下,且日蒸发量大,加之农业用水量剧增,大部分地区出现程度不同的伏旱,丘陵地区旱情更为严重。8月中旬,旱情有所缓和。8月下旬,赣西北、赣北降水偏少,又开始出现轻度干旱。9月上旬部分地区旱情有所缓解。9月中旬开始,赣中、赣北部分地区出现秋旱。9月下旬—11月,全省秋旱不断发展,大型水库蓄水不足历史同期的60%,中型水库蓄水仅为常年蓄水量的25%,不少小型水库、山塘干涸见底,干旱持续100天左右。

风 雹 年内,全省风雹灾害较多,尤其上半年更为频繁。3月中旬,部分地区出现冰雹。4月,全省有4次大范围的风雹灾害,其中以4月29日最为严重,涉及31个县(市),最大风力达11级。5月,赣中、赣北遭受3次大的风雹灾害,特别是5月6—7日,有37个县(市)出现8级以上的雷雨大风。

春 寒 3月中旬,受强冷空气影响,全省气温急剧下降,日平均气温下降幅度运13～16℃,赣北由15～18℃降至2～4℃,赣中、赣南由20～23℃降至6～9℃。温度较低,降温幅度较大,而且持续降雨,雨量偏大,日照奇缺,全省出现春分寒。

冻 害 上年12月24日,全省自北向南出现雨雪冰冻严寒天气过程。有47个县(市)极端最低气温突破历史最低值。

气候影响评价

对早稻的影响 由于春播期间长时间低温阴雨,苗情普遍较差。4月中旬以后,气温回升较快,全省以晴雨相间的过程性天气为主,秧苗长势开始转好,发育进度加快,弥补了前期低温阴雨天气造成的影响。据对全省27个水稻苗情点的调查,至5月25日,全省早稻一、二类苗约为60%。5月中旬后期,受冷空气影响,全省部分地区出现轻度小满寒,对早稻分蘖不利。6月下旬至7月初,由于雨日较多,降水强度大,气温明显偏低,对早稻抽穗、乳熟十分不利,全省早稻生育期普遍推迟2～10天,且大部分地区早稻遭受洪涝灾害,部分地区早稻稻瘟病、纹枯病等病害较重且危害时间较长。7月中、下旬,全省气温居高不下,日最高气温≥35℃的天数,赣北、赣中12～18天,赣南5～14天,大部分地区出现高温逼熟天气,对早稻中、迟熟品种粒重有一定影响。

对晚稻的影响 二季晚稻秧苗期阴雨寡照,秧苗素质一般。由于前期降水充足,大部分地区二晚移栽顺利,较常年提前2～3天结束。8月下半月,先后受2次台风影响,雨水适宜,有利二晚分蘖、孕穗。9月,大部分地区气温偏高,除赣西北山区出现轻度寒露风外,气温条件对晚稻抽穗扬花十分有利。10月份,全省日照充足,气温日较差较大,对二晚成熟非常有利。

对油菜的影响 上年12月下旬末出现的雨雪冰冻天气,使各地油菜叶片受冻严重。1—2月气温虽然偏高,但由于前期冻害严重,油菜恢复较慢,长势仍然较差,多为二类苗。3月,尤其是3月下旬,全省持续低温阴雨,日照奇缺,严重影响油菜的光合作用,对油菜盛花和结荚极为不利,还造成菌核病等病虫害蔓延。4—5月初全省雷雨大风,冰雹天气频繁,油菜落花、倒伏、断株、缺垅现象较为严重。

对棉花的影响 棉区日平均气温稳定通过15℃的初日为4月1—4日,提前8～10天,对棉花播种出苗十分有利,棉苗整齐且长势良好。棉花移栽期,阴雨日多达 6~7 天,造成棉苗生长缓慢。5 月中旬至 6 月中旬前期,光温条件较好,棉花生长速度加快,且对棉花结蕾十分有利。6 月下旬至 7 月初,受阴雨、洪涝影响,不利棉花开花且部分棉田被淹。雨季结束后,棉区出现伏旱,极端最高气温达 39~40℃以上,花蕾严重脱落。据湖口县观测,蕾花总数平均每株较上年同期少 8 个。8 月上旬持续干旱,少数田块出现早衰现象,蕾铃大量脱落,部分地区红蜘蛛,棉铃虫危害较重,裂铃期普遍推迟。9 月份光温适宜,无连阴雨天气,利于增加秋桃,但秋旱对棉花后期生育有不利影响。10 月上旬,棉区普降小雨,对棉铃发育有利。10—11 月天气晴好,对采收棉花极为有利。

对其他作物的影响　由于上年底严重冻害,全省柑橘生产遭毁灭性打击,不少果树受冻致死,受冻害较轻的也有部分不挂果,全省柑橘减产 7 成以上。南丰蜜橘基本绝收。甘蔗生产遭受干旱影响,至 7 月下旬初,赣南甘蔗才进入茎伸长普遍期,南康县甘蔗发育速度推迟 7 天之多。玉山县甘蔗茎伸长时期和普遍期分别推迟 9 天和 8 天。11 月初,蔗区气温日较差大,对糖分积累有利。因蔗区秋旱严重,干旱持续时间长,全省甘蔗产量下降。

对森林火灾的影响　上半年,全省以晴雨相间的过程性天气为主,虽雨水较多,但雨后迅速转晴,气温回升较快,林火较为频繁。入秋以后,全省林区秋旱明显,天气干燥,林火四起。10 月和 11 月,分别出现森林火灾 60 次和 78 次,是年内林火最多的两个月;11 月修水、万载两县出现年内全省最大的两次火灾,森林受害面积均超过 90 公顷。1991 年 12 月至 1992 年 11 月,全省共出现森林火灾 330 次,其中火警 142 次,一般火灾 188 次,火场面积 4366.56 公顷,受害森林面积 1758.63 公顷;损失成林蓄积 15785.5 立方米,损失幼林 150 余万株,死亡 1 人,伤 10 人,直接经济损失超过 30 万元。

第三节　1993 年度

气候概况

气　温　年平均气温,全省各地为 16.4~19.4℃,修水最低,赣州最高,与历年基本持平。12 月、2 月、3 月,月平均气温偏高;1 月、5 月、7—8 月、10 月月平均气温偏低,其他各月基本正常。

冬季平均气温,全省各地为 6.2~11.0℃,偏高 1℃左右。2 月上半月,全省出现连晴天气,气温持续偏高,温暖如春。虽然 1 月平均气温全省偏低 1~1.7℃,但极端最低气温并不低。全省未出现明显冻害。

春季平均气温,全省各地为 15.8~19.0℃,基本与常年持平,其中 3 月全省气温略偏高,4 月北高南低,5 月全省偏低。

夏季平均气温,全省各地为 25.8~28.3℃,大部分地区偏低,南昌、婺源等地季平均气温出现历史最低值。7—8 月,绝大部分地区气温明显偏低 1~2℃,7 月不少县(市)月平均气温出现历史最低值或次低值。夏季极端最高气温,全省各地为 36~37.5℃,季内日最高气温 ≥35℃的日数,除赣南大部外,其余地区仅为 10 ~ 15 天,偏少 15 ~ 20 天,是历史上罕见的凉夏年。

秋季平均气温,全省各地为 17.1 ~ 20.7℃,略偏低。其中 9 月和 11 月,气温基本正常,10 月气温明显偏低。11 月中旬末至下旬初,受强冷空气影响,全省气温骤降,极端最低气温为 -2.5 ~ -2.0℃。

降 水 年降水量,全省各地为 1212.5 ~ 2816.0 毫米,地区性差异较大。赣东北地区年降水量超过 2000 毫米;九江地区北部、赣南北部、吉安地区大部年降水量不足 1600 毫米,以遂川 1212.5 毫米为最少。除遂川、兴国、宁都、广昌等地较常年偏少外,其余大部分地区较常年偏多,赣东北、赣西北均较常年偏多 20% 以上,以婺源偏多 55% 最为突出。

冬季降水量,全省各地为 183.5 ~ 288.6 毫米,大部分地区较常年偏多 1 ~ 4 成。其中 12 月降水明显偏多,赣中部分地区偏多 8 成 ~ 1.1 倍,赣南、赣北大部偏多 2 ~ 7 成。2 月,全省降水偏少。

春季降水量,全省各地为 352.6 ~ 889.7 毫米,除贵溪和赣南大部较常年偏多外,其余地区均偏少。3—4 月,虽然雨日较多,但雨量却偏少,尤其是 4 月,月降水量偏少 3 ~ 6 成。

夏季降水量,全省各地为 429.0 ~ 1576.0 毫米,赣东北季降水量超过 1200 毫米,赣西北季降水量超过 1000 毫米。北部偏多 50% 以上,其中赣东北和南昌偏多 1 倍以上。南昌城区、波阳、景德镇城区、婺源等地季降水量出现历史同期最多值。7 月,赣北、赣中降水量偏多一倍以上。

秋季降水量,全省各地为 142.0 ~ 298.0 毫米,大部分地区偏少。武夷山区、井冈山区偏少 2 成以上,其余大部分地区略偏少。九江、宜春、南昌部分县(市)略偏多。全省秋季雨水比较协调,未出现明显旱情。

日 照 年日照,全省各地为 1303.4 ~ 1773.9 小时,鄱阳湖地区日照多,西部边缘地区日照少,全省日照明显偏少。赣东北地区和南城等县(市)偏少 300 小时以上,樟树和瑞金偏少 400 小时以上,其余大部分地区偏少 100 ~ 200 小时,年内全省日照明显偏少。

冬季日照,全省各地为 250.8 ~ 404.4 小时。从 1 月下旬至 2 月上半月,全省出现连晴天气,整个冬季日照时数也偏多。

春季日照,全省各地为 176.1 ~ 368.3 小时,明显偏少,特别是 5 月,全省日照时数不足 100 小时,不少县(市)出现历史同期最低值或接近最低值。

夏季日照,全省为 380.5 ~ 618.6 小时,瑞昌最少,赣州最多。全省日照偏少,赣东北不少县(市)突破历史最少值。7—8 月,赣北日照偏少 100 小时左右。

秋季日照,全省各地为 369.6 ~ 554.0 小时,赣北偏多,赣中、赣南偏少。10 月,全省天气晴好,日照偏多。11 月,全省日照偏少。

气象灾害

1993 年度全省气候灾害为一般年景。

洪 涝 全省洪涝灾害集中在 6—7 月,主要暴雨过程有 5 次:

6 月 3—4 日,景德镇、吉安等地有 9 个县(市)暴雨,泰和出现 101 毫米的大暴雨。6 月 8—15

日,全省自北向南先后出现大到暴雨,共有大暴雨 6 县(市),暴雨 29 县(市),赣南局部地区出现内涝。6 月 17—24 日,赣北、赣中出现暴雨 58 县(市),大暴雨 12 县(市),婺源、万载出现特大暴雨,全省大部分地区出现洪涝灾害。6 月 29 日—7 月 5 日,赣北、赣中出现暴雨 107 县(市),大暴雨 28 县(市),雨区洪涝灾害日益严重,范围不断扩大。7 月 24—25 日,宜春地区出现强降水,锦江水位超警戒线最高达 3.62 米。

风　雹　1993 年度是风雹灾害较重的一年。3 月 25 日,浙赣铁路沿线 10 个县(市)遭受风雹袭击,其中贵溪县的 14 个乡(镇)、400 多个村、15143 户受灾,因灾死亡 19 人,伤 578 人,新溪村周围 10 平方公里范围内几十万株树木被大风刮折断。4 月中、下旬,赣南地区的寻乌、信丰、石城、安远、会昌、全南等县先后遭受风雹灾害。4 月 24 日,庐山、新余、宁冈等县(市)出现风雹灾害。

低　温　全省日平均气温稳定通过 10℃ 的初日,南部为 3 月 22 日,北部为 3 月 23—25 日,全省出现春分寒。5 月中旬和下旬末,受冷空气影响,先后出现 2 次低温天气过程,均达到小满寒标准。5 月 14—18 日,全省降温 8℃ 以上,石城、遂川以北地区日平均气温连续 4 天低于 20℃,极端最低气温 14.3℃。5 月 28—31 日,过程降温 5～8℃,遂川以北地区日平均气温为 16～19℃,极端最低气温仅为 12.4℃。

气候影响评价

对油菜的影响　1992 年油菜播种时,受秋旱影响,苗情较差,三类苗居多;12 月,降水较多,油菜长势好转。1993 年 1 月中旬,全省大部出现雨雪冰冻天气,油菜基本停止生长。1 月下旬至 2 月中旬初,全省维持晴好天气,油菜生长、生育速度加快。此后,全省阴雨寡照,对油菜开花授粉不利,部分仍在抽薹的油菜受害更重。3 月以后,全省基本上以晴雨相间过程性天气为主,气象条件有利油菜开花、结荚和成熟。贵溪、龙南等县、市因出现风雹灾害,使油菜倒伏或砸烂,严重的基本无收。

对早稻的影响　全省出现春分寒,赣南等地早稻播种期推迟。4 月中旬的连阴雨使早稻秧苗生长缓慢,苗情较差。此后出现一段晴暖天气,秧苗长势转好。4 月下旬至 6 月上旬,全省以过程性天气为主,有利早稻移栽和生长。5 月 14—18 日、28—31 日,遂川、石城以北地区出现小满寒天气,对早稻分蘖和早熟品种的幼穗分化不利。整个 5 月日照奇缺,致使早稻三类苗居多,到 5 月底大部分早稻田尚未封行。孕穗至抽穗期,全省大部分地区天气晴好,早稻长势转好。6 月中旬至 7 月上旬,全省大部遭受洪涝灾害,早稻受到严重危害,部分地区出现绝收。收割期,全省大部分地区阴雨天气,对早稻收晒不利。

对晚稻的影响　受洪涝灾害影响,育苗期秧苗素质较差。全省二晚移栽期推迟 3～5 天,移栽后因光、温、水适宜,返青较快。但赣北、赣中出现罕见的凉夏,气温偏低,日照奇少,对有效分蘖不利,基本苗普遍不足。孕穗到抽穗扬花期,全省光照充足,降水适宜,对幼穗发育较为有利,二晚长势转好,多为 1～2 类苗。全省大部分地区 9 月中旬进入抽穗普遍期,基本上未受寒露风危害。10 月,全省秋高气爽,光照偏多,温差较大,有利二晚灌浆成熟。大部分地区二晚收获期气象条件较好。

对棉花的影响 棉花播种期为4月中下旬,推迟7~10天,但由于气象条件适宜,出苗顺利,基本上无死苗现象。5月全省阴雨寡照,土壤湿度大,对棉花根系发育不利,棉苗生长缓慢,多为二类苗,且枯萎病等病虫害较为严重。6月上、中旬光、温条件较好,苗情一度好转。6—7月的洪涝灾害,使伏桃明显减少,并出现烂铃现象。8月以后,棉区基本未受干旱影响,棉花长势较好,秋桃明显增多,且坐桃率较高。10月,光照充足,天气晴好,对棉花裂铃、吐絮和采摘非常有利。11月,阴雨天多,棉花裂铃受到影响,僵瓣增多。

对森林火灾的影响 全省森林火灾主要出现在上半年,特别是1月下旬至2月上半月。春节以后,全省出现20天左右的连晴天气,气候干燥,全省不断发生森林火灾。1月28日,安义县发生森林火灾,过火面积850亩。2月份发生林火220次,火场总面积为3312公顷,受害森林面积达1117公顷,损失成林13518立方米,损失幼树125万株,并造成1人死亡,5人受伤。下半年,森林火灾发生较少,仅在10月份出现少量火灾。年内全省共发生火灾280次,其中重大火灾1次,火场总面积4382公顷,受害森林面积1623公顷,损失成林15649立方米,损失幼林191万株,死6人,伤6人,直接经济损失超过30万元。

对其他作物的影响 冬季基本无冻害,有利于柑橘正常越冬。5月天气有利柑橘生长,未出现明显落花落果现象。7—9月,橘区无明显旱情,有利于果实膨大,但由于雨水太多,病虫害发生严重,柑橘品质一般。甘蔗生产情况较好。7—9月,东部、南部蔗区降水量偏多,有利甘蔗茎伸长。立冬后天气晴好,气温日较差较大,有利糖分转化和积累。甘蔗生长期活动积温高达5000~6500℃,偏多240~350℃,加之冬季又未出现明显的冻害,全省甘蔗生长良好,产量、含糖量都高于历年。

对工业、交通的影响 全省大部分地区降水偏多,各大、中、小型水库蓄水充足,水力发电量明显增加。汛期出现的暴雨洪涝对工业生产和公路、铁路运输造成一定影响,特别是6月,全省有39条公路一度中断,其中包括320和316两条国道;皖赣、浙赣铁路和向九铁路部分地段严重塌方18处。4400余家工矿企业因暴雨、洪涝造成部分或全部停产。

第四节 1994年度

气候概况

气 温 年平均气温,全省各地为16.7~19.3℃,基本上呈北低南高分布,修水最低、赣州最高。赣北大部分地区明显偏高,其他地区基本正常。年内,1月、4—5月、11月气温偏高,12月、3月、9—10月气温偏低,其他各月气温正常。

冬季平均气温,全省各地为5.7~10.4℃,绝大部分地区正常略偏高。1月正处隆冬,但全省气温偏高1~2℃。极端最低气温,全省为-6.4~-1.9℃。

春季平均气温,全省各地为16.6~19.8℃。赣中、赣南偏高,赣北明显偏高。日平均气温稳定通过10℃的初日,绝大部分地区为3月19—20日,此后气温稳定上升。

夏季平均气温,全省各地为21.0～28.9℃,除赣东北较常年偏高外,其他地区正常略偏低。夏季高温出现较早,局部地区持续时间较长。极端最高气温全省为36.8～39.0℃,年内日最高气温≥35℃的天数全省为4～46天,其中赣北、赣中大多地区为20～30天,赣东北超过40天,赣南大部不足10天。

秋季平均气温,全省各地为17.5～20.6℃。尽管11月全省气温异常偏高,但由于9—10月气温持续偏低,因此,秋季平均气温属正常年景。

降 水 年降水量,全省各地为1206.6～2228.3毫米,为典型的马鞍型分布,东西边缘地区降水多,南北边缘地区降水少,湖口最少,石城最多。除赣南南部和湖口、永修等地偏少1成左右外,其他地区偏多1～3成。

冬季降水量,全省各地为145.7～312.7毫米,其中大部分地区为200～300毫米。除赣南大部偏少1～2成外,其余大部分地区偏多1～2成。上年12月至本年1月,大部地区持续少雨;2月,大部地区降水偏多,尤其是赣中南地区偏多5成～1.3倍,赣南局部地区还下了暴雨。

春季降水量,全省各地为390.0～835.7毫米。赣州、九江、上饶三地区大部偏少1～2成,其他地区偏多1～2成。春季各月降水比较正常。

夏季降水量,全省各地为446.6～920.5毫米,地区性差异较大,降水也较为集中。绝大部分地区降水偏多,其中吉泰盆地和东西部边缘山区偏多5～9成。6月,全省大部地区连续出现强降水,7—8月,赣东北等地持续少雨。

秋季降水量,全省各地为62.1～377.1毫米,除宜春、吉安的局部以及南昌等地偏多外,其他地区偏少1～7成。10月中旬至11月中旬,全省持续少雨。

日 照 年日照,全省各地为1330.5～1941.4小时,宜春、吉安的大部以及赣州的局部日照较少,不足1600小时,以瑞金1330.5小时为最少,鄱阳湖地区和广昌、宁都等地超过1800小时,以宁都1941.4小时为最多;除南昌县、广昌、宁都、遂川等地偏多外,其他地区偏少,赣北东部、宜春北部、抚州南部以及九江城区、瑞昌、莲花、赣州城区等地普遍偏少100小时,宜春城区、樟树、泰和、兴国偏少200～400小时,瑞金偏少439.4小时。

冬季日照,全省各地为252.2～363.6小时,赣北、赣中的西部边缘山区以及广昌等地日照偏多,其余地区日照偏少。上年12月,全省以晴为主,日照偏多;2月,全省出现连阴雨天气,雨日较多,日照明显偏少。

春季日照,全省各地为232.7～422.9小时,上饶、赣州北部及鄱阳湖西部平原地区偏多4～36小时,其余地区偏少7～53小时。3月,特别是3月中旬,全省以阴雨天气为主,日照明显偏少;5月,阴雨日少,日照偏多。

夏季日照,全省各地为460.4～711.7小时,偏少10～157小时。6月,全省日照偏少,特别是6月中旬,赣中、赣南局部地区日照仅1～3小时,旬日照时数突破历史同期最少值。

秋季日照时数,全省为351.7～571.7小时,赣南的东南部日照偏多,其余大部分地区日照偏少。

气象灾害

1994 年度全省气候灾害为一般年景。

洪 涝 全省汛期出现较早,汛期各月均出现不同程度的洪涝灾害,全省损失较重。汛期(4—6 月)雨量各地为 565～1322 毫米,赣东北、武夷山西部和樟树、宜丰等地超过 1000 毫米,全省大部分地区偏多 3～6 成。4 月 17 日—6 月 23 日,全省主要暴雨过程有 6 次,共出现特大暴雨 1 县(石城县)、大暴雨 73 县(市)、暴雨 314 县(市)。

风 雹 全省风雹灾害较多、较重,不仅春季发生频繁,夏季也时有发生。4 月 5—8 日,全省 8 个地、市的 34 个县(市)先后遭受大风、冰雹袭击。4 月 17—20 日,吉安、宜春、上饶三地区 20 多个县(市)出现风雹灾害,万年、乐平等地受灾较重。5 月 1—3 日,万安、修水、南康、万年等地出现风雹灾害,万安、修水灾情较重。7 月全省出现雷雨大风 20 余县(市)。8 月全省出现大风 51 县(市)。

干 旱 全省汛期结束偏早,东南部于 6 月 23 日结束,其余地区 6 月 27 日结束。此后,全省在夏季和秋季分别出现不同程度的伏旱和晚秋旱。7 月中旬至 8 月中旬,赣东北地区持续高温少雨,出现明显伏旱,干旱持续近 30 天。广丰、玉山等地自 7 月上旬就开始少雨,干旱持续时间达 49 天。10 月中旬至 11 月下旬,全省持续少雨,大部分地区连续无降水日数超过 30 天,赣南大部以及景德镇等地超过 40 天,全南、信丰、瑞金、石城等地超过 50 天。全省大部分地区出现晚秋旱,赣南大部旱情较重。

春 寒 3 月中旬,全省维持较长时间的低温阴雨天气,出现春分寒。日平均气温稳定通过 10℃初日,全省普遍为 3 月 19—20 日,赣南南部偏迟 6—10 天。

寒露风 9 月中旬初,全省气温陡降,过程降温达 6～10℃,中旬平均气温偏低 3～4℃,有 22 个县(市)旬平均气温突破历史同期最低纪录,全省大部分地区先后出现轻度寒露风,赣北的西部山区以及上饶、赣中的部分地区出现重度寒露风。

气候影响评价

对油菜的影响 全省油菜播种期气象条件较好,对油菜播种、出苗、移栽非常有利,一、二类苗比例高达 80% 以上。油菜越冬期间,也没有明显冻害。2 月开始全省阴雨寡照,对油菜抽薹开花不利。3 月中旬全省出现春分寒,使油菜开花期迟于往年。3 月中旬以后,气温稳定回升,并以晴雨相间的过程性天气为主,气象条件基本上能满足油菜开花、结荚和成熟的需要。部分油菜产区出现大风、冰雹等灾害,使丰收在望的油菜遭受损失。

对早稻的影响 3 月中旬,全省出现春分寒,但此时绝大部分地区尚未开始播种,影响不大。3 月 19—20 日,全省日平均气温稳定通过 10℃,此后气温稳定上升,全省开始大面积播种育秧,秧苗长势较好,是 1991 年以来秧苗长势最好的一年。4 月下旬至 5 月上旬,全省自南向北开始移栽早稻,5 月光、温、水条件均较适宜,对早稻返青分蘖非常有利,早稻生育期提早 3～5 天,且多为一、二类苗。6 月上旬早稻进入孕穗期,期间气温适宜,光照充足,一、二类苗增多。6 月 8 日开始,全省出现连续性强降水,大部分地区发生严重洪涝灾害,灾区早稻受淹时间达 3 ~ 8 天,对正处于抽穗扬花期的早稻产生非常不利的影响,并造成穗颈稻瘟病的暴发流行。汛期结束后,局部地区出现高温逼熟天气。7 月中旬受台风影响,全省不少地区持续阴雨,对早稻收晒十分不利。

对晚稻的影响 全省二季晚稻播种期多在汛期以后,光温条件较好,对育秧有利。7 月除赣东北等地外,大部分地区伏旱不明显,二晚移栽顺利,移栽期比历年提前 6 ~ 8 天结束。晚稻返青、分蘖期长势很好,多为一、二类苗,8 月下旬进入孕穗期,比历年提前 10 天左右。9 月中旬,全省大部地区出现轻度寒露风,但由于后期回温迅速,对二晚影响不大。9 月下旬以后,全省以过程性天气为主,光照充足,气温日较差大,有利于晚稻灌浆结实。收获期全省持续晴好天气,保证了二晚丰产丰收。

对棉花的影响 4 月赣北棉区气温稳定上升,棉花播种期提前 10 天左右,4 月上中旬平均气温已达 16 ~ 20℃,对棉花出苗极为有利。较常年提前了 5 ~ 12 天,宜春地区一、二类苗超过 80%。6 月,九江棉区洪涝灾害较轻,棉花长势很好;其余棉区遭受洪涝灾害,棉花生长一度受阻。7—8 月,上饶、九江棉区出现伏旱,土壤湿度偏低,棉花蕾铃脱落现象较重。8 月中旬后,旱情解除,但 9 月光照不足,赣北棉铃虫危害较重,对棉花伏桃影响较大,且不利裂铃吐絮。10 月以后,秋高气爽,对棉花裂铃、吐絮、采摘、晾晒非常有利。

对其他作物的影响 除 7—8 月部分地区出现的伏旱对柑橘有一定影响外,其他时段的气象条件均有利于柑橘生长。夏季全省大部分蔗区降水偏多,有利于甘蔗茎伸长,甘蔗长势较好,株高多为 160 厘米以上。立秋后全省天气晴好,气温日较差大,有利甘蔗的糖分转化和积累。晚秋,全省蔗区出现的旱情对甘蔗生长不利,甘蔗生长一度受阻。

对森林火灾的影响 全省森林火灾共发生 57 次,明显减少,火场总面积为 499.4 公顷,受害森林面积 235.6 公顷,损失成林 3556 立方米,幼林 71.6 万株,无重大火灾发生,没有人员伤亡,经济损失小。

对工业、交通的影响 全省汛期降水充足,特别是 6 月,降水相对集中,各大、中、小型水库蓄水情况良好,水力发电明显增加。汛期暴雨洪涝以及春、夏季的风雹给全省的工业生产和交通运输带来不利影响,全省有 6748 公里的公路、423 座桥梁遭到不同程度的破坏,另有 100 多家工矿企业被迫停产。

对人民生活的影响 2 月,全省雨天较多,立春后依旧寒气逼人,给人们过春节带来诸多不便。洪涝灾害使全省 1529.51 万人受灾,7.81 万人无家可归;蔬菜生产受到严重影响,供应一度紧张,价格居高不下。夏季高温使城市供电、供水紧张,停电、停水频繁,西瓜价格居高不下,防暑降温物品销量猛增,家庭拥有空调数量明显上升,7 月中暑人数较多。

第五节 1995 年度

气候概况

气 温 年平均气温,全省各地为 16.9～19.4℃,呈北低南高分布,修水、婺源最低,赣州、信丰最高。南康、上饶两地正常略偏低,赣州地区大部基本正常,其余地区偏高 0.3～0.8℃,其中景德镇—南昌—分宜一线以北大部地区明显偏高,瑞昌异常偏高。

冬季平均气温,全省各地为 6.3～10.2℃,除赣南大部基本正常外,其余地区偏高 0.5～1.3℃,暖冬现象明显。极端最低气温,全省为 -6.4～-0.2℃,大部分地区出现在 2 月上旬。

春季平均气温,全省各地为 16.3～20.1℃。除上饶等个别县正常略偏低外,其余地区偏高 0.1～1.1℃。日平均气温稳定通过 10℃ 的初日,宜春、九江两地区为 3 月 20 日左右,偏早 3～6 天,其余地区为 2 月 27 日,其中上饶地区偏早 22 天,抚州、上饶等地区属历史最早年份。

夏季平均气温,全省各地为 26.1～28.3℃,偏低 0.1～1.1℃,其中上饶地区东部、赣南南部和南城等地明显偏低。极端最高气温全省为 37.0～40.2℃。

秋季平均气温,全省各地为 18.0～20.9℃。除大余等个别县正常略偏低外,其余地区偏高 0.1～0.9℃。9 月上旬全省旬平均气温异常偏高,共有 28 县市突破历史同期最高纪录。

降 水 年降水量,全省各地为 1312.5～2750.7 毫米,浙赣铁路线以北大部分地区和宁都等地降水较多,超过 2000 毫米,其中赣东北大部分地区超过 2400 毫米,以上饶 2750.7 毫米为最多;吉泰盆地和赣州的中、西部地区降水较少,不足 1600 毫米,以泰和 1312.5 毫米为最少。除赣州的中、西部地区和泰和等地正常略偏少外,其他地区偏多 1～6 成,浙赣铁路线以北大部分地区和宁都等地明显偏多,上饶大部分地区异常偏多。

冬季降水量,全省各地为 192～493 毫米,大部分地区偏多 1 成～1.2 倍,其中上饶地区南部和吉泰、赣州两盆地和以西地区异常偏多。

春季降水量,全省各地为 363～1124 毫米,赣东北偏多 1～6 成,其中景德镇等地为异常偏多;赣中、赣南偏少 1～4 成,其中泰和等地明显偏少。

夏季降水量,全省各地为 434～1155 毫米,各地分布不均且比较集中,赣东北、赣西北地区以及赣南的东部较多,超过 900 毫米;而吉泰盆地以及南康等地较少,不足 500 毫米。大部分地区偏多 2 成～1.1 倍,其中宜春地区大部、赣南东部明显偏多,赣东北地区和修水等地异常偏多。6—7 月上旬,全省连遭暴雨和大暴雨袭击;7 月中旬至 8 月初,赣东北等地持续少雨。

秋季降水量,全省各地为 74～259 毫米,其中九江市大部分地区较多,超过 200 毫米,抚州地区东部和广丰、大余等地降水较少,不足 100 毫米。除九江市正常略偏多外,其余地区偏少 2～7 成,其中赣中部分地区明显偏少,南城异常偏少。秋季降水主要集中在 10 月上旬,其余时期均偏少,特别是 9 月,全省连续无降水日数超过 20 天。

日 照 年日照,全省各地为1350.1~1789.8小时。赣北北部和赣中东部的大部分地区偏多,超过1600小时,以湖口1789.8小时为最多;赣中西部边缘山区偏少,不足1400小时,以宁冈1350.1小时为最少。全省大部分地区日照偏少100小时以上,其中上饶、赣州两地区大部和宜春地区局部偏少200小时以上,以宁都偏少523.5小时最为明显。

冬季日照,全省各地为167~281小时,广昌、宜春一线以南不足200小时,赣北北部超过260小时,全省大部分地区偏少2~50成。12月,全省以阴雨天气为主,日照明显偏少。

春季日照,全省各地为268~382小时,除南康、信丰、龙南等地正常略偏多外,其他地区偏少20~60小时,其中赣东北局部和樟树、广昌、贵溪等地明显偏少。4月中、下旬全省阴雨日数较多,月日照时数全省仅为30~80小时,明显偏少。

夏季日照,全省各地为478~640小时,九江地区东部、赣南东北部、抚州地区南部以及南昌等地超过600小时,赣南南部和井冈山区不足500小时,全省大部分地区偏少28~170小时,其中景德镇和上饶两地的大部异常偏少。

秋季日照,全省各地为410~569小时,其中赣北大部、赣州地区南部较多,超过500小时,其他地区正常略偏少。

气象灾害

1995年度全省气候灾害为较差年景。

洪 涝 1995年度入汛较早,汛后期全省接连多次出现较大范围的强降水天气,致使江河湖库水位暴涨,洪涝灾害一次比一次严重,尤其是浙赣铁路沿线及赣东北地区反复遭灾。全省汛期雨量(4月至7月6日)为618~2037毫米,资溪—铜鼓一线以北地区超过1100毫米,比历史同期多4成~1.33倍。其中上饶地区、鹰潭市各县及武宁县超过1500毫米,万年为2037毫米,比历史同期多1成~1.33倍;南部地区大部在700~1100毫米,比历史同期多1~4成。上饶地区、景德镇市及九江、宜春两地区共21个县突破1960年以来的历史同期最多值。另外,8月中旬东部还出现一次较强降水,部分地区出现短时内涝。

风 雹 1995年是风雹灾害较严重的一年,不仅春季发生频繁,而且秋季也时有发生,全省大部分地区均不同程度地遭到风雹的袭击,损失较大。3月14—17日,湖口、黎川、新建、波阳、奉新、东乡、樟树、泰和等17个县(市)受到大风袭击,还有武宁、新建、宜黄、铅山、广丰等7个县(市)出现冰雹,其中新建冰雹最大直径达20毫米。3月23—24日,进贤、东乡、丰城等10余个县(市)再次出现大风。4月,全省大风有58个县(市),南城—宜春一线以北大部平原、河谷地区以及吉泰盆地、赣县、龙南、寻乌、石城等县(市)均受到大风袭击,影响区域达30多个县(市),其中金溪大风日数达4天,南城达5天。4月8—16日,景德镇、抚州城区以及余江、武宁、石城、宁都、樟树、永丰、吉水、黎川等地还受到冰雹危害。

干 旱 全省汛期于7月7日结束,是历年汛期结束偏晚的一年。此后,全省出现不同程度的伏旱和秋旱,损失较大。7月中、下旬,全省出现持续高温晴热天气,降水明显偏少,赣北、赣中大部以及赣南局部连续无降水日数超过15天,部分地区出现伏旱,其中九江、抚州两地区东部和铜鼓、安福、上犹等地连续无降水日数超过20天,伏旱较为明显。7月下旬末,全省大部分地区出现较大降水,一定程度上缓解了旱情。8月出现3次降水,使全省伏旱完全解除。8月下旬至9月27日,全省基本无雨,部分地区连续无降水日数超过20天。赣北西北部山区和赣南中部以及乐平、婺源、广昌等地9月降水不足30毫米,出现秋旱。赣北部分棉区以及南昌地区大部、抚州地区局部和永丰、南康、瑞金等地连续无降水日数超过28天,秋旱较重。9月下旬末至10月上旬,全省大部分地区出现较大降水,秋旱基本解除。10月下旬至11月,全省大部分地区以晴为主,降水明显偏少,特别是11月,全省降水仅为2~35毫米,其中赣北大部分地区普遍不足10毫米,再次出现旱情。

寒露风 从10月3日开始,全省出现持续3~9天的低温阴雨天气,5—6日全省大部分地区最低气温降至14℃左右,部分地区出现重度寒露风。

气候影响评价

对油菜的影响 油菜播种期,全省气象条件较好,雨水充足,油菜播种、出苗、移栽顺利。油菜越冬期无连续冰冻天气,极端最低气温低于-5℃的地区和时间均偏少,积温明显偏多,没有出现明显冻害,大部分地区油菜生育期明显提前;因冬季雨量偏多,前期降水集中,对油菜根系发育不利部分田块出现渍害。2月中、下旬,阴雨天较多,部分地区的油菜出现菌核病。3月上旬日照充足气温偏高,油菜开花期大部分地区偏早5~6天。3月中旬以后的阴雨寡照对油菜开花授粉和荚果成熟不利。4月大范围的风雹、暴雨使全省油菜受害面积达8.94万公顷。冬季和春季总的气象条件有利油菜生长,全省油菜喜获丰收。

对早稻的影响 全省稳定通过10℃的初日均早于常年,赣州地区大部和赣北、赣中局部3月中旬早稻便开始播种;3月16—17日、24—25日,两次强冷空气造成低温阴雨时间较短,并且冷空气过后回温迅速,因此没有给春播造成明显的不利影响;早稻苗期、移栽期全省气温较高,烂种、烂秧很少,但因阴雨日数多,光照不足,秧苗长势较差;早稻移栽后日照充足,返青快,生育期提早4~7天;5月下旬雨日较多,日照不足,早稻分蘖比常年推迟2~5天,封行比常年也晚;5月21—22日,婺源、临川、南丰、宁都、龙南出现日平均气温低于20℃的低温冷害,对早熟品种危害较大;5月全省高温高湿天气较多,病虫害较重;6—7月上旬的洪涝灾害使全省大部农田受灾,此阶段的低温寡照对早稻孕穗和抽穗十分不利,加之空气湿度过高,病虫害严重;7月中旬开始出现的高温逼熟天气使早稻空秕粒增加,千粒重下降,产量受到影响。总的气象条件对早稻生长十分不利,产量明显减少。

对二季晚稻的影响 二晚育苗期受洪涝灾害影响,秧苗长势普遍较差;汛期的内涝又使部分地区二晚移栽推迟;移栽后光温适宜,对二晚返青、分蘖、孕穗有利;8月中旬赣南部分地区出现的暴雨对二晚有轻度危害,但8月出现的3次降水过程又使全省部分地区的伏旱得到解除,二晚长势较好;抽穗期全省持续了10天左右的异常高温晴热天气,一些灌溉条件较差的地区出现轻度干旱,但由于温高光足,反而有利于灌溉条件较好地区的二晚生长;10月上旬全省出现的低温阴雨天气使广昌、临川、乐平、宜丰、九江、南康、南丰、湖口等地二晚受到寒露风的轻度危害,而同时出现的降水又解除了全省的旱情,对二晚灌浆有利;此后全省光温水条件适宜,气温日较差大,对二晚的成熟和收晒十分有利。年内,气象条件较好地满足了二季晚稻的生长发育需要,全省二晚喜获丰收。

对棉花的影响 4月上旬,棉花开始播种,由于温度条件较好,棉花播种、出苗顺利;苗期土壤湿度过大,棉苗生长缓慢;5月多高温、高湿天气,棉株病害较普遍,死苗较严重;汛期洪涝使土壤湿度和空气湿度过大,棉株根系不发达,病虫害严重,有的棉田直接被毁;7月中旬后,光、温适宜,棉花长势开始转好,但部分棉区受伏旱影响,伏桃脱落;棉花裂铃期,全省再次出现高温干旱天气,赣北一些灌溉条件较差的丘陵地区,棉桃脱落现象严重,部分出现早衰,基本无秋桃;10月上旬九江棉区因降水强度大,极端最低温度低,日照不足,出现大量僵桃;10月中旬以后光、温、水条件适宜,有利棉花吐絮和收晒。年内,全省气象条件对棉花生产十分不利,棉花的产量和品质都受到影响,全省棉花明显减产。

对其他作物的影响 全省无明显冻害,有利柑橘正常越冬;春季回暖较早,橘树生长良好;5月,部分地区的柑橘出现异常落花落果现象;7月,部分地区出现伏旱,对柑橘生长不利;10月上旬后全省光照充足,气温日较差大,对柑橘果实膨大和糖分积累十分有利。总的来看,气象条件对柑橘生产基本有利,全省柑橘喜获丰收。夏季降水大部偏多,有利于甘蔗茎伸长,甘蔗以一、二类苗为主;部分地区出现干旱,甘蔗生长一度受阻,产量受到影响;10月上旬后全省天气晴好,气温日较差较大,十分有利于甘蔗的糖分转化和积累。年内,全省气象条件对甘蔗生产基本有利,甘蔗产量较高。

对森林火灾的影响 2月上旬、2月末、3月上旬,全省天气晴朗干燥,森林火灾较为频繁。进入汛期后,全省降水偏多,空气湿度较大,森林火灾明显减少。入秋以后,全省部分林区天气干燥,特别是11月,森林火灾增多。年内全省共发生森林火灾139次,其中重大火灾59次,火场总面积1698公顷,受灾森林面积359公顷,损失成林1796立方米,幼林318万株,并造成4人受伤,全省因灾损失超过28万元。

对工业、交通的影响 受汛期降水明显偏多的影响,各地水库蓄水情况良好,水力发电明显增加,有利于生产用电。江河水位较高,对航运非常有利。汛期的暴雨、洪涝以及春、秋季的风雹对工业生产和公路运输有较大的破坏作用,全省有58000余处、9万余米公路受到损坏,525座桥梁遭到不同程度的破坏,4条铁路一度中断运行,2.4万多家工矿企业(含乡镇企业)被迫停产。

对人民生活的影响 春节期间天气晴好,为节日增加了欢乐气氛。洪涝灾害造成的危害极大,全省有1800万人受灾,33.81万人无家可归。市场蔬菜供应量减少,价格居高不下。冬季全省雨日较多,对冬修水利、建筑施工不利。1月4—10日,全省部分地区连续大雾,造成民航晚点或停航、公路交通事故增多。夏季和9月上旬的高温天气,使城市供电、供水紧张,部分学校甚至被迫临时停课。

第六节 1996 年度

气候概况

气 温 年平均气温,全省各地为 16.3~19.1℃,修水最低,赣州最高;宜春地区西北部、九江地区及婺源、宁冈低于 17℃;吉安、抚州两地区大部、赣州地区及贵溪等地高于 18℃。吉安、赣州两地区大部、赣北西部边缘山区及上饶、余江、湖口等地偏低 0.2~0.5℃,为明显偏低;全省其他地区正常略偏高,景德镇明显偏高。

冬季平均气温,全省各地为 5.0~9.2℃,婺源最低,寻乌最高。赣州地区、吉安地区西南部、上饶地区东部和余江等地偏低 0.3~0.7℃,其他地区正常。

春季平均气温,全省各地为 15.0~17.7℃,婺源最低,寻乌最高。全省偏低 0.7~1.8℃,其中赣中西部边缘山区以及九江、婺源、宁都、龙南等地异常偏低。3 月中旬至 4 月中旬全省维持长时间低温阴雨,出现重度春寒。日平均气温稳定通过 10℃初日,大部地区为 4 月 4—6 日,赣北较常年推迟 10~14 天,赣中推迟 13~18 天,赣南推迟 19~28 天,赣州地区及宜春、贵溪等地是自有气象记录以来最晚的一年。

夏季平均气温,全省各地为 26.4~28.9℃,修水最低,贵溪最高。赣北九江城区、湖口、修水等地偏低 0.5℃;赣州地区东北部、景德镇城区、鹰潭城区、宁冈、分宜等地偏高 0.3~1.0℃;全省其他地区正常。

秋季平均气温,全省各地为 18.1~21.6℃,修水最低,赣州城区、信丰最高。全省气温偏高 0.2~1.3℃,其中赣东北大部地区明显偏高,其他地区正常或偏高。

极端最高气温,全省各地为 36.1~39.1℃,大部分地区出现在 7 月。夏季晴热高温天气开始于 7 月 16 日,较常年偏迟。季内日最高气温大于 35℃日数,全省大部分地区为 17~23 天,偏少 8~12 天。

降 水 年降水量,全省各地为 1139.7~1882.7 毫米,广丰最少,景德镇城区最多;赣南南部、赣北东北部及瑞昌、樟树、南丰等地超过 1600 毫米,上饶、吉安、赣州、抚州、南昌、鹰潭等地区的部分县(市)不足 1400 毫米。赣北北部、赣南南部及宜春城区、樟树略偏多,瑞昌明显偏多;全省大部分地区偏少 1~3 成,其中上饶地区南部、贵溪、宁都等地明显偏少;全省其他地区正常略偏少。

冬季降水量,全省各地为 125.5~190.5 毫米,吉安县最少,信丰最多。全省绝大部分地区偏少 1~4 成,其中赣南东部、赣中、赣北东部为偏少或明显偏少,其他地区正常。

春季降水量,全省各地为 425.0~870.4 毫米,寻乌最多,修水最少。全省除九江、上饶、宜春部分地区偏少 1~2 成外,其余地区正常略偏多,寻乌明显偏多。

夏季降水量,全省各地为 352.2~965.6 毫米,景德镇城区最多,广丰最少,区域分布明显不均匀。上饶地区南部、抚州地区北部及鹰潭偏少 1~4 成,为偏少或明显偏少。赣北北部、宜春地区大部及吉泰盆地偏多 3~7 成,为明显偏多。6 月全省大部分地区降水偏少,上饶地区大部明显偏少。7 月,全省降水增多,其中赣北大部、吉安和萍乡西部边缘山区、赣州地区中部和东南部雨量偏多 3 成~1.7 倍,瑞昌为异常偏多。8 月全省大部降水偏多 5 成~2.8 倍,其中吉安地区及宜春地区西南部明显或异常偏多。

秋季降水量,全省各地为 13.4~250.2 毫米,呈南北多、中部少分布,瑞昌最多,南丰最少。除瑞昌偏多 1 成外,其他绝大部分地区偏少 1~9 成,其中抚州地区及吉安地区东部、赣州地区东北部偏少 8~9 成,为明显或异常偏少。秋季降水主要集中在 9 月上中旬及 10 月上旬,其余时期的降水全省偏少,部分地区全旬无雨。

日 照 年日照,全省各地为 1442.9~1889.4 小时,余江最少,宁都最多;赣北西部、赣中中部和西部不足 1600 小时。赣州、上饶两地区大部及乐平、南丰等地超过 1700 小时。全省大部分地区偏少 13.2~421.9 小时。瑞金以南及九江、抚州、上饶三地区局部偏少 13~60 小时,为正常年。九江大部以及樟树、余江等地偏少 320~421 小时,为异常偏少。其他地区偏少或明显偏少。

冬季日照,全省各地为 291.4~377.8 小时,莲花最少,寻乌最多。大部分地区偏多 1.6~65.0 小时。赣州地区、赣北东部和北部、南丰、莲花等地为正常年份,其余地区偏多。

春季日照,全省各地为 233.6~356.5 小时,广丰最多,南昌县最少。除修水偏多 9.2 小时外,大部偏少 2.0~125.3 小时;其中樟树、南昌县偏少 114 小时以上,为异常偏少。

夏季日照,全省各地为 404.5~637.2 小时,瑞昌最少,宁都最多。全省日照偏少 37.7~251.8 小时。除赣州地区东部与南部、吉安地区边缘山区偏少 37~64 小时,为偏少年份外,其他地区为明显偏少或异常偏少。

秋季日照,全省各地为 366.8~580.8 小时,广丰最多,分宜最少。九江地区北部、上饶地区西部及南昌、吉安等地偏少 1~94 小时;其他大部地区偏多 1~73 小时;广丰、宁冈偏多 67~73 小时,为明显偏多。其余地区正常。

气象灾害

1996 年度全省气候灾害为一般年景。

洪 涝 全省汛期赣中、赣南于 6 月底结束,基本正常;赣北于 7 月 16 日结束,属偏晚年份。但 7 月长江中下游的安徽、湖南、湖北等省连降暴雨,致使我省境内外洪内涝严重,部分地区损失较大。全省主要降水阶段有 6 个,即:3 月 16 日—4 月 19 日,5 月 3 日—6 月 25 日,6 月底—7 月初,7 月 31 日—8 月 3 日,8 月 9—24 日,8 月 27 日—30 日。

风 雹 年内全省局地性风雹灾害较多,其中春、夏两季尤为频繁,仅夏季就出现风雹 122 站次,大部分地区都遭受了风雹袭击。主要的风雹过程如下:

3 月 7—31 日,全省先后有 25 个县(市)出现大风,其中井冈山最大风速达 22 米/秒,星子最大风速达 26 米/秒。4 月 2—22 日,全省有 12 个县(市)出现大风,有 9 个县(市)出现冰雹,有 2 个县(市)出现飑线天气,其中 7 日晚瑞金市风速超过 10 级,上饶地区东部及新干、泰和等地受灾较重。

5月，又有9个县（市）受到大风危害。6月7日，宁都县遭受龙卷风袭击。11日傍晚，石城县遭受历年最大的龙卷风和冰雹袭击，风力在10级以上。12日，瑞金、会昌、全南遭受大风冰雹袭击。7月31日至8月3日，受8号台风影响，全省大部分平原、湖滨河谷地区受持续性大风危害，共出现大风65县（市），大部分地区最大风速超过20米/秒。8月，全省零星出现24县（市）大风，其中22日星子最大风速达24米/秒。

冻 灾 2月17—24日，全省出现大范围的冻雨天气，其中赣州地区持续时间最长。冻雨直径普遍为4~8毫米，18日莲花冻雨直径达12毫米，21日龙南冻雨直径达16毫米。这次过程，造成部分地区输电和通讯线路中断，公路交通不能正常运营。同时，中北部大部分地区出现积雪2—7天，积雪深度1~11厘米。

春季低温 3月中旬至4月16日，北方冷空气频繁南下，全省维持长时间的低温阴雨天气，出现重度春寒，部分地区出现"春分寒"连"清明寒"，致使早稻大面积播种育秧较常年推迟7天左右。赣中赣南部分播种较早的地区，烂种烂秧比较严重。5月，全省出现3次低温：4—5日赣中、赣北地区大部及宁都出现低温。9—12日全省大部分地区出现低温。15—17日赣北、赣中及赣南北部日平均气温持续低于20℃，最低日平均气温为13~17℃。

秋季低温 10月上旬，全省受北方冷空气影响，赣北于5日，赣中、赣南于6日开始降温，降温幅度6~10℃。绝大部分地区出现了持续5天左右的日平均气温低于20℃、极端最低气温低于16℃的低温，修水最低达11℃。赣东北大部分地区以及南康、龙南等地的秋熟作物受到不同程度的低温危害。

干 旱 上年秋至年内1月全省长时间持续少雨，造成秋冬连旱，大部分地区维持轻—中度干旱状态。婺源自上年10月9日开始持续干旱两个多月，当地油菜发生中度干旱，直到年内1月中旬的低温连阴雨过程结束，干旱才得以完全解除。进入9月以后，全省大部分地区未下透雨，降水普遍偏少，局部地区甚至出现全旬无雨现象，造成秋旱。对甘蔗产量形成不利，对油菜育苗、移栽也不利，但对主要粮食作物二晚未造成明显危害。

气候影响评价

1996年，全省气候条件总的情况是利大于弊，但春、夏季也出现了气象灾害，部分地区受灾也比较严重，对工农业生产及人民生活也有一定影响。

对早稻的影响 春播期间，因长时间的低温阴雨，造成重度春寒，全省大面积的早稻播种较常年推迟7天左右，部分播种较早的秧田出现烂种烂秧。育秧期间全省气温低、光照少，秧苗素质普遍较差。从4月下旬开始，全省以晴好天气为主，气温回升快，秧苗长势开始转好。进入5月，全省多阴雨寡日照，早稻移栽、返青和分蘖受到影响，特别是湖口、广丰、南丰等地因低温冷害，早稻生育期较常年普遍推迟。但在6月早稻的抽穗、扬花及灌浆等关键时期，光、温、水条件十分适宜，早稻生育正常，长势喜人。后期因收晒条件好，除7月上、中旬赣北局地因洪涝有所影响外，全省大部分地区早稻获历史上少有的大丰收。

对晚稻的影响　进入7月以后,全省气候条件对二季晚稻一直基本适宜,未出现不利天气,部分地区二晚生育期提前,长势喜人。9月,由于降水偏少,南丰、广昌等局部稻区持续干旱29～30天,出现轻度危害,受害面积占总面积的10%～30%。部分地区出现病虫害,其中临川发生叶斑病,约20万亩受灾。但由于气温偏高,日照充足,致使二晚于9月下旬中前期全部安全齐穗,为高产打下了坚实基础。至乳熟期,大部分地区气温日较差大,二晚籽粒增重明显,全省晚稻喜获丰收。

对油菜的影响　全省油菜于上年10月大面积播种,因长时间少雨,造成秋冬连旱,影响油菜播种、出苗、移栽。1月中旬,低温连阴雨开始,各地旱情解除,但较大的土壤湿度,对油菜根系发育又不利,局部还渍害较重。1月下旬中期以后,阴雨过程结束,至2月15日以前,全省以晴好天气为主,气温偏高,油菜长势良好,开花期普遍提前。2月中下旬大面积的风雹、冻雨和积雪等,部分油菜受灾比较严重。3月上旬天气以晴暖为主,日照丰富,但3月中旬至4月中旬,全省再次出现低温连阴雨天气,气温和光照明显不足,对油菜开花、荚果发育和成熟不利。气候条件对全省的油菜生产十分不利,油菜减产明显。

对棉花的影响　全省棉花于4月下旬大面积播种,由于气温偏高,光照充足,降水适宜,大部分棉区一次播种成功,形成全苗、壮苗。5月上旬,赣北棉区气象条件适宜,棉苗生长快、长势好。但赣中棉区阴雨寡照,局部出现枯萎病和虫害,受害面积达7万亩。5月中、下旬,全省光、温条件基本满足棉苗生长要求,只是部分棉区降水较多,空气湿度大,诱发棉铃虫等病虫害,对壮苗不利。6月,气温偏高,有利棉花现蕾。6月下旬至7月中旬赣北棉区雨水偏多,棉田表层土壤湿度大,对开花不利。7月下旬至8月,因台风影响出现大风、暴雨,对棉花开花、裂铃稍有不利外,未出现其它气象灾害,棉花长势较好。9月,温高雨少日照丰富,对棉花裂铃吐絮十分有利。10—11月,因少雨,对棉花采摘、晾晒及选种、拔杆等后期工作十分有利。全省棉花种植面积较往年有所减少,但单产和总产有所提高。

对其他作物的影响　上年末至年初,全省无明显冻害,有利于柑橘正常越冬。3月上旬至5月前半月,因低温阴雨时间长,柑橘春梢发育受到影响,生育期推迟,赣南部分地区落花落果明显。入秋后,全省干热少雨,对柑橘果实膨大不利,影响产量和品质。其他时期气象条件基本适宜。年内全省气象条件对柑橘生产属一般年份,柑橘产量较高,但品质一般。年内全省冬小麦于上年末播种,因无明显冻害,小麦得以安全越冬。1—3月正值小麦分蘖拔节期间,长期低温、阴雨、高湿对其根系发育不利,造成部分地区植株倒伏,并诱发病虫害。4—5月,温度继续偏低,日照偏少,小麦全生育期较常年普遍推迟10天左右,全省小麦减产明显。年内,全省甘蔗整个生产期内气候条件比较适宜,尤其是9—10月,晴好天气多,温高光足,且日较差大,对正处在茎伸长期的甘蔗十分有利。11月因干旱,局部甘蔗受到一定影响。年内,全省甘蔗生产期气象条件总体较好,甘蔗产量较高。

对森林火灾的影响　年内,全省森林火灾集中发生在1—4月。上年底及前期持续少雨,天气晴朗干燥,一直持续到年内3月底,全省森林火灾频频发生。4月,全省降水集中在上、中旬,下旬雨量较常年偏少6成～1倍,致使森林火灾再次多发。进入汛期后,雨水充沛,空气湿度较大,森林火灾明显减少。入秋以后,大部分地区未下透雨,部分林区空气干燥,全省再次进入火灾频发阶段,仅11月就发生了4次,火场面积17公顷。年内全省共发生火灾362次,其中火警156次、一般火灾

196 次,无重大、特大火灾。全年火场总面积 3870 公顷,损失成林 18664 立方米,损失幼林 305 万株,死亡 4 人。

对工业交通的影响 上年秋至年内 1 月,因持续少雨,全省各大水库蓄水严重不足,其中万安水库出现"死水位",发电量明显下降,造成部分城、乡用电紧张。同时由于全省主要河流水位较低,河水不断冲刷圩堤脚面,部分圩堤发生倒塌,其中 1 月 8 日晚,彭泽县龙城镇近郊马湖长江大堤出现大塌陷,人员伤亡严重。2 月 17—23 日,全省出现不同程度的冻雨,其中赣州地区冻雨天气持续时间最长,造成部分地区输电和通信线路中断,并影响公路交通。汛期降水偏少,加上汛前期部分水库放水,致使全省水库蓄水较 1995 年偏少 4～5 成,属偏涸年。1996 年全省 6000 千瓦以上水电站全年发电总量 30.6 亿千瓦小时,其中万安、柘林、上犹江等七大水库发电 23.4 亿千瓦小时,较上年有所减少。夏季的暴雨洪涝灾害,致使全省工业生产和部分地区的公路运输受到严重影响,多处公路及桥梁被不同程度破坏。尤其是 7 月初,赣东北部分县城被淹,206 国道、九景公路、皖赣铁路中断运行。入秋以后,全省天气以晴为主,温高光足,对建筑和洪涝后的水利工程修复十分有利。

对人民生活的影响 春节期间,全省天气寒冷,冰天雪地,对人民群众欢度佳节、走亲访友和其他户外活动造成不便。4 月的大面积风雹和暴雨,造成严重灾情。汛期过后,从 7 月 20 日起,全省普遍维持 7～8 天的 35℃以上的高温天气,不仅城乡供水、供电紧张,人们的生活也不舒适。夏末秋初,全省气候适宜,对蔬菜生产非常有利,蔬菜价格下降。

第七节 1997 年度

气候概况

气 温 年平均气温,全省各地为 16.4～19.4℃,基本呈南高北低分布,赣州最高,修水最低。除赣北的东北部较常年略偏高外,其他大部分地区接近常年。各月气温:12—2 月较常年偏高,3—5 月较常年明显偏高,6—9 月偏低,10—11 月基本接近常年。

冬季平均气温,全省各地为 6.2～10.5℃,大部分地区较常年偏高 0.4～1.2℃,赣北大部分地区明显偏高。1 月上旬和下旬,受北方较强冷空气影响两度出现降温过程,最大降温幅度超过10℃。冬季极端最低气温,全省各地为 -6.2～-1.0℃,大部分地区出现在 1 月,极端最低气温 -6.2℃于 1 月 10 日出现在婺源。

春季平均气温,全省各地为 17.5～20.0℃,较常年明显偏高 0.6～1.8℃,其中赣北东北部的大部地区异常偏高。3 月上旬平均气温较常年明显偏高 4～7℃,赣北赣中有 18 个县(市)的旬平均气温突破历史同期最高值。3 月 16—20 日,全省受较强冷空气影响,赣北赣中连续 5 天日平均气温低于 10℃,出现重度春分寒。稳定通过 10℃初日,全省大部分地区为 3 月 21—22 日,较常年提前 1～4 天。赣县、龙南、寻乌、信丰等为 2 月 20 日,较常年提前 15～21 天。上饶县、贵溪、宁都等县较常年推迟 1～5 天。5 月全省气温偏高,其中九江城区、瑞昌、湖口等地较常年偏高 2℃左右,突破万史同期最高值。

夏季平均气温,全省各地为 25.3 ~ 27.4℃,较常年偏低 0.1 ~ 1.6℃,其中上饶、抚州、吉安、赣州及宜春地区西部明显偏低 1.1 ~ 1.6℃。夏季极端最高气温全省为 32.6 ~ 36.4℃,大部分地区高温极值出现在 7 月份。季内日最高气温大于 35℃ 日数,全省大部分地区为 1 ~ 10 天,属历年最少年,较常年偏少 10 ~ 30 天,因此是个凉夏。

秋季平均气温,全省各地为 17.0 ~ 20.4℃,修水最低,赣州城区最高。与常年相比,偏低 0.1 ~ 1.0℃,其中吉安地区西部及宜春地区北部明显偏低。

降　水　年降水量,全省各地为 1278.2 ~ 2734.0 毫米,雨量分布不均,其中赣州地区东北部及吉安、抚州、宜春、上饶地区大部在 1800 毫米以上,以宁都为最多。九江地区大部及赣州地区西南部,不足 1600 毫米,以瑞昌为最少。与常年相比,除赣北的北部较常年略偏少外,其余地区较常年偏多 1 ~ 6 成,基本属正常或略偏多年份。各月降水:12—6 月偏少,7—11 月偏多。

冬季降水量,全省各地为 128.2 ~ 254.1 毫米,赣北大部偏少 1 ~ 4 成,属明显偏少年。赣州地区北部、吉安地区南部较常年偏多 1 ~ 2 成。其他地区接近常年。12 月降水偏少,其中、下旬全省大部分地区整旬无雨。1 月降水,赣南大部分地区偏多 2 ~ 5 成,上饶、宜春地区大部偏少 3 ~ 4 成,其他地区接近常年。1 月出现两次雨雪天气过程,最大积雪深度达 4 ~ 9 厘米。2 月降水,赣北大部较常年偏少 2 ~ 4 成,赣南大部地区较常年偏多 2 ~ 4 成。

春季降水量,全省各地为 348.6 ~ 793.0 毫米,九江、上饶及宜春、抚州两地区北部偏少 1 ~ 3 成,吉安地区西部较常年偏多 1 ~ 2 成,其余地区正常或略偏少。3 月降水,赣北偏少或明显偏少 3 ~ 7 成,赣南偏多或明显偏多 3 ~ 6 成。4 月,全省除吉泰盆地较常年偏多 1 ~ 2 成外,其余地区较常年偏少 1 ~ 4 成。5 月降水,全省除泰和、宁冈等地正常或略偏多外,其余地区偏少 2 ~ 4 成。

夏季降水量,全省各地为 484.2 ~ 1477.6 毫米,宁都最多,瑞昌最少,与常年相比,全省大部分地区较常年偏多 2 ~ 6 成。南丰、泰和、宁都偏多 1 ~ 1.7 倍,为明显偏多。6 月,除赣州地区东部和吉安地区南部偏多 2 ~ 8 成外,其他地区正常或略偏少。7 月降水,全省偏多 2 成 ~ 4 倍,其中抚州地区南部和赣州地区东北部偏多 2 ~ 4 成,为异常偏多,南丰、宁都等地突破近 40 多年同期降水的最高纪录。7 月降水主要集中在 3—13 日,过程结束后,全省汛期结束,属省内汛期结束较晚年份。8 月全省大部分地区降水偏多 3 成 ~ 2.6 倍,其中宁都、南城、临川等地异常偏多。

秋季降水量,全省各地为 134.4 ~ 573.2 毫米,呈南北少、中部多分布,宁冈最多,龙南最少。与常年相比,除赣州城区、龙南、信丰偏少 1 ~ 4 成外,其余地区偏多 1 成 ~ 1.4 倍,其中抚州、吉安、宜春三地区大部及赣州地区东北部、九江地区南部明显偏多,上饶地区大部、吉安地区西部及萍乡等地异常偏多。秋季降水主要集中在 9 月上旬和下旬、10 月上、中旬及 11 月中、下旬。其中 11 月,赣北的大部分地区超过 250 毫米,玉山县最多为 413 毫米,大部分地区偏多 2 ~ 3 倍,部分地区偏多 4 ~ 6 倍,赣中偏多 1 ~ 2 倍。抚州城区、宜丰、景德镇城区、婺源、余干、上饶城区、乐平、余江等地超过历年同期降水量的最大值。赣南的北部偏多 2 成 ~ 1 倍。

日　照　年日照时数,全省各地为 1274.2 ~ 2020.0 小时,赣州地区东北部及九江、上饶两地区大部超过 1600 小时,乐平最多。宜春地区北部、吉安地区西部及抚州地区东南部不足 1400 小时,宁冈最少。与常年相比,除余江、乐平、修水等地偏多9~66小时外,其余地区偏少43~445小时,大部分地区属异常偏少年份。各月日照:上年12月以及1、2、5月偏多,3月正常,4月以及6—9月偏少。

冬季日照,全省各地为282~420小时,与常年比,大部分地区偏多2~82小时。

春季日照,全省各地为289~454小时,除赣中北部及抚州地区东南部较常年偏少7~50小时,修水、莲花、湖口、赣州城区等地较常年偏多25~58小时外,其他地区接近常年。3月日照大部地区正常。4月除九江地区北部较常年偏多外,其他地区较常年偏少或明显偏少。5月日照全省绝大部分地区偏多,其中九江、吉安两地区大部及乐平、宜春城区、莲花、抚州城区等地明显偏多。

夏季日照,全省各地为306.5~552.2小时,南城最少,乐平最多。与常年相比,全省偏少105.7~353.8小时,除瑞昌、湖口、修水等地为明显偏少外,其余地区为异常偏少,其中南城县8月较常年偏少145小时,为历年最少。

秋季日照,全省各地为309.0~486.5小时,乐平最多,宁冈最少。与常年相比,除修水、乐平略偏多外,其他地区偏少3~129小时,其中南丰、莲花、泰和、上饶城区、宁都等地属异常偏少。

气象灾害

1997年度,全省气候灾害年景为一般年景。

风 雹 春季,全省局地性风雹灾害比较频繁,主要有以下五次风雹过程:

4月2—3日,赣州城区、石城、金溪等地出现大风冰雹天气,冰雹直径一般1~2厘米,最大6厘米。4月20日,受冷空气影响,吉安、抚州两地区10个县(市)的58个乡(镇)出现大风、暴雨和冰雹天气。5月1—4日,赣州、吉安、抚州8个县(市)受大风、冰雹袭击,冰雹直径1~6厘米,其中有25个乡(镇)先后遭受百年罕见的冰雹及龙卷风袭击。5月5—8日,九江地区部分县出现大风。5月10—16日,南昌、吉安、抚州、鹰潭地区共36个县(市)出现风雹天气,最大风速达20米/秒以上,峡江、崇仁、余江、贵溪等地受灾较重。6月7—30日,全省出现多次大风,上饶、萍乡、抚州、赣州地区十多个县(市)受到危害。8月1—3日,受10号台风影响,全省11个县(市)遭暴风雨袭击,其中大余、龙南、井冈山等地出现大风,最大风力达9级。10月14日,安福、永丰、乐安等县出现飑线大风,最大风力达10级以上,同时伴有冰雹和暴雨,冰雹直径达3~4厘米。11月25日下午,瑞金市受大风冰雹袭击,有12个乡(镇)严重受灾。

暴 雨 4月2—21日,全省先后3次共33个县(市)出现暴雨,其中靖安为大暴雨,雨量107毫米。5月,全省共50县(市)出现暴雨,7县(市)出现大暴雨,最大日雨量100~140毫米,其中修水同时受暴雨、风雹袭击,引起山洪暴发,河水猛涨,多处堤坝决口。6月,全省又多次出现范围较大的大暴雨,其中:宜丰日降水量达187毫米,宁冈日降水量达140毫米,石城日降水量达215.5毫米(为特大暴雨),宁都日降水量达174.8毫米(为大暴雨),有60多个县(市)受灾。7月3—13日,全省再次出现范围较大的暴雨过程,过程降水量117~548毫米,上饶、抚州地区大部及赣州地区东北部超过200毫米,以南丰548毫米为最多。导致江河水位猛涨,大部分河流均超警戒水位,11座大型水库开闸泄洪。8月全省共出现暴雨64县（市），大暴雨6县（市）。11月25—28日，铜鼓县、余干县因暴雨出现灾情。

春　寒　3月14日开始，受冷空气影响，全省自北向南出现了较大幅度的降温天气过程，赣北赣中大部分地区16—20日连续5天日平均气温低于10℃，造成重度春分寒；但由于此时春播工作尚未全面展开，春寒危害并不明显，仅使部分地区春播稍有推迟。3月后期，全省以阴雨天气为主，阴雨寡照对春播不利，赣南部分播种较早的地区出现了烂种烂秧。

寒露风　9月14—19日，受北方较强冷空气影响，全省自北向南出现了较明显的降温过程。九江、宜春、吉安、抚州、上饶、赣州等地区先后出现了轻度寒露风。20—21日，全省大部分地区出现重度寒露风，对还没有齐穗的晚稻抽穗扬花不利。同时，低温寡照天气也影响棉花的纤维品质。

气候影响评价

对油菜的影响　上年12月上旬降水适宜，且中、下旬温度高，光照充足，对油菜生长较为有利。1月，全省大部分地区积温较常年偏多，月内除上旬局部地区有霜冻影响外，光照条件、土壤湿度以及1月中、下旬气温都适宜，油菜生长良好。2月上旬全省大部地区阴雨日多、气温偏低，土壤湿度大，对油菜的根系发育不利。2月中、下旬多晴暖天气，气温偏高，油菜长势好。3月上半月，全省大部地区晴暖温高，对油菜的抽薹、开花及授粉有利；后半月阴雨日多，日照少，局部地区的油菜受到轻度的渍害。4月，除上、中旬全省部分地区出现大风冰雹，对油菜产生不同程度的危害外，大部地区的天气条件对油菜角果发育、荚果成熟和收晒有利。全省油菜生产期间的气象条件利大于弊。

对早稻的影响　春播前期，赣北、赣中大部分地区连续5天日平均气温低于10℃，造成重度春分寒，使部分地区春播稍有推迟。3月后期，全省以阴雨天气为主，不利于春播，赣南部分播种较早的地区出现烂种烂秧。大面积育秧期间，北部气温较低、光照少，南部部分地区出现局地性风雹，个别县出现烂种烂秧。4月中旬至5月底，全省以晴雨相间天气为主，气温适宜，光照充足，对早稻育苗移栽、返青、分蘖及生长发育十分有利。6月上旬后期到7月13日前，全省阴雨时间较长，部分地区出现暴雨、大暴雨，造成中到重度洪涝灾害，早稻受灾较重。全省早稻生产期间的气象条件利大于弊。

对晚稻的影响　7—8月，全省无长时间的高温干旱，多晴雨相间天气，有利于二季晚稻的生长发育。9月，全省出现轻度或重度寒露风，对二晚齐穗不利。10月，全省气温高、光照足、日较差大，对二晚灌浆、乳熟极为有利。据余干、宜丰等县资料，晚稻千粒重为27.0～28.8克，空秕率为20%～24%，单产为405～478公斤。宁都、龙南县晚稻千粒重为24.0克以上，空秕率为15%～19%，单产为350～361公斤。全省晚稻丰收。

对棉花的影响　3月，全省棉花已进入营养钵育苗阶段。由于气温偏高，赣北部分棉区的棉花生育期提前。4月棉花处于大面积播种出苗期，除上旬的降温降水对种子发芽和出苗不利外，中、下旬全省棉区气温偏高，光照充足，降水适宜，对棉花出苗、壮苗有利。5月中旬、6月上旬和下旬，赣北棉区因降水偏多，棉田土壤湿度偏高，对棉花根系生长不利。7月上半月阴雨天多，对棉花的开花授粉不利。5—7月的其他时段气象条件均有利于棉花的生长发育、开花授粉、结铃。8—9月，大部地区气温偏低，光照少，部分地区阴雨天多，对棉花裂铃不利，棉花质量受到不利影响。10—1月，全省大部地区以晴雨相间天气为主，气温接近常年，光照充足，对棉花裂铃、吐絮、收晒有利。

对工业交通的影响　上年12月24日至月底，大雾笼罩南昌城，给城市交通、航运和人们的生活带来不便。向塘机场先后有28次航班被延误，10次航班被取消，500多名旅客被滞留。南昌港发往都昌、波阳的客船也难以按时起航，有的航班被迫由双班改为单班。南昌市区的交通严重阻塞。12月24日，泰和县境内因大雾弥漫，105国道发生两起交通事故，8辆汽车相撞，重伤2人。1—8月，全省雨量偏少，各大水库蓄水量不足，对电力生产不利。9—11月，全省降水偏多，各大水库水位升高，水利发电量明显增多，年内全省水利发电量达29.6亿度，比常年约增加20%。

对森林火灾的影响　上年12月至年内5月，全省共发生森林火灾141次，其中火警65次，一般火灾76次，火场总面积达2270公顷，受灾面积776公顷，其中原始林284公顷，人工林492公顷。6—11月，全省又发生森林火灾10起，其中火警6起，一般火灾4起，火场总面积57公顷，受灾面积23公顷，死亡2人。

第八节　1998年度

气候概况

降　水　年降水，全省各地为1460（遂川）～3168（婺源）毫米，偏多3～7成。其中九江、上饶、抚州、南昌地区和宜春地区北部降水偏多3～7成，婺源偏多最多，为7.4成。吉安地区偏多2～4成，赣州地区偏多1～2成，寻乌偏多最小，为0.9成。总体呈北多南少、东多西少的分布态势。南昌地区为2454毫米，偏多6.1成。

冬季降水，全省各地为360～611毫米，信丰最少，抚州城区最多，全省偏多9成～1.65倍。南昌城区506毫米，偏多1.53倍。全省有一半县（市）超过500毫米。年内冬季降水创历史同期最大值。

春季降水，全省各地为470～858毫米，寻乌最少，南丰最多。3月降水异常偏多，4月、5月偏少，春季总降水量与历史同期相比，基本正常。从地理分布来看，东多西少，中部多南部北部少。吉安地区和赣州地区北部、抚州地区南部偏多1～3成，其他地区接近历年平均值。南昌城区650毫米，偏多0.3成。

夏季降水，全省各地为250～1770毫米，遂川最少，婺源最多。6、7月降水多，8月降水少。与历史同期相比，吉安、赣州两地区偏少1～4成，其他地区偏多6成～1.9倍，其中九江地区南部、抚州地区北部、南昌市和上饶地区偏多1倍以上，婺源偏多1.9倍。南昌城区为1051毫米，偏多1.07倍。

秋季降水，全省各地为94～287毫米，莲花最少，宜丰最多。分布极不均匀，除九江地区南部、宜春地区北部和南昌市略偏多外，其他地区偏少1~4成。南昌城区247毫米，偏多3.1成。

气温 年平均气温，全省各地为17.6~20.4℃，彭泽最低，赣州城区最高，全省偏高0.3~1.3℃。呈北低南高分布，南北差异明显。大部分地区偏高1℃以上。南昌城区18.6℃，偏高1℃。

冬季平均气温，全省各地为6.1~12.6℃，彭泽最低，龙南最高。南北差异明显，绝大部分地区偏高1℃左右。南昌城区为7.3℃，偏高0.9℃。

春季全省平均气温异常偏高，各地为17.2~20.7℃，彭泽最低，信丰最高。全省偏高1~2℃。南昌城区为18.4℃，偏高1.7℃。

夏季平均气温，全省各地为26.6~29.4℃，婺源最低，遂川最高。西北部、东北部及赣南山区低，中部盆地高。除上饶地区偏低0.1~0.7℃外，其他地区偏高0.1~1.2℃。

秋季平均气温，全省各地为18.7~22.4℃，修水最低，赣州最高。全省偏高0.7~2.0℃，呈西北低、东南高的分布态势。南昌城区为21.0℃，偏高1.8℃。

全省的极端最低气温出现在1月，各地为-5.6~0.7℃，与历史同期相比，北部偏高1~2℃，南部偏高2~4℃。南昌城区最低气温为-2.5℃，偏高1.6℃。

日照 年日照，全省各地为1446~1787小时，宜丰最少，赣州最多。除遂川偏多54小时、修水偏多11小时外，其他各地偏少75~423小时。南昌城区为1659小时，偏少208小时。

冬季日照，全省各地为100~243小时，萍乡最少，湖口最多。各地偏少110~208小时，北部多南部少。南昌城区178小时，偏少146小时。

春季日照，全省各地为285~428小时，信丰最少，乐平最多。南昌城区397小时，偏多38小时。北部多南部少。3月少，4、5月多。

夏季日照，全省各地为455~687小时，婺源最少，赣州最多。大部分地区偏少100~200小时。上饶、宜春两地区部分县（市）偏少200小时以上。总体分布北少南多。

秋季日照，全省各地为403~600小时，瑞金最少，乐平最多。赣州地区西部和上饶地区北部偏多，其他地区偏少。

气象灾害

1998年度，全省气候灾害年景为差年景。

积雪 受冷空气影响，1月22日前后赣北、赣中大部分地区出现降雪天气。积雪深度，赣北北部达20~35厘米，赣北南部和赣中达5~15厘米。由于气温回升较快，积雪时间不长，因而对农业未造成大的影响。

春寒 3月19日开始，受强冷空气影响，全省气温大幅下降，大部分县（市）过程降温15℃以上，最低气温全省各地在5℃以下，九江大部分地区下降到0℃以下，并出现雷打雪的异常天气。低温过程南部持续到24日，北部持续到27日，是典型的春分寒。致使早播的水稻、棉花出现烂种、烂芽和死苗现象。此后日照增加，气温骤然回升，南部和北部分别在25日、28日大面积播种，播种期比历年同期稍迟。由于未出现清明寒，3月底开始光、温条件适宜秧苗生长。

冬、春汛 上年 11 月至年内 3 月,全省降水异常偏多,降水量创历年同期最大值,部分地区出现内涝和洪涝。4 月下旬,受西南暖湿气流和弱冷空气共同影响,全省出现较大降水过程,暴雨 20 县(市)。虽降雨时间不长,但由于伴随冰雹等强对流天气,还是造成了较大损失。5 月上、中旬,井冈山市两度遭受强暴雨袭击,致使山洪暴发,邮通信、交通、水利设施损失较大。5 月 14 日资溪降水 100.7 毫米,损失也很大。

风 雹 春季,全省风雹天气频繁,且强度大,范围广,损失巨大。

3 月 19—22 日,全省 11 个县(市)出现雷雨大风,24 个县(市)出现冰雹。4 月 1—24 日,九江、宜春、吉安地区共出现 14 县(市)大风,以永修 20 米/秒为最大。新建县出现龙卷风和冰雹天气。武宁县出现 18 米/秒大风和直径 110 毫米的大冰雹。万安县出现冰雹。景德镇城区出现 22 米/秒的大风和直径 15 毫米的冰雹。此外,全省还出现年内强度最大、范围最广的强对流天气,鹰潭、吉安、萍乡、宜春等地区受灾严重。5 月 1 日高安市出现 22 米/秒雷雨大风,新建县也遭雷雨大风袭击。

连阴雨 上年 12 月至年内 3 月,全省各地雨日为 57~79 天,90% 的县(市)在 65 天以上。冬季全省有一半多的时间在下雨,冬修水利任务只完成原计划的 30%,给年内的防汛抗旱工作带来很多困难。

暖 冬 全省尽管年初降水偏多,日照偏少,但气温总体偏高,尤其是极端最低气温接近"异常偏高"。这种天气,对农业生产十分有利,但对农业病虫害的发生发展也有利。

洪 涝 年内,全省出现特大洪涝灾害,主要降水集中在 6 月 12—27 日和 7 月 17 日—8 月 1 日两个时期。其中:6 月 12—27 日的全省连续性大暴雨期间,抚州、上饶各地的降水量在 800~1025 毫米之间,持续时间长达 15 天。在 7 月 17 日—8 月 1 日的全省连续性暴雨期间,持续时间也有 15 天,北部各地平均降水量 418 毫米,婺源高达 911 毫米。由于 7—8 月适逢长江中、上游主汛期,长江水位居高不下,导致省内洪水下泄不畅,鄱阳湖持续 3 个月的高水位直至 9 月下旬才降至警戒线以下,其间的 8 月 7 日,长江九江堤决口 30 米。

干 旱 省内出现特大洪涝灾害之后,夏、秋又出现明显的干旱天气。7 月 1 日—8 月 20 日,全省部分地区受副热带高压控制,出现连续的晴热高温干旱天气(伏旱),其中以宜春地区南部、赣州地区西部和吉安地区最为严重,局部地区出现严重伏旱。8 月 21 日—10 月 10 日,除九江地区以外,全省其他地区均出现大范围的秋旱,其中上饶地区西部、南昌市、宜春地区以及抚州地区东部、赣州地区西部和北部一带比较严重。年内的伏旱和秋旱并伴随长时间的高温天气,给全省经济和人民生活带来严重影响。

气候影响评价

对油菜生产的影响 全省油菜大面积播种期出现罕见的连阴雨,油菜出苗率低,长势差。1 月中、下旬,部分地区出现持续 10~15 天的雨雪、霜冻天气(其中九江北部积雪深度 30 厘米以上),局部出现冻害,导致油菜长势弱。现蕾—抽薹期间,全省降水偏多 1.3~4.4 倍,日照不足常年的三分之一,土壤湿度长时间饱和,影响油菜根系生长,现蕾抽薹推迟6—7天。开花—结荚的2月下半月,降水少,日照多,气温高,对开花有利。但3月上旬降水偏多8成~4.9倍,日照不足常年的一半,对开花结荚不利。3月中旬降水少,日照多,气温高,对开花结荚有利。但高温高湿天气使油菜菌核病等病害迅速发生发展,呈重发趋势,对油菜的产量和品质影响较大。3月中旬末开始,受强冷空气影响,全省出现3—8天的低温阴雨天气,局部地区出现冷害,导致油菜分段开花结荚,开花数量显著减少。4月开始,全省日照多,降水少,对油菜成熟结荚有利,成熟期提前3~9天。但同时4月风雹天气多,油菜受灾也严重。5月上旬晴天多,对油菜收获有利。全省油菜生产期间气象条件普遍比较差,各地油菜减产三成左右,有的地区几乎绝收。

对早稻生产的影响 早稻大面积播种期间,全省出现强冷空气,播种较早且未采取保温措施的地区,出现烂种烂芽。3月下旬后期开始,全省气温迅速回升,4月上、中旬平均气温15.3~23.3℃,大部分地区较常年偏高3~5℃,对早稻苗期生长非常有利,因此移栽期提前7~10天。移栽—分蘖期的4月下旬—5月中旬,全省气温继续稳步回升,对早稻移栽、返青及分蘖十分有利。但是,4—5月的异常高温也有利病虫害的发生和发展,全省早稻病虫害是比较严重的一年。5月10—14日,受冷空气影响,省内北部出现降温降水天气,过程降温7~10℃,对早稻的分蘖有一定影响。但全省大部分地区光、温适宜,早稻生长发育良好,一、二类苗占90%以上。5月下旬,全省早稻开始进入孕穗期,全省以晴雨相间天气为主,对早稻孕穗较为有利。6月上、中旬,全省大部分地区早稻进入抽穗开花期,全省多晴雨相间天气,早稻生育期较常年平均提前7~16天。6月12日以后,全省大部分地区出现连续暴雨、大暴雨、局部特大暴雨,使早稻无法正常开花授粉,空壳率增加,是年内早稻减产的主要原因。6月下旬,全省早稻大部分进入乳熟期,北部受连续暴雨影响,早稻受灾面积大。7月上旬全省以晴到多云天气为主,早稻大部分处于成熟期,对灌浆成熟十分有利。但7月7—16日,全省大部分地区出现晴热高温天气,早稻中、迟熟品种的灌浆成熟受到"高温逼熟"影响。7月17日以后,赣北又出现历史上罕见的连续降水,造成部分尚未收晒的稻谷霉变发芽,有的因此而绝收。全省其他地区则以晴到多云天气为主,对早稻的收晒有利。年内,全省双季早稻生育期间总的气象条件比较差。

对双季晚稻生产的影响 6月中旬全省双季晚稻进入播种期,但6月中、下旬,赣北、赣中出现历史罕见的暴雨、大暴雨,受其影响,数十万亩晚稻田被冲毁,造成秧苗短缺。又由于雨日多,日照不足,对二晚的播种出苗及苗期生长不利。7月上旬全省气温正常,日照偏多,对二晚苗期生长较为有利。7月中、下旬,赣北再次出现历史罕见的连续暴雨、大暴雨,部分稻田被长时间高水位浸泡,100余万亩晚稻无法移栽。而此时赣中及赣南的部分地区出现持续高温少雨天气。8月上、中旬,赣南大部和赣中西部降水为0~88毫米,大部较常年偏少3成~1倍,伏旱明显,灌溉条件差的地方晚稻无法移栽,已经移栽的二晚返青、分蘖受到较大影响。8月下旬,晚稻进入孕穗期,全省气温偏高,中、西部降水仍然偏少,秋旱明显,灌溉条件差的地区,晚稻受灾严重。9月中、下旬,全省以晴到多云天气为主,气温偏高,日照偏多,赣北降水基本适宜,对晚稻灌浆成熟十分有利。但赣中、赣南的部分地区降水持续偏少,不利于晚稻灌浆。9月下旬,赣北的部分地区出现轻度寒露风,对迟栽和补栽的晚稻抽穗扬花有一定影响。10月全省大部分地区降水偏少,气温偏高,日照偏多,对晚稻灌浆成熟和收晒极为有利。全省晚稻生产期间总的气象条件是南旱北涝,弊多利少。

对棉花生产的影响 3月下旬末开始,全省气温迅速回升,光、温充足,对棉花播种出苗及苗期生长十分有利。4月下旬,萍乡等地6个县(市)遭冰雹袭击,对棉花的苗期生长有一定的影响。5月—6月上旬,全省气温偏高,大部分地区棉花生育期较常年提前5天左右。6月中旬,全省棉花开始进入现蕾期,但6月12—27日,赣北、赣中大部地区出现连续暴雨、大暴雨、局部特大暴雨,棉田灾害严重,棉花迟发明显,又由于防汛任务重,棉田管理不到位。7月上旬,棉花进入开花期,全省以晴到多云天气为主,气温大部较常年同期偏高,对棉花开花有利,生育期较常年提前6天左右。7月7—17日,全省大部地区出现晴热高温天气,对棉花开花较为不利。7月17日—8月1日,赣北再次出现降水集中期,降水强度大且时间长,导致棉区洪涝灾害严重,病虫害严重。9月,全省以晴到多云天气为主,降水基本适宜,气温偏高,日照偏多,对棉花裂铃吐絮有利。10月,全省仍以晴到多云天气为主,气温偏高,日照偏多,对棉花裂铃、吐絮、采摘、晾晒极为有利。全省棉花生产期间总的气象条件是高温和洪涝灾害严重,棉花减产较多。

对通信、交通、能源的影响 3月19日—5月15日的多次风雹天气造成全省15个县(市)在供水、供电、供气以及交通、通信等方面的巨大损失。6—8月的特大洪涝灾害,导致1.2万余个村庄被洪水围困,30余座县城被水淹。鹰厦铁路2次中断营运30余小时,浙赣铁路中断营运6小时,京九铁路昌九段也一度中断营运。全省有44条公路(其中4条国道)不能正常通车。部分县(市)交通断绝。南昌城区24条主要街道受淹,部分街区交通中断。全省冲毁公路路基约1500公里,冲毁输电线路约800公里,冲毁通信线路170余公里。冬汛(上年底)连春汛,为水力发电提供充足水源但汛期的大洪涝毁坏水利设施约2.86万座(处),有的甚至溃决。盛夏和秋季持续少雨,年底发电用水不足。

对社会的综合影响 特大洪涝致使全省70余个县(市)的1300余个乡(镇)受灾。其中有40个县(市)的500余个乡(镇)重复受灾。受灾人口2000多万人(次),因灾死亡380余人。农作物受灾约180万公顷。有近4万家企业停产或半停产。

第九节 1999年度

气候概况

降 水 年降水量,全省各地为1182(寻乌)~2906(婺源)毫米,其中赣北偏多3~6成,赣南偏少1~3成。南昌城区2342毫米,偏多5.3成。

冬季降水,全省各地为56~209毫米,遂川最少,婺源最多,全省偏少2~7成。南昌城区133毫米,偏少3.4成。

春季降水,全省各地为528~1120毫米,寻乌最少,婺源最多。赣北偏多3~6成,赣南偏少1成,其他地区正常。饶河、信江流域为多雨区。南昌城区961毫米,偏多5.3成。

夏季降水,全省各地为 377~1456 毫米,瑞金最少,婺源最多。6—8 月降水偏多,汛期持续到 8 月底结束,异常偏迟。夏季总降水与历史同期相比,赣州地区大部偏少 1~3 成,其他地区偏多 3 成~1.56 倍,其中九江、宜春两地区东部、上饶地区北部和南昌地区偏多 1 倍以上。降水中心在昌江和乐安河流域。南昌城区 1142 毫米,偏多 1.24 倍。

秋季降水,全省各地为 68~233 毫米,广丰最少,抚州最多,分布极不均匀。全省大部分地区偏少 2~7 成。南昌城区 106 毫米,偏少 4.4 成。

气 温 年平均气温偏高,全省各地为 17.0~20.4℃,彭泽最低,赣州最高。呈北低南高分布,差异明显。全省大部分地区偏高 0.5~1.1℃。南昌城区 18.2℃,偏高 0.6℃。

冬季平均气温,全省各地为 7.7~12.2℃,彭泽最低,寻乌最高。南北差异明显,全省偏高 2℃左右。南昌城区 9.1℃,偏高 2.7℃。是继 1998 年后又一个暖冬年。

春季平均气温,全省各地为 16.0~20.0℃,修水最低,赣州最高。全省偏高 0.1~1℃。南昌城区 17.0℃,偏高 0.3℃。

夏季平均气温,全省各地为 25.7~28.2℃,修水最低,赣州最高。赣北和赣西在 27℃ 以下,其他地区均在 27℃ 以上。赣北偏低 1.0~1.7℃,其他地区偏低 0~1℃。南昌城区 26.7℃,偏低 1.4℃。

秋季平均气温,全省各地为 18.6~21.5℃,修水最低,赣州最高。全省偏高 0.7~1.3℃,呈西北低、东南高态势。南昌城区 20.1℃,偏高 0.9℃。

极端最低气温出现在 1 月,全省在 -6.5~-0.5℃ 之间。与历年同期相比,北部偏高 1~2℃,南部偏高 2~3℃。南昌城区为 -2.7℃,偏高 1.8℃。

日 照 全省日照,各地为 1259~1905 小时,吉安城区最少,赣州城区最多。中部、北部偏少,南部偏多,大部分地区偏少 200~400 小时。南昌城区 1525 小时,偏少 342 小时。

冬季日照,全省各地为 275~406 小时,樟树最少,大余最多,分布极不均匀。南昌城区 353 小时,偏多 28 小时。

春季日照,全省各地为 254~366 小时,龙南最少,湖口最多。全省偏少 10~80 小时。南昌城区 316 小时,偏少 43 小时。

夏季日照,全省各地为 341~641 小时,宜丰最少,赣州最多。赣北大部分地区偏少 200~300 小时,赣中、赣南大部分地区偏少 100~200 小时。南昌城区 386 小时,偏少 299 小时。

秋季日照,全省各地为 353~587 小时,萍乡最少,乐平最多。赣州地区和上饶地区偏多,其他地区偏少。南昌城区 470 小时,偏少 29 小时。

气象灾害

1999 年度,全省气候灾害年景为较差年景。

春 寒 3 月 19 日开始,受强冷空气影响,全省气温大幅下降,大部分地区过程气温下降 10~15℃,最低气温赣北在 5℃ 以下,赣中、赣南在 5~7℃。低温过程南部持续到 24 日,北部持续到 27

日,达到重度春分寒标准。

风 雹 风雹天气主要集中在3—5月,其中以5月10日为最强,部分地区出现冰雹,南昌县冰雹直径13毫米为最大。部分地区出现8级大风,湖口县瞬时大风30米/秒。

春季洪涝 4—5月,全省出现4次暴雨过程,降水时间不长但强度大,赣北、赣中出现内涝和洪涝,直接经济损失超过20亿元。

夏季洪涝 6—7月,全省出现3次暴雨过程,直接经济损失超过40亿元,死亡4人。8月降水频繁,且大到大暴雨持续不断,全省无降水日仅有3天,损失也较大。

气候影响评价

对油菜生产的影响 全省油菜生产期间大部分时段温高光足,降水偏少,未出现明显的冻害。尤其是年初平均气温比常年同期显著偏高,因此,油菜长势偏旺,生育期较常年同期普遍提前。但从3月开始,冷空气频繁入侵,特别是3月中旬末至下旬后期,全省自北向南出现重度春分寒,对油菜的开花、结荚及产量形成有一定影响。全省油菜生产期间的气象条件利大于弊。

对早稻生产的影响 全省早稻生产期间,出苗、移栽、分蘖及孕穗前期等几个关键生育期气象条件较为有利。但抽穗扬花和灌浆成熟期的气象条件,全省中、北部较差,南部较好。全年中、北部暴雨、洪涝灾害明显,尤其是6月中旬—7月中旬,中、北部部分地区出现连续暴雨,早稻扬花授粉受到影响。由于连续降水,适温高湿十分有利早稻病害的发生与流行,加上防治困难,对早稻产量也有一定影响。各地气象条件,赣南地区较好,赣北的九江、景德镇地区较差,其余地区一般。

对双季晚稻生产的影响 全省双季晚稻生产期间的气象条件前差后好,且好于上年。前期中、北部气温较常年同期明显偏低,降水显著偏多,日照奇缺,对晚稻播种出苗及秧苗生长十分不利。同时由于气温偏低,造成部分地区晚稻分蘖不足,对产量有一定影响。后期,全省大部时段以晴到多云天气为主,光、温充足,且日较差大,对晚稻抽穗扬花和灌浆成熟非常有利。9月21—25日,受北方冷空气影响,全省大部地区出现轻度寒露风,部分地区出现重度寒露,但大部分地区晚稻已齐穗,影响不大。全省晚稻生产期间总的气象条件利大于弊,赣南好于赣北、赣中。全省晚稻总产量为历史较高水平。

对棉花生产的影响 全省棉花播种、出苗期,赣北、赣中出现重度春分寒和连阴雨,播种期普遍推迟。4—8月,全省棉区(中北部)气温偏低,暴雨频繁,降水量显著偏多,日照严重不足,对棉花播种育苗、现蕾开花不利。由于持续降水,长江、鄱阳湖区水位猛涨,长江及鄱阳湖沿岸各地洪涝严重,部分棉田被淹。进入9月以后,全省以晴到多云天气为主,光照充足,对棉花裂铃、吐絮、采摘、晾晒有利。全省棉花生产期间总的气象条件利弊兼有。

对通信、交通、能源等的影响 年初全省降水分布不均,水力发电水源不足。春季水力发电水源充足。局地山洪给一些地区的通信、交通造成损失,但损失远小于上年。

第十节　2000 年度

气候概况

降　水　年降水量,全省各地为 1112(瑞昌)~2168(贵溪)毫米,除赣西北偏少 2 成外,大部分地区正常。南昌城区 1428 毫米,偏少 0.7 成。

冬季降水,全省各地为 109(遂川)~324(婺源)毫米,赣北北部偏多 1~3 成,其他地区偏少 1~3 成。南昌城区 200 毫米,与历年平均状况相当。

春季降水,全省各地为 355(瑞昌)~715(余江)毫米,全省偏少 1~3 成。

夏季降水,全省各地为 211(瑞昌)~921(贵溪)毫米。南部和北部少,中部多;西部少,东部多;赣北和赣中偏少 1~5 成;其他地区偏多 1~5 成。主要多雨带在浙赣铁路沿线和赣州东南部。南昌城区 503 毫米,偏少 0.1 成。

秋季降水,全省各地为 153(寻乌)~420(南城)毫米。中部多,南部和北部少;大部分地区偏多 3~7 成;赣南南部偏少 2~3 成。

气　温　年平均气温,全省各地为 16.7(修水)~19.3(赣州)℃。北部和中部偏高 0.1~0.5℃,南部偏低 0.1~0.3℃。南昌城区 17.9℃,偏高 0.3℃。

冬季平均气温,全省各地为 6.3(修水)~9.9(寻乌)℃。赣北和赣中略偏高,赣南略偏低,南北差异明显。南昌城区 6.6℃,偏高 0.2℃。

春季平均气温,全省各地为 17.1(修水)~19.8(信丰)℃,全省偏高 0.4~1.7℃。南昌城区 18.1℃,偏高 1.4℃。

夏季平均气温,全省各地为 26.2(寻乌)~28.7(九江)℃。中部平原高,四周山区低。除赣北北部偏高 0.5~1.0℃外,其他地区大多数偏低 0.1~0.5℃。盛夏的 7 月有两段晴热高温天气,部分地区出现旱情。

秋季平均气温,全省各地为 17.3(修水)~20.4(瑞金)℃,大部分地区偏低 0.3~1.0℃。南昌城区为 18.7℃。冷空气活动偏强,轻度寒露风大多出现在 9 月 6—7 日,比常年略偏早。重度寒露风大多出现在 10 月 12—13 日,比常年略偏迟。

极端最低气温出现在 12 月,全省各地为 -9.1~-3.2(婺源)℃,与历年同期相比,北部偏低 1~2℃,南部偏低 2~3℃。南昌城区为 -4.5℃,与历年平均状况相当。

日　照　年日照,全省各地为 1321(吉安)~1820(南昌)小时,除修水偏多 132 小时外,其他地区偏少 47—427 小时。北部和南部多,中部少。

冬季日照,全省各地为 228(萍乡)~343(寻乌)小时,全省大部分地区偏少 10~60 小时。南昌城区 307 小时,偏少 15 小时。

春季日照,全省各地为 252(泰和)~439(乐平)小时,赣北偏多 10~50 小时,赣中和赣南偏少

20～60小时。南昌城区385小时,偏多26小时。

夏季日照,全省各地为527(吉安)～697(南昌)小时,大部分地区偏少50～150小时。南昌城区偏多12小时。

秋季日照,全省各地为300(宁冈)～488(寻乌)小时,西部少、东部多,大部分地区偏少80～130小时。南昌城区431小时,偏少68小时。

气象灾害

2000年度,全省气候灾害为较好年景。

冬季冻害　冬季虽然平均气温正常,但极端最低气温赣南异常偏低。上年12月20—23日受强冷空气影响,全省过程降温在10℃以上,部分地区达15～20℃。极端最低气温普遍在-6～-4℃,部分地区达-9～-7℃,大余、信丰等地创历年同期最低纪录。全省柑橘受冻面积占总面积的60%～70%,其中南部受冻率达100%。脐橙、柚类、甜橙受害最为严重,南丰蜜橘、温州蜜橘冻害较轻。

大　雪　1月31日,全省自西向东出现明显的雨雪天气过程。赣北、赣中普下小到中雪,万年、乐平、余干、吉安县、永新、井冈山大雪。积雪深度万年达14厘米,乐平10厘米,南昌县4厘米。赣南出现雨夹雪。

春　汛　春季暴雨主要有3次,即:4月24—25日,5月24—27日,5月30—31日。其中第一次和第三次暴雨造成的灾害不明显,第二次暴雨有9个县(市、区)累计雨量分别超过100毫米,星子164毫米为最大。造成全省100余万人受灾,死亡4人,瑞金市和永丰县部分城区被淹。

夏季洪涝　6月,全省主要降水有3次,即:6月5—11日,省内中、北部出现78县(市、区)暴雨,14县(市、区)大暴雨。6月18—19日,省内南部出现6县(市、区)暴雨,1县(市、区)大暴雨。这两次暴雨造成的损失不是很大。但第三次(6月20—23日),省内中、北部出现52县(市、区)暴雨,11县(市、区)大暴雨,是年内全省最大的降水过程,其中上饶县损失最大,宜春地区受灾人口130余万人。

盛夏高温　由于汛期降水偏少,晴热高温天气来得早。5月13—16日出现第一次高温天气,范围之大居全省历年同期第一位。另外两次大范围高温天气分别出现在7月12—17日、7月22—29日,日最高气温普遍为35～38℃,局部达到39～40℃,不仅影响工农业生产(特别是二季晚稻栽插),也影响人们的日常生活。

夏、秋干旱　盛夏两次长时间的晴热高温天气,致使赣北、赣中出现中到重度伏旱,赣南出现轻到中度伏旱,也是省内1993年以来最严重的伏旱。6月24日以后,近40天没有明显降水过程,出现严重的干旱灾害。虽然各地通过人工增雨,旱情有所减轻,但全省依然有三分之一的农作物受灾,有120余万人饮水困难。

秋季连阴雨　10—11月,阴雨天多,特别是10月中、下旬出现的自1991年以来最严重的秋季连阴雨(烂秋),导致二季晚稻倒伏、发芽,而且影响收晒。对棉花秋桃裂铃、吐絮也十分不利。

秋季寒露风 秋季冷空气活动强度一般,轻度寒露风大部分地区出现在 9 月 6—7 日,对晚稻生长有一定影响。重度寒露风大部分地区出现在 10—13 日,对晚稻影响不大。

气候影响评价

对油菜生产的影响 油菜生育期间前期,全省气温偏高,降水持续偏少,灌溉条件差的地方出现旱情,对播种、出苗、移栽、幼苗生长都不利。年初,自北向南出现低温冻害和雨雪天气,部分油菜受轻度危害。3 月上、中旬,全省以阴雨天为主,日照严重不足,对油菜开花授粉不利。3 月下旬至 5 月中旬,全省以晴雨相间天气为主,温高光足,对油菜结荚、成熟、收晒有利。全省油菜生产期间总的气象条件,赣北偏差,其余地区基本正常。

对双季早稻生产的影响 双季早稻生育期间光足温高,降水适中,没有出现低温连阴雨和倒春寒天气,洪涝灾害范围也小,早稻长势良好,生育期普遍较常年提前 1~7 天。

对双季晚稻生产的影响 双季晚稻生育期间全省气温基本正常,积温大部偏多,降水适中,日照偏少。关键生育期光、热、水配合适宜,虽中、北部伏旱范围大,但因各地开展人工增雨以及后期受台风影响,干旱程度减轻。9 月上旬,中、北部大部分地区出现轻度寒露风,对少数早熟品种的孕穗和抽穗扬花有一定影响。总的情况是气象条件利多弊少,加上优质稻面积大,全省双季晚稻偏丰。

对棉花生产的影响 棉花生育期间几个关键期气象条件较为有利,棉花生长状况良好。开花结铃期,大部分地区持续高温少雨,伏旱明显,有不利影响,但对灌溉条件好的地区反而是有利天气。10 月 17—23 日,全省中、北部大部分地区出现严重的秋季连阴雨,对棉花的裂铃、吐絮、采摘、晾晒不利,棉花的产量和质量都受到影响。整个棉花生产期间,气象条件利多弊少,全省棉花单产和总产都比较高。

对人民生活的影响 冬、春两季阴雨天气少,日照多,气温偏高,气温变化幅度小,空气湿度不大,人体舒适度高,疾病少。7 月两次高温天气,最高气温普遍为 35~38℃,局部地区达 39~40℃,中暑人数明显增多。

对商业的影响 冬、春两季冷空气强盛,最低气温普遍在 -6℃左右,部分地区在 -8~ -9℃,人们对保温、保暖商品的需求增加。盛夏高温,又引发人们对防暑降温、防晒、防紫外线等商品的需求增加。

第十一节 2001 年度

气候概况

降　水 年降水,全省各地为 1118(彭泽)~2189(南丰)毫米,九江、宜春、上饶和南昌的大部分地区偏少 1~2 成,临川南部和赣州东北部偏多 1~2 成,其他地区接近常年。南昌城区 1353 毫米,偏少 1.2 成。

冬季降水,全省各地为 180 ~ 283 毫米,分宜最少,宁都最多。长江沿江地区和赣南偏多 1 ~ 3 成,中部地区接近常年。南昌城区 219 毫米,偏多 0.9 成。

春季降水,全省各地为 296 ~ 879 毫米,彭泽最少,南丰最多。赣北偏少 2 ~ 4 成,赣中、赣南偏少 2 成。其他地区接近常年。南昌城区 385 毫米,偏少 3.9 成。

夏季降水,全省各地为 335 ~ 910 毫米,宜春城区最少,广昌最多。呈西部少东部多分布,西部偏少 1 ~ 3 成,其他地区偏多 1 ~ 7 成。全省主要多雨带在上饶和武夷山西侧。赣南东北部和遂川偏多,其他大部分地区接近常年。南昌城区 593 毫米,偏多 1.6 成。

秋季降水,全省各地为 79 ~ 240 毫米,信丰最少,余江最多。全省绝大部分地区偏少 1 ~ 6 成,呈中部平原少、四周山区多分布。赣州东部偏少,其他地区接近常年。南昌城区 156 毫米,偏少 1.7 成。

气 温 年平均气温,全省各地为 17.2 ~ 19.9℃,修水最低,信丰最高。呈北低南高分布,差异明显。全省各地偏高 0.2 ~ 1.2℃。南昌城区为 18.4℃,偏高 0.8℃。

冬季平均气温,全省各地为 6.5 ~ 11.6℃,彭泽最低,寻乌最高。南北差异明显,各地偏高 1.2 ~ 2.3℃,南昌城区为 8.0℃,偏高 1.6℃。

春季平均气温,全省各地为 16.6 ~ 19.7℃,修水最低,信丰最高。全省气温偏高,北部偏高 0.6 ~ 1.5℃,中、南部偏高 0.3 ~ 1.0℃。南昌城区为 17.7℃,偏高 1.0℃。

夏季平均气温,全省各地为 26.0 ~ 28.1℃,宁冈最低,樟树最高。中部平原高,四周山区低。除九江沿江地区偏高 0.1 ~ 0.5℃外,全省大部分地区偏低 0.1 ~ 1.1℃。南昌城区为 27.8℃。7 月上旬至下旬,赣北、赣中高温(日极端最高气温≥35℃)日数为 14 ~ 23 天,赣南仅有 4 ~ 10 天,南昌城区达 20 天。

秋季平均气温,全省各地为 18.2 ~ 21.3℃,修水最低,信丰最高。各地偏高 0.1 ~ 1.3℃。南昌城区为 20.2℃。冷空气活动偏弱偏迟,重度寒露风赣北西部和赣中西部出现在 10 月 3—8 日,赣北东部和赣中东部及赣南地区出现在 10 月 27—29 日,赣州城区、信丰、于都、瑞金出现在 11 月 3—4 日。南昌城区出现在 10 月 7 日。

年内极端最低气温出现在 1 月,赣北大部分地区为 -3 ~ -2℃,赣南大部分地区在 0℃ 以上。与历年同期相比,全省各地偏高 2 ~ 5℃。

日 照 年日照,全省各地为 1421 ~ 1942 小时,吉安最少,南昌最多。除赣东南和九江、南昌局部地区偏多 27 ~ 256 小时外,其他地区偏少 7 ~ 355 小时。分布极不均匀,呈北部、南部多,中部少的分布态势。南昌城区 1942 小时,偏多 75 小时。

冬季日照,全省各地为 170 ~ 286 小时,吉安城区最少,广丰最多。全省大部分地区偏少 50 ~ 100 小时。南昌城区 262 小时,偏少 63 小时。

春季日照,全省各地为 243 ~ 486 小时,吉安城区最少,湖口最多。分布不均,赣北大部分地区偏多 30 ~ 80 小时,赣中、赣南接近历年平均值。南昌城区 414 小时,偏多 55 小时。

夏季日照,全省各地为 452 ~ 630 小时,婺源最少,修水最多。除修水偏多 47 小时外,全省其他地区偏少 54~239 小时。南昌城区 621 小时,偏少 64 小时。

秋季日照,全省各地为 462~645 小时,莲花最少,南昌城区最多。全省仅上饶城区偏少 1 小时,其他地区都偏多 6~146 小时。南昌城区 645 小时,偏多 146 小时。

气象灾害

2001 年度,全省气候灾害年景为较好年景。

春　汛　全省春季暴雨过程主要有 5 次,分别出现在 4 月 9—11 日、4 月 19—21 日、4 月 27—30 日、5 月 5—7 日、5 月 17—18 日,造成局部灾害,但损失不大。

洪　涝　全省汛期暴雨过程少,时间短,强度弱,灾害轻,主要有 4 次过程,分别出现在 6 月 2—4 日、6 月 10—13 日、6 月 19—24 日、6 月 25—26 日,局部地区出现洪涝灾害,但损失不大。

大风冰雹　全省大风冰雹天气主要有:4 月 28 日临川区、上饶县、余干县、万年县、弋阳县、贵溪县遭受大风袭击。4 月 29—30 日信丰县出现冰雹、雷雨大风、强降水天气。5 月 22 日乐平市遭受大风冰雹袭击。临川区、余干县、弋阳县、贵溪县、乐平市等地有一些损失,但不是太大。

盛夏高温　6 月 27 日开始出现高温天气。7 月上旬至下旬受副热带高压控制,赣北、赣中高温日数 14~23 天,日最高气温普遍为 35~38℃,局部 39~40℃。7 月 31 日瑞昌市最高气温达 40.0℃。赣南高温天气较少,仅出现 4~10 天。南昌城区高温日数达 20 天。

夏秋干旱　伏、秋期间,全省出现中等程度的旱情。7 月上旬至下旬受副热带高压控制,全省基本无降水,有两段晴热高温天气,九江市、宜春市的东南部、吉安市的北部出现伏旱。9 月初以后,受大陆高压控制,全省以晴天为主,尤其是中、北部降雨特少,创历史同期最少值。10 月,全省降水持续偏少,气温偏高,出现严重的秋旱,且北部重于南部。

气候影响评价

对油菜生产的影响　全省油菜生产期间的气象条件是前差后好。苗期多雨、寡照,不利形成壮苗,油菜以二类苗为主。现蕾至开花期,全省基本以晴雨相间为主,光、温条件基本适宜。结荚成熟期,以阴雨相间天气为主,对油菜结荚、壮籽成熟有不利影响。

对双季早稻生产的影响　全省双季早稻生产期间,气温正常略偏高,降水南部正常,北部偏少。关键生育期光、温、水匹配基本协调,少数地区暴雨成灾,但受灾程度轻。春播期间未出现低温连阴雨危害,对播种出苗及苗期生长有利。6 月上半月多阴雨,气温偏低,降水偏多,光照不足,早稻稻瘟病普遍发生,吉安以南和赣西稻区呈暴发态势,赣北大部分地区为中等程度。乳熟至成熟期全省中、北部的大部分地区出现"高温逼熟"天气,对部分中迟熟品种的产量有一定影响。

对双季晚稻生产的影响　全省二季晚稻生产期间气温正常略偏高,降水普遍偏少,光照基本适宜。关键生育期,光、温、水匹配适宜,未出现秋季低温危害,对晚稻生长发育及产量形成有利。8 月,全省降水和雨日偏多,光照不足,空气湿度大,有利病虫发生。受天气影响,晚稻稻瘟病,稻飞虱、稻纵卷叶螟等病虫有增加趋势,对孕穗及抽穗不利。9—10 月,全省大部地区降水明显偏少,伏秋干旱明显,但影响范围小。

对棉花生产的影响 全省棉花播种育苗期未出现低温连阴雨危害,普遍一播全苗。5—6月光温适宜,降水偏少,有利棉花现蕾。开花结铃至裂铃吐絮期,温高光足,气温日较差大,对秋桃生长、提高坐桃率和提高棉花质量及防病灭虫有利。宜春、新余等棉区秋旱严重,但受灾范围小,受害程度轻。7月全省出现持续高温少雨天气,平均气温一般在30℃以上,最高气温在35℃以上,局部达38~39℃,日蒸发量达7~11毫米,有利于棉铃虫的发生和流行,第三代、第四代棉铃虫危害偏重。

对人民健康的影响 冬季,全省出现1949年以来最明显的暖冬,除庐山外,各地未出现降雪天气,季平均气温比常年偏高1℃以上。全省春季回暖早,未出现春寒。因此,冬、春季与寒冷相关的呼吸道疾病等发生频率较往年低。春、夏季节晴多雨少,肠胃传染疾病等较往年也少。夏季高温酷热天气多,日最高气温普遍为35~38℃,局部39~40℃,中暑的人数比较多。

对通信、交通、能源的影响 全省汛期降水偏少,且分布不均,水力发电水源不足。秋季降水仍然偏少,但由于汛期采取了"蓄水度汛"的防汛抗旱策略,保障了后期水力发电的水源。全年洪涝灾害轻,春季大风冰雹天气极少,通讯、交通行业损失也较小。

对商业的影响 冬天和春天冷空气较弱,出现了异常的暖冬,除北部少数几个县出现雨夹雪天气外,全省绝大部分地区整个冬季没有降雪,冬季防冻防寒商品经营额度大幅下降。夏季全省气温偏高,而且时间偏长,各种防晒、防紫外线、护肤等商品经营额度大幅增加。

第十二节 2002年度

气候概况

降 水 年降水,全省各地为1603(湖口)~2539(广昌)毫米,中部多于南部和北部。吉安和抚州地区偏多2.4~6.1成,其他地区偏多0.4~6.1成。南昌城区1692毫米,偏多0.4成。

冬季降水,全省各地为171(大余)~331(玉山)毫米,大部分地区偏少0.1~2.2成。南昌城区225毫米,偏多0.2成。

春季降水,全省各地为369~978毫米,寻乌最少,婺源最多。赣北偏多0.1~6.4成,赣中、赣南偏少0.2~4.3成。南昌城区760毫米,偏多1.8成。

夏季降水,全省各地为419~1244毫米,南昌城区最少,广昌最多。赣北北部偏少0.4~3成,其他地区偏多1成~1.47倍,吉安地区和抚州地区南部偏多明显。南昌城区419毫米,偏少2.8成。

秋季降水,全省各地为166~629毫米,彭泽最少,遂川最多。除九江沿江地区偏少0.1~3成外,其他地区均偏多2成~1.7倍,尤其是吉安、抚州、赣州三个地区明显偏多。南昌城区288毫米,偏多5.5成。

气 温 年平均气温,全省各地为16.9~20.1℃,修水最低,信丰最高。全省偏高0.3~

1.0℃。南昌城区18.4℃,偏高0.8℃。

冬季平均气温,全省各地为7.0～11.4℃,修水最低,寻乌最高。全省偏高1.2～2.0℃,南昌城区8.5℃,偏高1.8℃。

春季平均气温,全省各地为16.5～20.8℃,修水最低,龙南最高。赣北北部偏高0.5～1.0℃,其他地区偏高1.1～1.9℃。南昌城区17.7℃,偏高0.9℃。

夏季平均气温,全省各地为26.2～28.7℃,宁冈最低,抚州城区最高。赣北偏高0.1～0.7℃,其他地区偏低0.1～0.6℃。南昌城区28.0℃,偏高0.1℃。

秋季平均气温,全省各地为17.4～20.0℃,修水最低,信丰最高。赣北鄱阳湖地区偏高0.1～0.7℃,其他地区偏低0.1～0.9℃。南昌城区19.3℃,偏高0.1℃。秋季冷空气活动偏强,全省北部、中部大部分地区在9月14—17日出现轻度寒露风,比常年偏早。全省在9月24—29日出现重度寒露风,也比常年偏早,对晚稻抽穗扬花有不利影响。

极端最低气温,全省各地为－5.3(修水)～－1.0(信丰)℃。南昌城区为－1.2℃,与历年平均值相当。

日　照　年日照,全省各地为1314(景德镇)～1775(瑞金)小时,偏少125～353小时。呈赣东北和赣西少、中部多的分布态势。南昌城区偏少182小时。

冬季日照,全省各地为213～410小时,吉安最少,寻乌最多。赣北、赣中偏少1～54小时,赣南偏多1～65小时。南昌城区321小时,偏少5小时。

春季日照,全省各地为235～406小时,景德镇城区最少,赣州城区最多。全省大部分地区偏多1～131小时。南昌城区286小时,偏少65小时。

夏季日照,全省各地为444～708小时,宜春城区最少,乐平最多。南昌城区偏少87小时。

秋季日照,全省各地为213～410小时,吉安城区最少,寻乌最多,赣北、赣中大部分地区偏少1～59小时,其他地区偏多3～65小时。南昌321小时,偏少5小时。

气象灾害

2002年度,全省气候灾害年景为较好年景。

春季暴雨　全省春汛来得早,4—5月,北部大到暴雨过程频繁,北部雨量偏多5～9成。主要大到暴雨过程有5次:3月28—29日、4月24—27日、5月8—9日、5月13—14日、5月21—22日。

汛期暴雨　汛期(6—8月)主要降水区较常年偏南,6—7月共出现3次连续暴雨,分别是:6月14—17日、6月24—30日、7月17—21日。

大风、冰雹　全省主要大风、冰雹过程有6次,即:3月20—21日、4月2—10日、4月23—24日、5月27日、7月17日、8月26日。

盛夏高温　6—9月,全省大于35℃的高温日数为3～47天,安远最少,铅山最多。上饶地区中南部为28～47天,与常年相比,属正常年份。全省其他地区一般为14～27天,南部为6～25天,略偏少。南昌城区14天,属偏少。主要高温时段在7月中旬前期和8月下旬前期。7月12—16日全省最高气温大都在35℃以上,其中15日武宁最高气温达40.1℃,庐山14日达30.8℃(历年最高值)。8月20—26日,全省又出现一段35~37℃高温天气,其中23—24日高温最明显,大部分地区达37℃,上饶县、瑞昌、抚州城区达38.2~38.6℃。

热带风暴 第12号热带风暴"北冕"于8月5日进入省内南部,后一直继续北移至抚州地区境内减弱。虽然强度不大,但由于与冷空气结合,造成全省3~4天的暴雨天气,局部下了大暴雨。8月7日,16号热带风暴"森拉克"在浙江登陆。8日从抚州地区进入省内,后横穿江西入湖南。受减弱的低气压影响,7—8日全省普降小到中雨,赣中、赣北部分地区大雨,有5个县暴雨。

夏秋干旱 9月,赣北降水偏少1~9成,赣东北和赣中西部出现轻度秋旱。

秋 汛 9—11月全省暴雨频繁,降水明显偏多,共出现6次暴雨过程:9月12—14日、10月5—6日、10月28—30日、11月13—15日、11月17—18日、11月20日。其中最强的2次是:9月12—14日和10月28—30日。

气候影响评价

对油菜生产的影响 全省油菜生产期间的气象条件是两头差中间好。前期持续少雨,干旱严重,影响播种出苗和移栽。中期全省出现暖冬,旬、月平均气温超历史极值,对油菜生长发育和安全越冬有利。后期赣北、赣中多阴雨寡照天气,有45个县(市、区)出现大风、冰雹、暴雨等强对流天气,对油菜成熟和收晒不利。

对双季早稻生产的影响 全省双季早稻生产期间,气温正常略偏高,积温偏多,降水充沛,日照偏少。关键生育期光、温、水匹配适宜。5—6月,部分地区出现大到暴雨,局部大暴雨,但洪涝范围较小,受灾程度较轻。春播期没有出现低温连阴雨和倒春寒天气,全省基本上没有烂种烂秧。移栽—分蘖期,低温导致部分地区的早稻出现秧苗返青、分蘖缓慢。5月中旬降水集中,部分地区洪涝灾害严重,对早稻分蘖不利。全省早稻病虫危害较轻。

对双季晚稻生产的影响 全省双季晚稻生产关键期光、热、水匹配基本适宜,未出现明显的伏秋干旱。尤其是乳熟至成熟期,全省温高光足,且日较差大,有利晚稻干物质积累,对提高产量有利。9月中旬,全省大部地区出现轻度寒露风,其中吉安、抚州地区低温持续时间最长,对晚稻抽穗扬花影响较大。10月下半月,全省出现连续阴雨天气,月末中南部还出现连续暴雨,导致部分地区晚稻倒伏发芽,同时对适时收晒也不利。7月下旬—8月,全省大部地区雨日较常年同期明显偏多,空气湿度大,有利病虫害的发生和发展。9月下旬,全省以阴雨天气为主,光照明显不足,导致部分地区螟虫、稻飞虱等病虫流行。

对棉花生产的影响 全省棉花生产期间温度正常、降水偏多、日照偏少。关键生育期光、热、水匹配基本适宜,未出现明显的伏秋干旱,对棉花的生长发育较为有利。播种育苗期多阴雨寡照天气,棉田渍害严重,部分地区出现烂种死苗,尤其是直播棉田出现多次重播,致使棉苗素质较差。开花结铃期,降水显著偏多,光照明显不足,对棉花的开花授粉、结桃、坐桃不利。裂铃吐絮后期,出现持续阴雨寡照天气,对棉纤维的质量、产量和采摘、晾晒都有不利影响。

对其他方面的影响 汛期全省降水偏多,水力发电水源充足。秋季降水继续偏多,水力发电水源继续充足。4月上旬出现大范围强对流天气,10月底出现强连续性暴雨,部分地区出现灾情。冬季未出现大雪、冰冻天气,各方面损失较小。冬、春期间冷空气较弱,为暖冬气候,盛夏高温天气也不明显,未给经销冬季制暖、夏季制冷商品的商家带来福音,也大大降低了与寒冷和高温相关的疾病发生频率。

第十三节　2003年度

气候概况

降　水 年降水,全省各地为994(泰和)~2015(婺源)毫米。全省平均为1458毫米,比常年偏少218毫米(1.3成)。降水时空分布极不均匀,赣北北部偏多0.1~1成,其他地区均偏少1~3.6成。上半年赣北偏多1~3成,下半年大部分地区偏少3~5成。南昌城区年降水量为1878毫米,偏多1.6成。

冬季降水,全省各地为172(大余)~514(婺源)毫米。赣北偏多4~9成(其中赣北北部偏多9成~1.2倍),赣南南部偏少0.5~1.9成,其他地区偏多0.5~2成。南昌城区为368毫米,偏多6.7成。

春季降水,全省各地为398(遂川)~773(南昌城区)毫米。赣西北偏多1.2~2.9成,其他地区偏少0.5~3成。南昌城区偏多2成。

夏季降水,全省各地为164(吉安城区)~690(南昌县)毫米。南昌地区偏多1成左右,其他大部分地区偏少1~4成,吉安和抚州地区局部偏少5~6成。南昌城区为629毫米,偏多0.9成。

秋季降水,全省各地为33(广昌)~262(遂川)毫米。全省大部分地区偏少4~5成,赣中局部偏少6~8成。南昌城区为108毫米,偏少4.2成。

气　温 年平均气温,全省各地为17.1(修水)~20.2(信丰)℃,偏高0.6~1.3℃。全省平均为18.9℃。南昌城区为18.7℃,偏高1.0℃。

冬季平均气温,全省各地为6.0(彭泽)~11.4(寻乌)℃。赣北偏高0.4~1.0℃,赣中、赣南偏高0.8~1.3℃。南昌城区为7.4℃,偏高0.7℃。

春季平均气温,全省各地为16.1(修水)~20.1(信丰)℃,偏高0.3~1.0℃。南昌城区为17.3℃,偏高0.5℃。

夏季平均气温,全省各地为27(寻乌)~30(吉安城区)℃,偏高0.8~1.7℃,局部偏高1.8~1.9℃。南昌城区为29.3℃,偏高1.4℃。

秋季平均气温,全省各地为18.1(修水)~20.0(信丰)℃,偏高0.3~1.4℃。南昌城区为20.2℃,偏高1.0℃。

日　照 年日照,全省各地为1495(萍乡城区)~2039(南昌城区)小时,偏多23~383小时。

全省平均为 1751 小时,偏多 82 小时。南昌城区偏多 219 小时。

冬季日照,全省各地为 173(宜春城区)~318(寻乌)小时,偏少 22~120 小时。南昌城区为 267 小时,偏少 49 小时。

春季日照,全省各地为 286(萍乡城区)~400(乐平)小时,大部分地区偏多 16~60 小时。南昌城区为 399 小时,偏多 48 小时。

夏季日照,全省各地为 586(宜丰)~792(乐平)小时,偏多 26~100 小时。南昌城区为 759 小时,偏多 107 小时。

秋季日照,全省各地为 398(萍乡城区)~614(南昌城区)小时,大部分地区偏多 33~144 小时。南昌城区偏多 144 小时。

气象灾害

2003 年度,全省气候灾害年景为较差年景。

冷空气 冬、春两季,全省共出现强冷空气 7 次,分别是:12 月 6—9 日、12 月 24—30 日、2 月 9—12 日、2 月 21—23 日、3 月 2—5 日、4 月 1—4 日、4 月 17—21 日,其中 3 月 2—5 日的强冷空气降温幅度达 12~15℃。

大 雪 冬季,省内出现 2 次降雪过程,其中:

第一次是上年 12 月 25—30 日,全省大部分地区,尤其是中、南部地区出现降雪,雪深 1~9 厘米,局部 10~18 厘米,赣州城区是 20 年来雪深最大的一次降雪。中、南部局部地区出现冻雨和电线结冰。

第二次是 1 月 6—7 日,中、南部又出现降雪,雪深 5~15 厘米,局部 17~23 厘米。石城、兴国、宁都、于都、大余、信丰出现 4~10 毫米的冻雨和电线结冰。

两次降雪给各地的交通和通信造成了一定损失。

大 雾 上年 12 月至年内 1 月全省的大雾次数比较多,15 县(市、区)以上的大雾共出现 23 天,其中上年 12 月 12—14 日出现的连续大范围大雾给交通带来较大影响。

春季低温阴雨 赣北、赣中 3 月 15—20 日出现低温阴雨天气,赣南 18—20 日出现 3 天低温阴雨天气,部分地区出现轻度春分寒,对赣南地区的早稻播种育秧造成不利影响。

大风冰雹 春季出现的大范围强对流天气有 2 次,而且强度较大。其中:

第一次,4 月 11—13 日,定南和贵溪分别下了 1 毫米和 8 毫米的冰雹。全省有 17 个县(市、区)出现 8~11 级雷雨大风(资溪风速最大达 30 米/秒)、冰雹(赣州城区冰雹直径最大达 30 毫米)和强降水等强对流天气,其中弋阳同时遭到雷雨大风(22 米/秒)、冰雹(直径 12 毫米)和强降水的袭击。期间,上饶、赣州、鹰潭等地造成人员死亡和一定的经济损失。

第二次,5 月 6 日,全省有 15 个县(市、区)出现 8 级以上雷雨大风、有 9 个县(市、区)出现强降水,局部出现灾情。

暴 雨 年内,全省主要暴雨过程有 6 次,其中造成灾害比较大的有以下 3 次:

5月3—7日,赣北出现暴雨7县(市、区),赣中、赣南出现暴雨10县(市、区)。

5月12—17日,全省出现较强的连续暴雨过程,致使65个县(市、区)受灾。

6月,全省共出现93个县(市、区)暴雨、28县(市、区)大暴雨。

伏 旱 从6月末开始到9月上旬,全省出现历史罕见的高温少雨干旱天气,致使多项气象指标突破1959年以来的记录,其中:日最高气温有55个县(市、区)创历史同期新高,日平均气温有28个县(市、区)创历史同期新高,平均气温有57个县(市、区)创历史同期新高。

高温强度和范围以8月2日达到顶峰,当天,赣北、赣中有48个县(市、区)日最高气温超过40℃,远远超过历史同期纪录;该时段全省平均降雨量为165毫米(含人工增雨量),是全省历史同期有记录以来的最低值;全省伏旱指数为1949年后的第1位。

秋 旱 继特大伏旱之后,9—10月绝大部分地区降水仍偏少4～9成,全省又出现较明显的秋旱,冬种作物的播种、出苗受到较大影响。

气候影响评价

对油菜生产的影响 油菜生育期间气候条件是两头好中间差,弊多利少。主要是冬、春两季共7次强冷空气,特别是3月2—5日的强冷空气,降温幅度达12～15℃,对油菜的抽薹、开花不利。

对水稻生产的影响 双季早稻生育期间(3月下旬至7月中旬)气象条件利多弊少。主要是后期出现的严重高温逼熟天气,对产量不利影响较大。二季晚稻生育期间的气象条件是弊多利少。主要原因:一是持续高温干旱导致二季晚稻栽插面积减少;二是秧苗瘦弱素质差,分蘖迟缓,甚至有死株现象;三是生长期缩短,产量不高。

对棉花生产的影响 棉花生育期间的气象条件是弊多利少,主要原因:一是,7—9月是全省棉花伏、秋桃形成的关键期,但此期间全省主要棉区雨量仅为79～195毫米,比历年偏少1～6成,棉田土壤湿度持续偏低,伏秋连旱,导致棉花结铃少,单铃重低。二是,伏、秋连旱导致棉株早衰,主要棉区一类苗只有10%～20%,三类苗达50%～60%。三是,持续高温、干旱,使棉株对病虫害的抵抗力减弱,病虫危害普遍比较重。

对柑橘生产的影响 夏天的高温干旱对柑橘生产带来明显不利影响,主要表现在:一是气温高,柑橘日灼严重,造成异常落花落果。二是降水少,大部分橘园干旱明显,出现叶片卷曲、枯萎、落叶、落果及果实萎缩等症状。部分水源不足或无灌溉条件的橘园(多为脐橙)因旱枯死。三是,蒸发量大,严重影响柑橘幼果的生长发育。四是,8月中旬旱情虽有缓解,但裂果严重,果实品质较差。

对其他作物的影响 因高温干旱,花卉、苗木、中药材、经济林木、花生等多种经济作物受到不利影响,其中宜春地区80%以上的经济作物严重受旱。龙南县的蔬菜、花生、桑树干枯,桑农无叶养蚕。婺源茶园受旱面积数千公顷,其中有330多公顷幼龄茶树枯死。遂川夏、秋茶减产60%左右,2至5年树龄的发芽枯死60%左右,全年茶叶产量减少30%左右,而且品质下降。金溪蜜梨因伏旱减产20%以上,又因质量差,销售价低,全县减收约290万元。7—9月的干旱,不仅影响甘蔗的茎长度和粗度,甚至导致枯萎和病虫危害加剧。高温少雨,蔬菜生产也受到影响,导致蔬菜供应不足,价格上涨。

对人民健康的影响 夏天的持续高温酷暑,中暑及各类因高温诱发的疾病明显增多,如:中暑、发热、腹泻等。病人多为高温作业工人、露天作业工人、旅游者、老年人、长期卧床不起的病人、产妇和婴儿。省一附医院急救科的病人每天都很拥挤,省二附医院急诊科每天接待中暑病人达40人左右。省儿童医院就诊的患儿日最多超过1500人,病床使用率高达107%。南昌市120急救中心为抢救中暑病人,7—8月共出动急救车300多趟。

对城市供水、供电的影响 南昌水业集团最大供水量每天为97万立方,年内的高温干旱期,平均每天供水量达95万立方,最多的一天达98万立方。南昌供电局日供电量最高为2388万千瓦时(上年同期为1992.34万千瓦时),日最高负荷为118万千瓦(上年同期为98.15万千瓦)。从6月29日起,全省用电量一路攀升,至7月16日出现第一次高峰,至7月23日出现第二次高峰,至8月1日出现第三次高峰。

对商业销售的影响 高温期间,空调、冰箱等制冷行业出现前所未有的火爆场面,销售量一路攀升。南昌市丽华购物商场平均一天可卖出空调1000多台,冰箱200多台。部分商场还出现货源不足的情况。南昌市黄庆仁栈药店防暑药品一度供不应求。但百事可乐江西分公司高温期的销售量比往年同期有所减少,据该公司解释:当气温在35~36℃时,销量最好;气温达39~40℃以上,或下雨天,因外出人员减少,销量反而降低。

第十四节　2004年度

气候概况

降　水 年降水,全省各地为1085(寻乌)~1737(余江)毫米。大部分地区偏少,赣南南部偏少3成以上。

气　温 年平均气温,全省各地为17.2(修水)~19.8(赣州城区)℃。赣北、赣中偏高0.5℃以上,赣南偏高0.2~0.4℃。

日　照 年日照,全省各地为1559(瑞昌)~2151(南昌城区)小时。吉安市西部和宜春、萍乡、九江市的大部分地区略偏少,其他大部分地区偏多100小时以上。大余偏多553小时为最多。

气象灾害

2004年度,全省气候灾害年景为较好年景。

暖　冬 上年12月至年内2月,全省平均气温8.0℃,较多年平均值偏高0.8℃,是一个明显的暖冬。其中2月气温异常偏高,有46个县(市、区)突破历史记录。2月中旬森林热源点呈爆发性扩大、蔓延。

雷　电 全省共发生雷击事故508次,死、伤近100人,是年内导致全省人员伤亡最多的自然灾害。损坏大批变压器、家电、通信设备、网络设备,造成部分地区停电、停水、信息网络瘫痪、通信中断。雷击还引发多起建筑物被毁和起火事故。

大雾 全省共出现22次区域性大雾,其中2月18—19日,有76个县(市、区)被浓雾长时间笼罩,覆盖面积约13.43万平方公里,占全省面积的80.5%,大部分地区能见度为100~300米,局部不足50米。2月,全省成片(15站以上)大雾日有6天,其中19日由于大雾范围大、能见度极低(部分路段仅40米)。

高温 5月21—27日,全省以晴热天气为主,日最高气温33~35℃,局部达36℃,其中11个县(市、区)最高气温突破5月的历史记录。盛夏日最高气温超过35℃的日数大部分地区达30~45天。8月9日是入夏以来省内最热的一天,除庐山、井冈山最高气温低于35℃外,其余85个县(市、区)均超过35℃,其中71个县(市、区)超过37℃,25个县(市、区)超过39℃,遂川达40.1℃。

台风 受14号台风(云娜)的影响,8月12日晚开始,省内北部、中部自东向西普降暴雨。12—15日全省平均降雨96毫米,有64个县(市、区)超50毫米,39个县(市、区)超100毫米,7个县(市、区)超200毫米,庐山268毫米为最大,是1985年以来对省内影响最大的台风。这次降水增加了水库、塘堰的蓄水,对缓解前期出现的旱情十分有利,并使大范围的高温天气得到解除。但部分地区出现灾情,如:庐山、永修、都昌等地出现山体塌方和滑坡,瑞昌、东乡等地城区出现内涝等。8月26—27日,受台风"艾利"影响,赣南出现中到大雨,局部雨量超过50毫米。

干旱 全省大部分地区降水偏少,其中年初连续5个月降水持续偏少。7月中旬以后,部分地区出现旱情。10月全省平均雨量仅4毫米,与历年同期相比,偏少9.5成,仅次于1979年同期。寻乌县从9月22日起,连续50天无雨,干旱严重。

寒露风 受冷空气影响,9月8—10日和21—23日,全省部分地区出现轻度寒露风。10月1—5日全省出现重度寒露风。部分地区的二季晚稻受到轻度或重度危害。

暴雨 2月28日—7月13日,全省先后出现暴雨、大风天气8次,其中7月的暴雨致使吉安和赣州市的15个县(市、区)受灾,死亡多人,经济损失也较大。

降温 1月15日—5月4日,全省出现6次降温过程,最大降温幅度为12~13℃,对多方面造成影响,特别对农业生产和人民生活造成较大的不利影响。

冰雹 4月21—23日,全省有19个县(市、区)的140多个乡(镇)先后遭受风雹和暴雨袭击。5月突发性强降水等强对流天气出现8次,其中:5月26日下午,瑞昌市出现局地强对流天气,2小时雨量119.3毫米,最大风速24米/秒,局部出现冰雹,导致市区严重内涝,停水、停电、通讯中断10多个小时。7月25日傍晚,德兴市遭受风暴、冰雹袭击,历时40分钟,5000余人受灾。8月10日下午,德兴市再次遭受风暴、冰雹袭击,历时50分钟,伴随风暴还下了10分钟的冰雹。

气候影响评价

对早稻的影响 春分前后赣北、赣中及赣南北部出现重度春分寒(日平均气温≤10℃,每天日照<1小时,持续≥5天),对早稻的播种、出苗及秧苗生长不利。3月下旬中以后,全省以晴雨相间

天气为主,温高光足,降水适中,有利早稻播种、育苗及苗期生长。4月中下旬,早稻进入移栽—返青期,全省基本以晴雨相间天气为主,平均气温为21.0℃,较常年偏高2.0℃左右,对早稻的适时移栽、返青有利,移栽后返青期较常年提前4~14天。赣北少数地区前期降水持续偏少,因缺水推迟了早稻的栽插,至4月30日,全省早稻移栽才基本结束。全省早稻生产前期,大田植株多为一、二类苗,奠定了丰产基础。

对棉花的影响 全省棉花关键生育期光、热、水匹配良好。播种育苗期温高光足、无连阴雨,各地基本上一播全苗,且移栽顺利。现蕾期无明显洪涝灾害,仅局部暴雨造成低洼棉田受淹。开花结铃期有伏旱,因丰产架子已建好且无明显落花落铃,伏旱危害不严重。裂铃吐絮期的气象条件有利于棉桃生长、纤维伸长和收花晾晒。因此,全省棉花丰收。

对双季晚稻的影响 双季晚稻关键生育期,全省大部地区温、光、水适宜,前期未出现持续高温天气。9月初及9月下旬出现的两次秋季低温,均对晚稻影响不大。9月22日以后的持续少雨,虽造成部分地区轻至中度干旱,但仅对迟熟品种有影响。全省也未发生大范围的病虫害。后期温高光足,日较差大,有利于产量形成及适时收晒。因此,全省双季晚稻丰收,与上年相比,单产和总产都有大的增加。

对森林火灾的影响 2月8—10日,由于赣北北部天气连晴,空气湿度小,森林火险等级达4~5级,全省共发现火点26个,主要分布在九江、上饶、景德镇、宜春等市。2月10—13日,全省共监测到热点69个,其中56个确认为练山或出现火情,主要分布在九江、上饶、景德镇、鹰潭、赣州等市。进入10月后,全省各地高森林火险日数已普遍达40~55天。10—11月,卫星遥感监测到全省森林热点251个,有233个被确认为实际火点,其中赣州市71个,吉安市47个。

对交通运输的影响 2月的大雾和浓雾,给公路、水路交通和航空运输造成较大损失。

对供电和供水的影响 2003年12月至2004年4月,全省连续5个月降水持续偏少,各大水库蓄水不足,给水库调度和水力发电带来较大困难。1—6月全网水电发电量较上年同期偏少49%~87%,而10月较上年同期偏少约33%,全年较上年偏少约43%。另外,由于9月、10月久晴少雨,赣江水位持续下降,接近历史最低水位,位于赣江的南昌水厂取水、供水能力受到限制。

第十五节 2005年度

气候概况

降 水 年降水,全省各地为1295(南康)~2043(广昌)毫米,平均为1603毫米。南昌市、九江市、吉安市大部,宜春市东北部,抚州市和赣州市部分地区偏多0.1~1.8成,其余地区偏少0.1~2.9成。

气 温 年平均气温,全省各地为17.0(修水)~19.7(信丰)℃,平均为18.3℃。大部分地区偏高0.1~0.9℃,以瑞昌、景德镇城区偏高1.0℃为最高。

日　照　年日照,全省各地为1231(萍乡城区)~1798(南昌城区)小时,平均为1533小时。除部分地区偏多46~117小时外,其他绝大部分地区偏少,其中:赣北偏少25~560小时,赣中偏少147~431小时,赣南偏少46~284小时。

气象灾害

2005年度,全省气候灾害年景为较好年景。

大　雪　全省冬、春季出现较长时间的大雪天气,其中1月11—13日和3月11—13日的大雪,造成310余万人受灾。

大　雾　1月14—17日,全省出现近5年来范围最广、持续时间最长的大雾天气,大部分地区夜间到上午被浓雾笼罩,能见度一般在500米以下,部分地区小于50米。10月26日早晨全省有27个县(市、区)出现雾和浓雾,昌樟高速公路药湖大桥路段发生多起追尾撞车事故,相撞车辆20余辆。11月5日上饶市境内大雾弥漫,能见度不足30米。11月27日,全省有31个县(市、区)出现大雾,造成多车追尾。

冰　冻　2月16—20日,庐山出现罕见的冰冻天气,电线积冰直径62毫米,重达704克/米,最低气温降至-10℃,为近10年所罕见。供电、交通、通信等部门损失较大。

强对流　2月8日,修水出现冰雹,最大直径4毫米。4月30日至5月1日,赣北普降中到大雷阵雨,有16个县(市、区)遭受短时雷雨大风、强降水和冰雹袭击,其中庐山、德安冰雹直径达20毫米。5—6月,全省雷电、冰雹、大风等天气频繁出现。年内全省有71个县(市、区)出现冰雹、大风天气,有57个县(市、区)共出现507起雷击事故,死、伤130余人。

暴　雨　5月11—15日,全省出现入汛以来最强的暴雨过程,共有51个县(市、区)遭受暴雨或大暴雨袭击,局部还出现短时雷雨大风和冰雹。有26个县(市、区)1小时雨量超过30毫米。有33个县(市、区)发生洪涝灾害。6月17—23日,全省自北向南出现汛期强度最大、范围最广、持续时间最长的暴雨和大暴雨天气,有51个县(市、区)降雨量超过100毫米,13个县(市、区)超过200毫米,6个县(市、区)超过300毫米,以广昌515毫米为最大。抚河和赣江上游、信江部分支流洪水超警戒线。南城县城一度被淹,积水最深处达1.5米。

台　风　夏、秋季西北太平洋先后有4个台风减弱成热带风暴或低气压进入省内,是1971年以来台风进入境内次数最多的一年,其中:9月的台风"泰利"是近30年来对省内造成损失最严重的台风之一。9月1—4日,全省3天平均降雨118毫米,过程累积雨量有66个县(市、区)超过50毫米,31个县(市、区)超过100毫米,14个县(市、区)超过200毫米,以庐山940毫米为最大,瑞昌428毫米次之,造成潦河流域出现洪涝。

秋季高温　9月12—21日,全省日最高气温普遍达到34~38℃,其中以弋阳39.4℃为最高。9月中旬,全省平均气温较历年同期偏高3~5℃,有76个县(市、区)突破历史同期纪录。9月下旬,又有76个县(市、区)出现高温,其中有7个县(市、区)平均气温突破历史同期纪录。11月全省平均气温为15.7℃,继续突破历史同期纪录。

秋季连续暴雨 11月8—11日,省内北部出现秋季连续性暴雨、大暴雨,赣北有28个县(市、区)出现暴雨,有14个县(市、区)出现大暴雨,其中有9个县(市、区)降水量超过200毫米。降水中心集中在赣中和赣北地区,以奉新县257毫米为最大,局部地区出现严重洪涝。九江、宜春、抚州等市共有约50万人受灾。

干 旱 5—10月,赣东北局部地区出现阶段性干旱,其中景德镇城区、乐平、玉山、婺源、弋阳平均雨量为632毫米,偏少4成,以景德镇城区偏少4.8成为最多。共造成约37万人受灾,

气候影响评价

对早稻生产的影响 全省双季早稻播种期天气正常偏好。苗期温高光足,有利壮秧。分蘖期多强对流天气,局部有病虫害。孕穗抽穗期光、温适宜,有利于物质积累。成熟期的高温对灌浆乳熟有不利影响。

对晚稻生产的影响 全省双季晚稻播种、移栽期天气较好,有利早生快发。分蘖期持续少雨,不利分蘖孕穗。抽穗扬花期无寒露风,但部分地区出现大风和暴雨。灌浆期温度日较差大,有利提高粒重,但高温高湿天气诱发病虫害。成熟期日照充足,有利收晒。10月初,台风"龙王"导致大风、暴雨天气,使环鄱阳湖区晚稻稻飞虱大暴发,致使部分田块减产。

对油菜生产的影响 全省油菜播种期降水异常偏少,对播种、出苗不利。越冬期长时间低温寡照,对培育壮苗不利。开花期遇寒潮、雨雪、冰冻天气,对开花、授粉不利。结荚成熟期温高、光足,对产量形成有利。

对棉花生产的影响 全省棉花播种期没有出现低温、连阴雨天气,有利一播全苗。移栽期雨日多,但降水分布较均匀,有利栽后成活。现蕾期多强对流天气,少数棉田受渍害。开花初期晴热少雨,不利伏前桃生长。伏秋期降水均匀,无明显干旱,伏秋桃数量增多。后期温、光适宜,有利裂铃及采摘、晾晒。

对森林火险的影响 3月上旬,因连续晴天,空气湿度小,火险等级高,全省共发现森林热点15个。4月共发现热点132个,其中24个被确认为农事用火和炼山火情。

对水电的影响 全省各水电厂发电量较上年偏多,全网发电量为327.2533亿千瓦时,其中下半年为180.4533亿千瓦时,比上年同期增加10.5%。7月,全省月平均气温偏高,大部分地区降水偏少,且分布不均,虽然各水库来水量略少于上年同期,但水电发电量较上年同期增长48%。8月,各水库来水量较上年同期偏多25.7%,水电发电量较上年同期增长25.34%。9月,各水库来水量较上年同期偏多,电网水库可调水量较上年同期多4.02亿立方米,蓄能值较上年同期增多约0.44亿千瓦时。

对水情的影响 全省27座大型和重点中型水库蓄水情况好于上年,汛期共有14座水库水位超过汛期限制水位。大江、大河洪水属中水年份,未发生全流域性大水,但受局地强降水影响,部分中、小河流发生较大洪水,致使赣江干流峡江以上、抚河干流南城以上,以及信江、修河的多条支流和鄱阳湖发生超警戒洪水。1—9月,全省入鄱阳湖的总水量为928.78亿立方米,较常年同期偏少

1.5 成,其中赣江基本持平,其余各河均为偏少,以昌江偏少 5.1 成为最少。另外,鄱阳湖滨湖地区受长江洪水影响,汛期湖口站先后出现四次倒灌,倒灌总量为 51.64 亿立方米。

对交通和环境的影响　全省出现区域性大雾 30 多次,造成约 30 人死、伤,多次航班延误,高速公路关闭,空气质量下降。

对社会安全和人民生活的影响　5 月和 6 月的暴雨,导致全省 620 余万人受灾,死、伤多人。11 月上旬气温异常偏高,旬平均气温 19 ~ 23℃,大部偏高 4 ~ 6℃,导致疾病流行,省儿童医院 11 月上旬病房爆满,看病的小孩以流感、秋季腹泻、气管炎等为主,年龄多在 3 岁以下。

第十六节　2006 年度

气候概况

降　水　年降水,全省各地为 986.8(德安)~2295.2(横峰)毫米,平均为 1685.7 毫米。较常年略偏多,但降水不均,北少南多,其中:南昌、九江、景德镇、抚州市和上饶市北部偏少 1 ~ 3 成;吉安、赣州、宜春市大部和上饶市南部偏多 1 ~ 4 成。

冬季降水,全省各地为 125(寻乌)~293(婺源)毫米,平均为 219 毫米。赣北大部分地区偏多;赣中偏少;赣南偏少 1.8 ~ 4.3 成。

春季降水,全省各地为 454(瑞昌)~905(瑞金)毫米,平均为 659 毫米。赣北、赣中偏少;赣南和赣东北偏多,以龙南偏多 4.4 成为最多。

夏季降水,全省各地为 288(波阳)~966(井冈山)毫米,平均为 588 毫米。赣北偏少 1 ~ 5 成;赣南及赣西偏多 2 ~ 6 成,以龙南偏多 6.2 成为最多。

秋季降水,全省各地为 95.5(东乡)~438.3(横峰)毫米,平均为 222.8 毫米。赣北大部分地区偏少;赣东北和赣南偏多,以横峰偏多 1 倍为最多。

气　温　年平均气温,全省各地为 17.0(铜鼓)~20.2(于都)℃,平均为 18.6℃,较常年偏高 0.9℃。大部分地区偏高 0.6 ~ 1.2℃,以乐安偏高 1.5℃为最高。

年极端最高气温 39.9℃(广昌),年极端最低气温 - 6.3(修水)℃。

冬季平均气温,全省各地为 5.2(彭泽)~10.9(寻乌)℃。赣北、赣中接近常年,其他大部分地区略偏高,赣南偏高 0.3 ~ 1.0℃。

春季平均气温,全省各地为 17.2(婺源)~19.3(赣州城区)℃,平均为 18.4℃。赣北偏高 0.3 ~ 2.2℃,赣中偏高 1.1 ~ 2.5℃,赣南偏高 0.2 ~ 0.6℃。

夏季平均气温,全省各地为 26.5(铜鼓)~29.4(九江城区)℃,平均为 28.1℃。赣北、赣中偏高 0.9 ~ 1.6℃,赣南偏高 0.1 ~ 0.5℃。

秋季平均气温,全省各地为 18.3(铜鼓)~22.1(于都)℃,平均为 20.1℃。各地偏高 0.1 ~ 2.1℃。

日　照　年日照,全省各地为 1149(崇义)~1938(德安)小时,平均为 1553.6 小时,较常年偏少 194.7 小时。赣北和赣中北部大多偏少 100～200 小时;赣中南部和赣南大部偏少 200～400 小时;局部偏少 400 小时以上,以会昌偏少 573.6 小时为最少。

冬季日照,全省各地为 184(永新)～295(寻乌)小时,平均为 237 小时,普遍较常年偏少约 70 小时。赣北偏少 34～95 小时;赣中偏少 55～84 小时;赣南偏少 44～89 小时,以瑞昌偏少 95 小时为最少。

春季日照,全省各地为 156(会昌)～508(德安)小时,平均为 328 小时,接近常年同期,北部偏多南部偏少。

夏季日照,全省各地为 438(崇义)～711(万年)小时,平均为 599 小时,较常年偏少约 34 小时。

秋季日照,全省各地为 304.0(铜鼓)～476.6(石城)小时,平均为 388 小时,较常年偏少约 98 小时。

气象灾害

2006 年度,全省气候灾害年景为一般年景。

洪　涝　全省先后出现 15 次区域性暴雨,并伴有短时强降水,其中汛期(4—6 月)共 11 次。最严重的是 6 月 3—8 日这次连续性暴雨,出现时间之早,灾害之重,历史少见。

台　风　全年有 5 个台风影响省内,其中从 7 月 14 日—8 月 11 日不到一个月的时间内,有 3 个台风的中心接连进入境内,造成人员伤亡和较大的经济损失。但台风降水给全省带来约 617 亿立方米的水资源,使汛期降水不足的地区得到补充,水库蓄水增加。

强风雹　4 月 11 日,全省大部分地区遭受强风雹、强暴雨天气袭击,有 27 个县(市、区)出现 8～11 级雷雨大风、冰雹、强降水等天气,其中有 5 县(市、区)出现冰雹。4 月 12 日,北方强冷空气侵入境内,有 6 县(市、区)出现 8 级偏北大风。受此影响,全省部分地区受灾,损失较大。

高温干旱　7—10 月,全省降水分布不均匀,北少南多。与历年同期相比,北部大部地区偏少 3～6 成。全省有 20 个县(市、区)出现旱情。6—9 月,全省有 70 个县(市、区)高温日数(日最高气温≥35℃)在 30 天以上,有 47 个县(市、区)高温日数达 40 天以上,以铅山 63 天为最多。

强雷电　全省出现雷灾约 690 起,死、伤 120 余人,建筑物受损约 40 起。其中:6 月 22—27 日,24 人遭雷击身亡。7 月的强雷电又导致 16 人死亡。

大　雪　从 2 月 15 日开始,全省出现大风、降温和降水天气,过程降温赣北、赣中 12～15℃,赣南 16～18℃。17—18 日北部普遍出现雨夹雪和小雪,部分地区出现中到大雪,雨雪量一般为 5～12 毫米。18 日上午赣北有 23 个县(市、区)出现积雪,其中 16 个县(市、区)积雪深度超过 2 厘米,以庐山 22 厘米为最深。部分地区出现灾情。

春季寒潮　3 月 11—13 日,省内普遍出现大风、降温、降雪的寒潮天气。赣北、赣中有 14 个县(市、区)出现 8 级以上大风,庐山、永修、星子、丰城等风力达 9 级。赣北普遍出现雨夹雪或雪,部分地区出现大雪。有 41 个县(市、区)出现积雪,其中 11 个县(市、区)积雪深度超过 5 厘米,以庐山 14 厘米为最深。日平均气温赣北普遍下降 12～14℃,赣中、赣南下降 15～18℃。过程最低气温赣北、赣中大部分地区为 -1~1℃,赣南 1~3℃。有 22 个县(市、区),约 156 万人受灾,农作物受灾约 12 万公顷,其中:高安、丰城、樟树、永修、都昌、泰和、峡江等县(市、区)受灾较为严重。此外,对电力、交通等部门的影响也较大。

寒露风 从 9 月 8 日开始,省内出现大风、降温及强降水天气,日平均气温东部和南部下降 7~10℃,其他地区下降 4~6℃。9—12 日全省平均气温 19.4℃,为历年同期最低。日极端最低气温普遍为 17~19℃,部分地区在 16℃ 以下。全省普遍出现轻度以上寒露风,有 61 个县(市、区)出现重度寒露风。寒露风出现日期比历年提前 15~25 天,对正处在抽穗、扬花期的二季晚稻造成危害。

大 雾 全省共出现 17 次大雾天气,最低能见度在 50 米以下,其中影响最大的有 3 次。全省大部分高速公路的部分路段先后被关闭数小时,部分飞机场航班被延误,有 4700 多辆机动车受阻,有 13 辆汽车连环追尾。

气候影响评价

对棉花生产的影响 全省棉花苗期温高光足,降水适宜。现蕾期无大范围洪涝渍害。开花结铃期没有明显的伏旱。裂铃吐絮期气象条件也适宜。后期无雨,利于棉花收晒。棉花生产期间总体气象条件利大于弊,全省棉花单产和总产均较高。

对双季早稻生产的影响 全省双季早稻播种和苗期气候正常,秧苗发育进程快,移栽后返青期早于常年。分蘖期大部分地区气象条件基本有利,仅局部地区出现短期低温。孕穗期局部暴雨成灾。抽穗期持续高温对开花授粉不利。灌浆乳熟期大部分地区温光适宜,有利于产量形成,仅赣南遭两次热带气旋袭击,局部稻田受淹。总体气象条件利大于弊,加上全省广泛实行了"多播一斤种,增收百斤粮"的措施,因此,全省早稻单产和总产均比较高。

对双季晚稻生产的影响 全省双季晚稻移栽期大部分地区降水较充足,确保了栽插面积。分蘖、孕穗期降水分布不均,局部地区出现旱、涝。孕穗、抽穗期大部分地区出现重度寒露风,影响结实率。灌浆期日较差大,有利籽粒增重。后期天气晴好,有利适时收晒。总体气象条件利大于弊。

对油菜生产的影响 全省油菜播种期降水略偏少,不利播种和移栽。越冬期无明显冻害,光照、降水基本适宜,有利营养生长和安全越冬。现蕾、抽薹期遇阴雨寡照,但由于热量充足,影响不大。开花期遇寒潮、雨雪、冰冻天气,对产量影响较大。成熟期天气晴好,有利收晒。总体气象条件利弊相当。

对水电的影响 7—8 月的持续高温使用电负荷一路攀升,8 月 29 日全省电力负荷突破历史同期纪录。各水电厂发电量与上年同期相比增加 9.6%。由于降水分布不均,北部部分地区出现旱情,江河水位长期偏低,全省秋、冬季各水电厂发电量较上年减少 10% 以上。

对水情的影响 7—8 月,由于高温少雨,加上长江上游来水量小,全省大江大河水位持续偏低,水库蓄水不足。8 月,景德镇、鹰潭、九江、南昌、新余等市大、中型水库蓄水只占库容的 50%~60%,还有 20 多座水库干涸。8—11 月,赣北出现秋旱,鄱阳湖流域上游来水减少,加上长江上游四川、重庆等地出现严重的高温干旱,长江水位低,致使鄱阳湖水位连续 4 个月突破历史同期最低纪录。鄱阳湖主体及附近水域面积为1866平方公里,仅为多年平均值的54%,湖体处于典型的枯水状态,给工农业和城市居民用水造成困难。

第十七节　2007年度

气候概况

降　水　年降水,全省各地为905.1(鄱阳)~1876.4(井冈山)毫米,平均为1312毫米,全省降水普遍偏少。赣中、赣北大部分地区偏少2~3成,以鄱阳县偏少4.6成为最少。其余大多地区接近历年同期或略偏少,赣州南部略偏多。

冬季降水,全省各地为115.9(都昌)~259.5(永丰)毫米,平均为194.3毫米,比常年偏少1.4成。2月上旬前,全省降水偏少3.7成。2月中、下旬偏多3.8成。

春季降水,全省各地为312.5(波阳)~641.4(资溪)毫米,平均为448.4毫米。赣北和赣中大部分地区偏少3~4成,局部偏少4~5成,赣南偏少2~3成。

夏季降水,全省各地为276(樟树)~1177(井冈山)毫米,平均为528毫米。赣北大部和抚州、吉安北部偏少1~5成,赣州和吉安南部偏多2~6成,以会昌偏多6.3成为最多。

秋季降水,全省各地为28.9(赣州城区)~232.5(德兴)毫米,平均为109毫米。吉安南部、赣州大部、环鄱阳湖地区和抚州东部偏少5~8成,其他地区偏少3~5成。

气　温　年平均气温,全省各地为17.3(铜鼓)~20.7(于都)℃,较常年偏高0.3(寻乌)~2.1(新建)℃。全省平均为19.0℃,较常年偏高1.2℃。1月与历年持平,4月和9月比常年略偏低,其他各月均偏高,以2月偏高4.9℃为最高。

年极端最高气温40.6℃(吉安县8月2日),年极端最低气温-4.8℃(铜鼓县1月7日)。

冬季平均气温,全省各地为6.9~10.9℃,大部分地区比常年偏高1~2℃,局部偏高2~3℃,以乐安偏高2.6℃为最高。全省平均为8.8℃,比常年偏高1.7℃。2月全省平均为12.6℃,偏高4.9℃。

春季平均气温,全省各地为17.2(铜鼓)~19.8(于都)℃,赣北、赣中大部分地区偏高1~2℃,局部偏高2~3℃,以九江城区偏高2.6℃为最高。赣南偏高0.1~1℃。全省平均为18.7℃,较历年同期偏高1.4℃。

夏季平均气温,全省各地为26.8(铜鼓)~29.9(赣县)℃,大部分地区偏高0.5~1℃,局部偏高1℃以上,以崇义偏高1.9℃为最高。全省平均为28.5℃,比历年同期偏高0.9℃。

秋季平均气温,全省各地为17.4(铜鼓)~21.8(于都)℃,赣北、赣南大部和赣中局部偏高0.5~1℃,局部偏高1℃以上,其他地区接近历年同期。全省平均为19.7℃,较历年同期偏高0.6℃。

日　照　年日照,全省各地为1366.4(井冈山)~2099.9(南昌城区)小时,大部分地区较历年偏多(或偏少)0.1~5%。全省平均为1667.7小时,接近历史平均值。

冬季日照,全省各地为255.8(宜春城区)~402.3(寻乌)小时,除赣北北部和局部山区略偏少外,其余大部地区偏多10~40小时,局部偏多50~60小时,以宁冈偏多78.8小时为最多。全省平均为329.2小时,较历年同期偏多21.9小时。

春季日照,全省各地为267.9(崇义)~523.7(湖口)小时,赣北、赣中大部偏多50~100小时,赣东北和赣南偏多10~50小时,以修水偏多134.1小时为最多。全省平均为375.2小时,较历年同期偏多48.6小时。

夏季日照,全省各地为350.8(井冈山)~716.1(南昌城区)小时,大部分地区偏少50~100小时,局部偏少100小时以上。全省平均为553小时,偏少80小时。

秋季日照,全省各地为382.7(瑞昌)~593.1(南昌城区)小时,平均为466.6小时,较历年同期偏少13.3小时。西部和环鄱阳湖地区偏多,其他地区均偏少。

气象灾害

2007年度,全省气候灾害年景为较好年景。

暴 雨 全省先后出现7次暴雨过程,并伴有短时强降水,其中汛期(4—6月)共发生4次区域性暴雨,分别出现在:4月22—24日、5月31日—6月2日、6月5—10日、6月12—14日,与历史同期相比属偏少年。

台 风 8—10月,先后有4个热带气旋影响境内,并造成局部降水。接着,第9号超强台风"圣帕"减弱后的低压中心进入省内后,致使19个县(市、区)的102个乡(镇)出现8级以上大风,中南部及西部普降暴雨,局部大暴雨,部分地区特大暴雨。全省平均雨量达71毫米,有效缓解了持续已久的高温干旱。但由于降雨比较集中,吉安、抚州、赣州市共有160余个乡(镇)受灾。

风 雹 全省共有156县(市、区)出现雷雨大风或冰雹,冰雹最大直径15毫米(7月23日出现在鹰潭城区),最大风速27米/秒(7月23日出现在万安)。造成178.3万人受灾,死亡9人。

干 旱 全省出现2次干旱过程,分别在7月1日至8月13日,9月15日至12月15日,其中以秋季旱情最为严重,共造成474.0万人受灾。

雷 电 全省因雷击死亡141人,伤33人,尤以6、7两个月损失最大。

寒 潮 3月3—8日,全省自北向南有86个县(市、区)出现寒潮,过程降温赣北为13~15℃,赣中、赣南为16~18℃,局部19℃,以万安19.7℃为降幅最大。过程最低气温全省普遍为2~4℃。还有17个县(市、区)出现8级以上大风,其中6个县(市、区)出现10级大风。全省普降中雨,局部大雨,其中赣北、赣中5—8日还有14个县(市、区)出现短时雨夹雪。

大 雾 全省共出现21次区域性大雾天气,最低能见度在50米以下。因大雾引起交通事故,共22人死亡,约60人受伤。其中4月11日,全省有54个县(市、区)出现大雾天气,是年内范围最大的一次大雾。

气候影响评价

对棉花生产的影响 全省棉花播种育苗期热量充足、降水少,幼苗长势好。蕾铃期出现伏旱,对坐桃不利。裂铃吐絮前期遇低温阴雨,棉纤维品质受到影响,但后期温、光适宜,对棉桃成熟有利。由于棉区降水偏少,病虫为害较轻。整体气象条件两头好,中间差。

对双季早稻生产的影响 全省双季早稻春播期未出现大范围低温连阴雨天气,播种育秧工作顺利。分蘖、抽穗期洪涝灾害轻,对早稻生产有利。灌浆、乳熟期出现轻度高温逼熟天气,不利籽粒干物质积累。整体气象条件利大于弊。

对双季晚稻生产的影响 全省双季晚稻播种育秧期受严重伏旱影响,移栽困难。分蘖期雨水多生长迅速。孕穗、抽穗期遇低温阴雨寡照天气,有不利影响。乳熟至成熟期光、温、水匹配良好,利于丰产。整体气象条件利大于弊。

对油菜生产的影响 全省油菜播种出苗期气象条件基本有利,但部分地区因降水偏少影响移栽活棵。越冬期无明显冻害,有利安全越冬。但开花期明显提前,造成抗春寒能力减弱。结荚期天气多变,不利油菜高产。成熟期雨日少,有利收晒。整体气象条件利大于弊。

对水电的影响 6月下旬至8月中旬,全省持续晴热高温少雨,用电负荷一路攀升。8月8日全省电网最高用电负荷创历史新高,电网迎峰度夏的压力较大。9月中旬至12月中旬,全省降水持续偏少,导致各江河、湖泊水位持续走低,水库蓄水严重不足,各大水电厂发电受到影响,供电趋紧。全省年计划水力发电30亿千瓦时,实际只完成20.6亿千瓦时,减少约30%。南昌电厂因取水困难停机10天。

对水情的影响 鄱阳湖丰水年一般最大水域面积为4350平方公里,2006年12月1日至2007年2月13日,全省降水明显偏少,加上长江上游来水偏少,导致鄱阳湖出现少见的低水位,2月1日,其水域面积仅1669平方公里。受年内9月中旬以后降水持续偏少的影响,赣江、抚河和鄱阳湖水位均创历史新低,致使鄱阳湖提前一个多月进入枯水期。

对森林火灾的影响 全省持续干旱少雨,各地高森林火险气象等级日数较多,中、北部达75~85天,南部普遍达90天以上,火情增多。全省林区、山区、旅游景区共监测到森林热点560个,其中2月218个,11月124个。11月全省共发生森林火灾66起,比上年同期增长88%,导致重大经济损失和生态危害,并有多人伤亡。

对人民生活的影响 春季寒潮导致气温急剧下降,感冒病人明显增多,心脑血管及流行性疾病的发病人数也较多。7月1日至8月13日,35℃以上的高温日数除赣北北部和赣南南部为20~30天外,其他地区为30~39天,导致中暑人数增多。伏旱、秋季和初冬连旱,导致全省多个城市出现供水困难。

第十八节　2008年度

气候概况

降　水　年降水,全省平均为1547.7毫米,接近历年平均值或略偏少。各地为1137.6(遂川)～1963.7(资溪)毫米。赣北的大部、吉安的西南部和赣州的东北部偏少1～2成,其余地区基本正常。

冬季降水,全省平均为224.2毫米,接近常年。各地为160.9(南昌)～276.2(安远)毫米。赣中大部和赣北中南部偏少0～2成,其余地区接近常年或略偏多。1月12日至2月2日低温雨雪冰冻期间,全省降水平均偏多1.25倍。

春季降水,全省平均为509.8毫米,较历年同期偏少2.2成。各地为235.2(德安)～764.5(宜黄)毫米,其中赣北中北部300～400毫米,赣北南部和赣中大部500～650毫米,赣南400～550毫米。赣北的中北部、赣南东部较历年同期偏少2.5～5成,其余大部地区偏少1～2成。

夏季降水,全省平均为613.8毫米,较历年同期接近或略偏多。各地为342.7(永新)～1015.3(寻乌)毫米,其中赣北平均降水量为641.5毫米,正常略偏多;赣中516.4毫米,略偏少;赣南663.2毫米,偏多3.1成,以寻乌偏多7.7成为最多。

汛期(4—6月)降水,全省平均为669毫米,较常年偏少1成,以德安偏少5.3成为最少。各地为295(德安)～1046毫米(婺源),其中:中北部偏少,南部正常略偏多。

秋季,全省平均为250.5毫米,较历年同期偏多1.3成。各地为125.1(信丰)～428.2(德兴)毫米,与历史同期相比,赣南偏少0.8(定南)～3.9(信丰)成,赣北赣中偏多0.5(瑞昌)～8.9(德兴)成。

气　温　年平均气温,全省为18.4℃,较常年偏高0.6℃。各地为16.7(铜鼓)～20.2(于都)℃,除寻乌县略偏低外,其余地区均较常年偏高0.1(石城)～1.5(鹰潭)℃。年极端最高气温40.8℃(修水7月27日)。年极端最低气温-6.5℃(德安2月3日)。

冬季平均气温,全省为6.7℃,较历年同期偏低0.6℃。各地为4.5(彭泽)～9.3(全南)℃,大部分地区偏低0.5～1℃,局部偏低1℃以上。1、2月平均气温较常年同期偏低,其中1月12日至2月2日全省平均气温和平均最高气温均创历史同期新低。

春季平均气温,全省为19.1℃,较历年同期偏高1.9℃。赣北大部和赣中18～19℃,赣南19～20℃。赣北和赣中大部偏高1.5～2.5℃,其余地区偏高0.5～1.5℃,以新建偏高2.8℃为最高。

夏季平均气温,全省为27.9℃,较历年同期偏高0.4℃。各地为26(寻乌)～29.1(进贤)℃。大部分地区较历年同期偏高0.3～0.6℃,局部偏高1℃以上,以鹰潭城区偏高1.1℃为最高。

秋季平均气温,全省为20.3℃,较历年同期偏高1.4℃。各地为18.4(铜鼓)～22.6(于都)℃,较常年偏高0.6(彭泽)～2.4(崇义)℃。

日　照　年平均日照,全省为1715.8小时。各地为1352.7(铜鼓)～2117.5(南昌)小时。宜春西部、赣州南部和局部山区较常年略偏少,其余地区略偏多。

冬季日照,全省平均为 240.4 小时,较常年偏少 1.9 成。各地为 147.6(宜春城区)~332.1(德安)小时,大部分地区偏少 1~3 成,局部偏少 3 成以上,以宜春城区偏少 4.3 成为最少。

春季日照,全省平均为 402.4 小时,较历年同期偏多 2.9 成。各地为 249.3(定南)~518.9(南昌城区)小时,其中九江、南昌、景德镇、鹰潭、上饶和宜春东部为 400~500 小时,其余大部分地区为 300~400 小时。全省日照时数普遍偏多,东部偏多 100~150 小时,中部和西部偏多 50~100 小时。

夏季日照,全省平均为 539.2 小时,较历年同期偏少 1.1 成。各地为 408.5(定南)~656.1(南昌城区)小时,较历年同期普遍偏少,大部分地区偏少 50~100 小时,局部偏少 100 小时以上。

秋季日照,全省平均为 456.5 小时,较历年同期偏少 0.1 成。各地为 342.1(井冈山)~588.2(石城)小时,赣北大部分地区较常年偏少 0.1(丰城)~2.0(余江)成,赣南赣中大部分地区较常年偏多 0.1(赣县)~1.5(石城)成。

气象灾害

2008 年度,全省气候灾害年景为差年景。

低温雨雪 1 月 12 日—2 月 2 日,省内出现低温雨雪冰冻天气,全省平均气温 1.7℃、平均最高气温 3.3℃,均创历史同期最低纪录。20 天内共出现 4 次范围较大、强度较强的雨雪天气。有 71 个县(市、区)相继出现冻雨,45 个县(市、区)电线积冰直径超过 10 毫米,以庐山 84 毫米为最大。全省有 2200 多万人受灾,损失巨大。

暴雨洪涝 全省先后出现 15 次区域性暴雨过程,暴雨日达 17 天,并伴有短时强降水。其中汛期(4—6 月)共发生 8 次区域性暴雨,区域性暴雨日有 10 天。全省受灾人口约 380 万人,死亡多人,经济损失较大。

台 风 影响省内的台风共 7 个,影响时间较往年早。其中"风神""凤凰"两个台风减弱后的低压中心进入省内后,致使局部地区灾情严重。"浣熊""海鸥""北冕""森拉克""黑格比"等 5 个热带气旋的外围云系先后影响省内,造成局部降水。年内因台风导致全省受灾人口超过 84 万人,死亡多人,经济损失较大。

强对流 全省强对流天气共造成 55 万余人受灾,死、伤十余人,经济损失也较大。其中:在 4 月 8—9 日的强对流过程中,全省中北部普遍出现雷雨天气,部分地区还出现短时 8 级以上雷雨大风和短时强降水或冰雹。在 7 月 6—9 日的强对流过程中,35 县(市、区)先后出现暴雨、大暴雨,16 县(市、区)出现雷雨大风,22 县(市、区)出现 1 小时 30 毫米以上的强降水,武宁县还出现冰雹。

高 温 全省共出现 6 次高温天气过程:6 月 21—24 日、7 月 1—6 日、7 月 14—18 日、7 月 22—28 日、8 月 4—22 日、9 月 18—23 日。而范围最广、强度最大的主要出现在 7 月下旬、8 月中旬后期到下旬初的两个时段。6—8 月全省平均高温日数 31.5 天,有 15 个县(市、区)超过 40 天,有 46 个县(市、区)为 30~40 天。7 月 26 日,出现年内范围最广的高温天气,全省有 87 个县(市、区)日最高气温超过 35℃,82 个县(市、区)超过 37℃,2 县(市、区)超过 40℃。8 月 21 日高温强度最大,有 30 个县(市、区)超过 39℃,4 个县(市、区)超过 40℃。

雷 电 从 3 月 18 日开始,省内就出现雷电。全年共出现 120 个雷闪日,总闪电次数 593650 次,其中正闪 17981 次,负闪 575669 次。

大 雾 全省共出现 23 次区域性大雾天气,最低能见度在 100 米以下。11 月 14 日,因大雾导致沪昆高速公路江西东乡段发生 4 起汽车相撞事故,共造成十余人死、伤。12 月 15—17 日,全省再次连续出现大雾天气,其中 15 日早晨有 54 个县(市、区)出现大雾或浓雾,是年内全省范围最广、强度最强的大雾天气,致使中北部多条高速公路实行全线封闭。

气候影响评价

对棉花生产的影响 全省棉花苗期温高雨水多,部分棉区病害重于常年,但营养钵育苗未出现明显烂种死苗现象。移栽期降水偏少,影响栽后的活棵和早发。开花结铃期无明显伏秋干旱,有利坐桃。裂铃、吐絮期温、光较适宜,雨日少,有利后期生长和采收。总体气象条件利大于弊。

对双季早稻生产的影响 全省双季早稻春播期无明显春寒,光照、降水适宜,有利早稻播种育秧。营养生长期气温偏高,日照偏多,暴雨过程少,对分蘖、拔节有利。孕穗、抽穗期出现多次强对流、暴雨等灾害性天气,但未造成大范围的洪涝灾害,对早稻生产影响不大。灌浆、乳熟期出现轻度高温逼熟灾害。成熟期晴多雨少,有利收晒。此外,年初罕见的持续低温雨雪冰冻天气,对抑制早稻各类病虫害有利。总体气象条件利大于弊。

对双季晚稻生产的影响 全省双季晚稻播种育秧期温、光适宜,有利培育壮秧。移栽期降水多,有利适时移栽和返青。分蘖期多晴天,有利形成大蘖。抽穗期遇晴热高温天气,对抽穗扬花有不利影响。后期大部地区温高光足,且日较差大,有利籽粒增重及收晒。总体气象条件利多弊少。

对油菜生产的影响 全省油菜播种至移栽期降水明显偏少,部分地区播种移栽受旱。苗期遇历史罕见的低温雨雪冰冻天气,不利安全越冬。开花结荚后大部时段温高光足,对恢复长势及开花、成熟有利。总体气象条件弊大于利。

对水电、通信的影响 年初持续的低温雨雪冰冻,使省内电网遭受历史上最严重的冰雪灾害,全省有 11 个电网遭不同程度的破坏,多条重要输电线路发生地线、导线拉断,杆塔变形、倒塔事故。江西电网 500 千伏网架全部瘫痪,220 千伏网架系统被肢解,110 千伏网架丧失可靠安全供电能力,曾 5 次脱离华中主网单独运行。省内多个当地通信网大面积、长时间停电,给通信带来很大困难。全省多个移动基站、小灵通基站、村通基站因停电不能正常运行。此外,冰凌还造成通信设施严重受损。

对交通的影响 1 月 12 日至 2 月 2 日的持续低温雨雪冰冻期间,全省大多数高速公路和国道主干线一度处于停滞状态。境内多趟始发列车和路过列车停运,大量旅客滞留。南昌昌北国际机场航班延误或取消。1 月 13—17 日,全省高速公路发生交通事故约 110 起,涉及车辆约 150 辆。6 月 8—13 日,全省连降暴雨,各地公路损毁严重,仅景德镇市就有 16 条公路严重受损。11 月 14 日,受大雾天气影响,沪昆高速公路江西东乡段,因能见度不足 100 米,发生 4 起汽车相撞事故,共造成十余人死、伤。

对林业的影响 年初出现的持续低温雨雪冰冻灾害,全省林业受灾面积超过总面积的40%,尤以毛竹、湿地松、油茶、林业苗木等受灾最为严重,损失巨大。

对旅游业的影响 在年初历史罕见的低温雨雪冰冻灾害期间,全省各地旅游活动一度全部或部分停止,旅游业经济损失巨大。部分旅游景区基础设施损害严重,电力中断,供水水管冻裂,景观苗木、珍稀植物、风景林木等大面积冻坏,观光缆车、游船等公共服务设施损坏严重,损失也很大。

第十九节 2009 年度

气候概况

降　水 年降水,全省平均为1408毫米,较历年偏少1.6成。各地为998.8(万安)～1813.9(资溪)毫米,其中赣北北部、吉泰盆地和赣州市中部为1100～1300毫米,中东部1300～1700毫米。全省大部分地区较历年偏少1～3成,以波阳偏少3.5成为最少。

冬季,全省平均为115.3毫米,较历年同期偏少5成,除赣北北部部分地区偏多0.7～4.5成外,大多地区都偏少。各地为30.4(上犹)～428.2(都昌)毫米,与历年同期相比,赣北偏少0.5～5.8成,赣中、赣南偏少6.1～9.6成。

春季,全省平均为581.7毫米,较历年同期偏少1.1成。各地为407.9(遂川)～907.2(资溪)毫米,与历年同期相比,新余市、宜春市大部和抚州市东部正常或略偏多,永新、广昌、石城、信丰、于都和南康偏少,其余地区均为正常或略偏少。

夏季,全省平均为494.5毫米,较历年同期偏少1.3成。各地为293.5(靖安)～831.3(大余)毫米,大部分地区为400～600毫米,局部山区600～800毫米,与历年同期相比,赣北的中北部偏少2.5～5成,其余大部分地区基本正常,以靖安偏少5.5成为最少。汛期雨量全省平均为630毫米,较常年偏少1.8成,其中:赣北615毫米,偏少2.3成;赣中606毫米,偏少2.1成;赣南684毫米,偏少0.3成。全省整个汛期降水偏少,未出现持续性降水相对集中期。

秋季,全省平均为163.3毫米,较历年同期偏少2.6成。各地为78.1(安义)～277.7(宁都)毫米,大部分地区雨量为100～200毫米,局部200毫米以上。与历年同期相比:赣北大部、赣中局部和赣南西部偏少2.5～5成,赣北局部偏少5～6成,以安义偏少6.1为最少;其余地区基本正常。

气　温 年平均气温,全省为18.7℃,较历年偏高1℃。各地为17.1(铜鼓、瑞昌)～20.8(于都)℃,较历年偏高0.4(瑞昌、寻乌)～1.7(鹰潭城区)℃。

各月平均气温与常年同期相比,1月和11月偏低,12月正常略偏低,其余各月均偏高。2、9、10三个月异常偏高,以2月偏高4.8℃为最高。

年极端最高气温40.3℃(德兴7月17日),年极端最低气温－7.5℃(余江1月14日,庐山、井冈山除外)。四季气温均偏高、冬季偏高最明显。

冬季,全省平均为 8.6℃,较历年同期偏高 1.5℃,其中 2 月平均为 12.4℃,较历年同期偏高 4.8℃。各地为 6.4(德安)~11.7(定南)℃,较常年偏高 0.8~2.4℃。

春季,全省平均为 18.1℃,较历年同期偏高 0.9℃。各地为 16.4(铜鼓)~20.0(于都)℃,与历年同期相比,赣北大部和赣中局部偏高 1.0~1.5℃,赣中大部和赣南北部偏高 0.5~1.0℃,赣南南部偏高 0.5℃以下,以新建偏高 1.7℃ 为最高。其中赣北大部、赣中大部属显著偏高,赣南、吉安局部和九江局部属正常,新建县属异常偏高。

夏季,全省平均为 28.2℃,较历年同期偏高 0.8℃。各地为 26.8(铜鼓)~29.5(新建)℃,大部分地区为 28~29℃,局部 29℃以上,山区 27~28℃。与历年同期相比,大部分地区偏高 0.5~1℃,局部偏高 1℃以上,以新建偏高 1.5℃ 为最高。全省有 60 个左右的县(市、区)属偏高或显著偏高,有 9 个县(市、区)属异常偏高。

秋季,全省平均为 19.9℃,较历年同期偏高 0.9℃。各地为 17.8(瑞昌)~22.1(于都)℃,其中赣北北部 18~19℃,赣北中南部和赣中北部 19~20℃,赣中南部和赣南 20~21℃,赣南局部 21℃以上。与历年同期相比,九江北部以及安义和寻乌偏高 0.1~0.4℃,其余地区偏高 0.5~1.5℃,局部偏高 1.5℃以上,以崇义偏高 1.8℃ 为最高。全省有 78% 的县(市、区)属偏高或显著偏高,有 7 个县(市、区)属异常偏高。

日　照　年日照,全省平均为 1691.4 小时,接近历年平均值。各地为 1380(井冈山)~2177.6(石城)小时,其中赣东北、赣东南 1700~2100 小时,其余大部地区 1500~1700 小时,局部 1500 小时以下。与历年相比,冬、春季偏多,夏、秋季基本正常。

冬季,全省平均为 349 小时,较历年同期偏多 1.9 成。各地为 252.7(九江城区)~502.6(石城)小时,赣北大部分地区较常年偏多 0.2~3.1 成,赣南、赣中大部分地区较常年偏多 2.5~6.7 成。

春季,全省平均为 361.7 小时,较历年同期偏多 1.6 成。各地为 243.6(崇义)~508(德安)小时,与历年同期相比,大部分地区基本正常,局部偏多,以石城偏多 3.6 成为最多。

夏季,全省平均为 563.2 小时,较历年同期略偏少。各地为 407.8(井冈山)~725.1(都昌)小时,与历年同期相比,大部分地区正常略偏少,以乐安偏少 2.5 成为最少。

秋季,全省平均为 477.2 小时,较历年同期略偏多。各地为 365.5(瑞昌)~613(石城)小时,与历年同期相比,赣北大部和赣中北部正常略偏少,赣中中南部和赣南正常或略偏多。

气象灾害

2009 年度,全省气候灾害年景为较差年景。

暴　雨　全省先后出现 10 次区域性暴雨,暴雨日共 12 天,并伴有短时强降水,导致崇义、大余、萍乡城区等地出现山体滑坡和短时内涝。其中汛期(4 月 1 日至 7 月 3 日)全省共有 9 天出现区域性暴雨,与历年同期相比略偏少。全省受灾人口约 380 万人,并有多人死亡。7 月 23—29 日的暴雨过程,全省平均降雨 101 毫米,有 44 县(市、区)出现暴雨,7 县(市、区)出现大暴雨。这次降水基本解除了前期干旱,但也导致局地灾害。全省有 11 个县(市、区)的约 56 万人受灾。

干 旱 5月前半月全省气温异常偏高,降水异常偏少,1—15日全省平均降水仅为23毫米,较历年同期偏少8.2成,导致局部地区出现旱情。8月1日至11月10日,大部分地区降水较常年同期明显偏少,全省平均降水184毫米,比常年同期(328毫米)偏少44%。特别是9月1日至11月5日,全省平均降水仅为51毫米。气温高,降水少,致使大部分地区出现严重秋旱。鄱阳湖比常年提前两个月进入枯水期,赣江部分河段最低水位创历史新低,部分山冈水库、山塘干涸,农业用水和居民生活用水受到严重影响。

强对流 从3月21—22日开始,省内中北部普遍出现雷雨天气,全省有21个县(市、区)遭受短时8级以上雷雨大风等强对流天气袭击,余江县瞬间最大风速达28米/秒。九江市和南昌市部分县(市、区)出现冰雹,星子冰雹直径达20毫米。11月9—10日,全省普遍出现雷阵雨,铜鼓、丰城、崇仁等县(市、区)出现8级以上雷雨大风。广丰出现9级雷雨大风,瞬间风速达21米/秒。进贤、万年、崇仁等县(市、区)出现1小时30毫米以上的短时强降水。安福出现冰雹。年内全省强对流天气共造成约100万人受灾,死亡多人。

高 温 全省出现4次大范围晴热高温天气,分别是:6月18—21日、7月8—24日、8月18—29日、9月4—8日,其中范围最广、强度最大的是7月中下旬和8月中下旬的2次。全省各地平均高温日数达44.6天,比历年偏多15天,以铅山县67天为最多。还有不少县(市、区)突破历史极值。7月17日,全省有86个县(市、区)的日最高气温超过35℃,有78个县(市、区)超过37℃,有15个县(市、区)超过39℃,1个县超过40℃。年内极端最高气温为40.3℃(7月17日德兴)。

雨雪冰冻 1月24—27日,省内出现严重的雨雪冰冻天气,全省最低气温平均达-2.2℃,北部部分地区达-7～-5℃。中北部有66个县(市、区)出现雨夹雪或雪,其中吉安县、永丰、南丰出现暴雪。有29个县(市、区)出现积雪,积雪深度以吉安县8厘米为最深。

强冷空气 全省共出现强冷空气6次。10月31日—11月17日,自北向南先后出现3次冷空气过程,其中10月31日—11月3日、11月10—12日二次达到寒潮标准,且影响范围之广、降温幅度之大,都是历史少见的。同时,局部地区积雪初日出现时间之早、电线积冰强度之强也均创历史同期纪录。

雷 电 全省雷电灾害频繁,且出现时间较往年偏早(2月15日开始)。全年共出现192个雷闪日,总闪电次数655233次,其中正闪16076次,负闪639157次。

大 雾 全省共出现20次区域性大雾天气,其中11月22—27日,全省连续6天出现大范围大雾,是近年来持续时间最长的一次区域性大雾天气过程。

台 风 年内没有台风进入省内,仅受到"浪卡""天鹅""莫拉克"3个台风外围环流影响。受"莫拉克"影响,8月7日开始,全省普遍出现7～8级大风,东部地区出现明显降水,局部地区出现暴雨到大暴雨,部分地区发生山洪及山体滑坡。

连阴雨 2月14日—3月6日,省内中北部出现少见的持续阴雨天气,全省平均降水较历年同期偏多8.2成,有23个县(市、区)的雨量达历史同期最大值。北部降水日数普遍超过18天,最长达20天。全省日照较历年同期偏少6.2成,部分地区偏少7成以上。

气候影响评价

对棉花生产的影响 全省棉花播种育苗期光温充足,未出现烂种死苗现象。苗期未遇严重洪涝灾害。伏秋期降水异常偏少,持续高温干旱对结桃不利。裂铃吐絮期晴多雨少,对提高品质和采摘、晾晒有利。后期多阴雨,对产量和品质有不利影响。总的气象条件弊大于利。

对双季早稻生产的影响 全省双季早稻春播期气候正常,有利播种育秧。返青分蘖期光、温、水适宜,对营养生长有利。拔节孕穗期遇小满寒,对部分品种幼穗分化不利。灌浆乳熟期出现高温逼熟,但未对产量造成明显影响。总的气象条件利大于弊。

对双季晚稻生产的影响 全省双季晚稻苗期无大范围洪涝,秧苗充足。移栽前期有旱,后期雨水增多,有利完成移栽及栽后返青。抽穗期未出现寒露风,但部分稻区气温持续偏高,不利正常授粉。灌浆期部分地区出现干旱,对产量有一定影响。后期日照充足、气温日较差大,对提高产量有利。总的气象条件利多弊少。

对油菜生产的影响 全省油菜苗期降水前少后多,中北部部分棉区播种推迟,后期降水适宜,有利移栽和活棵。越冬期无明显冻害,有利安全越冬。开花前期遇持续阴雨天气,部分区域渍害较重,不利开花结实。盛花期温高光足,有利结荚成熟。总的气象条件利多弊少。

对水电生产的影响 6月18—21日,全省出现大范围的高温天气,用电高峰提前一个多月来临。6月19日,江西电网最高用电负荷达826.4万千瓦,突破历史最高纪录。此后经历7月中下旬和8月中下旬的二次大范围高温天气,全省用电负荷10次刷新历史纪录。8月28日达964.1万千瓦,比上年的最高负荷还增长142.72万千瓦,增长率达17.38%。

对交通的影响 1月25日,福银高速公路由于路面结冰,造成数起交通事故,其中位于云山特大桥附近有20余辆车追尾,多人死亡,数十人受伤。6月25日,南昌大暴雨,导致昌北国际机场多趟航班延误,全省多条公路受阻。11月上旬受降雨持续偏少影响,赣江中下游低水位致航运受阻,万安至新干段航道一度出现堵航现象,部分船只被困2个多月。11月22—27日和12月28—31日,全省出现持续大雾天气,局部出现浓雾,导致省内多条高速公路一度被封闭、多起车辆追尾交通事故、多个进出港航班被延误。

对水情的影响 7月,因为暴雨,赣江干流和部分支流,抚河部分支流以及信江、袁河、昌江等河流共17个水文站水位超警戒,其中:章水窑下坝站出现历史第一大洪水,袁河宜春站出现历史第二大洪水,部分地区出现水灾。9月1日—11月上旬全省降水明显偏少,导致江河、湖泊、水库水位持续走低,全省5大江河除饶河外,赣江、抚河、信江、修河等先后出现低于历史最低水位的极枯水位,鄱阳湖也比常年提前2个月进入枯水期,对各方面造成严重不利影响。

对人民生活的影响 2月气温起伏很大,前半月气温异常偏高,后半月气温陡降,感冒、呼吸道等疾病的病人骤增。11月前半月的连续强冷空气,再次导致全省气温急剧下降和感冒病人急剧上升。同时,在较冷的环境中,流感病毒存活的时间延长,给甲型H1N1流感防控也带来更多困难。

第二十节 2010年度

气候概况

降 水 年降水,全省平均为2150.1毫米,较常年偏多2.8成。各地为1229.7(遂川)~2963.8(东乡)毫米,其中赣北北部、赣南大部和赣中的西南部为1500~2000毫米、局部不足1500毫米,赣东北的大部2500毫米,其余地区为2000~2500毫米。与常年相比,赣北北部偏多1~2成,赣北中南部和赣中大部偏多3~5成,赣南正常或略偏多,以东乡偏多6.7成为最多。

冬季,全省平均降水为291.3毫米,较常年同期偏多2.6成。各地为172.8(万安)~420.3(上饶城区)毫米,大部分地区为200~350毫米,局部350毫米以上。与常年同期相比,除九江市西部和吉安市西部偏少以外,其余各地均偏多。其中上饶市东部、赣州市南部以及黎川偏多5~8成,其余地区偏多0~5成,以定南偏多8.1成为最多。

春季,全省平均降水为903.2毫米,较常年同期偏多3.8成,有15个县(市、区)突破历史同期纪录,属异常多水年。各地为419.6(遂川)~1286.6(南昌县)毫米,其中赣北赣中大部和赣南东北部800~1200毫米,局部1200毫米以上,赣南大部和赣北局部600~800毫米,吉安市的万安和遂川不足600毫米。与常年同期相比,万安、遂川和全南偏少0.2~1.9成,其余地区偏多0.5~9.2成,以南昌县偏多9.2成为最多。

夏季,全省平均降水为677.6毫米,较常年同期偏多1.8成。各地为358.9(上犹)~1164.1(东乡)毫米,其中赣北、赣中大部和赣南东北部600~1000毫米,局部1000毫米以上,赣南中西部、吉安市中部、宜春市西部、萍乡市和九江市中部400~600毫米,局部不足400毫米。与常年同期相比,九江市中部、赣州市西部和吉安市南部偏少1~2成,局部偏少2~3成,以永修偏少3.3成为最少。其余大部分地区偏多1~5成,局部偏多5~7成,以东乡偏多8.6成为最多。

秋季,全省平均降水为206.4毫米,较常年同期略偏少。各地为63(兴国)~380(井冈山)毫米。其中赣北大部和赣中、赣南局部200~300毫米,局部300毫米以上,其余地区100~200毫米。与常年同期相比,赣中东南部和赣南的中东部偏少2~5成,赣北西北部和赣中局部偏多2~5成,其余地区基本正常。

气 温 年平均气温,全省为18.3℃,较常年偏高0.6℃。各地为16.8(瑞昌、修水、铜鼓)~20.2(于都)℃。与常年相比,大部分地区偏高0.5~1℃,以鹰潭城区、乐安、崇义、全南偏高1.1℃为最高。

冬季,全省平均气温为8.4℃,较常年同期偏高1.2℃。各地为5.9(瑞昌)~11.7(全南)℃,与常年同期相比,赣北的西部和中部偏高0~1℃,其余地区偏高1~2℃,局部偏高2℃以上,以崇义偏高2.3℃为最高。全省有70%的县(市、区)属偏高或显著偏高。

春季,全省平均气温为17.2℃,较常年同期偏低0.1℃,属正常年份。各地为15.3~19.2℃,

赣北赣中 16~18℃,赣南 18~19℃,局部山区 16℃以下。与常年同期相比,赣北南部、赣中西部和赣南中西部偏高 0~0.5℃,其余地区偏低 0~0.5℃,局部偏低 0.5~1℃。其中,4 月全省平均气温为 15.7℃,较常年同期偏低 2℃。

夏季,全省平均气温为 27.9℃,较常年同期偏高 0.3℃,属正常年份。各地为 26.3~29.0℃。全省大部分地区 27~29℃,局部山区 26~27℃。与常年同期相比,除九江市西北部、上饶市中部、分宜县和寻乌县偏低外,其余大部分地区偏高 0.1~1℃。其中 6 月,全省平均气温为 24.4℃,较常年同期偏低 1.3℃。

秋季,全省平均气温为 19.6℃,较常年同期偏高 0.7℃,属偏高年份。各地为 17.8~21.7℃。赣北、赣中 18~20℃,赣南 20~22℃,局部山区 18℃以下。与常年同期相比,赣西北、吉泰盆地和局部山区偏高 0.1~0.5℃,其余大部分地区偏高 0.5~1℃,局部偏高 1℃以上,以鹰潭偏高 1.6℃为最高。

日 照 年平均日照,全省为 1545.6 小时,较常年偏少 0.8 成。各地为 1208.5(崇义)~1952.1(都昌)小时。环鄱阳湖地区 1600~1800 小时,局部地区 1800 小时以上,其余大部分地区 1400~1600 小时。与常年同期相比,大部分地区正常或略偏少,以瑞昌偏少 2.5 成为最少。

冬季,全省平均日照为 221.4 小时,较常年同期偏少 2.5 成。各地为 162.9(上高)~317.9(庐山)小时,与常年同期相比,各地均偏少,除局部地区偏少 0~2 成外,其余大部分地区偏少 2~4 成。

春季,全省平均日照为 301.9 小时,接近常年同期平均值。各地日照为 193.5(崇义)~397.3(都昌)小时。赣北和赣中局部地区 300~400 小时,赣南局部地区 200~250 小时,其余地区 250~300 小时。与常年同期相比,大部分地区接近常年或略偏少,以余江县偏少 2.2 成为最少。

夏季,全省平均日照为 546.3 小时,较常年同期略偏少。各地为 398.8(瑞昌)~659.3(湖口)小时,大部分地区 500~600 小时,局部地区 600~650 小时,山区不足 500 小时。与常年同期相比,大部分地区正常或略偏少,以瑞昌偏少 3.1 成为最少。

秋季,全省平均日照为 417.8 小时,较常年同期偏少近 1 成。各地为 320.3(瑞昌)~546.3(都昌)小时。赣北中东部、赣中局部和赣南大部 400~500 小时,局部 500~550 小时,其余地区 350~400 小时,局部山区不足 350 小时。与常年同期相比,大部分地区正常或略偏少,以瑞昌偏少 3 成为最少。

气象灾害

2010 年度,全省气候灾害年景为差年景。

暴 雨 全省出现 19 次区域性暴雨过程,并伴有短时强降水,导致局部地区出现山体滑坡和短时内涝。其中汛期(4 月 1 日—7 月 15 日)共出现 15 次区域性暴雨过程,与历史同期相比明显偏多。6 月 14—25 日,全省出现年内入汛以来最强的降水集中期,先后有 21 个县(市、区)暴雨,51 个县(市、区)大暴雨。6 月 16—20 日,是最强的暴雨时段,境内 5 大河流、鄱阳湖和长江九江段全面超警戒水位,抚河、信江、赣江同时出现特大洪水。6 月 21 日傍晚,抚州市抚河堤唱凯段发生约 420 米决口。年内,全省因暴雨洪涝致使 1960 余万人受灾,死亡 20 余人,经济损失巨大。

干 旱 全省大部分地区雨量充沛,蓄水充足,仅中南部局部出现轻度秋旱。从 10 月下旬开始,省内持续干旱少雨,加上长江九江段水位持续偏低,致使赣江等五河及鄱阳湖水位快速下降。至 11 月底,赣江南昌水位接近 13.0 米,距历史最低水位不到 10 厘米。鄱阳湖星子水位降至近 8.6 米。鄱阳湖主体及附近水域面积缩小到 1584 平方公里,进入枯水季节,与历年同期相比,明显偏小(常年同期平均值为 1941 平方公里)。但由于多种原因,主要是全省各大、中、小水库蓄水比较充足,干旱没有给全省造成过多的损失。

风 雹 全省主要的大风、风雹天气过程有 2 次。其中:2 月 9 日,赣北、赣东北部分县(市、区)遭大风、冰雹袭击,鄱阳、瑞昌、浮梁、婺源等地受灾比较严重。8 月 5—7 日,省内出现雷雨、大风天气,修水、崇义、靖安等地出现冰雹,修水冰雹最大直径 8 毫米。高安、袁州、宜丰、丰城、上高、万载等地也遭受雷雨、大风和冰雹袭击,瞬间风力最大达 20.7 米/秒。年内,全省因风雹共造成 60 余万人受灾,死、伤 50 余人。

雷电全省雷电灾害较为频繁,且出现时间较往年偏早。全年的雷击灾害主要集中在 3—8 月,以 7 月 20 日,星子县抗洪抢险工地上 18 人遭雷击(2 死 16 伤)事件最为严重。

高 温 全省共经历 7 次大范围高温天气过程,全省年平均高温日数达 43.9 天,较历年偏多 14 天,而范围最广、强度最强的时段是 8 月上旬。8 月 3—5 日,全省连续 3 天出现 40℃以上的高温,其中 8 月 4 日,全省平均最高气温达 39.4℃,除庐山和井冈山外,其余 87 个县(市、区)的日最高气温均超过 35℃,有 86 个县(市、区)超过 37℃,有 69 个县(市、区)超过 39℃,有 35 个县(市、区)超过 40℃。年内极端最高气温为 41.2℃,分别出现在万载县(8 月 5 日)和遂川县(8 月 4 日)。

大 雪 1 月 5—6 日,赣北、赣中先后有 32 个县(市、区)出现雪或雨夹雪;有 9 个县(市、区)出现 2 厘米以上的积雪,以九江和彭泽积雪深度 9 厘米为最深;有 25 个县(市、区)出现冻雨,电线积冰直径以庐山 13 毫米为最大,以奉新、玉山 12 毫米次之。

连阴雨 4 月 13—15 日,赣北局部地区出现低温阴雨寡照天气,比历年出现时间偏晚 2 天左右,春播工作受到明显不利影响。

寒露风 9 月 22 日开始,冷空气自北向南影响省内。23—30 日,赣北、赣中平均气温普遍在 17～22℃,并伴有降水。有 30 个县(市、区)出现重度寒露风,有 40 个县(市、区)出现轻至中度寒露风。对二季晚稻抽穗、扬花、灌浆十分不利,也造成赣北棉田大量烂桃。

大 雾 全省出现 34 次大范围大雾或浓雾天气,尤其在秋、冬季节大雾频繁出现,且能见度极低(局部不足 50 米),其中 11 月 5—7 日部分地区出现连续大雾。

气候影响评价

对双季早稻生产的影响 全省双季早稻春播育秧期出现低温阴雨寡照天气,影响春播进度和秧苗生长。汛期暴雨过程频繁,洪涝灾害严重,影响分蘖孕穗。开花授粉期雨日多,气温低,对增加粒数十分不利。灌浆乳熟期出现阶段性晴热高温天气,不利籽粒增重。成熟期天气以晴为主,有利成熟和收晒。总的气候条件弊大于利。

对双季晚稻生产的影响 全省双季晚稻生产期间平均降水量 566 毫米,接近常年。平均气温

25℃,偏高 0.5℃。日照 830 小时,偏少 50.6 小时。受早稻收获期推迟的影响,大部分地区二晚生育期偏晚。9 月下旬的寒露风,对赣中、赣北的二晚产量影响较大。总的气象条件利大于弊。

对棉花生产的影响 全省棉花播种育苗期遇低温阴雨天气,播种期推迟。汛期棉区洪涝灾害较轻,但暴雨寡照使伏前桃明显偏少。伏秋期基本无旱,棉花坐桃多。后期多晴好天气,有利裂铃吐絮和采摘晾晒。全年病虫危害较轻。总的气象条件利大于弊。

对油菜生产的影响 全省油菜播种育苗期干旱少雨,影响生育进程和苗情。移栽后期降水多,有利补种和保障种植面积。越冬期无明显冻害,有利安全越冬。开花期遇低温阴雨、冰雹等天气,不利授粉结实。结荚成熟期大部时段天气晴好,有利壮籽。成熟后期多暴雨,影响收晒。总的气象条件利弊相当。

对水电生产的影响 6 月中、下旬的连续性强降雨及特大洪涝灾害,导致全省供电设施严重损毁,全省电网有部分变电站停运,部分线路损毁使用户供电中断,停电影响到 58 个县(市、区)的460 个乡(镇)。另外,受 8 月上旬持续高温的影响,江西电网用电负荷连续 4 天创历史最高纪录,省内绝大多数供电部门也刷新了用电负荷历史最高纪录。

对交通的影响 5 月 23 日,因连日降雨造成山体滑坡掩埋了铁路线,由上海南开往桂林的K859 次旅客列车,运行至江西境内的余江至东乡之间发生脱轨事故,造成沪昆铁路中断 19 个小时,19 人死亡,71 人受伤。6 月中、下旬的强降雨,使全省 549 条普通公路的交通一度中断。6 月 21日,鹰潭市境内的铁路、高速公路和国道交通全部停运。此外,受大雾及浓雾天气影响,10 月 17 日,沪昆高速公路进贤境内发生重大交通事故,有 18 辆汽车发生追尾。11 月 5 日,在沪昆高速公路江西樟树境内因突起团雾,导致 7 起汽车追尾事故,19 辆汽车损毁严重,7 辆大货车起火,19 人死亡,16 人受伤。

对水情的影响 年内,全省出现多次区域性暴雨,主要集中在 4—7 月,其中:

4—6 月,有 166 水文站(次)洪峰水位超警戒线,有 38 座(次)大型或重点中型水库超汛限水位。宜春、新余市因暴雨、大暴雨,导致 11 座中型水库溢洪道出现山体塌方或垮坝。6 月,省内 5 大河及鄱阳湖水位超警戒线,赣江、抚河、信江发生 50 年一遇的特大洪水。6 月 21 日,抚河堤唱凯段决口。7 月,昌江流域发生 1999 年以来的最大洪水。

对人民生活的影响 6 月中、下旬出现的连续暴雨过程中,东乡、资溪、南城、临川、余江 5 个县(市、区)的城区被洪水围困,供水、供电及通信中断。抚州市临川区唱凯堤决口,威胁下游 14.5 万人口和 0.8 万公顷粮田、多条公路的安全。9 月中旬,全省气温明显偏高,下旬赣北、赣中又出现连续低温阴雨天气,气温急剧下降,生病人数明显增多。

说明:1. 以上资料中的年度时间,除 1991 年外,其他年度时间均为上年 12 月至下年 11 月,其中:冬季为上年 12 月至下年 2 月,春季为 3 至 5 月,夏季为 6 至 8 月,秋季为 9 至 11 月。

2. 由于庐山、井冈山属高山观测站,部分观测资料没有参加全省气候要素平均值的统计。

3. 宁冈县于 2000 年 5 月并入井冈山市,但原气象观测站保留,并仍称宁冈观测站。

第二篇　探测、通信和装备

　　1991—2010 年，全省共有各类气象观测站 1668 个，其中：国家基准气候观测站 5 个、国家基本气象观测站 21 个、国家一般气象观测站 65 个；探空气象观测站 2 个；天气雷达监测站 6 个；农业气象观测站 18 个；区域自动气象观测站 1415 个；酸雨观测站 12 个；负离子观测站 15 个；大气成分观测站 1 个；雷电监测站 12 个；紫外线辐射观测站 12 个；太阳辐射观测站 10 个；基准水汽监测站 62 个；自动土壤水分观测站 12 个。这些观测站约 25% 是中华人民共和国成立初期建立的传统观测站，约 75% 是 1991 年以后根据国家和地方经济建设的需要，新建立起来的观测站。经过多年的建设和改造，所有的观测站一步步走向现代化和自动化。至 2010 年，省内气象观测范围大大拓展，观测资料的时效和精度大大提高。

　　20 年间，全省气象部门已完成气象探（观）测资料保管的库房改造、资料的数字化处理以及资料的服务系统建设，进一步建立和完善资料的收集、保管、加工、服务等方面的规章制度。至 2010 年，馆藏各类纸质气象档案 32495 卷，馆藏各类电子版气象档案 1100 千兆。

　　20 年间，全省气象部门已形成以地面通信为主，卫星通信为辅，联通省、市、县三级气象部门的中、高速计算机广域网络。建成覆盖全省的分布式气象实时业务数据库系统，建成面向全省的气象业务、服务、管理综合工作平台。面向社会的气象信息服务系统和气象信息高速公路已形成规模。

　　20 年间，全省气象部门共完成气象探（观）测站网建设、新技术应用、老装备升级改造大型项目 21 项，特别是一批天气雷达站、自动观测站和特种观测站建成之后，大大提高气象探（观）测能力。在装备的维修维护、计量检定、物资供应、运行监控等方面也积累较多经验，形成或完善一批规章制度。

第一章　气象探测

　　至 2010 年，全省共有各类气象观测站 1660 余个，这些观测站广泛分布在城市、农村、平原、山区、湖区等地，除少数观测站的资料只上传到省气象局外，绝大部分观测站的资料都上传到中国气象局。各级气象部门每天依据这些观测站源源不断提供的实地、实时观测资料开展天气预报、气候分析、气象服务等工作。

第一节　气象观(探)测站

国家级地面气象观测站

1991—2010 年,全省共有国家级地面气象观测站91 个。

从 2009 年 1 月 1 日起,全省地面气象观测站开始启用新的名称,对国家级地面气象观测站的名称规范为:国家基准气候站、国家基本气象站和国家一般气象站三类。按照新规范调整后,截至2010 年底,全省共有国家级地面气象观测站91 个,其中:国家基准气候站5 个、国家基本气象站21 个、国家一般气象站65 个(其中 4 个在 2009 年建成,2012 年 1 月正式开始观测)。

从 2008 年 12 月 31 日 20 时起,资料传输时间按照中国气象局地面气象观测站类调整后的要求运行,即:

国家基准气候站的自动观测项目每天进行 24 次定时观测,昼夜守班;人工观测每天进行 24 次(每小时一次);发 8 次天气报(02 时、05 时、08 时、11 时、14 时、17 时、20 时、23 时);原有的气候月报编报任务不变。

国家基本气象站自动观测项目每天进行 24 次定时观测,昼夜守班;人工观测每天进行 4 次(02 时、08 时、14 时、20 时)定时观测;4 次(05 时、11 时、17 时、23 时)辅助观测;发 8 次(02 时、05 时、08 时、11 时、14 时、17 时、20 时、23 时)天气报;原有的气候月报编报任务不变。

国家一般气象站自动观测项目每天进行 24 次定时观测,白天守班;人工观测每天 3 次(08 时、14 时、20 时)定时观测,并发加密天气报;不承担气候月报编报任务。

2007 年 4 月 10 日,中国气象局下发《关于成立九江等四个县气象局(站)的批复》(气发〔2007〕98 号)文件,同意在省内的九江县、浮梁县、上栗县、芦溪县成立气象局。2012 年 1 月 1 日(实际为北京时 2011 年 12 月 31 日 20 时起),这四个气象局的观测站正式开始地面气象观测(都是一般气象观测站)。至此,全省共有国家地面气象观测站91 个(表 2 - 1 - 1)。

表 2 - 1 - 1　2010 年全省国家地面气象观测站统计表

单位:个

所在市	基准站	基本站	一般站	合计
南　昌		1(南昌)	4(安义、南昌县、进贤、新建)	5
九　江	1(庐山)	2(修水、武宁)	9(瑞昌、德安、永修、湖口、彭泽、星子、都昌、九江、九江县)	12
景德镇		1(景德镇)	2(乐平、浮梁)	3
萍　乡		1(莲花)	3(萍乡、上栗、芦溪)	4
新　余			2(分宜、渝水区)	2

续表

所在市	基准站	基本站	一般站	合计
鹰 潭		1(贵溪)	2(余江、鹰潭)	3
赣 州		4(赣县、寻乌、宁都、龙南)	13(崇义、上犹、南康、大余、信三、石城、瑞金、于都、安远、全南、定南、兴国、会昌)	17
上 饶	1(玉山)	3(鄱阳、德兴、上饶)	8(万年、上饶县、弋阳、横峰、铅山、广丰、婺源、余干)	12
宜 春	1(宜春)	3(樟树、宜丰、靖安)	6(铜鼓、万载、上高、奉新、高安、丰城)	10
吉 安	1(遂川)	3(吉安县、井冈山、永丰)	8(夏坪、永新、万安、泰和、新干、峡江、吉水、安福)	12
抚 州	1(南城)	2(广昌、南丰)	8(东乡、乐安、崇仁、金溪、资溪、宜黄、临川、黎川)	11
合 计	5	21	65	91

探空观测站

1991—2010 年,全省共有南昌和赣州探空气象观测站 2 个(表 2－1－2)。

表 2－1－2 2010 年全省探空气象观测站统计表

所在市	站 名	站 号	站 址
南昌	南昌高空气象观测站	58606	位于南昌市青云谱区气象路 43 号 北纬 28°36′,东经 115°55′,海拔高度 46.9 米 观测时次:探空观测 07、19 时,测风观测:02 时
赣州	赣州高空气象观测站	57993	1991—2001 年 6 月在赣州市气象局院内,2001 年 7 月 01 日搬迁至赣县气象局(教育路 1 号),北纬 25°52′,东经 115°00′海拔高度 135.0 米 观测时次:探空观测 07、19 时,测风观测:02 时

南昌探空气象观测站 1991—2010 年位于南昌市青云谱区气象路 43 号;2000 年探空雷达型号由 701 更换为 701－X,探空仪仍为 59 型;2005 年探空雷达型号更换为 L 波段,探空仪型号更换为 GTS1 型;2006 年新增南昌 L 波段探测系统探空站探测基数据和监控信息。

赣州探空气象观测站 1991—2001 年 6 月位于赣州市气象局,2001 年 7 月—2010 年 12 月,位于赣县气象局;2006 年 1 月探空雷达型号由 701 更换为 59－701,探空仪由 59 型更换为 400 兆;2010 年 4 月探空雷达型号更换为 L 波段,探空仪更换为 GTS1－2。

2010 年 1 月开始,南昌、赣州站试传高空探测资料 G 文件至北京主站;同年 6 月开始增加赣州

L 波段高空探测系统基数据与探空雷达监测数据上传至北京主站。

天气雷达观测站

1991—2000 年,全省只有南昌 1 个 SA 型号的天气雷达观测站。

2001 年 11 月南昌新一代多普勒天气雷达观测站建成。其后在不到 3 年的时间里,赣州、吉安新一代多普勒天气雷达先后建成。截至 2010 年底,全省共建成 5 部新一代天气雷达和 1 部移动应急雷达,其中 SA 型 3 部,SC 型 2 部(表 2 - 1 - 3)。

表 2 - 1 - 3　2000—2010 年全省新一代天气雷达观测站统计表

所在市	站　名	站　类	建成年份
南昌	南昌	新一代天气雷达(SA 型)	2001
赣州	赣州	新一代天气雷达(SC 型)	2002
吉安	吉安	新一代天气雷达(SC 型)	2002
九江	九江	新一代天气雷达(SA 型)	2004
上饶	上饶	新一代天气雷达(SA 型)	2007
南昌	省气象局	移动应急雷达	2010

农业气象观测站

1991—2010 年,全省共有 18 个农业气象观测站,其中国家农业气象一级观测站 14 个(南昌县、瑞昌、湖口、莲花、南康、宁都、龙南、婺源、余干、广丰、樟树、宜丰、泰和、南丰);国家农业气象二级观测站 4 个(乐平、余江、分宜、吉安县)(表 2 - 1 - 4)。

表 2 - 1 - 4　1991—2010 年全省农业气象观测站统计表

序号	所在市	站　名
1	南昌	南昌县国家农业气象一级观测站
2	九江	瑞昌国家农业气象一级观测站
3	九江	湖口国家农业气象一级观测站
4	萍乡	莲花国家农业气象一级观测站
5	赣州	南康国家农业气象一级观测站
6	赣州	宁都国家农业气象一级观测站
7	赣州	龙南国家农业气象一级观测站
8	上饶	婺源国家农业气象一级观测站
9	上饶	余干国家农业气象一级观测站

续表

序号	所在市	站　名
10	上饶	广丰国家农业气象一级观测站
11	宜春	樟树国家农业气象一级观测站
12	宜春	宜丰国家农业气象一级观测站
13	吉安	泰和国家农业气象一级观测站
14	抚州	南丰国家农业气象一级观测站
15	景德镇	乐平国家农业气象二级观测站
16	新余	分宜国家农业气象二级观测站
17	鹰潭	余江国家农业气象二级观测站
18	吉安	吉安县国家农业气象二级观测站

区域自动气象站

1991—1999 年,全省没有自动气象观测站。

至 2010 年底,全省共建成 1415 个区域自动气象站,其中:单要素雨量站 164 个、两要素自动气象站 403 个,四要素自动气象站 817 个,五要素自动气象站 2 个,六要素自动气象站 28 个,七要素自动气象站 1 个。2003 年 11 月开始,全省区域自动气象站资料正式投入运行,形成了覆盖全省的自动气象站监测网(表 2 - 1 -5)。

表 2 - 1 - 5　2000—2010 年全省区域自动气象站统计表

所在市	单要素(个)	两要素(个)	四要素(个)	五要素(个)	六要素(个)	七要素(个)	合计(个)
南昌			85		3	1	89
九江		51	73		1		163
景德镇	38	16	21				37
萍乡		19	18		4		41
新余		22	15				37
鹰潭		5	14				32
赣州	13	51	222	2	2		277
上饶		102	109		12		259
宜春	36	68	35		4		139
吉安	32	38	124		2		209
抚州	45	31	101				132
合计	164	403	817	2	28	1	1415

第二节 气象观(探)测

地面观测

观测项目 气温、气压、湿度、风向、风速、降水、蒸发、日照、雪深、电线积冰、0 厘米地面温度、草(雪)面温度、5 厘米地温、10 厘米地温、15 厘米地温、20 厘米地温、40 厘米地温、80 厘米地温、160 厘米地温、320 厘米地温、云状、云量、云高、能见度、天气现象。

观测时次

基准气候站:每 1 小时观测一次,一天 24 次。

基本气象站:每 3 小时观测一次,一天 8 次,观测时次分别为 02 时、05 时、08 时、11 时、14 时、17 时、20 时、23 时。

一般气象站:每天观测 3 次,观测时次分别为 08 时、14 时、20 时。

自动观测站:每天 24 小时连续观测、记录。

探空观测

定时高空气象综合观测

项目:温度、湿度、气压、风向、风速。

时间:北京时 08 时、20 时正式观测,分别提前 45 分钟施放气球(探测仪)。

观测站点:南昌、赣州。

定时高空气象单测风观测

项目:风向、风速。

时间:北京时 02 时正式观测,提前 45 分钟施放气球(探测仪)。

观测站点:南昌。

天气雷达气象观测

项目:云、雨及移动方向和速度。

时间:24 小时不间断观测。

观测站点:南昌、赣州、吉安、九江、上饶。

农业气象观测

一级农业气象观测站观测项目(生育期、活动状况、水文现象)

湖口观测站:早晚稻、棉花、油菜、物候(苦楝、梧桐、冬枣、青蛙、家燕、蚱蝉)、气象水文;

瑞昌观测站:单季稻、棉花、油菜、水产、物候(冬枣、杨柳、樟树、青蛙、家燕、蚱蝉)、气象水文;

泰和观测站:早晚稻、油菜、蔬菜、物候(苦楝、梧桐、板栗、樟树、青蛙、家燕、蚱蝉)、气象水文;

余干观测站：早晚稻、大豆、油菜、水产、物候、（苦楝、梧桐、杨柳、青蛙、家燕、蚱蝉）、气象水文；

南昌县观测站：早晚稻、油菜、花生、物候（桃、梨子、樟树、青蛙、家燕、蚱蝉）、气象水文；

宁都观测站：早晚稻、油菜、脐橙、物候（苦楝、梧桐、桃树、青蛙、家燕、蚱蝉）、气象水文；

婺源观测站：单季稻、油菜、茶树叶、物候（冬枣、桃树、茶树、青蛙、家燕、蚱蝉）、气象水文；

莲花观测站：早晚稻、油菜、柑橘、物候（苦楝、梧桐、板栗、青蛙、家燕、蚱蝉）、气象水文；

宜丰观测站：早晚稻、油菜、春玉米、猕猴桃、物候（苦楝、梧桐、桃树、青蛙、家燕、蚱蝉）、气象水文；

樟树观测站：早晚稻、大豆、油菜、生猪、物候（苦楝、杨柳、青蛙、家燕、蚱蝉）、气象水文；

龙南观测站：早晚稻、花生、脐橙、物候（苦楝、梧桐、桃、青蛙、家燕、蚱蝉）、气象水文；

南康观测站：早晚稻、花生、甜柚、物候（苦楝、板栗、青蛙、家燕、蚱蝉）、气象水文；

南丰观测站：早晚稻、花生、柑橘、物候（苦楝、冬枣、板栗、青蛙、家燕、蚱蝉）、气象水文；

广丰观测站：早晚稻、梨子、西瓜、物候（苦楝、梧桐、桂花、青蛙、家燕、蚱蝉）、气象水文。

二级农业气象观测站观测项目（生育期、活动状况、水文现象）

分宜观测站：春玉米、苎麻、气象水文；

余江观测站：早晚稻、柑橘、气象水文；

乐平观测站：油菜、蔬菜、气象水文；

吉安县观测站：早晚稻、柑橘、气象水文。

观测时间 以上农业气象一、二级观测站的观测时间，以不漏测作物和植物生育期、动物活动期、水文现象等为原则，但必须提前巡视。

新增项目 1991—2007 年，以上观测项目没有变化。从 2008 年 1 月 1 日开始，各农业气象一、二级观测站新增加向国家气象信息中心传输农业气象情报和作物产量趋势预报服务产品。

第三节 特种气象观测站

酸雨观测

1991 年之前，全省只有庐山、赣州 2 个酸雨观测站。2005 年 9 月 1 日开始酸雨观测资料开始实时传输。酸雨观测的常规项目包括：大气降水的 pH 值（用以反映大气降水的酸碱度）、大气降水的电导率 K 值（用以反映大气降水的洁净程度）。2006 年 6 月增加了宜春、广昌、景德镇 3 个酸雨观测站。2007 年 5 月又增加了上饶、泰和、井冈山、萍乡、鹰潭、寻乌、南昌县 7 个酸雨观测站。截至 2007 年 5 月，全省共建成 12 个酸雨观测站（表 2 - 1 - 6）。

表 2 - 1 - 6　2007—2010 年全省酸雨气象观测站统计表

序　号	所在市	站　名	开始观测年份
1	宜春	宜春酸雨观测站	2006
2	九江	庐山酸雨观测站	1989
3	景德镇	景德镇酸雨观测站	2006
4	抚州	广昌酸雨观测站	2006
5	赣州	赣县酸雨观测站	1989
6	南昌	南昌县酸雨观测站	2007
7	上饶	上饶酸雨观测站	2007
8	鹰潭	鹰潭酸雨观测站	2007
9	萍乡	萍乡酸雨观测站	2007
10	吉安	井冈山酸雨观测站	2007
11	吉安	泰和酸雨观测站	2007
12	赣州	寻乌酸雨观测站	2007

负离子观测

1991—2006 年，全省没有负离子观测站。

从 2007 年 1 月 20 日起，南昌、庐山、赣县、寻乌、上饶、宜春、广昌、资溪、泰和、井冈山、萍乡、鹰潭、景德镇、分宜、安福等 15 个气象台站开展全省境内负离子观测，每日 10、17 时前将观测资料传至北京主站（表 2 - 1 - 7）。

表 2 - 1 - 7　2007—2010 年全省负离子观测站统计表

序　号	所在市	站　名	站　类
1	南昌	南昌	负离子观测站
2	九江	庐山	负离子观测站
3	赣州	赣县	负离子观测站
4	赣州	寻乌	负离子观测站
5	上饶	上饶	负离子观测站
6	宜春	宜春	负离子观测站
7	抚州	广昌	负离子观测站
8	抚州	资溪	负离子观测站
9	吉安	泰和	负离子观测站
10	吉安	井冈山	负离子观测站

续表

序　号	所在市	站　名	站　类
11	萍乡	萍乡	负离子观测站
12	鹰潭	鹰潭	负离子观测站
13	景德镇	景德镇	负离子观测站
14	新余	分宜	负离子观测站
15	吉安	安福	负离子观测站

大气成分观测

1991—2004 年,全省没有大气成分观测站。

2005 年 11 月 14 日,庐山大气成分观测站建成并运行,安装了黑炭气溶胶、空气颗粒物质量浓度和数量浓度观测仪器。2006 年 1 月 11 日正式开始向北京传输资料。

雷电监测

1991—2004 年,全省没有专门的雷电观测站(但各地面气象观测站有简单的雷电观测和记录)。2005 年,全省气象部门共建成 12 个雷电监测站,形成了覆盖全省的雷电监测网(表 2 – 1 – 8)。

表 2 – 1 – 8　2005—2010 年全省气象雷电监测站统计表

序　号	所在市	站　名	站　类
1	九江	九江	雷电观测站
2	九江	修水	雷电观测站
3	上饶	上饶	雷电观测站
4	宜春	宜春	雷电观测站
5	鹰潭	鹰潭	雷电观测站
6	赣州	赣县	雷电观测站
7	赣州	寻乌	雷电观测站
8	吉安	泰和	雷电观测站
9	抚州	广昌	雷电观测站
10	抚州	临川	雷电观测站
11	景德镇	景德镇	雷电观测站
12	南昌	南昌	雷电观测站

紫外线辐射观测

紫外线观测内容主要是 280～400 纳米 A、B 段紫外线,通过观测计算紫外线指数,为气象、医学、工业及建筑等领域提供服务。1991—2001 年,全省没有紫外线辐射观测站。2002 年,全省建成了南昌、景德镇、九江、抚州、赣州、庐山、宜春、上饶、萍乡、吉安、鹰潭、新余等 12 个紫外线辐射观测站,形成了覆盖全省的紫外线监测网(表 2 - 1 - 9)。

表 2 - 1 - 9　2002—2010 年全省紫外线辐射观测站统计表

序　号	所在市	站　名	站　类
1	南昌	南昌	紫外线辐射观测站
2	景德镇	景德镇	紫外线辐射观测站
3	九江	九江	紫外线辐射观测站
4	抚州	抚州	紫外线辐射观测站
5	赣州	赣州	紫外线辐射观测站
6	九江	庐山	紫外线辐射观测站
7	宜春	宜春	紫外线辐射观测站
8	上饶	上饶	紫外线辐射观测站
9	萍乡	萍乡	紫外线辐射观测站
10	吉安	吉安	紫外线辐射观测站
11	鹰潭	鹰潭	紫外线辐射观测站
12	新余	新余	紫外线辐射观测站

太阳辐射观测

1991 年 1 月 1 日,全省建成南昌和赣州 2 个太阳辐射观测站。2007—2009 年,又建成上饶、宜丰、永丰、庐山、南城、宁都、分宜、都昌等 8 个太阳辐射观测站(表 2 - 1 - 10)。

表 2 - 1 - 10　2009—2010 年全省太阳辐射观测站统计表

序　号	所在市	站　名	站　类
1	南昌	南昌	太阳辐射观测站
2	赣州	赣县	太阳辐射观测站
3	上饶	上饶	太阳辐射观测站
4	宜春	宜丰	太阳辐射观测站
5	吉安	永丰	太阳辐射观测站
6	九江	庐山	太阳辐射观测站
7	九江	都昌	太阳辐射观测站
8	新余	分宜	太阳辐射观测站

续表

序　号	所在市	站　名	站　类
9	抚州	南城	太阳辐射观测站
10	赣州	宁都	太阳辐射观测站

GPS/MET 基准水汽监测

全省 GPS/MET 监测系统包括 GPS 基准站子系统、数据通信子系统、控制中心子系统和数据中心子系统四个主要部分。该系统能实时监测电离层变化，提供高精度、高时空分辨率的大气水汽含量数据。1991—2008 年，全省没有基准水汽监测站。

2009 年 4 月，全省建成九江、永修、南昌、进贤、宜春、宜丰、萍乡、新余、景德镇、鹰潭、南城、南丰、上饶、婺源、吉安、井冈山、赣州、寻乌、瑞金等 62 个 GPS/MET 水汽观测站，并于同年 6 月 1 日开始数据传输（表 2 - 1 - 11）。

表 2 - 1 - 11　2009—2010 年全省 GPS/MET 基准水汽观测站统计表

序　号	所在市	站　名	站　类
1	九江	修水	GPS/MET 基准水汽观测站
2	九江	武宁	GPS/MET 基准水汽观测站
3	九江	九江	GPS/MET 基准水汽观测站
4	九江	永修	GPS/MET 基准水汽观测站
5	九江	彭泽	GPS/MET 基准水汽观测站
6	九江	都昌	GPS/MET 基准水汽观测站
7	九江	德安	GPS/MET 基准水汽观测站
8	南昌	南昌	GPS/MET 基准水汽观测站
9	南昌	进贤	GPS/MET 基准水汽观测站
10	宜春	宜春	GPS/MET 基准水汽观测站
11	宜春	宜丰	GPS/MET 基准水汽观测站
12	宜春	丰城	GPS/MET 基准水汽观测站
13	宜春	高安	GPS/MET 基准水汽观测站
14	宜春	奉新	GPS/MET 基准水汽观测站
15	宜春	万载	GPS/MET 基准水汽观测站
16	萍乡	莲花	GPS/MET 基准水汽观测站
17	萍乡	萍乡	GPS/MET 基准水汽观测站
18	新余	新余	GPS/MET 基准水汽观测站

续表

序　号	所在市	站　名	站　类
19	景德镇	景德镇	GPS/MET 基准水汽观测站
20	鹰潭	鹰潭	GPS/MET 基准水汽观测站
21	抚州	南城	GPS/MET 基准水汽观测站
22	抚州	临川	GPS/MET 基准水汽观测站
23	抚州	南丰	GPS/MET 基准水汽观测站
24	抚州	广昌	GPS/MET 基准水汽观测站
25	抚州	乐安	GPS/MET 基准水汽观测站
26	抚州	黎川	GPS/MET 基准水汽观测站
27	抚州	资溪	GPS/MET 基准水汽观测站
28	抚州	崇仁	GPS/MET 基准水汽观测站
29	抚州	宜黄	GPS/MET 基准水汽观测站
30	上饶	玉山	GPS/MET 基准水汽观测站
31	上饶	德兴	GPS/MET 基准水汽观测站
32	上饶	上饶	GPS/MET 基准水汽观测站
33	上饶	婺源	GPS/MET 基准水汽观测站
34	上饶	余干	GPS/MET 基准水汽观测站
35	上饶	鄱阳	GPS/MET 基准水汽观测站
36	上饶	万年	GPS/MET 基准水汽观测站
37	上饶	弋阳	GPS/MET 基准水汽观测站
38	上饶	广丰	GPS/MET 基准水汽观测站
39	吉安	遂川	GPS/MET 基准水汽观测站
40	吉安	安福	GPS/MET 基准水汽观测站
41	吉安	永丰	GPS/MET 基准水汽观测站
42	吉安	吉安	GPS/MET 基准水汽观测站
43	吉安	井冈山	GPS/MET 基准水汽观测站
44	吉安	新干	GPS/MET 基准水汽观测站
45	吉安	泰和	GPS/MET 基准水汽观测站
46	吉安	万安	GPS/MET 基准水汽观测站
47	吉安	永新	GPS/MET 基准水汽观测站
48	赣州	会昌	GPS/MET 基准水汽观测站

续表

序 号	所在市	站 名	站 类
49	赣州	兴国	GPS/MET 基准水汽观测站
50	赣州	宁都	GPS/MET 基准水汽观测站
51	赣州	赣州	GPS/MET 基准水汽观测站
52	赣州	寻乌	GPS/MET 基准水汽观测站
53	赣州	崇义	GPS/MET 基准水汽观测站
54	赣州	全南	GPS/MET 基准水汽观测站
55	赣州	信丰	GPS/MET 基准水汽观测站
56	赣州	于都	GPS/MET 基准水汽观测站
57	赣州	定南	GPS/MET 基准水汽观测站
58	赣州	瑞金	GPS/MET 基准水汽观测站
59	赣州	石城	GPS/MET 基准水汽观测站
60	赣州	大余	GPS/MET 基准水汽观测站
61	赣州	上犹	GPS/MET 基准水汽观测站
62	赣州	安远	GPS/MET 基准水汽观测站

自动土壤水分观测

1991—2009 年,全省没有自动土壤水分观测站。

2010 年底,全省共建成 18 个自动土壤水分观测站,其中有 12 个通过验收,并于 2011 年 1 月日正式投入业务运行。自动土壤水分观测仪可以方便、快速地在同一地点进行不同层次观测,并自动上传各层正点的实时观测数据(表 2 – 1 – 12)。

表 2 – 1 – 12 2010 年全省通过验收的自动土壤水分观测站统计表

序 号	地市	站 名	站 类
1	赣州	南康	自动土壤水分观测站
2	赣州	宁都	自动土壤水分观测站
3	新余	分宜	自动土壤水分观测站
4	抚州	南丰	自动土壤水分观测站
5	鹰潭	余江	自动土壤水分观测站
6	九江	瑞昌	自动土壤水分观测站
7	赣州	龙南	自动土壤水分观测站
8	上饶	婺源	自动土壤水分观测站

续表

序　号	地　市	站　名	站　类
9	上饶	余干	自动土壤水分观测站
10	吉安	泰和	自动土壤水分观测站
11	宜春	樟树	自动土壤水分观测站
12	宜春	宜丰	自动土壤水分观测站

第四节　气象档案

档案管理机构

省气象局于1991年1月至1997年12月设立报表审核科(也是科技档案科),负责全省气象业务资料和气象基建资料的档案管理,隶属于省气候中心。1998年1月至2005年10月隶属于省气象台(省气象台与省气候中心合署),更名为信息资源科(科技档案科)。2005年11月至2010年隶属于省气象信息中心。

档案管理

气象档案包含:气象探测记录档案、气象业务技术和服务档案、气象科研档案、气象科技管理档案、气象仪器设备档案、气象基建档案等。气象档案工作是以气象记录档案为核心和主体,包括其他气象档案在内的气象档案的管理、编研、开发利用和服务。

1997年4月,中国气象局颁发的《气象档案分类表》是全国气象档案的分类标准。它是《中国档案分类法》中"TB"类的细分和延伸,其类目是按照层累原则进行编号,并采用汉语拼音和阿拉伯数字混合方法。类目层次管理不超过四级,有些类目采用仿分和专类复分方法。全省气象档案按照《气象档案分类表》进行档案分类,对馆藏的11820卷档案、资料进行了重新分类整理和编码,实现了案卷实体分类号和检索号的统一。

库房改造　1997年,为扩大气象档案馆的库容量和改善库房硬件设施,对库房进行一系列的改造,购置21列密集柜以增加库容量,增装4台空调以改善库房温湿条件。1999年,省气象局确定在南昌新一代多普勒天气雷达楼二楼规划建设气象档案馆新库房;2002年2月省气象局投入40万元,按照档案库房要求进行建设和装修;2002年6月新库房建设完成。新库房建筑面积450余平方米(使用面积360平方米),装有防盗(火)门、防盗窗网及双层窗户,拥有移动式档案密集柜63列(根据气象档案特点定制的非标密集柜),固定式档案密集柜4列,铁柜70余套,库容量是旧库房的3倍多。按照库房管理要求,配备了7台空调,6台专用除湿机、消毒柜1台及相应的防磁、计算机等设备。2007年安装了"江西省气象档案馆库房防盗、防火报警系统及监控系统",并与专业安全防护公司和南昌市110报警中心联网。至此,库房具备了完善的防盗、防火、防潮、防晒、防尘、防高温设施和智能管理功能。由于新库房远离省气象局办公大楼,为便于接收和利用档案,在省气象局办公大楼内仍保留了一间30平方米库房,用于档案的收集、整理等工作,同时兼做机读载体档案库房、档案信息化加工技术用房和档案的借阅室。

1999年3月,省气象局气象档案馆通过中国气象局和江西省档案局的综合考评,获得国家二级档案管理单位称号。

体制调整　2002年前,省内89个气象台站的历史气象记录档案是分级管理模式,在保存条件和开发应用方面存在诸多问题。

2001年11月,中国气象局下发《气象记录档案保管体制调整工作方案》的通知(气发〔2001〕132号文)(简称"四改二")。2002年1月,省气象局在全国率先启动气象记录档案保管体制的调整工作;2—4月省气象档案馆负责编写了"全省气象记录档案移交实施方案";5月完成实施方案中历史记录档案整理和移交工作的培训;5—7月各气象台站完成本单位保存的需要移交的档案清查整理和预立卷;7—9月完成记录档案的移交入库。经过5个月的努力,全省气象档案在全国气象系统首家完成20余万册的历史气象记录档案保管体制的调整,成功完成了全省历史气象记录档案的清理、移交和上架工作,为全国气象记录档案体制改革提供了经验,并被广泛借鉴。2003年10月,中国气象局在南昌召开全国气象记录档案保管体制调整工作现场经验交流会,省气象档案馆为各省提供了气象记录档案保管体制调整的工作流程和方法。2002—2003年,中国气象局副局长许晓峰和沈小农先后两次到省气象档案馆调整研。2003年10月30日,省气象档案馆接受国家档案局郭树银副局长率领的档案执法检查。2003年10月28—30日,全国气象部门"四改二"工作现场交流会在南昌召开。

2002年上收移交的气象记录档案范围包括:全省各级气象台站自建站至1997年12月观测形成的历史气象记录档案,共17286卷(表2-1-13)。

表2-1-13　2002年省气象档案馆接收台站资料统计表

序　号	资料名称	台站数	数　量	案卷数(卷)
1	地面气象观测记录簿	106	51295(册)	4443
2	气压自记纸	91	104.5934(万页)	2907
3	气温自记纸	96	99.5241(万页)	2781
4	湿度自记纸	96	94.7968(万页)	2644
5	降水自记纸	99	48.3511(万页)	1487
6	地面风自记纸	89	73.7307(万页)	2074
7	农业气象观测记录簿	84	5374(册)	191
8	测风、探空观测记录表	6	19.9296(万页)	504
9	气象辐射观测记录簿	3	2881(册)	253

续表

序　号	资料名称	台站数	数　　量	案卷数
10	酸雨观测记录簿	2	23(册)	2
	合　　计			17286

从 2003 年开始,气象台站保存满 5 年的气象记录档案,以设区市气象局为单位逐年向省气象档案馆移交。为了能够科学管理数量庞大的气象记录档案,省气象档案管理人员自行研究、开发《江西省气象记录档案管理系统》,实现气象记录档案目录的计算机管理。

气象记录档案保管体制调整后,省气象局及时制定下发新的《江西省气象记录档案管理暂行办法》和《江西省新增气象探测档案收集和归档管理细则》,进一步规范了各类载体气象记录档案的整理、归档工作。2003 年,重新修订和完善省气象档案馆《档案库房安全与消防制度》《档案资料库房管理细则》《档案资料借阅制度》等各项规章制度。截至 2010 年,馆藏各类纸质气象档案 28163 卷,各类气象资料档案 4332 卷。

机读载体档案管理　2007 年,省气象局颁布了《江西省机读载体气象资料管理实施细则(暂行)》,进一步规范全省机读载体气象资料档案管理,建立机读载体库房,配备 4 台防磁柜,制作机读载体气象档案资料实体,建立相关的管理流程,并定期进行读取检查。

2007 年底,在九江市气象局建立磁性介质档案异地备份库,制定《江西省机读载体气象档案异地备份管理制度》,明确机读载体气象档案由省气象档案馆负责管理,外部环境及安全由九江市气象局负责。异地备份库主要用以存放省气象档案馆整理的机读载体气象档案的灾难备份,备份档案以机读载体的气象记录档案为主。

至 2010 年底,馆藏资料包括:常规地面、高空、辐射观测数据资料;区域自动站、雷达整编资料;GPS/MET、大气成分、酸雨、风能观测资料等电子载体档案数据,总量为 1100 千兆字节(1.1TB)。

档案数字化及开发利用

资料整编　2000 年,中国气象局预测减灾司下发《关于 1971—2000 年全国气候资料阶段整编工作方案》(气预发〔2000〕61 号)文件,要求各省(区、市)气象局认真做好三十年气候整编。2002 年,江西完成了全省 1971—2000 年 30 年间地面气候资料整编,发布江西省(1971—2000 年)气候标准值。

记录档案数字化　中国气象局在 2002—2004 年的《预测减灾业务服务基本建设项目》中,要求全国降水图形、图像气象资料信息化。江西 2006 年完成全省 16 个基本(准)站 1961—2003 年共计116871 张自记降水纸的数字化扫描和降水强度数据的提取,建立全省国家基本(准)站降水自记纸图像数据集、全省国家基本(准)站降水曲线数据集、全省国家基本(准)站降水强度数据集。总数据量为 22 千兆字节。

中国气象局在 2009 年、2010 年的《气象监测与灾害预警工程》中,分别安排《江西省历史地面气象报表数字化处理》《江西省级建国前气象灾害历史资料数字化处理》项目,对省内历史气象资料进行数字化建设。

2009年"江西省历史地面气象报表数字化处理"项目建设主要内容为：全省各气象台站自建站至2000年各类地面观测记录报表共计56万页的数字化扫描；全省各气象台站自建站至1990年降水、风、日照自记记录报表等共计6.7万页的数字化录入；建立各类地面观测记录报表数字化扫描图像文件数据集9个，数字化录入文件数据集4个。总数据量为420千兆字节。

2010年"江西省级建国前气象灾害历史资料数字化处理"项目建设主要内容包括：全省1949年前历史气象资料；全省1949年后各气象台站历史地面年报表、农气年报表、降水自记纸和16个国家基本（准）站风自记纸等67.6万页档案的数字化扫描；全省18个农业气象观测站和2个酸雨观测站以及各气象台站历史沿革的编制；全省87个气象台站15个时段年的最大降水量数据的数字化录入，形成了江西省降水强度年值数据集。总数据量为313千兆字节。

2001年—2010年，中国气象局投入江西省气象记录档案数字化处理总的经费为150余万元。

常规资料加工

地面观测报表编制　1991年，国家气象局气候监测应用管理司下发《微机编制地面气象报表暂行规定》（气候发〔1991〕161号）文件，对县气象站、省气象局和国家气象中心的气象记录报表审核任务分工做出具体规定，要求各省开展省级编制地面观测月（年）报表和保存数据文件。

1991年1月，全省43个气象台站实现了微机编制地面观测记录月报表（气表－1）。1996年4月，全省87个台站全部实现微机编制地面观测记录月报表（气表－1）。

1991—2003年，还是手工制作地面观测记录年报表（气表－21）；2004—2010年，全部实现了计算机编制地面观测记录年报表（气表－21）。

2000年中国气象局预测减灾司下发《关于停止报送国家基本站、基准站纸质气表－1的通知》（中气预发〔2000〕4号）文件。江西从2000年1月开始停止向国家气象中心上报纸质地面观测记录月报表（气表－1）。自2002年1月开始，取消纸质地面观测记录月报表（气表－1）的编制和归档。

太阳辐射报表编制　1991年1月至12月，赣县及南昌人工抄录制作日射观测记录月报表（气表－33甲、气表－33乙）。1992年1月至2004年12月，赣县及南昌人工抄录制作气象辐射记录月报表（气表－33二、气表－33三）。2005年1月至2010年12月，赣县及南昌采用计算机编制气象辐射记录月报表（气表－33二、气表－33三）。

高空气象观测报表编制　1991年1月至1999年6月，赣州及南昌人工制作高空风记录月报表（高表－1）、高空压温湿记录月报表（高表－2）。1999年7月至2010年12月，赣州及南昌采用计算机编制高空风记录月报表（高表－1）、高空压温湿记录月报表（高表－2）。

酸雨报表编制　1991年1月至2005年12月，人工制作酸雨观测记录月报表；2006年1月，停止纸质酸雨观测记录月报表的报送。

农业气象年报表编制　1991年至1999年，人工编制农业气象观测年报表；2000年开始采用省气象台开发的软件进行计算机编制。

地面观测记录数据文件 1991 年 1 月至 1996 年 3 月,人工录入地面气象记录月报表数据文件(A0、A1 文件)、地面气象记录月报表补充数据文件(A6、A7 文件)。1996 年 4 月至 2003 年 12 月,软件将全月观测数据文件转换成地面气象记录月报表数据文件(A0、A1 文件)、地面气象记录月报表补充数据文件(A6、A7 文件)。1999 年至 2003 年,人工录入地面月报表封面(底)信息数据文件(V0、V1 文件)。2004 年 1 月至 2010 年 12 月,软件自动制作地面气象月数据文件(A 文件)、地面分钟观测数据文件(J 文件)、地面气象记录年报表数据文件(Y 文)。

辐射观测记录数据文件 2005 年 1 月至 2010 年 12 月,软件自动制作气象辐射观测数据文件(R 文件)。

酸雨观测记录数据文件 2006 年 1 月至 2010 年 12 月,软件自动制作酸雨观测月数据文件(S 文件)。

高空观测记录数据文件 1999 年 7 月至 2004 年 12 月,南昌使用 59-701 微机数据处理软件生成高空月报表数据文件(F、T、G 文件)。2005 年 1 月至 2010 年 12 月,使用 L 波段(1 型)数据处理软件生成月报表数据文件(MS、MW 文件)。2009 年增加了高空全月观测数据文件(G 文件)。1999 年 5 月至 2006 年 9 月,赣州使用 59-701 微机数据处理软件生成高空月报表数据文件(F、T、G 文件)。2006 年 10 月至 2010 年 3 月,使用 701A 型 400M 电子探空仪处理软件生成月报表数据文件(M0 文件)。2010 年 4 月,使用 L 波段(1 型)数据处理软件生成月报表数据文件(MS、MW 文件)、高空全月观测数据文件(G 文件)。

观测记录质量控制

1991—1994 年,全省气象台站上报气象记录月报表简表;审核科进行资料录入机审、处理疑误信息、报表打印、复审查询更正,实行人机结合方法审核;其中,机审采用适合本省的"综合审核系统"。

1997 年,中国气象局气象服务与气候司下发《关于使用全国地面气象资料质量检查程序的通知》(气候发〔1997〕87 号)文件,要求各省(区、市)气象局使用统一下发的《全国地面气象资料质量检查程序》对上报的地面气象信息化资料进行质量检查。中国气象局从 1998 年 7 月起,对报送的信息化资料,进行格式和数据质量检查情况的通报。省内 1997 至 2004 年的地面信息化 A0、A1、A6、A7 文件采用了该软件进行质量控制。

1995 年至 2001 年,全省 87 个气象台站分批完成采用微机制作全月观测数据文件(D 文件)上报,同时采用 AH4.1 软件编制报表和机审,人工抽审自记纸及疑误信息处理等人机结合方法审核报表。机器审核大约能取代人工审核 80% 的内容。

1996 年开始,根据审核工作的实际,每年派审核员到基本(准)站驻站审核原始记录,发现问题,就地解决。

2002 年开始,对台站上传的月数据文件进行质量控制,采用 AH5.0 软件人机交互式审核数据文件。

2003 年，全省 16 个基本(准)站开始人工与自动站平行观测。2004 年 66 个一般站、2005 年 3 个一般站、2006 年 2 个一般站开始人工与自动站平行观测，对台站上传的 A、J、Y 文件，采用人机交互方式质量控制。机审采用地面气象测报业务软件(OSSMO)，通过测报软件格式检查、质量检查，输出要素质量控制码及疑误信息文件，查询台站，人机交互。最后形成经过质量控制的数据文件，同时对平行观测资料进行质量评估，查询单由纸质寄送方式转变为电子查询单网络传输。

2005 年，辐射站开始与自动站平行观测，对气象台站上传的气象辐射观测数据文件(R 文件)采用人机交互方式质量控制。

2007 年，采用"OSSMO 软件"和"地面自动站观测资料三级质量控制软件"对 A、J、Y、R 数据文件进行人机交互方式质量控制，两个软件不断完善，相互补充，大约能取代人工审核 95% 以上的内容。地面气象观测记录之间的相互关联是十分复杂的，部分记录特别是云、能见度、天气现象的配合和天气现象本身的记录，还需要由人工进一步判断。

1991—2010 年，高空观测资料为人工审核原始资料和月报表。2011 年增加使用"高空 G 文件数据格检、质检软件"，针对 G 文件进行人机交互质量控制观测记录月数据。由于每个时次高空气象观测要素多，数据量大，要素关联密切，因此，高空原始资料及相关数据文件的人工审核仍是高空气象观测资料质量控制的主要手段和方法。

第二章　气象通信

全省气象信息的传输先后经历了莫尔斯收发气象电报、气象电传、气象传真、甚高频通信网、地面专线及分组交换网、卫星通信及 SDH 地面专网等发展历程。从人工到自动,从低速到高速,从单一传输到综合应用,从简单收集和发送信息发展到以现代通信网络和计算机技术应用为主要特征。至 2010 年,全省气象通信具备气象资料的收发处理、存储管理、共享服务等业务功能,形成了一套完整的、业务化的实时气象信息网络系统,并承担了为全省气象部门、省政府各部门以及社会公众服务的多重任务。

第一节　气象信息网络建设

1991 年,全省气象实时业务服务系统建设初具规模,完成了区域中心 DEC 网络智能终端和小型实时业务程控系统建设,实现了南昌至武汉中速通信业务化,运行正常率达 95% 以上。建立和完善了实时资料库,400 多种气象资料可上网供已建成的省气象台远程工作站调用。丰富了省、地(市)气象台指导预报产品。开通了九江、萍乡、新余 3 个市气象局的远程工作站。

1992 年,成立"江西省气象局新技术开发中心"。

1993 年,全省所有地市气象局全部建成局域网或远程工作站,并在庐山、湖口、德安、瑞昌 4 个县(市)局建立计算机服务终端。省级网络完成由 X.25 到 Novell 计算机广域网的升级改造,完成南昌至武汉数据通信升速到 9.6 千比特每秒的试验,建立自动报务、传真图等产品综合输出、综合通信工作站。在软件开发方面,地市终端软件、数据库、后处理、图形图像、报务系统、SUN 工作站和分发服务系统软件得到进一步完善和优化。

1994 年 12 月,"江西省气象局新技术开发中心"更名为"江西省气象信息网络中心",与省局科技发展处分离,为省气象局直属处级事业单位。

1994 年 3 月开始自动填图,建立报务、综合输入输出系统,取消手工填图,同时取消报务和无线传真业务。1997 年 12 月取消天气图自动填绘。

1996 年,南昌至武汉中速通信,通信速率由 75 比特每秒和 120 比特每秒提升为 9600 比特每秒。省气象台天气预报业务向自动化和人机交互方向迈进一大步。全省各地(市)气象局全部完成局域网建设和改造,建立省、地、县计算机网络。省气象局新机房启用,10 个地(市)气象局计算机机房进行环境改造,各类气象资料和指导产品通过网络高效传输。开通省级卫星电话系统,建成连通省、地、县三级的办公自动化计算机网络,实现中文远程传输。

1995 年,省气象局启动《气象卫星综合业务应用系统(简称 9210 工程)》建设。9210 工程是全国重点工程,它基于计算机网络将卫星数据网的双向传输功能和卫星中速广播网的广播功能相结合,建立全国卫星广域网、话音网、气象数据单向广播和接收网、CHIANPAC 地面备份系统和气象信息综合分析处理系统(MICAPS),是由 1 个国家级主站(NICC)、6 个区域级站(RICC)、25 个省级站、300 多个地市级站、2000 多个县级站(PCVSAT)组成,是以卫星通信为主、地面通信为辅、多种手段并用、天地一体的气象信息网络系统,实现网络环境下全国各类气象观测资料的收集和全国范围内气象数据分发和信息交换。工程规划要求各地市气象局分别建设一个小型卫星通信站 VerySmallApertureTerminal(简称 VSAT 小站)及配套的计算机网络系统。

1996 年,省气象信息网络中心完成 VSAT 小站建设并投入业务运行。

1997 年 10 月,完成 10 个地市气象局的市级 PCVSAT 小站(Personal Computer Very Small Aperture Terminal(简称 PCVSAT 小站)建设和 VSAT 系统的安装调试工作,开通了省以下语音通信系统,地(市)级程控交换机全部投入使用。完成了省级主网改造。9210 工程建成,实现了省级局域网与 9210 小型机系统资源共享。建立了以地面通信为主、VSAT 卫星通信为辅,覆盖省、市、县三级气象部门的广域网系统和话音系统。

1998 年 1 月取消与汉口专线通讯方式,改用分组交换网或互联网方式。3 月 9210 工程准业务化运行,资料接收以 PCVSAT 为主。依据省气象局下发的《卫星综合业务应用系统工作规定》,制定了相应的岗位职责和考核制度。

1998 年,通过 9210 工程卫星通信网,向中国气象局传输江西 16 个基本气象站和 2 个探空站的观测数据。

1999 年,全省气象部门完成了 89 个县级卫星单向接收小站 Personal Computer Very Small Aperture Terminal(简称 PCVSAT 小站)的建设,并投入运行。

1999 年,完成省级计算机网络系统升级,省级主干网络升至 100 兆。

2000 年 1 月 1 日,9210 工程正式运行,取消分组交换网传输方式。

2000 年,完成了省、地级单(双)向接收站系统集成和省级主网升级改造,地、市局基本、基准站分组交换网开通使用,完成地、市气象局和 59 个县、市局 NT 网建设。完成 9210 工程业务化应用软件开发工作。

2002 年 8 月 25 日,完成"全国天气预报可视会商及电视会议系统"省局视频会商终端建设,实现了国省两级电视天气预报会商。

2002 年 10 月,省气象信息网络中心组织实施气象 VPN("Virtual Private Network"虚拟专用网络)网络工程并投入业务使用。该工程构建于 Internet 网络基础之上,采用专用服务软件网关方式,建立覆盖全省气象部门业务、办公与服务的虚拟专用网络。

2003 年,VPN 技术推广应用至全省气象部门,普及到县级气象台站,并成为县气象局各类气象信息交流、观测资料传输等的主要手段。2003 年 4 月 21 日起,通过 VPN 网络传输南昌、赣州、吉安多普勒雷达产品和全省 87 个国家级自动站每小时观测的数据资料。

2004 年 5 月,省气象信息网络中心优化改善拨号备份线路,实现了拨号连选功能。对拨号备份线路进行了优化改善,在原有 4 条拨号专线的基础上,又新增 2 条拨号专线,并实现用一个号码对 6 条线路进行拨号连选功能。解决了地、市、县局利用备份线路传报时经常出现拨号忙音的现象。

2004 年 12 月,省级信息网络系统升级改造,省级主干网升级为千兆网络,百兆达桌面,并建立了网络防病毒系统。建立了全省气象部门省—市、市—县 2MSDH 广域网络系统。

2004 年开始,全省 11 个地市气象局新增蒸发量资料通过网络传输。

2004 年 12 月,江西省首次开通省环境预报中心与新余市气象局远程可视天气会商系统,开启省市天气会商可视新模式。

2005 年 1 月 1 日正式上传南昌 L 波段二次测风雷达资料。

2005 年 4 月,地市气象局通过 2MSDH 地面专线与省局连接。该线路的开通,扩大了省气象局与各设区市气象局之间的通信带宽,提高了省、市气象局之间的通信能力,也为建立省、市局之间的可视会商、市局雷达同步显示终端提供了通信线路保证。

2005 年 4 月 1 日起,新增了每小时自动站资料及每 10 分钟闪电定位资料的传输。

2005 年 6 月,搭建全国宽带通信网江西省级网络。建成省到国家 2MSDH 地面专线连接。将气象资料上传由卫星线路传输为主变更为地面宽带传输为主。

2005 年 11 月,省气象局实施互联网专线扩容,将原有 10 兆比特每秒专线扩展到 40 兆比特每秒,并新增一条带宽 40 兆比特每秒的专线分离省局大楼用户对互联网的访问。从根本上解决了省以下所有的气象情报、资料传输、Notes 应用、江西气象内因网应用和省局大楼用户访问互联网的信息传输,带宽与流量等矛盾突出的问题。

2005 年底,完成 9210 工程系统升级,省级上行数据通信由卫星网络为主转为地面宽带网络为主,带宽达到 6 兆比特每秒。新一代卫星广播系统 DVB－S 广播带宽升级为 2 兆比特每秒,每日实时传输的气象资料包括地面和高空大气探测数据、气象传真、气象卫星资料、气象雷达资料、天气气候资料、气象情报、气象灾情及指导预报产品等数十种近百万份文件,数据量约 40 千兆字节。

依托气象通信网络系统的支撑和保障,气象综合业务网成为全省气象业务、服务及管理的综合工作平台。其中,气象业务信息子系统承载了全省 89 个气象台站大气探测、生态环境监测和灾害信息每天 24 个常规时次及加密时次的双向实时数据传输,常规时次的全省观测信息收集能够在 10—15 分钟时间内完成并分发处理。省气象局所属各业务中心及各市级气象台通过该系统向全省各级气象台站提供各类业务服务产品的共享与交互式应用。气象服务信息子系统提供全省气象台站为当地政府、公众及专业部门开展气象服务的技术支持,涉及农业、防汛、水利、公路、航空、商业、建筑、保险、仓储等数十个行业部门的专业或专项气象服务,提供全省各地与百姓生活密切相关的气象指数预报。气象办公信息子系统依托气象综合业务网络,将省、市气象局办公自动化系统全面延伸到县气象局。通过网络面向全省气象台站开展网络政务服务,提供政策法规、业务制度、工作动态、计划安排、公文收发、目标管理、人事、计财、监审、党务等信息服务,气象行政工作效率显著提升,同时实现各级气象部门日常所需的内部政务信息资源的网上共享。

2006 年 4 月,"江西省气象信息网络中心"更名为"江西省气象信息中心"。

2006 年 6 月,将国家气象信息中心到省气象局的 2 兆比特每秒宽带电路提高到 6 兆比特每秒。

省级上行数据通信开展由卫星网络转为地面宽带网络,大大提升省气象局到中国气象局的信息传输能力,满足省气象部门南昌至北京的可视会商,雷达资料、9210业务传输资料、华风影视资料传输等对带宽的需求。

2006年10月,省局完成省市天气预报可视会商DLP大屏幕显示系统建设。

2007年6月1日起,静止气象卫星风云二号C/D双星系统正式投入业务运行。2007年7月停用单收站(PCVAST)系统。8月15日起启用《气象数据广播(DVB - S)试验系统接收站》系统。2009年12月,卫星风云双星E星代替C星。

2008年4月底前,开发并完善全省实时资料上传监控系统,并投入业务运行。新增自动站整点资料、自动站五分钟资料、宽带雷达PUP产品、雷达基数据、闪电定位资料、精细化城镇报、酸雨等特种观测资料、奥运火炬接力传递气象服务产品传输情况监控及北京下发每小时多普勒雷达PUP产品传输时效统计报表处理显示。开发故障申告系统。实现按不同需求统计区域自动站传输质量。根据考核时效变化调整系统前台、后台。5月开始,在江西气象内网发布各类报文传输质量和雷运状态信息。

2008年8月,省气象局建立基于硬件防火墙的虚拟专用网络并投入业务运行。通过防火墙实现互联网接入和访问控制功能,提升主干网络安全控制能力和网络访问效率。

2008年,省气象信息中心完成了精细化城镇预报传输软件、自动站数据分发软件及质量人二干预接口、降水测值查询页面。根据业务要求调整接收节目表并实现NCEP资料的接收转存。根据业务调整编写重要天气报处理软件、精细化预报报文解报入库软件。完成雷达产品、雷达状态、区域站、国家站、高空报文、探空测风、探空秒级数据分发给大气探测中心。完善培训中心学时统计查询系统。完成MPLSVPN备份网络建设任务,实现省局与全国各省市的网络连通,同时通过该网络开通省局与上海区域中心的气象资料共享业务。完成省气象局到省测绘局的网络建设和省气象局GPS数据接收服务器的安装调试任务。完成省气象局与省政府应急指挥中心的网络、视频、IP电话的调试工作,并完成两次应急演练的保障任务。完成省局全国财务联网的网络调试任务,并参与财务服务器和国有资产管理服务器的安装调试工作。

2009年10月,完成了"省气象局至中国气象局的CMANET网络"的建设、改造以及优化完善。新增一条MPLS VPN线路,MPLS(multi - protocol label switch多协议标记转换)VPN系统升级,建立省级CMANet安全区。将气象数据通信业务切换到MPLSVPN系统中,使其成为国省气象数据传输的主要通道,实现有效的网络服务带宽保障,建设开放的、面向网络服务的和基于业务流的网络通信系统。

2009年,全面整合原PCVSAT、DVB - S和FENGYUNCast三套卫星广播系统,升级合并为一套中国气象局新一代卫星广播系统China Meteorological Administration broadCast(简称CMACast)。卫星地面接收站网由9个中规模接收站、1个省级CMACast接收站和94个市县级接收小站组成。CMACast卫星广播系统采用DVB - S2卫星数据广播标准和C波段通信卫星转发器组成,包含播发系统、监控系统、接收系统和完善的软件系统。CMACast是中国气象局区内和国际通信系统的重要组成部分,与全国地面广域网构成中国气象局天地一体的气象数据传输网络。

2009 年 12 月,省气象局完成省、市、县三级天气预报可视会商与会议系统建设,并接入全国可视会商系统,实现了国家、省、市、县四级天气预报可视会商及视频会议业务运行。

2010 年 11 月,完成省气象局至各设区市气象局的广域网专线(SDH)带宽升级,省至市广域网专线(SDH)的主链路带宽由原来的 2 兆比特每秒提升至 8 兆比特每秒,市至县带宽由原来的 2 兆比特每秒提升至 4 兆比特每秒。省气象局至各设区市气象局广域网专线带宽的升级,大幅提升全省各类气象数据的传输能力,为新一代省、市、县三级可视会商系统的音视频和各类气象数据的传输提供了可靠的带宽保障,为全省各类预报、预测业务和气象防灾减灾工作提供稳定的网络支撑环境。新一代气象信息系统业务流程使省内气象信息网络的通信传输能力和信息传输能力提高了 100 倍以上,各种气象资料获取时效平均提前 1~3 小时。全省 1500 多个自动气象站数据传输频次达到 5 分钟一次,宽带雷达数据传输为 6 分钟一次。每月传输各类观测资料和气象产品近 150 万份,传输数据量约 47 千兆字节。

到 2010 年底,全省气象部门已形成以地面通信为主,卫星通信为辅,联通省、市、县三级气象部门的中高速计算机广域网络,覆盖全省的分布式气象实时业务数据库系统,并建立面向全省的气象业务、服务、管理综合工作平台以及面向社会的气象信息服务系统,气象信息高速公路已成规模。

第二节　气象信息服务

为新农村建设服务

省气象局于 2000 年 7 月在全国首批开通新农村建设网——"江西农经网",由省委农村工作部、省新农村建设办公室和省气象局联合主办,省气象局承办,省气象信息中心负责制作和维护管理。

"江西农经网"有省级信息中心 1 个、市级分中心 11 个、县(市、区)级信息站 99 个,1523 个乡镇开通农经信息服务站。有省、市、县、乡气象信息员 1.97 万余人。

"江西农经网"积极宣传新农村建设政策法规,交流试点工作经验,提供市场实时价格行情信息,发布市场价格走势预测分析报告,发布市场供求信息并为供求双方牵线搭桥。农经网专家通过网上问答和电话热线,为农民特别是种养大户释疑解惑,定期实地走访服务,开展专题调研,适时制作发布系列"三农"服务专题。网站开设有近期要闻、领导言论、经验交流、各地动态、本网视频、各抒己见、法律法规、农村减灾、农用天气、市场动态、供求信息、服务指南、专家答疑等十余个栏目。

"江西农经网"与省内多家农产品批发市场开展合作,在网上及时发布各类农产品信息,与全国 200 多家涉农网站建立了友情链接,实现了信息共享。

2002 年开发了"农经网电视节目全省信息联播编辑系统",由省气象信息网络中心研制开发的集信息收集、处理广播与电视节目制作为一体的综合化农经信息服务平台,通过全国气象部门的 9210 卫星网作为系统节目信息的广播通道,以"江西农经网"为信息的采集交换平台,结合省气象网络中心开发研制的地市电视天气预报制作系统进行节目制作,以覆盖全省的无线和有线电视为最终的公众传播媒体,面向广大农民和农业企业提供大量、快捷的各类农业经济信息。该系统将Internet、Intranet 和传统的公众媒体——电视有机地结合在一起,为农经网信息入乡、进村、到户提供了一种经济、快捷、有效的方式。

2006 年 9 月,按照省政府领导的要求,"江西农经网"全面改版升级为"江西新农村建设网",是全国首家开通的省级新农村建设网站,也是省委、省政府指导宣传全省新农村建设的权威网站。

至 2010 年底,以上网站共发布各类涉农服务信息 500 多万条,向"中国兴农网"上传供求和价格等信息 20 多万条,促成网上交易总额超过 20 亿元。网站访问总量超过了 2.4 亿人次,日均访问超 10 万人次,访问者遍及世界 60 多个国家和地区。

2005 年,"江西农经网"参加全国气象系统农业网站评比活动荣获第二名。"江西新农村建设网"在 2007 年、2008 年荣获"中国农业百强网站"称号(政府类)。2010 年省气象信息中心荣获"农村信息化杰出贡献单位"称号。

为政府各部门和社会公众服务

1999 年 3 月 12 日,省气象局、省邮电局在省气象局联合举行"金象气象信息网"开通仪式。"金象气象信息网"是省气象局在省政府各部门中首家正式开通的政府工作网。

2001 年 8 月,"金象气象信息网"更名为"江西气象网"。"江西气象网"是省气象部门通过互联网向社会提供气象信息服务的政府工作网站;是江西气象对外开放的重要窗口,以为社会公众提供准确、及时、优质、高效的气象信息服务为根本宗旨,致力于为国民经济各行各业提供优质专业和专项气象服务;也是省气象部门集成信息管理、信息交换和各类已有气象业务服务的建设成果,最大限度地实现各级气象台站的各类信息共享,满足气象业务服务和管理的常规需求,成为全省气象台站的基本工作平台。

2006 年 11 月 13 日,"江西气象网"新版正式开通,此次改版进一步加强气象政务公开,增强网上办事功能,提高社会管理透明度,丰富公共气象服务产品,强化气象科学知识的宣传和普及,广大社会公众可以更加了解气象,掌握气象,更加方便、快捷、全方位地享受到公共气象服务。

至 2010 年底,"江西气象网"总访问量达 4950 多万人次,面向社会发布各类信息达百万条。

在 2003 年度全省政府门户网站评比中,"江西气象网"获二等奖。

在 2006 年度省信息化工作领导小组举办的全省政府网站评比中,"江西气象网"荣获三等奖。

在省计算机用户协会组织开展的"2010 年江西省政府网站评测"活动中,经公众投票和专家评审,"江西气象网"被评为"2010 年度江西省优秀政府网站"。

2007 年 11 月,省气象局建设的"省委书记楼气象信息服务系统"正式投入业务运行。该系统的建设共包括三大部分:气象信息服务网站的建立、政务网传输专线的铺设以及"天融信"硬件防火墙的架设。

为全省气象业务和科研服务

2005年，依托科技部下达的国家科技基础条件平台"气象科学数据共享中心"(2005DKA31700)专项，省气象信息中心承担了"江西省气象数据资源建设与共享服务"课题任务，专题按2005年、2006年、2007年3个年度实施，累计投入资金45.7万元。

2005年12月15日，全省气象资料实时查询与服务平台建成开通。用户通过该平台，可以实时查看气象资料传输、预审情况，并可查询、下载所需气象资料。该平台可在实现全省气象基础数据共享，充分发挥气象资料的资源效益方面发挥积极作用。

2006年，完成全省87个地面气象观测站自建站至2009年常规要素、地温、自动站观测资料的定时(日、旬、月、年)值等13个气象科学基础数据集建设。完成全省87个地面站、2个高空站和3个太阳辐射站的历史沿革数据集建设。建立全省地面气候资料天气现象(日、月、年)值数据集。建立全省降水强度年值数据集。建立全省高空等间距多层面定时值数据集。

2006年底，完成"中国气象科学数据共享中心"江西省节点(江西省气象科学数据共享服务网)建设。建立物理上分布、逻辑上统一的分布式数据共享服务网站。按照中国气象局"气象资料共享管理办法"的要求，研究制定"江西省气象科学数据共享实施办法""共享发布策略"和"发布细则"，通过在线和离线方式对社会开展数据共享服务，形成持续、稳定的气象科学数据共享机制。

2007年5月21日，PCVSAT常规资料输出实现了网络共享，为台站汛期气象服务可提供较好的资料保障。

2008年5月28日，开发了自动站质量控制人工干预接口和雨量累计排序显示软件，实现在内网主页的"气象监测数据""天气实况"等链接页面，可滚动显示当前24小时雨量超出阈值的站点，有利于直观掌握全省雨情概况，监控雨量有异常数据，可进行人工删除或修正操作。

2009年5月21日，完成面向台站的"DVB-S常规资料内网共享平台"系统业务流程的设计和后台测试并投入使用，可为台站预报业务服务人员开展现场服务提供基本的资料参考，便于在缺少MICAPS应用环境下，满足各级业务服务和管理人员MICAPS移动应用需求，并可作为台站MICAPS系统的备份手段提供应急使用。

2009年5月21日，本省建成风能观测资料传输监控系统，业务监控人员通过该系统可以快速掌握风能观测资料总体传输情况，及时发现数据传输中的问题，确保资料的准确收集和上传。

2009年6月11日，完成了全省所有国家站以及区域站的五分钟全要素资料任意时刻的查询、整点累计雨量和近五分钟累计雨量的计算、每个站点任意时刻整点以来累计雨量和近五分钟累计雨量的计算。

2009年7月7日，对"江西气象内网"进行改版，调整和优化各个板块和栏目，梳理和完善后台运行的各类业务系统，改善内网平台硬件支撑环境，建立健全内网信息发布管理制度，形成面向预报服务业务一线、实用性强、操作便捷、美观新颖的新内网平台。

江西气象网

新版正式开通　江西气象网新版于 2006 年 11 月 13 日正式开通,此次改版进一步加强气象政务公开,增强网上办事功能,提高社会管理透明度,丰富公共气象服务产品,强化气象科学知识的宣传和普及。广大公众通过江西气象网新版可以更加了解气象,掌握气象,更加方便、快捷、全方位地享受公共气象服务。

预警信号共享平台　2007 年 6 月 6 日,以江西气象内网为依托,建立预警信息传输、处理、共享、网络发布的自动化业务流程,达到省、市、县三级气象台站在第一时间共享突发气象灾害预警信息,第一时间通过江西气象网、江西新农村建设网、江西减灾网向社会公众发布的信息,对进一步加强气象灾害联防,提高突发性气象灾害预报准确率和服务效益,最大程度地减轻灾害造成的损失有积极的意义。

省委书记楼服务系统　2007 年 11 月,省气象局建设的"省委书记楼气象信息服务系统"正式投入业务运行,"省委书记楼气象信息服务系统"的建设共包括三大部分:气象信息服务网站的建立、政务网传输专线的铺设以及"天融信"硬件防火墙的架设。气象信息服务网站涵盖五大主要栏目:预报产品、决策服务、生态环境、监测资料和气象政务。在服务内容上突出气象信息集约化,形成直观、形象、针对性强的服务产品,把公共气象服务内容进一步细化、服务层面进一步提高。在系统稳定性和安全性上,通过使用硬件防火墙所具有的信息包过滤、限制不安全服务、封闭易受病毒攻击端口、访问控制等手段,有效保障"省委书记楼气象信息服务系统"的正常运行。

第三章　气象装备

1991年2月,省气象局物资处(此之前先后称气象仪器检定所、气象仪器检定修配所)更名为技术装备处。1992年成立气象技术装备中心,2004年改为大气探测技术中心。大气探测技术中心主要任务包括:气象台站的设备供应、设备的运行监控、设备的计量检定、设备的维修维护以及新的技术项目建设等。1991—2010年,全省各种气象装备不断得到改善,不仅对原有的仪器设备和工作环境进行了全面升级和改造,还配备多种新的、先进的技术设备,全省的气象装备现代化程度越来越高。

第一节　观测站的常规装备

地面观测常规装备

温度表　1991—2010年,全省气象台、站测量温度的仪器主要有:干球和湿球气温表、最高温度表、最低温度表,0厘米地温表,5、10、15、20厘米曲管浅层地温表,40、80、160、320厘米深层直管地温表等。

风向风速仪　1991—2010年,全省气象台、站测量风向、风速和最大风速的仪器主要是EL型电接风向风速仪。

自记仪器　1991—2010年,全省气象台、站使用国产气压、温度、湿度、风的自记仪器以及湿度计等各类自记仪器自动记录气压、温度、湿度、风向和风速等。

日　照　1991—2010年,全省气象台、站使用暗筒式日照计观测20~20时的日照时数。

雨量器　1991—2010年,全省气象台、站先后使用雨量器、遥测雨量计、虹吸式雨量计。

蒸发器　1991—2010年,全省气象台、站多数一直使用口面积为314平方厘米的小型蒸发器。国家基准站和基本站在20世纪90年代,部分增配了口面积为3000平方厘米的大型蒸发器。

气压计　1991—2010年,全省气象台、站使用水银气压表,因其准确度高,一直使用几十年。

百叶箱　1991—2010年,全省气象台、站使用玻璃钢百叶箱。之前普遍使用的是木制百叶箱。

野外观测设备　1991—2010年,全省气象台、站野外观测采用双指针、空盒气压表、通风干湿表或轻便三杯风向风速表等。

其他设备　1991—2010年,全省气象台、站进行太阳辐射、雪深、雪压、冻土和电线积冰观测时,一直分别使用总辐射表、直接辐射表,净射表、量雪尺、量雪器、称雪器、冻土器和电线积冰架。少部分气象台站在1991~2010年配备了酸度计、太阳紫外线辐射仪等,用于测量雨水的pH值和太阳紫外线强度。

其他观测常规装备

高空观测常规装备　1991年1月—1998年9月,使用PC—1500计算机整理记录。探测设备为59型探空仪和701雷达等。1998年10月开始,探空站改用"探空自动化59—701微机数据处理系统"处理信号、数据和编制报表,取代了之前的探空信号自动记录仪和测风绘图板。2005年1月1日开始,更为先进的L波段雷达和电子、数字探空仪也已投入使用。探空站同时还配备了用于基本气候要素测定的探测箱。之前先后使用过:经纬仪、120#号气球、制氢缸、01型探空仪和收发报机、750克球皮和电解水制氢,配备过701雷达和PC—1500计算机等。

雷达观测常规装备　1997—2010年,全省完成"9210"工程建设(卫星接收网)、1个713数字化雷达站和5个新一代天气雷达站建设。卫星云图接收设备也经历了多次换代。不同雷达气象观测站常规装备分别有:711天气雷达、713C雷达、701C雷达、(SA、SC)新一代多普勒雷达、风廓线雷达、L波段和移动雷达等。此前的气象通信系统,主要配备有收发报机、传真机等。少数市台配备有自动填图仪和711测雨雷达。

自动站和特种站装备　不同自动气象站和特种气象站的技术设备分别有:气象卫星地面接收站网、国家级自动气象观测网、闪电定位、自动土壤水分观测站网、酸雨监测站、区域级自动气象观测网、自动负离子监测站网、紫外线站建设、GPS/Met建设和风能建设、太阳辐射观测站网和农田小气候观测站等观测相关的设备和配件。

至2010年,全省所有气象台站均配备了自动气象观测站,同时,多要素区域自动气象观测站普遍及全省各乡镇,所有气象台站都配备了多台计算机,实现了气象数据的自动化处理。

装备更新和升级改造

1991—2010年,随着科学技术的发展,全省气象部门配备了多种新装备,也升级改造了多种老装备(表2-3-1)。

表2-3-1　1991—2010年全省气象装备配备、升级、改造一览表

年份	配备或升级改造的装备	说　明
1991	配备CTL-713C测雨雷达	对云、雨等气象目标进行探测和定位
1994	配备701C测风雷达	是701雷达的改进产品
1997	换型E601B大型蒸发器	改善性能参数

续表

年份	配备或升级改造的装备	说　明
2000	升级改造 713 雷达探测自动化系统	完善功能,方便操作
	配备气象卫星地面接收站网	由 9 个中规模接收站、1 个省级 CMACast 接收站和 94 个市县级接收小站组成(其中 CMACast 系统是中国气象局国内和国际通信系统的重要组成部分),实现了原 PCVSAT、DVB－S、FENGYUNCast 三套卫星广播系统的整合,与全国地面广域网构成中国气象局天地一体的气象数据传输网络
2001	配备 L 波段探空雷达站网	由分布在南昌、赣州的 2 部 L 波段探空雷达组成。利用跟踪携带无线电回答器的探空气球而测风,与数字探空仪配合可获取地面至 30km 高空内各层次的风向、风速、温度、气压、湿度等气象要素
2002	配备新一代天气雷达站网	由分布在九江、南昌、上饶 3 部 SA 型多普勒天气雷达和赣州、吉安 2 部 SC 型多普勒天气雷达组成,可有效探测云和降水的空间分布、强度、谱宽和运动速度等
	配备国家级自动气象观测站网	由国家基准站 5 个,国家基本站 21 个,国家一般气象观测站 65 个组成,对云、能见度、天气现象、气压、空气温度和湿度、风、降水、雪深、日照、蒸发、地温等多种气象要素进行全天候自动监测
	配备紫外线辐射站网	紫外线观测主要是针对 280～400nmA、B 段紫外线的观测,通过观测计算紫外线指数,为气象、医学、工业及建筑等领域提供必要的测报和预报数据服务
2003	改造 LTK－1700 探空接收机	改造后的接收机更具集成微型化,性能更加稳定可靠
2005	配备自动土壤水分观测站网	自动土壤水分观测仪可方便、快速地在同一地点进行不同层次土壤水分观测,获取具有代表性、准确性和可比较性的土壤水分连续观测资料,可减轻人工观测劳动量、提高观测数据的时空密度
	配备酸雨监测站网	酸雨观测的常规项目包括:pH 值—大气降水的酸碱度、电导率 K—大气降水的导电能力,用以反映大气降水的洁净程度。在未受人类活动影响的偏远地区,自然降水的 pH 值一般多在 5.00～5.20 左右
	配备闪电定位站网	闪电可分:云闪、云地闪、诱发闪、球闪等多种,其中对地面设施危害最大的是云地闪电。目前,雷电探测仪主要用来探测云地闪电,并能区分正负极性
	配备区域自动气象站网	具有全自动数据采集、存储、处理和传送的智能监测设备,也是多用途的野外无人气象站,可在极端环境下实现多要素的自动监测、存储、处理和传输

续表

年份	配备或升级改造的装备	说　明
2006	配备大气电场观测站网	地面电场仪是测量大气电场变化的主要设备之一,通过监测大气电场来间接实现对云层带电状况的实时监测,从而达到对闪电进行预警的目的
2007	配备自动负离子监测站网	空气中的负离子浓度是衡量空气清新程度和质量的重要指标之一
	配备太阳辐射观测站网	太阳辐射观测包括:总辐射、散射辐射、直接辐射、反射辐射、净全辐射,其观测分析资料广泛应用于农业、气象、建筑、科研、太阳能利用、海洋考察、大气污染等领域
2009	配备 GPS/MET 基准水汽监测网	覆盖全省主要风能丰富区的专业观测网,进行风能资源长期观测、数据采集、质量控制和数据汇交
	配备移动应急指挥系统	由 3 部气象移动应急指挥车和 1 部 X 波段移动多普勒天气雷达组成。指挥车配有卫星通信网络,能实现快速组网,具有灾害现场常规气象要素采集、储存、显示功能,气象信息接收、浏览功能,现场实景采集、传输功能,现场天气预报产品制作发布功能。具有较高的机动性、可靠性、稳定性、可维护性及全天候连续工作能力,可为局地灾害性天气预报、预测提供有效帮助,在指挥人工影响天气作业中能发挥重要作用
2010	配备风廓线雷达站	在宜春建成 1 部风廓线雷达。通过发射不同方向的电磁波束,接收并处理这些电磁波束因大气垂直结构不均匀而返回的信息进行气象探测。可在无人值守的情况下,连续实时获取大气边界层高空分层风速、风向、垂直气流和折射率结构常数等气象要素,是一种新的高空大气探测系统
	配备农田小气候观测站	是一套农业气象观测设备。能够对农业大棚内的温度、湿度、二氧化碳浓度、总辐射、光合有效辐射等要素进行观测,观测结果可以以无线方式传输,也可以存储在 SD 卡中,通过读卡器调出数据

第二节　装备的维修维护

维修维护管理

1991—2010 年,全省气象装备的维修维护实行省、市、县三级保障,以省级为主,地、市、县气象局有专职或兼职维修人员巡回检修,确保各装备正常运行。对突发的技术装备故障,建立了响应及时、快速有效的维修保障机制。省气象局大气探测中心从最初承担单一的器材供应,发展为负责全省气象技术装备保障的技术指导和技术支持;承担全省雷达、高空、地面、自动气象站、大气成分、雷电监测、土壤水分、农田小气候和酸雨观测等仪器设备的巡检、年度维护和中国气象局安排的大、中修任务;承担全省气象部门和行业气象台站的气象计量检定和技术监督;承担全省仪器装备的计划、供应、仓储和调配以及开展大气探测技术的科研、开发、试验、推广应用和相关气象科技服务工作。

维修维护设备

改革开放以来,随着综合国力的不断增强,国家对气象事业的投入逐渐加大。1991—2010 年,气象部门增配多种先进的设备维修维护方面的仪器设备,如:美国产的 HP—8920 无线电综合测试仪、美国产的 404 在线测试仪、日本产的多综示波器等(部分仪器于 1998 年停止使用)。仪器检定设备也在不断更新,如:1996 年配备低温槽和湿度检定设备;1997 年配备气压检定设备;1998 年配备回路式小型风洞检定设备;2003 配备自动站现场校准工程车;2008 年配备雷达保障车;2009 年配备更先进的调温调湿箱,E + E HUMOR20 高精度湿度发生器,神龙冷镜式精密露点仪,745 大气压力计;2010 年还新安装 3sm 省级计量检定业务系统等。

维修维护服务

服务平台 2009 年,省内建成全网监控系统,对全省的气象雷达、自动站、紫外线监测仪、雷电监测仪等设备实施实时监控,大大提高设备抢修的时效性。2007 年,省气象局大气探测中心自主研发的"江西气象装备管理系统"代替了传统的手工统计模式,工作效率显著提高。

服务队伍 1991—2010 年,省气象局大气探测中心常年下基层台站进行设备维修维护人员都保持在 8 人左右。他们都是专业学校毕业,其中大学本科毕业 6 人左右,工程师以上 5 人左右,平均年龄 30 岁左右。设备维修维护经常是单独一人下到基层气象台站,又常常冒着大风、暴雨、酷暑、严寒工作。因此,要求这支队伍人人业务精通,又特别能吃苦耐劳。

服务内容 1991—2010 年,全省气象装备保障服务的主要内容有:多普勒天气雷达网、数字化713 雷达、高空测风雷达、自动气象站大气监测网、闪电网、大气电场测试仪站网、大气成分站、土壤水分站、农田小气候站、负离子观测站、卫星单收站网、紫外线和辐射监测网等探测仪器设备的维修维护。系统建设以及仪器设备的安装、巡检、标定、季度维护、年度维护、突击抢修。实时对台站各种设备进行全网监控、控制数据质量和传输等。

服务方式 1991—2010 年,全省气象装备保障服务的主要方式有:突发、紧急故障或大型设备派人到现场维修维护,小型设备送到省大气探测中心维修,电话指导或远程维修技术指导等。

服务制度 1991—2010 年,全省大气探测形成基本的装备保障制度,主要内容包括:实行全网监控,坚持 24 小时服务。建立应急响应预案,配备应急抢修备件和各种自动观测站整套备件,缩短准备时间,提高应急反应能力。实行设备巡检,每年安排保障人员有计划地对台站的雷达、自动气象站、闪电定位仪等探测设备进行定时检查。在远程指导维修无法排除故障的情况下,维修人员要尽快赶到现场,组织抢修。每年有计划地对全省自动站设备进行现场校准,对全省常规气象仪器进行撤换检定,杜绝超检仪器的使用。实行全省装备器材供应的网上管理,根据仪器消耗情况,及时调整储备计划,调剂余缺和积压。

第三节　装备计量检定

省内的气象仪器检定工作最初是从各种温度表开始,1990 年,检定范围开始扩展到温度计、空盒气压表、轻便风向风速表、电接风向风速仪以及探空仪等设备。至 1992 年检定的项目主要有温度、湿度、气压、风、自记仪器和降水等 6 个项目 20 多个种类的仪器。自 1993 年开始,省气象局规定:各类温度表、双金属温度计、空盒气压计、动(定)槽水银气压表、高度表、毛发湿度计、轻便风速表和机械通风干湿表的检定周期为 3 年;空盒气压表检定周期为 2 年;毛发湿度表检定周期为 1 年。实现台站不使用超检仪器,出现故障也能及时得到维修和更换,确保气象观测资料的准确性、及时性和真实性。1991—2010 年,全省气象探测仪器的计量检定具体情况见表 2 - 3 - 2。

表 2 - 3 - 2　1991—2010 年全省气象仪器计量检定统计表

类　别	检定仪器名称	检定内容
温度类	电子测温仪,双金属温度计 玻璃温度表(计),温湿度表(钟)	温度 - 20 ~ + 80℃
气压类	水银气压表,空盒气压表(计)	气压 800 ~ 1500 百帕
湿度类	电子测湿仪,毛发湿度计(表),温湿度表(钟)	湿度 10% ~ 100%
风速类	电子微风仪,热球风速仪,三杯风速表 叶轮风速表等测风范围在 0. 1 ~ 30 米/秒的测风仪	风速 0. 1 ~ 30 米/秒
综合 1	实验室恒温恒湿性能测试	环境温度、湿度
综合 3	老化箱、恒温培养箱、生化培养箱 霉菌培养箱等各类箱体测试	箱体温度、湿度

自 2004 年开始,随着气象现代化程度不断发展,自动气象站各类传感器的检定逐步列入日常检定范围。此后,又增加湿度、温度、风向、风速、气压和雨量等自动气象站各传感器的检定。遥测雨量计于 2006 年终止检定。

第四节　装备物资供应

1991—2010 年,全国气象装备的物资供应实行国家、省、市三级管理,省局具体负责省以下的气象物资供应管理。气象物资供应工作严格执行(国气装发〔1993〕3 号)文件精神。随着气象探测和通信业务的发展,气象物资供应的品种和范围从 1991 年之前的地面观测仪器、高空探测仪器和一些辅助设备,逐步发展到多种气象现代化装备,如:地面和高空观测的自动化设备、自动气象站(2002 年建)、区域自动观测站(2005 年建)、雷达和特种观测站(2005 年建)等设备以及各类配套消耗器材。

自 1997 年开始,省局停止向市、县气象局供应基本建设用的钢材,原有的钢材库存全部清理。接着在 1998 年、2006 年和 2008 年分三批报废地面和高空观测淘汰的仪器设备,如:123 传真机、711 测雨雷达和 PC1500 微机等电子设备的维修用零部件。

第五节　装备运行监控

1991—2010 年期间,全省气象装备管理的主要任务是:负责对大气探测综合监控系统的维护维修;负责省局大气探测中心的计算机通信与信息处理系统的病毒防治和中心局域网网络安全工作;参与自动站等业务系统的开发应用工作;承担科技服务工程项目的应用系统开发和雷达、自动站、特种观测等设备的全网运行监控和科研开发;负责在省气象内网有关信息平台上发布《大气探测装备运行情况周报》。另外,省气象局大气探测中心对全省雷达、自动气象站、特种观测设备等实行全网实时监控,对数据质量进行控制和传输。

第三篇　天气预报

1991—2010 年,全省天气预报逐步形成省、市、县三级分工合理、上对下指导、下对上依托、集约化的天气预报业务体系。以数值预报产品解释应用为基础,综合应用各种资料信息的业务技术路线和业务流程基本建立;精细化预报和气象灾害预警业务得到加强,开展 10 公里网格点降水预报、48 小时分县逐小时要素预报、灾害性天气落区、地质灾害、暴雨洪涝、城市积涝、农村雨涝等天气预报业务;2004 年起,制作发布 13 种气象灾害预警信号、短时临近预报、中期天气预报的指导预报;制作发布短时未来 1 小时、3 小时、6 小时降水预报、强对流天气主观预报产品;制作发布逐日滚动的 6—7 天常规要素预报、0—10 天文字预报。

天气预报管理日趋完善,预报准确率不断提高,一般性天气预报准确率稳中有升,灾害性天气和气象灾害预报警报能力显著提高,在"十五"基础上,24 小时晴雨预报准确率提高 3%,暴雨等灾害性天气预报准确率提高 7%。省气象局准确地预报 1998 年特大洪涝灾害、2008 年的低温雨雪冰冻、2010 年汛期连续强降水等重大灾害性天气过程,为各级党政领导指挥防灾、减灾、抗灾提供重要决策依据。

2000 年初,省气象局逐步建立省级气候事件监测系统,可以实现春季低温连阴雨、干旱、高温、洪涝、低温冻害、寒露风、冰冻等灾害的逐日滚动监测。2009 年开始建立极端天气气候事件监测系统,该系统能监测年主要气象要素的极端出现情况,且系统在不断完善中。

20 年间,开展省、市间远程工作站建设、气象卫星综合应用业务系统建设(9210 工程)、气象信息综合分析处理系统建设(MICAPS 平台)、短时临近预报业务系统建设(SWAN 系统)、多普勒天气雷达建设、多种探测系统建设、可视会商系统建设、数值预报系统建设、客观预报方法和分析平台建设。各级气象部门,严密监视天气变化,利用新技术、新方法,及时、准确地做出灾害性天气预报,产生很好的效果。

第一章　天气预报业务与预报管理

1991—2010 年,随着计算机网络通信技术、大气探测技术和数值天气预报发展,以及气象卫星综合应用业务系统(9210 工程)和气象信息综合分析处理系统(MICAPS 系统)建成应用,预报资料信息量几十倍到数百倍地增加并快速到达预报分析平台,天气预报业务从传统的以天气图为主的手工作业方式向人机交互方式转变,并形成以人机交互为主的工作平台。预报精细化水平和预报准确率不断提高,一般性天气准确率稳中有升,灾害性天气和气象灾害预报预警能力显著提升,24小时晴雨预报准确率提高3%,暴雨等灾害性天气预报准确率提高7%。准确地预报1998年特大洪水、2008年严重低温雨雪冰冻、2010年汛期连续强降水等重大灾害性天气过程,为各级党政领导和部门防灾、减灾、抗灾提供重要决策依据。

第一节　天气预报业务

0—2 小时内临近预报业务　在1991年以前,全省已有针对短时强降水、冰雹、雷雨大风等强对流天气的监测和临近预报,但是,由于探测手段和资料(天气雷达每天3小时定时开机)等等原因,监测强对流天气的这种中小尺度天气系统的能力受到很大限制,临近预报能力也相对较低,预报时效也短。省气象台预报主要是不定期向县、市气象台开展临近指导预报服务,或面对重要的气象保障任务开展临近预报服务,预报制作和预报产品都处于一个初级水平。1991年以后,对中小尺度天气系统地监测能力明显提升,短时强降水、冰雹、雷暴大风这类强对流天气的临近预报业务水平也逐步提高。

1997年,在MICAPS系统应用以后,日本气象卫星和中国风云气象卫星资料可增加到1小时一张到达预报平台。

1998年,中国气象局研制开发MICAPS/SWAN及省内开发的临近预报平台的初步建立,中尺度分析技术的应用和推广,临近预报分析制作水平有较大的提升,更加规范制作各类强对流天气预警和预报产品。

2001年10月,南昌第一部多普勒天气雷达站建成并投入业务使用,雷达观测6分钟一次230km半径范围扫描,资料空间分辨率是1km,多普勒天气雷达可以全天候地实时监测天气变化。2007年后,吉安、赣州、九江、宜春、上饶分别建立多普勒天气雷达站,江西形成多普勒天气雷达观测网。同时,地面1400多个自动气象观测站、雷电监测网、GPS/MET监测网先后建成,大大增加预报信息和资料。

2004年3月1日起,江西省气象内网发布全省1、3、6小时降水预报和强对流警报,为全省各地预报预警提供指导。12月,省气象台开始发布短时强降水(暴雨)、冰雹、雷雨大风和雷电等灾害性天气预警信号。

2007年,实现全省多普勒天气雷达组网拼图业务化,向全省台站推广短时临近预报制作平台,以自主开发软件和引进软件的同步运行的方式,实现基于新一代天气雷达的定量估测降水业务化。

2—12 小时短时预报业务　1991年以前,有2—6小时的强对流天气预报,受预报资料和技术的影响,短时预报能力、预报产品可用性受限制。1991—2010年随着气象观测资料大量增加、数值预报产品的解释应用以及对中尺度天气系统及其特征物理量的综合分析能力提升,12小时内强对流天气种类、强度和落区预报能力也逐步得到提高,业务技术流程进一步规范。

1—3 天短期天气预报业务　1994 年以前,省气象台主要发布文字天气预报,1994 年增加南昌地区和全省 20 个城市 24 小时电视天气预报。1998 年 MICAPS 系统的业务化,省气象台取消手工天气图绘制分析,天气预报业务从传统的以天气图为主的手工作业方式向人机交互方式转变,并形成以人机交互为主要工作平台。同时数值预报产品更加丰富,我国数值预报模式 T63、T106、T213、GRAPES,欧洲中心模式 EOWMF、日本等数值模式进入到预报平台中,数值模式的解释应用水平得到很大提高。1997—1999 年通过参加中国气象局逐级指导项目研究和业务试验,开展对常规要素、暴雨、强对流分县预报研究开发和省、地、县业务对比试验。1998 年省气象台向全省市县气象台站发布 72 小时内逐 24 小时分县降水、最高和最低气温等常规要素指导预报,实现由传统的文字指导预报向文字预报与定点定量指导预报相结合的转变,预报准确率逐渐提高,24 小时晴雨预报准确率达到 85% 左右。

利用动力和统计相结合的技术,结合预报经验,完善灾害性天气短期预报业务、开展暴雨、寒潮、大风、大雪、冻雨、大雾等灾害性天气落区预报,提高灾害性天气预报准确率和精细化水平。1998 年还完成南昌市降水概率预报的研究工作,并于 7 月 1 日开始投入业务化,在全国属第五个开展此项业务的城市。建立精细到乡镇及其他服务地点气象要素预报业务,2007 年 5 月 31 日,正式对市县气象台站下发乡镇天气预报指导产品。每日 2 次下发未来 48 小时内江西省 1457 个乡镇点的降水、温度、湿度、天气现象、风向和风速预报 6 个要素的预报产品,各地气象台站先后开始对公众发布乡镇预报。

4—10 天中期预报业务　1995 年开始,逐旬开展中期旬降水量、旬极端气温、平均温度、重要天气过程文字和降水等值线预报的中期预报业务。2005 年逐日滚动发布中期 10 天预报,将重大灾害性天气、重要节假日等关键时期逐日滚动发布在中期 10 天预报中,延长预报时效。建立动力和统计相结合的中期数值预报产品解释应用业务,开展 0—168 小时分县温度、风和降水预报,并上气象内网供各级气象台站使用,提高对中期数值预报产品的性能分析与解释应用能力;尤其是灾害性、关键性、转折性天气中期预报水平明显提高。例如:1998 年特大洪涝气象预报服务中,在中期时段内就准确预报连续暴雨的开始、维持和结束。

11—30 天延伸期预报业务　1991 年以前,延伸期预报业务就已经开始。开展强降水、强变温(高温、强冷空气)等重要天气过程的延伸期预报业务。在国家级指导产品的基础上,开展产品订正并制作针对市、县级区域的延伸期和月预报产品。

中尺度数值预报模式　2004 年 11 月,省气象局引进神威集群机和 MM5、GRAPES 等数值模式,并开始中尺度暴雨数值预报模式本地化的关键技术研究。神威集群系统主要为全省的中尺度数值模式(MM5)预报系统提供数值计算。MM5 中尺度数值模式天气预报系统,是以 PSU/NCAR 的 MM5V3.4 非静力中尺度模式为基础的。模式的初始资料可以同时获取气象卫星综合应用业务系统(9210)资料和 NMC 备份资料,并应用最邻近的常规高空、地面观测资料做初始场及参数订正。预报起始时间为每日的 08 时和 12 时,预报步长 3 小时,预报时效 48 小时。MM5 数值预报模式的预报产品包括高度场、温度场、风场、湿度场和地面降水场,再由这些预报产品计算标准等压面上的物理量场,包括涡度、散度、垂直速度。这些产品以单站预报和图形产品 2 种形式对外发布。2009

年,计算机集群系统成功调试,运行基于 T639 产品为初始场的 MM5 模式,为预报产品的精细化研究提供技术支撑。

数值预报解释应用 1997—1999 年,以中国气象局"天气预报逐级指导技术研究"课题为抓手,推动江西数值预报解释应用工作。"天气预报逐级指导技术研究"分常规气象要素、暴雨、冰雹强对流三个子专题。通过这些项目的研究,建立相关数据库和因子库,开发解释应用软件。利用我国 T106 模式输出产品建立暴雨动态落区 MOS、PP 预报方法和诊断方法,在 1998 特大洪涝预报服务中发挥重要作用;利用 HLAFS 模式输出的图形判别与物理量叠加的强对流天气潜势预报方法,技术方法具有江西特色。采用数值产品相似预报、MOS、卡尔曼滤波预报、MAPS 预报等方法等开展常规天气要素分县预报。产品有 120 小时逐日降水、降水概率、最高气温、最低气温、风向风速;卡尔曼滤波预报提供最高气温、最低气温预报。

天气分析业务 1991 年以前,天气预报资料分析、各种图表绘制,基本在靠手工绘制。1991—1997 年,在省气象台研发的远程工作站的支持下,解决部分气象图表的自动绘制,例如:天气图计算机打印、数值预报等值线输出等。1998 年开始,以多种观测资料和数值预报产品的综合应用为基础,MICAPS 和 SWAN 系统成为主要分析平台,逐步从以天气尺度分析为主的业务,向天气尺度与中尺度分析相结合的业务转换。

天气尺度和中尺度分析业务 2009 年开始,开展并完善基于多种资料的天气尺度和中尺度主观分析业务。完善基于高空和地面资料的常规天气尺度分析业务,特别是对灾害性天气发生发展有明显影响的各种特征线、特殊区域、特征系统和物理量的分析。开展基于中尺度观测资料和快速更新同化系统输出的精细数值分析预报产品的中尺度天气分析业务,绘制反映中尺度天气系统发生发展特征及其环境特征的综合分析图。

灾害性天气和气象灾害监测预警业务 2006 年开始,开展灾害性天气、气象灾害的特征分析。利用现代信息处理技术,针对暴雨(雪)、寒潮、大风、低温、高温、雷电、冰雹、霜冻、大雾、冻雨、雾凇、龙卷等灾害性天气,以及干旱、地质灾害、山洪、城市洪水、道路结冰、积雪、电线结冰、森林火险等气象灾害不同特征,通过各种观测资料的融合分析,在 MICAPS 和 SWAN 平台下,实现灾害性天气和气象灾害的人机交互和报警功能,建立灾害性天气和气象灾害的监测分析业务。

天气预报日志制度 全省各级气象台建立天气预报日志制度,及时记录各类重要天气的预报过程和预报思路、各种数值预报产品的预报性能、各种新资料的应用情况以及各地特色预报方法使用效果等,为总结预报经验与教训、分析数值预报模式性能、研究改进预报方法提供一手信息,并将天气预报日志制度建立列入业务考核内容。

预报技术总结交流制度 全省各级气象部门建立常态化的预报技术总结制度,及时总结各地发生的重大天气过程,包括灾害天气实况分析、成因分析、预报技术分析、工作建议或改进措施几个方面的内容,以积累预报经验,凝练相关科学问题。发挥电视天气会商系统、气象网站、技术总结专刊和专业期刊作用,为预报技术总结提供交流平台,推进预报技术总结的系统化,各市编制本地的预报员手册。

预报检验业务 2006 年,完成灾害性天气制作与评定软件,对暴雨、大风、强对流、强冷空气、大雪、冻雨等灾害性天气进行落区 TS 评分。

2010 年,建立城镇天气预报质量检验评分系统,开展对全省各设区市气象局预报精细化城镇报的评分;开展对省气象台预报员个人进行精细化城镇报的评分,主要是针对降水、最高气温、最低气温进行评定。

第二节　天气预报管理

省　级　结合本地观测资料,开展对上级数值预报产品检验评估和模式性能诊断业务,开展基于数值预报产品使用的乡镇以上和其他服务地点的气象要素预报业务,开展天气尺度和中尺度天气分析业务,开展灾害性天气和气象灾害监测联防业务,开展灾害性天气短时临近预警预报业务及全省强对流天气通报,发布全省气象灾害预警信号指导预报和省级气象灾害预警信息,开展短期、中期和延伸期天气预报业务,开展各类预报产品检验业务,负责全省天气会商、灾害性天气联防。

市　级　结合本地观测资料,开展对上级气象要素和灾害性天气指导预报的检验业务,开展基于上级精细化气象要素指导预报的订正预报业务,开展天气尺度和中尺度天气分析业务,开展灾害性天气和气象灾害监测业务,开展灾害性天气短时临近预警预报业务及全市强对流天气通报(天气雷达所在地,还承担雷达责任区强对流天气通报),发布本责任区的气象灾害预警信号,开展短期天气预报业务,开展各类预报产品检验业务,组织开展市—县天气会商和灾害性天气联防业务。

县　级　开展灾害性天气和气象灾害监测业务,做好灾害性天气联防工作,根据当地天气气候特点、预报经验和最新观测资料,解释应用和订正上级短期指导预报产品;开展灾害性天气短时临近预警预报业务,发布本责任区的气象灾害预警信号,做好服务。

天气会商流程　全省各级气象台站将预报会商纳入每天业务服务工作流程,省气象台注重对本地预报方法、预报指标的应用和不同预报意见的讨论,通过会商加强上下级台站预报意见的研讨与交流;市、县级单位应着重于本地天气及灾情实况概述、本地特色预报经验和方法的使用等。各会商单位应注重中国数值预报产品、多种非常规观测资料及各种客观预报方法的应用。

预报指导业务流程　各级气象台加强预报指导流程建设,上级气象台按时下发精细化气象要素预报和灾害性天气落区预报指导产品,下级气象台站及时订正并将修正意见反馈给上级气象台。通过顺畅的预报指导流程保证预报结论的一致性,提高预报的准确率。

第三节　预报和预测体制变革重要事件

1994 年,开展电视城市天气预报,为中央气象台提供南昌 24 小时天气预报;为江西电视台提供南昌地区全省 20 个城市 24 小时天气预报。

1996 年,新增网络指导服务产品 18 项,将长中短的日常预报和各种专题预报及《重要天气报告》《气象情况反映》等 28 种产品规范化,全部上网,将单一文字的指导预报方式改成等值线图文并茂的方式,方便下级气象台站的解释应用。

1997年，参加中国气象局逐级指导项目研究和业务试验，开展对常规要素、暴雨、强对流分县预报研究开发和省、地、县业务对比试验，为业务技术体制改革提供参考。

1998年，新一代人机交互处理系统MICAPS正式在江西本地化应用，取消手工绘制天气图，极大地提高预报分析的工作效率和科技水平。为气象预报预测业务实现由传统人工分析为主的定性分析预报方式向以数值预报为基础，以人机交互处理为平台，综合应用多种技术方法的自动化、客观化、定量化分析预报方向转变提供重要基础平台。完成南昌市降水概率预报的研究工作，并于7月1日开始投入业务化，在全国是第五个开展此项业务的城市。在全省特大洪涝预报服务中，该方法预报准确，为抗洪抢险的气象预报服务起到重要作用。

2001年，建立基于MICAPS2.0系统下新型预报业务流程，开发预报分析加工业务操作平台；设计决策气象服务质量评价模型，完善预报、决策服务产品的共享和发布形式，建立产品丰富、时效性强的省气象台内部业务网站，成为全省业务服务主要平台。

2003年，引进解放军理工大学的MRM2中尺度模式本地化业务试验和应用。

2004年3月1日起，全省实现1、3、6小时降水预报、强风暴警报和对流风暴警报，并在江西气象内网发布，使得全省89个台站都能第一时间接到最新的预报警报结论，为当地预报预警提供指导。4月，省气象局与国土资源部门联合研制出基于地理信息系统的地质灾害预报，开始业务试运行。在汛期预报服务中，地质灾害预报系统每天制作3次24小时预报，将未来可能出现的较大地质灾害划分为三个等级。并通过电视、报纸、互联网络等新闻媒体及时向社会公众发布。各地及时采取措施，避免多起由地质灾害造成的人员伤亡，将损失减少到最低程度。从4月5日起，通过江西气象（内网）向全省发布森林与城镇气象火险等级监测实况及120小时内预报，为基层台站的防灾减灾提供延伸预警结论。5月起，建立首席预报把关制度。11月，引进神威集群机和MM5、GRAPES等数值模式，并开始中尺度暴雨数值预报模式本地化的关键技术研究。

2005年，逐日滚动发布中期10天预报。为加强省台指导功能，将重大灾害性天气、重要节假日等关键时期逐日滚动发布中期10天预报，推广到每天进行。开始研究精细化天气预报技术。利用自动气象站、卫星、雷达和数值预报等，进行精细化实况分析产品和预报产品的开发，开展精细化预报业务体系设计和流程研究，规范精细化预报用语，初步建立精细化预报质量实时评价体系。初步开展0—168小时分县温度、风和降水预报，并上气象内网供各级台站使用。成功地将以MM5数值预报模式为核心的环境空气质量预报业务系统Capps2移植到"神威"高性能计算机中，大大缩短运算时间，提高环境预报的时效性；空气质量预报指导业务10月1日开始在全省设区市推广。

2006年，《江西省突发气象灾害预警信号发布及传播管理办法》（江西省人民政府第142号令）已于2006年1月1日起施行。业务技术体制改革试点之年，提出8条轨道中"天气轨道"发展实施方案，成立短时天气预报科，完善并细化预报业务流程。省气象台完善降水、风、温度等精细化预报业务系统、流程和预报评分系统；加强T213资料应用，引进GRAPES数值模式并投入业务使用；完成灾害性天气制作与评定软件，预警信号制作软件。省气象台开展多普勒天气雷达预测突发性气象灾害研究，短时预报业务流程的开发、雷达定量估测降水研究。制定全省城市空气质量考核办法，省气象台设计全省城市空气质量指导预报业务软件，负责对全省各设区市做城市空气质量指导预报。利用图形判别与物理量叠加技术,分别建立基于T213模式和中尺度模式物理量的6—36小时潜势预报模型,并要省气象局内网发布逐6小时强对流落区预报,预报有无强天气过程准确率14/22(63%),为强对流预报业务提供支持。

2007年,对业务运行的MM5数值模式进行较大改进,对模式中心点、嵌套方式和输出频率等进行修改,5月31日正式对基层下发乡镇天气预报指导产品。该模式可每日2次输出未来48小时江西省1457个乡镇点的降水、温度、湿度、天气现象、风向和风速预报6个要素的预报产品。实现全省多普勒雷达组网拼图业务化,向全省台站推广短时临近预报制作平台,以自主开发软件和引进软件的同步运行的方式,实现基于新一代天气雷达的定量估测降水业务化。完善地质灾害业务流程,当预报未来可能会出现范围强降水的时候,省气象台应向省国土资源厅提供天气预报,由国土资源厅制作地质灾害预报,并由双方共同发布。引进的强对流天气预报平台(长江中游短时天气预警预报业务系统),并且本地化,投入业务运行,业务预报产品的分辨率达到1千米。利用数理统计学、数值预报产品使用等技术和方法建立江西省乡镇天气0—12小时短时临近预报模型和0—120小时短中期预报模型。包括:气象要素预报模型;空间分辨率为10千米、时间分辨率为1小时的中尺度数值预报模型;采用平均、加权、回归和人工神经网络(ANN)方法、聚类分析方法、相似分析方法进行综合集成的乡镇预报模型。预报内容上从降水、气温、日照、风、气压等基本气象要素到能见度、云量、湿度等要素拓宽。每天定时制作发布两次乡镇天气预报,分别是7点和17点;并在7:30和17:30前上网发布。

2008年,Micaps 3.0本地化开发应用使得天气预报分析更高效准确。安装雷电监测系统;初步实现雷电客观预报。开始《江西省重大灾害性天气历史资料检索系统》立项和开发工作。通过中尺度分析业务示范项目建设,开始将中尺度分析技术和规范应用于业务预报,利用多种资料进行中尺度对流系统潜势和短临预报,逐步提高全省暴雨、强对流、雷电天气的分析预报水平。

2009年,计算机集群系统调试成功,并运行基于T639产品为初始场的MM5模式,为预报产品的精细化研究提供技术支撑。利用中尺度模式开发乡镇精细化产品,还充分利用自动气象站、卫星、雷达和数值预报等资料,进行精细化实况分析产品研究开发;不断修正降水、温度精细化预报产品。实时开展城镇报的预报质量评定,并通过内网实现共享,便于各级气象台快速寻找预报差距。初步建立雷电预警业务系统,并研制出气象灾害预警信号发布的评分软件。通过对28年和50年的大雪冻雨天气形势和温度层结的分析,采用PP法,建立基于我国T639数值模式、日本数值预报产品的大雪、冻雨预报方法,并持续在业务中应用。

2010年,成功利用Grads绘图软件将欧洲数值预报和T639数值预报产品转化为图片产品,并编制看图软件,使得预报员能够及时获得Grads化的数值预报产品,并应用于预报会商中。利用web技术,在内网上发布图片产品,使全省地市也能够通过内网方便地查阅最新时刻的数值预报产品。省气象局重点项目"冻雨、大雪预报方法研究及推广"通过验收并投入业务应用。系统研究全省区域性大雪和冻雨天气过程的环流形势和动力、热力、水汽条件以及地面要素特征,提炼出冻雨、降雪和雨三种降水相态改变的技术指标。建立全省大雪、冻雨预报概念模型;建立0—72小时全省大雪和0—48小时江西冻雨客观分县预报方法,客观预报方法同时嵌入省级MICAPS 3.1操作平台。客观预报产品通过气象内网实现全省共享,为省、市、县气象台站提供0—72小时全省大雪、0—48小时冻雨的分县客观预报产品。"全省重大灾害性天气历史资料检索系统""AREM中尺度数值预报模式资料同化及关键物理过程技术研究""基于T639的MM5数值预报模式""基于WRF模式的降水预报研究"等科研项目分别投入业务应用。建立城镇天气质量检验评分系统。开展对全省各设区市预报精细化城镇报的评分,开展对省台预报员个人进行精细化城镇报的评分。5月10日,开始正式开展中尺度天气分析业务试验,分析产品供省台全体预报员共享。完成SWAN 1.0的本地化安装和初步业务化应用,并对QPE和QPF产品进行检验,在客户端系统中添加本地中尺度分析资料以及本省加密气象站1小时雨量实时调取等控件。依托《江西省新一代森林火险等级预报研究》项目,积极开发完成新一代森林火险预报程序,进一步规范江西省森林火险等级预报业务、服务工作。开发南昌市灰霾预警预报服务平台,开展灰霾预报。

第二章　灾害性天气预报

1991—2010 年,全省灾害性天气频次和强度明显增加,各级气象部门,严密监视天气变化,利用新技术、新方法,及时、准确地做出灾害性天气预报,产生很好的效果。

第一节　历年重大灾害性天气预报

1991 年,省气象台每天发布全省常规天气代表站点预报、灾害性天气分片预报。全省各地(市)台从 3 月 1 日开始,发布灾害性天气分区、常规天气分县的短期和短时指导预报。省气象台从 1 月 1 日开始,开展中期预报对比试验。全省共出现 9 次重大灾害性天气,其中 6 次预报正确,3 次基本正确。3 月 7—8 日,第一次重大灾害性天气过程,21 站 8 级以上冷空气大风,预报准确;3 月 26—27 日,第一次强对流天气过程,且对外服务主动、及时;5 月 18 日、5 月 23 日的两次雷雨大风远程、6 月 16 日、8 月 8 日的暴雨过程、9 月 7 日的 16 号台风大暴雨过程,预报与实况都吻合和基本吻合。

1992 年,全省共出现 20 次重大灾害性天气过程,13 次预报准确,7 次基本准确。

1993 年,全省共出现 9 次重大灾害性天气过程,预报准确或基本准确,尤其是汛期的两次连绵性暴雨过程,暴雨落区和强度预报很成功。

1994 年,全省共出现 9 次重大灾害性天气过程,5 次预报准确,4 次基本准确,尤其是春播、汛期的预报服务,由于抓得早、报得准、服务主动及时,取得明显效果。

1995 年,全省共出现 20 次重大灾害性天气过程,17 次预报准确,3 次基本准确,没有漏报和错报,尤其是在 6—7 月出现百年一遇的特大洪涝灾害期间。3 月 16—17 日报准第一次强对流天气;4 月 8 日报准第一次暴雨过程;7 月 5 日报准汛期最后一次暴雨过程;有史以来第一次对外发布 6 月 22 日和 6 月 25 日两次区域性大暴雨预报;在中央电视台发布两次南昌单点暴雨预报;提前五天预报出 6 月 14 日开始的连续性暴雨过程;在江西连续 3 年出现较严重的洪涝情况下,准确地预报汛期洪涝趋势;省防总根据省气象台预报意见,先后三次下发加强防汛工作的明传电报,并对柘林水库、江口水库采取风险决策调度——预泄调度。

1996 年,全省出现大范围灾害性天气 13 次,预报准确 9 次,基本准确 4 次。6 月 29 日—7 月 3 日,赣东北的昌江流域和乐安河流域出现连续暴雨和大暴雨,给景德镇等地造成严重的洪涝灾害。灾区各气象台站在自己受灾的情况下,为当地党政领导指挥防灾提供及时有效的预报、决策服务。

1997 年,全省出现大范围重大灾害性天气过程 15 次,预报准确 13 次,基本准确 2 次。

1999 年,全省出现重大灾害性天气过程 19 次,预报均准确或基本准确。江西重大决策气象服务无失误。汛期长江九江段和鄱阳湖出现仅次于 1998 年的高水位,各级气象部门扩大情报收集区域,加密观测发报,开展流域面雨量预报,为抗洪救灾开展全面的气象服务。冬季各级气象部门准确预报罕见的低温冻害,为抗洪救灾开展全面的气象服务。

2000 年,全省共出现大范围重大灾害性天气过程 7 次,预报做到及时准确,服务没有失误。

2002 年,春季强对流、春播、汛期和秋季异常强降水预报准确。全年 17 次重大灾害性天气预报服务没有失误。重大社会活动气象保障服务主动、效果出色;8 个县(市、区)针对大中型水电站增加库区蓄水发电需求,开展人工增雨专项服务,效益明显。南昌多普勒雷达对 3 月 20 日晚全省首次出现的灾害性天气进行全程跟踪,预报准确,服务及时,充分体现多普勒雷达的灾害预警作用。

2004 年 4 月 23—24 日,江西中部、南部出现入春以来范围最大的强对流天气,有 18 个县市 27 次出现冰雹、雷雨大风、强降水等强对流天气。5 月 11 日 20 时至 12 日 20 时,全省有 37 个县市出现暴雨,14 个县市出现大暴雨,24 小时内暴雨和大暴雨的县市数之多,突破全省有气象记录以来的历史极值。受上年罕见的伏秋冬春四季连旱的影响,全省江河水位长期偏低,地面径流减少,水库蓄水明显偏少。

2005 年,全省共出现 15 次重大灾害性天气过程,13 次预报正确,2 次基本正确。汛期洪涝总趋势预测正确,对于 2005 年汛期全省 8 次重要暴雨天气过程,全部提前 1—3 天以上正确做出预报。

2007 年,全省出现 9 次重大灾害性天气过程,均预报准确或基本准确,尤其是对"圣帕"的路径、影响时间、降水量、最大降水时段及影响区域均做出准确及时的预报,省委书记孟建柱专题批示予以肯定;全年向省委、省政府报送决策服务专题分析材料 340 期,省领导 30 次做出重要批示;省级通过公众媒体发布突发灾害性天气预警信息 65 次,1000 余万人次免费接收手机短信预警信息。全省所有县市区实施人工增雨抗旱减灾和森林防(灭)作业 1800 余次,累计增加水量 25 亿立方米,累计受益面积 30 万平方公里;首次开展春季防雹专项作业。

2008 年,全省出现 11 次区域性暴雨、强对流、台风等灾害性天气,均提前 1—7 天准确预报出过程开始、持续时间、量级和落区,省气象台对下技术指导进一步加强。省气象局先后 6 次启动气象灾害应急响应,时间长达 26 天,对外发布预警信号 258 次,7730 万人次免费接收预警信息,向省委省政府及有关部门报送决策服务材料 355 期,省领导 26 次做出批示,党政主要领导批示为历年之最。

2009 年,全省共出现重大灾害性天气过程 13 次,全部预报准确。向省委省政府及有关部门报送决策服务材料 257 期,省委省政府领导批示 14 次,其中省长吴新雄批示 5 次,为政府主要领导批示历年最多。全年省级向社会发布预警信号 191 次,地市级 5267 次,1.5 亿人次接收预警短信。

2010 年,全省主要气象灾害有暴雨、低温阴雨、高温、寒露风、大雪、雷电,以及由暴雨导致的山体滑坡、泥石流等地质灾害和大雾导致的交通事故等。在这些灾害天气的气象服务中,气象部门充分发挥现代化设备的作用,全部预报准确。向省委省政府及有关部门报送决策服务材料 200 余期,省委省政府领导批示 10 余次,为政府主要领导提供信息。向社会发布预警信号 200 多次。

第二节　强对流、暴雨灾害天气预报

1991年5月21—23日,几场大的降水使柘林水库水位猛涨,最高水位超警戒水位1.09米。23日,省政府两位副省长在水库现场召开决策会议,讨论是否启用泄洪洞泄洪。省气象局领导和省气象台领导及时赶赴现场,通过周密分析,做出"未来2—3天内无明显降水"的正确预测,决策部门吸取建议,没有开泄洪洞,既保证水库和下游人民生命财产安全,又使水库多蓄水约1亿立方,并在后期抗旱中发挥重要作用。

1992年6月19日—7月7日,全省主汛期接连出现二次强降水过程,降雨量与历史同期比较偏多五成,尤其是6月30日至7月7日的连续性致洪暴雨,使全省各大河流和鄱阳湖普遍超警戒水位,其中信江超警戒水位达3米以上,突破历史纪录,浙赣、鹰厦铁路一度被迫中断,不少地区洪水泛滥,大量房屋倒塌,灾情严重。降水落区与强度预报也与实况基本一致。

1994年6月中下旬,全省出现连续性暴雨、大暴雨,省气象局对暴雨的开始、结束和雨带的4次重要移动均做出准确预报,在柘林、江口、洪门、上犹江、万安等大中型水库防洪抢险的紧急关头,为省领导提供及时正确的决策依据,受到省委、省政府领导同志的多次表扬。汛后,省政府致函中国气象局,为汛期气象预报服务工作请功。

1995年6月中旬至7月上旬全省连降暴雨、大暴雨和特大暴雨,赣江、信江、修河、袁河等江河水库水位猛涨,对汛期出现的主要降水过程以及汛期的结束做出较准确的预报,并及时有效地开展决策服务。汛后,省人民政府致函中国气象局,称赞省气象部门在全省防汛抢险救灾工作中发挥积极作用、做出突出贡献。(详情参见第四章第二节)。

1996年,洪涝是年内最严重的自然灾害。主汛期全省降水虽不多,但从7月开始长江中游的湖南、湖北等省连降暴雨.致使长江水位猛涨,倒灌鄱阳湖。受其影响,江西境内的赣江、鄱阳湖各水文站水位持续40天以上超警戒线,外洪内涝形势严峻,沿江、沿湖地区严重受灾(详情参见第四章第三节)。

1998年6月12—27日,江西大部地区出现连续大暴雨天气过程,抚州、上饶地区降水在800~1025毫米之间。6月12—20日,抚州、上饶地区有9县市总雨量在601~732毫米之间。这次过程范围涉及到长江、鄱阳湖、昌江、乐安河、修河、信江、抚河和赣江下游等流域,持续时间长达15天。7月17日—8月1日,九江、景德镇、宜春、南昌、上饶又出现连续大暴雨天气过程。15天内江西北部平均降水量为418毫米,婺源高达911毫米。1998年8月7日13时左右,长江九江堤决口约30米,洪水迅速向九江市区蔓延,经军民3昼夜的奋战,10日堵口成功(最大决口50余米)。在98洪水期间,各级气象部门准确预报罕见的大洪水天气,坚守岗位,为领导指挥防洪抢险决策提供全方位跟踪服务(详情参见第四章第四节)。

1999年,汛期长江九江段和鄱阳湖出现仅次于1998年的高水位,各级气象部门扩大情报收集区域,加密观测发报,开展流域面雨量预报,为抗洪救灾开展全面的气象服务(详情参见第四章第五节)。

2000年,春夏季主要暴雨天气过程有6次,其中较大的有两次,分别出现在5月24—27日及6月20—23日。6月20日的暴雨过程,全省中北部出现52站(次)暴雨、11站(次)大暴雨。此次暴雨使赣东、赣北局部地区山洪暴发。

2002年,省气象台对3月27日至28日出现的区域暴雨过程,于3月20日就做出准确预报,并通过《气象情况反映》呈报省领导。随后还开展专题跟踪预报服务,对下指导效果较好。6月13日至18日,江西中南部遭受连续暴雨袭击,共出现75站次暴雨,26站次大暴雨和特大暴雨,其中广昌16日降雨量达394毫米。6月27至7月1日,江西自北向南出现连续暴雨过程。省气象台从24日开始,逐日3—5天指导预报滚动预报此次暴雨过程,并于26日中午发布"重要中期天气趋势",28日至7月1日连续发布暴雨报告。11月13—14日,受中层切变影响,江西中北部又出现一次暴雨过程。根据今秋雨偏多的特点,省气象台立足于气候异常,10日在旬报中就指出,13—14日北部降水较明显,部分地区有大雨,并向省市领导以及有关单位报送"江西中北部局部有暴雨"的专题服务材料。

2003年入汛以来,全省主要出现两次连续暴雨过程:4月9—13日共出现5站次大暴雨、51站次暴雨、29站次强对流天气,强对流范围之广、强度之大为历史同期罕见。5月11—17日,出现入汛以来最强的连续暴雨天气过程,共出现暴雨46站次,大暴雨19站次。过程总雨量有68个县市超过100毫米,8个县市超过200毫米,其中广昌、余江分别达263毫米和262毫米,广昌16日仅17个小时雨量就达220毫米。这两次过程均来势猛、降水强度大、影响范围广、持续时间长,致使全省不少地方受灾,局部山洪暴发、山体滑坡。6月23日08时至29日08时,全省出现最强的连续暴雨过程,赣北普降暴雨、大暴雨、局部特大暴雨,有28个县市过程雨量超过200毫米,其中18个县市超过300毫米,以南昌县最大,雨量达535毫米。对此次过程,各级气象部门预报起报早、预报准,为党政领导和防汛有关部门主动及时地开展形式多样、方式灵活的服务。

2004年,受14号台风(云娜)的影响,江西北部、中部自东向西普降暴雨,是1985年以来对江西影响最大的台风。全省共发生雷击508次,死亡45人,受伤44人,是导致江西本年人员伤亡最多的自然灾害。

2005年11月8—11日,江西北部出现罕见的秋季连续性暴雨、大暴雨天气过程。有28个县市出现暴雨,有14个县市出现大暴雨,其中有9个县市降水量超过200毫米。大的降水区主要集中在南昌、九江、宜春和上饶地区,以宜春市的奉新县257毫米为最大(详情参见第四章第七节)。

2006年,受台风"格美"的影响,江西中南部从7月24日起出现8级大风,25—27日又出现暴雨到大暴雨,局部特大暴雨,致使局部山区发生严重山洪、地质灾害(详情参见第四章第八节)。全省先后出现15次区域性暴雨过程,其中汛期(4—6月)共发生11次区域性暴雨过程,最为严重的是6月3—8日的连续性暴雨过程,这次连续性暴雨过程出现时间之早,灾害之重,历史少见。

2008年5月28日,上栗出现大暴雨,当地政府根据气象部门的准确预报和建议,及时启动应急预案,组织转移群众4000余人,使这场12万余人受灾、几千间房屋倒塌的暴雨灾害过程无人员死亡;"5.28"上栗大暴雨气象服务得到中央领导同志高度评价,副总理回良玉在实地察看灾情时特别强调:天气预报在一定程度上比救灾更重要,气象部门准确的预测预报为防灾救灾立大功。江西气象部门5个集体、7人次获省部级表彰奖励。6月8—10日婺源部分乡镇出现的特大暴雨引发山体坍塌,德兴部分乡镇在 7 月 7 日强对流天气过程中出现 52 年来最大的十一级风,当地气象预报预警均有效避免人员伤亡和重大经济损失。"6·11"连续暴雨过程使景德镇出现 1999 年以来最高水位,当地气象预报时段提前,信息传送到位,防范措施得力,避免人员伤亡;赣州气象部门全力做好四次台风气象服务工作,最大限度地减轻台风造成的损失。

2009 年 6 月 30 日—7 月 3 日,全省出现入汛以来最强连续暴雨过程,过程雨量江西平均 98.6 毫米,崇义县聂都乡 24 小时雨量高达 538.8 毫米,为该县有气象记录以来雨量最大值。省气象局提前准确预报并提出防御建议,发布预警信号 13 次并首次发布暴雨红色预警信号,赣州市、崇义县气象部门也相应发布预警信号,赣州市紧急转移群众 17 万余人,把人员伤亡降低到最低限度。

2010 年,全省先后出现 19 次区域性暴雨过程,并伴有短时强降水,导致局部地区出现山体滑坡和短时内涝。主汛期(4—6 月)江西平均降水量 1080.9 毫米,为 1959 年以来同期第二多,仅次于 1973 年,有 19 个县市创历史同期新高。汛期强降雨天气频繁发生,先后出现 15 次区域性暴雨过程,区域性暴雨频次之高、累计雨量之大、降雨强度之强、灾害影响之重多年少有(详情参见第四章第十节)。

第三节　台风灾害天气预报

1991—2010 年,20 年间,共有 23 个台风影响省内,平均每年 1.15 个。受台风影响较多的月份为 7 月、8 月两个月,其中又以 8 月份为最多。对于江西来说,台风一方面会通过大风、暴雨(大暴雨、特大暴雨)造成灾害或次生灾害;另一方面也通过刮风下雨,起到降温消暑与缓解旱情的效果。台风的路径与强度预报,属灾害性天气预报中高难度预报。全省各级气象部门通过提高对气象灾害的监测能力,组织科技攻关,引进先进技术等,台风预报的能力和水平有明显提高。

2005 年,全省受台风影响频繁,先后有"海棠""珊瑚""泰利""龙王"等 4 个台风减弱后的热带风暴或低压进入江西,是 1971 年以来台风进入江西个数最多的年份之一。省气象局对台风影响时间、路径预报都较准确。根据台风影响共呈报 29 期台风专题决策服务材料,并发布台风蓝色预警信号、暴雨黄色预警信号,向各媒体发布新闻通稿。全年向省委、省政府领导及有关部门制作发送《气象呈阅件》《气象地质灾害呈阅件》共 10 期,《气象情况反映》131 期(其中人大、政协两会专题 9 期)。编发重大社会政治活动、重大节假日专题服务材料共 100 期。并按要求完成重大灾害性天气过程预报服务情况及灾情上报 109 次。为提高全社会防御气象灾害的意识,针对灾害性天气发布新闻通稿 57 次,通过江西日报、江西卫视、新华社江西分社等多家新闻媒体和 12121、手机短信、电视天气预报等气象媒体广泛宣传气象防灾减灾信息,发布重大灾害性天气预警信号。

第四节　高温、低温天气预报

1991 年 3 月中旬至 4 月初,全省大部分地区冷空气活动频繁,倒春寒明显,给适时播种带来困难。省气象台成功地预报出 3 月 16 日、3 月 30 日的两次回暖天气过程及春分低温阴雨天气过程,使各地避开不利天气,合理安排地膜育秧,适时进行大面积播种,避免可能造成大面积烂种烂秧现象。12月25—29日,出现一次历史上罕见的冻雨、大雪、寒潮天气过程,85个县(市)的最低气温突破历史最低纪录。省气象台24日就提前发布强冷空气天气过程的预报,提醒注意防寒防冻事宜(详情参见第四章第一节)。

2000年内,晴热高温天气来得早,5月13—16日出现第一次高温天气,日最高气温达35℃的县(市、区)范围之大居历史同期第一位;7月12—17日和7月22—29日,江西再次出现高温天气,日最高气温普遍为35~38℃,南昌、上饶、抚州等地区市有6个县(市、区)达39℃以上,7月25日,南昌县40.2℃为江西最高。

2001年,省气象台准确预报高温酷热天气。第4号台风尤特7月6日凌晨登陆广东后,便西行进入广西。7月8—11日,高压盘踞在江淮到江南上空,且中心位于江西上空,江西日最高气温普遍达到36~38℃,局部39℃。历史上同期出现如此大范围的持续高温天气并不多见,近30年来只出现过7年。省气象台在7月7日对此做出准确预报,并在每天的滚动短时预报中报准,预报成功。

2003年,6月末开始到9月上旬,出现历史罕见的高温少雨干旱天气,致使江西多项气温、干旱指标突破1959年以来的记录(详情参见第四章第六节)。

2008年初,出现罕见的雨雪冰冻天气,省气象局和省气象台积极主动开展气象服务,为省市领导提高决策信息(详情参见第四章第九节)。2月5日,国务院副总理回良玉视察中国气象局时,专门连线省气象局,对江西的抗冰救灾工作和抗冰救灾气象服务工作给予高度评价。

第五节　其他重大天气预报

重要农事天气预报　1998年3月15日省气象台预报:从3月18日起,全省自北向南有一次强冷空气过程。各级气象部门及时向当地政府和有关部门提出相应的农事建议,大部分地区推迟早稻大面积播种时间,已播种的地区也及时采取防风防寒措施。寒潮过后,各级气象部门又及时通过各种新闻媒体,建议各地抓住"冷尾暖头"的有利时机,适时进行大面积播种。

重大社会活动天气预报　2001年,重大社会活动天气预报和气象服务保障效果出色。精心组织实施中共中央总书记江泽民视察江西和辽赣商贸洽谈会两项重大活动的专项天气预报和气象保障服务工作,受到省委接待部门和辽宁省政府有关部门的好评。此外,世界大学生运动会火炬接力、亚洲青年举重锦标赛、江西食品展销会、中国赣州首届脐橙节等气象保障服务也均取得好效果。

补记:

1970年8月下旬—9月上旬,中共中央在庐山召开的九届二中全会,庐山气象站接到通知,为会议提供天气预报和气象服务。会议结束时,毛主席提出要接见为会议提供服务的工作人员和庐山居民。保健医生鉴于毛主席的身体状况,建议不要安排室外活动。但毛主席态度十分坚决,一定要亲自接见。中共中央办公厅要求庐山气象站提前做出2—3小时内,庐山牯岭街上,无雨无雾的天气预报。庐山气象站采用简易天气图加三要素曲线图综合分析,特别制作9月9日下午雨停雾散的3小时天气预报,可以开展接见活动的天气预报和建议,实况与预报完全一致。中共中央办公厅主任汪东兴特致电表扬,庐山气象站工作人员还受到毛主席的亲切接见。

第三章　气候预测

第一节　气候机构与业务建设

机构建设

2005年12月，为贯彻落实《国务院关于加快气象事业发展的若干意见》（国发〔2006〕3号），根据《中国气象局关于印发业务技术体制改革总体方案的通知》（气发〔2006〕14号）和《中国气象局关于〈江西省国家气象系统机构编制调整方案〉的通知》（气发〔2006〕90号）精神，省气象局重新组建省气候中心。落实国家事业编制26人，从省局机关、省气象台、省气科所、省气象科技服务中心等单位调动9名相关技术人员。原省局人事处副处长谢梦莉担任中心副主任（主持工作），原气科所副所长章毅之担任副主任，成立中心领导班子。中心主要牵头承担省级气候业务、气候变化业务，承担气候应用与服务、气候变化影响评估，负责相关的技术开发研究和技术推广等工作。

2008年，成立省气候变化监测评估中心，是当时全国唯一的由省级政府设立的气候变化专门研究机构。

2009年元月，经省政府批准（赣编办〔2008〕161号文），省气候变化监测评估中心正式挂牌成立，落实全额拨款事业单位人员编制3个。省气候中心增设气候变化评估科，有4名专职人员从事气候变化研究服务工作。省气候变化监测评估中心的主要职责是：开展全省气候变化及极端气候事件监测业务，对全省气候变化成因进行分析研究，开展气候变化对全省农林水、电力、交通、旅游、能源、建筑等敏感行业的影响评估业务工作，服务地方经济建设。

业务建设

2000年初逐步建立省级气候事件监测系统，可以实现春季低温连阴雨、干旱、高温、洪涝、低温冻害、寒露风、冰冻等灾害的逐日滚动监测。

2007年，省气候中心加强应对气候变化业务建设，在多轨道业务建设项目"气候变化检测、影响评估和对策业务系统"支持下，省气候中心牵头研发"省级气候变化业务系统"，青海、黑龙江、河南等省气候中心参与部分研究，初步建成省级气候变化业务支撑平台。2009年，由国家气候中心组织，江西省气候中心将业务系统推广到全国各省气候中心，并在北京开展集中培训。3月，省气候中心撰写题为"江西近50年气候变化特征和影响分析及对策建议"的呈阅件,开展为地方政府的决策服务,受到省委书记孟建柱批示称赞。

2008年,"江西近50年气候变化特征和影响分析及对策建议"气象呈阅件,获得省委书记孟建柱重要批示;协助省发展和改革委出台《江西省应对气候变化方案》编制全面省低碳发展白皮书《绿色崛起之路——江西省低碳经济社会发展纲要》,为实现生态立省、低碳绿色发展提供政策支撑和决策支持。

2009年,开始建立极端天气气候事件监测系统,该系统能监测年主要气象要素的极端出现情况,且系统不断完善。在联合国开发计划署(UNDP)支持下,编写《江西省应对气候变化方案》(赣府发〔2009〕20号文),这是全省首个应对气候变化指导性文件。《方案》由省发展和改革委和省气象局牵头,会同全省16个厅(局委办)组织编写,《方案》明确提出:要充分发挥省气候变化评估中心的作用,开展气候变化及影响研究,为应对气候变化工作提供技术支撑;加快天气气候预测、云水资源开发利用、现代气象技术研究和应用,提升公共气象服务能力等内容。由省发展和改革委、省气象局牵头,统计、建设、林业、环保、水利、教育、科技、财政等十多个部门参与,完成国内首个低碳经济白皮书——《江西省低碳经济社会发展纲要(白皮书)》,作为11月17—21日在南昌召开的首届世界低碳与生态经济大会暨技术博览会主要技术文件。

2010年10月,由国家自然基金会中德科学中心资助,国家气候中心、德国基尔大学水文水资源管理学院和生态中心、江西省气候中心以及长江水利委员会水利局等联合主办的"快速环境变化背景下土地和水资源变化及适应"项目启动会在南昌顺利召开。这是中国气象系统首次获得国家自然科学基金委员会中德科学中心国际合作专项资金的支持。此次会议主要针对全球气候变化大背景下的鄱阳湖流域和海河流域的土地和水资源变化及适应问题,研讨中国南方湿润地区和北方半湿润半干旱地区的土地及水资源变化特征,以及气候变化响应和适应措施。

第二节　气候诊断与气候预测

1991—2010年,全省气候诊断业务开始建立并得到较快的发展。从大气环流、海温变化等方面归纳诊断指标,构建江西旱涝、冰冻、低温连阴雨等重大气候事件的诊断指标体系,进而为气候预测提供依据。短期气候预测方法完成从以统计和经验为主向物理因子分析和气候数值模式产品的降尺度使用技术为主的转变,实现对气候模式产品的解释应用,提高气候预测产品的科技含量,构建和完善客观化、定量化的短期气候预测业务。"九五"期间建立具有较高技术水平的《江西省旱涝灾害短期气候预测系统》,系统集信息处理—预测预报—产品输出—质量评估—气候评价和对策研究于一个总体,实现短期气候预测自动化、无纸化操作,对促进气候业务现代化具有重要的科技支撑作用;提升全省气候预测能力,预测准确率有较大提高;预测业务产品更加丰富,从常规的月—季预测产品增加逐旬月滚动、逐月季滚动预测产品,拓展服务领域,提升气象保障服务能力和水平。

气候诊断

在全球气候变暖的大背景下，20 世纪 90 年代以来全省极端气候事件频发，气象灾害发生的频率和严重程度不断加大。因此，分析气候异常成因，对正在发生或刚发生过的气候异常事件及时进行诊断分析，已经成为气候业务服务的重要内容之一。这有利于加深对气候异常形成机制的认识，同时为气候预测提供参考。对于提高气象灾害预警、预估能力，指导全省气象防灾减灾具有重大的现实意义。

气候诊断是指对某一时期的气候变化，尤其是气候异常的特点和物理成因作出判断。它主要是在对气候进行动态监测的基础上，诊断分析全球性或区域性的气候变化，尤其是气候异常，包括时空分布、异常程度、导致气候变化的影响因素及对社会、经济发展的影响。并提出适应气候变化的相应对策，为各级政府和社会提供有关气候变化的综合服务。

气候诊断业务的发展开始于 20 世纪 90 年代后期，气候诊断内容包括对温度、降水等基本气候要素、重大气候事件的变化事实和规律的分析，在气候业务工作中发挥重要作用。

业务产品为不定期气候异常诊断归因专题报告。专题报告主要内容为在出现异常气候（干旱、洪涝、台风、高温热浪、低温阴雨等气象灾害）后，通过研究大气内部环流系统和大气外部强迫因素对气候异常的影响，全面地揭示气候异常的成因和各影响因子的相互作用机理，归纳诊断指标，构建全省重大气候事件的诊断指标体系，不断提高重大气候事件的归因和预测能力。

1991 年以来，省气象台和气候中心先后针对发生的极端气候事件和气象灾害进行气候诊断技术研究和业务实践，不定期发布气候异常诊断归因专题报告。在 1998 年特大洪涝、2003 年罕见高温干旱、2008 年严重低温雨雪冰冻灾害过程、2007 年超强台风圣帕等重大天气气候事件影响期间及影响之后，开展实时诊断、归因分析业务服务，取得较好的效果。同时，还发表《2003 年江西特大高温干旱灾害研究》（气象出版社，2005）、《江西 98 特大洪涝气象分析与研究》（气象出版社 2000）、《2008 年初江西低温雨雪冰冻灾害研究论文集》（气象出版社，2010）等专著；2007 年 3 月 28 日撰写题为《江西近 50 年气候变化特征和影响分析及对策建议》的气象呈阅件，为省委省政府和有关部门提供决策服务，取得较好的效果。

2009 年，省级气候诊断技术路线发展目标以气候观测资料为依据，对气候异常（大范围洪涝与干旱、高温热浪与低温冷害等主要气候灾害）制定客观、公正的表征方法，运用统计分析及物理诊断等方法，在国家级监测产品基础上，从需求出发，建立关键区大气、海洋、冰雪等指标体系，开展本地化的专项诊断分析工作；通过研究大气内部环流系统（西太平洋副高、阻高等）和大气外部强迫因素（海温、青藏高原积雪等）对气候异常的影响，掌握其气候特征和影响机制，进而为气候预测提供依据；同时在国家级指导下开展与气候异常有关的大气环流或局地环流、地形影响等精细化诊断归因分析。

气候预测

气候预测则是从气候演变规律出发，对未来一段时间内有关气候的统计特征作出估计预报。

短期气候预测　主要是指月、季、年时间尺度的气候预测,也叫长期天气预报,预报内容为趋势预测和降水、气温要素预报。趋势预测包括汛期期间的降水趋势、伏秋期干旱趋势、冬季冷暖趋势、春季的低温阴雨趋势等。

短期气候预测方法　全省短期气候预测业务始于1959年,为了减少县、地(市)与省级的重复劳动,开始集约化业务改革。省气象局先后于1989年之后决定县站、地(市)台站不制作短期气候预测,各地、市台主要根据省级预测做解释应用。在20世纪90年代以前,以经验统计分析和数理统计方法为主;20世纪90年代以后,随着短期气候预测理论研究的发展和观测事实的不断揭示,通过对影响大气环流变化和气候异常的物理因子的分析,建立具有一定物理意义或天气气候概念比较清楚的预测概念模型成为短期气候预测的主要方法,从而提高气候预测产品的科技含量。同时,江西短期气候业务平台建设开始起步,"九五"期间开发《江西省旱涝灾害短期气候预测系统》,该系统包括数据管理、图形系统、预测系统、评分系统、气候评估等子模块,能够满足当时的业务需要,推进我省短期气候预测业务的发展。

2007年开始,利用国家气候中心海气耦合模式及月动力延伸预测一代产品DERF1.0,开展动力模式产品的解释应用工作,解释应用结果作为一种预测工具在江西省短期气候预测业务中得到应用,提高江西短期气候预测产品的客观化、定量化、精细化水平。

短期气候预测课题　《江西省旱涝灾害短期气候预测系统》是国家"九五"重中之重项目"中国短期气候预测系统研究"96-908-05课题中"华东地区旱涝与热带气旋长期趋势预测系统的研究"课题的子专题。本子专题从1996年10月由上海区域气象中心审批立项。经近五年的时间,得出影响江西省旱涝的主要物理因子及其前兆的强信号,并形成旱涝概念模型;建立我省旱涝灾害的短期气候一整套预测方法,提高预报准确率。完成我省旱涝灾害预测的业务系统,从而实现预测业务自动化无纸化目标;完成我省气候影响评估系统,完成江西省气候年景定量评价模式,提出减少气候异常对农业影响的对策,从而为各级政府和有关部门及时提供更多的预报、情报信息及防灾减灾的决策依据。《江西省旱涝灾害短期气候预测系统》具有较高技术水平,本子专题荣获2001年度江西省科学技术进步三等奖。

短期气候预测成果　《江西省旱涝灾害短期气候预测系统》最早投入业务使用是在1998年汛期预测。当年就遇到长江流域自1949年以来最严重的洪涝灾害,分析厄尔尼诺强信号及前期海平面气压预测的全省降水场分布,成功地报出赣中以北的洪涝。在4—6月雨量预报中,预报遂川—广昌一线以北雨量在800毫米以上,景德镇至广昌以东在900~950毫米,赣南接近常年略偏少,实况正是赣中以北发生严重的洪涝,信江、抚州流域尤为严重,赣南接近常年;

气候预测产品

1991—2010年,全省短期气候预测产品不断增加,精细化程度不断提升,主要内容分三大类。从时间尺度来划分为:月、季、年度常规气候预测,2006年开始,增加逐旬月滚动、逐月季滚动预测(降水和气温要素预报、天气过程预报)。从气象灾害种类来划分为:洪涝、干旱、低温、高温、台风以及关键农事季节的气象灾害等预测;从决策及专项预测服务来划分为:春运、森林防火、重大社会活动等预测。产品内容包括气象要素(降水、气温)、天气过程(降水、冷空气)、气象灾害(分布及危害)等。具体产品有:

年度趋势展望(1月1日—12月31日) 预测主要内容为1年中各个重要农事季节和主要农作物生长发育关键阶段的天气趋势(包括冬季冷暖趋势、春播天气趋势、汛期降水趋势、夏秋干旱与高温趋势、寒露风趋势、冬季冷暖趋势等)。预测产品上年10月底在省气候中心内网上发布。

3—9月气候趋势展望(3月1日—9月30日) 预测主要内容为1年中各个重要农事季节和主要农作物生长发育的关键阶段的天气趋势(包括春播天气趋势、汛期降水趋势、夏秋干旱与高温趋势、寒露风等)。预测产品12月底在省气候中心内网上发布并提供给政府有关部门。

冬季专题预测(12月—次年2月) 重点预测冷暖趋势、雨雪冰冻出现的主要时段及最低气温。

春播专题预测(3月下旬—4月上旬) 重点预测春播年景、两寒(春分寒、清明寒)出现总趋势及强度、低温阴雨出现的主要时段。

汛期专题预测(4—6月) 重点预测降水趋势、有无洪涝及其程度、降水集中期、汛期结束期。

伏秋期专题预测(7—9月) 重点预测降水的总趋势、干旱的总趋势、主要高温干旱时段。

寒露风(9—10月) 重点预测寒露风趋势、轻度和重度寒露风日期。预测产品分别在11月底、2月底、3月底、6月底、8月底在省气候中心内网上发布并提供给政府有关部门。

月预测 重点预测月雨量、月气温、极端最高、最低气温、各种天气过程(冷空气过程、降水过程)。预测产品在每月底上传气候中心内网并提供给有关部门。

月(季)滚动预测 重点对月(季)气温和降水、冷空气(降水)过程进行连续跟踪滚动订正预测。预测产品在每月10日、20日对月预测、每30天季滚动预测产品在省气候中心内网上发布。

第三节 气候影响评估

气候影响评估业务开始于20世纪80年代初期,评估业务产品1982年开始正式编写,中间经历分分合合。1991年至1994年气候影响评估业务由原气候中心气候分析科编写;1995年至2005年随气候预测业务一起划归省气象台,由省台气候预测科负责编写;2005年底省气候中心成立后,全省气候影响评估业务由省气候中心气候评价科承担。地(市)、县级气候影响评估业务没有做硬性规定,根据各地需要开展相关工作。

气候影响评估产品

产品名称 气候影响评估产品名称也经历过多次更改,先后用过"江西省XX年度气候及其影响评价""天气气候公报""江西省气候影响评价"。

产品形式和内容 早期的气候影响评价产品主要有月和年的气候影响评价产品,内容主要包括:气候概况、气象灾害、气候影响评价三个部分;进入 21 世纪后,气候影响评价产品增加季度气候影响评价、主汛期(4 – 6 月)专题气候影响评价和年度气候公报,产品内容中也增加极端气候要素或气候事件监测、后期气候趋势预测及对策建议等。

产品时段划分

1991—2005 年的年度划分:上年 12 月—当年 11 月;

2005 年之后按以下时段划分:

年度气候影响评价:当年 1 月—当年 12 月;

冬季气候影响评价:上年 12 月—当年 2 月;

春季气候影响评价:当年 3 月—当年 5 月;

夏季气候影响评价:当年 6 月—当年 8 月;

秋季气候影响评价:当年 9 月—当年 11 月;

月气候影响评价:当月。

产品发送途径

产品形式和发送途径也发生变化,其中 1991—2002 年为纸质材料,以纸质发布为主;2003—2010 年为电子版资料,发送渠道由纸质传送改为电子版发布,年度公报是电子版和纸质同时发布。

业务分工

省级:省级主要负责收集全省气候影响情报和资料,制作和分发全省气候影响评价产品,指导全省气候影响评价业务技术。

市级:负责收集本地区气候影响情报和资料,制作和分发本行政区域内气候影响评价产品,指导县气候影响评价业务技术。

县级:负责收集本地区气候影响情报和资料,制作和分发所属区域的气候影响评价产品。

资料使用情况变化

资料从最初的 29 个 AB 报站点,到现在有完整气象资料的 87 个常规站,实现全省精细化评价分析。

第四章　天气预报现代化建设

第一节　省、市间远程工作站建设

省、市间远程工作站是将省气象台通过专线线路收取到的丰富资料资源（国家气象中心、国外气象中心等专业部门的各种资料），通过远程通信技术手段和产品开发新技术，把天气预报需要的各种图表、数据，及时传输给市级气象台站，帮助市级气象台站预报技术人员制作天气预报。

1991年，开通九江、萍乡、新余3地至省气象台远程工作站之后，又有上饶、景德镇两地的远程工作站投入建设。省气象台远程工作站是天气预报人员分析天气变化的主要资料来源，通过不断升级软件和开发完善工作，新开发的图形、图像显示应用系统受到预报员的欢迎。新的应用系统强化动画、漫游、同屏、放大、叠加、翻页、高精度图形打印输出等功能，为预报员提供可靠及时的天气资料。全省气象实时业务服务系统建设初具规模，完成区域中心DEC网络智能终端和小型实时业务程控系统，实现南昌至武汉中速通信业务化，运行正常率达95%以上。建立、完善实时资料库，该数据库的400多种资料均已上网，可供已建成的省气象台远程工作站调月，生成各种天气预报产品，是远程工作站的基础数据库，在防汛、抗旱服务中发挥明显效益。上海、武汉、广州区域中心先后组建区域气象通信综合业务网，实现省级气象台远程终端调用数据库的气象数据资料和图形库的分析预报图、雷达回波图和卫星云图。武汉区域中心与省气象台之间的联网调用实现业务化运行，成为省气象台天气预报分析等系统的主要通信方式。加强区域灾害性天气联防。各中心都建立多种区域灾害性天气监测联防业务，制定灾害性天气预报业务联防措施。

1992年，全省10个地市（除南昌外），在原有九江、萍乡、新余3个远程工作站的基础上，又建成赣州、吉安和上饶、景德镇、抚州、宜春6个远程工作站，并投入业务，鹰潭远程工作站的建设资金到位，建成开通九江、赣州、吉安三个局域NOVELL网，并在庐山、湖口、德安、瑞昌4个县（市）局建立计算机服务终端。软件开发也有明显进展，完成图形图像后处理、应用视觉化系统软件的开发，并投入使用，取得较好效果。1992年，江西气象现代化建设进展较快。省级网络完成由3$^+$com网到Novell网的升级改造，大大改善网络环境和性能。

1993年，全省所有地市全部建成局域网或远程工作站，使网络中心与武汉区域中心、省气象台、气候中心、局机关、10个地市及部分县局联为一体。在软件开发方面，地市终端软件、数据库、后处理、图形图像、服务系统、SUN工作站和分发服务系统软件得到进一步完善和优化。1993年，气象现代化建设取得明显进展。完成从3$^+$网到NOVELL计算机广域网切换，建立NOVEII计算机广域网络,新建赣州、鹰潭 2 个地市计算机局域网和抚州、宜春 2 个地级远程工作站,并对原有局域网和工作站进行升级改造。同时,完成南昌至武汉数据通信升速到 9600 bps 的试验,建立自动报务、传真图等产品综合输出、综合通信工作站。

1994 年,省、地、县三级预报服务系统应用开发工作进一步深入。研制完成地(市)终端软件,数据库后处理、服务系统及展宽卫星云图应用系统,传真图显示系统,同城用户服务系统、数字化雷达资料传输显示系统,并均已投入业务应用。同年,江西有 55 个县(市)气象台站落实终端建设经费,其中有 47 个台站完成建设任务,全省建立计算机服务终端(含落实建设经费)的基层台站已达 59 个,占台站总数的 75.6%。九江、萍乡、新余、景德镇 5 地(市)的所有台站全部完成建设任务,上饶、抚州、吉安 3 地区台站接近全部完成建设任务。在汛期和其他关键时刻,全省网络运行正常,发挥重要作用。建立气象警报网络 60 个,警报用户达到 2680 家,有 12 个台站建成(或改造建成)双向气象警报网。同年,省一级在汛期前实现农气、气候工作站与网络中心联网,新增指导产品 15 种,省级气候、农气业务服务系统建设通过中国气象局验收。省级气象通信综合业务系统建设取得新进展。成功地改造南昌至武汉"三报一话"通信,通信速率 75 bps 和 1200 bps 升速为 9600 bps;建立省气象台自动填图、报务、综合输入输出系统,取消沿袭多年的手工填图、报务和无线传真业务;省气象台天气预报业务向自动化和人机交互方向迈进一大步。各地(市)气象局年内全部完成局域网建设和改造,网络延伸取得突破性进展。

1995 年,气象业务现代化建设步伐加快,在 1994 年的基础上,1995 年又新建 32 个县级计算机终端,省、地、县二级计算机网络在汛期气象服务中发挥重要作用。江西 80% 的台站建立气象警报网络,气象警报服务用户 300 余家,其中有 17 个台站建成(或改建成)双向气象警报网。

1996 年,省气象局和 80% 以上的地(市)气象局计算机机房进行环境改造,开通省级卫星电话系统,建成连通省、地、县三级的办公自动化计算机网络,实现中文远程传输。在春播和汛期中,省、地两级都有一批新的指导产品上网。省气候、农气中心开发的农业辅助决策系统改进服务界面,向多专业、综合集成方向发展。开发"121"电话语言服务系统、网络信息监控系统、气表-1 和高空探测资料自动传输系统,提高气象信息传递时效。

第二节　气象卫星综合应用业务系统建设

《气象卫星综合业务应用系统(简称 9210 工程)》是国家气象局重点建设的工程项目,其目的是通过卫星通信手段传输气象数据,它的建设大大改善通讯专线的运营成本和覆盖范围,使得市气象局、县气象局都能接收上级数据和产品资源,为天气预报制作提供技术手段与产品。

1995 年,省气象局启动 9210 工程建设项目。9210 工程是全国气象部门重点工程,工程项目规划要求各地市气象局分别建设一个小型卫星通信站 Very Small Aperture Terminal(简称 VSAT 小站)及配套的计算机网络系统。

1997 年 10 月,完成 10 个地市气象局的市级 PCVSAT 小站 Personal Computer Very Small Aperture Terminal(简称 PCVSAT 小站)建设和 VSAT 系统的安装调试工作,开通省以下语音通信系统,

地(市)级程控交换机全部投入使用。完成省级主网改造。9210 工程建成,实现省级局域网与 9210 小型机系统资源共享。建立以地面通信为主、VSAT 卫星通信为辅,覆盖省、市、县三级气象部门的广域网系统和话音系统。

1998 年 1 月,取消与汉口专线通讯方式,改用分组交换网或互联网方式。3 月,9210 工程准业务化运行,资料接收以 PCVSAT 为主。依据省气象局下发的《卫星综合业务应用系统工作规定》,制定相应的岗位职责和考核制度。通过 9210 工程卫星通信网,向中国气象局传输江西 16 个基本气象站和 2 个探空站的观测数据。4 月 19—21 日,卫星综合应用业务系统(9210 工程)第三次全国工作会议在南昌召开,中国气象局副局长李黄到会指导。省气象台和地、市台依托 9210 工程,以 MICAPS 为工作平台,以数值预报为基础,以解释应用为重点,建立上下配套新的预报业务工作流程。各地市局完成 MICAPS 系统的二次开发。各地依据省气象局下发的《卫星综合业务应用系统工作规定》,制定相应的岗位职责和考核制度。开展短期、短时灾害性天气预报,分县降水等级预报和分县温度指导预报。卫星综合业务应用系统(9210 工程)后期建设进展顺利,完成省、地级建设任务,并提前投入准业务化运行。顺利完成省级 SYBASE 数据库系统和省气象局至武汉的分组交换网的安装调试任务,各地市局完成对计算机网络的改造任务,增加 2 个 MICAPS 系统工作站,以 NT 服务器取代 NOVELL 服务器,实现省、地级 9210 工程网络与原计算机网络的联网和资源共享。开展 9210 业务上岗培训。完成省气象局机关办公自动化网络、多媒体电教网、人工影响天气系统建设任务。县(市)局防灾减灾中心和鄱阳湖中尺度基地建设取得明显进展。全省 14 个县市局建成防灾减灾局域网,20 个县市局落实 VSAT 接收站建设经费。"鄱阳湖中尺度基地"建设项目,进入实质性启动阶段。全省建成 70 个 PCVSAT 单收站,占应建站数的 79%。完成省、地级单(双)向接收站系统集成和省级主网升级改造,地、市局和大部分基本、基准站分组交换网开通使用,完成各地市局和 59 个县、市局 NT 网建设。

1999 年,全省气象部门完成 89 个县级卫星单向接收小站 Personal Computer Very Small Aperture Terminal(简称 PCVSAT 小站)的建设,并投入运行。完成省级计算机网络系统升级,省级主干网络升至 100 兆。

2000 年 1 月 1 日,正式运行"气象卫星综合业务系统"(9210 工程),同时取消分组交换网传输方式。完成省、地级单(双)向接收站系统集成和省级主网升级改造,地、市局基本、基准站分组交换网开通使用,完成地、市气象局和 59 个县、市局 NT 网建设。完成 9210 工程业务化应用软件开发工作。

2002 年 8 月 25 日,完成"全国天气预报可视会商及电视会议系统"省局视频会商终端建设,实现国省两级电视天气预报会商。10 月,省气象信息网络中心组织实施气象 VPN 网络工程并投入业务使用。该工程构建于 Internet 网络基础之上,采用专用服务软件网关方式,建立覆盖全省气象部门业务、办公与服务的虚拟专用网络。

2005 年底完成 9210 工程系统升级,升级上行数据通信由卫星网络为主转为地面宽带网络为主,带宽达到 6 兆比特每秒。新一代卫星广播系统 DVB－S 广播带宽升级为 2 兆比特每秒,每日实时传输的气象资料包括地面和高空大气探测数据、气象传真、气象卫星资料、气象雷达资料、天气气候资料、气象情报、气象灾情及指导预报产品等数十种近百万份文件,数据量约 40 千兆字节。

2009 年 10 月,完成"省气象局至中国气象局的 CMANET 网络"的建设、改造以及优化完善。全面整合原 PCVSAT、DVB – S 和 FENGYUNCast 三套卫星广播系统,升级合并为一套中国气象局新一代卫星广播系统 China Meteorological Administration broadCast(简称 CMACast)。

第三节　气象信息综合分析处理系统建设

气象信息综合分析处理系统(简称:MICAPS 系统),是中国气象局专门针对天气预报制作开发的人机交互气象信息处理和天气预报制作系统。MICAPS 系统投入业务后,结束气象台站手工填绘和分析天气图的历史,方便快捷地分析天气要素,功能齐全,是预报员的重要工作平台。

1997 年底—1998 年,MICAPS1.0 系统在全省气象部门投入使用,开展一系列本地化工作,包括定义适合本省特点的综合图,绘制省内区域小图,开展客观方法产品在系统的综合显示,建立基于等值线的指导预报产品制作,实现常规资料的统计功能等。MICAPS 系统的应用,实现从文字预报向等值线预报和网格化预报的转变。

2002 年,MICAPS 2.0 系统完成本地化测试,2003 年投入业务应用。本地化工作主要包括 MICAPS 资料的双备份、数据接口的改进、新控件的安装、常规要素格点预报产品的生成等。其后 MICAPS 系统不断完善和升级,成为省、市、县三级预报员的天气预报分析的主要工具。加强预报和服务的业务建设。电视天气预报会商系统已开始实施。成功地开发 MICAPS 2.0 版测试版,并在 9 个省市运行。国家局 T213 数值预报模式进行试运行,实现 T106 向 T213 的升级,并开始向区域中心和部分省气象台下发产品。

2003 年,加快 Micaps 2.0 系统的本地化及二次开发应用步伐,做好风云 2 号卫星云图的接收处理工作。根据业务服务需要,研制本单位的二次开发产品,根据系统提供的许多新的功能特点,优化改革预报服务业务流程和预报服务产品的表达形式,提升预报服务能力。

依托 MICAPS 系统,进一步优化各类预报产品资料的本地化设置,使 MICAPS 系统与本省业务流程相结合,并将具有本地特色的预报产品、预报模式集约化地融入操作平台,实现气象观测基础数据统一处理、基础产品共享、服务产品分类加工的预报业务格局,形成多种探(监)测信息、多专业相互交融的预报业务体制和运行机制。

基于 MICAPS 技术框架,优化完善预警信息发布、历史数据查询等专业化模块,强化 MICAPS 在各级气象台站天气分析预报业务中的基础性和关键性作用。实现 MICAPS 的台风路径显示、分县指导预报交互订正功能,为全省现代天气业务提供专业化平台支持。

第四节　短时临近预报业务系统建设

中国气象局开发的短时临近预报业务系统(简称:SWAN 系统),是专门针对短时天气预报的特点,以雷达技术为主的预报制作业务系统。

2008年10月11日,省气象台引进SWAN零版本(2008年版),2009年3月前完成系统调试,4月开始投入业务试运行。

2009年6月10—11日,省气象台联合广东和安徽两省气象业务部门,对上述版本进行升级改造,更新部分计算模块,将江西国家气象站和区域加密站点信息接入系统;修正地面填图资料数据源;修改雷达配置文件,实现九江、南昌、吉安、赣州四部雷达的组网拼图,保障实时输出TREC风场、降水预报、估测降水、风暴追踪、TITAN回波追踪预报、反射率预报和检验等产品;还修正VIPS模块,实现基于SWAN系统制作预警信号。7月27—30日,省气象台再次升级SWAN系统零版本至2009年版。省气象局领导组织相关部门内部协调,形成系统推广工作小组,开展全面业务化推广准备工作。9月8—11日,举办全省灾害性天气短时临近预报系统和天气预报技术总结培训班,集中讲解系统相关知识内容,随后各市县气象局集中开展系统安装和使用。

2010年6月,SWAN零版本升级至1.0版本,优化部分功能模块的并行处理方式,在系统客户端增补省内区域自动站资料和增加实时调取分析控件,并在江西省气象业务部门推广更新。还对QPE和QPF历史产品进行效果检验,提交结果报告。

第五节　多普勒天气雷达建设

1999年,完成南昌多普勒(天气)雷达站建设前期准备工作。

2000年,鄱阳湖区域中尺度灾害天气监测预警系统建设进展顺利。7月18日,南昌s波段多普勒(天气)雷达楼开工。

2001年,南昌多普勒(天气)雷达站建设项目提前完工,9月16日通过中国气象局现场验收;赣州多普勒雷达楼于年底封顶,吉安雷达完成选址工作。10月21日,省气象局在南昌多普勒雷达站举行隆重的多普勒雷达站竣工典礼。省政府副省长孙用和、中国气象局副局长李黄出席典礼,南昌市委、市政府和省直有关厅局领导,南昌县各级领导以及省气象局领导和机关、直属单位领导、职工共计200余人参加典礼。11月17日,副省长孙用和调研正在建设的赣州马祖岩多普勒雷达站和拟建雷达信息处理中心的场地,对多普勒雷达工程建设进展情况表示满意,表示省委、省政府和赣州市委、市政府都非常重视、关心赣州多普勒天气雷达系统建设,通过多普勒天气雷达系统建设,将赣州市气象局建成全省气象部门对外开放的窗口。

2002年,赣州多普勒雷达正式投入业务试运行,吉安多普勒雷达完成封顶和吊装。中国气象局新一代天气雷达系统建设已有20部雷达通过现场架设验收,并在业务中发挥作用。

2003年内,完成九江、上饶两部新一代多普勒雷达的选址、频率申请、环评等前期工作,加快实施宜春布设713数字化雷达建设。吉安多普勒雷达顺利竣工并于年初业务化运行,完成九江多普勒天气雷达选址工作。

2004年,中国气象局在九江增加新一代天气雷达布点,年内完成站址三通一平工作;上饶新一代天气雷达正式立项,宜春新一代数字化雷达、南昌L波段测风雷达先后投入业务运行。

2005年,完成九江新一代天气雷达分体吊装、上饶新一代天气雷达选址和可研报告编制,在11

个设区市、67 个县气象局建成雷达同步终端。

2006 年,九江新一代天气雷达汛期前投入运行,上饶新一代天气雷达正在加紧建设。

建成江西新一代天气雷达、自动站、雷电探测的在线监控系统。

截至 2010 年,完成南昌、赣州、吉安、九江、上饶五部多普勒天气雷达和一部移动雷达建设。

第六节　多种探测系统建设

2003 年 4 月 28 日,省气象局决定从 5 月 1 日起推出:全省雷电灾害监测系统建成并正式投入业务运行、紫外线监测系统建成正式投入业务运行,将向社会发布紫外线强度实况与紫外线指数预报,省气象台对外发布江西未来 72 小时天气预报。建立由 1 个中心站和 12 个监测站组成的全省雷电监测网。完成 67 个一般气候站自动气象站建设,在环鄱阳湖地区布设 16 个加密自动雨量站和 2 个 4 要素自动气象站。建立江西 11 个设区市紫外线监测系统。建立连接江西各级气象台站的 VPN 宽带外网及气象内网。加快对南昌、吉安、赣州多普勒雷达、FY—2 云图、自动气象站、雷电监测资料等产品应用研究,充分发挥气象现代化建设效益,为灾害性天气的预报警报提供科学的依据,提高对突发性灾害天气的预警能力。

2004 年,开始建设流动气象台(后改名为应急气象站),2005 年主汛期前完成并投入应用,省气象台在 2005 年进一步完善"全省应急流动气象站"项目的建设和训练工作,组织多次演习任务,并到地震灾区九江县实地进行应急观测和服务。

2006 年 6 月 20 日,省气象局和省测绘局联合召开全省 GPS/MET 观测网建设与共享协调会。双方就共同建设全省 GPS 观测网达成一致意见。完成九江观象台站址选择、电磁环境测试以及修改资料的调查工作。新建 115 个中尺度区域气象观测站,2 个大气电场观测站,对江西农田生态系统观测网进行升级,自筹资金完成 6 个酸雨、12 个负离子观测站建设。与测绘部门联合完成 GPS/MET 水汽监测网可研报告编制。

2007 年,建成 X 波段移动应急多普勒雷达和由 62 个 GPS/MET 基准水汽观测站组成的江西 GPS/MET 基准站网监测系统。新建 176 个中尺度区域气象观测站,总数达到 1499 个,实现每个乡镇至少建设一个中尺度区域气象观测站目标,建设数量居全国第六。新建 3 个太阳辐射站,3 个雨滴谱观测站,完成 11 个设区市局、25 个县局 DVB－S 站建设。

2008 年,完成上饶新一代天气雷达架高提升工程。截至年底,共建成区域气象站 1531 个,覆盖江西所有乡镇。江西 62 个 GPS/MET 基准水汽观测站实现数据正式上传;建成 18 个土壤水汽自动观测站,6 座风能资源观测塔,新增 6 个太阳辐射观测站和 1 个负离子自动观测站,南昌城市生态气象观测艾溪湖试验站完成地面观测试验场建设。完善江西气象技术装备全网监控平台;开发自动站疑误数据处理反馈业务系统。

2009 年,购置一辆新应急车——气象应急指挥系统,在 2010 年建设完成并投入应用,在 2010 年唱凯决堤气象服务气象现场服务中得到应用。

第七节　可视会商系统建设

2004 年，全省气象部门省—市气象局可视会商系统建设并投入业务应用。这是自 2003 年开始筹划，2004 年经历"省、市"→"省、市、县（含部门间）"完善升级的过程。可视会商系统作用是为提高气象预报准确率和提升气象灾害应急指挥能力。

2005 年，在主汛期前完善可视会商系统，主要内容和功能包括三部分：省级建立 1 套多点会议控制系统（MCU）和 1 套视频终端，该终端同时连接会商室和会议室 1 个场地；各设区市局建立 1 套视频终端，该终端也同时连接会商室和会议室 1 个场地；系统采用基于 INTERNET 网的硬件方式组网

2006 年，新一代天气预报可视会商系统，实现"国家→省→市→县"四级以及与省政府应急办联通。主要建设内容和功能包括：省级会商控制中心 1 个，地市级会商控制中心 11 个，县级会商终端 78 个；新一代天气预报可视会商系统采用当时国际上成熟的视频会议系统技术及其最新发展技术，符合有关国际标准、国家标准和规范；与省政府应急办实现互联互通，实现江西各级气象台站参加全国天气预报会商、会议以及与省政府应急办的音视频互联互通。

第八节　数值预报系统建设

1991 年，上海区域中心建成有限区数值预报模式和中期、短期 MOS 预报业务系统，并将产品提供给各省使用。武汉中心的长江中游暴雨数值预报模式投入业务运行，定时向区域内省气象台发送格点资料和图形产品。广州中心的热带有限区数值预报模式投入业务运行后，开始提供分析、预报图形产品和格点资料，并试验提供中期 MOS 预报产品。

T42 数值模式是中国第一代全球中期数值预报业务系统，于 1992 年在省气象台投入应用，用于日常业务预报。基于该模式，省气象台建立 T42 产品使用用户软件，并对模式输出产品进行统计研究，建立江西中雨、大雨消空方程和大到暴雨的判别方程。

T106 数值模式是在 T42、T63 的基础上升级而来，于 1997 年在省气象台投入业务运行，预报时效为 10 天，用于日常中短期业务预报和灾害天气物理量诊断分析。利用 T106 数值模式产品，省气象台开展《常规要素预报》《冰雹落区预报》《暴雨落区预报》三个子项目的研究，实现客观自动的业务产品。预报员基于模式物理量诊断信息和统计实用成果，为日常预报尤其是 1998 洪涝灾害提供重要参考。

2002 年，随着模式分辨率和物理过程的完善和改进，T106 进一步升级成为 T213 模式，省气象台除在日常预报业务中使用 T213 模式产品，还进行大量的模式检验对比和使用分析工作。

中尺度数值模式于 2004 年引进至江西并投入应用，模式的水平分辨率提高至 30 千米，时间分辨率 3 小时。依托有限区域数值模式和高性能计算机系统，省气象台逐步开展精细化预报业务和中尺度天气系统诊断分析。

日本传真图由 20 世纪 80 年代起开始用于日常业务,1991—2010 年该模式产品在日常预报业务中使用频率高,预报员利用传真图的上升运动区、正涡度区、降水分布进行预报分析。

省气象台从 1991 年 3 月 1 日开始向江西发布 17 个代表站点 1—6 天分县预报;从 6 月 20 日开始发布江西所有站点 1—6 天分县预报。

第九节　客观预报方法和分析平台建设

1992 年,省气象台开展致洪暴雨客观预报方法研究,该方法根据地面高空天气形势,归纳整理致洪暴雨形成的天气规则,通过计算机自动判别未来江西是否出现 10 站以上的致洪暴雨。该方法解决由预报员主观判断向由计算机自动预报是否出现暴雨的转变。该成果在省气象台一直应用于暴雨预报,且准确率较高。

1997 年 8 月,灾害性天气警报系统开始运行,主要有报文管理、自动报警、统计查询、内网发布 4 个功能模块。报文管理实现报文自动和人工获取,报文解译,报文入库、报文修改等功能;自动报警,可以实现文字转语音并自动播报、灾害区域色斑闪烁等功能;统计查询,可以按照时间、天气类别、报文内容、台站等对灾害进行查询统计,可将灾害以色斑和图标方式在江西地图上逐日翻页展示;内网发布,实现最新 6 个月的灾害天气报文自动生成网页并在气象内网共享。

1998 年,省气象台完成武汉区域气象科技开发基金项目"利用 T106 数值产品制作暴雨落区预报方法"。该项目利用中国 T106 数值预报产品对江西暴雨进行诊断分析和相关分析,优选预报因子,建立预报因子库;分析研制 PP 法、MOS 法和诊断分析(配料法)三种暴雨落区预报方法;在统计的基础上将三种结果进行组合,得到综合暴雨预报模型,并通过 Micaps 系统提供给预报员业务使用。该方法在 1998 年特大洪涝预报服务中,为暴雨预报提供技术支持,该方法沿用到 2003 年。省台完成南昌市降水概率预报研究和试验工作,建立南昌市降水概率预报事件的概率回归方法、相似降水概率预报方法以及 Maps 数值产品统计降水概率预报方法。这三个方法组成南昌市降水概率预报系统。其中概率回归方法主要选取地面、850 hPa、700 hPa、500 hPa 等层次气象要素组合因子进行"0 和 1"编码处理,采用事件回归方法 REEP 方法建模。相似降水概率预报方法是选出天气形势相似 10 个例,计算各降水等级概率。Maps 数值产品统计降水概率预报方法是将武汉区域气象中心提供有网格数值预报产品(0.5 * 0.5)内插到站点上,与实况降水对比,计算模式预报降水历史与不同量级降水概率对应关系和概率图,直接用于实际预报。南昌降水概率预报 1998 年并于 7 月 1 日开始投入业务化,南昌成为全国第五个发布降水概率的城市,2005 年后停用。

2002 年,省气象台依托国家科技部社会公益《暴雨型地质灾害风险预报研究》和省科技厅社会发展攻关项目《全省地质灾害风险预报业务系统》,开展暴雨诱发的地质灾害风险预报研究。项目进行地质灾害及风险区划,开展滑坡灾害形成机理试验和预测方法研究,研究地质灾害预报的降水临界值,创建山体滑坡、泥石流等地质灾害发生的气象条件等级预报,建立基于 Web - GIS 技术、日综合雨量、地质灾害风险区划、日蒸散量等的实时预报业务系统。2003 年,省气象局和国土资源厅联合开展地质灾害预测公众服务,实现降水预报向气象风险影响预报的转变。

2003年,汛期连续暴雨中期预报系统由省气象台研发,该系统基于江西连续暴雨的形势特征和物理量场特征的分析结果,利用欧洲中心数值预报产品,以500 hPa形势、850 hPa切变、西南急流、涡度、散度为主要判别因子,建立江西汛期连续暴雨中期预报模型。2003年起在省气象台投入业务应用。全省气候资料查询系统由省气象台研发,该系统可查询江西89站点自1951年以来气温、风、气压、降水量、湿度、蒸发量等15个气象要素日志信息,并实现最大值、最小值、平均值、求和、多日统计、历史排位、站数统计等功能查询,具有表格、图形两种显示方式。

2005年,完成全省科技厅课题《江西突发性强风暴监测和预警研究》,省气象局课题和中国气象局新技术推广项目以及预报专项《全省强对流天气预警技术研究》,建立基于50年江西强对流天气资料数据库和查询系统;建立江西强对流天气的天气学概念模型,并结合图形判识技术和物理量叠套法,建立48小时内逐6小时地逐小时落区预报方法,并通过IE浏览方式提供江西使用。提出全省夏季强对流天气临近预警指标和8种卫星云图特征。相关成果在业务预报中约应用5年,并获得2011度江西省科技进步三等奖。之后在全省强对流预报专家团队共同努力下,修改适合全国强对流天气的5种概念模型,并建立分县的雷暴大风、冰雹、短时强降水的分类潜势预报方法。

2008年,全省决策气象服务平台(始建于1998年),主要开发工作于2008—2009年完成。根据实际业务中的需求,全省决策气象服务工作平台集成决策服务材料制作、灾情收集统计评估等业务环节中需要的各类小软件,安装移植方便,只需拷贝后作简单的设置即可使用。特别是针对时效性强的自动站雨量资料开发雨量统计和雨强分析软件,并进行质量控制,在连续降水过程中的气象服务中起到支撑作用。针对雨雪冰冻开发基于小时数据的降雪、冻雨、积雪深度、电线积冰直径的统计查询,在2008年雨雪冰冻气象服务中发挥重要作用。

2009年,省气象台完成中国气象局新技术推广项目《冻雨、大雪预报方法研发和技术推广》,项目基于30—50年样本资料统计分析,研究江西区域性大雪和冻雨天气过程的环流形势和动力、热力条件以及地面要素特征,提出冻雨、降雪、雨三种降水相态改变指标;建立江西大雪、冻雨概念模型,采用配料法建立基于中国数值预报产品以及日本数值预报产品、实况探空资料的0—72小时大雪和0—48小时冻雨分县预报方法。预报产品通过气象内网发布,实现省市县三级气象台共享。

第五章　重大灾害性天气过程

第一节　1991 年暴雨洪涝和雨雪冰冻低温灾害

1991 年 3 月份,全省出现 34 县、市(次)暴雨,4—6 月出现 138 县、市(次),但洪涝灾害却较少、较轻,属于历史上洪涝灾害较轻的一年。冷空气频频入侵江西,阴雨绵绵,低温寡照,特别是 3 月下旬,江西气温偏低 2 ~ 3℃,雨量却偏多 1 成,日照奇缺,赣中、赣南局部地区全旬无日照。日平均气温稳定通过 10℃ 的初日,江西基本上为 3 月底至 4 月初,与常年相比,赣北略有推迟,赣中推迟 10—15 天,赣南推迟 15—25 天,赣中、赣南部分地区是自有气象记录以来最晚的一年。4 月初,虽天气较好,但气温回升较慢,大部分地区还出现低于 5℃ 的极端最低气温。赣北、赣中出现严重春寒,赣南出现倒春寒,对早稻播种不利。

洪涝主要集中在 5 月 18—23 日,6 月 5—8 日和 15—16 日。其中 5 月 18—23 日,赣北连降大暴雨,水库柘林水库超过控制水位 0.7 米,被迫泄洪。7 月 4—8 日,九江大部分地区又连降暴雨,加上长江洪水倒灌造成部分地区内涝。8 月 6—8 日和 11—13 日,9 月 4—8 日,全省又集中出现强降水。部分地区先是受旱,后又受涝。赣北部分地区和赣中局部出现中等洪涝。全年江西洪涝面积约 500 万亩,经济损失 2 亿多元。在 1991 年暴雨洪涝灾害过程中,全省各级气象部门充分利用业务现代化的设施及成果,提前做出较准确的预报,并及时有效地开展气象服务。

12 月 24 日,受北方强冷空气南下影响,全省自北向南出现一次雨雪冰冻严寒天气过程,出现江西历史上罕见的冻害。12 月 26—27 日晚上,全省自北向南普降大雪,雨雪量普遍在 20 ~ 40 毫米,除赣南部分县以外,全省大部县出现积雪。82 个县市出现积雪,2 厘米及以上的积雪深度达到 76站,10 厘米以上达到 43 站,有 10 个县市积雪深度超 20 厘米,最大雪深 29 厘米,南昌市雪深达 22厘米。这次过程,赣北赣中极端最低气温普遍达 −8 ~ −15℃,以奉新 −15.8℃ 为江西最低,赣南极端最低气温为 −3 ~ −7℃,全省有 47 个县市的极端最低气温为 1959 年有完整气象记录以来的历史最低纪录。全省最低九江、景德镇、南昌、宜春、上饶、萍乡、新余、鹰潭、抚州九市及吉安市北部最低气象在零下 8℃ 以下,奉新最低零下 15.8℃,截至 2020 年 12 月 31 日,仍有 49 个县市最低气温保持最低气象纪录。在这次雨雪冰冻灾害过程中,省气象台提前做出雨雪冰冻天气的预报,指导全省各气象台站开展气象服务。

第二节　1995 年特大洪涝灾害

1995 年 6 月中旬至 7 月上旬,全省连降暴雨、大暴雨和特大暴雨,赣江、信江、修河、袁河等江河水库水位猛涨,出现百年不遇的特大洪涝灾害。汛情最紧张的 6 月下旬至 7 月上旬,江西先后有 1776 个乡镇受到洪涝灾害的影响,占乡镇总数的 92%。

6 月中旬:这阶段降水主要集中在 14—19 日,全省各地雨量为 44~285 毫米,其中赣南及鄱阳湖周围地区超过 150 毫米,石城、瑞金、武宁三县超过 250 毫米;共出现暴雨 68 县(次),宁都、石城、瑞金、龙南、全南五县下大暴雨。由于连续降水,南部地区出现洪涝,赣江赣州市段出现中华人民共和国成立以来的次高水位;赣江吉安地区段除新干外全超过警戒水位,其中泰和超过 2.13 米。

6 月 21 日—7 月 6 日,这是本年汛期持续时间最长、强度最大、影响范围最广的降水过程,与前期来不及泄洪的洪水叠加在一起,酿成江西历史罕见的洪涝灾害。这次过程累积降水量全省为 101~615 毫米,其中南城—萍乡一线以北地区超过 300 毫米,上饶地区、武宁、铜鼓等地超过 500 毫米,南部地区也达 101~300 毫米,出现暴雨 89 县(次),大暴雨 52 县(次),铜鼓、乐安分别在 6 月 23 日和 26 日出现特大暴雨。特别是 6 月 25 日,22 个县、市出现大暴雨,突破全省日大暴雨的最大影响范围。赣北地区江河水库水位迅速上涨,洪水再次泛滥。6 月 25 日,修河修水段超警戒水位 2.3 米,袁河樟树段超警戒水位 2.7 米。7 月 3 日,信江上饶段超警戒水位 2.71 米。同时,由于长江上游地区降水多,长江水位高(7 月 9 日九江长江站水位 22.2 米,超历史最高水位 0.08 米),鄱阳湖泄洪能力严重受阻,随着江西五大河流洪水的灌入,鄱阳湖水位迅速上升,7 月 4 日星子县鄱阳湖水位达 21.92 米,超历史最高水位 0.07 米,鄱阳湖周围大片土地淹没在洪水之中,多处出现倒堤、倒坝现象。1995 年江西汛期于 7 月 7 日结束,是历年汛期结束偏晚的一年。

在 1995 年洪涝灾害面前,全省各级气象部门充分利用业务现代化的设施及成果,对汛期出现的主要降水过程以及汛期的结束做出较准确的预报,并及时有效地开展气象服务。汛后,省人民政府致函中国气象局,称赞省气象部门在全省防汛抢险救灾工作中发挥积极作用。省气象台等 3 个单位、廖海泉等 3 名个人因 1995 年汛期气象服务工作成绩显著,受到中国气象局表彰。

第三节　1996 年洪涝灾害

1996 年,洪涝是年内最严重的自然灾害。主汛期全省降水虽不多,但从 7 月开始长江中游的湖南、湖北等省连降暴雨,致使长江水位猛涨,倒灌鄱阳湖。受其影响,江西境内的赣江、鄱阳湖各水文站水位持续 40 天以上超警戒线,外洪内涝形势严峻,沿江、沿湖地区严重受灾。暴雨洪涝发生有 5 个集中阶段:

第一阶段(1996 年 3 月 16 日—4 月 19 日):共出现暴雨 47 站次,彭泽大暴雨一次,永新及赣南部分地区出现轻度洪涝灾害。

第二阶段(1996 年 5 月 3 日—6 月 25 日):共出现暴雨 110 站次,抚州、宜春、崇仁、南城、资溪、宜春、宜黄等地出现大暴雨29站次,发生局地性中—重度内涝。

第三阶段(6月28日—7月24日):1996年6月28—30日,九江地区北部以及安义、景德镇等地出现暴雨8站次,彭泽大暴雨一次,景德镇发生内涝。6月底至7月初,昌江、乐安河流域连降大到暴雨,仅昌江上游安徽祁门连续3日降雨量就高达500毫米以上,致使江河水位猛涨;7月1日凌晨,昌江潭口水文站洪峰水位达62.94米,超警戒水位7.94米,比历史最高水位(1959年)高1.65米;乐安河三都水文站洪峰水位比历史(1988年)最高水位高0.33米,城市农村同时受淹,上饶、景德镇两地市及部分县严重受灾,206国道、九景公路、皖赣铁路等重要干线被中断。7月江西强降水不多,但湖北、湖南、安徽等地连降暴雨,引起长江水位迅速上升;受其影响,江西境内的长江、鄱阳湖水位自12日超警戒线以后,连续40天超警戒线;7月23日达年最高洪峰水位,其中鄱阳湖星子站21.13米,长江九江站21.76米,长江湖口站21.22米,均为有记录以来的第四位,仅次于1954年、1983年、1995年。

第四阶段(7月31日—8月24日):1996年7月31日—8月3日,受1996年第8号台风影响,全省出现暴雨38站次,大暴雨14站次,特大暴雨1站次(庐山);过程总雨量超过100毫米的站主要集中在吉安、赣州两地区及德安、永修、庐山等地,其中庐山477.6毫米,兴国271.4毫米,安远203.9毫米,致使局部地区出现中—重度洪涝;受其影响,7月24日已开始消退的长江、鄱阳湖水位再度回涨,至8月2日晚,九江、湖口两站水位分别回涨0.22米和0.33米,超警戒水位1.65米和1.64米,鄱阳湖星子站水位回涨0.24米,超警戒水位1.64米。8月9—10日、16—19日、23—24日,共出现暴雨9站次,大暴雨2站次;由于长江水位居高不下,洪水倒灌,造成全省极为严峻的防洪汛情,沿江沿湖的九江、彭泽、星子、永修、南昌、新建、都昌、余干、波阳等地圩堤受到巨大压力,不少地段出现塌方、滑坡、裂缝、泡泉、渗水和下沉等险情,严重威胁圩内良田和人民群众的生命财产安全,紧张形势直至8月24日左右长江各站水位退至警戒线以下才得以缓解。

第五阶段:1996年8月27—30日,受冷空气影响,江西出现暴雨25站次,大暴雨1站次。

在1996年洪涝灾害面前,全省各级气象部门充分利用业务现代化的设施及成果,对汛期出现的主要降水过程以及汛期的结束做出较准确的预报,并通过报送各类服务材料、发布新闻通稿、升级预警、短信、插播预警信息等措施,及时有效地开展气象服务,在重大气象保障与服务工作上取得良好成效。

第四节　1998年特大洪涝灾害

1998年,汛期的主要降水集中在6月12—27日和7月17日—8月1日两个时期。

6月12—27日的连续性大暴雨　这次过程降水抚州、上饶地区在800~1025毫米之间,12—20日上饶、抚州地区有9县市雨量在601~732毫米之间,强度之大,历史少见。这次过程范围涉及长江、鄱阳湖、昌江、乐安河、修河、信江、抚河和赣江下游等流域,持续时间长达15天,是近48年洪涝最严重的一次。信江、抚河、昌江、赣江下游流域洪涝强度排历史第一位。6月13日信江的梅岗站水位一天上涨7米,为历史少见。1954年出现严重洪涝,但只有修河流域洪涝强度排历史第一位。

其他流域未进入前三位,表明1954年洪涝虽严重,但范围小,而1998年除赣江中上游流域外,江西其他五大流域中有四大流域的洪涝强度进入历史前二位,可见这次洪涝强度之大,影响范围之广。

7月17日—8月1日的连续性暴雨　这次过程也持续15天。同一年的两个相邻集中期都达15天,这是历史上绝无仅有的。这次过程降雨带主要在九江、景德镇、宜春、南昌和上饶5地市,15天内北部平均降水量为418毫米,婺源高达911毫米。虽然1998年江西北部7月降水量与1954年7月雨量相当,但1998年7月17日—8月1日暴雨过程持续时间之长,强度之大,降水之集中是历史上前所未有的。由于7—8月适逢长江中上游主汛期,长江水位居高不下,导致7月江西洪水下泄不畅,尤其是鄱阳湖地区严重洪涝持续至9月底结束,持续3个月之久的高水位直至9月25日才降至警戒线以下。

在抗御1998年特大洪涝灾害中,全省各级气象部门开展超常规气象服务。为水库科学调度、抗洪抢险决策专门制作流域、库区等重点防汛区域定点、定时、定量的降水预报。雷达、卫星接收站等打破常规连续70天24时开机监测天气变化。在抗洪最紧张的6、7月份就增加雷达监测1800次,增传雷达回波资料1300多张,增收省内外气象情报43000多份,增加卫星遥感监测30余次。省委书记舒惠国指示各级干部:"要把气象科技信息迅速地传递到灾害可能发生的地方,要快速传递到县、乡(镇)、村,传递到广大农民群众手中。"

8月7日13时左右,长江九江堤决口约30米,洪水迅速向九江市区蔓延,经军民3昼夜的奋战,10日堵口成功(最大决口50余米)。

在1998年特大洪涝灾害面前,全省各级气象部门充分利用业务现代化的设施及成果,对汛期出现的主要降水过程以及汛期的结束做出较准确的预报,并通过报送各类服务材料、发布新闻通稿、升级预警、短信、插播预警信息等措施,及时有效地开展气象服务,在重大社会活动的气象保障与服务工作上取得良好成效。

10月5日,在南昌召开1998年江西特大气象灾害专家座谈会,数10名专家、学者和有关方面负责人参加会议,省气象局局长陈双溪主持会议并作题为《1998江西特大气象灾害成因分析暨防灾气象服务工作思考》的报告。

在6月12—27日、7月17日—8月1日出现的两次历史上罕见的连续大暴雨、暴雨过程中,全省气象部门预报准确(有史以来最高的),并进行超常规服务。

短期气候预测的汛期趋势准确。通过分析副高脊线位置和西脊点位置,考虑到厄尔尼诺现象,次年全省80%的年份将出现洪涝,结合流域洪涝指数预报的结果,参考用海平面气压预报汛期主雨带位置,早在1997年12月26日的年度预报中就明确指出"98年汛期有雨量集中期,北部洪涝明显,雨季结束期偏迟"。这种"明显洪涝"的预报用语,在全省长期预报中还是首次。3月中旬的补充预报再一次做出"赣北赣中6—7月雨量偏多,有明显洪涝,赣南接近常年"的预测,预报洪涝的范围进一步扩大到赣中。

短期预报准确预报两次连续暴雨过程的开始、持续、雨带的南压和北抬、移出江西,强度、落区都较准确。"98·6""98·7"两次暴雨过程中共发布暴雨报告40余次,中期天气趋势分析17期,暴雨预报评分82分,明显高出历史平均水平。而且多次使用"部分大暴雨"这样大量级降水的预报用语,这在之前的短期预报史上是少有。

从1月1日至8月26日,全省气象部门共为省委省政府编发《气象情况反映》67期、《气象呈阅件》15期,为市委、市政府编发《南昌气象情况》88期、《气象情况呈阅件》10期,提供雨情资料100多份,提供传真服务超过700次,农气情报预报30期。上报中国气象局的预报服务情况汇报38份。其中仅"98·6""98·7"两次过程,就编发《气象情况反映》38期、《气象呈阅件》6期,《南昌气象情况》59期、《气象情况呈阅件》7期。

各地气象部门除常规的本辖区内最近两天天气实况、未来几天天气预报或展望,还根据服务需求和领导需要,增加重点防汛区域的定时定量降水预报、长江流域天气趋势分析、南昌市一周内逐日天气预报、旬等值线降水预报等。

第五节　1999年洪涝灾害

1999年,全省大暴雨过程接连不断,汛期长江九江段和鄱阳湖出现仅次于1998年的高水位,各级气象部门扩大情报收集区域,加密观测发报,开展流域面雨量预报,为抗洪救灾开展全面的气象服务。

4月15—17日大暴雨过程　受低槽和中层切变影响,赣北赣中出现大范围的暴雨和局部大暴雨降水。其中15日九江、景德镇、南昌、上饶地区出现16站暴雨;16日扩大到宜春、抚州、吉安三地区,有47站出现暴雨,其中九江、星子、景德镇等6县市出现大暴雨;17日吉安地区东北部、赣州地区北部、抚州地区中南部出现13站暴雨,星子、瑞昌、九江三个县24小时降水量为历年同期最大值,分别为143毫米、119毫米和116毫米。

4月23—25日大暴雨过程　受中层切变影响,江西中北部又出现暴雨、部分大暴雨降水,修水、永修、永丰等地还出现雷雨大风。23日赣北有4站暴雨。24日江西有36站暴雨,另有13站大暴雨,以波阳192毫米为最大;修水、波阳、武宁、永修、德安出现日降水历史最大值,分别为222毫米、187毫米、155毫米和120毫米。以上两次降水过程,造成南昌、波阳、修水、武宁、永修等25县(市)140多个乡镇受灾,修河水位全面暴涨,比历史最高的1998年水位高0.8米,超过警戒线4.5米。

5月15—18日大暴雨过程　受低槽和切变影响,全省强降水,暴雨和大暴雨分别出现50站次和18站次。三天累计降雨量大于100毫米有43个县(市),其中有12个县市超过200毫米,余江、鹰潭最大达251毫米。降水相对集中的区域是信江流域、锦江流域和南昌地区。15日九江地区的湖口和修水、南昌地区大部、宜春地区北部及上饶地区的余干和万年共11站暴雨,2站大暴雨(铜鼓111毫米、宜丰104毫米)。16日雨区向南扩展,宜春地区大部、南昌地区东部、上饶地区大部、抚州地区北部、吉安地区东北部出现14站暴雨、15站大暴雨,雨区主要集中在信江流域、锦江流域,以余江161毫米为最大。17日南昌地区的南昌县和新建、上饶地区大部、吉安地区西北部、赣州地区的宁都和石城共21站暴雨,1站大暴雨(石城123毫米)。18日雨区继续南移,赣州地区的南部出现3站暴雨。

5月21—26日大暴雨过程　全省又出现大到暴雨。21日九江地区东部、景德镇、上饶地区北部、宜春地区的奉新县共出现 9 站暴雨。22 日九江地区北部、景德镇出现暴雨 8 站。23 日九江地区北部、景德镇、上饶地区西南部、抚州地区西部、吉安市、赣州地区北部出现 14 站暴雨。24 日赣州地区大部分县(市)下中到大雨。25 日吉安地区大部、抚州地区南部、赣州地区大部共出现暴雨 18 站,大暴雨 7 站,大暴雨的广昌(161 毫米)、宁都(155 毫米)、兴国(145 毫米)、宁冈(139 毫米)、井冈山(135 毫米)、石城(110 毫米)、万安(104 毫米)。26 日赣州地区南部出现 6 站暴雨,1 站大暴雨(安远 107 毫米)。

6 月 16—18 日大暴雨过程　受地面弱冷空气和西南暖湿气流的共同影响,江西中北部出现暴雨、大暴雨。上饶和南昌两地区大部、九江和宜春两地区东部、抚州地区北部两天累计雨量达到或超过 100 毫米的县市有 31 个,其中超过 200 毫米的县市有 6 个,分别是上饶(269 毫米)、横峰(256 毫米)、玉山(256 毫米)、广丰(248 毫米)、弋阳(211 毫米)、东乡(202 毫米)。

6 月 23—30 日大暴雨过程　受稳定的中层切变线影响,江西中北部出现连续暴雨。九江、南昌、景德镇三市和宜春地区大部、上饶地区北部有 32 个县市超过 100 毫米,其中 8 个县市超过 300 毫米,九江沿江地带达 400 毫米以上,以彭泽县 556 毫米为最大。本次过程共出现暴雨 32 站次、大暴雨 17 站次。6 月降水造成饶河、修河、信江等水位迅速上涨,其中 6 月 30 日昌江渡峰坑水位达 33.5 米,超过警戒线 5 米;潭口站达 61.96 米,超警戒线 6.96 米;由于水位暴涨,昌江、珠山、浮梁、乐平、彭泽等城区进水受淹,交通、通信、供电中断。

7 月 8—18 日大暴雨过程　由于副热带高压偏东、偏弱,受高空低槽和中层切变线影响,全省出现历史同期少有的连续性降水。这次降水有 30 多个县(市)出现大暴雨,其中南昌、景德镇和赣州北部,上饶、抚州、宜春部分县市雨量集中,造成洪涝灾害。这次过程全省有 10 个地(市)的 18 个县(市)发生洪涝灾害,湖口、都昌、星子、波阳、余干、赣县、兴国灾情最为严重。

8 月,降水频繁大暴雨连续不断　无降水日数仅 3 天,主要过程有 4 次,分别是:1—4 日,赣州和上饶出现 8 站暴雨;8—15 日,赣北赣中出现 7 站次暴雨和 9 站次大暴雨;21 日九江和上饶两地区出现 6 站暴雨和 1 站大暴雨;25—31 日全省出现 60 站次暴雨,19 站次大暴雨,乐平 202.1 毫米最大。月内总共有 219 个大雨站次,103 个暴雨站次,29 个大暴雨站次。南昌市 29 日 14—30 日 14 时降雨量达 221.6 毫米,创下历年同期 24 小时降水的最高纪录。造成这种多雨天气的系统是 8 号台风、地面冷空气、中层切变和高空低槽。本月最强的降水发生在 30—31 日,共有大暴雨 14 站次,暴雨 24 站次。8 月下旬由于降水总量多,降水集中且强度大,全省修、赣、抚、信、饶五大水系及滨湖地区水位全面暴涨。长江九江段、鄱阳湖沿湖地区的水位再次全面超过警戒线,柘林、江口等 11 座大型水库超出汛限水位。持续的暴雨还造成平原地区大面积内涝,山洪暴发,山体滑坡,发生泥石流灾害,其中仅新余市山体滑坡就达 300 处之多。

天气预报均准确及时,在 1999 年洪涝灾害面前,全省各级气象部门充分利用业务现代化的设施及成果,对汛期出现的主要降水过程以及汛期的结束做出较准确的预报,并通过报送各类服务材料、发布新闻通稿、升级预警、短信、插播预警信息等措施,及时有效地开展气象服务,在重大社会活动的气象保障与服务工作上取得良好成效。

第六节 2003年特大高温伏旱灾害

2003年,6月末开始到9月上旬,全省出现历史罕见的高温少雨干旱天气,致使多项气温、干旱指标突破1959年以来的记录:

6月29日—9月7日时段(下同)日最高气温有55个县市创历史同期新高(以8月2日黎川42.2℃为最高),有20个县市排名第二;该时段日平均气温有28个县市创历史同期新高(以8月1日九江36.1℃为最高),有29个县市排名第二;该时段的平均气温有57个县市创历史同期新高,有5个县市排名第二;高温强度和范围以8月2日达到顶峰,赣北、赣中有48个县市日最高气温超过40℃,打破全省有气象纪录以来的1988年7月18日有30个县市超过40℃的历史记录;该时段全省日最高气温大于35℃、37℃、38℃、39℃和40℃的站次分别有4025、2166、1344、770和299个站次,远远大于历史同期的第二名和多年平均值,分别是多年平均值的2倍、3.8倍、6.4倍、12.8倍和23倍,异常程度实属罕见;全省降水量显著偏少,该时段平均降雨量为165毫米(含人工增雨量),创全省历史同期有记录以来的最低值。

2003年夏,全省的伏旱指数为1949年后第一位,罕见的高温干旱对农业等许多行业、部门以及人们生活造成很大的影响。继特大伏旱之后,9—10月绝大部分地区降水仍偏少4~9成,又出现较明显的秋旱,冬种作物的播种、出苗受到很大影响。

6月29日,省气象局向省委省政府报送"明天开始全省将出现3—5天高温天气"的服务材料,拉开高温天气气象服务的序幕;7月12日,在出现第一轮高温酷热天气的前夕,及时编发"全省将出现入夏以来最炎热的高温天气"的《气象呈阅件》,从历年高温干旱概况、过去10天高温降水实况,未来天气预测等方面进行分析,提出"赣中赣南的部分地方已开始出现旱情,应注意抓住有利天气开展人工增雨作业,以缓解旱情"的对策建议,引起省领导的高度重视,副省长危朝安做出重要批示。

7月14—17日,全省遭遇第一轮高温酷热天气,连续4天有58个县市(次)日最高气温≥40℃,为当时有气象记录以来的第一位(1988年7月17—19日有34个县市次≥40℃,1971年7月30日—8月2日有38个县市次≥40℃),赣中赣南旱情进一步加剧,全省气象部门连续跟踪高温干旱情况,及时将有关气象信息资料报送省委、省政府及有关部门,引起省领导的高度重视,17日省政府办公厅发出《关于认真做好抗旱工作的紧急通知》。按照省委书记孟建柱、省长黄智权的指示,7月24日省政府召开防旱抗旱工作会议,在会议发言材料中省气象局进一步指出:赣中赣南大部分县市高温日数已≥20天,高温时间之长创1971年以来同期新高;赣中赣南已达中度干旱,局部重旱,赣北旱情也已露头。

7月31日—8月2日是1949年以来全省最炎热的日子。7月28日和31日,省气象台先后编发"未来一周全省仍为炎热高温天气,干旱及森林防火形势日趋严峻""全省出现超历史高温天气、旱情日益严重"的气象服务材料。面对日益严重的高温干旱趋势,省气象台与省人影办从8月3日起至24日,逐日联合发布《气象情况反映》"人工增雨日报"21期,对高温干旱及人工增雨情况进行动态监测和跟踪决策服务。

在2003年特点旱情气象服务中,全省各级气象部门通力合作,从气候变化、气候异常、产业结构调整、气候资源合理开发利用等角度,多方分析2003年高温干旱对全省农业的各种潜在影响,并提供多份决策服务材料。如气象呈阅件《全省2003年粮食产量预测及市场影响分析》,根据江西农业产业结构调整的现状,从农业气象监测资料、作物关键生育期气象条件、未来天气趋势等方面得出2003年全省粮食单产为近5年的次低产年的预报,并在市场调查与统计的基础上,分析粮食减产对市场的影响。

面对2003年夏、秋、冬三季连旱,全省各级气象台站用抗洪精神来开展抗旱气象服务,超常规、多层次地开展全程决策气象服务工作。从6月29日高温开始至12月,全省气象部门共向省委省政府及有关部门发布高温抗旱服务材料104期,是历年同期服务材料数最多和抗旱服务效益最好的一年,且服务材料的综合性,可用性,科学性等方面也得到进一步提高。通过全省农业气象观测网资料,对旱情的发展进行动态跟踪和监测,并从高温、降水量、蒸发量、干土层厚度、耕作层土壤相对湿度、高温干旱指数、植被长势遥感资料等多方面分析2003年高温干旱的严重影响程度,提出大量的抗高温干旱建议,为省政府部署抗旱救灾、及时采取有效措施提供科学依据。其中提出的一些抗旱建议,还被中国气象局有关部门引用。

第七节　2005年罕见秋季连续性暴雨灾害

2005年11月8—11日,北部出现罕见的秋季连续性暴雨、大暴雨天气过程。有28个县市出现暴雨,有14个县市出现大暴雨,其中有9个县市降水量超过200毫米。大的降水区主要集中在南昌、九江、宜春和上饶地区,以宜春市的奉新县257毫米为最大。受高空低槽、西南气流和低层切变的共同影响,11月8日20时—11日08时全省出现一次历史同期罕见的连续性暴雨过程,其间赣北出现28个县市次暴雨,14个县市次大暴雨,这次过程暴雨和强降水主要集中在赣北,南昌和宜春地区降水强度大,局部出现洪涝灾害。8日20时—9日20时日降雨量最大,大暴雨达9站,暴雨14站。这次暴雨过程与历史同期相比,不论是降水强度还是暴雨、大暴雨的站次,均是50年罕见的。

省气象台从4日起连续5次发布决策服务材料,省委、省政府高度重视,10日副省长危朝安在省气象台报送的《气象情况反映》上做出重要批示。省委书记孟建柱、省长黄智权分别要求各地及有关部门严密监视未来数日内的降雨天气,继续充分做好各项准备,加强防范,确保人民群众生命安全。省防总也及时下发紧急通知。

在此次连续暴雨的预报和分析过程中,省气象台许多科研和现代化建设成果得到广泛应用,发挥重要支撑作用。"省市可视会商系统"和省气象台网络升级改造,强化省级对下预报指导工作,加强天气预报会商的能力。FY2C规模站的建设,卫星云图资料更丰富。省气象台与省气象科学研究所共同努力,完善南昌市城市积涝仿真模型,开展南昌市的强降水过程积涝预报。《多普勒天气雷达预测突发性气象灾害研究》《精细化预报业务系统研究》《中尺度模式的引进与开发》《雷电落点预报》等项目的研究成果,在此次罕见秋季连续性暴雨过程预报服务中投入业务应用,保障了2005

年罕见秋季连续性暴雨天气过程的预报与服务顺利进行。

第八节 2006年"格美"台风暴雨灾害

2006年,第5号台风"格美"7月25日15:50分在福建省晋江围头镇一带沿海登陆,登陆时仍为台风,并向偏西方向移动,26日05时在福建省平和县境内减弱为热带低压,格美减弱后的低压中心于26日10时左右经寻乌县的闽赣交界处进入江西,先后经历向西北、偏西,尔后北上填塞,低气压在江西逗留约28小时。受"格美"及减弱后的低气压的影响,25—26日全省有10个县市出现7~8级台风大风和雷雨大风。25—27日中南部出现大到暴雨天气,局部大暴雨。据气象部门中尺度加密自动站网监测,25日08时—28日08时,全省有15个县市32个站雨量超过100毫米,其中5个站超过200毫米,以信丰小河镇站259毫米为最大。全省过程平均降雨量36.9毫米,赣州市是降雨中心,平均雨量达98.4毫米,27日全南还出现24小时降水量历年7月最大值158毫米。"格美"造成的短时降水强度大,上犹五指峰乡27日03时—06时3小时雨量达110毫米,信丰小河镇27日15时—18时3小时雨量达109毫米,会昌筠门岭25日16时—19时3小时雨量达102毫米。另据水文资料,25日20时—27日20时,上游县双溪乡白水村和五指峰乡大寮村387毫米和312毫米。这次台风降水时分布很不均匀,在台风低压中心进入江西的前夕,26日02—08时,赣州西南部就出现局地强降水,上犹县五指峰乡26日03—05时降雨量101毫米,白水村水文站26日02—05时降雨量达181毫米,00—06时236.4毫米。

"格美"带来的暴雨在赣南地区造成多处山洪暴发,局部江河湖库水位猛涨,公路、铁路被冲毁,通信线路被中断,居民住房被淹没。赣江上游章水安和水文站26日16时40分洪峰水位达255.4米,超历史纪录1.41米;桃江上游龙南县杜头水文站水位26日22时达94.5米,超警戒线1.5米。

省气象台一直密切关注台风"格美"的动向,7月21日中午开始起报台风影响,指导预报中指出"25日前后有热带气旋向中国东南沿海靠近,并有可能登陆,受其影响,26—27日全省有降水。"23—24日预报"26—27日东部部分地区有暴雨"。25日预报"晚上至27日全省有一次明显降水过程,其中26日白天到晚上中南部部分有暴雨,局部大暴雨;27日全省中到大雨,中北部部分有暴雨。"

7月23日,省气象台根据"格美"最新动向,在《气象情况反映》中指出:受台风"格美"影响,26—28日全省大部分地区有降水。24日更是指出:受"格美"影响,26—28日全省有降水,其中25日晚到26日风力加大到4~5级,阵风7级;26日夜间到27日降水较明显,东部部分地区有大到暴雨。24日晚在省防总台风会商会上指出"格美"入赣的2条可能路径,并绘出降雨落区。25日上午省气象台明确绘出"格美"降水中心在赣南的预报,指出过程雨量普遍为50~100毫米,南部局部可达140~180毫米,并联合国土资源部门制作暴雨型地质灾害预报,此预报结论同日在省卫视天气预报节目中播出。7月24—28日,省气象台又连续4次编发"格美"专报,呈送省委、省政府和有关部门,报告"格美"的最新动向、风雨情况及可能对江西造成的影响;同时通过网络、12121、手机短信、电视、广播等媒体以新闻通稿的形式逐日向社会公众发布。

省委、省政府领导高度重视台风"格美"的防御工作。25日下午，省委书记孟建柱、省长黄智权要求全省各地紧急行动起来，做好防御台风的各项准备，尤其要高度重视可能发生的山洪暴发、地质灾害，切实做好中小水库特别是病险水库的保安工作，各级党政领导要切实负起责任，认真落实各项防风避险措施，确保人民群众的生命安全，把台风可能带来的损失减少到最低限度。该指示精神当晚卫视新闻节目全文播出。

同日，副省长熊盛文在省气象台报送的《台风"格美"将于26日中午进入江西，26—28日全省有一次大范围明显降水过程——专报（二）》的决策服务材料上做出重要批示：请气象、防汛部门密切关注"格美"走势，及时向有关市县预告，并督促各地按昨晚会商意见做好防御准备。25日晚，熊盛文副省长来到省气象台预报会商室听取中央气象台"格美"台风专题会商，并通过省、市可视会商系统向全省气象干部职工发表重要讲话：这次"格美"台风江西是首当其冲，防御好这次"格美"台风带来的灾害性天气，最关键的第一个环节就是要我们气象部门能够当好哨兵，能够及时准确地分析和判断台风的走向及台风可能带来的降雨及其他影响，及时向社会做出预报。

省气象局也紧急部署"格美"气象服务工作，24日晚8时省气象局气象服务领导小组全体收看"国家防总第二次紧急办公会议"，随后省气象局局长陈双溪又赶赴省防总传达会议精神和回良玉副总理讲话精神。7月25日上午，局长陈双溪主持召开省气象局气象服务领导小组（扩大）会议，传达贯彻落实国家防总第二次紧急办公会议、回良玉副总理讲话精神以及副省长熊盛文、中国气象局局长秦大河对贯彻落实回副总理讲话精神的要求，部署迎战第5号台风"格美"气象服务工作。24日16时全省气象部门进入气象资料应急传输状态，25日18时开始江西各气象台站加强值班。截至27日12时省气象台共发布决策服务材料6期，上报气象灾情（重大突发事件）2次。22日、25日、26日省气象台向社会公众发布"格美"相关气象新闻通稿3次，接收省电台、省卫视及报刊、华风影视等媒体记者采访11次。

受台风影响较重的赣州市，也迅速部署台风防御工作。7月25日下午，赣州市地质灾害防御技术中心成员单位多名专家齐集市气象局，紧急会商防范"格美"台风，力争将"格美"带来的灾害降到最低。会商结果及相关防御建议形成《地质灾害预警报告》迅速上报市委、市政府及市防汛指挥部等部门。

在做好台风的风雨预报和影响分析过程中，省气象台加强会商和研判，国家级首席预报员连续5天每天24小时在岗，和值班预报员一起对各类资料进行认真仔细分析，加强与中央气象台的会商，在中国、日本、欧洲中心数值模式对台风路径出现重大分歧情况下，基于数值模式预报台风路径的动态检验和天气形势分析，省气象台提出台风登陆后偏西移动的可能加大，将进入江西南部地区，对江西南部有明显的风雨影响，赣南有暴雨到大暴雨，强降水和前一个台风"碧利斯"强降水区域有重叠，发生山洪和地质灾害风险大。省气象台对台风的降水预报更接近实况。

第九节　2008年雨雪冰冻灾害

2008年1月10日—2月2日，中国南方地区接连出现四次严重的低温雨雪天气过程，致使近

20个省(区、市)遭受历史罕见的冰冻灾害,使得交通运输、能源供应、电力传输、农业及人民群众生活等方面受到极为严重的影响。中国南方地区最终导致一亿多人口受灾,直接经济损失达540多亿元。

1月12日—2月2日,全省出现罕见的低温雨雪冰冻天气过程,平均气温1.7℃、平均最高气温3.3℃,均创历史同期新低;20天内共出现4次范围较大、强度较强的雨雪天气;有71个县市相继出现冻雨,其中45个县市电线积冰直径超过10毫米,以庐山84毫米为最大;抚州、井冈山、南城三市县电线积冰直径创历史同期最大值。省气象台早在1月上旬,就开始密切监视并开展跟踪气象服务,根据对全省大雪、冻雨层结特征的研究成果,于1月14日开始滚动预报未来4天维持低温寒冷天气,有冰冻;19日预报20—29日全省以阴雨(雪)天气为主;27日起滚动预报2月2日前维持低温雨雪天气,准确提前预报28—29日、元月31日晚—2月2日的大雪过程,并分别开展服务工作。1月31日报送的服务材料指出:2月1日全省雨雪加大,并提出"低温阴雨(雪)天气将于6日结束"的预报结论。

据统计,2008年1月10日至2月3日,省气象局共向省委省政府领导及有关部门呈送《气象呈阅件》9期、专题2期,获省领导批示4次。此外,还上报中国气象局《重大突发事件报告》9期,为人大、政协两会提供气象专题12期,为重大社会政治活动向省警卫局、省委省政府接待处分别提供专题保障服务11期,报送省政府应急办专题材料18期,上报中国气象局《气象应急响应信息专报》7期、《应急响应工作汇报》3期,向大气决策服务中心报送天气预报与影响评估材料4期,向科技减灾处报应急工作统计情况表6次。另外,为粮油局、农业厅、财政厅、民政局、交通厅等有关部门提供专题服务材料10余期。抗击低温雨雪冰冻灾害气象服务工作得到各级党委政府、各有关单位及社会各界的充分肯定。省气象局先后启动重大气象灾害预警应急预案Ⅲ和Ⅱ及应急响应,6次召开气象服务领导小组会议及全省电视电话会议,加密天气会商20余次,先后5次下发通知部署做好抗击低温雨雪冰冻灾害气象服务工作。向省委省政府领导及相关部门呈送《气象呈阅件》9期、专题2期,15次专门为电力、交警、交通、铁路、通信等部门发布春运气象快讯近万余人次。省领导5次在气象呈阅件上做出重要批示,3次到省气象台参加天气会商,亲临一线指挥抗冰救灾气象服务。国务院副总理回良玉2月5日视察中国气象局时,专门连线省气象局,对江西的抗冰救灾工作和抗冰救灾气象服务工作给予高度评价。

第十节　2010年洪涝灾害

2010年,全省先后出现19次区域性暴雨过程,并伴有短时强降水,导致局部地区出现山体滑坡和短时内涝。其中:汛期(4月1日—7月15日)共出现15次区域性暴雨过程,平均降水量2150毫米,比常年同期(1682毫米)偏多28%,为1959年以来第二多,仅次于1975年。全省88个气象观测站中有17站点年降水量达到或突破历史极值,13个站点暴雨日数达到或突破历史极值。

4—6月主汛期,全省平均降水量1080.9毫米,为1959年以来同期第二多,仅次于1973年。有19个县市创历史同期新高。汛期强降雨天气频繁发生,先后出现15次区域性暴雨过程,区域性暴雨频次之高、累计雨量之大、降雨强度之强、灾害影响之重多年少有。

5月23日2时10分,因连日降雨造成山体滑坡掩埋线路,由上海南开往桂林的K859次旅客列车,运行至我省境内沪昆铁路余江至东乡段,发生脱线事故,机车及机后第1至9位车辆脱线,铁路运行中断时间达19小时之久,并导致重大人员伤亡。7月上半月先后出现三次暴雨过程,赣北局部地区洪涝严重,其中景德镇出现超历史洪涝灾害。

6月14—25日,全省出现连续12天的罕见暴雨过程,累积雨量达303.8毫米,仅次于1998年6月12—27日的384.7毫米。6月17—20日平均雨量190毫米,创下1959年以来历史新高。以6月19—20日雨量为最大,平均日雨量达86毫米,共有26个县(市)出现大暴雨,余江、资溪、进贤、东乡、南昌县等5个县(市)出现特大暴雨,7县(市)日雨量超历史同期最大值,其暴雨强度、日大暴雨、特大暴雨县(市)数及日雨量均创历史新高。6月21日傍晚,抚州市抚河唱凯堤灵山何家段发生约420米决口,威胁下游5个乡镇14.5万人口以及京福高速公路、316国道、12万亩良田的安全。6月27日18时16分,经军民的共同努力,决口6天的唱凯大堤终于合龙。

2010年,抚州市气象局和省气象局有关单位全力做好唱凯堤决口气象保障服务。唱凯堤决堤后,省气象局迅速派出应急移动雷达和气象灾害应急车抵达现场开展服务。每天参加省防总会商提供决策气象服务,根据需求及时制作和发布唱凯大堤天气预报以及抚河流域降水精细化天气预报。23日14时起,每天逐6小时制作报送未来6小时唱凯大堤上游抚河流域各站点上的降水预报,为堵口前及堵口期间抚河洪门及廖坊水库调度提供科学依据,使大堤封堵顺利进行。省领导12次在气象服务材料上批示,对气象预报评价逐次提高。抚州、鹰潭、上饶、萍乡、新余、吉安等地党政领导到省气象局走访或致信感谢,为历年最多。

在2010年特大洪涝灾害面前,全省各级气象部门充分利用业务现代化的设施及成果,对汛期出现的主要降水过程以及汛期的结束做出较准确的预报。省气象台充分发挥预报技术的核心龙头作用,发扬连续作战、不怕苦、不怕累的精神,全力做好重大气象服务的技术把关、服务把关,指导基层台站预报服务。

第四篇　气象服务

1991—2010年,全省气象服务包含气象部门诸多服务内容,天气预报服务、重要天气过程的决策服务、电视制作、警报广播和专业用户咨询服务、农业气象服务、人工影响天气、防雷检测和突发事件应急等方面。

决策服务工作由省气象局、市气象局领导和省气象台、市气象台承担。省市气象台负责决策天气预报分析和决策服务材料及短信的起草,形成初步产品,经省市局领导审核、签发后,正式产品通过电话、短信、书面材料、会议等形式,向省委、市委领导和有关部门报告和传递。

省气象局增设气象影视制作中心,开展全省电视天气预报栏目的制作、播出和服务。

利用气象警报广播和计算机终端,为省、市党政部门、重点专业用户、南昌铁路局、电力工业局、省公路局、郊区蔬菜基地、部分厂矿、政府机构、供水供电等单位,提供省气象台发布的长、中、短期天气预报、警报,以及降雨、气温等各种气象信息,开展气象警报广播服务。

为做好气象服务,省气象局与移动、联通、电信联合发文推广气象短信、气象彩信、电话121和开通400气象电话等服务。

全省气象部门以推广农业气象适用技术、气象科技扶贫、制作农业气象情报和预报、为各级党政部门开展农业气候资源开发利用决策咨询、针对农业生产中存在的实际问题开展专题研究等方式,广泛开展气象为农业服务工作,取得显著的经济效益和社会效益。

人工影响天气,是政府赋予气象部门一项重要工作职责和任务,作业工具也从最初的退役三七高炮为主,发展到人工增雨火箭系统,2008年开始引进飞机开展飞机人工增雨作业。功能也扩展到人工增雨、森林灭火、人工消雨、人工减雹、生态环境改善等诸多领域。

1991年,省气象局首次与省劳动厅联合召开全省防雷安全技术服务工作会议,继后成立"江西省气象防雷技术服务中心"和"江西省雷电防护管理局",有力地促进全省雷电防护工作的开展。

为应对突发的气象灾害和突发公共事件,增强气象灾害应急保障服务功能,省气象局建立流动气象台,完善应急预案和规章制度,健全应急体系和防御机制。

第一章　决策气象服务

决策服务是为各级党委、政府和有关部门决策层制定经济发展规划、指挥防灾减灾、开展重大社会活动和重大工程建设、开发利用气候资源、应对气候变化等方面进行科学决策而提供的气象信息服务。

决策服务产品的范围涵盖天气、气候、气候变化、生态与农业气象、人工影响天气、雷电、雾霾等业务产品，内容包括实况监测分析、预警预报预测预估、灾害风险与防御、灾情与灾害分析、极端气候事件监测、气候影响评价、气候资源开发利用等。

第一节　决策服务机构

1991—2010 年，为加强全省春播、汛期气象服务工作的领导，为政府组织春播生产、指挥抗洪抢险决策提供准确、及时的气象服务，省气象局都要下发《关于成立省气象局春播、汛期气象服务工作领导小组的通知》，成立汛期气象服务工作领导小组，组长由省气象局主要领导担任；分管气象业务服务的副局长担任副组长，并兼任专家把关组长；领导小组办公室设在省气象局业务处。主要职责是：领导、组织、协调全省春播、汛期气象服务工作，负责为省政府提供决策服务把关。各单位根据需要相应成立气象服务技术把关小组。1998 年，省气象台设立决策服务科，开展规范化决策服务工作。

2001 年，为加强全省决策气象服务队伍建设，将省气象台决策服务科更名为决策气象服务中心，仍为省气象台内设机构，在各设区市气象台增挂市局决策气象服务中心牌子。

2007 年，省气象局下发《关于进一步规范决策气象服务中心的通知》，对决策气象服务中心进行调整，定位为省气象局对省委、省政府及党委、政府有关部门提供决策服务的议事协调机构。设主任 1 名，常务副主任 1 名，副主任 1 名；主任由省气象局分管局长兼任，常务副主任由省气象台台长兼任，副主任分别由省气候中心主任、省气象科技服务中心主任、省气象科学研究所所长、省雷电中心主任、省气象信息中心主任和省气象局科技减灾处处长兼任。决策服务中心下设决策服务科，作为省气象台下属科级业务单位，其专职决策服务人员编制控制在 3 名以内，并设 1 名科长，1 名副科长；其他兼职工作人员由从事天气、气候、气候变化、生态与农业气象、大气成分、人工影响天气和雷电等业务服务人员组成。

第二节　决策服务规范、材料和事例

规　范

1989年,为使汛期气象服务走向正规化、规范化,做到有章可循,减免失误,省气象局下发《关于执行国家气象局〈汛期气象服务暂行规定〉的通知》,确定省气象局防汛气象服务实行行政首长负责制,各级气象部门的主要领导负本单位防汛气象服务工作的总责,按责任区实行分级负责制。要求做好汛期准备和讯后总结,加强汛期气象服务的内网联防和部门间协作,保障联防的通信传输。

1990年,为使省各级气象部门重要天气季节气象服务工作规范化、制度化,省气象局下发《关于下发〈省重要天气季节气象服务实施细则(试行)〉的通知》,细则确定重要天气季节时段为3—7月,重要季节气象服务为春季气象服务和汛期气象服务组成,明确气象服务的分工,要加强气象服务实施和做好气象服务总结。

1998年,下发省气象局《关于下发"省气象局决策气象服务材料一览表"的通知》,确定省气象局负责气象呈阅件,省气象台负责气象情况反映、短期气候预测、中期预报、气候公报、气象与农业,省科研所负责产量预报、卫星遥感监测公报。

2000年,下发省气象局《关于下发〈省气象局决策气象服务材料上报管理办法〉的通知》,明确从发文之日起,省气象台负责的短期气候预测、中期天气预报、农气旬月报和气候公报等服务材料停发,全部并入气象情况反映;其他单位不变;规范报送要求,除报送地方政府和相关部门外还需报省气象局主要领导、分管领导、局办公室和业务发展处,另外还需上网供各地、市气象局调用;规范归档要求,决策气象服务材料由各单位负责整理归档,不得遗失,省党政领导在决策气象服务材料的批示一律交省气象局业务发展处负责整理,纳入省气象局档案的统一管理。

2007年,省气象局下发《决策气象服务周年方案的通知》,确定主要以气象呈阅件、气象情况反映、气象—地质灾害呈阅件、气象—病虫害预测、农经信息呈阅件、省生态质量气象评价公报、卫星遥感监测公报、人影呈阅件、人影作业日报、减灾呈阅件等专题材料等形式上报省委、省政府及党委、政府有关部门。

2008年,省气象局进一步明确,决策气象服务主要以气象呈阅件、气象—地质灾害呈阅件、人工影响天气简报、农经信息呈阅件、年度减轻自然灾害白皮书、减灾呈阅件、自然灾害公报、气象情况反映、气象—病虫害预测、卫星遥感监测公报、生态质量气象评价公报、人工影响天气作业日报和重大突发事件报告等专题材料等形式上报省委、省政府及党委、政府有关部门。

2010年,省气象局再次下发《关于下发〈省气象局2010年决策气象服务周年方案〉的通知》,重申了决策气象服务的主要内容,上报形式和上报范围。

材　料

1997 年,省气象局创办供省委、省政府主要领导阅读的《气象呈阅件》。

1997—2010 年,共呈报《气象呈阅件》514 期、《气象情况反映》3182 期、气象快报(书记专报)50 期、其他服务材料 534 次,灾情材料 76 期、获省领导批示 60 次。

事　例

1991 年,汛期全省降水时空分布极不均匀,修河流域连降暴雨,汛情一度紧张,柘林水库告急。5 月 21 日省政府召开现场办公会,准备启用非常泄洪道。在这关键时刻,省气象部门及时准确地预报库区未来 2—3 天内无较大降水,为省领导正确决策提供科学依据。5 月初,南部旱象露头,大范围的旱象持续到 8 月中旬。6 月 6 日,在省政府召开的生产咨询会上,省气象部门提出全省南部、中部应注意蓄水抗旱的建议。

1992 年,全省出现重大灾害性天气 20 次,预报无一失误,决策服务获地方党政领导的肯定,其中省气象台及抚州、赣州、上饶三个地区局被省政府授予"一九九二年全省抗洪抢险先进集体"称号,全省气象部门有 7 人被省防汛抗洪总指挥部授予"一九九二年全省抗洪抢险先进个人"称号。

1994 年 6 月中下旬,全省出现连续性暴雨、大暴雨,省气象局对暴雨的开始、结束和雨带的 4 次重要移动均做出准确预报,在柘林、江口、洪门、上犹江、万安等大中型水库防洪抢险的紧急关头,为省领导提供及时正确的决策依据,受到省委、省政府领导同志的多次表扬。汛后,省政府致函中国气象局,为汛期气象预报服务工作请功。

1995 年 6 月中旬至 7 月上旬全省连降暴雨、大暴雨和特大暴雨,赣江、信江、修河、袁河等江河水库水位猛涨,对汛期出现的主要降水过程以及汛期的结束做出较准确的预报,并及时有效地开展决策服务。汛后,省人民政府致函中国气象局,称赞省气象部门在全省防汛抢险救灾工作中发挥积极作用、做出突出贡献。

1996 年,在第 7 号、8 号台风的预报服务中,全省各级气象部门为各地防台护堤提供及时准确的预报服务,受到省委省政府的嘉奖。

1997 年,省级气象业务部门制定迎香港回归气象服务方案和"京九"沿线江西区域内重点水库安全度汛应急办法,省气象台每天定期将天气实况和后期的预报服务建议及时通告各有关单位。

1998 年,特大洪涝灾害中全省各级气象部门开展超常规气象服务,受到各级党政领导的大力表扬。为水库科学调度、抗洪抢险决策专门制作流域、库区等重点防汛区域定点、定时、定量的降水预报。雷达、卫星接收站等打破常规连续 70 天 24 时开机,监测天气变化。在抗洪最紧张的 6、7 月份就增加雷达监测 1800 次,增传雷达回波资料 1300 多张,增收省内外气象情报 43000 多份,增加卫星遥感监测 30 余次。

1999 年,汛期长江九江段和鄱阳湖出现仅次于 1998 年的高水位,各级气象部门扩大情报收集区域,加密观测发报,开展流域面雨量预报,为抗洪救灾开展全面的气象服务。冬季各级气象部门准确预报罕见的低温冻害,为领导指挥防冻抗寒提供全方位跟踪服务。

2000年,组织实施国家主席、总书记江泽民视察江西和辽赣商贸洽谈会两项重大气象保障服务工作。世界大学生运动会火炬接力、亚洲青年举重锦标赛、省食品展销会、中国赣州首届脐橙节等气象保障服务也均取得好效果。

2001年,8个县(市、区)针对大中型水电站增加库区蓄水发电需求,开展人工增雨专项服务,效益明显。

2003年,向省委省政府呈报各类决策服务材料200余期。防治"非典"气象服务保障有力,省气象局获南昌市东湖区抗击"非典"先进单位。

2004年,在"云娜"台风气象服务中,省委、省政府领导给予省气象局充分肯定。省委书记孟建柱、省长黄智权表示称赞。

2005年,省长黄智权在省防总检查部署工作时高度评价抵御"泰利"台风气象保障服务工作发挥重要作用。

2006年,向省委、省政府领导及有关部门报送各类决策服务材料362期,其中为九江抗震救灾提供预报服务材料101期,省领导27次做出重要批示,6次亲临指挥部署。

2007年,全年出现9次重大灾害性天气过程,均预报准确或基本准确,尤其是对"圣帕"的路径、影响时间、降水量、最大降水时段及影响区域均做出准确及时的预报,孟建柱专题批示予以肯定。

2008年,抗击低温雨雪冰冻灾害气象服务工作得到各级党委政府、各有关部门及社会各界的充分肯定。省气象局先后启动重大气象灾害预警应急预案Ⅲ和Ⅱ及应急响应,6次召开气象服务领导小组会议及全省电视电话会议,加密天气会商20余次,先后5次下发通知部署做好抗击低温雨雪冰冻灾害气象服务工作。向省委省政府领导及相关部门呈送《气象呈阅件》9期、专题2期,15次专门为电力、交警、交通、铁路、通信等部门发布春运气象快讯近万余人次。省委领导5次在气象呈阅件上做出重要批示,副省长熊盛文3次到省气象台参加天气会商,一线指挥抗冰救灾气象服务。2月5日,回良玉副总理视察中国气象局时,专门连线省气象局,对江西的抗冰救灾工作和抗冰救灾气象服务工作给予高度评价。省气象局认真组织奥运火炬接力江西境内传递重大社会活动保障气象服务,各种预报、警报到报率、及时率达100%,是全国完成较好的省份之一,荣获省政府授予的奥运火炬接力优秀组织奖。

2010年,唱凯堤决堤后,省气象局迅速派出应急移动雷达和气象灾害应急车抵达现场开展服务;每天参加省防总会商提供决策气象服务;及时有效的气象服务工作得到各级党委政府充分肯定,省领导12次在气象服务材料上批示,对气象预报好评逐次提高。

第二章　公众气象服务

1994 年 10 月,省气象局决定,在省气象台增设省气象电视制作部,开展全省电视天气预报栏目的制作和播出。利用气象警报广播和计算机终端,为省、市党政部门、重点专业用户、南昌铁路局、电力工业局、省公路局、郊区蔬菜基地、部分厂矿、政府机构、供水供电等单位,提供省气象台发布的全省长、中、短期天气预报、警报以及降雨、气温等各种气象信息,开展气象警报广播服务。为做好气象服务,与移动、联通、电信联合发文推广气象短信、气象彩信、电话 121 和开通 400 气象电话等服务。为提高气象服务手段,与摩托罗拉公司合作,引进手机移动终端气象服务系统部分软件,并加以再次开发和完善,推出"全省手机移动终端气象信息服务系统"。在做好报纸、媒体公共气象服务方面,不断扩大灾害性天气信息的覆盖面,每日在各大媒体发布南昌地区 48 小时天气预报和全省 11 地市 24 小时天气预报、省内旅游景点天气预报以及南昌生活指数预报。

第一节　影视天气预报

发展过程

1994 年 10 月,为更好地服务全省经济的发展,按照中国气象局和省气象局的部署和要求,省气象台开展全省电视天气预报栏目的制作和播出。其制作设备采用北京伍豪数码科技有限公司的大洋字幕机和编辑机,播出时长为 2 分 10 秒。每天下午由专人将制作好的天气预报节目带送到省电视台播出。

电视天气预报制作流程:电视编导参加省气象台天气会商——电视编导根据天气会商结论(天气形式、温度、重大天气过程等)编辑电视天气预报稿件——用通俗易懂的文字编辑天气预报稿件——节目主持人与电视编导沟通,理解稿件内容并背诵稿件——制作人员将会商结论与节目相关的图形、图表、动画等素材绘制成影视图形——将节目主持人与影视图形合成——录制合成影像带——派专人将录像带送到省、市电视台播出。

1995 年 10 月,电视天气预报栏目制作的时长由原来的 2 分 10 秒延长到 4 分 30 秒,成立本部门的三维动画制作部,省气象电视制作部更名为省气象影视中心。

1996 年 10 月,为进一步提高电视天气预报的收视率,按照省气象局的要求,在电视天气预报中招聘 4～6 名兼职节目主持人。经过报名、初选、文化考试、上镜、面试等程序,最后在南昌市 430 位报名的竞聘者中,确定 6 位主持人。与 9 家电视台节目制作进行合作。7 月 1 日起,南昌电视台的天气预报节目由主持人播报。通过气象主播在荧屏上讲解天气形势、发布预报以及播出《气象科普》《天气回顾》《重要天气报告》《周末天气》《节日天气》等栏目,增加节目的可视性,从而跨入全国先进行列。

1996 年 5 月,南昌市电视天气预报节目中先后开辟重要天气、节日天气、周末天气、气象科普和天气回顾等内容。

1997 年 1 月 1 日,继南昌电视台的天气节目预报由主持人播出后,省卫视台的天气预报节目也由气象主持人播报,通过卫星传播江西气象风云。6 月,为庆祝香港回归、澳门回归和中国旅游年,促进全省旅游业的发展,省气象局与江西电视台合作,在江西卫视频道中开播一套旅游天气预报栏目,向公众提供省内主要景点和外省著名景点 24 小时的天气预报信息,播出时长为 2 分钟。

1998 年,全省进行抗洪抢险的斗争中,电视制作人员多次奔赴灾区拍摄灾情,与各气象部门一道努力做好汛期气象服务工作情况。为拍摄到受灾严重的典型灾情,他们肩扛摄像机,带着干粮,冒着大雨,多次深入到被洪水围困的鹰潭、抚州等地进行拍摄,他们又冒着生命危险,扛着摄像机徒步两个多小时,赶到九江长江大堤决口处,抢拍到被洪水撕开的决口。回来后,连夜加班加点,编辑制作,并通过每天播出的天气预报节目,把大量实拍的灾情、雨情和军民抗洪抢险的镜头传递给观众。

1999 年,为满足电视天气预报制作业务工作的需要,增添伍豪 3000 型字幕机和微机。通过技术引进和开发,初步实现卫星云图的动画显示及天气图的转换,从而大大提高画面质量,完成对省卫视、省教育台、省有线台等改版及制版任务。同时还完成电视天气预报节目制播流程的革新与改造,在完成基本制作任务,从未出现错播和漏播的同时,多次完成下达的拍摄任务,并制作《前进中的江西气象》第三版,《农经信息聚集》《3S 技术在农业上的应用》等专题片,完成省农村经济信息网专题示范带;为满足不同层次观众的要求,制作气象服务节目《休闲气象》并在省有线电视台三套播出。

2000 年,电视制作为适应新版图制作系统,研制自动解码软件,改革网上视频文件的采制方法,使原来需 5~6 小时完成的工作,只需几分钟完成,建设与中央电视台 CCTV - 10"今日气象"栏目的通信网络。对播出的省内的五套节目进行改版,力求画面新颖,吸引广告客户。完成金象网、气象网站与中心所展示的网面工作,2000 年实现网上气象节目主持人直播。为进一步提高电视天气预报质量,改革节目制作流程,全部采用非线性编辑,较大地提高节目的技术质量。与南昌电视台合作,推出"星气象"栏目,增强与观众的互动。其中根据汛期天气特点,及时介绍包括如何防雷电灾害、防泥石流等地质灾害的气象科普知识、为农村和农民服务专题等;春耕春播期间专门制作专题为农服务。为活跃屏幕形式,特请省气象台台长、农业气象专家、气象首席预报员走上屏幕,直接讲解气象有关信息。在汛期和 2008 年九江瑞昌发生地震后,及时赶赴灾区拍摄第一手的气象资料。

2001 年,电视天气预报节目除发布常规信息外,还发布春播、汛期、火险等级、高温天气、人工增雨等内容的专题节目。

2002 年,重新设计制作栏目的形势讲解和城市预报的底版版式,更新大部分栏目三维片头。中央十套"今日气象"栏目有关信息采编工作,为大力宣传江西气象而努力。全年为"今日气象"外出拍摄并上传全省天气素材 35 次,CCTV－10 采用 20 次,CCTV－1 采用 12 次。拍摄制作气象科普片 5 部,天气新闻素材和气象科普片的拍摄制作,大大促进影视技术人员业务水平的提高。率先在全国实现将电视节目上网播出。江西卫视天气预报节目上网播出已实施业务化。经过努力,科普专题片"江西百慕大"在全国第四届华风杯观摩评比中获优秀奖。电视天气预报节目注重改进节目的画面质量对各套节目的画面、风格进行策划、设计。将各套节目主持人背景全部改为动感画面,将各套节目的风格进行定位设计。如江西三套旅游气象节目着重于介绍天气预报的延伸产品之一旅游气象服务产品,将江西五套的都市气象节目分成两部分,即"都市气象"和"都市气象晚间服务"。对"春节""五一""十一"各个节气、重大社会活动等均提前策划、设计、制作专题节目和背景画面。利用电视天气预报窗口介绍多普勒雷达、自动气象观测站、闪电定位仪等气象科普知识;为防"非典"气象服务、为农村和农民服务等专题,与省疾病预防中心共同制作"疾病与气象"节目。另外,利用中央十套"今日气象"栏目,大力宣传江西气象。为"今日气象"外出拍摄并上传全省天气新闻稿和素材,部分新闻多次在 CCTV－1 播出。4 月,积极向 CCTV－10 频道报送新闻,中央电视台 10 频道"今日气象"栏目共采用报送的新闻 15 条,内容涉及气象服务、天气奇观、天气过程等。6 月 12 日,省气象局与省国土资源厅开始进行合作,并首次在江西卫视天气预报节目中发布地质灾害气象预报,这是全国首个省级地质灾害气象预报。新增江西电视台多个频道中的天气预报节目播出。

2003 年,在防"非典"气象服务节目中增加气象科普、防"非典"气象服务、防汛抗旱气象服务和为三农气象服务的特别提示等内容。充分利用自动气象观测站资料等气象现代化设备和中心的科研成果,及时将最新的气象信息、气象情报反映到电视天气预报节目中去。

2006 年,为提高电视气象节目的质量,一方面加大投入,另一方面采取对节目质量进行不定期评选等方法来提高从业人员的技术水平。在华风杯评比中获得主持艺术三等奖。电视气象节目中除发布气象信息外,还与农业厅、交通厅、公安交警总队、森林防火指挥部、疾病预防中心、国土资源厅等联合开办气象与农业、气象与交通、气象与健康、气象与森林防火等专栏,并开展雷电防护、地质灾害防护、气象与农业生产等科普知识的宣传。播出各类科普知识,起到服务与宣传的双重作用。

2007 年,增加二十四节气动画、节日动画等背景素材;完成编导工作平台和电视制作素材库的素材入库工作;根据天气特点和当前的服务内容,及时在电视天气预报节目中插播科普等相关专题100 多次。新增"电力供应预警信息和气象电力指数预报""全国农民运动会气象服务""高考气象服务"和"地质灾害"等一系列专题;与省疾病预防控制中心联合发布"春季预防呼吸道疾病"等气象与健康方面的专题 20 期;在 CCTV－10《气象聚焦》播出全省的农田生态监测和气象新闻。积极参加中国气象局举办的电视"华风杯"的比赛,中心主持人荣获华风杯天气预报节目主持艺术二等奖。承担成立五十周年专题片的重任,加班加点、精心策划,奔赴 11 个地市进行拍摄,

2008 年 3 月开始,实现中国气象频道本地节目的制作插播,用户可以通过南昌市广电数字网络

免费收看中国气象频道节目,尤其是可以收看到每半小时一次的本地气象节目。新增南昌四套电视天气预报节目,有效地拓展服务窗口。6月2日,按照省委常委办公会议纪要(第十二届第一号)精神,在气象局的统一部署下,与省广播电视媒体合作,新增江西卫视午间气象节目,播发全省11个设区市当天下午至次日白天天气、全省天气形势、农事建议、生活指数等服务信息,时间2分钟,由省气象局制作,省电视台播出。建立灾害性天气预警信息在省电视台及省人民广播电台频道插播机制,在收到信息15分钟内在省电视台所有频道通过滚动字幕及时反复发布。按照中国气象局的统一要求,制定中国气象频道本地节目制作插播流程,并根据播出情况及时进行改版。还加大投入,聘请专业化妆师,量身定做主持人服装,外请专业人员来调光调音等。同时还加强自身管理,对节目质量进行不定期评选,极大促进了电视气象服务质量的提高。

2009年,规范气象信息的发布渠道,积极开展气象法学习培训、考试和宣传。对南昌地区气象信息发布情况进行全面调查。对广播、电视、网络、报纸等媒体进行72小时不间断监听监看,到相关的媒体宣传沟通,统一签订发布气象信息合作协议,有效制止社会上一些乱抄乱摘误导公众的不力现象。通过不懈的努力,与广播电视媒体合作,新增南昌二套、三套、移动传媒等三套电视天气预报节目和省电台农村科技频率,已停播三年的教育频道天气预报节目也已正式签订合作协议。省气象影视中心主动参与南昌市委、市政府在全市范围内开展南昌市交通安全宣传月活动。经与南昌市交警部门沟通,影视中心将充分利用电视天气预报节目,将交通安全与天气,纳入日常的天气预报节目中,同时以动画、口播或游走字幕等形式,为南昌市民做安全提示,尤其是根据天气变化提供交通安全措施建议与温馨提示。

2010年,先后赶制向国务院、中国气象局汇报江西1998年抗洪抢险以及灾情的专题片。在江西卫视播出的"省气象部门积极努力做好决策服务"的新闻片。《怎样收看电视天气预报》《庐山云雾》《江西"百慕大"》等专题片在中央十套播出。同时还制作《孟书记等领导视察江西气象》专题片。制作汛期气象服务和抗击特大干旱气象服务中南海汇报片2部,制作气象科普片一部《雷公坛探秘》在CCTV-10播出。《江西"百慕大"》获中国科学技术协会、国家新闻出版总署联合举行的第八届"全国优秀科普音像作品"三等奖。制作《天路云程》30分钟的专题大片,并在江西卫视中播出。5月14日,中南海播出江西赣州灾情专题。由省气象科技服务中心制作的《江西遭遇对流性暴雨侵袭》专题片通过华风影视集团中南海专线呈报给中南海有关领导观看。

建立机构和频道

1994年,经气象部门与广电部门协商,电视天气预报节目改由气象部门制作。该年10月,省气象台设立省气象电视制作部,负责省级和南昌电视天气预报节目的制作。1995年10月,该部更名为省气象影视中心。

1998年1月,省气象局成立省气象科技服务中心(省气象影视中心),2010年12月,省气象科技服务中心更名为江西省气象服务中心,气象影视中心从省气象台划为省气象服务中心管理。各设区市局和部分县(市、区)局先后成立气象科技服务中心(气象影视中心)。

2008 年 3 月 21 日,中国气象频道正式落地江西。

第二节 气象信息服务

气象短信

1991—2010 年,省气象科技服务中心积极做好气象短信服务的推广和宣传工作。与移动、联通、电信联合发文推广短信;开展赠送推广活动,印发宣传单进行宣传;沟通市 1860 台,建立短信投诉绿色通道;开发全省短信上传警报软件和业务资料处理软件,火险短信自动发布等软件。在日常短信编辑中,不断总结短信编辑经验,收集短信素材,使之内容新颖,具有人性化、个性化的服务。制定省气象短信业务、管理办法;努力做好地市短信推广相关工作,整理地市短信推广材料、市(县)气象局推广指南、气象短信编辑小册子以及短信客服业务规范。

1997 年,省气象科技服务中心与省移动公司数据部签订新的合作意向,将原 01212 改号为全国统一的 0121。协助进行吉安的电话回访推广,鹰潭的群发推广,万载的联合推广等。同时加强内部管理,完善投诉工作流程和客户服务管理制度。建立南昌投诉首位客服负责制,重新规范电话用语。通过这些工作,短信服务工作有较好的发展。与南昌市联通公司彻底终止气象信息买断合作模式,合作进行 1212 气象短信推广。与省电信公司签订小灵通的合作协议,对南昌市用户进行免费使用气象信息的活动。

省气象科技服务中心经过各级的共同努力,采取多种措施,全省气象短信用户数得到较好的发展。手机短信直发平台见功效,为全省气象部门有效地传播气象信息,重点做好气象科技服务,我中心自主研发的手机短信直发平台发挥较好的作用,受到各级地方领导的好评。

通过多次与省移动公司沟通联系,移动公司数据部天气预报短信业务与省气象科技服务中心短信业务实现整合。移动公司 01258 系统中近 60 万气象短信用户统一由省气象科技服务中心气象短信平台以 10629121 服务代码下发。为全省气象部门有效地传播气象信息,通过对平台进行升级,将移动短信平台与移动网关连接端口数由原来 3 个提高到 5 个,业务发送速度由原来 50 条/秒提高到 110 条/秒。为做好移动气象 01258 短信合并工作,经常将移动平台进行升级改造。

2007 年,省气象科技服务中心与全省移动公司数据部、北京卓望公司密切协商,开发移动气象彩信业务。电信 189 新号段的气象彩信业务也提上议事日程。积极推进小区广播建设,与省气象局有关部门一道,多次和省内各大运营商和广州爱捷数码资讯科技有限公司论证协商,积极推进小区广播系统建设。

全省气象短信用户数得到较好的发展,主要采取以下措施:对短信平台实行三次升级,升级后平台的各项功能均大大增强;顺利完成江西电信与江西联通之间的 C 网割接工作,客户投诉正逐步降低,已经回落至合理水平;开展电话营销业务,对全省的电信 C 网用户和南昌地区的移动用户进行外呼业务,取得较好的社会效益及经济效益。

2010年5月,启动400电话服务,2010年12月27日,正式开通400气象电话服务。

加大外呼营销工作。外呼席位由以前的14席增加至40席。增加江西电信的外呼业务;与江西联通积极沟通,将以前捆绑用户全部倒入TQ收费用户,收益从0.55元/户上升到1.5元/户;积极配合江西移动及各地市的移动公司,大力开展天气预报短信业务的营销工作;与江西电信合作开展气象彩信业务,与江西移动和南昌滕亿公司合作,开发移动动漫天气预报业务。

气象彩信

2007年10月,与南昌市移动公司联合推出全国主要城市及旅游景点短信定制和点播业务。南昌移动公司配备专门服务器建立旅游气象短信服务网站,用户通过发送短信,就可在所设定的天数内每天下午收到所设定的旅游景点48小时天气预报,点播旅游景点天气预报。

2010年2月26日,与江西移动开展漫游气象短信服务,服务对象为气象短信定制用户;与江西移动、江西电信、江西联通合作开展天气预报彩信业务和天气预报动漫业务。手机短信收益在外部环境愈加严峻的情况下,保持较好的增长势头。

电话"12121"

1997年春季,根据广大民众对气象信息的需求,省气象局与南昌市电信局加强合作,增加"121"电话信息服务并试运行。市民通过拨打"121"电话便可了解当天天气预报情况,以利安排工作、生活和出行。1997年10月正式上线运行,得到人民群众的一致好评。8月1日,正式开通121天气预报服务声讯系统,该系统采用数字中继线,可同时接通28个咨询电话,服务内容包括南昌市24小时天气预报、定时温度湿度实况、周末天气预报、旅游天气预报、省内及全国各主要城市天气预报、专家咨询热线等。"121"气象电话服务方式有人工录音和专家热线两种。人工录音是将每天的天气预报结果通过人工录入电话语音库中,市民随时拨打便可以收听;随着技术手段的提高,预报内容由原来的每6小时、3小时更新一次到1小时更新一次。专家热线是市民随时拨打"121",通过电话提示语直接与气象专家通话,专家现场解答天气预报。"121"预报内容不断改进,增加短时订正,实况报告,重要天气报告,提示关照语等,以满足用户的需要。增设节假日预报、高考期间天气预报、旅游天气预报、人体舒适度指数预报、城市空气质量状况、气象科普知识、农事气象服务等内容、努力提高其拨打数。完成Gn—05报的解报工作,建立常规资料数据库,方便资料的查询统计。建立专业预报和江南都市报专版气象信息的编辑系统。实现人体舒适度,全省各地市县的每日雨量和平均气温天气实况,南昌正点温、湿度的121自动录入。

1998—2005年,按时制作、更新"121"自动答询电话服务信息,为提高"121"电话的服务水平,增加男女音库的切换,完善语音合成系统,不断更新和增加"121"信箱,其中有上下班天气、农经网价格信息、供求信息、生活气象指数、省外主要旅游景点天气预报,还针对社会热点和节假日特别制作天气展望信箱并取得一定的经济效益。

提高"121"自动合成制作水平和服务质量,南昌市正点温湿度、雨量等实况资料自动观测站直接接入"121"工作平台,已实现 1 小时 1 次的资料播放。开发紫外线监测实时资料应用软件。改变全国主要旅游景点信箱拨打方式,用户只需拨当地区号加"#"号即可收听到当地预报、气候概况、景点介绍。"121"信箱内容不断推陈出新,新增各类生活指数预报,有关行业指标预报,中考天气展望,参加全国"121"电话信息合作网,每日从网上得到十几个城市未来三天预报等,对原有信箱改进内容提示关照语。

省气象科技服务中心自筹资金,完成对"121"气象声讯系统中继线扩容(由 30 路增至 60 路)和升级改造工作。除保持原有信箱内容外,升级后的"121"新增生日气象历史档案查询、中国黄历、天文天象预报等,并实现背景音乐、报时、专业用户入口、八个人工座席等功能,同时还有多个接通移动、联通短信功能的接口。

"121"的主信箱中,在向用户提供 24、48 小时天气预报的基础上,结合已有的医疗气象指数、生活气象指数产品,并增加行业提示、随语关照,制作出综合的服务产品,受到用户的好评。

建设新一代"121"信息服务系统,并将 30 路中继线增加到 60 路。新系统的信箱设置为拓扑结构,便于将信箱分类,方便用户查询。大大地丰富"121"信箱内容,增加生日黄历查询、日出日落时间、水泥地温、风向风速等正点实况,"春节""清明""五一""高考""十一"等重要时节均增加临时信箱。在与移动短信合作基础上,开通手机拨打"121"服务,与上饶等地市建立移动手机拨打"121"信息费数据共享。

在 121 电话咨询方面,认真分析市场需求,有针对性地做好信箱的设置和编辑。将主信箱的预报时效延伸到 72 小时。增加雨转时段预报。增加各自动气象站正点实况资料、天文气象、防"非典"与气象等信箱,高温干旱期间增加南昌市水泥地面温度和蒸发量的实况和预报信箱。新增三小时短时天气预报、全省各地旅游景点 5 天预报等信箱。同时开设节日天气、高考天气、生日气象查询等特色服务。在节目的编辑、日常天气预报的用语上也在不断地尝试,力求进一步人性化,更好地服务民生。

从 2003 年 4 月 21 日始,在江西卫视每日天气预报节目及 121 主信箱中,增加温度及与前一日比较的变量预报;在 121 的分信箱中增设"非典"科普知识专用信箱,内容包括"非典"常识、如何预防"非典"、"非典"与感冒的区别等。

省气象科技服务中心开展防治"非典"专业气象服务,做好与增强身体免疫力、提高预防"非典"能力相关的紫外线指数、医疗气象指数、穿衣指数、晨练指数等专业气象服务产品的制作和发布。利用"121"声讯系统做好防治"非典"服务工作,在主信箱提供温度对比预报,增加"非典"基本常识、如何预防"非典"、气候变化与"非典"、"非典"最新疫情报告等 5 个分信箱。在省广播电台播出《专业气象服务在预防"非典"中的作用》,在《江南都市报》《都市消费报》等报纸、气象预警短信系统等发布的信息中,根据天气变化加入相应的关照语,如"适当阳光沐浴可增强免疫力""气温下降,注意感冒"等。

省气象科技服务中心与南昌市环保局共同联合大力宣传 121,并与空气质量周报联姻,发布南昌市城市空气质量周报。

开展为"三农"服务工作。新增春播知识、实用农事技术、天气气候与病虫害、高温与生活气象等各类科普信箱60个;如在禽流感疫情的非常时期,通过电视天气预报、气象电话"121"和气象短信等媒体及时地开展有关禽流感的气象服务和科普知识,为广大群众预防禽流感提供参谋。"121"信箱开通仅三天就有数千人拨打,取得较好的社会效益。增设全国农运会气象服务专题信箱,新增3—5天天气预报及最高、最低气温信箱,48小时和72小时温度、风向风速、南昌市水泥地温、蒸发量预报等要素信箱。

逢重大节日等,在学校、八一广场等地分发宣传卡片、广告气球、宣传资料等。

2005年6月,按照全省电信局对电信线路改造和升级的要求,气象电话"121"改为"12121"。通过对"12121"电话类型、用户群体使用情况及用户个例的分析调研,有针对性地改善"12121"的产品内容,调整信箱设置,提升产品质量。

增加产品分发手段,重点加强声讯扩容工作,实现与市联通"12121"的直联,新增60路中继线,可同时接通180路,大大方便社会公众获取信息。与省铁通公司达成合作协议,新增加30路中继线,实现中心机房与铁通的直联,为今后双方开展新的合作业务打下良好基础。丰富气象服务产品内容,在每次过程性天气来临时,增加预报内容的订正频次,在主信箱中开展1—3小时临时预报、增加农经网信息、天文知识和开心一刻等信箱。

2007年,通过对近两年的各信箱拨打和计费数据进行分析调研,有针对性地整理出"12121"拨打潜在用户群,利用"12121"专线对该用户群进行免费电话外呼宣传"12121"。推出电信"12121"包月活动和不定期进行小灵通群发宣传,进行南昌市移动用户"12121"计费升级,全年拨打次数达600多万人次。

做好"12121"气象服务工作,过程性天气来临时,增加预报内容的订正频次,在主信箱中开展1—3小时临时预报。

对信箱结构不断进行调整,增加精细化天气预报、历史天气查询、高考天气等,在汛期由每3小时更新一次主信箱缩减至每小时更新一次,另外还增加智力游戏和流行歌曲欣赏,大大丰富信箱内容。尤其是对重大天气过程进行全程跟踪服务,如台风来临时每个小时都对台风的位置、天气状况、未来动向等进行跟踪。使之成为南昌了解气象信息时效最及时、内容最丰富的平台;在学校开学,节假日期间,印制大量的宣传单页在学校及各营业网点进行发放;与移动公司合作,印制宣传伞10万把,向广大市民发放,取得较好的宣传效果;在墙体及部分公交车上投放宣传广告,有效地提高天气电话的知名度。

第三节　气象警报广播

该项服务始于1985年7月,经过一个月的调整和试播,1985年8月正式对用户服务。每天08:30、09:15、11:15、14:30、16:30、17:30分6个时段,利用气象警报广播和计算机终端,为省、市党政部门、重点专业用户、南昌铁路局、电力工业局、省公路局、郊区蔬菜基地、部分厂矿、政府机构、供水供电等单位提供省气象台发布的全省长、中、短期天气预报、警报以及降雨、气温等各种气象信息服务,1993年警报器用户为最高,达到230多家。

1991年1月,南昌市成立市计划用电信息工作协调领导小组,办公室设在南昌市气象台。作为工作小组成员,通过南昌市供电局计划用电办公室提供的停、限电信息,每天不定时间地利用气象警报广播向市内各厂矿、街道及有关单位发布,提醒有关单位及时安排好工作、工程等具体事项。

1995年,按照南昌市政府洪政厅〔1995〕57号文件精神,着手组建南昌市防灾警报网,同时大力发展农村气象警报网,进一步改造梅岭警报发射台,以实现南昌地区气象警报信息全覆盖;与保险系统进行合作取得进展,一次布点14台。

1996年,南昌市政府行文批转南昌市农委、南昌市气象台关于进一步完善南昌市农村气象警报网的意见。南昌气象广播电台对播音方式、内容做进一步充实调整,从单一播送气象、电力以及防火信息,新增辟"上周天气回顾""科普知识""用户之声""气象与农业""信息之窗""专家咨询"和"音乐欣赏"。

1998年,在现有的警报服务系统基础上,开发引进以气象信息为主要内容的新一代警报系统——PDA掌上电脑。该系统信息量大,具有存储功能,除传递气象信息外,还可发布农经、金融、公共信息,不仅具有语音服务功能,还有文字、图表显示,为今后向安全生产监督、防汛调度,城市服务多领域辐射开展服务奠定良好基础。

2000年,面对全国专业气象服务市场不景气的局面,采取多种措施,尽可能地挖掘潜力,增加效益。在建成的PDA掌上电脑预警服务系统的基础上,做许多技术延伸工作,如开发专业用户手机短信服务项目。安装PDA计算机接收系统,积极推销PDA掌上电脑。对上门要求服务的用户采取统一接洽的方式,大大规范服务合同的管理。开辟"江南都市报""信息日报"等报纸媒体的气象服务内容,扩大服务面。

2003年3月,随着通信手段和气象现代化传播手段的提高,气象警报广播服务撤销。

第四节　手机终端

2004年12月,正式开发研究手机终端气象服务系统,大力提高气象服务手段。与摩托罗拉公司合作,引进手机移动终端气象服务系统部分软件,并加以再次开发和完善,推出"省手机移动终端气象信息服务系统",这是继气象短信系统后的又一项服务手段。实现任何人、任何时间、任何地点在大区域、移动式的工作环境中,第一时间内获取防灾减灾气象信息,为逐步解决"最后一公里"的问题提供一项新的载体。通过对该项技术的二次开发,省气象局在全国气象部门率先开通公众手机WAP气象服务业务,使手机用户随时随地都能得到本地天气预报,全省综合预报,全省、全国及旅游城市天气预报信息。该项目在省内各级党政决策服务、防汛抗旱指挥、森林防火、行业气象服务、军事气象保障、人影作业指挥、新农村建设信息服务等领域得到广泛应用,特别是与"江西新农村建设网"的主要业务信息进行无缝连接,建立农村信息服务和气象信息服务的新模式。系统的应用得到各级党政部门和用户的充分肯定,已成为政府领导、有关部门指挥防灾减灾的有效工具和最受广大农民欢迎的信息获取途径之一。该项目研究成果在中国气象局以及河北、辽宁、广东、安徽等全国20个省(市)气象部门推广应用,极大地提高气象服务的能力和水平,为气象防灾减灾做出贡献,促进气象行业的科技进步。参加首届全国气象业务服务系统观摩交流会议并获得"优秀系统"奖。

2005年,"手机农经气象信息服务系统"是将全省新农村建设网上的农经信息加入到手机系统中,实现网络同步更新,向农民用户提供农经信息和气象信息等两大类150余项服务产品。它突破网络传播信息的局限性,农民利用已经普及的手机上网,随时随地可获得大流量的农业政策、农经供求信息、农业气象、气象灾害等信息,还可以查询、发布最新农产品市场供求和农民生产工具租赁等信息,有效解决农民获取信息不及时、不流畅的"最后一公里"问题。

2007年,进一步完善手机气象自动站资料的处理软件,优化处理产品,解决原有产品在色斑图中增加县、市边界、色标的制定以及自动站资料经常出现明显的野值数据等问题。经过优化的产品处理软件系统采用标准的行政县市边界格点数据,使得行政区划边界直观明显;雨量实况图色标采用不等间隔固定数值标尺,绘制的等值线色斑图更接近于实况,图像清晰美观,且可做动画显示;温度数据色标在冬、夏不同的季节采用不同的固定数值色标模式,绘制的温度实况图也可做动画。

2010年3月5日,手机农经和气象防灾信息系统项目通过科技部验收。由省气象科技服务中心承担的国家科学技术部项目"基于手机的农经信息和气象防灾信息服务系统中试示范"在北京通过验收。项目开发数据处理软件、手机农经气象网站、手机端软件及在线业务管理平台,实现农经气象信息和基本气象信息的自动处理,并能够与"江西新农村建设网"的主要业务信息进行无缝连接,用户可通过手机浏览或查询各类服务信息。

第五节　新闻媒体

2004年,在做好报纸、媒体公共气象服务方面,不断扩大灾害性天气信息的覆盖面,每日为《信息日报》《江南都市报》《南昌晚报》《新闻早报》及大江网制作南昌地区48小时天气预报和全省11地市24小时天气预报、省内旅游景点天气预报以及南昌生活指数预报。在开拓报纸、媒体方面,在《江南都市报》《江西日报》《经济晚报》上开辟气象周刊,服务内容有:天气展望、周末天气、生活指数、气象科普、旅游气象等市民普遍关心的内容。利用媒体的优势与《经济晚报》《江南都市报》等媒体互换,加大宣传力度,避免资源浪费,起到在不同的读者群宣传的作用。还通过南昌晚报、都市消费报、信息日报介绍气象服务产品,气象与各行业的关系等,提高社会地位和扩大气象知名度。加强与媒体合作,2004年5月初,与《南昌晚报》签订合作协议。中心以计算机终端的方式为《南昌晚报》提供每日南昌地区天气预报,省内城市天气预报和国内城市天气预报等服务产品,《南昌晚报》对天气预报版面进行改版。双方还达成协议,通过《南昌晚报》天气预报栏目,刊登"要想天气早知道,请拨天气电话121"及气象短信、专业服务热线和天气新闻热线等。据统计,"121"的拨打率与上一年同期相比提高29.7%,气象短信的定制用户也有明显增加。

2007年1月,与南昌市环保局空气质量监测站合作,双方就灾害性天气预警信号的发布达成共识,当遇有灾害性天气出现时,省气象科技服务中心负责提供灾害性天气预警信号,市环保局负责在其所属的十多块电子显示屏上进行24小时滚动播出。

2010 年 11 月，江西"400 - 6000 - 121"气象服务热线正式开通试运行。"400 - 6000 - 121"气象服务热线是一个全新的、更广泛地与社会公众沟通交流的气象服务窗口。热线开通之后，公众可以通过固定电话、小灵通、移动电话随时随地免费拨打。该热线主要面向社会开展气象服务的问题解答、效果反馈、需求解、投诉及建议等，气象部门也将通过该热线及时接到公众对气象服务的意见、建议、需求、满意度以及合作等信息，从而构架出一座气象部门和社会公众沟通的桥梁，更好地满足社会公众的气象服务需求。11 月 18 日，中国天气网江西正式上线运行，第一时间面向社会公众提供省内权威、有特色、精细化的气象服务产品和及时的气象资讯，成为社会公众了解全省天气情况的一条便捷途径。中国天气网江西站采用成熟的架构，整体色彩清雅稳重，设计大方美观，结构简洁清晰，使用方便快捷。网站由江西首页、天气预报等 9 个频道构成，涵盖全省气象部门发布的各种天气预报、实况资料、气象资讯、预警信号等内容。中国天气网江西站的顺利上线，将进一步提高全省公共气象服务的能力，更好地为社会公众及时提供气象服务产品和丰富的气象资讯。

第三章 专业专项气象服务

1985 年 5 月,按照国务院办公厅国办发(85)第 025 号文件精神,在完成决策气象服务和公众气象服务的前提下。专业气象服务由无偿改为有偿专业气象服务。自 1999 年至 2003 年期间,省气象科技服务中心开发完成人体舒适度、体感温度、中暑、穿衣、冷饮啤酒、紫外线、雨具、洗涤、空气洁净等多个气象指数预报。在引进技术方面,引进钓鱼、游泳、感冒、上下班天气、晨练天气等 14 个生活指数预报,并通过各种媒体根据不同季节变换而发布。

第一节 专业气象服务

1990 年,改进专业服务模式,主动服务、丰富产品突出一个"专"字,增加建筑气象、医疗气象、交通气象、商业气象信息等,使产品的包装日趋完善。

1998 年,随着生活质量的不断提高,人们对气象服务需求也越来越高。为指导生活和提高专业预报服务质量,开发预报员每日必读软件,加强节目内容制作和更新。对预报产品进行包装,长期预报增加温度和降水的图形显示,在盛夏中期预报增加温度趋势预报、汛期期间超常规服务,共作专题服务 10 次,每天分别给部分库区制作库区雨量预报。全年供给各专业用户电话、传真服务达 2 万余次。已开发的项目有:南昌市霉变预报方法、"121"语音合成系统、自动传真分发软件、库区预报自动上网、全省旅游气象条件预报、下午"121"语音合成、电子邮件自动分发软件、图形合成软件。

1999 年,专业气象服务进一步向个性化、人性化和精细化发展,对专业用户的中长期预报产品进一步精细化,如增加南昌市逐日天气预报、温度变化、风向风力、历史概况等内容。增发电话和手机短信专项服务。组织业务、市场人员重点走访供水、电力、钢铁、铁路、保险、农业、交通、饮料等用户。新增建筑业、商业等客户。

2001 年,全省首台紫外线观测仪器正式投入业务运行,省气象科技服务中心从上海气象科学研究所购置的太阳紫外辐射计已通过安装和调试,2001 年 8 月 1 日正式投入业务使用。

2002 年 8 月开展豚草花粉浓度气象条件预报,通过 Internet 网对外发布,并通过电视、报纸等公众媒体对外发布。

2004 年,专业服务重点抓终端用户、重点行业分类产品的加工、制作,制定《重大灾害性天气服务规范》《灾害天气对外服务规范》,遇灾害性天气为重点专业用户通过传真发送和短信插播。开展各项指数预报,对地市气象部门下发预报指导产品;开发雷达实时显示,电力专业气象服务系统,紫外线评分等软件以及砖瓦生产和陶瓷彩釉生产专业预报方法研究投入业务运行;利用云图、多普勒雷达资料制作雨转时段预报。开展针对性的专业服务:为铁路、保险、烟草等行业用户提供精细化、个性化、针对性的用户服务,提供专题天气预报服务、重大过程性天气、短信预警等各种专业服务。

2005 年,开展现场面对面服务。为电力、水库、保险、铁路、高速公路、烟草等用户面对面服务;广泛征求气象服务意见。特邀电力、烟草、铁路、保险、公路、公安交警、植保、农业局等单位的专家和领导召开座谈会;采取多个服务手段并行的方法,重点为柘林、洪门、廖坊、万安、上犹江、罗湾、东津、江口 8 大水库服务时经常利用电话、气象短信、网页三种方式并进;做好跨省域预报服务。在中期预报产品中,将每天的天气、气温、风向、风力发送给用户。给重点用户发布重要天气信息和制作专题预报,并与专业用户共同会商天气。

2006 年,加强专业用户的服务。为交通部门提供专项服务。为超高压等电力经营和管理部门的行业用户提供所管辖的沿线市县雷电强度预报和雷电落点预报,森林火险预报,冬季冰雪天气预报和电力负荷预测气象数据等。积极开展与道路交通的气象服务工作。南昌铁路局管辖福建铁路,需要福建省的天气预报,预报服务人员克服困难,开动脑筋,想尽办法,通过网络、数值预报产品和自身预报知识,积极满足用户需要,成功地为南昌铁路局完成连续性暴雨和台风的专题服务;预报服务产品定量化。避免使用模糊的预报用语,每次过程来临时,均提前给用户预报过程降雨量和降雨天数。在为交通和高速公路的气象服务工作中,预报服务人员在重大天气服务来临时,开展台风、暴雨、大雾、霾、雨雪冰冻等转折性天气的预报服务。

2007 年,通过召开用户座谈会、深入用户单位、请用户上门、与用户合作开展科研项目等多种形式,对各行各业需求进行广泛地调研,极大地提高专业和专项气象服务的针对性、及时性和可用性,提高气象服务的社会经济效益。4 月 18 日,省质量技术监督局组织有关专家召开审定会,审查通过由省气象科技服务中心承担的全省《短期天气预报术语》地方标准。该标准是全省第一个术语类的地方标准,审查会的专家一致认为《短期天气预报术语》是一项科学性、实用性较强的地方标准,达到国内先进水平。

2008 年,省气象科技服务中心加强与用户联合开展科研项目,与重点水库联合开展水库水位、水库面雨量预报方法的研究;研究整理电力、交通等行业的精细化气象服务需求;组织力量开发完善专业气象服务平台。为重点用户制作各类专题,给电力、交通、水利等用户致电,较好地提高专业专项气象服务的针对性、及时性和可用性,提高气象服务的社会经济效益。积极做好柘林、江口、洪门、上犹江、万安等重点水库的汛期气象服务工作,对大型水库开通气象服务终端;通过传真、电话以及书面等多种方式为省市政府领导、防汛指挥部以及有关部门提供天气预报情报服务,发布《重要天气报告》《气象情况反映》旱情预报、火险警报、暴雨报告、台风报告、冷空气报告等。先后与柘林、洪门、廖坊、万安、上犹江、罗湾、东津、江口等 8 大水库联合开展水库水位预报方法的研究。

2009 年 7 月 9 日,首次在全省范围内发布热浪指数预报。高温热浪对医疗、水电、农业等部门都会造成不同程度的影响,而热浪指数预报更加有针对性地反映高温热浪对不同人群、不同部门可能造成的影响和危害。热浪指数是以气温和相对湿度这两个气象因子为重点,通过它来定性的又应热浪来袭时对人体以及社会各行各业的影响和危害。热浪指数分为五级,清楚地显示出热浪来袭对不同人群、不同部门可能造成的影响,并提醒大家及时采取相应的措施以避免热浪可能造成的损害。

第二节 专项气象服务

自 1999 年至 2003 年期间,开发完成人体舒适度、体感温度、中暑、穿衣、冷饮啤酒、紫外线、雨具、洗涤、空气洁净等多个气象指数预报。在引进技术方面,引进钓鱼、游泳、感冒、上下班天气、晨练天气等 14 个生活指数预报,并通过各种媒体根据不同季节变换而发布。

专业气象服务方面逐步开展个性化、人性化、专业化、精细化服务,不断提高专业气象服务产品的质量。为南钢、保险、海尔公司、青山湖区政府等用户制作并发布个性化专题服务产品。提供穿衣、人体舒适度指数、紫外线强度、高考期间、节日等预报服务,大大增加产品的可用性。

增加专业服务产品,充分发挥省级专业服务的龙头指导作用。在原有的基础上,又新增加森林防火、豚草开花期、道路施工、变压器检修等十几个指数产品;根据季节变化,将各类指数和建筑、供电、市政等 6 个行业提示指导产品,分别于每日 09 时和 16 时上网发布,供各地市气象部门调用。

2002 年 7 月,省气象科技服务中心与全省疾病预防控制中心开展合作协议,联合开展医疗气象的研究,向社会提供疾病预防服务。建立防控甲型 H1N1 流感的气象服务机制,通过电视天气预报、121 电话向公众发布有关信息;研究和整理电力、交通、保险、旅游、医疗等行业的精细化气象服务需求;研制开发热浪气象预报方法等。

2004 年 5 月,省气象科技服务中心与全省疾病预防控制中心联合开展通过电视天气预报发布春播健康、关爱生命等专题服务信息,提醒农民在当前的气象条件下,如何避免感染水田皮炎、钩端螺旋体病和血吸虫病,小心使用耕田工具,预防疾病和伤害事故的发生,受到广大农民欢迎。

2005 年,通过电视天气预报,发布气象预警专题节目。针对不同的灾害性天气,预先制定不同的报道方案,大大提高灾害性天气报道的时效性。6 月,省专业气象台与省电力公司继续合作,在江西卫视一套气象预报节目发布首次电力供应预警信息。该信息预报由过去的三级改为五级信号,并首次提出黑色信号。

2007 年,省气象科技服务中心与省、市电台、电视台突发性气象灾害信息紧急插播合作关系。为了充分发挥气象在防灾减灾中的作用,与省移动公司、省联通公司一道,就关于进一步做好气象预警信息发布工作分别在全省范围联合下文,要求各市、县气象局,各市、县移动分公司落实好气象预警的各项发布工作。省移动公司,省联通公司密切配合我们,除向全省气象短信定制用户发送外,还向非定制用户发送预警信息,深受广大群众好评。9 月 19 日,省专业气象台与省疾病预防控制中心就共同制作和发布流行性疾病预报预警信息签订合作协议。根据合作协议,双方将发挥各自的人才和技术优势,结合江西的气候特点和病理特征,合作开展气象对公众健康影响及机理研究,确定预报方法和模型,建立监测、预报、预警和提示业务流程。省专业气象台将天气预报及时提供给省疾病预防控制中心,省疾病预防控制中心根据气象信息和相关气象因子对人体健康的影响,指出流行性疾病的易发区和易传播区。双方在发布预报预警信息之前应进行会商,取得一致意见后,由省专业气象台将预报预警信息通过电视、广播、手机短信、"12121"等传播渠道以双方联合署名的形式对外发布。12月,省气象科技服务中心与省疾病预防控制中心、省卫生厅卫生应急办共同举办《气候与健康信息座谈会》,就全省境内发生的甲乙类疾病和丙类疾病与温度、湿度等气象因子的相关性等进行初步的分析和探讨,同时对气象与医疗科研合作机制进行研究。

2009年,通过天气预报广播发布森林火险等级预报,并提请城市防火等事宜;与省森林防火部门联合开展森林防火气象保障系统的研究,为做好人工影响天气提供实时的预报服务产品。完善"突发性气象灾害预警信号发布规范"和重大灾害性天气预警信号发布规范。加强与媒体的合作,进一步理顺与省市电台、电视台突发性气象灾害信息紧急插播合作关系。通过省市电视台、省广播电台所属的频道、频率、手机短信定制用户等发布预警信号。在台风预警信息发送工作中配合免费发送预警短信,与移动、联通相关部门联系,使得六百多万条台风预警信息传遍赣中赣南大地。在省卫视一套多次滚动插播气象预警信号。与南昌市环保局空气质量监测站紧密合作,实现市环保局所属的十多块电子显示屏上进行24小时滚动播出灾害性天气预警信号,与省疾控中心就共同开展流行性疾病预报预警信息服务签订合作协议。省气象科技服务中心与江西人民广播电台、江西电视台签订《关于发布突发性重大灾害天气预警信息的合作协议》。协议规定,广播电台、省电视台收到省气象科技服务中心提供的天气紧急警报信息后,负责将其录音整理或直接口播,以最快的速度对外播出,并反复插播三次以上。在汛期和人工增雨期间得以实现,特别是省电视台在已编排好的主要新闻节目后,接到"泥石流灾害预报"信息后立刻进行紧急插播。11月,与省疾病预防控制中心、南昌市疾病预防控制经过联系沟通,建立抗击甲型流感气象服务机制。按照双方建立的机制,由省科技服务中心向疾病预防控制中心提供流感气象服务专题以及感冒指数等医疗气象信息,为调度安排流感监控提供气象信息参考;经过协商和审核,疾病预防控制中心可利用电视天气预报,气象短信、天气咨询电话向公众发布流感防控提示等公益信息。

2010年,认真做好预警信号发布工作。积极走访电视、电台等媒体,进一步畅通发布渠道。通过省电视台、电台、手机短信插播和发布气象预警信号。

第三节　影视广告和重点客户

影视广告

1995年10月—2010年期间,自开展电视天气预报栏目的制作以来,便进行电视天气预报广告的接洽、制作和上画面,广告内容主要涉及省内大中型国有企业、民营企业、民办院校、地市地方冠名及产品等。

新开辟江西四套天气预报栏目,改变合作方式,省气象科技服务中心与江西电视台合作,已成为省气象局影视中心第二大创收电视栏目。江西电视台在四套、五套天气预报中全新推出指数冠名广告,此种广告形式受到客户欢迎。对江西卫视栏目广告采取提高价格、签订合同需支付定金等措施,使该台广告合同金额增长约10%,广告上画率为100%,进账率在95%以上。

2003年,尤其是在"非典"期间,电视天气预报广告主动做好与客户的联系工作。在各类媒体竞争越来越激烈、画面广告价格一涨再涨的情况下,卫视节目的上画率达到100%,进账率达97%。江西电视台第三频道栏目赞助有声广告也取得突破。

2004年,省气象科技服务中心与南昌电视一台达成合作协议,其电视台新闻频道《天气预报》栏目广告发布代理权向社会公开拍卖成功,中心获得一个较稳定的经济增长点,把提供优质服务作为重中之重,与许多老客户建立稳固的合作关系。努力寻找代理央视天气预报广告业务的突破口:将省内大中型国有、民营企业及民办院校列为主要对象进行公关,经过努力,成功代理央视一套新闻联播后天气预报一版块的广告业务,通过节假日的问候、重要天气来临时的提醒、在客户遇到困难时提供力所能及的帮助等方式,积极主动地沟通做好客户稳定工作,使得画面率较高;与南昌电视台新闻频道续签合作协议,并且就《天气预报》栏目广告发布代理权联合向社会公开拍卖成功。在江西电视台第五套节目单方停播天气预报栏目半年的情况下,努力做好协调工作,经与对方多次沟通重新开播天气预报节目。与江西电视移动传媒有限公司签订在移动传媒开通电视天气预报节目并经营栏目广告的协议。首次组织在全省30多个县市气象节目中开展广告业务的联播业务,取得一定的经济效益,为规模化、集约式的发展做了有益的尝试。

与南昌都市频道、资讯频道的《天气预报》栏目广告,取得代理权,南昌电视台一套节目实现地方广告公司代理的模式。加强对江西卫视天气节目广告的管理,在江西卫视栏目上采取各种措施,积极主动地沟通做好电视广告客户稳定和发展工作,做好提前进压账工作,在同时有6块广告画面停止合作的情况下,克服困难,在半个多月时间后陆续签订新的广告客户。

公开招聘市场人员,挖掘广告市场潜力,在与传媒合作方面,经过多方努力和多次的沟通,将南昌电视台都市频道、资讯频道的《天气预报》栏目播出时间放到广告黄金时间段。

积极加大与传媒合作,经过多方努力和多次的沟通,增开江西卫视《午间气象》栏目。加强对省卫视天气节目广告的管理,采取各种措施,积极主动地沟通做好电视广告单价上浮的解释工作,稳定和发展广告客户群。被江西电视台授予十大优秀创收栏目。

重点客户

1995—2010年,引进企业化管理和竞争激励机制,利用气象警报广播和信件邮寄的方式向党政部门和专业用户提供气象服务。

与南昌市大众出租汽车公司和南昌市市容办达成无线对讲机进网协议。开展寻呼台、电台、报纸、计算机远程终端等服务项目,服务用户一直稳定在500家左右。创造条件与电信部门及BP机经营部门合作,充分利用信息台、传呼台等传播媒体发展气象信息用户,共有 12 家传呼台与我们合作,发展 50 多家新用户。

对梨温高速公路建设指挥部每天都进行提示服务。对移动电话气象服务的专业用户,则更加密切联系,遇有转折、重大过程,随时增发,服务效益明显提高。

省气象局与交通部门的合作,开辟景鹰高速公路、廖坊水电厂等四个终端用户;开辟省交通厅、同济大学、南昌铁路工务段的电气化改造高速列车、洪都大桥建设等新单位。

开拓电力燃料的合作,积极开展与城市地铁、城运会的相关部门合作。

第四章 农业气象服务

1991—2010 年期间,全省气象部门以推广农业气象适用技术、气象科技扶贫、制作农业气象情报和预报、为各级党政部门开展农业气候资源开发利用决策咨询、针对农业生产中存在的实际问题开展专题研究等方式,广泛开展气象为农业服务工作,取得显著的经济效益和社会效益。

第一节 农业气象服务规章制度

为保障全省的农业气象服务顺利开展,省气象局先后举办多次技术培训班,印发多份技术资料,制定多项规章制度。

1995 年 12 月,省气象局印发《农业气象适用技术选编》,其中收集了包括水稻、棉花、油菜、柑橘、脐橙、茶叶在内的几十种农作物的 62 篇气象技术文章。

1997 年 10 月,省气象局组织编写并出版《充分发挥气候资源优势,发展江西特色农业》一书。

2000 年 7 月,省气象局组织编写《江西省农业气象业务服务手册》,并制作成网页在省气象局内网共享。8 月,省气象局组织编写《农业气象业务服务规范选编》。

2001 年 11 月,省气象局组织制定《江西省农业气象灾害警报发布制度》。

第二节 农业气象情报

全省各级气象部门定期为当地党政部门、特殊行业以及农村种养大户提供农业气象情报,帮助他们根据天气变化提前安排好工作,趋利避害。情报类型包括:旬报、月报、季报、年报以及特殊情况下制作的临时情报。

2001 年,新增"农业气候资源利用与气候可行性论证"业务。

2002 年 1 月,正式编发"农业气象灾害警报"产品。

2003 年 4 月,新增"每日天气与农事"业务。

2005 年 7 月,正式编发"全省土壤墒情"情报。

2008 年 7 月,正式发布"稻飞虱气象条件适宜性监测"情报。

第三节　农业气象预报

全省各级气象部门都要编发农业气象预报,内容包括:主要农作物产量预报、农用天气预报、作物模式的发展、农业病虫害气象预报等。

春耕春播

1992 年,春播属偏差年份,1 月 9 日发布与实况基本一致的长期天气预报,2 月中旬春季天气趋势预报明确指出"全省有重度春寒",3 月 15 提前发布暴雨降水预报。3 月 23 日向省政府汇报时提出要警惕早汛,3 月 28 日发布"过程结束、气温回升"预报,建议各地抢晴播种;两次建议均被省政府采纳转发,对各地抗洪抢险,适时播种,避免大面积烂秧起到重要作用。

1993 年,省、市、县三级气象部门均成立春播、汛期气象服务领导小组。

1998 年,各级气象部门及时通过各种新闻媒体,建议各地抓住"冷尾暖头"的有利时机,适时进行大面积播种。《江西日报》为此专门发表评论员文章。据农业部门统计,全省早稻烂秧烂种率仅为 0.07%,达到历史相同年景的最好水平。

农作物产量预报及农用天气预报

1999 年,产量预报的作物包括:早稻、晚稻、粮食、油菜、棉花、柑橘、甘蔗。

2000 年 9 月,从江苏引进"农业气象产量预报系统"。

2002 年 8 月,制作本省的"农业气象产量预报系统",开展"农业气象产量预报系统"市县本地化应用和培训。

2006 年 5 月,建立早稻、中稻、晚稻、粮食产量的旱涝指数模型。

2007 年 7 月,正式编发"农业干旱监测预报"。

2009 年 9 月,正式开展农用天气预报业务。内容包括:农事活动、作物生长、农气灾害、发育进程、病虫害 5 类。产品有自动生成的全省分县适宜度图表和人工编写的综合服务材料。

作物模型的发展

2005 年,省农业气象中心引进江苏省农业科学院研制的水稻模拟优化决策系统,应用该系统根据本省气候条件和当年中短期气候预测,制作本省三个主栽水稻品种的良种良法计算机模式图,并在南昌县水稻种植区开展服务。

2006 年,省农业气象中心利用水稻模拟优化决策服务系统(Rcsodsvb),制作本省两个水稻品种计算机模式图,提供给南昌县八一乡五星村种粮大户和一般农户使用。

2007 年,应用引进的 Rcsodsvb(水稻模拟优化决策服务系统),制作本省两个水稻品种计算机模式图,提供给南昌国旺公司水稻部使用。

病虫害气象预报

20 世纪 90 年代,省气象局开展"双季水稻灾害群监测预警系统研究"项目,为病虫害气象服务奠定技术基础。

2003 年,与省植保质检站初步建立业务合作关系,开展联合发布气象—病虫害预报工作。

2005 年,与省植保质检站正式签订《关于联合发布全省气象—病虫害预报的若干规定》,明确由省气象台、省植保质检站组成技术合作小组,负责制定全省农作物主要病虫害预报的技术方案、工作流程。确定联合发布的产品名称为《气象—病虫害预测》,由双方主要领导共同签发、联名发布。同年,在中国气象局气象新技术推广项目支持下,建立主要病虫害发生发展气象条件预报和影响评价业务系统,成为本省农业气象业务服务重要平台。建立气象、植保两部门联合会商机制,每年针对水稻重大病虫害发生趋势,开展联合会商和预测若干次,有时通过江西卫视对外播出。

2009 年,依托农用天气预报技术研发和系统建设,建成 4 类病虫气象适宜度评价模型和系统,建立主要病虫害信息库和专家知识库,实现病虫气象服务产品的制作发布等功能。

第四节 农业气候资源开发利用决策咨询

1996 年开始,全省气象为农业服务的主要任务是为各级党政部门做好农业气候资源开发利用决策咨询,即农业开发项目的气候可行性论证。

1999 年,针对吉安地区引种计划,开展"吉安地区发展琯溪蜜柚的气候可行性分析",当地政府高度重视,大幅度调减琯溪蜜柚引种的面积。

2000 年,围绕省委省政府发展再生稻的要求,开展基于 3S 技术的"全省发展再生稻的气候可行性分析",并作为气象呈阅件报送省政府;省农业气象中心为贵溪市政府完成"贵溪市果业工程气候规划";完成"全省两系杂交稻制种气候风险区划";为井冈山市政府完成"井冈山区油茶种植气候可行性论证""井冈山区毛竹种植气候可行性论证"等项目 4 项。省农业气象中心在兴农、扶贫联系点或示范基地,引进优质农作物品种 10 个,完成"2001 年干旱分析及对策",并下发给全省气象台站参考。

2001 年,省农业气象中心完成"会昌县发展烟稻轮作的气候可行性分析",会昌县政府及有关部门按照论证分析结果,第二年在全县大面积推广烟稻轮作。

2002 年,针对全省农业主导产业和农业产业结构调整,省农业气象中心完成"农业气候可行性论证工作的调研报告";完成全省早梨和蚕桑种植两种特色农业气候可行性论证;基于 3S 技术,制作粮棉油、林木、花卉、蔬菜、水产养殖、畜禽养殖、中药材、加工业等全省农业产业结构分布图;指导赣州等 6 个市、县气象局完成 10 个项目的气候论证和气候区划。

2003 年,省农业气象中心完成"全省农业主导产业调研报告",被省农业开发办采纳。

2004 年,省农业气象中心完成"江西果业发展中的几个问题及建议"可行性论证;中心应贵溪市政府的要求,制作贵溪柑橘、沙梨、桑树、无籽西瓜和茶叶 5 项农业气候区划。

2005 年,省农业气象中心与吉安县气象局共同完成"吉安县冰糖橙的气候可行性分析",建议吉安县大力发展冰糖橙。

2006 年,省农业气象中心完成"金溪蜜梨气候—地形—土壤精细化综合区划论证"和"贵溪蜜梨气候—地形—土壤精细化综合区划论证"。

2007 年,省农业气象中心完成"安远县脐橙种植精细化农业气候区划""寻乌县精细化农业气候区划"。

2008 年,省农业气象中心与赣州市气象局联合完成"赣南发展夏橙气候可行性论证与区划"。

2009 年,针对赣南脐橙干旱、冻害情况展开灾情调查,省农业气象中心形成"赣南脐橙旱冻灾害情况调查";开展全省气象部门为农民专业合作组织服务的工作。

2010 年,省农业气象中心在贵溪开展农业气象服务基层"直通车"试点工作;完成"万年县雷竹种植精细化气候区划""贵溪市早熟梨精细化农业气候区划""贵溪市双季稻最优种植区气候区划""贵溪市主要农业气象灾害风险区划及评价"。

第五节　卫星遥感监测

卫星遥感监测业务

1990 年,随着中国 FY－1B 极轨气象卫星的成功发射,1991 年中国气象局开始在部分省陆续部署安装极轨气象卫星地面接收站建设。省气象局于 1991 年在南昌建立第一个极轨气象卫星地面接收站,开始实时接收极轨气象卫星资料,开展全省森林火险、水稻种植面积、鄱阳湖水体、洪涝、干旱、雪灾等实时动态监测服务。

1991 年开始,通过卫星遥感监测,全省气象部门为政府部门在洪涝、干旱、森林火险、农作物种植面积和产量估测等方面提供系列服务和重要情报。

1998 年 6 月 12—27 日,7 月 17 日—8 月 1 日,全省出现两次连续性大暴雨过程,致使赣江、长江九江段、鄱阳湖及柘林水库等地多次出现超历史最高水位,鄱阳湖区、九江市及赣江沿岸地区出现严重洪涝灾害。据 1998 年 8 月 5 日卫星遥感监测,鄱阳湖及周边地区洪涝淹没耕地面积达 29.88 万公顷。1998 年 8 月 7 日雷达、卫星遥感监测,鄱阳湖主体及周边水域面积达 5989 平方公里,对应的长江湖口水位达 22.32 米,超警戒水位 2.82 米。省气象部门充分利用卫星遥感监测信息,及时为党政部门组织抗洪救灾提供服务。随着"全省国土资源遥感调查"和"第三次农业气候区划"项目的开展,3S 技术集成应用在农业气象业务科研中得到快速发展,3S 技术在农业气候区划、农业气候灾害风险区划、农业遥感监测、生态环境监测和洪涝、干旱监测中得到充分应用。

2003 年盛夏,本省遭受特大高温干旱,省气象部门组织科研人员到余江、安义等县考察旱情,深入田间地头采集第一手资料,并用 GPS 对旱情采样点进行定位,与卫星遥感图进行分析对比验证卫星监测结果。

2004 年,利用卫星遥感技术,对水稻种植面积、长势进行动态监测,适时发布产量预报。

2006 年 6 月,省气象局建立的 DVB－S 卫星数据广播系统投入业务运行,该系统成为卫星遥感数据传输的重要手段,缩短极轨卫星数据获取的时效。

第六节　生态气象和气候变化研究

生态气象

2005 年 7 月,中国气象局下发执行《生态质量气象评价规范(试行)》的通知。同年 11 月,省气象科研所制作第一期《江西省生态质量气象评价公报》。该服务产品主要根据气象条件对生态质量的影响,考虑生态质量变化的主要因子,确定其评价体系和相应的定量评价指标,从而对全省生态质量进行综合评价,并将全省生态质量划分为:优、良好、一般、较差和差五级。同年 11 月—2016 年12 月,省生态气象业务服务产品由省气象科研所主要负责人签发。

2007 年,在中国气象局统一部署下,《江西省生态质量气象评价公报》业务服务产品,由省气象局分管领导签发,省气象局发布。

气候变化

随着气候变化研究的发展,"八五"期间(1991—1995 年),中国气象局将"短期气候预测理论和方法研究"作为重点研究项目(1992—1995 年)开展攻关研究,主要包括四个方面的课题内容:中国近百年来气候变化的事实与规律及成因;气候模式研究;气候变化对农业和水资源的影响;短期气候预测方法的研究。

1992 年,省气象科研所参加以上的第三大课题"气候变化对农业和水资源的影响"研究。

1995 年,省气象科研所参加由中国气象科学研究院主编,气象出版社出版的《气候变化对中国农业影响的研究》的编写。

1996 年,省气象科研所撰写的论文《全省近几十年气温变化及对农业的影响》,探讨出气候变化使全省冬季变暖,对冬季作物、果树安全越冬有利,但使农业病虫害越冬率增大,农业药用量增加,农业生产成本加大的结论;并得出气候变化使夏季气温偏低,夏季高温危害减弱,高温逼熟、高温干旱危害减轻,有关研究成果在《江西农业大学学报》发表。自此,开展全省气候变化对农业生产的影响研究及农业应对气候变化业务。围绕省委、省政府"农业上台阶,农民奔小康"的部署,开展多种形式的气象为农业服务活动。组织"为当地开发利用气候资源咨询征文"活动，征集一批针对性较强，受到各级地方政府重视的文章。

1997年，中国气象局组织包括北京在内的7个省、市气象局进行区域农业气候资源论证试点，省气象局被指定为组长单位，负责提供该项工作的技术指导。配合全省农业结构大调整，气象部门积极组织开展"开发利用农业气候资源、搞好农业项目的气候论证"工作，完成各种项目的农业气候论证400余项，其中110余项被政府部门和生产单位采用，80余项受到不同形式的奖励。

1998年，编辑出版《合理利用气候资源，发展江西特色农业》一书。

2000年，为提高全省农业气候论证的质量，规范全省农业气候论证工作的管理，印发《江西省农业气候论证技术规范（试行）》。全省有26份农业气候可行性论证服务材料被各级政府批转，有35个县（市、区）政府成立气候资源开发论证领导小组。

2002年，完成农业气候论证80余项，地方主导产业单项气候区划61项，综合农业开发气候区划6项。

2003年，全年完成农业气候可行性论证项目71项，农业气候区划项目14项。

2004年，由省气象科学研究所完成的《江西省两系杂交稻制种基地气候风险区划》，涉及全省26个制种基地县，全省两系水稻制种和大田生产减少气候灾害损失5000多万元。

2009年，联合农业部门开展农业与气候变化有关研究；会同中国气象局气候变化中心和省林业厅完成全省南方铁杉树木年轮野外采集工作。

2010年，全省质量技术监督局组织有关专家召开审定会，审查通过全省地方标准《基于3S技术的农业气候区划方法》，该标准由全省气象科学研究所起草，是首个关于应用3S技术开展农业气候区划方法的地方标准。

第七节　农业气象服务系统

2000年，省农业气象中心从江苏引进"农业气象情报业务系统"，主要解决HD-03报的处理、制表制图问题。

2004年10月，本省参与开发的"新一代农业气象业务服务系统"，在全国业务推广应用。

2008年，省农气中心研发的"全省市县级农业气象业务服务系统"，在全省农业气象观测站推广应用。系统包括HD-03报编制、传输，常用材料编写，专家知识查询，常用文件规定，资料查询统计，数理统计工具，数据管理等模块。

2010年1月，省农气中心研发的"农用天气预报业务服务系统"通过专家测试验收，正式业务应用。系统包括数据获取、转换、入库、编辑，农业气象指标的构建、修改、判别，专家知识库、服务产品、常用数据的查询统计，农业气象灾害监测预警，农用天气预报与服务产品的制作、订正、发布，年景评估、旱涝统计与评估等功能。

第八节　气象科技兴农与科技扶贫

气象科技兴农

1990 年 6 月,省农业开发领导小组、省科学技术委员会、省气象局联合印发《关于加强气象科技兴农工作的通知》,确定气象科技兴农是科技兴农的重要组成部门。

1991 年,组建省农业气象中心。全省 95% 以上的地(市)气象局(台)领导和一大批县气象站领导参加当地科技兴农领导小组。

1993—1994 年,省农业气象中心开办"江西兴农科技开发公司",在新建县象山乡引进种植玉米笋,与新建县罐头厂签订收购合同,赚取技术服务费,都取得较好的经济效益。在井冈山引种优质米和无籽西瓜,也取得一定的效益。但在遂川县大面积引种荷兰豆,与港商签订销售合同,由于病虫害防治没有经验,项目没有达到预期目的。

1995 年 12 月,省气象局在南昌召开农业气象工作会议决定,明确今后的气象为农业服务应该以为各级党政部门做好农业气候资源开发利用决策咨询服务为主。并决定以后每年年底召开一次"全省气象为农业服务经验交流会"。还制定相应的工作规范和奖励办法。至 2004 年,"全省气象为农业服务经验交流会"共召开 9 次。

1996 年开始,围绕省委、省政府"农业上台阶,农民奔小康"的部署,全省各级部门积极开展多种形式的气象为农业服务。特别是在如何充分利用当地农业气候资源,帮助政府部门选择好农业开发项目,安排好农业生产方面做大量工作,出现大批《农业气候资源开发利用决策咨询》方面的论文,受到各级地方党委、政府的重视。省气象局及时组织"为当地开发利用农业气候资源决策咨询征文"活动,每年征集和奖励一批经济效益和社会效益较好、受到地方党、政部门重视的文章。为配合全省农业结构大调整,全省各级气象部门共完成农业开发项目的气候分析、论证、区划 400 余项,其中 200 余项被领导批转或被政府部门采用,80 余项受到各种奖励。

1997 年,中国气象局组织包括北京在内的 7 个省(市)气象局进行区域农业气候资源论证试点,省气象局被指定为组长单位,负责提供该项工作的技术指导。

2000 年,为提高全省农业气候论证的质量,规范全省农业气候论证工作的管理,印发《江西省农业气候论证技术规范(试行)》。当年全省有 26 份农业气候可行性论证服务材料被各级政府批转,有 35 个县(市、区)政府成立气候资源开发论证领导小组。

2002 年,全省完成农业气候论证 80 余项,地方主导产业单项气候区划 61 项,综合农业开发气候区划 6 项。

2003 年和 2004 年,省气象局业务科技处选取部分资料编印成《农业气候资源开发利用决策咨询文集》(一)、(二);2008 年,又根据广大气象台站业务人员的要求,编印合订本。

2004 年,由省气象科学研究所完成的《江西省两系杂交稻制种基地气候风险区划》,涉及全省 26 个制种基地县,几年内减少气候灾害损失 5000 多万元。

2009 年,联合农业部门开展农业与气候变化有关研究;会同中国气象局气候变化中心和省林业厅完成本省南方铁杉树木年轮野外采集工作。

2010 年,省质量技术监督局组织有关专家召开审定会,审查通过本省地方标准《基于 3S 技术的农业气候区划方法》,该标准由省气象科学研究所起草,是首个关于应用 3S 技术开展农业气候区划方法的地方标准。

省气象局为鼓励气象为农业服务工作,专门设立《开发利用农业气候资源决策咨询征文奖》和《农业气象技术开发效益奖》。至 2004 年,集体和个人全省共获得特等奖 1 个,一等奖 18 个,二等奖 30 个,三等奖 36 个。

气象科技扶贫

气象科技扶贫是农业气象服务的又一个重要战场。农业气象工作者充分发挥自身优势,通过咨询、引进、开发、经营、服务等多种方式,积极参与当地的气象科技扶贫工作。从 1986 年开始,各级气象部门积极参与地方政府组织的下乡驻村扶贫。当年省政府安排省气象局负责信丰县崇仙乡的驻村扶贫,省气象局在全省气象部门选择 4 人,每人负责一个高产、高效的农业技术推广项目,连续实施两年。1991—2010 年全省共完成在中国气象局立项的"气象科技扶贫"项目 40 余项,还完成许多的地方项目。

1991 年,省政府授予省气象局"扶贫先进单位"。在中国气象局的安排下,省气象局和湖南省气象局成立井冈山区气象科技扶贫协作组,省气象局为组长单位。12 月 23—25 日,两省气象局在井冈山召开"湘赣两省井冈山区气象科技扶贫开发第一次协作会议",制定《湘赣两省井冈山区气象科技扶贫开发协作方案》,明确到 1996 年的总体目标、实施项目和主要措施。井冈山区包括全省的遂川县、宁冈县、永新县、莲花县、井冈山市以及湖南省的平江县、茶陵县、酃县(今炎陵县)、桂东县、汝城县等十个县(市)。协作区每年召开一次会议,总结上一年的工作,安排下一年的工作。通过几年的努力,井冈山区农村气象科技信息服务体系、气象减灾综合服务体系和气候资源开发、示范、推广、服务体系取得明显进展。

1996 年 10 月,第五次协作会议在南昌召开,总结前 5 年的工作,规划后 5 年的工作。

中国气象局为了鼓励气象科技扶贫工作,专门设立《气象科技扶贫工作奖》,至 2001 年,本省共获得集体一等奖 1 个,集体二等奖 4 个,集体三等奖 9 个,个人三等奖 1 个。

第九节 现代农业气象和农村经济信息网络

现代农业气象

2009 年,省气象局制定《关于加强气象为农村改革发展服务的意见》和《江西省现代农业气象业务发展规划》,开展农村灾害预警信息发布、精细化农业气候区划和气候可行性论证、农作物动态产量预报业务、农作物病虫害发生发展气象等级预报、农村可再生能源调研等工作,围绕江西新增百亿斤优质稻谷工程开展水稻、棉花、油菜等大宗粮棉油气象服务。

2010 年,在中国气象局与财政部共同支持下,贵溪市作为全国 5 个县级现代农业气象服务试点单位之一开始试点。

2010 年,根据《现代农业气象业务发展专项规划(2009—2015 年)》和《中国气象局关于加强农业气象服务体系建设的指导意见》,省气象局开始开展省级农用天气预报业务服务的相关工作。

农村经济信息网络

2000 年开始,根据国务院副总理温家宝在中央农村工作会议上精神和省委省政府的工作计划,省气象局牵头建设全省农村经济信息网络,并负责日常管理和运行维护。8 个地区市、7 个县(市、区)建设资金到位,14 个市、县级农经网平台基本建成,其中德安县农经网已向乡镇延伸。

2001 年,全省已完成 89 个农经信息平台建设,乡级信息站建成 600 多个。全年共发布信息 9 万余条,月平均更新信息 1 万余条,访问人数超过 30 万人次,注册会员 900 人次,促成网上效益达 1 亿元,并成功举办"江西首届农产品网上博览会",网上直播南丰蜜橘节和赣州脐橙节。

2002 年,省市县乡四级农经网络平台基本完善,近 30 个市县农经信息在当地电视台播出,省级农经网全面改版升级,全年信息发布 9 万余条。

2003 年,撰写农经信息分析预测文章 20 余篇,向省委、省政府领导呈报农经决策服务材料 4 期。在最受网民欢迎的全国兴农网站评比中,江西农经网获第二名。

2004 年,依托农经网,加强农经信息分析预测与决策服务,发布分析预测材料 30 余篇,推进江西绿色农产品规模化生产等决策建议受到省领导高度重视;开办网上农民务工职业技能培训。随着最后两个县级农经信息中心的建立,农经网已覆盖全省所有县(市、区)和 93% 的乡镇。

2005 年,全省农村经济信息网被评选为"2005 年中国农业网站 100 强"。

2006 年,与省新村办、省委农工部联合主办并承办的江西新农村建设网于 9 月 1 日开通运行。这是全省新农村建设领域唯一的政府网站,也是全国首家由气象部门承办的新农村建设政府网站。

第五章　人工影响天气

　　1990年4月28日,召开省人工影响天气领导小组会,由省政府副秘书长舒惠国主持,省政府办公厅、省军区、省计委、经委、财政等21个厅、局的分管领导和省气象局参加会议。根据省人工影响天气领导小组办公室主要职责,下设综合管理科,飞机作业科,作业指挥科,技术发展科四个正科级机构。2010年底止,全省11个设区市人民政府全部建立人工影响天气领导小组和工作机构,有83个县(市、区)人民政府建立人工影响天气领导小组与办事机构。从2008年起,全省先后在南昌、赣州使用夏延-3、运-7两架飞机开展飞机人工增雨作业。

第一节　机构与管理

领导小组

　　1990年4月28日,在省政府大楼第一会议室,召开省人工影响天气领导小组会,会议正式向省政府、省长办公会提请恢复省人工影响天气领导小组机构及办事机构事宜。7月20日,省政府主要领导在省政府第二会议室召开省长办公会第78次会议,专门研究恢复省人工影响天气领导小组机构及办事机构等事宜,确定省人工影响天气领导小组组长、副组长及成员单位与领导人员名单。参加省长办公会第78次会议的省政府主要领导有:省委副书记、省长吴官正,副省长蒋祝平,省委常委张逢雨,省政府副秘书长舒惠国;省气象局局长潘根发,省气象科研所大气物理研究室工程师李玉林参加会议。7月26日,省人民政府(赣府发〔1990〕110号)下文,正式成立"省人工影响天气领导小组",办公室设在省气象局内。

　　1992年7月,省编办批复(赣编办〔1992〕92号)"省人工影响天气领导小组办公室"为处级事业单位,事业编制为11人。

　　2008年12月26日,省编制委员会办公室下发(赣编办〔2008〕122号)"关于印发省人工影响天气领导小组办公室主要职责内设机构和人员编制规定的通知"的文件,确立"省人工影响天气领导小组办公室"为正处级全额拨款事业单位,事业编制定为20名。领导职数为:正处级1名,副处级3名;正科级4名,副科级1名。

　　根据省人工影响天气领导小组办公室主要职责,下设综合管理科、飞机作业科、作业指挥科、技术发展科四个正科级机构。

办公室

1988—1992 年,省人工影响天气领导小组办公室及其主要技术人员,主要是由省气象科学研究所大气物理研究室人员组成。

1992 年 9 月,根据赣编办〔1992〕92 号文件精神,省人工影响天气领导小组办公室从省气象科研所分离出来,开始正式独立办公。根据当时业务需要,下设业务技术科,一直延伸到 2008 年。

先后由王安志(1992—1997 年)、周明华(1997—2004 年)、吴万友(2004—2010 年)担任省人工影响天气领导小组办公室常务副主任。

省人工影响天气领导小组办公室组成人员,由 1988—1992 年最初的 6 人,发展到 2010 年 26 人。其中:教授级高级工程师 1 人,高级工程师 6 人,工程师 9 人,助理工程师 10 人。

作业管理

省人工影响天气作业技术人员变化十分明显,从 1990 年起,参加人工影响天气作业的人员,受到作业工具(高炮、火箭等)的影响(作业工具较少),作业技术与操作人员主要是依靠干旱区域的退伍军人,作业操作人员相对较少。

随着省人工影响天气业务的发展,作业工具(高炮、火箭、燃烧炉等)增多,抗旱减灾需求增加,对作业技术与操作人员的需要数量也相对增加。为适应人工影响天气作业的需求,经省人工影响天气办公室专业人员的技术培训,开始发放省人工影响天气作业指挥、操作上岗证。到 2010 年全省范围内,经培训合格后发放的省人工影响天气作业指挥、操作上岗证技术与操作人员有 469 人。

政策法规

2000 年 11 月 28 日,经省人民政府第 58 次常务会议审议通过《省人工影响天气管理办法》。2000 年 12 月 29 日,由省人民政府省长舒圣佑签发省长令,并开始实施。

2006 年 5 月,《省人工影响天气规章制度汇编》经主管副省长孙用和(省人工影响天气领导小组组长)签发,以省政府办公厅名义发至全省实施和执行。

全省市、县(市、区)人工影响天气机构与组成

2010 年止,全省 11 个设区市人民政府全部建立人工影响天气领导小组和工作机构,有 83 个县(市、区)人民政府建立人工影响天气领导小组与办事机构。其中:有 2 个设区市、5 个县有地方政府编制办公室批复的正式事业编制,实现省人工影响天气工作归口气象主管机构管理的工作体系。

第二节 作业内容

工 具

1990—2010年,地面人工影响天气作业工具经历由少到多、由稀到广等发展阶段。由最初的14门'37'高炮,发展到拥有73门人工增雨专用'37'高炮。由零新型人工增雨火箭发射系统,发展到现在每个县拥有2台,总量达205台,其中94台已配置专用车辆,分设在全省94个县(市、区)。人工增雨作业点(固定和流动)有479个。

从2008年起,全省先后在南昌、赣州使用夏延—3、运-7两架飞机开展飞机人工增雨作业。

抗旱减灾

根据1990—2010年人工增雨作业统计结果(表4-5-1),全省累计人工增雨作业次数有920次,累计作业日数2701天,累计增加水量297.555亿立方米,缓和农田旱情累计20438.15万亩(21年平均为973.25万亩/年),受益面积216.4262万平方公里,直接经济效益累计117.9731亿元。

表4-5-1 1990—2010省气象局人工增雨作业基本情况

序号	年份	作业次数(市县区)	作业天数(天)	作业次数(次)	缓解旱情(万亩)	受益面积(万平方千米)	增加水量(亿立方米)	经济效益(亿元)
1	1990	15	50	117	196.50	0.1309	1.030	0.510
2	1991	48	109	534	963.00	0.6420	30.010	1.500
3	1992	11	41	84	258.50	0.1723	7.990	0.101
4	1993	0	0	0	0.00	0.0000	0.000	0.000
5	1994	8	49	26	104.90	0.0699	0.380	0.098
6	1995	10	68	121	131.10	0.0874	0.590	0.105
7	1996	22	79	260	0.45	0.0003	1.580	0.156
8	1997	5	56	28	60.00	0.0400	0.038	0.046
9	1998	26	57	243	141.20	0.0941	2.850	1.510
10	1999	1	20	15	2.10	0.0014	0.012	0.015
11	2000	59	98	831	1072.10	0.7147	27.575	12.0471
12	2001	44	110	429	860.00	0.5733	8.220	6.889
13	2002	11	90	45	257.30	0.1715	6.350	1.096
14	2003	92	113	1850	2700.00	1.8000	37.900	16.200

续表

序号	年份	作业次数(市县区)	作业天数(天)	作业次数(次)	缓解旱情(万亩)	受益面积(万平方千米)	增加水量(亿立方米)	经济效益(亿元)
15	2004	75	298	1593	2800.00	1.8667	30.100	12.040
16	2005	90	278	553	982.00	0.6547	8.300	3.300
17	2006	55	200	600	861.00	0.5740	4.130	2.160
18	2007	90	296	2324	2900.00	1.9330	30.000	12.000
19	2008	86	113	1226	2500.00	50.0000	40.000	16.000
20	2009	86	298	1889	2650.00	78.7000	31.300	16.500
21	2010	86	278	1663	998.00	78.2000	29.200	15.700
合计		920	2701	14431	20438.15	216.4262	297.560	117.970

1991年,全省有48个县(市)开展人工增雨抗旱作业,作业109天,作业534次。缓解旱情963.0万亩,受益面积0.642万平方公里,增加水量30.01亿立方米,经济效益1.5亿元。

2000年,全省有59个县(市、区)开展人工增雨抗旱作业,作业59天,作业98次。缓解旱情1072.1万亩,受益面积0.7147万平方公里,增加水量27.575亿立方米,经济效益12.0471亿元。

2003年,全省有92个县(市、区)开展人工增雨抗旱作业。作业109天,作业534次。缓解旱情963.0万亩,受益面积0.642万平方公里,增加水量30.01亿立方米,经济效益1.5亿元。全省发生百年未遇特大高温干旱灾害。省人工影响办公室遵照省委、省政府决策和部署,充分利用气象现代化科技成果,发扬不怕困难、不畏艰苦、连续作战、敢于胜利的精神,开展全省历史上作业时间最长、作业规模最大的人工增雨抗旱减灾作业。自2003年7月18日至11月7日,历时113天,在全省11个设区市、92个市(县、区)开展人工增雨作业1850次,动用火箭发射架74架,高炮73门,发射火箭弹2377枚,发射炮弹30514发,缓解农田旱情180公顷(折合2700万亩),增加水量37.9亿立方米,直接经济效益16.2566亿元。7—8月,省委书记孟建柱对人工增雨工作在抗旱减灾中的作用给予了很高评价。在半个多月的时间里,先后7次对人工增雨工作作出指示,并发出"应用人工增雨抗旱"的号召。省政府副省长、省人影领导小组组长危朝安,不仅直接部署和指挥全省的人工增雨抗旱减灾工作,而且在省人影领导小组会、全省防旱抗旱工作会上多次要求各级政府、各有关部门密切配合、高度协调、科学调度、打破地域界限、统一组织实施人工增雨作业。7月29日,危朝安亲临井冈山人工增雨作业现场,直接指挥井冈山人工增雨作业,扑灭森林火警。7月31日、2004年1月31日,省委书记孟建柱连续2次亲临省人工影响天气指挥中心视察,并与技术人员合影。8月4日,省委书记孟建柱一行冒着酷暑,来到全省吉水县醪桥乡人工增雨作业炮点,亲切看望作业人员,并且按下火箭发射按钮,发射人工增雨火箭弹实施人工增雨作业。省委书记孟建柱来到人工增雨作业现场,进行一线指挥和现场操作,在省内、外引起强烈反响,给人影工作者以极大的鼓舞和鞭策。中国气象局局长秦大河及省委、省人大、省政府、省政协等领导,多次打电话给省气象局主要领导,对江西抗旱气象服务和人工增雨工作做出明确指示,向奋战在抗旱服务第一线的气象人影工作者表示慰问。

2005 年和 2007 年,全省有 90 个县(市、区)开展人工增雨抗旱作业。作业 90 天,作业 553 次。缓解旱情 982.0 万亩,受益面积 0.6547 万平方公里,增加水量 8.3 亿立方米,经济效益 3.3 亿元。

2008 年,全省有 86 个县(市、区)开展人工增雨抗旱作业。作业 113 天,作业 1226 次。缓解旱情 2500.0 万亩,受益面积 50.0 万平方公里,增加水量 40.01 亿立方米,经济效益 16.0 亿元。

由于人工增雨在全省抗旱减灾工作中的贡献突出,2000、2003、2007 年,省人工影响天气办公室分别被中国气象局、省人民政府、省人工影响天气领导小组等授予“2000 年重大气象服务先进集体”“2003 年省人工增雨抗旱工作先进集体”“2007 年省人工增雨抗旱减灾先进集体”荣誉称号。

飞机人工增雨

全省首次飞机人工增雨是在 1959 年,省气象局与国家气象局在庐山设立的“庐山天气控制所”及北京大学等单位一起,在江西南昌附近的向塘空军机场,进行首次飞机人工增雨试验工作,并获得成功。1979 年 6 月,为增加柘林水库库区的来水量,增加供电量,开始利用飞机在柘林水库流域进行水库人工增雨工作,并一直延续到 1982 年。

2008 年 3 月—7 月,完成《江西省实施飞机人工增雨作业技术方案》的编写工作。8 月 22 日,省气象局、省人工影响天气领导小组办公室,在南昌召开飞机人工增雨协调小组第一次会议。10 月 5 日,中止多年的飞机人工增雨,在南昌利用“夏延 -3”飞机,首次进行飞机人工增雨作业。

2009 年 4 月,在省委、省政府领导下,飞机人工增雨作业南昌基地已开展飞机增雨作业六个多月,取得良好的经济社会效益。但受飞机作业半径的限制,加之赣州及其周边地区大部分县(市、区)空域与南昌机场不属于同一区域,隶属广空管理,空域协调难度大,以南昌为基地实施人工增雨的飞机,难以到达赣州市大部分区域以及萍乡市和吉安市南部等区域实施飞机人工增雨作业。因此,有必要在赣州市增加安排 1 架飞机,承担赣州市、萍乡市、吉安市南部等区域的飞机人工增雨作业,与南昌飞机联合,组成全省空中飞机人工增雨催化作业网。

从 2010 年起,全省每年南昌、赣州(“运 -7”)两架飞机同时开展人工增雨作业,主要是服务于人工增雨抗旱、降低森林火险等级与森林防火灭火等作业。

根据 2008—2010 年飞机增雨作业统计结果,进行飞机增雨作业累计 56 架次,作业累计飞行小时数 113 小时,播撒碘化银烟条 380 根,累计受益与影响区面积 120.0 万平方公里,增加水量 44.8 亿立方米,直接经济效益 33.2 亿元。

人工防雹

1974 年 3 月,省气象局就已经开始全省的人工防雹工作。

1977 年,开始在广丰县开展人工防雹试验工作,此项工作也一直延续到 1999 年。

1989 年 4 月,由省保险公司、宜春地区和上高县保险公司共同出资,在上高县开展为期 1 年的专为保险公司进行的人工防雹工作。后来因业务调整等诸多原因,人工防雹工作处于停滞状态。

2007年3月6日,副省长熊盛文在省人工影响天气领导小组办公室呈报送的《关于全省部分重点地区开展人工防雹作业的专题报告》上批示:"人工防雹减灾是人工影响天气工作的一个重要方面。全省春夏之交雹灾较多,有必要进行这方面的探索,有步骤地开展这项工作。"省人工影响天气办公室积极落实,专门召开人工防雹专题协调会和省人工影响天气办主任会研究和部署防雹工作。根据历史气象资料统计,春季和夏初,全省冰雹主要路径有赣西北、赣中、赣南三条,总体分布是西部多于东部,山区多于平原。依照这一规律,在主要冰雹路径上的县(市、区)和冰雹出现频率较高的县(市、区)设置人工防雹作业点设置30~40个作业点(其中高炮固定作业点13~19个、火箭流动作业点17~21个)。

根据2007—2010年人工防雹作业统计,累计在113个县(市、区)开展人工防雹作业1522次,动用高炮90门(次),火箭发射装置122台(次);保护面积5.12万平方公里,直接经济效益2.32亿元。

森林火险

为进一步发挥人工增雨工作的作用,保障全省森林资源安全,2005年,省人影办与省防火办联合下发《关于做好秋冬季人工增雨森林防(灭)火工作的通知》(赣人影办发〔2005〕3号),要求全省各级人影办、防火办密切配合,根据火险等级、火灾情况适时向政府和有关部门提出人工增雨的建议开展人工增雨森林防(灭)火工作,使之常态化、制度化。

根据2005—2010年降低森林火险等级人工增雨作业统计(表4-5-2),作业次数累计403次(市、县、区)开展降低森林火险等级人工增雨作业2192次,动用高炮297门(次),火箭发射装置379台(次);累计受益面积61.4万平方公里,直接经济效益15.36亿元。

表4-5-2 降低森林火险等级人工增雨

年份	作业次数(市、县、区)	作业天数(天)	作业次数(次)	动用高炮(门)	动用火箭(套)	受益面积(万平方千米)	增加水量(亿立方米)	经济效益(亿元)
2005	90	90	553	52	98	11.3	8.30	3.30
2006	55	103	600	50	52	9.6	4.13	1.26
2007	60	90	300	51	52	10.2	8.10	3.10
2008	86	101	346	52	63	12.3	9.30	3.50
2009	50	96	221	50	62	8.3	6.70	2.90
2010	62	90	172	42	52	9.7	4.01	1.30
合计	403	570	2192	297	379	61.4	40.54	15.36

2008年2月18日至5月中旬,因全省气温回升,森林火险等级急剧上升,加之去冬今春长时间低温雨雪冰冻天气使林区内大量树木折断、植被冻死干枯,林内可燃物载量增多,许多地方相继发

生森林火情,森林防火形势十分严峻。全省人影工作者按照省委、省政府要求,全力以赴,日夜坚守,抓住有利天气条件,开展超历史规模的人工增雨森林防火灭火专项作业。全省有86个县市开展人工增雨森林防火作业306次,成功扑灭山火40余起。春季人工增雨森林防火灭火专项作业规模之大、时间之长均为历史之最,省人影办及时指导各地有针对性开展人工增雨森林防火灭火专项作业,服务更加科学化、精细化。人工增雨森林防火灭火作业受到各级党政领导的充分肯定,得到林区人民的高度赞扬。3月6日,在得知萍乡、瑞昌通过人工增雨有效降低森林火险等级后,省委副书记、省长吴新雄当日即在人工增雨日报上做出批示:很好。副省长熊盛文也在同一日做出批示:请继续做好人工增雨作业,缓解森林火险等级居高不下的严峻形势。

2009年,全省森林火险等级频繁走高,森林防火形势严峻。全省大规模开展春、冬季地面、飞机增雨森林防(灭)火作业服务。省领导就此多次做出重要批示,要求有作业条件的地方,抓紧实施人工增雨作业。全省共有50多个县市开展地面人工增雨森林防火作业205次,开展飞机作业15架次,成功扑灭山火20余起。

人工消减雨

2010年9月25—26日,第五届中国中部投资贸易博览会(以下简称中博会)在南昌举办。省政府主要领导指示,要采取有效措施开展人工消(减)雨作业,确保中博会开幕式和文艺晚会活动正常进行。9月24日晚,省气象局接到指令后,立即召集省人影办及有关业务单位开会研究部署,制定《中博会人工消(减)雨实施方案》,并下发文件要求有关地市高度重视,精心组织,做好各项准备工作。9月25日,省人影办紧急调集除赣州外的10个设区市54个县(市、区)108支作业分队进入临战状态,在以南昌为中心的150公里范围内布设远近结合的三道防线。9月25日中午、下午、晚上,26日上午,有24个县(市、区)实施人工消(减)雨作业56次,发射火箭弹406枚,有效减少降雨量。

第三节 重点工程建设

1991—2010年,省人工影响天气工作,主要是通过重点工程项目建设,不断实现省人工影响天气业务现代化,依托重点工程建设推动省人工影响天气事业更好、更快发展,不断造福于江西人民。省人工影响天气重点工程建设项目主要有13项:

《江西空中云水资源开发利用工程》项目,列入《江西省国民经济和社会发展第十一个五年规划纲要》;《省人工影响天气应急系统》,经"第18次省人工影响天气领导小组会议"审议通过,并经省计委、财政,对建设方案及资金筹措方案,进行修改论证,列入"十二五"计划与实施建设;《赣粤东江水库集水区人工增雨重点作业区》,列入国家人工影响天气重点作业区建设规划;《国家人工影响天气基地庐山云雾试验观测站》,列入国家人工影响天气重点外场实验基地建设规划;《鄱阳湖流域人工增雨重点作业区》,列入国家人工影响天气重点作业区建设规划;《鄱阳湖五河流域人工影响天气规划》,列入全省政府《鄱阳湖生态经济区》中的《鄱阳湖五河流域规划》建设规划;《江西省新增百亿斤优质水稻生产能力—人工增雨抗旱作业工程》,列入国家千亿斤粮食和全省百亿斤优质稻谷增产工程建设规划;《省人工影响天气专业监测网》建设规划(2007—2010年),列入省人工影响天气"十一五"发展规划;《庐山、井冈山、三清山、龙虎山、西山人工增雨森林防火灭火作业能力建设方案》,列入省人工影响天气"十一五"发展规划,并已经实施完成;《江西省飞机人工增雨作业赣州基地建设可行性研究报告》,列入国家人工影响天气重点作业区建设规划和省人工影响天气"十一五"发展规划建设;省人工影响天气工程技术研究中心方案(含:申请报告、可行性研究报告、南昌云雾观测与实验室建设方案);柘林水库人工增雨蓄水发电项目可行性研究报告(含:人工增雨增加柘林水库蓄水工作方案);省人工影响天气"十一五"规划[含:省人工影响天气发展规划(2008—2012年)]。

第六章　雷电防护气象服务

　　1991 年 4 月,根据《省防雷安全管理暂行办法》和《省气象部门防雷技术服务实施意见》文件要求,省气象局成立"省气象防雷技术服务中心"和"南昌市气象防雷技术服务部",共同隶属省气候中心服务科,属省气象局服务职能管理部门领导,业务技术上接受省级劳动安全卫生监察机构的监督。2003 年 5 月,省雷电监测仪使用的是中国科学院空间科学与应用研究中心研制的高精度雷电监测定位仪。利用闪电信息资料,开展雷电预警预报的研究工作;发布闪电活动公报,提高社会雷电安全意识;通过闪电定位信息资料,开展雷电风险评估业务,并在雷电灾害鉴定中应用;在人工增雨和森林防火中应用。《武汉区域雷电预警预报技术研究》《雷击损害风险评估系统》《雷电业务建设》《省级雷电业务系统建设》等 4 个项目的研究,为雷电监测预警业务提供技术支撑。

第一节　雷电防护机构

　　1991 年 4 月,根据《江西省防雷安全管理暂行办法》和《江西省气象部门防雷技术服务实施意见》文件要求,省气象局成立"全省气象防雷技术服务中心"和"南昌市气象防雷技术服务部",共同隶属省气候中心服务科,属省气象局服务职能管理部门领导,业务技术上接受省级劳动安全卫生监察机构的监督。省气象防雷技术服务中心是指导全省防雷技术服务的中心,具体负责全省各地防雷技术服务的技术指导、咨询和一类工业、民用、公共建筑物、构筑物避雷装置业务的技术参与和技术监督,制作"检测报告",审核认可后到当地劳动安全卫生监察机构办理"避雷装置安全使用认可证","检测报告"和"避雷装置安全使用认可证"交用户存档备查。省气象防雷技术服务中心人员由省气候中心 4 人和省气象计量检定所 3 人组成,持有省劳动厅、省气象局核发的"检测资格证"上岗,并视具体情况临时或短期借用业务岗位人员从事辅助性工作。按规定配齐省气象局各种检测设备和劳动保护用品;办理技术设备、技术检测查验认可手续;上岗人员经考试合格持检测证上岗;内部建立技术质量保障制度和作业施工安全管理制度,设置技术作业和技术检验岗位,明确各岗位职责;严格按照下发的《避雷装置检测技术规范手册》进行检测和检验,依据国家有关防雷设计、安装技术规定提供技术咨询,确保质量;承担对下的防雷技术服务指导、咨询、参与和监督、把关工作,审核各地一类工业、民用、公共建筑物、构筑物的"检测报告"。开展气象专业有偿服务是气象部门改革的重要内容。在做好公益服务的前提下利用现有人力、技术装备和服务手段,面向社会,按照自愿互利的原则,为有关企事业单位提供针对性强、实用价值高的气象科技信息,有组织地开展技术装备、技术咨询服务等活动。气象防雷技术服务收费全部纳入专业有偿服务预算外资金管理,单独核算。按《关于发布全省气象系统专业服务收费项目及标准的通知》规定标准收费。6月5日，正式启用"省防雷技术服务中心"公章。

1992年1月，成立"省蓝天高新技术开发公司筹备小组"。9月，省气象科学研究所与省蓝天高新技术开发公司合署办公，两块牌子，一套人员。9月，省气象局蓝天公司、避雷针检测业务划归省气科所管理，从1992年10月13日开始，南昌区域内的避雷装置技术系列服务项目归口省气象局蓝天高新技术开发公司。11月2日，省蓝天高新技术开发公司及所属的蓝天广告公司、蓝天工贸公司、蓝天综合经营公司、避雷针检测服务部在昌开业。

1993年3月6日，省气象防雷技术服务中心和南昌市气象防雷技术服务部分别更名为省防雷技术中心和南昌市防雷安全检测所。

1995年1月4日，"省气象防雷技术服务中心"更名为"省防雷中心"。

1997年6月，"南昌市气象防雷技术服务部"更名为"南昌市防雷减灾中心"。

1999年4月27日，省气象科学研究所决定成立"省蓝天雷电防护有限公司"。

2001年12月，经省气象局批准，同意成立"南昌市防雷装置质量检测检验所"，为正科级事业单位，人员在现有的人员编制中调剂，主管单位为省气象科学研究所。4月6日，省气象局印发《关于进一步规范防雷减灾工作的紧急通知》，通知指出，从不久前开展的全省防雷安全大检查及省防雷办了解的情况看，问题不少，隐患严重，其中既有外部原因，也有内部管理不善的原因，各单位必须进行一次认真的自查自纠，将违规情况及整改意见上报防雷办。

2004年，将省防雷中心和省蓝天雷电防护有限公司从省气象科学研究所划出，组建新的省防雷中心，隶属省气象国有资产运营中心建制，由国资中心管理，国资中心一位副主任兼任省防雷中心主任。主要职责是：贯彻落实《气象法》《江西省实施〈气象法〉办法》《防雷减灾管理办法》等法律法规，严格执行国家防雷技术规范和标准，做到依法开展各项技术服务工作；负责统筹全省气象部门防雷减灾业务的技术指导和咨询工作，负责对各系统、行业防雷的技术指导，会同有关单位组织开展对雷电灾害防御机理的研究，开展相关工作；负责南昌市（不含所辖县，下同）防雷设施的综合评价和常规检测，负责南昌市计算机信息网络、通信、监控等系统的防雷检测工作；受南昌市气象主管机构委托，负责南昌市防雷执法以及防雷设施的设计审核、分段检测、竣工验收工作；负责南昌市防雷工程质量的监督和检测；参与全省重大雷灾事故和南昌市雷灾事故的调查、鉴定，出具分析报告；组织防雷新技术、新产品的引进、推广、开发鉴定及产品的技术管理工作；负责全省重大防雷工程设计方案的技术审核；协助省雷电防护管理局开展防雷资质评审、年审的技术论证和审核工作；负责拓展雷电工程市场。人员的调整：按照人员随任务走的原则，凡在省防雷中心、省蓝天雷电防护有限公司的在编在岗职工19人划入新的省防雷中心，12月31日前到位，省防雷中心自行决定是否继续聘用临时工。

2006年4月，省气象局批准《省雷电监测预警与防护技术中心（省气象局国有资产运营中心、省气象财务核算中心）机构编制调整方案》，中心牵头承担省级雷电业务，开展雷电监测、预警预报、防雷装置检测与防护技术服务、研究开发等，内设雷电灾害预报科（雷电灾害研究室）、检测科、雷电防护科等。

2007年,省气象局财务核算中心从省雷电监测预警与防护技术中心(省气象局国有资产运营中心、省气象财务核算中心,以下简称省防雷中心)分离出来,由省气象局计划财务处归口管理,撤销省气象局国有资产运营中心,国有资产的管理由省气象局计划财务处负责,经营性国有资产的管理由省气象局政策法规处负责,10月20日前到位运转;调整后省防雷中心是省气象局直属正处级独立法人事业单位,内设6个职能科(室);人员编制核定为38名(其中含省气象局财务核算中心12名),处级领导职数为3名,其中主任1名,副主任2名,内设机构科级领导职数为15名(含省气象局财务核算中心4名);调整雷电业务及分工,省气象信息中心承担雷电数据资料的实时监测和收发工作,省气象台承担雷电预警预报业务,省雷电监测公报和雷电灾情的实时收集上报工作。10月,省气象局关于雷电业务与管理工作分工下达通知,省雷电中心不再承担雷电监测、预警预报具体业务工作。

第二节　雷电监测

定位系统

2003年5月,全省雷电监测仪使用的是中国科学院空间科学与应用研究中心研制的高精度雷击监测定位仪。雷电监测定位系统分为五部分:彼此以150KM左右间隔为基线的探测站网,集中处理数据的中心定位处理机、提供全省数据共享的数据库Web服务器、单用户图形显示工作站及将上述几部分联系起来的通信网络系统。省气象局筹资建成由11个子站和1个中心站组成的覆盖全省的雷电监测网,1个中心站在省气象局环境预报中心,11个子站分别:九江、修水、景德镇、临川、上饶、鹰潭、宜春、泰和、广昌、赣县和寻乌站。全省的组网方式采用VPN虚拟专用网实现探测站与中心站的连接,各台站通过WEB服务器共享雷电服务产品。子站探测到闪电信息后上传至中心站,经中心站处理后,将定位结果(包括雷击位置、强度、极性、能量等)分发给各个用户。每个探测仪每30秒发一个信息到中心站,因此其时间分辨率远高于多普勒天气雷达的6分钟一次体扫产品和卫星云图每一小时的产品。

雷电资料应用

2003年9月25日,省气象局印发《关于下发雷电监测定位系统运行保障制度的通知》(〔2003〕65号文件),指出雷电监测定位资料对雷电灾害评估和防护、雷电风险评估、森林火点的监测、人工增雨机会的捕捉以及监测强对流天气的发生发展都有很好的指示作用和应用价值。

2003年,为保证该系统的业务化运行,充分发挥雷电监测定位网的作用,省气象局制定《雷电监测定位系统运行保障制度(试行)》。

2004年11月9日,省气象局人事教育处《关于召开雷电监测资料和雷达资料综合应用培训暨研讨会的通知》的培训和研讨内容:(1)雷电监测系统的站网结构和工作原理;(2)雷电监测资料和雷达资料在强对流天气预报、人工降雨、雷电防护和灾害评估中的应用;(3)进一步用好雷电监测资料和雷达资料的设想、建议。

2005年4月13日,省气象局印发[2005]10号,《关于下发〈江西省雷电监测系统运行保障制度〉的通知》,通知根据近两年系统在业务中的运行情况,省气象局重新修订《江西省雷电监测系统运行保障制度》。同年,省雷电中心业务技术体制改革试点:牵头承担省级雷电业务建设,抽调技术骨干组建雷电灾害预报科,搭建雷电业务工作平台;设立雷电信息单用户显示终端,研究全省雷电活动规律及雷电特征;制定雷电6+1业务体系的工作规程及技术流程;接受雷电中心站监测任务,开展省级雷电灾害预报工作。利用闪电信息资料,开展雷电预警预报的研究工作;发布闪电活动公报,提高社会雷电安全意识;通过闪电定位信息资料,开展雷电风险评估业务;在雷灾鉴定中应用;在人工增雨和森林防火中应用。

2006年4月15日,省气象局关于印发《江西省雷电监测预警与防护技术中心(省气象局国有资产运营中心、省气象财务核算中心)机构编制调整方案》的通知,审核批准省雷电中心牵头承担省级雷电业务,开展雷电监测、预警预报、防雷装置检查与防护技术服务、研究开发等。内设雷电灾害预报科(雷电灾害研究室)、检测科、雷电防护科等。同年,雷电业务轨道建设有一定进展:雷电监测与预报工作得到中国气象局有关司和气科院的认可,有关工作在中国气象局雷电业务轨道建设研讨会上发言。进行省气象局机构调整,任务落实到科室,按照省气象局业务技术体制改革方案要求,对内设机构进行重组,设置雷电灾害预报科、检测科、审验科、雷电防护技术服务科、综合管理科等科室,明确各科室的工作职责;雷电监测与预报工作迈出实质性步伐,组织人员外出考察大气电场监测网建设情况,并完成雷打山、莲塘二个站点的设备安装及调试工作;按要求完成全省雷电监测的月报、季报和年报工作,并按照省气象局规定的数据格式进行存档;监测资料产品上网的前期准备工作基本完成。

2007年3月1日—9月30日,实行雷电监测预报24小时值守班,严密监视中心站和雷电探测子站探测运转情况,及时发现问题和对下通报。据统计,全年共发现子站故障百余次,中心处理机和图形处理机故障数次,所有故障均及时向有关单位通报。在有关单位的共同努力和帮助下,保证全省雷电监测正常运行,雷电中心站接收和处理数据率达到95%。同年10月23日,省气象局印发《关于雷电业务与管理工作分工的通知》,省气象信息中心负责雷电监测相关工作。

2008年2月1日,省气象局印发《关于全省雷电监测预警与防护技术中心改建并更名的请示》,将雷电数据资料的实时监测和收发工作调整到省气象信息中心。《雷电轨道业务方案》《江西省雷电轨道业务实施方案》《雷电轨道业务培训教材》《雷电监测网专项规划2007》雷电监测预警预报有关PPT、八项业务流程和雷电业务改革运行方案、雷电业务工作情况汇报、业务技术体制改革配套方案及分方案、雷电轨道任务分解总表和雷电监测预警与防护业务实施方案、业务方案(试行)。

第三节 雷电预警预报

2006年2月13日,中国气象局政策法规司印发《关于转发雷电轨道体制改革有关问题的局长协调会议纪要的函》,纪要指出,省级及省级以下雷电天气的预警预报由各级气象台承担,其他雷电业务由相应雷电业务机构承担。同年4月15日,省气象局关于印发《江西省雷电监测预警与防护技术中心(省气象局国有资产运营中心、省气象财务核算中心)机构编制调整方案》的通知,审核批准省雷电监测预警与防护技术中心牵头承担省级雷电业务,开展雷电监测、预警预报、防雷装置检查与防护技术服务、研究开发等。内设雷电灾害预报科(雷电灾害研究室)、检测科、雷电防护科等。同年,在内网上滚动发布雷电临近(0—1小时、1—3小时)落区概率预报和强度预报以及短时(0—6小时、6—12小时、12—24小时)落区概率预报和强度预报。同年,雷电预报正式进入日常值班工作状态。年初成立汛期气象服务领导小组和技术把关小组,雷雨季节,参加省天气六会商,遇雷雨天气,实行24小时加强值班;在内网上滚动发布雷电临近(0—1小时、1—3小时)落区概率预报和强度预报以及短时(0—6小时、6—12小时、12—24小时)落区概率预报和强度预报。《雷电灾害预报值班制度》《参加预报会商制度》《雷电预报业务流程》;省短时临近预报业务规定、业务流程和雷电业务轨道建设进展情况和下一步打算;雷电预警系统安装、雷电预警信号及发布等规定、雷电临近预警系统及雷电预警预报工作、技术研讨交流。《雷电轨道业务方案》《江西省雷电轨道业务实施方案》《雷电轨道业务培训教材》《雷电监测网专项规划2007》八项业务流程和雷电业务改革运行方案、雷电业务工作情况汇报、业务技术体制改革配套方案及方案、雷电轨道任务分解总表和雷电监测预警与防护业务实施方案、业务方案(试行)

2007年2月13日,上海区域气象中心关于印发《上海区域气象中心雷电轨道业务建设研讨会会议纪要》的函,纪要记载已完成南昌、莲塘二个站点的设备安装及调试工作,初步是出雷电预报、预警业务体系以及雷电业务指导体系的产品,建立雷电监测定位系统预报值班制度和天气会商制度。同年,认真做好雷电灾害预警信号的发布和对下指导工作。制定省级和南昌市区雷电预警信号的发布流程,全年共计发布雷电预警信号24次,对下通报40余站次,并按要求上传到中央气象台和上海气象区域中心,全年没有出现一次失误或责任性差错。规范雷电预报值班工作内容,为充分发挥雷电预报的对下指导作用,中心在总结经验的基础上,进一步规范雷电预报值班的工作内容。将分析雷电监测资料和演变趋势、对指导产品进行检验分析、综合分析其他监测资料实况、制作三小时内雷电预报结论、提出雷电防护注意事项、收集雷电灾情等事项纳入值班工作内容,并积极参加全省天气会商。同年10月23日,省气象局印发《关于雷电业务与管理工作分工的通知》,省气象台负责雷电预警预报相关工作。《武汉区域雷电预警预报技术研究》《雷击损害风险评估系统》《雷电业务建设》《省级雷电业务系统建设》等4个项目的研究,为雷电监测预警业务提供技术支撑。

2008年2月1日,省气象局印发《关于省雷电监测预警与防护技术中心改建并更名的请示》,将雷电预警预报业务、省雷电监测公报和雷电灾情的实时收集上报工作调整到省气象台。

第四节 雷电灾情调查

1998年,全省雷击事故发生频繁,其中2月16日,抚州地区棉麻公司储备库因雷击引发特大火灾;6月12日,波阳县六九〇二国家棉麻储备库遭雷击发生特大火灾,烧毁棉花900多担;6月18日,江西化纤化工有限责任公司有机分厂遭雷击后引发大火,致使5个甲醇槽罐爆炸,这三次雷击引发的火灾事故,均给国家财产造成重大损失。各单位应利用这几起雷击事例,加大防雷减灾工作的宣传力度,让社会各界进一步提高对防雷减灾工作重要性的认识,自觉地做好防雷减灾工作。

2003年1月7日,省雷电防护管理局印发《关于上报2002年雷电灾情的通知》,通知要求各设区市气象局要认真做好所辖行政区域(含县局)内2002年度雷电灾害的收集、汇总和分析工作,并于2003年2月10日前将雷电灾害等情况通过计算机网络报至省气象局,协助中国气象局防雷办编印《2002年度全国雷电灾害典型事例汇编》工作。

2004年11月1日,中国气象局预测减灾司印发《关于规范雷电灾害上报的通知》,通知要求各省(区、市)气象局,计划单列市气象局,各直属单位将本地发生的雷电灾害纳入《全国气象情报与灾情信息网》上报。

2005年,对江西师范大学、南昌理想家园雷击事故进行灾害调查并出具鉴定报告;协作县(市、区)防雷中心完成新建县、井冈山安全厅办事处、宜春明月山的雷击事故调查与鉴定。同年12月13日,省雷电防护管理局印发《关于上报2005年雷电灾害情况的通知》,通知要求汇总所辖行政区内2005年1月1日—12月31日发生的雷电灾害情况,并填写《2005年雷电灾害情况统计表》,于2006年1月5日前寄至省雷电防护管理局;各单位从2006年1月1日起,要建立完善雷电灾害档案,并在内网上实时公布,以供查询;各单位要严格按照省气象局有关文件精神,切实做好向上级业务部门及省雷电防护管理局报告雷电灾害情况的工作。

2006年,先后到宜春、萍乡、都昌、南昌县、安义、大余等地进行雷电灾害调查,并现场宣传防雷科普知识。

2007年,通过全国灾情直报系统、报纸、网络等多种途径,收集全省的雷电灾情,同时深入高安等20多个灾情点地进行雷电灾害调查,及时了解事故原因和灾害损失情况,指导防雷减灾工作。每月5日前,定期向国家级雷电中心报告上月的雷电灾害情况,从未迟报或缺报。

2009年1月16日,省气象局政策法规处印发《关于汇总上报2008年雷电灾害材料的函》。

2010年1月18日,省雷电防护管理局印发《关于汇总上报2009年雷电灾害资料的函》。

第五节　雷电防护专业服务

防雷装置检测检验

1991年4月,省气象防雷技术服务中心(南昌市气象防雷技术服务部)正式开展避雷装置检测工作,配齐各种检测设备和劳动保护用品,办理技术设备、技术检测资格查验认可手续,分期分批派员参加省气象局在井冈山市等地不定期举办的省防雷安全技术服务培训班培训,取得省劳动厅和省气象局核发的"检测资格证"及省技术监督局和省气象局颁发的《质量检验员证》,并派多位技术人员授课。至 1992 年 9 月,省气象防雷技术服务中心(南昌市气象防雷技术服务部)建立一支专业防雷技术服务队伍,由省气象科学研究所负责管理,购置防雷检测仪器设备和劳保用品,全员持证上岗。

1992 年 10 月 13 日,实行按行政区域开展检测,南昌区域内的避雷装置技术系列服务项目归口省气象局蓝天高新技术开发公司,跨行政区域开展避雷项目经营服务,必须与该域气象部门协商,并征得对方同意后方可实施。同年 1—5 月全省专业有偿服务情况通报,防雷检测、设计、安装一条龙服务逐步在各地铺开。同年 12 月 22 日,省劳动厅、省气象局联合召开的省第二次防雷安全工作会议指出,全省已有 83 个县(市)成立防雷服务专门机构,并对外开展检测;建立一支近 300 人的专兼结合防雷技术队伍,其中,167 人持有省劳动厅、气象局核发的避雷装置检测检验资格证形成覆盖全省的防雷服务网络。一年中,各地累计投资近 50 万元购置防雷检测设备。据不完全统计,全省一年来共检测防雷装置单位近 4000 家,检测避雷根数 15000 余支,为促进生产安全和社会稳定,做出积极的贡献。

1993 年 7 月 28 日,赣气服〔1993〕006 号文通报全省专业有偿服务情况称,全省防雷检测、设计、安装一条龙服务有较大进展。利用气象部门的其他技术,开展避雷设施安装、检测等可纳入气象专业有偿服务的收费项目范围统一管理。通过省技术监督局对其计量检定、测试能力和可靠性等方面的考核,取得计量认证合格证书,其后,按规定接受每三年一次的期间核查和五年一次的复审,均合格。

1996 年,南昌市劳动局对防雷中心的工作非常支持,从 1991 年开始,年年下发通知。五年来,防雷中心为企事业单位共检测避雷装置 1000 多套,查出不合格避雷装置 300 余套,整改不合格避雷装置 200 余套,消除雷击隐患,取得较好的社会效益和经济效益。

1997 年,省防雷中心提交《认清形势攻克难点找准防雷工作突破口》经验交流材料于省气象局长会议交流,归纳总结近五年工作经验,连续五年完成省气象局下达的目标任务。同年,南昌市消防支队鼎力相助,防雷中心检测收入比 1996 年翻一番。编写《计算机场地防雷暂行规范》,与省公安厅联合下文,实施计算机场地的防雷检测和工程。

1998 年 6 月,建立健全防雷技术服务安全监督机制,实行防雷技术服务岗位责任制,明确单位安全责任人和质量保证人、劳动保护安全员及消防监督员,制定执行安全操作实施细则。省防雷中心及 4 个地市局防雷检测机构通过省技术监督局组织的计量认证。

1999 年 4 月开始计算机机房防雷装置检测。

2001 年 1 月开始,《南昌市防雷减灾管理规定》确定防雷装置实行定期检测制度。

2002 年省防雷中心和南昌市防雷装置质量检测检验所均取得防雷装置质量检测检验资质。

2004 年实行建设工程项目防雷装置检测服务费用减免规定。

2005 年,将市场开拓能力强的人员调整到一线领头创收,做大防雷市场、做强防雷事业;组建队伍履行行政执法、设计审核、技术咨询服务等防雷管理职责;领导班子亲自抓协调,理顺工程与检测的关系,通过检测带动工程。加强成本控制,提高管理效益:分段验收成本由进账额的 15% 降低为进账额的 5%;常规检测成本由进账额的 36% 降低为进账额的 15%;竣工验收成本按不同来源况由进账额的 36% 分别降低为进账额的 20.5%、13.5% 和 10.5%;防雷工程的业务接洽费也由按工程进账额的 10% 改为按工程项目毛利的 20% 提取,利润率不高的工程业务接洽费大为缩减。加强防雷检测行业开发:制定具体的优惠政策,鼓励创收人员积极开展行业开发。加强干部职工业务能力的培养,通过组织参加省气象局举办的公务员每周两小时能力培训、参加各种学术交流,举办防雷业务知识和行政执法专题讲座、财务知识岗位培训等活动,不断提高干部职工的综合素质。

2006 年 8 月 13 日,南昌市行政许可服务中心管委会正式批复,南昌市防雷报建工作进入南昌市规划局牵头的建筑项目"并联"审批程序,实现从源头上把住防雷安全关的目的。截至 12 月底,已有 17 家单位申报,已经办结 14 家。代南昌市政府草拟的《关于切实做好防雷减灾工作的通知》,于 11 月 15 日由南昌市政府办公厅正式发文,对进一步推动防雷减灾的管理工作将起到积极的促进作用。经南昌市政府编办 2006 年 7 月 12 日批复,成立南昌市雷电防护管理局,并在内部设置东湖、西湖、青云谱、青山湖、湾里等 5 个区级防雷检测所,为深入开展防雷减灾管理工作打下基础。经南昌市中级人民法院 2006 年 5 月 11 日终审判决,查处南昌赣建工程质量检测中心非法从事防雷检测一案,11 月 15 日下达强制执行通知书。积极申报研究课题,先后申报中国气象局、武汉区域中心、省气象局课题 5 个,已立项的《江西省雷电监测预警防护系统建设》和《雷击风险评估系统》项目,正在按计划实施。完成检测质量认证,防雷装置检测通过省技术质量监督管理局组织的五年一次技术评审和质量认证。10 月 11 日,通过省气象局组织的全省雷电业务大检查。同年 12 月 8 日起,执行省雷电防护管理局制定的省雷电业务相关流程规定和使用全省统一的防雷装置检测检验原始记录表格及防雷装置检测报告表格。

2007 年,严格收费制度,针对防雷报建收费政策性强、社会影响广、工作责任重、容易引发投诉的特点,中心先后出台《建筑物报建及竣工验收防雷装置检测计费工作规程》《建设工程项目防雷装置检测服务费用减免规定》等制度加以规范,根据分段检测计费按点计算、用户难以把握的情况,中心制定详细说明了的计费清单,并在实际工作中向用户进行耐心地解释,努力做到计费工作的公开、透明,让用户明白满意,确保防雷报建工作良性运转。理顺工作流程,为理顺行政审批与防雷科技服务的关系,中心反复研究防雷报建、分段检测工作流程,从窗口受理、图纸审核、委托分段检测、计费初复算、付款,再到窗口审批,确保每一个环节衔接畅通。规范服务标准,加强内控监督,中心先后出台《防雷装置检测(验收)服务承诺制度(暂行)》和《防雷安全监督与技术服务工作督查及责任追究暂行办法》,对防雷科技服务的工作纪律、服务质量和时效都做出明文规定,对服务单位开展满意度调查和不定期回访,工作人员能够做到热情接待、规范服务,未发生因检测不及时而延误施工进度的情况,有效遏制对外服务过程中的不良行为。加强雷电科研开发,提升科技含量和技术水平,申报的《武汉区域雷电预警预报技术研究》和《雷击损害风险评估系统》获武汉区域中心和省气象局批准立项,课题正在按照计划进行;参加省气象局国标《雷电危险度等级标准》编制和全省雷电防护管理网上办公系统两个项目的研发工作;积极参与气科院有关项目的科研攻关,按照与气科院的协议,按要求完成省气象局协作任务。

2008 年,根据省气象局《部分直属事业单位机构和业务调整实施方案》精神,省防雷中心在吸收外省做法和反复研究的基础上,起草省气象局中心改革方案(报批稿),将《部分直属事业单位机构和业务调整实施方案》作为发展的重要机遇,将内设机构调整作为中心改革的重要工作来抓,于2月份完成机构、人员调整的各项工作,同时,按照调整后科室的工作职责,对相关工作流程进行重新设计和建设,6月份从南昌市局调入人员后又对部分机构、人员进行调整,经过二次整合,中心防雷科技服务一线人员和执法队伍得到加强和充实,技术骨干进行合理搭配,科技干部队伍年轻化初见成效。克服困难,狠抓效能管理,促进防雷科技服务发展:在国家宏观调控以及全球性金融危机对房地产的双重不利影响下,南昌市新建项目和投资额均出现明显下降,据南昌市行政服务中心1至10月的通报,新建项目和投资额与去年同比,分别下降36%和46%,对防雷装置分段检测服务收入造成严重影响,上半年下滑32%,全年度下滑近50%。为此,中心先后多次召开不同层次的会议专题研究对策,按照常局长提出的千方百计克服困难,加强其他项目服务,努力减小金融危机影响的要求,及时调整工作思路,强化考核和质量、效能管理,加强防雷法制宣传和执法工作,中心上下形成"齐心协力,克服困难,争做贡献,努力完成任务"的工作氛围,在大家的共同努力下,竣工验收、防雷工程、定期检测等可控项目均创历史最好成绩,有效地弥补分段检测下滑造成的损失,为完成省气象局下达的全年可用资金和上缴收益目标做出重要贡献。省防雷中心开展创建学习型单位活动,积极参加省气象局组织的气象文化活动:积极参加中国气象局远程培训及相关考试,全部参加中国局举办的"华风杯"反腐倡廉建设知识竞赛和省直工委组织的普法考试、组队参加举办的"华云杯"反腐倡廉建设知识竞赛,荣获三等奖。

2009年,第二次全省防雷检测业务技能竞赛取得好成绩,取得团体、个人成绩2项第1和1个三等奖的好成绩。防雷报建的覆盖面有新的突破,市区十层以下、3000平方米以上的建筑物被纳入防雷报建,全年经济效益136万,占报建总量的23%,填补防雷安全监管的空白。防雷检测服务先后2次得到用户赠送锦旗方式的感谢。每季度组织一次全体防雷业务人员的业务培训与考试,公布考试成绩并纳入个人年度考核,9人参加全省防雷业务人员资质考试,共取得14个资质证书。中心已对政(防雷执法、行政审批)、事(防雷技术服务)、企(防雷公司)实行人员分离、事务分离、办公分离。同时,中心建立以服务项目为载体的相互协作机制,明确各自的职责任务。

2010年,雷电防护气象服务经济总量再创历史最好成绩,比2009年全年增长53.9%。经济开发区、高新开发区、湾里、桑海等区域的雷电防护气象服务有重大突破,新建建筑物和常规检测均有较大进展,检测项目个数和进账额也实行历史性的突破。跟踪检测项目收费实现新的突破,在不违反收费标准的基础上,将高层建筑物地等电位检测纳入检测计费项目,有效增加高层新建建筑物的收费。中心对下指导功能有所提高,针对年内全省启动的雷击风险评估工作,中心积极开展对下指导,要求有关科室的人员,对市、县气象局提出的要求必须做到有问必答,有求必应,并在省气象局召开的有关会议上承诺将无偿提供技术支持。积极参加全省农村防雷示范工程建设的有关工作,认真完成建设方案的评审、施工现场检查和指导等工作,编写《新农村防雷示范工程建设的指导意见》。内部运行机制进一步完善,制定以完善工作流程为重点的改革方案,建立防雷检测和报告单制作分离的新流程,细化现场检测、报告书制作、领导审批、盖章、分发、存档等工作环节,提高检测原始记录和报告单填写质量,档案管理有明显好转;建立防雷执法申请、受理督办、实施和反馈新的执法工作流程,并加大执法工作与雷电防护气象服务整体效益挂钩的力度,有效地激发执法人员的工作积极性,科室协作与互动有所增强。发现雷击隐患35个,均向对方书面指出并提出整改意见,维护图审和检测工作的严肃性;进一步提高跟踪检测的响应时效,打破节假日的限制,只要用户有需求,承诺并严格执行在规定时间内进场服务,保证用户的施工进度;通过集中制做报告单的质量把关环节,发现并消除256个检测数据问题,有效提高检测报告单的质量;严把雷击风险评估报告质量,封面和内容都进行认真研究,评估报告得到用户的充分认可。3月15日,省雷电监测预警与防护技术中心制定防雷检测原始记录及报告单流转规定。

防雷专业工程

1991年开始,由省气象防雷技术服务中心检测人员兼职尝试安装一些简单小型防雷装置,1992年归口省蓝天高新技术开发公司管理,从检测人员中抽取部分人员基本固定开始跨区域接洽、安装综合防雷工程,安装的防雷工程覆盖厂矿企业、广播电视、电信、易燃易爆场所、银行、证券、学校和企事业单位等多个领域,1999年成立省蓝天雷电防护有限公司,内设设计部、施工部、市场部,从省气象科学研究所、省蓝天高新技术开发公司抽调4人组建一支专职的防雷工程安装、咨询服务队伍,随后不断发展壮大,首批取得中国气象局防雷工程专业设计甲级资质和施工甲级资质,率先规范业务技术流程,设计施工图经历手绘草图、手刻蜡纸晒蓝图、CAD辅助设计和CAD防雷专业设计软件设计等多个阶段,研究开发的CAD防雷专业设计软件荣获中国气象局科技应用推广二等奖,推广到全国多个防雷企业和部门使用。

1993年,南昌市消防支队与省防雷中心联合印发省气象局《关于完善易燃易爆场所避雷装置的通知》,省防雷中心为90多家液化气库安装电源避雷器,创收27万元,为消除易燃易爆场所的雷电火灾隐患做出重要贡献。同年参与重点工程建设,南昌市新八一大桥整个防雷设计施工由省防雷中心全面负责,设计电气流程图、电气连接精细图、详实施工图三套标准图集,大桥竣工验收时,防雷项目被评为优质工程。

2006年,防雷工程专业甲级资质通过中国气象局组织的三年一次延续考核评审。同年12月8日,省雷电防护管理局印发《关于规范全省雷电业务相关流程和表格的通知》,为贯彻落实《江西省雷电业务大检查通报》要求,规范全省雷电业务相关流程和表格,省雷电防护管理局特制定统一的防雷工程实施流程、防雷装置检测检验原始记录、防雷装置检测报告、全省雷击风险评估报告、全省雷电灾害调查鉴定报告。

雷电风险评估

2006年10月11日,省气象局印发《关于全省雷电业务大检查的通报》,通报指出存在的突出问题,全省各级雷电业务机构应开展雷电灾害调查鉴定和雷击风险评估工作。

2010年,雷击风险评估项目有重大突破。全年签订风险评估项目15个,进账177万元,该项目开始成为中心雷电防护气象服务新的增长点。

设计审核与竣工验收

2005年,建立《新建建筑物防雷装置设计审核流程表》《防雷装置竣工验收设计审核登记表》《新建建筑物防雷装置设计审核表》《新建建筑物防雷装置设计审核收费表》;完成40个单位70余套防雷装置设计审核,累计审核建筑面积85万平方米。

2006年,全年共参加由市发展和改革委牵头的建设项目初步设计审查会四十余个,提出合理化建议上百条;全年共受理防雷装置竣工验收项目67个。同时全力协助中心领导将防雷装置设计审核和竣工验收纳入市建设项目联审的工作,并于九月下旬正式进入,从进驻联审至今共受理防雷装置设计审核项目14个,审核图纸225套.

2007年,全年窗口共参加由市发展和改革委牵头的建设项目初步设计审查会二十余个,提出合理化建议上百条;共受理防雷装置竣工验收项目46个;受理新建建筑物设计审核项目63个,审核图纸499套。严把审核和检测质量关,全年防雷报建共63个单位,建筑面积达463万平方米,审核防雷施工图纸499套,发现不合格施工图纸50套;开展分段检测建筑物333套,发现和整改施工不合格的42套;定期检测防雷装置1318套,不合格51套,有效地消除防雷安全隐患。

2008年,窗口共办理审批项目117件。其中防雷装置竣工验收75个,审批新建建筑物防雷设计审核项目42个,审核图纸286套。参加由省发展和改革委牵头的初步设计审查会议近30多个,提出合理化建议近百条.

2009年,窗口共办理审批项目141件。其中办理防雷装置竣工验收项目66个,审批新建建筑物防雷装置设计审核项目75个,审核图纸418套。参加由省发展和改革委牵头的初步设计审查会议近20多个,提出合理化建议近百条。

2010年,窗口共办理审批项目151件,其中办理防雷装置竣工验收项目35个,审批新建建筑物防雷装置设计审核项目116个,审核图纸746套。

第六节　防雷服务科普宣传

2005年,聘请常年法律顾问,贯彻落实"一法、一令、二个办法",在全市范围内对44个单位进行百余次防雷检查和宣传教育。

2006年,配合中央电视台7套节目,进行农村雷电灾害防御工作的宣传,有关内容在《聚焦三农》栏目播出;利用常规监测和灾害调查的机会,向社会宣传雷电防御知识,提高社会的防雷意识。

2007年,按时制作雷电监测公报、雷电灾害月报等服务产品并上网,雷电灾害严重时期,制作2期决策服务产品。年内,先后接待中央电视台1套、2套、7套、10套,省卫视社会传真、传奇故事栏目,中国气象局华风影视集团和其他地方新闻单位记者共计20余次,接受中央人民广播电台电话采访1次,参加中央电视台2套现场制作防雷科普宣传节目1次,江西人民广播电台现场制作防雷科普宣传节目3次,利用新闻媒体广泛宣传防雷法律法规和科普知识;5月31日,参加省气象局组织召开的《防雷减灾刻不容缓》新闻发布会,并派出专家解答记者提出的有关问题;与省气象学会联合编写《科学认知雷电》科普读本;与省气象学会、市气象局、政策法规处联合开展 3 次送防雷科普知识下乡活动,活动期间,共散发防雷科普宣传材料 1 万余份;在雷电多发时期,利用行政审批、防雷检测、防雷工程施工、防雷执法等常规工作的机会,向社会宣传防雷知识,扩大防雷科普的宣传面。开展有针对性的科普讲座,先后到南昌市昌北开发区青岚村、湾里区招贤镇、北湖小学、新建县石埠小学、南昌市小记者协会、南昌市十七中、银三角收费站、市武警消防部队等单位进行科普讲座。

2008 年,中心坚持将防雷科普宣传作为防雷减灾的一项重要工作来抓,要求各科室均要结合自身的工作,大力开展科普宣传,并将此要求纳入对科室的目标考核,收到良好的效果。年内,先后 12 次接受江西卫视、江西 2 套、南昌一套、南昌四套、中央人民广播电台、江西人民广播电台等媒体的采访;参加省电台专题节目制作 1 次;先后 8 次派出科技人员到市武警支队、南昌理工学院、青云谱区政府、省物资储备局、高速公路等单位进行科普讲座;利用行政审批、开展防雷检测、防雷工程施工、防雷安全检查和执法等日常工作的机会,向社会宣传防雷知识,扩大防雷科普的宣传面,已成为中心在重要季节的一项日常工作,被全体干部职工所接受;同年,中心被中国气象局和中国气象学会联合授予"全国气象科普工作先进集体"称号,被省气象局授予"全省气象宣传工作先进集体"称号。

2009 年,做好服务对象走访和调查工作,中心始终将走(电)访用户作为一项重要工作来抓,采取领导走(电)访和职能科室调查相结合的方式进行,年内,防雷中心领导共走(电)访用户十余次,监察科走访用户 13 家,发放满意度调查表 13 份,此项工作得到用户的好评,密切气象部门与建筑部门的关系,对加强行风建设、提高服务质量和加强监督发挥重要作用;认真对待用户的意见,细心解用户需求,积极做好服务,及时答复并解决用户提出的意见,针对企业在安全宣传方面缺乏防雷安全宣传内容的问题,及时制作电子版的防雷安全宣传专栏,提供给企业使用;完成全省安全展览的防雷安全展板制作工作;抽调业务骨干参加省校安办的日常工作。

2010 年,科普宣传成效显著。利用新闻媒体的作用,广泛宣传防雷的有关知识。先后 10 多次接受江西卫视、江西 2 套、南昌一套、南昌四套、江西人民广播电台等媒体的采访;积极参加组织的科普宣传活动。先后 6 次派出科技人员参加现场科普咨询活动,2 次防雷科普讲座;组织编印《雷击损害风险评估科普知识》宣传单,在配合雷击风险评估项目开展方面发挥重要作用;继续坚持利用一切与外界接触的机会宣传防雷知识和有关法律法规。经过努力,宣传累积效果开始显现,社会公众尤其是服务对象对防雷的法律法规比较了解,对防雷工作的重要性比较了解,对防雷的基本常识比较了解,宣传工作为促进雷电防护气象服务的发展发挥重要作用。

第七节 防雷部门协作

1998 年,与省公安消防总队加强防雷设施消防安全工作,与省公安厅加强计算机机房防雷减灾工作。

1999年，与省公安消防总队开展防雷设施消防安全检查，出台《1999年全省计算机机房防雷减灾工作会议纪要》。

2002年，与省安委会进行防雷安全大检查，各市安委会、气象局落实防雷安全大检查。

2003年6月19日，省雷电防护管理局印发《关于人保公司与雷电防护机构合作的通知》，通知要求各市、县雷电防护管理局、气科所与辖区内各人保公司分公司建立信息互通制度，双方密切配合督促承保企业完善防雷设施，参保企业一旦发生雷击事故造成保险财产损失时，应由当地气象主管机构出具雷击证明，并作为保险理赔依据。

2004年，省减灾委员会、省教育厅、省气象局加强全省学校防雷减灾宣传工作。

2005年1月7日，省政府办公厅转发《省人民政府办公厅转发省气象局省安监局关于进一步加强防雷安全工作意见的通知》，同意省气象局、省安监局《关于进一步加强防雷安全工作的意见》，要求认真执行。同年5月30日，省雷电防护管理局印发《转发中国气象局雷电防护管理办公室关于进一步做好易燃易爆危险环境防雷安全工作的通知》，通知要求：加强领导，牢固树立安全责任意识；认真做好易燃易爆等爆炸危险环境的防雷安全专项检查；严格按照有关规章制度，做好易燃易爆等爆炸危险环境防雷装置设计审核和竣工验收工作；加强对雷电灾害的调查、鉴定与收集工作。

2006年，与南昌市气象局、安监局联合组织开展"防雷安全检查"，对南昌市区16个单位和新建、进贤县的部分重点单位进行检查，效果良好。

2007年5月25日，省气象局、省教育厅印发《关于加强全省学校防雷减灾工作的通知》，决定联合开展行动，进一步加强全省学校防雷减灾工作。同年6月28日，省减灾委员会、省气象局印发《关于贯彻落实孟建柱书记、吴新雄省长指示精神进一步做好雷电灾害防御工作的紧急通知》，要求各级气象部门要进一步加强雷电监测、预警、警报和服务工作。同年7月18日，省减灾委员会、省气象局印发《关于进一步做好雷电预警预报信息进村入户工作的紧急通知》，要求采取各种办法、应用多种方式，建立雷电灾害预报警报村组通知制度。同年12月5日，省气象局、省教育厅印发《关于建设中小学防雷减灾示范工程的意见》，《意见》指出，据不完全统计，80%以上的中小学校没有安装防雷设施或防雷设施极不完善，校园遭受雷击的事故时有发生。要求各设区市气象局、教育局按照文件要求，认真贯彻执行，狠抓落实。同年，先后与南昌市教育局、南昌市安监局联合开展防雷安全检查，检查单位共61个，发现并整改问题80多处；8月，下发省气象局《关于做好新建建筑物防雷安全工作的通知》，派出专人向市内在建而未进行防雷装置审核的近60个建筑单位送发，同时，多次深入市内建筑工地进行宣传，要求各建筑单位按要求进行防雷工程的竣工验收工作。

2008年4月3日，省气象局、省安全生产监督管理局印发《关于贯彻落实省政府办公厅〈关于切实做好全省雷电灾害预防工作的通知〉的通知》，从提高认识、加强宣传、加强设施建设、加强监督检查、做好预报预测、做好应急准备等方面，提出明确要求。5月中旬，中心与南昌市安监局联合开展一次防雷安全大检查，对城区24家重点防雷安全场所和单位进行集中检查，发现并纠正防雷设施缺失或不完善、防雷设施未定期检测等问题，对部分问题较多的单位下达整改通知书，落实整改责任人和限期整改；全力做好中小学校防雷减灾示范工程建设和普查工作，根据全省会议的要求和省气象局及省教育厅的联合发文精神，在南昌市气象局的大力支持下，克服重重困难，完成3所学校的示范工程建设和防雷设施普查的培训工作。同年 7 月 23 日,省气象局印发《关于加强奥运期间施放气球和雷电防护安全工作的紧急通知》,通知要求加强雷电灾害隐患排查、防雷技术服务的安全防护和雷电事件的应急处置工作。

2009 年,先后与市安监局、市建委、规划、消防等部门对旅游景区、市属学校、防雷重点单位以及易燃易爆场所开展以消除防雷安全隐患为目的的防雷安全大检查,对检查发现的问题,除当面进行反馈和提出整改要求外,还形成专题检查报告送其主管部门。据统计,全年共对 45 个单位进行防雷安全检查。同年 8 月 12 日,省气象局印发《关于做好中小学校舍防雷安全工作的通知》,通知要求各级气象部门要根据当地校安办的布置,积极开展防雷安全隐患排查和鉴定工作,确保在规定的时间节点上完成排查鉴定工作。

2010 年,与市安监局联合下发省气象局《关于进一步做好 2010 年防雷安全工作的通知》《关于进一步加强防雷安全管理工作的意见》,对全年防雷安全工作进行全面部署,提出具体要求;开展防雷安全专项检查,按照《关于做好第七届全国城市运动会比赛场馆防雷安全工作的通知》文件精神,对第七届全国城市运动会在昌的 10 处比赛场馆进行专项防雷检查,根据各个场馆的具体检查情况分别提出整改意见;年内还进行 94 个单位的防雷安全检查,并及时形成检查报告,提出整改意见。同年 4 月 28 日,省气象局印发《关于开展 2010 年农村防雷减灾示范工程建设的通知》,雷电灾害是全省主要气象灾害之一,广大农村更是雷电灾害的高发区。

第七章 气象防灾减灾

为应对突发的气象灾害和突发公共事件,增强气象灾害应急保障服务功能,省气象局建立流动气象台。2008年,为提高应急移动监测、预警和指挥能力,省气象局购置X波段移动应急多普勒雷达,启动省级应急信息管理平台。完善应急预案和规章制度,健全应急体系和防御机制。

第一节 机构与管理

省减灾协会 1996年10月,为与国际及国内的减灾机构建设接轨,省政府批准成立省减灾协会,下设办公室作为其办事机构。省政府办公厅下发《省减灾协会第一次会议纪要》(赣府厅抄字〔1996〕38号),明确省减灾协会日常办事机构设在省气象局,从而奠定省气象局及各级气象部门在全省综合减灾工作领域的牵头地位。协会会长由常务副省长黄智权担任,常务副会长由省人大常委会副主任周慗平、副省长孙用和担任,省气象局局长陈双溪兼任协会副会长、秘书长。10月9日,省减灾协会第一届会员代表大会在南昌举行,并成立省减灾协会专家组。专家组由气象、水利、农业、林业、国土、消防等部门的专家组成,陈双溪任专家组组长。省减灾协会作为省政府领导下的综合性减灾团体,主要任务是协调各部门、各行业的力量,共同做好减灾防灾决策咨询、科学研究、科普宣传等工作,进一步增强全省人民利用科学技术减灾防灾、趋利避害的意识和能力。协会成立以来,组织各种形式的学术交流,在重大灾害调查、研究和预测等方面开展大量卓有成效的工作,为省政府指挥防灾减灾发挥决策参谋助手作用,在全国树立江西的科技减灾特色。

省减灾委员会 2001年12月,根据国内的减灾形势和需求,结合江西实际,省政府在省减灾协会的基础上成立省减灾委员会(赣府厅字〔2001〕181号),下设办公室作为其办事机构,设在省气象局。省机构编制委员会(赣编发〔2003〕10号)确定省减灾委员会办公室为正处级事业,编制人数3名,明确综合减灾协调管理职责。省减灾委员会由气象、发改委、财政、民政、水利、农业、科技、国土、环保、地震、消防、林业、保监、卫生、建设、工信委、外侨办、广电、统计、交通、铁路、教育、测绘、军区、公安、通信、社联、科协、红十字会等部门领导担任委员。常务副省长彭宏松任委员会主任,副省长孙用和任委员会副主任,省气象局局长陈双溪兼任委员会秘书长。委员会主要职责为:研究制定省减灾工作方针、政策和规划,组织开展重大减灾活动,指导协调各地和有关部门开展减灾工作,推进减灾国际国内交流与合作。

2002年3月13日,省减灾委员会在省气象局召开省气象局第一次会议并举行揭牌仪式,标志着全国第二个省级减灾委员会正式成立。国家减灾委办公室在《中国减灾》(2002年第2期)上全文刊登省减灾委员会及其成员单位主要职责。并以编者按的形式指出"由于该机构的委员会主任由常务副省长担任,主管副省长任副主任,有关减灾的各职能部门负责人为委员,成为全国此类机构建制中,与国家减灾委接轨最吻合的省份之一。"在全国已成立省级减灾委的省(市)中,江西各级综合减灾机构的发展速度是最快的。并在主办刊物《中国减灾通信》(2002 第 9—10 期)上以"江西初步形成综合减灾格局"为题介绍江西的情况。"江西减灾委员会是全国第二个,第一个将其办事机构设在气象局的省份。在全国率先建立自上而下的综合减灾管理体系"。江西建设综合减灾管理体系的工作得到国家减灾委的充分肯定。

2003 年年底,按照《关于成立省减灾委员会的通知》文件要求,全省各级气象部门积极响应,多方运作,全省 11 个设区市、89 个县(市、区)均成立减灾委员会,并将办事机构全部设在气象部门,全省自上而下综合减灾管理机构体系全面建立。

2008 年 8 月 12 日,由于国家减灾委员办公室设在民政部,为理顺减灾工作管理体制,常务副省长主持召开理顺减灾工作管理体制协调会,会议决定省减灾委员会办公室由设在省气象局改为设在省民政厅。

气象防灾减灾中心　省减灾协会、减灾委员会属于包括气象的综合减灾机构,气象防灾减灾中心是省气象局成立的专职气象防灾减灾机构。2000 年 2 月 22 日,下发省气象局《关于下发〈省气象防灾减灾中心管理办法(试行)〉的通知》,明确气象防灾减灾中心是全省业务服务的指导、指挥中心,是由省气象台、省气象信息网络中心、省气象科学研究所、省气象科技服务中心等多个业务服务单位组成的为省党政领导和有关部门单位提供防灾减灾气象服务的实时业务运行中心。中心是由省气象局业务发展处归口管理,日常实时业务实行协调人负责制,建立预报服务大会商制度。

2006 年下半年,对防灾减灾指挥中心进行升级改造,建立省—市气象部门可视系统,实现气象灾害的可视会商和气象应急的视频指挥。

防灾减灾科技创新基地　2000 年 4 月 24 日,为贯彻落实《全国气象科学技术创新大会》的精神,加强气象科技创新工作,促进气象科研与业务服务和经济的结合,省气象局制定《全省防灾减灾科技创新基地组建实施方案》,确保创新基地 6 月份正式投入运转。基地是由省气象局和省科委联合共建,挂靠省气象科学研究所,实行的是理事会管理制度,明确组织管理和运行机制。

应急响应指挥部　2005 年 4 月,根据《省气象局应对突发事件气象保障服务方案》及《江西省气象应急及突发公共事件应急气象保障工作规程(试行)》,省气象局成立由省气象局局长任指挥长,分管副局长任副指挥长,省气象局办公室、科技减灾处等成员单位的应急响应指挥部,以及应急响应现场、非现场工作组、应急响应专家组,并明确各自职责。

2007 年 5 月、2009 年 5 月,分别两次对应急响应指挥部成员进行调整。

省气象局应急管理办公室　2006 年 7 月,省气象局成立应急管理办公室(简称应急办),由分管副局长担任主任及各处室、直属单位负责人组成,并确定 6 条工作职责。

2008 年 7 月,省气象局对应急办及成员进行调整,由省气象局办公室负责人任主任,科技减灾处、监测网络处负责人任副主任,成员由省气象局办公室、科技减灾处、监测网络处分管负责应急工作的有关人员以及省气象局机关事务管理科负责人组成,应急办挂靠省气象局办公室。工作职责更为细化,由原先的 6 条增加到 11 条,并对处室应急职责任务进行分工。各市局成立应急减灾管理机构。

第二节　应急减灾系统平台及预案

系统平台

2005 年,为应对突发的气象灾害和突发公共事件,增强气象灾害应急保障服务功能,省气象局建立流动气象台,完成流动气象台应急专用车及各观测、通信设备等硬件的建设,开发车载式应急气象保障服务指挥系统,制定气象应急保障服务方案。车载式气象保障指挥系统通过各种检测仪器和 GPS 全球定位系统对突发事件现场的各种气象要素和环境要素进行连续监测,作业车辆在现场与防灾减灾指挥中心进行实时数据交换。

2006 年,省气象局配备应急指挥车,建立大气综合探测、无线信息传输、应急气象服务信息处理平台、装备维护维修、灾情收集、后勤保障等设备在内的移动应急指挥系统。实现突发应急事件发生时,在国务院应急办的终端上能够看到现场的视频图像。

2008 年,为提高应急移动监测、预警和指挥能力,省气象局购置 X 波段移动应急多普勒雷达。省气象局启动省级应急信息管理平台。

应急预案

省气象灾害应急预案　2004 年底,省气象灾害应急预案纳入全省突发公共事件应急预案框架体系。

2005 年 4 月,省气象局制定《省气象局应对突发事件气象保障服务预案》。7 月,向省民政厅、省军区司令部等 15 部门发送《关于征求全省气象灾害应急预案修改意见的函》。11 月,省气象局制定《全省森林火灾和突发环境事件人工影响天气应急预案》。11 月,《省气象灾害应急预案》作为省级 20 个专项应急预案之一由省政府正式印发。设立由省政府分管副省长担任总指挥、省气象局局长和省政府分管副秘书长担任副总指挥、省气象局分管副局长担任指挥部办公室主任、省发展和改革委等成员单位的省气象灾害应急指挥部,指挥部办公室设在省气象局;并设立专家组,作为其决策咨询机构;并明确各自职责、预警和预防机制、应急响应机制、灾后处置及保障措施等运行机制。各设区市、县政府应设立本级气象灾害应急指挥部,统一组织领导本行政区域的气象灾害应急工作,指挥部办公室设在同级气象局。

2006 年 1 月,省气象局制定《省气象应急及突发公共事件应急气象保障工作规程》。

2009 年 12 月,国务院办公厅印发《国家气象灾害应急预案》,对应急响应和处置工作进行进一步规范,省政府办公厅据此对《省气象灾害应急预案》进行修订并于 2010 年底印发。新修订的《预案》采用《国家气象灾害应急预案》的格式,从总则、组织体系、监测预警、应急处置、恢复与重建应急保障、预案管理和附则等八个方面对原来的应急预案进行修订。重新编写组织体系、监测预警等部分;增加分部门响应的应急处置,详细表述各相关部门的职责任务;增加分灾种响应的应急处置,对不同种类的灾害性天气详细表述各相关部门的具体职责任务;明确县级以上人民政府在气象灾害监测系统建设和气象灾害普查、风险评估、风险区域,以及气象灾害防御规划编制、预警信息发布设施建设等方面的职责;修订气象灾害预警标准。建立气象部门与民政、国土、交通等25个部门之间的灾害监测预报预警服务部门联动机制。

省气象局应对突发事件气象保障服务预案 2005年4月,为加强突发事件应急能力,做好突发事件气象保障服务工作和各类突发事件的应急管理服务工作,省气象局制定《省气象局应对突发事件气象保障服务预案》。成立应急指挥部及应急工作组,明确各自职责及灾情上报流程、领导负责制和请假制度、通信联络事项等运行机制。

全省气象应急及突发公共事件应急气象保障工作规程 2006年,为保证在《省气象灾害应急预案》及省政府其他突发公共事件各有关专项应急预案启动后,快速、有序地组织气象应急或应急气象保障业务服务,省气象局制定《省气象应急及突发公共事件应急气象保障工作规程(试行)》。建立由应急响应指挥部及其办公室、应急现场工作组及非现场工作组、应急响应专家组、应急响应系统及设备组成的省级应急响应体系,市、县气象局可根据实际情况建立相应的应急体系;明确应急响应系统备战时期的要求,规范应急气象服务流程和后勤保障工作。

2007年5月,在广泛征求有关单位意见的基础上,省气象局对《省气象应急及突发公共事件应急气象保障工作规程(试行)》进行修订。

全省森林火灾和突发环境事件人工影响天气应急预案 2005年11月,按照中国气象局和《省气象灾害应急预案》要求,省气象局制定《省森林火灾和突发环境事件人工影响天气应急预案》。森林火灾和突发环境事件人工影响天气应急工作由省气象局统一领导,由省、设区市、县三级人影办具体负责。成立由省气象局局长担任总指挥、分管副局长担任副总指挥、人影办常务副主任担任指挥部办公室主任和各处室、直属单位等成员组成的人工影响天气应急指挥部,指挥部办公室设在省人影办。各设区市、县气象局应设立本级的人影应急指挥部,指挥部办公室设在同级人影办。规范各自职责、预警和预防机制、应急响应机制、保障措施和相关奖励规则等运行机制。

气象部门应急预案管理办法(试行) 2008年6月,省气象局下发《关于转发〈气象部门应急预案管理办法(试行)〉的通知》,明确气象部门应急预案体系是由国家、省、地(市)、县四级应急预案构成,包括重大气象灾害应急预案、气象保障应急预案、部门内重大突发事件处置应急预案等三类。从应急预案编制、审查批准与公布、修订和宣传培训和演练等方面进行规范。

第三节　应急减灾体系建设

应急规章制度

2005年10月,为加强气象灾情收集上报调查和评估工作,根据中国气象局《气象灾情收集上报调查和评估试行规定》,省气象局制定《全省气象灾情收集上报调查和评估实施细则(试行)》,按照气象灾害造成的人员伤亡、经济损失的大小将气象灾害处置标准分为五级,规范气象灾情情况、调查评估报告、统计分析报告的上报流程及考核标准。

2008年4月,为进一步规范全省气象灾害信息员管理,完善社会化气象灾害防御机制,省气象局印发《关于印发〈全省气象灾害信息员管理办法(暂行)〉的通知》,规范信息员的聘任与解聘条件,明确信息员权利与义务,要求做好信息员的培训和完善信息报送制度。

2010年6月,为贯彻落实中国气象局印发的《中国气象局关于加强农村气象灾害防御体系建设的指导意见》,加强全省农村气象灾害防御体系建设,省气象局下发《关于贯彻落实〈中国气象局关于加强农村气象灾害防御体系建设的指导意见〉的通知》,并提出贯彻落实意见:(一)提高城乡一体化的精细化气象灾害监测预报能力;(二)提高农村雷电灾害防御能力;(三)提高农村气象灾害应急处置能力,积极争取将农村气象灾害防御工作纳入当地新农村建设考核体系,按照"六个有"建设农村气象信息服务站;(四)加强农村气象信息员队伍建设;(五)完善广覆盖的农村气象预警信息发布网络;(六)强化农村气象灾害防御知识的宣传普及。

应急体系建设

政府主导 2004年,省政府在全国率先将气象灾害应急预案纳入突发公共事件应急预案框架体系,初步建立起政府领导、部门协作、社会共同参与的气象灾害应急机制。省政府成立省气象灾害应急指挥部,总指挥由副省长担任;应急指挥部办公室设在省气象局。省气象局在11个其他专项应急预案中承担气象应急保障任务。各设区市政府及部分县(市、区)政府也下发本地气象灾害应急预案。

2005年,省政府颁布实施《江西省突发气象灾害预警信号发布及传播管理办法》。省政府印发《江西省气象灾害应急预案(专项)》。

2007年,省政府在已启动全省突发公共事件应急平台建设的情况下,正式批复将《全省突发公共事件预警信息发布系统》交由省气象局牵头设计建设。

部门合作联动机制 2008年,以促进全省防灾减灾大会的贯彻落实为契机,省气象局着力推进部门合作联动机制的完善。与省卫生厅、省林业厅等签订合作协议,联合开展火险等级预报,气候变化对流行病的影响机理研究,以及行业气象服务效益评估;与省农业厅、国土资源厅的合作机制从预报预警服务发展到联合开展效益评估等。与省委组织部联合,举办第三期省领导干部减灾管理研讨班,与省政协人资环委、省政府应急办、省公共管理学会联合,举办重大气象灾害应急工作研讨会。

2009年,与省保险公司合作,在水稻、棉花、油料作物、柑橘等领域开展农业政策性保险业务,为保险公司赔付及厘定保险费率提供参考依据,并联合开展气象灾害指数保险业务研究。

社会化气象灾害防御机制 2002年5月,为指导青年志愿者做好气象灾害信息的报告工作,充分发挥青年气象志愿者的作用,省气象学会印发《关于印发〈全省青年气象志愿者报告气象灾害信息管理办法〉(试行)的通知》(赣气会〔2002〕9号)。明确报告的基本条件(凡当地出现大风、龙卷、冰雹、雷电、暴雨、洪涝、霜冻等灾害性天气且造成经济损失或人员伤亡的)、报告的主要内容、报告程序、信息的归档和使用。

2007年,省气象局下发《关于落实气象灾害信息员的通知》,要求各设区市气象局和各县(市、区)气象局主动作为,迅速落实气象灾害信息员。信息员职责:负责自然灾害预警信息的接收、传播和灾情信息的收集整理和报告,协助防灾减灾有关部门开展防灾减灾工作。并要求各级气象部门加强气象灾害信息员的管理、培训工作,对作出突出贡献的给予一定的奖励。到2007年底,全省防灾减灾信息员队伍已达16278人,

2008年,积极争取各级政府的支持,不断完善气象灾害信息员队伍建设,年内队伍总数达1.97万人,基本涵盖各乡镇、行政村、社区、企业和主要学校。建立信息员管理数据库,制定《江西省气象灾害信息员管理办法(暂行)》,全省组织信息员培训班150多个,9000多名信息员培训,开展优秀信息员奖励工作。

2010年,全省共建设乡(镇)级气象信息服务站122个、村级气象信息服务站4个。

完善农村气象预警信息发布网络,加强气象预警信息发布平台建设,初步形成涵盖各类媒体的气象预警信息发布系统,新建气象电子显示屏60多块、气象预警大喇叭18套,推进气象预警信息进村入户到人。

气象防灾减灾相关工作

防灾减灾气象重点工程 2008年,经过多方努力争取,落实列入省"十一五"发展规划的《全省中尺度自动站网和突发公共事件气象应急响应工程》《全省空中云水资源开发利用工程》《全省防灾减灾科技中心工程》等三大气象重点工程建设政府配套资金。

气象灾害预报预警业务系统建设 2007年,逐步建立常规气象要素精细化预报业务系统、流域洪涝及面雨量预报业务系统、气象—地质灾害预报业务系统、省级短时临近预报业务系统、中期连续性暴雨预报业务系统、冰雹强对流预报业务系统、森林火险气象等级预报系统和气象灾害遥感监测系统等。

防灾减灾刊物《江西省自然灾害公报》 2004年10月20日,省减灾委办公室下发《关于成立〈江西省自然灾害公报〉编写组的通知》,规定编写组的任务是:收集汇总全省范围内的自然灾害发生情况,分析各类自然灾害的发生原因、发生规律和灾情损失,为各级党政领导提供综合减灾决策的科学依据;承担《江西省自然灾害公报》编辑任务。编写组是由省减灾委员会办公室常务副主任邹武杰等组成。2004—2008年,省减灾委办公室每年都成立《江西省自然灾害公报》的编写组,共编写11期;省政府领导明确批示,要求全省从2006年开始每年组织编写《江西减灾年鉴》,具体编写事宜交由省减灾委员会办公室负责。为落实省领导指示,省减灾委办公室下发《关于成立〈江西减灾年鉴〉编写小组的通知》,明确编撰《江西减灾年鉴》的目的是为系统完整记载全省各类自然灾害发生情况和防灾减灾工作,方便后人研究自然灾害发生特点、规律提供翔实、权威的基础资料,同

时为各级政府和有关部门开展防灾减灾工作提供科学决策参考依据。2007—2008 年,共编写 2 期;1999 年 10 月—2006 年 10 月,由省减灾委办公室和省减灾协会办公室共同编写《江西减灾简讯》99 期;2005 年,根据《气象法》和中国局印发的《气象灾害防御规划编制大纲》,落实中国气象事业业务发展战略研究成果,省气象局下发《关于做好〈气象灾害防御规划〉编写工作的通知》。制定《气象灾害防御规划工作方案》和《气象灾害防御规划编制大纲》(2006—2020 年)。2010 年,完成省级气象灾害防御规划初稿,13 个县市完成县级气象灾害防御规划,其中 5 个县市由当地政府出台相关文件。

气象灾害普查 2008 年 3 月,为提高对气象灾害预测和评估的服务水平,收集历史灾害信息,中国气象局印发《关于气象灾害普查项目可行性研究报告的批复》,安排江西资金预算 10 万,负责完成江西 1984 年之前的灾情普查工作,并与 1984—2006 年气象数据连接、入库,开发数据库的查询、检索和质量控制功能,对灾情普查数据质量进行分析评估等。

防灾减灾日 2009 年,省气象局印发《关于印发〈2009 年全省气象部门"防灾减灾日"活动工作方案〉的通知》,要求全省气象部门:充分发挥部门优势,组织好送雷电防护科技下乡、进校主题活动,组织好气象科普教育基地对外开放主题活动,组织气象专家深入高校作应对气候变化专题报告,组织向气象灾害信息员赠送培训教材等主题活动,建议由有条件的市、县两级气象部门推进中小学气象观测校外基地建设,并要求各级气象部门充分利用电视、报纸、网站、广播、电视天气预报、12121 等手段对气象防灾减灾知识进行宣传。

2010 年,省气象局印发《关于组织做好 2010 年防灾减灾日暨科技活动周有关活动的通知》,确定此次活动的主要内容是:组织气象科普常驻列车暨 2010 年夏季旅客列车气象科普伴您行活动,开展以"减灾从社区做起"为主题的社区防灾减灾活动,组织全省气象科普教育基地对外开放活动,组织全省气象科技"四进"活动,积极发挥气象信息员的作用,并积极开展新闻宣传活动。

防灾减灾创新工作 2008 年,吉安县突发事件预警信息发布系统、赣州市气象局成立的气象、水文－地质灾害防御技术中心、景德镇市气象局与电信、移动和联通,建立的防灾预警短信服务系统(防灾通)被评为 2008 年度全省气象部门创新工作。

2009 年,抚州市气象局《抚州市重大气象灾害应急系统建设》被评为 2009 年度全省气象部门创新工作。

2010 年,上饶市气象局的"政府主管,气象部门牵头,政府各涉灾部门共享"模式推动气象灾害预警信息电子显示屏发布系统,鹰潭市气象局的贵溪市农业气象服务体系和农村气象灾害防御体系建设,被评为年度全省气象部门创新工作。

防灾减灾读本 2009 年,编印省气象局《防御高温干旱灾害知识手册》《减灾实用手册》。

2010 年,编写省气象局《江西省气象信息员知识读本》。

第五篇　气象科技与教育

　　1991—2010年,共主持省部级科研项目12项,其中重大项目5项,一般项目7项,参与项目3项。获得省部级科技进步二等奖6项,省部级科技进步三等奖21项,中国气象局气象科学和技术工作成果应用二等奖2项;多次承担国家自然科学基金、中国气象局、省科技厅科研项目;11项科研成果在全国气象部门推广应用。经省科学技术厅批复同意,依托省气象科学研究所成立的"防灾减灾工程技术研究中心"为全国气象部门首创,周秀骥、李泽春、丑纪范、陈联寿4位院士被聘为"防灾减灾工程技术研究中心"客座研究员。

　　江西信息应用职业技术学院的前身南昌气象学校是一所部级重点中专,2002年升格为大专普通高校后,师资力量、专业设置、招生规模、校园建设等方面均有快速发展,成为全日制学历教育、函授教学和全省气象部门学历提升、培训基地。

　　省气象学会4次被中国科协评为"全国自然科学省级学会之星",连续20年获得省级先进学会,是省科协授予的6个"精品学会"之一。学会承办的科技期刊《气象与减灾研究》聘任周秀骥、马宗晋、丑纪范、李泽椿、伍荣生、陈联寿、丁一汇等7位院士出任编委会顾问;美国耶鲁大学终身教授李旭辉、美国科罗拉多州立大学联合教授高炜、香港天文台台长林超英教授,以及中国科学院王昂生研究员、南京信息工程大学何金海教授(博导)、南京大学王元教授(博导)等10余名国内外著名专家学者出任期刊编委。期刊各项质量指标均处全国省级气象期刊前列。多次举(承)办大型学术交流会,多次邀请院士、国内外专家来赣讲学和做学术报告。建成全国科普教育基地1个、全国气象科普教育基地2个、全省青少年科普教育基地3个、全省青少年校外活动示范基地1个,学会与铁道学会、南昌客运段联合开展的"旅客列车气象科普伴你行"主题活动,成为全国气象科普工作亮点。

第一章　气象科学研究

1991—2010年,省气象局十分重视气象科学研究工作,在天气预报技术、卫星遥感、天气雷达数字化组网拼图、计算机远程传输、气象科技服务,以及气象通信、人工影响天气和雷电防护等科研方面取得长足进步。省气象科学研究所是专职从事气象科学研究所正处级事业单位。

第一节　研究机构

2002年1月,省科学技术厅批复同意组建"省防灾减灾工程技术研究中心",依托单位为省气象科学研究所。该中心为全国气象部门的第一个省级"防灾减灾工程技术研究中心",为拓展开发领域提供舞台。在2004年省科学技术厅对全省45个工程技术研究中心的中期考核评估中,该中心以考核第二名的成绩受到表彰。

2008年10月,省机构编制委员会办公室批复成立"省气候变化监测评估中心",搭建气候变化科研平台,通过由省气候中心专家任主任委员的气候变化专家委员会,加强与外部门在应对气候变化方面的科研开发。

2010年12月,省应对气候变化工作领导小组办公室下文,组建省气候变化专家委员会,专家委员会办公室设在省气象局科学技术与预报处(气候变化处),省气候中心主任殷剑敏任主任委员。

第二节　科研项目

省部级重大科研项目

微型无人驾驶飞机气象探空系统研究　1994年,省气象科学研究所开始研制的微型无人驾驶探空飞机,是当时世界上体积、重量最小的具有自动导航、自动驾驶功能的无人驾驶飞机。"微型无人驾驶飞机气象探空系统"由微型无人驾驶飞机、数字化探空仪和地面接收控制系统组成,飞机采用GPS进行空间定位,具有自动导航、自动驾驶、自主飞行等功能,它能在自动控制系统的控制下完成预定航线的飞行,并实时地将飞机的飞行轨迹和探测数据传送到地面。地面接收控制处理系统显示飞机所在位置的经纬度、高度和探测资料,并发出控制指令。数字化探空仪采集温、压、湿资料。利用GPS信息进行测风处理,获得各高度的风向和风速。该探空系统参加国家重大自然科学基金项目"内蒙古草原土壤、大气、植被相互作用研究"的科学考察,参加中国气象局组织的"华南暴雨""南海季风"科学试验。此项研究成果填补国内空白,达国际先进水平,该项目成果获1998年度中国气象局科技进步二等奖。

全省国土资源遥感综合调查 1998—2000年,省气象局作为组长单位之一,承担国家计委下达的《全省国土资源遥感综合调查》项目,完成《全省森林植被资源遥感调查》《全省气候资源遥感综合调查》两个资源调查,采用卫星遥感和地面调查相结合的办法,对全省森林植被资源、气候资源和重点地区土地利用等进行调查研究和分析评价。经省科技厅主持、由两名院士等专家组成的鉴定委员会一致认为,该项目成果总体达国内领先水平,部分国际先进水平,获2001年度省科技进步二等奖。《全省国土资源遥感调查》项目充分采用遥感(RS)、地理信息系统(GIS)和全球定位系统(GPS)"3S"技术、多平台遥感图像处理技术、不同遥感信息源的数据融合技术、非遥感信息源的多源信息复合技术等新技术方法对全省土地、水、矿产、森林、气候、旅游资源进行系统的调查;对自然灾害、生态环境、鄱阳湖区生态环境、南昌市城市建设与发展、京九铁路沿线经济发展等进行遥感综合调查和分析评价,建立全省国土资源信息系统框架。调查资料数据库建设采用规范化和标准化的数据格式,为国土资源信息的管理、资源变化的动态监测、数据的动态更新和计算分析提供统一的规范和科学依据。

鄱阳湖区域暴雨和突发性灾害天气监测预警系统 2000年11月,由中国气象局和省政府正式批准立项,项目总投资3800万元。2000年7月18日正式启动项目建设和研究开发工作。该项目应用新一代天气雷达、自动站、闪电定位等现代遥感、遥测设备,结合使用卫星、数值预报、对流参数模式等产品,运用雷达产品分析、识别和反演、中尺度天气分析诊断预测、Internet等技术,建成集资料收集、处理、产品制作、分发为一体的高效的自动化的暴雨和突发性灾害天气监测预警系统。该系统以江西省气象台为中心,辐射南昌、九江、景德镇、鹰潭、上饶五地市的鄱阳湖区域,兼顾全省其他地区,能在10分钟内完成各种中尺度探测信息的收集、处理和分发,使鄱阳湖区域的灾害性天气预报准确率提高10%～17%。在灾害性天气的监测预警、人工增雨、森林灭火、重大社会活动气象保障等方面发挥重要作用,取得显著的社会、经济和生态效益。该项目获2005年度省科技进步二等奖。

暴雨型地质灾害风险预报研究 2002年,省气象科学研究所、省气象台承担的《暴雨型地质灾害风险预报研究》项目,是2002年度科技部下达的社会公益研究专项。项目从暴雨型滑坡灾害形成机理和预测理论入手,通过野外实验研究和理论分析相结合的方法,系统地研究大气降水对地下水位、孔隙水压力、滑坡土体应力及滑坡稳定度的影响;探讨植被覆盖与滑坡的关系;进行滑坡风险区划;分析全省暴雨型滑坡的时空分布特征;应用统计学和试验研究相结合的方法,提出滑坡体发生滑动的临界雨量指标;研究大气降水对滑坡体发生滑动的影响机理和诱发滑坡等地质灾害的降水预报方法;建立单点和区域暴雨型滑坡预报预警模型;开发基于Web-GIS的暴雨型滑坡灾害预报预警业务系统。应用研究成果,率先在全国开展暴雨型地质灾害风险预报,为减少暴雨型地质灾害造成的人员伤亡和财产损失起到重要作用,最大限度地避免和减少损失,社会、经济和减灾效益显著。该项目获2006年度省科技进步二等奖。

多普勒天气雷达预测突发性气象灾害研究　2003 年,由省气象台承担的《多普勒天气预测突发性气象灾害研究》,是 2003 年度省科技厅重大科技专项,该项目根据突发性气象灾害预报预警的实际需要,研究多普勒天气雷达资料在短时临近预报预警、人工影响天气、雷电预报等业务服务以及数值模式中的应用。根据历史资料,进行全省典型突发性灾害天气分类,分析突发性灾害的多普勒天气雷达回波特征,建立突发性气象灾害的多普勒天气雷达预报预警指标体系,研究雷达实时资料反演定量降水的方法。建设多普勒天气雷达资料共享网络系统,开发区域雷达组网拼图系统、雷达定量估测降水系统、短时临近预报预警业务平台和 Internet、GIS 技术支持下的灾害性天气远程预警系统。在多普勒天气雷达和 713 - C 雷达产品特性差异、多普勒天气雷达的风廓线与探空风廓线对比、局地强对流天气的雷达参数本地化以及季降水效率特征等方面研究具有创新性。研究成果在突发灾害性天气、山洪、暴雨型地质灾害等监测预警方面发挥重要作用,产生显著的减灾效益和社会经济效益。该项目获 2005 年度省科技进步二等奖。

省部级一般项目

2001—2010 年全省气象部门省部级科研项目表(表 5 - 1 - 1)。

表 5 - 1 - 1　2001—2010 年全省气象部门省部级科研项目表

年份	项目名称	经费	类别	承担单位
2001	鄱阳湖区洪涝灾害遥感动态监测系统研究	40 万	社会公益研究专项资金项目	江西省气象科学研究所
2004	基于"3S"技术的农业气候区划区试示范	50 万	农业科技成果转化资金项目	汇西省气象科学研究所
2005	南方山洪灾害监测和预警系统研究	90 万	社会公益研究专项资金项目	江西省气象科学研究所、江西省气象台
2007	基于手机的农村经济信息服务系统中试示范	50 万	农业科技成果转化资金项目	江西省科技服务中心
2008	亚热带季风区森林火灾气象风险机理研究	25 万	国家自然科学基金地区科学基金项目	江西省气象科学研究所
2009	鄱阳湖地区近地面大气边界层特征研究	26 万	国家自然科学基金地区科学基金项目	江西省气象科学研究所
2009	主要农作物生长动态监测与定量评价技术研究(子课题)	42 万	科技部公益性行业科研专项	省气象科学研究所
2009	农用天气预报关键技术研究(子课题)	47 万	科技部公益性行业科研专项	省气象科学研究所

续表

年份	项目名称	经费	类别	承担单位
2009	设施农业及特色农产品气象保障关键技术研究(子课题)	25 万	科技部公益性行业科研专项	省气象科学研究所
2010	长江中下游高产优质双季稻主要农业气象灾害指标试验研究	68 万	2010 年度公益性行业专项	江西省气象科学研究所

第三节 科学研究成果

省部级科研课题与获奖

1991 年,由省气象科学研究所主持的《农田防护小气候特征及对农业生产的影响》,获中国气象局气象科学技术进步四等奖。

1992 年,省气象台黎健、陈勇、马中元等研发的《江西省地市台远程终端及应用系统》,引进NCAR 绘图软件包,解决欧洲中心、日本、北京 T24 等数值预报产品等值线绘制难题,实现数值预报产品快速打印输出、高空与地面天气图自动填绘(打印机输出)、利用汇编语言实现云图和雷达图的显示及在 286 计算机上制作动画的技术以及地(市)台远程终端数据传输与图像显示等关键技术,1992 年度获省科技进步三等奖。同年,省气象台郭有明、马中元、路名芬等研发成《江西省中速通信及实时资料库》,接收武汉区域中心天气图、数值预报产品和其他危险天气等数据,将其转换为符合 NCAR 绘图软件格式的数据,主要有欧洲中心、日本、北京 T42 模式数值预报产品;常规天气图数据转换为填图需要数据格式;经过 NCAR 处理的数值预报图形数据和供远程终端地(市)台调用的压缩数据。获 1992 年度国家气象局科技进步三等奖。同年,省气候中心、省气象台、省森林防火办公室主持的《江西森林火险预警模式》,获省科学技术进步三等奖。

1993 年,由省农业气象中心、省植保质检站、省气象台主持的《省级天气—作物—病虫害监测警报系统业务化试验》,获省科学技术进步三等奖。

1995 年,由萍乡市气象局主持的《水稻产量全程跟踪预报方法研究》,获省科学技术进步三等奖。

1996 年,由省气象台主持的《长江中游防汛重点地域致洪暴雨研究(江西部分)》,获省科学技术进步三等奖。同年,由省气象台、武汉中心气象台、安徽省气象科学研究所主持的《结合动力和热力诊断分析预报暴雨技术和概念模型的研究》,获省科学技术进步三等奖。同年,省气象台和省气象信息网络中心的潘根发、黎健、詹丰兴、郭有明等研制成《江西省长江流域防汛重要地域暴雨灾害性天气监测、通信、服务网络系统》。采用 713 天气雷达数字化及雷达数字回波、GMS 展宽云图压缩上网等技术,利用二/四线数/话接口,实现南昌—武汉高速数字通信并可以程控方式进行新话传。

在广域网连接中采用 NARR 技术,以专线完成 Novell 网际互联并进行跨网访问。在程控拨号终端中利用 NETMODEM 实现高速数据通信,最大速率可达 14.4KBPS。使用分布式数据库研究成果,建立省、地、县三级业务数据库。1996 年获省科技进步奖三等奖。同年,由省气象科学研究所主持的《我国苎麻品种合理布局和产销平衡研究》,获农业部农业资源区划科学技术成果奖三等奖。

1997 年,由省农业气象中心主持的《全省双季水稻灾害群监测警报系统》,获省科学技术进步三等奖、中国气象局科学技术进步三等奖。同年,省气象台马中元参加全国《多部数字化雷达拼图的推广研究》项目,制定全国雷达拼图数据格式,编写拼图软件,实现雷达拼图 4 屏显示和动画漫游,以及拼图数据压缩处理等功能,供各省地市台站使用。此研究是上海市气象局主持的中国气象局在区域中心大规模数字化雷达拼图业务,1996 年,获上海市气象局科技进步一等奖(参加单位:上海市气象局、上海市气象中心台、江西省气象台;参加人员:陆善俊、邵玲玲、马中元、黄炎等)。1997 年获上海市人民政府颁发的科技兴农二等奖(编号:960082)。

1998 年,由省气象科学研究所主持的《微型无人驾驶飞机气象探空系统》,获中国气象局科学技术进步二等奖。

1999 年,由省气象台主持的《利用 T106 数值产品制作暴雨落区预报方法》,获中国气象局科学技术进步三等奖。

2000 年,省气象技术装备中心赖卫国、熊国华、巩小江等开展《701 测风雷达大修改进研究》,融合高精度自动控制、测量跟踪和现代雷达等技术,结合新型 400 兆电子探空仪,完成全自动电子探空业务流程,技术在国内 31 个探空站推广使用。获省科技进步奖三等奖。由省气象台主持的《江西省重要库区定量降水分析预报研究》,获省科学技术进步三等奖。

2001 年,由省气象台、省气象科学研究所主持的《江西省旱涝灾害短期气候预测业务系统研究》,获省科学技术进步三等奖。

2002 年,由省气象科学研究所主持的《江西省国土资源遥感调查》,获省科学技术进步二等奖。同年,由省气象科学研究所主持的《两系杂交水稻制种气候资源最优配置模式及气候决策支持系统研究》,获省科学技术进步三等奖。

2003 年,由省气象科学研究所主持的《基于 3S 技术的农业气候区划研究》,获省科学技术进步三等奖。同年,省气象科学研究所黄淑娥获中国气象局气象科研开发奖(个人)。

2004 年,省气象台陈双溪、詹丰兴、何财福等完成《江西省汛期流域定量降水、面雨量与洪涝指数预报研究》,获省科技进步奖三等奖。同年,省气象科学研究所曹华盖、邹立尧、郭文利、殷建敏等完成的《全国第三次农业气候区划试点研究及应用》项目,充分应用"3S"、计算机、网络通信、多媒体等高新技术,采用气候、小网格气候资源、地理信息、农业、遥感等多元数据,完成精细化、可视化农业气候区划产品的动态制作,实现气候资源的平面与立体,时间与空间全方位优化配置,为各级政府分类指导农业生产,调整农村产业结构,发挥区域气候优势,趋利避害,减轻气候灾害损失提供科学依据。成果获 2001 年度省气象科技创新一等奖;2004 年获中国气象局科学研究与技术开发奖二等奖。同年,由省气象科学研究所主持的《鄱阳湖区洪涝灾害遥感动态监测系统的研究》,获中国气象局科学研究与技术开发奖二等奖。

2005 年,省气象信息网络中心李志鹏、刘小钢、邓卫华等开发《江西省气象防灾减灾网络预警系统》,应用网络通信、数据库、多媒体、WINDOWS 组件等技术综合处理等各类灾害预警信息,建立预警信息自动探测、定向传输、网络群发、主动告警、动态反馈、全程监控自动化协同互动工作流程,该系统在省、市、县三级气象防灾减灾业务中心和部分省市区推广应用。获省科技进步奖二等奖。同年,由省气象局重点工程办公室主持的《鄱阳湖区域暴雨和突发性灾害天气监测预警系统》,获中国气象局气象科学技术成果应用奖二等奖。省气象信息网络中心的李志鹏、刘小钢、邓卫华、张玮等人完成的《江西省气象防灾减灾网络预警系统研究》项目,基于全省气象防灾减灾广域网络,开发气象防灾减灾网络预警服务系统,应用网络通信、数据库、多媒体、WINDOWS 组件等技术,综合处理暴雨、雷暴、洪涝、地质灾害、森林火灾等各类灾害预警信息,建立预警信息,建立预警信息自动探测、定向传输、网络群发、主动告警、动态反馈、全程监控的自动化协同互动工作流程,面向各级气象防灾减灾指挥中心提供网络化的灾害性天气预警服务,实现灾害性天气的纵向与横向预警联防与协调互动,有效提高对灾害性天气的监测预报能力。该成果获 2005 年省科技进步二等奖。

2006 年,省气象科学研究所、省气象台主持的《暴雨型地质灾害风险预报研究》,获省科学技术进步二等奖。由省气象科学研究所主持的《排水管网地理信息系统及其在城市积涝气象预报中的应用研究》,获省科学技术进步三等奖。由省气象局重点工程办公室《全省雷电监测预警系统及应用研究》,获省科学技术进步三等奖。同年,省气象科学研究所、省防雷中心王怀清、易高流、段和平、肖玉玲等完成的《防雷工程计算机辅助设计系统》软件为国家防雷主管机构唯一认可的第三代防雷工程专业设计软件。软件根据《建筑物防雷设计规范》(GB50057-94)及 IEC 有关信息系统防雷的内容开发,主要应用于雷电防护工程设计领域。以 Autodesk AUTOCAD2002 软件为基础平台,开发出基于技术参数的自动选材技术等自主创新技术,在国内首次实现外部防雷装置设计全程自动化,防雷工程施工图纸参数化智能生成,防雷工程设计图例的工具化,防雷装置设计的自动化、智能化。使用软件有利于雷电防护设计部门提高设计水平和工作效率。成果获 2005 年度第二届中国技术市场协会金桥奖优秀项目奖;2006 年获中国气象局气象科学和技术工作奖成果应用奖二等奖。

2007 年,省防灾减灾工程技术研究中心陈双溪、黎健、尹洁等完成《2003 年江西特大高温干旱灾害研究》。科学系统分析特大高温干旱特点、成因、发生发展规律,研究高温干旱预测预报、监测和影响评估以及人工增雨技术和新设备采用用电负荷指数等指标定量评估多个行业的影响。获省科技进步奖三等奖。

2008 年,由省气象台黎健、詹丰兴、单九生、郭艳承担的《多普勒天气雷达预测突发性气象灾害研究》,是 2003 年度省科技厅重大科技专项,该项目根据突发性气象灾害预报预警的实际需要,研究多普勒天气雷达资料在短时临近预报预警、人工影响天气、雷电预报等业务服务以及数值模式中的应用。根据历史资料,进行全省典型突发性灾害天气分类,分析突发性灾害的多普勒天气雷达回波特征,建立突发性气象灾害的多普勒天气雷达预报预警指标体系,研究雷达实时资料反演定量降水的方法。建设多普勒天气雷达资料共享网络系统,开发区域雷达组网拼图系统、雷达定量估测降水系统、短时临近预报预警业务平台和 Internet、GIS 技术支持下的灾害性天气远程预警系统。该项目获 2008 年度省科技进步二等奖。

2009 年，省气候中心谢梦莉、王怀清、赵冠男等《研发省级气候变化业务系统研究》，为国内第一个可移植的省级气候变化业务系统，由专业数据库、异常气候要素及气候极端事件监控、资料检索及业务产品制作和省级业务产品传输等 4 个子系统组成，有气候变化历史检测、实时监测、动态诊断分析和产品发布等功能，技术在江西、黑龙江、青海等省推广应用。获省科技进步奖三等奖。同年，省气象科学研究所陈双溪、聂秋生、贺志明、徐卫民等完成《鄱阳湖区风能资源储量及分布规律研究》该项目收集现有测风资料，建立鄱阳湖风能资源数据库。完成环鄱阳湖风能资源储量、技术可开发量的计算，采用三种数值模式模拟鄱阳湖区风能资源，并绘制基于 GIS 技术的风能资源分布图。利用国际上先进的 MMS/WEST 和 WindSim 风能数值模型模拟鄱阳湖区风能资源，首次开展鄱阳湖区高精度数值模拟，选用 MM5 中尺度数值模式模拟鄱阳湖区域的风能资源；选用 WEST 数值模拟模型，模拟鄱阳湖区气候背景条件下的风能资源，模拟时间 30 年。另外选用 WindSim 微尺度数值模式模拟特征风场（老爷庙风场）的风能资源。获省科技进步奖二等奖。

2010 年，省气象科技服务中心金勇根、黄芬根、雷桂莲、殷剑敏等完成《手机气象服务系统研究与应用》。该系统建立一种伴随性、实时性、动态性强的新型气象服务模式，开创以手机为信息服务终端，以无线网络为传输载体，提供具有个性化、定向化、互动性、实时丰富的气象服务产品为内容的气象信息传播新技术和新方法，提升气象部门为各级领导和社会公众提供优质气象服务的能力和水平。研究成果在气象信息处理、气象服务技术等方面有重要创新，在促进气象防灾减灾服务技术以及国内气象行业的技术进步等方面做出贡献。其研究成果已在国内 20 多个省市气象部门推广应用，为各地建立本地化的手机气象服务系统，社会经济效益显著。2010 年获省科技进步奖二等奖。同年，由省气象台杜筱玲、刘文英、胡磊等研发的《县级农业气象业务服务系统》，集基层台站农业气象服务、报文、情报、预报等功能为一体，有实用性强、便于推广等特点，技术在省内 18 个农业气象观测站应用，并成为全省所有农业气象台站基本业务服务平台，获省科技进步奖三等奖；由省气象台主持的《全国主要农作物病虫害发生发展气象预报研究与应用》，获省科学技术进步三等奖。

省气象科研课题获奖

1993 年，省气象科研课题共列项 20 个，所有课题均按计划组织实施或结题。一批有水平、有效益的成果获得相应奖励。

1994 年，全省气象部门共承担中国气象局、省科委下达的科研课题 13 项，省气象局下达的科研课题 12 项，年内结题 8 项，获奖 5 项，其中获省部级奖 1 项。

1995 年，全省气象部门共承担中国气象局、省科委下达的科研课题 3 项，省气象局下达的科研课题 7 项，年内结题 8 项，获奖 3 项，其中获省部级奖 2 项。

1996 年，全省气象部门科研立项 39 项，结题 8 项，有 14 项获奖。

1997 年，全省气象部门科研立项 33 项，年内有 6 项科研课题通过鉴定或验收。全年有 6 项科研成果获奖,其中 1 项获省部级奖励。

1998 年,全省气象部门科研课题立项共 29 项,科研经费投入较 1997 年增长 30% 以上。省级气象部门争取省部级科研经费 70 多万元。

1999 年,全省科研立项 43 项,其中争取地方科研立项 28 项,落实经费 62 万元,较上年增长 12%。全年科研结题 24 项,有 9 项获江西省气象局科技进步奖。

2000 年,全省科研立项 37 项,其中争取地方科研立项 28 项,落实经费 119.1 万元。全年科研结题 22 项,科技成果获省气象局科技进步奖 12 项。为加强气象科技创新工作,省气象局成立科技创新基地,确定 3 个创新研究开发课题。

2002 年,全省气象科研立项 58 项其中获科技部立项 1 项(暴雨型地质灾害风险预报研究)、省科技厅重点攻关项目三项、省气象局立项 8 项、中国局及横向联合立项 8 项、各市县在当地立项 38 项、自筹资金立项 28 项,共筹集研究经费 197 万元;2002 年,获省科技进步二等奖 1 项(参加单位)、省科技进步三等奖 4 项(主持单位)、中国气象局科技开发奖个人奖,省农科教奖二等奖 1 项、三等奖 5 项。

2004 年,进一步深化科研体制改革,省气科所成为全国气象部门 5 个省级优秀科研所之一。以省防灾减灾工程中心为依托,设立江西省防灾减灾研发基金并向社会开放,支持课题近 20 项。获科技部立项 1 个,省科技厅立项 3 个,市厅级科研立项 71 个,立项经费 309 万。

2005 年,全省气象系统共有 16 项成果通过鉴定和验收,其中省部级鉴定 3 项,厅局级鉴定和验收 13 项。在天气学与动力气象学、农业气象、大气探测等不同领域共有"鄱阳湖区域暴雨和突发性灾害天气监测预警系统"等 11 个项目得到推广应用。

2006 年,全省气象系统共有 15 项成果通过鉴定和验收,其中组织或协助鉴定验收科技厅和中国局项目 2 个,省气象局项目 13 个。

2007 年,省气象局推荐省部级科技奖励 7 项,获省科技进步三等奖 1 项。完成省气象科技奖评选工作,有 5 个项目获省气象科技创新项目奖,4 个项目获省气象科技成果应用项目奖。

2010 年,省气象科学研究所《长江中下游高产优质双季稻主要农业气象灾害指标试验研究》,2010 年度公益性行业专项。

省级技术刊物发表论文

1995 年,全省科研技术人员和管理人员在省级以上刊物发表论文 128 篇,其中在国家核心刊物上发表论文 2 篇,中级技术刊物上发表论文 2 篇,在省级技术刊物上发表论文 124 篇。

2004 年,全省各级气象科技工作者共发表科技论文 67 篇,其中在《应用气象学报》《气象科技》等核心期刊上发表 13 篇,在《江西气象科技》等省内正式刊物上发表 54 篇。还有多篇文章在各级各类学术会议上参加交流。

2005 年,全省各级气象科技工作者共发表科技论文 142 篇,其中在《应用气象学报》《气象科技》等核心期刊上发表 20 篇,在《江西气象科技》等省内正式刊物上发表 122 篇。还有多篇文章在各级各类学术会议上参加交流。

2006年,全省各级气象科技工作者共发表科技论文60篇,其中被SCI(SCIE)、EI、ISTP收录2篇,在《应用气象学报》《气象科技》等核心期刊上发表21篇,在国内非核心期刊上发表37篇。多篇文章在各级各类学术会议上参加交流。

2007年,全省各级气象科技工作者共发表科技论文159篇,其中被SCI(SCIE)、EI、ISTP收录2篇,在《应用气象学报》《气象科技》等核心期刊上发表15篇,在国内非核心期刊上发表75篇。还有多篇文章在各级各类学术会议上参加交流。

2008年,全省各级气象科技工作者共发表科技论文113篇,其中在国际期刊发表论文1篇,在《应用气象学报》《气象科技》等核心期刊上发表27篇,在国内非核心期刊上发表85篇。还有多篇文章在各级各类学术会议上参加交流。

2009年,全省各级气象科技工作者共发表科技论文123篇,其中在《应用气象学报》《气象科技》等核心期刊上发表11篇,在国内非核心期刊上发表112篇。还有多篇文章在各级各类学术会议上参加交流。

2010年,全省各级气象科技工作者共发表科技论文171篇,其中SCI(SCIE)等国际期刊上发表2篇,在《应用气象学报》《气象科技》等核心期刊上发表35篇,在国内非核心期刊上发表134篇,多篇文章在各级各类学术会议上参加交流。

成果转化

2004年,省气象科学研究所《基于"3S"技术的农业气候区划区试示范》,获科技部农业科技成果转化资金项目。

2005年,省气象信息网络中心开发的《江西省气象防灾减灾网络预警系统》,在省、市、县三级气象防灾减灾业务中心和部分省市区推广应用。

2006年,14项科研成果投入业务化应用,自主研发的《手机移动气象综合减灾业务服务系统》获国家计算机软件著作权登记证书。江西省701测风雷达大修改进技术在全国15省(市)30个高空探测站推广应用。"排水管网地理信息系统及其在城市积涝气象预报中的应用研究""江西夏季对流云人工增雨潜力区识别技术研究"等14项已鉴定或验收的科研成果正式业务化或业务应用,为提高气象业务服务能力提供大量的科技支持。自主研发的《手机移动气象综合减灾业务服务系统》获国家计算机软件著作权登记证书,该成果已在7个省推广应用。

2007年,省科技服务中心《基于手机的农村经济信息服务系统中试示范》,获科技部农业科技成果转化资金项目。同年,省气象台肖安、刘波、徐星生、唐春燕、郑婧等完成《大气成分资料分析与产品加工业务服务系统研究》项目。该研究建立全省大气成分数据库,利用较先进的计算机开发技术,建立大气成分资料查询网络系统,在江西首次开发大气成分预报业务服务平台,具有良好的应用前景;开展大气成分资料在空气质量预报和城市灰霾预报中的应用研究,提出春季北方沙尘暴对江西部分城市的空气质量产生不利影响的观点;应用研究成果制作决策服务材料和大气成分公报。

同年,全省气象系统共有11项成果通过鉴定和验收,"基于3S技术的农业气候区划""雷电监测预警业务系统""全省人工影响天气综合业务系统""应用海温和大气环流建立江西旱涝分型预测概念模型""手机移动气象综合减灾业务服务系统研究"等11项已鉴定或验收的科研成果已业务化或业务应用。"防雷工程计算机辅助设计系统"研究成果已在全国十多个省推广应用。江西省701测风雷达大修改进技术在全国15省(市)30个高空探测站推广应用。"手机移动气象综合减灾防灾业务服务系统"已在气象、防汛、军事气象保障、森林防火等部门投入业务使用,在国内10个省市气象部门得到推广应用。同年,行业标准"寒露风"及地方标准"江西省双季稻气象灾害指标"分别于2007年9月、3月通过审定,建立对全省水稻生产影响较大的洪涝、干旱、春季低温连阴雨、小满寒、高温逼熟及寒露风等气象灾害指标,在一定程度上推动全省气候变化背景下农业气象指标体系建设及标准化工作进程。同年9月,承担的中国气象局行业标准《太阳能资源评估方法》通过政策法规司组织的审查。

2008年,全省气象系统共有14项成果通过鉴定和验收并投入业务化应用,《省级气候变化业务系统研究》项目投入本省业务应用,并已推广到宁夏、福建、黑龙江、青海等省区;《新一代人影作业业务技术平台开发研究》已在江西省各市县气象部门得到推广应用;《Windows Mobile防汛气象掌上服务系统》已推广到浙江、福建、杭州等省市气象部门;《省级气象短信编辑平台研究》成果在省市县三级气象部门得到广泛应用,现已在省科技服务中心、赣州、上饶、乐安等市县的短信业务中稳定运行,提高工作效率、编辑质量和上传及时率,产生较明显的业务和服务效益。同年,省气象局向中国气象局推荐17个可推广应用科技成果项目,组织全省三个优秀项目推荐至华东区域进行科技成果推广应用,组织武汉区域6项科技成果在全省的推广应用。同年,江西地方行业标准《江西省双季稻气象灾害指标》(DB36/T511-2007)和气象行业标准《寒露风等级》(QX/T94-2008)分别于2007年6月1日、2008年8月1日实施。省气象台已将该两项指标应用于双季稻气象灾害预警业务,同时将成果纳入县级农业气象服务系统的灾害检索与预警功能中,系统已在18个农业气象台站推广试应用。省气象科学研究所《鄱阳湖地区近地面大气边界层特征研究》,科技部国家自然科学基金地区科学基金项目。

2009年,省气象局组织三个科研成果的鉴定工作,对24项科研项目进行验收。组织科研成果《县级农业气象业务服务系统》在江西省推广应用,《省级气候变化业务系统研究》由国家气候中心举办学习班,在全国气象部门推广应用。由修水县气象局承担的中国气象局科技扶贫项目"蚕桑系列气象服务模式研究"边研究边应用,取得明显的经济效益。科技部农转资金项目"基于手机的农经信息和气象防灾信息服务系统中试示范"成果在奉新、贵溪、南丰示范推广应用。《手机移动气象综合减灾业务服务系统》进一步在河北、江西、青海等省气象局推广应用。《移动式人工增雨作业技术支撑系统》研究成果已实现业务化稳定运行,基本实现全自动化的程序控制处理。

2010年,省气象局组织4个科研成果的鉴定工作,对23项科研项目进行验收。《冻雨大雪预报方法研发和技术推广》《全省城镇报预报质量检验评分系统》《鄱阳湖湿地生态气象监测评估及业务应用》《基于GIS的山洪灾害数值评估模型及业务系统开发》等10多项科研成果在业务中应用,取得明显的业务服务效果。

第四节　获奖统计

1991—2010 年,全省气象部门获省部级科学技术奖共 37 项(表 5 - 1 - 2)。

表 5 - 1 - 2　1991—2010 年全省气象部门科学技术奖励获奖情况统计表

序号	获奖年度	获奖成果(项目、人)名称	奖励名称(等级)	主要完成单位
1	1991	农田防护林小气候特征及对农业生产的影响	中国气象局气象科学技术进步四等奖	省气象科学研究所
2	1992	江西省地市台远程终端及应用系统	省科学技术进步三等奖	省气象台
3	1992	江西省中速通信及实时资料库	中国气象局气象科学技术进步三等奖	省气象台
4	1992	江西森林火险预警模式	省科学技术进步三等奖	省气候中心、省气象台、省森林防火办公室
5	1993	省级天气 - 作物 - 病虫害监测警报系统业务化试验	省科学技术进步三等奖	省农业气象中心、省植保质检站、省气象台
6	1995	水稻产量全程跟踪预报方法研究	省科学技术进步三等奖	萍乡市气象局
7	1996	长江中游防汛重点地域致洪暴雨研究(江西部分)	省科学技术进步三等奖	省气象台
8	1996	结合动力和热力诊断分析预报暴雨技术和概念模型的研究	省科学技术进步三等奖	省气象台、武汉中心气象台、安徽省气象科学研究所
9	1996	江西省长江流域防汛重要地域暴雨灾害性天气监测、通信、服务网络系统研制	省科学技术进步三等奖	省气象台、省气象信息网络中心
10	1996	我国苎麻品种合理布局和产销平衡研究	农业部农业资源区划科学技术成果奖三等奖	省气象科学研究所
11	1997	江西省双季水稻灾害群监测警报系统	省科学技术进步三等奖、中国气象局科学技术进步三等奖	省农业气象中心
12	1997	多部数字化雷达拼图的推广研究	上海市科技兴农二等奖	上海市气象局、省气象台
13	1998	微型无人驾驶飞机气象探空系统	中国气象局科学技术进步二等奖	省气象科学研究所

续表

序号	获奖年度	获奖成果(项目、人)名称	奖励名称(等级)	主要完成单位
14	1999	利用 T106 数值产品制作暴雨落区预报方法	中国气象局科学技术进步三等奖	省气象台
15	2000	701 测风雷达大修改进研究	省科学技术进步三等奖	省气象技术装备中心
16	2000	江西省重要库区定量降水分析预报研究	省科学技术进步三等奖	省气象台
17	2001	江西省旱涝灾害短期气候预测业务系统研究	省科学技术进步三等奖	省气象台、省气象科学研究所
18	2002	江西省国土资源遥感调查	省科学技术进步二等奖	省气象科学研究所
19	2002	两系杂交水稻制种气候资源最优配置模式及气候决策支持系统的研究	省科学技术进步三等奖	省气象科学研究所
20	2003	基于"3S"技术的农业气候区划研究	省科学技术进步三等奖	省气象科研所
21	2003	黄淑娥	中国气象局气象科研开发奖(个人)	省气象科研所
22	2004	江西省汛期流域定量降水、面雨量与洪涝指数预报研究	省科学技术进步三等奖	省气象台
23	2004	全国第三次农业气候区划试点研究及应用	中国气象局科学研究与技术开发奖二等奖	省气象科研所
24	2004	鄱阳湖区洪涝灾害遥感动态监测系统的研究	中国气象局科学研究与技术开发奖二等奖	省气象科研所
25	2005	江西省气象防灾减灾网络预警系统研究	省科学技术进步二等奖	省气象信息中心
26	2005	鄱阳湖区域暴雨和突发性灾害天气监测预警系统	中国气象局气象科学技术成果应用奖二等奖	省气象局重点工程办公室
27	2005	江西省气象防灾减灾网络预警系统研究	省科技进步二等奖	省气象信息网络中心
28	2006	暴雨型地质灾害风险预报研究	省科学技术进步二等奖	省气象科学研究所、省气象台
29	2006	防雷工程计算机辅助设计系统	中国气象局气象科学和技术工作奖成果应用奖二等奖、2005 年度第二届中国技术市场协会金桥奖优秀项目奖	省气象科学研究所、省防雷中心
30	2006	排水管网地理信息系统及其在城市积涝气象预报中的应用研究	省科学技术进步三等奖	省气象科学研究所

续表

序号	获奖年度	获奖成果(项目、人)名称	奖励名称(等级)	主要完成单位
31	2006	江西省雷电监测预警系统及应用研究	省科学技术进步三等奖	省气象局重点工程办公室
32	2007	2003年江西特大高温干旱灾害研究	省科学技术进步三等奖	省防灾减灾工程技术研究中心
33	2008	多普勒天气雷达预测突发性气象灾害研究	省科学技术进步二等奖	省气象台
34	2009	鄱阳湖区风能资源储量及分布规律研究	省科学技术进步二等奖	省气象科学研究所
35	2009	省级气候变化业务系统研究	省科学技术进步三等奖	省气候中心
36	2010	手机气象服务系统研究与应用	省科学技术进步二等奖	省气象科学技术服务中心
37	2010	全国主要农作物病虫害发生发展气象预报研究与应用	省科学技术进步三等奖	省气象台
38	2010	县级农业气象业务服务系统开发与推广应用	省科学技术进步三等奖	省气象台

（以上资料均来源于《江西科技年鉴》《江西省科学技术成果公报》）

第五节　成果推广

江西省地市台远程终端及应用系统　1991年,省气象台研发的《江西省地市台远程终端及应用系统》,在省气象台、地(市)气象台建立远程终端得到应用。该项目关键技术被山东、福建、浙江、湖南、河南等省引进并应用。1992年度获省科技进步奖三等奖。

江西省中速通信及实时资料库　1992年,省气象台研发成功《江西省中速通信及实时资料库》,接收武汉区域中心天气图、数值预报产品等数据,将其绘制为NCAR数据,实现欧洲中心、日本、北京T42模式数值预报产品、常规天气图填图等数据格式,在省气象台、地(市)气象台得到应用。该项目部分技术被兄弟省引进并应用。1992年度获国家气象局科技进步奖三等奖。

微型无人驾驶飞机气象探空系统研究　1994年,省气象科学研究所开始研制的微型无人驾驶探空飞机,是当时世界上体积最小、重量最轻的具有自动导航、自动驾驶功能的无人驾驶飞机。该探空系统参加国家重大自然科学基金项目"内蒙古草原土壤、大气、植被相互作用研究"的科学考察,参加中国气象局组织的"华南暴雨""南海季风"科学试验。该项目成果获1998年度中国气象局科技进步二等奖。

多项科技成果支撑　例如:在"98 大洪水"预报取得成功的科技支撑主要有:一是中国"八五"气象现代化建设重点项目 9210 工程"气象卫星综合应用业务系统"建成,快速准确地提供大量的气象信息,资料量是原来的几倍到几十倍,包括北京、欧洲、日本、华盛顿数值预报、地面资料、高空资料、传真图、卫星云图、雷达图等。二是 MICAPES 系统业务应用,在这个平台上各类预报资料可以方便快速调取分析,进行人机交互,同时预报资料到达预报员手上或平台上时间也提前 1—8 小时,特别是在这个平台上能调到以前从未进入业务预报的物理量预报产品。首场暴雨和连续性暴雨预报就得益于 EC 欧洲中心风场预报和中国 T106 模式输出的各种物理量。三是省气象台自行研究开发的多种客观预报方法发挥重要作用。如:T106 数值预报为基础的常规要素分县预报方法以和暴雨动态落区预报方法(其中 6 月和 7 月 24 小时 TS 评分分别达到 0.45 和 0.26)、致洪暴雨预报方法(准确率 56%)、全省大范围暴雨预报方法、信江抚河流域洪涝指数预报方法、云图短时定量预报(1—2 小时准确率达到 0.52% ~ 0.58%)等等。

701 测风雷达大修改进　1999 年 9 月,省气象技术装备中心《701 测风雷达大修改进技术研究》项目,应用人工智能技术彻底改造 701 为现代化全自动跟踪数字探空系统并通过中国气象局组织的验收,先后推广到全国气象部门云南昆明等 15 个省市区 30 个高空探测站业务应用。1999 年获省气象局科技成果应用一等奖,2000 年获省科技进步三等奖。

农业气候区划与气候论证　2000 年,采用"3S"技术,开展第三次农业气候区划和农业气候论证工作,其中"第三次农业气候区划"项目获 2001 年度省气象科技创新一等奖;"基于 3S 技术的第三次农业区划研究"被评为 2003 年度省科技进步三等奖,有关技术已由中国气象局向全国气象部门推广,并投入业务应用。

省气象防灾减灾网络预警系统研究　2003 年,省气象信息网络中心完成《省气象防灾减灾网络预警系统研究》项目,基于全省气象防灾减灾广域网络,开发气象防灾减灾网络预警服务系统,应用网络通信、数据库、多媒体、WINDOWS 组件等技术,综合处理暴雨、雷暴、洪涝、地质灾害、森林火灾等各类灾害预警信息,建立预警信息,建立预警信息自动探测、定向传输、网络群发、主动告警、动态反馈、全程监控的自动化协同互动工作流程,面向各级气象防灾减灾指挥中心提供网络化的灾害性天气预警服务,实现灾害性天气的纵向与横向预警联防与协调互动,有效提高对灾害性天气的监测预报能力。项目成果在省、市、县三级气象防灾减灾业务中心全面推广应用,在国内部分省也推广应用。2005 年获省科技进步二等奖。

防雷工程计算机辅助设计系统　2004 年,江西省防雷中心研制完成的中国气象局项目"防雷工程计算机辅助设计系统",已转让 60 多套,在北京、上海、广东等 10 多个省市的防雷公司推广应用,2006 年 12 月获中国气象局气象科学和技术工作奖成果应用奖二等奖。

江西省气象防灾减灾网络预警系统　2005 年,省气象信息网络中心开发完成《江西省气象防灾减灾网络预警系统》项目,应用网络通信、数据库、多媒体、WINDOWS 组件等技术综合处理等各类灾害预警信息,建立预警信息自动探测、定向传输、网络群发、主动告警、动态反馈、全程监控自动化协同互动工作流程,该系统在省、市、县三级气象防灾减灾业务中心和部分省市区推广应用,2005 年度获省科技进步奖二等奖。

手机移动气象综合减灾防灾业务服务系统　2010 年,省气象科技服务中心研制的《手机气象服务系统研究与应用》项目,已在气象、防汛、军事气象保障、森林防火等部门投入业务使用,在国内 20 个省市气象部门得到推广应用,在 2010 年 5 月全国气象部门首届公共气象服务业务系统观摩交流会上被评为"优秀系统",2011 年获得江西省科学技术进步奖二等奖。

鄱阳湖区生态气象监测评估研究及应用　2010 年,省气象科学研究所和江西师范大学的黄淑娥、王怀清、吴福英、辜晓青等完成《鄱阳湖区生态气象监测评估研究及应用》项目,研究鄱阳湖区生态气象监测、流域水资源预测、流域降水影响鄱阳湖水位预测等技术,以及水位影响水域面积季节、草滩草洲面积等变化的影响,建立湖区生态气象数据库系统和湖区生态环境质量和洪涝、干旱等级等定量评价方法,成果在气象、水利、环保、防灾减灾等领域应用,并获同年度省科技进步奖二等奖。

第二章　教育与培训

南昌气象学校始建于 1978 年 8 月,为全省第一所专门培育气象人才的学校。1994 年 8 月,南昌气象学校被教育部批准为首批国家级重点普通中等专业学校。2000 年 3 月,学校由中国气象局划归地方管理;同年 6 月,省政府将学校划转省气象局管理。2002 年 4 月,省政府批复,同意在南昌气象学校的基础上,设立江西信息应用职业技术学院(专科普通高校)。学校先后开展中专、大专和在职人员学历提升、本(专)科函授教学,并承担省气象局交办的部分培训工作。2003 年 1 月,省政府特聘中国工程院院士李泽椿为江西信息应用职业技术学院名誉院长。2009 年 7 月,学院与共青城开放开发区正式签约,用地面积 600 亩建设共青城新校区。

第一节　职业教育

专业设置

针对就业需求变化,学校(学院)不断对专业设置进行调整。1991—2010 年,中专专业和大专专业,调整变化均较大。专业设置情况见表 5 - 2 - 1 和 5 - 2 - 2。

表 5 - 2 - 1　中专专业设置情况

年份	专业设置	专业个数
1991	农业气象、气象	2
1992	农业气象、气象	2
1993	农业气象、气象、电子技术、计算机技术	4
1994	农业气象、气象、电子技术、计算机技术	4
1995	农业气象、气象、电子技术、计算机技术、仪器仪表、文秘	6
1996	农业气象、气象、电子技术、计算机技术、仪器仪表、文秘	6
1997	农业气象、气象、电子技术、计算机技术、仪器仪表、文秘	6
1998	农业气象、气象、电子技术、计算机技术、仪器仪表、文秘	6
1999	气象、电子技术、计算机技术、仪器仪表、文秘	5
2000	气象、电子技术、计算机技术、仪器仪表、文秘	5

续表

年份	专业设置	专业个数
2001	气象、电子技术、计算机技术、仪器仪表、文秘、电脑美术	6
2002	气象、电子技术、计算机网络技术、机电一体化、电子信息与通信、电子商务、商务英语、电脑美术、计算机多媒体专业	9
2003	气象与防雷、电脑美术、电子信息与通信、机电一体化专业	4
2004	气象与防雷、计算机网络、商务英语、电脑美术、应用电子	5
2005	气象与防雷、计算机网络、商务英语、电脑美术、应用电子	5
2006	气象与防雷、计算机网络、商务英语、电脑美术、应用电子	5
2007	气象与防雷、计算机网络、商务英语、电脑美术、应用电子	5
2008	气象与防雷、计算机网络、电脑美术、应用电子	4
2009	气象与防雷、计算机网络、电脑美术、应用电子	4
2010	气象与防雷、应用电子、计算机网络技术、社会体育	4

表 5 - 2 - 2　大专专业设置情况

年份	专业设置	专业个数
2002	防雷工程、计算机信息与网络技术、应用电子技术	3
2003	大气科学、大气控制（防雷工程）、大气探测、大气探测（应用气象技术）、地理信息系统、地理信息系统应用、电脑美术设计、电子技术应用、电子商务、电子信息工程、电子信息与通讯、房地产经营管理、计算机控制技术、计算机软件、计算机图形图像制作、计算机网络技术、计算机信息与网络技术、商务英语、社会体育、微电子技术、艺术类、应用电子技术、应用气象技术、运动休闲与管理	24
2004	大气科学、大气探测、地理信息系统、地理信息系统应用、电脑动画设计、电脑美术、电脑艺术设计、电子商务、电子信息工程、电子信息与通信、动画、防雷工程、房地产经营管理、计算机控制、计算机控制技术、计算机软件、计算机图形图像处理、计算机网络技术、计算机网络与软件应用、计算机网络专业、计算机信息与网络技术、计算机应用技术、计算机应用与软件技术、计算软件、商务英语、社会体育、涉外文秘与公共关系、图形图像处理、微电子技术、应用电子技术、应用气象技术	31
2005	大气科学技术、大气探测技术、地理信息系统与地图制图技术、电脑美术设计、电子商务、电子信息工程技术、动漫设计与制作、防雷技术、房地产经营与估价、计算机控制技术、计算机网络、计算机网络技术、计算机应用技术、气象与防雷、软件技术、商务英语、社会体育、图形图像制作、文秘、现代教育技术、应用电子技术、主持与播音	22

续表

年份	专业设置	专业个数
2006	大气探测技术、地理信息系统与地图制图技术、电脑美术、电脑艺术设计、电子商务、电子信息工程技术、动漫设计与制作、防雷技术、房地产经营与估价、计算机控制技术、计算机网络技术、计算机信息与网络技术、计算机硬件与外设、气象与防雷、软件技术、商务英语、社会体育、图形图像制作、文秘、现代教育技术、应用电子技术、应用电子技术、主持与播音	23
2007	大气探测技术、地理信息系统与地图制图技术、电脑艺术设计、电子商务、电子信息工程技术、动漫设计与制作、防雷技术、房地产经营与估价、计算机控制技术、计算机网络技术、计算机应用技术、计算机硬件与外设、旅游管理、软件技术、商务英语、社会体育、通信技术、图形图像制作、网络系统管理、文秘、应用电子技术、主持与播音	22
2008	大气探测技术、地理信息系统与地图制图技术、电脑艺术设计、电子产品质量检测、电子商务、电子信息工程技术、动漫设计与制作、防雷技术、房地产经营与估价、工程测量技术、计算机控制技术、计算机网络技术、计算机应用技术、旅游管理、软件技术、商务英语、社会体育、通信技术、图形图像制作、文秘、应用电子技术、主持与播音	22
2009	大气探测技术、地理信息系统与地图制图技术、电脑艺术设计、电子商务、电子信息工程技术、动漫设计与制作、防雷技术、房地产经营与估价、计算机控制技术、计算机网络技术、计算机应用技术、旅游管理、软件技术、商务英语、社会体育、通信技术、图形图像制作、文秘、应用电子技术、主持与播音	20
2010	大气探测技术、地理信息系统与地图制图技术、电脑艺术设计、电子产品质量检测、电子商务、电子信息工程技术、动漫设计与制作、防雷技术、房地产经营与估价、工程测量技术、计算机控制技术、计算机网络技术、计算机应用技术、旅游管理、软件技术、商务英语、社会体育、通信技术、图形图像制作、文秘、应用电子技术、应用电子技术、主持与播音	23

在学院的努力下,2004年,大气探测、防雷工程两个专业被批准为全省专科示范专业;大气科学技术、大气探测技术、防雷技术、应用气象技术4个专业进入《全国高职专业名录》。2005年,学院聘请气象专家,成立专业指导委员会,加强产学结合。2008年,学院被确定为从普通高等学校毕业生中直接招收士官工作的学校,招收应用电子技术、通信技术、气象类、大气科学、大气探测、应用气象技术、防雷技术等专业的士官。

师资队伍

1991年9月,气象教研室主任谭海涛被国家教委、人事部评为全国优秀教师。其主编的《地面气象观测》被国家气象局定为全国气象中专学校的教材。教务科科长谢传锯被国家气象局批准享受政府特殊津贴。2004年,天气动力学教师顾勇被省教育厅评为全省高校中青年骨干教师。

2010年,学院教职工270人,专任教师187人。正高职称9人,副高职称61人,中级职称47

人。双师型教师 78 人。硕士研究生 24 人,博士研究生在读 1 人。

能力建设

1992 年,学校主编、参编《应用气象》《天气学》《农业气候学》《农业气象情报预报》《农学基础》《农业气象试验》等多种全国气象中专统编教材。

1994 年,学校实习气象台计算机网络与省气象台联网,建立气象实时业务终端,开展实践教学;增设数值天气预报、气象服务课程的教学;开展遥测仪、地面测报微机处理(AHDM)、地面综合有线遥测设备等的教学。学校提出"早实践,多实践,常年实践不断线"的培养方式,让学生实习完全模拟气象台站实际业务进行,实行 24 小时值班制,锻炼学生的实际动手能力。同时,组织毕业班学生参加社会实践活动,让学生了解气象台(站)。

1996 年,按照中国气象局要求,完成对教学大纲、教学计划的修订工作。

1998 年,完成气象地面观测站、天气会商室、观测场等实习场所的现代化建设。

学校升格为专科学院之后,更加重视和加强能力建设。按照教学和在校实习的需求,本着缺什么补什么的原则,建设和完善了一系列教学、实习场所。至 2010 年,学校共建有大气探测实训室、自动站实训室、自动站维修实训室、酸雨实训室、天气会商室、地面气象观测站、供配电防雷实验室、防雷接地实训室、网络防雷设计实训室、防雷检测实训室、信号防雷实训室等实验实训场所。

教育教学

全日制学历教育 1991—2001 年,学院培养气象类中专、高职全日制学生 4337 人。

2002 年,学院在省内首批升格为大专层次的普通高校后,招收录取全日制大专学历学生人数呈上升趋势,2010 年与 2002 年比较,招生人数增长超 10 倍。各年录取情况见表 5 - 2 - 3。

表 5 - 2 - 3　2002—2010 年大专生录取人数

年份	2002	2003	2004	2005	2006	2007	2008	2009	2010
人数	204	1536	1637	2349	1607	1961	2221	2201	2335

学历提升继续教育　1992 年,学院首次开办学历提升继续教育进修班,招生对象为气象部门无学历的在职工作人员,学历为中专层次。2003 年,学院提升为专科学历教育后,终止了开设进修班。1992—2002 年,共培养学历提升继续教育人数 274 人。各年招生情况见表 5 - 2 - 4。

表 5 - 2 - 4　1992—2002 年学历提升继续教育招生人数

年份	1992	1993	1994	1995	1996	1997	1998	1999	2000	2001	2002
人数	18	37	34	28	16	12	17	45	29	18	20

函授教学　1991—2010 年,函授教学学生人数共计 1840 人,其中本科函授教学学生人数 783 人,大专函授教学学生人数 1057 人。本科函授教学有大气科学、大气科学(防雷)、计算机科学与技

术3个专业,专科函授教学有大气科学(防雷)、电脑动画设计、电气自动化、电子技术、防雷技术,计算机信息管理、计算机应用、气象等8个专业。各专业学生人数见表5-2-5。

表5-2-5 1991—2010年各专业函授教学学生人数统计一览

本科		专科			
专业	人数	专业	人数	专业	人数
大气科学	464	大气科学(防雷)	109	防雷技术	116
大气科学	278	电脑动画设计	31	计算机信息管理	160
		电气自动化	207	计算机应用	59
计算机信息管理	41	电子技术	19	气象	356

第二节　专业培训

在校培训

1991—2010年,江西信息应用职业技术学院先后承担全省各县(市)预报员培训、气象灾害暨气象信息员师资力量培训、防雷设计和施工等培训工作,培训人数达到500多人次。2009年,学院被省气象局确定为"江西省防雷培训基地""江西省防雷技能考证中心",学院承担的培训任务成为日常教学工作的组成部分。

针对研究生以上学历人员少的状况,为加强对业务技术骨干的培养,提升学历水平,省气象局鼓励在职人员参加学历提升在校进修培训,并给予优惠政策。

1997年,送培硕士研究生4人。

1998年,送培硕士研究生2人。

1999年,送培硕士研究生3人。

2002年,送培博士研究生1人,硕士研究生5人。

2007年,送培国外博士研究生1人、国内博士研究生2人,国内硕士研究生10人。

2008年,送培博士研究生2人,硕士研究生10人。

在岗培训

随着气象部门现代化水平的提升,业务技术体制不断优化,新技术、新设备大量投入业务应用,特别是20世纪90年代后期,新形势造成工学矛盾突出,为此,江西省气象部门把岗位培训作为适应新形势的一项重要措施,加强以新技术、新设备为重点的业务培训工作。

1994年,举办业务现代化系列培训和预审员系列培训。

1995年,举办计算机系列培训。

1996 年,举办培训班 31 期,接受培训人员 864 人(次)。

1997 年,举办培训班 41 期,接受培训人员 716 人(次)。

1998 年,举办培训班 40 期,接受培训人员 700 余人(次)。

1999 年,开展"岗位培训年"活动,举办培训班 55 期,受训人员达到 1427 人(次),有 800 多人通过考试取得岗位合格证书。

2000 年,举办培训班 28 期,796 人(次)接受培训。

2002 年,举办培训班 17 期,受训 518 人(次)。

从 2002 年开始,每年均举办一期以上自动气象站应用和相关知识培训班,对全省基层台站业务人员进行全员轮训。

2003 年,在宜春举办全省 MICAPS2.0 系统应用培训班。

2004 年,在南昌举办全省非常规气象资料应用暨积涝预报技术培训班。

2005 年,在南昌举办闪电定位资料应用技术及数值模拟培训班;在南昌、吉安、赣州 3 地举办全省多普勒雷达产品应用培训班。

2006 年,在南昌举办预报评分系统培训班。

2007 年,在南昌举办全省短时临近预报培训班;举办其他各类培训班 32 期,培训 1800 余人(次)。

2008 年,举办培训班 22 期,3400 余人(次)接受培训。

2009 年,在南昌举办全省灾害性天气短时临近预报系统和天气预报技术总结培训班。

第三章　气象学会

截至 2010 年,省气象学会有个人会员 1040 人,团体会员 29 个,12 个学科委员会和 2 个工作委员会。1991—2010 年,学会 4 次被中国科协评为"全国自然科学省级学会之星",连续 20 年获省科学技术协会的"省级先进学会"称号,是省科协 6 个"精品学会"之一。学会承办的科技期刊《气象与减灾研究》聘任多位院士和专家担任编委会顾问或编委,各项质量指标均处全国省级气象期刊前列;多次举(承)办大型学术交流会,多次邀请院士、国内外专家来赣讲学和做学术报告;全省气象部门共建成国家级和省级科普教育基地 7 个,与省铁道学会、南昌客运段联合开展的"旅客列车气象科普伴你行"主题活动,成为全国气象科普工作亮点;组建青年气象志愿者队伍,实施科技服务计划,在全国尚属首次。

第一节　组织建设

机　构

1995 年 12 月 6 日,省气象学会在南昌召开第八次会员代表大会,选举产生第八届理事会,下设天气、大气探测、农业气象、气候、电子、应用气象、航空气象 7 个专业委员会和青年科技、管理科学、科普、《江西气象科技》4 个工作委员会。

2002 年 3 月 5 日,省气象学会在南昌召开第九次会员代表大会,选举产生第九届理事会,下设天气气候、大气探测与气象装备、农业气象与遥感应用、气象电子信息通信、城市气象服务、雷电防护、航空气象、气象管理科学、气象科普、气象教育、环境气象 11 个专业委员会和《江西气象科技》编委会。

2006 年 12 月 18 日,省气象学会在南昌召开第十次会员代表大会,选举产生由 78 人组成的第十届理事会。增加部队、武警、公安、安监、铁路、国土资源、高等院校以及中国科学院、中国林科院驻赣研究机构等理事单位,涵盖 38 个行业和部门,具有高级职称的理事占 72.7%。下设天气学、气候学与气候变化、大气成分与环境气象学、大气探测与仪器、生态与农业气象学、气象通信与信息技术、气象服务、雷电防护、军事气象学、航空气象学、气象软科学、气象教育与培训、人工影响天气 13 个学科委员会和《气象与减灾研究》编委会、气象科普、老年气象科技工作者 3 个工作委员会。

2010 年 12 月 21 日,省气象学会在南昌召开第十一次会员代表大会,选举产生第十一届理事会。下设天气学、气候学与气候变化、大气探测与仪器、生态与农业气象学、公共气象服务、气象通信与信息技术、雷电防护、航空气象学、军事气象学、气象软科学、气象教育与培训、人二影响天气12个学科委员会和《气象与减灾研究》编委会、气象科普2个工作委员会。

第八届理事会　理事长：潘根发

副理事长：陈双溪（常务）　杨宏勋　吴国琛　洪积良　徐　杰　刘延鹏

秘书长：陈双溪（兼）

常务理事：22人（名单略）　理事：45人（名单略）

第九届理事会　理事长：陈双溪

副理事长：黎　健　戚善宏　徐时忠

秘书长：黎　健（兼）　副秘书长：林景辉（专职）　邹武杰

常务理事：25人（名单略）　理事：53人（名单略）

第十届理事会　理事长：陈双溪

副理事长：詹丰兴　高国成　江　海　魏　丽

秘书长：詹丰兴（兼）

副秘书长：孙国栋（专职）　姚睿钦　邹武杰　李　群　吴余峰

常务理事：30人（名单略）　理事：78人（名单略）

第十一届理事会　理事长：常国刚

副理事长：詹丰兴　魏　丽

秘书长：詹丰兴（兼）

副秘书长：邓志华（专职）　肖月清　沈　丰

常务理事：34人（名单略）　理事：77人（名单略）

会　员

省气象学会吸收会员按照《省气象学会章程》办理。1991年实有会员572人，1995年发展为665人。第九届理事会第一次会议研究决定，对全省气象学会会员进行重新登记，并分别于2002年7月4日、2004年2月12日下发《关于进行会员重新登记工作的通知》《关于开展个人会员登记二作的通知》。2002年登记后，共有个人会员761人，团体会员26个。2003年5月22日，学会秘书处下发《关于发展江西省气象学会会员的通知》，吸收全省一线气象科技人员入会。截至2010年12月，共有个人会员1040人，团体会员29个。会员主要由全省气象部门职工构成，另增加部队、武警、公安、安监、铁路、国土资源、高等院校等10余家理事单位，涵盖38个行业和部门。

对从事气象工作30周年的会员进行表彰。1992年、1995年分别表彰第三批、第四批从事气象工作30周年的会员。2003年2月24日，九届二次常务理事会审议通过《从事气象工作30周年会员荣誉证书》颁发管理办法，此后每年都对符合条件的会员进行表彰。至2010年，共表彰243名会员。

获奖情况

1994 年,中国气象学会对 1989 年 1 月至 1993 年 12 月 5 年内气象科普工作和作品进行评选,省气象学会科普工作委员会获第四届气象科普先进集体,南昌市十七中学王多金获科普先进个人。

1999、2004、2010 年被省民政厅和省民间组织发展促进会评为"全省先进社团组织"。

2002、2005、2006、2007 年被中国科协评为"全国自然科学省级学会之星"。

2006 年,被中国气象学会评为先进省级学会,2010 年获中国气象学会"学会工作创新奖"。

2008 年,被授予首届"省科协精品学会"荣誉称号,成为省科协 6 个"精品学会"之一。

连续 20 年获江西省科学技术协会的"省级先进学会"称号。

第二节　学术刊物

期刊由省气象局主管,省气象学会主办。1991—2005 年,刊名为《江西气象科技》,季刊。2006 年,期刊更名为《气象与减灾研究》,成为国内首份全面反映气象与综合减灾领域最新研究成果和应用水平的学术期刊。

为提高期刊的服务功能,1998 年增加"季度天气特点评述""重大灾害性天气过程一览表""季度气候对农业生产的影响"和"遥感信息"等栏目。1999 年,完成期刊上网工作,通过国际互联网访问科技部的万方数据网站;2001 年,在江西气象网设立数字化期刊专栏,实现期刊网上查阅,开通电子信箱,方便编辑部与读者、作者的联系和沟通。

2003 年,期刊荣获"首届《CAJ—CD 规范》执行优秀期刊奖",入选中国学术期刊综合评价数据库统计刊源期刊和中国期刊全文收录期刊,并被中国核心期刊(遴选)数据库收录。

期刊更名后,得到国内外众多知名专家的支持和关注,周秀骥、马宗晋、丑纪范、李泽椿、伍荣生、陈联寿、丁一汇等 7 位院士出任编委会顾问;美国耶鲁大学终身教授李旭辉、美国科罗拉多州立大学联合教授高炜、香港天文台台长林超英教授,以及中国科学院王昂生研究员、南京信息工程大学何金海教授(博导)、南京大学王元教授(博导)等 10 余名国内外著名专家学者出任期刊编委。

据中国学术期刊综合引证年度报告显示,更名后的《气象与减灾研究》基金论文比、被引频次及影响因子均有大幅提高,在全国省级气象期刊中名列前茅(见表 5 - 3 - 1),其中影响因子列全国省级气象期刊第一,成为全国最有影响的省级气象期刊之一。第一期就被省新闻出版局确定为代表江西参加全国书市展览的 8 家科技期刊之一。2008 年,被省新闻出版局评为"第三届江西省优秀期刊"。

表5-3-1　2006—2009年《气象与减灾研究》计量指标统计表

年　份	2006	2007	2008	2009
基金论文比	0.080	0.780	0.640	0.642
被引频次/篇	58.000	175.000	467.000	412.000
影响因子	0.218	0.439	1.633	1.594

第三节　学术交流

综合性学术会议

学会分别于1995年12月6—7日、2002年3月5日、2006年12月19—20日、2010年12月22日组织召开大型学术年会4次。其中,2006年12月举办的年会,是省气象学会和省气象局联合举办的"全省气象部门高级工程师技术述职报告会暨首届全省气象行业学术交流会",既是全省气象部门高级工程师述职考核平台,也是全省气象行业学术交流会,来自全省各级气象部门的96名高级工程师,以及来自民航、空军驻赣某部、二炮驻赣某部等10余名从事气象工作的科技人员参加会议;2010年12月举办的"全省气象学术交流会",参与交流的学科面更宽,涵盖了天气、气候、气候变化、气象服务、生态与农业气象、大气探测技术、雷电防护科学与技术、人工影响天气、气象软科学等方面,应征论文达到232篇。

2004年,承办省科协首届青年科学家学术年会分会。

2006年10月25—26日,围绕"绿色生态江西"主题,省气象学会与省科协、省生态学会等有关单位,联合承办"绿色生态江西建设与生态安全高层论坛"。两院院士赵其国、王浩以及20余位国内外知名专家出席大会,并做学术报告。

2006年11月20日,在中国气象学会年会确定的3个异地举办的分会场中,省气象学会承办"全国农业气象与生态环境学术交流年会"和"气象灾害应急管理与构建和谐社会高端论坛"2个分会场,其中高端论坛邀请两院院士李泽椿、黄荣辉、丑纪范做学术报告。2006年12月22日,省气象学会人工影响天气专业委员会与中国气象科学研究院人工影响天气研究所联合,承办2006年全国人工影响天气学术年会。

2007年9月25—29日,省气象学会联合中国科学院南京地理与湖泊研究所、新加坡国立大学地理学院、德国吉森大学国际发展与环境研究中心等单位,举办第二届亚洲大河国际研讨会。来自德国、新加坡以及国内相关领域的60余名专家、学者、工程技术人员参加会议。

2007年12月8—10日,省气象学会与中国灾害协会联合举办第二届全国城市灾害链学术研讨会。来自国内地震、水文、空间、气象、高校等领域的专家,在建立一体化的城市系统危机管理模式,制定城市减灾法规,构建城市内涝灾害分析、评估和对策模型,监控异常气候对城市化的影响等方面进行探讨。

2008年9月17—19日，省气象学会与中国气象学会天气学委员会在南昌联合召开中国南方地区低温雨雪冰冻灾害学术研讨会，分析总结国内低温雨雪冰冻灾害应急工作的经验和教训，总结凝练类似气象灾害预报预测的科学问题。来自中国气象局、中国气象学会和上海、江苏、浙江、安徽、湖北、湖南、广东、广西等地近80位专家参加会议。

2008年10月24—26日，省气象学会与中国气象科学研究院联合，举办大气科学信息网络与期刊出版学术交流会，围绕大气科学信息共享与建设、大气科学类期刊的标准化、规范化、核心化进行交流与探讨。

2009年10月29—11月1日，省气象学会与中国气象学会动力气象学委员会、中国科学院大气物理研究所大气科学和地球流体力学数值模拟国家重点实验室、北京气象学会在上饶联合举办第七次全国动力气象学术会议。两院院士黄荣辉、李崇银、穆穆，以及来自中国科学院、中国气象局、北京大学、南京大学、南京信息工程大学、中山大学、成都信息工程大学、省气象局等15个单位的120余名专家参加会议。

2010年10月20日，省气象学会承办由省科协、省气象局联合主办的"防灾减灾与鄱阳湖生态经济区建设同舟论坛"，邀请曾庆存、黄荣辉、丑纪范、李泽椿、李崇银、赵思雄等6位院士出席论坛并做专题学术报告。6位气象科学研究领域知名的院士同时莅临论坛做学术报告。

另外，2005年，省气象学会还组织气象科技代表团赴中国台湾进行了科技考察和交流，与台湾中国文化大学联合举办两岸气象防灾科技研讨会，并与台湾气象学会、台湾中国文化大学建立学术期刊定期交换关系。

分学科学术交流会

1993年12月，天气专业委员会与航空气象专业委员会联合在昌河飞机制造公司召开天气与航空气象学术研讨会，会议交流论文27篇。

1994年7月，科技管理专业委员会在井冈山召开全省气象部门科技服务和综合经营风险承包责任制研讨会。收到论文38篇，大会交流22篇。

1993、1994年，农业气象与气候专业委员会合作，召开学术研讨和交流会2次，针对我省农业持续发展的要求，对如何促进农业气象及气候适应农业持续发展开展针对性的科研与服务、如何为振兴江西农村经济服务、如何做好气候资源利用、如何开展气候诊断和对农业生产中的重大灾害气候评价分析等问题进行研讨。

1994、1995年，省气象科学研究所工作委员会、应用气象工作委员会与省邮电管理局分别在庐山、赣州联合召开"全省邮电通信防雷技术研讨会"，与省广播电视厅在南昌联合召开"全省高山台站防雷技术研讨会"。通过研讨和交流加强横向联系，进一步提高行业防雷安全意识。省邮电管理局、省广播电视厅把省防雷中心推出的防雷工程作为高新技术立项推广，并筹措启动经费实施建设。

1997 年,航空气象专业委员会召开以"航空与气象"为主题的学术交流会,增进气象部门与航空部门的科技联系与合作。

1998 年,农业气象专业委员会召开以"市场经济与农业气象发展"为主题的学术研讨会,会议规模大、主题新颖,为开创江西农业气象工作的新局面献计献策。

1999 年,电子专业委员会结合国际互联网的发展方向,交流和探讨气象部门在国际互联网技术方面的应用经验。

进入 21 世纪,学会各专业(学科)和工作委员会分学科的学术交流研究活动日趋活跃,特别是从 2007 年起,学术交流活动纳入省气象局目标考核,各学科(工作)委员会与挂靠单位联合开展专题学术交流活动形成制度。

学术讲座

1998 年,学会与省气象局联合举办学术论坛 16 次。论坛主题密切结合气象科学的发展方向和气象现代化建设。

从 1999 年开始,根据省气象局领导提议并在职能部门的支持下,学会组织省气象局直属业务单位高级工程师开展学术讲座活动。坚持把高工做学术报告作为专业技术考核的一项依据,把听讲人员的课时作为继续教育课时进行登记,从制度上保证学术讲座的顺利进行。到 2002 年,举办学术讲座 22 期,638 人次参加听课。

从 2003 年开始,学会与省气象局联合定期举办学术讲座(报告)会。先后邀请近 40 位国内知名专家来赣讲学;安排具有高级技术职称的科技人员立足工作或研究领域做学术报告;邀请重大课题主持人和出国访问考察、参加全国性培训班的人员做学术报告或考察报告。先后邀请美国耶鲁大学、美国宇航局、意大利都灵大学、澳大利亚气象与海洋局、比利时弗芒大区技术研究院等部门的专家来赣讲学或学术访问。到 2006 年,共举办 80 余场学术报告会,听众近 3000 人次。

从 2007 年开始,设立气象学术研讨与交流大讲坛,邀请国内外专家学者举办学术研讨与交流主题报告会 50 余场。如 2009 年通过设立的"气候变化大讲堂",分别邀请国家气候中心、中国科学院、澳大利亚天气与气候研究中心、加拿大不列颠哥伦比亚大学等国内外科研机构专家赴赣授课和交流;2010 年 5 月、7 月、8 月,分别邀请南京信息工程大学博士生导师何金海教授、武汉暴雨研究所万蓉副研究员、美国国家大气研究中心终身科学家戴爱国博士做专题学术报告。

其他学术交流活动

2005 年以来,依托江西气象网,建立网上互动定期学术交流栏目。该栏目扩大学术交流的受众面,方便广大科技人员交流,提高科技人员参与积极性。截至 2010 年,共编辑网上交流学术论文 16 期,交流论文 431 篇。

表 5 - 3 - 2　2005—2010 年江西省气象网学术交流论文统计表

年份	2005	2006	2007	2008	2009	2010
期数	3	3	2	4	1	3
交流论文篇数	35	88	109	98	45	56

在省气象局大楼设立学术交流张贴栏,不定期张贴国内外有关最新科研成果和动态。

应邀或组织气象专家走进省人大、省政协、省委党校、高校做学术报告,举办气象专题学术讨论,进行跨部门、跨学科的学术交流。

第四节　科普活动

纪念世界气象日

每年世界气象日,省气象学会都根据当年主题,选择不同的对象进行联合主办,用不同的方法,开展丰富多彩的纪念活动。采取举办座谈会、电视知识竞赛、科技咨询、气象台站向社会公众开放等多种形式,借助报纸、广播电台、电视台等媒体,宣传纪念世界气象日主题的意义,普及气象科技知识,宣传气象工作在社会经济发展中的作用,增加社会公众对气象工作的理解和支持,提高社会公众利用气象科技知识进行防灾减灾的意识和能力。

气象科普"四进"活动

利用科技宣传周、科普日、防灾减灾日以及省科协举办的"科普之春""科普之秋"等时机,开展气象科普"进农村、进社区、进企业、进学校"活动。2006—2010 年,组织全省规模的气象科普"四进"活动 14 次,全省 3300 余人次科技人员深入 960 多个基层点开展科技咨询、举办科技讲座,散发各种服务材料 158 万余份。

2007 年,与省政府应急办、省教育厅联合,向全省所有中小学校免费赠送防雷科普挂图和 DVD 光盘 2 万余套。

2009 年 3 月,与省铁道学会、南昌客运段联合,开展"旅客列车气象科普伴你行"主题活动,成为当年全国气象防灾减灾科普工作 6 大亮点之一;2010 年,在中国气象学会、中国铁道学会和省科协的支持下,此项活动拓展为气象科技常驻旅客列车,从 2010 年 11 月份起,以通俗化的语言和系列化的介绍普及气象科普知识,成为南昌铁路局南昌站所有始发旅客列车广播的一项常态化内容。

2009 年 5 月 12 日,在南昌八一广场举行的江西首个"防灾减灾日"宣传教育活动中,省委副书记、省长吴新雄来到气象局展台指出,要进一步加强中小学防雷减灾工作,在 1～2 年内完成中小学校防雷工程建设,同时要加强农村防雷科普知识和防雷意识宣传,积极做好防雷减灾工作。

青年气象志愿者队伍

2001年3月,省气象学会与省气象局、共青团省委联合决定,组织青年气象志愿者的招募、登记注册和队伍组建,在全省实施科技服务计划。这在全国尚属首次。当年6月7日举行省青年气象志愿者科技服务计划启动仪式,省人大常委会周慤平副主任以及中国气象局、中国气象学会、团省委、省气象局有关领导出席启动仪式,团中央、中国青年志愿者协会发来贺信。

2009—2010年,连续承办由共青团中央、中国科学技术协会、中国气象局、中国气象学会等联合主办的"气象防灾减灾宣传志愿者中国行"江西队活动。

新闻媒体科普

省气象学会主动加强与新闻传媒沟通与合作,每年都与江西卫视《社会传真》栏目合作,制作科普宣传专题片。如2006年的《远离自然灾害》,2007年的《气候变化,不容忽视》,2008年的《气候改变生活》,2009年的《破译神秘的气象密码》,2010年的《城市防雷,你准备好了吗?》等等,均在当年世界气象日期间通过《社会传真》栏目播出。

为了加大气象科普新闻宣传的覆盖面,通过发送新闻通稿,邀请气象专家做客江西人民广播电台《正午阳光》专题节目、大江网、新华网,在省气象局门户网站设置固定和动态科普专栏等方式开展气象科普宣传和解答气象热点问题。

气象科普资料

从1993年开始,省气象学会编辑气象历书,将历书与逐日的晴雨概率融为一体,形成一种新型历书,并与气象出版社联合出版,公开发行。

2006年以来,分别联合省科协、省科普期刊社等单位,组织编印《科学认知台风》《科学认知雷电》《科学认知资源气象》《科学认知气象信息》《科学认知气候变化》等科普读本、气象科普小报、气象科普挂图等,向社会公众免费赠送。

科普作品评选

省气象学会不定期举办气象科普工作先进集体(工作者)和优秀气象科普作品评选活动。对获奖单位和个人予以奖励,并向上一级推荐。据统计,经学会推荐获全国优秀气象科普作品一、二、三等奖各1个,3个单位获全国气象科普工作先进集体,5人获全国气象科普工作先进个人;2个单位获江西省科普工作先进集体,4人被授予省科普工作先进个人,1部作品被评为全省优秀科普影视作品三等奖。

气象科普教育基地

1999年,省气象防灾减灾指挥中心被中国科协列为首批全国科普教育基地;2003年,又被中国气象局、中国气象学会联合命名为首批"全国气象科普教育基地"。

2002年，省天文气象科普中心被江西省科技厅、省委宣传部、省教育厅、省科协联合命名为省青少年科普教育基地。

2003年，萍乡市气象局被评为全省青少年科普教育基地。

2005年，鹰潭市气象局被评为全省青少年校外活动示范基地。

2008年，庐山气象局被中国气象局、中国气象学会命名为第二批全国气象科普教育基地。

2010年，抚州市气象局被评为全省青少年科普教育基地。

为加强对全省气象科普教育基地的管理，2003年，省气象学会印发《全省气象科普教育基地开放管理规定（试行）》。

第五节　人才及成果举荐与表彰

人才及成果举荐

1991年，省气象学会举荐的宜丰县气象站项目"丘陵山区香菇、黑木耳制种气象条件及其生产应用"和广昌县气象局项目"示范推广白莲、袋栽香菇、红麻适用技术"获国家气象局、中国气象学会联合颁发的1988—1989年度气象科技扶贫工作（集体）三等奖。

1993年，省气象学会举荐的省气象科技扶贫玉米开发技术协作组项目"南方玉米高产栽培技术推广"获中国气象局、中国气象学会联合颁发的1990—1991年度气象科技扶贫工作（集体）二等奖。

1995年，省气象学会举荐的省农业气象中心、靖安县气象站、靖安县科委项目"绞股蓝山区引种与综合开发"获中国气象局、中国气象学会联合颁发1992—1993年度气象科技扶贫工作（集体）二等奖；吉安地区莲—萍—鱼立体农业技术应用推广小组项目"莲—萍—鱼立体农业技术应用推广"获（集体）三等奖。

1997年，省气象学会举荐的萍乡市气象局项目"萍乡市大棚蔬菜生产的气象科技服务"获中国气象局、中国气象学会联合颁发的1994—1995年度气象科技扶贫工作（集体）二等奖，李冠根获个人三等奖。

2002年，省气象学会举荐的莲花县气象局项目"丘陵山区农业气候资源综合开发利用"获中国气象局、中国气象学会联合颁发的2000—2001年度气象科技扶贫工作（集体）三等奖。

人才及其成果表彰

2002年以来，省气象学会先后制定《先进集体和优秀会员表彰办法》《优秀气象科技论文评选及奖励办法》《科普工作先进集体、先进工作者和优秀作品评选办法》《从事气象工作30年会员表彰办法》等8个学会工作管理办法，定期或不定期开展人才及其成果表彰活动。

第六节　防雷资质认定与管理

　　根据《防雷减灾管理办法》规定,从 2004 年起,省气象学会开始承担全省防雷专业技术人员资格认定和施放气球作业人员资格认定两项中介机构自律管理工作(施放气球作业人员资格认定后下放至市、县两级气象部门)。为此,常务理事会进行专题研究,制定了《防雷专业委员会管理办法》,进一步理顺关系。

　　2009 年,省气象局制定《全省防雷工程专业技术人员资格管理办法(试行)》。在省气象局的监督管理下,学会认真履行职责,理顺关系,规范管理,明确职责,严把质量关,制定完善防雷工程设计、施工和防雷检测上岗资格证认定考试和继续教育的一系列规章制度,成立防雷专业技术人员资格认定专家组,编写考试大纲和培训大纲、培训教材,按规定组织认定考试和继续教育,进行资格证书的年审、换证、发证工作。

　　2004—2010 年,共组织 9 期防雷工程和检测专业技术人员资格认定考试工作,5 期继续教育培训工作,对 1000 余名考试合格人员颁发资格证书。

第六篇 气象管理

国家对省、市、县三级气象部门实行垂直管理,建立了气象部门与地方政府双重领导、以气象部门领导为主的管理体制。部门的机构和编制由国家气象系统机构和地方机构两部分组成。国家气象系统机构设置和编制实行中国气象局和省气象局两级管理;地方气象机构由地方编办确定其性质、级别和编制数;省、市两级气象局机关实行参公管理。干部职工学历和职称结构明显好转,博士、硕士研究生和研究员级高工均实现零的突破。气象部门的财务收入由单一的中央财政转为中央财政、地方财政和气象有偿服务收入三部分组成,财务工作由省、市两级财务核算中心集中管理。气象探测技术、项目和气象通信方式发生质的变化,多个业务现代化建设项目纳入地方五年计划中,一批现代化建设项目建成并投入使用。气象产业呈多项目、规范化、快速发展态势。成立巡视组,开展对全省处级机构进行两年一次的巡视工作。多次承担中国气象局下达的改革试点任务,为全国气象部门改革提供重要经验。目标管理成效显著,连续六年在中国气象局目标考核中,总分排名进入前五名(特别优秀达标单位),是全国唯一获此殊荣的省份。基层台站建设促进市、县气象局各项工作再上新台阶。精神文明建设成绩喜人,先后获"创建文明行业工作先进系统"和江西省"文明行业"称号,省、市、县气象局全部建成文明单位,党、团、工、妇各项工作齐头并进。全省气象部门步入全面协调发展的轨道,实现了在经济欠发达地区争创全国气象一流工作和再创辉煌的目标。

《中华人民共和国气象法》正式实施,标志着气象部门开始步入依法发展、依法管理社会气象活动的轨道。省气象局和各设区市气象局均成立法规处(科),负责社会气象活动的管理。在各级政府的重视和支持下,以防雷安全监管为重点的社会气象活动管理不断得到加强,依法行政工作不断规范,法规、制度建设不断完善,依法管理社会气象活动成为气象管理的重要组成部分。

第一章 气象机构

国家对省、市、县三级气象部门实行垂直管理,建立气象部门与地方政府双重领导,以气象部门领导为主的管理体制。部门的机构和编制由国家气象系统机构和地方机构两部分组成。国家气象系统机构设置和编制实行中国气象局和省气象局两级管理,即中国气象局制定、修改和组织实施气象部门人员编制的有关规定和办法,确定省级气象局人员编制总数和各类人员的结构比例,审定省级气象局机关、直属单位和市级气象局等处级机构的设置及其领导职数限额。省气象局按照中国气象局确定的人员编制总数、机构设置和领导职数限额,具体组织实施。地方气象机构由地方编办确定其性质、级别和编制数。省、市两级气象局机关实行参公管理。20年来,全省气象部门呈机构数增加、人员编制数下降、工作职责加强的趋势。

第一节　国家气象系统机构编制

省气象局机关

工作职责　2001年11月,中国气象局印发《江西省国家气象系统机构改革方案》,明确江西省气象局的主要职责为:一是制定地方气象事业发展规划、计划,并负责本行政区域内气象事业发展规划、计划及气象业务建设的组织实施;负责本行政区域内重要气象设施建设项目的审查;对本行政区域内的气象活动进行指导、监督和行业管理。二是按照职责权限审批气象台站调整计划;组织管理本行政区域内气象探测资料的汇总、分发;依法保护气象探测环境;管理本行政区域内涉外气象活动。三是在本行政区域内组织对重大灾害性天气跨地区、跨部门的联合监测、预报工作,及时提出气象灾害防御措施,并对重大气象灾害做出评估,为本级人民政府组织防御气象灾害提供决策依据;管理本行政区域内公众气象预报、灾害性天气警报以及农业气象预报、城市环境气象预报、火险气象等级预报等专业气象预报的发布。四是制定人工影响天气作业方案,并在本级人民政府的领导和协调下,管理、指导和组织实施人工影响天气作业;组织管理雷电灾害防御工作,会同有关部门指导对可能遭受袭击的建筑物、构筑物和其他设施安装的雷电灾害防护装置的检测工作。五是负责向本级人民政府和同级有关部门提出利用、保护气候资源和推广应用气候资源区划等成果的建议;组织对气候资源开发利用项目进行气候可行性论证。六是组织开展气象法制宣传教育,负责监督有关气象法规的实施,对违反《中华人民共和国气象法》有关规定的行为依法进行处罚,承担有关行政复议和行政诉讼。七是统一领导和管理本行政区域内气象部门的计划财务、机构编制、人事劳动、科研和培训以及业务建设等工作;会同地级人民政府对所辖气象机构实施以部门为主的双重管理;会同地方党委和人民政府做好当地气象部门的精神文明建设和思想政治工作。八是承担中国气象局和江西省人民政府交办的其他事项。

2006年4月,中国气象局印发《江西省国家气象系统机构编制调整方案》,提出加强省气象局以下六个方面的职能:一是加强气象综合观测业务运行的监控和质量控制工作,提高综合观测数据质量、数据汇集、评价和观测产品制作水平。二是加强多轨道预报预测业务工作,不断丰富预报产品,提高业务指导能力。三是加强气象灾害防御应急服务。负责编制气象灾害防御规划;强化重大气象灾害的灾前预评估、灾中跟踪评估和灾后恢复评估工作;强化气象灾害应急管理,完善联动机制。四是加强气象公共服务。改善服务手段、拓宽服务领域、增加服务产品、提高服务质量,扩大气象信息的公众覆盖面,建立畅通的气象信息服务渠道,提高公共气象服务的时效性。五是加强探测技术、装备、信息网络等方面的技术支持和保障工作,加快气象信息共享平台建设。六是加强气象科技创新和气象职工教育培训工作。加快气象科技创新体系建设,开展与多轨道业务及现代化建设相适应的新知识、新技术培训。

2010年2月,中国气象局印发《江西省气象局内设机构调整方案》,要求强化省级气象部门的社会管理和公共服务职能,加强气象防灾减灾和应对气候变化工作。一是强化公共服务管理职能。加强公共气象服务政策研究,强化为地方党政部门重大气象服务保障的组织协调职能,强化公共气象服务需求、效益、覆盖面和满意度评估的管理职能。二是强化社会管理职能。加强依法行政制度和法规标准建设,强化气象灾害防御、应急气象服务、气象观测站网规划、气象信息发布、气象行政许可等社会管理职能。三是强化应对气候变化工作职能。加强气象资料管理与应用,强化应对气象变化、气候资源保护与开发利用等业务管理职能,积极参与地方政府应对气候变化工作,组织开展气候变化影响评估、气候可行性论证等技术开发和决策咨询服务。四是强化监督检查职能。着力转变作风、提高效能,加强职能处室对直属单位和地级市气象局的指导、监督检查。

机构设置 1991年,省气象局机关内设处级机构8个,分别为:办公室、业务处、计财处、人事处、物资处、政工处、监察处、机关党委。

1992年,省气象局机关内设处级机构调整为9个,分别为:办公室、业务管理处、计划财务处、人事教育处(与政工处合署办公)、技术装备处(与技术装备中心合署办公)、科技发展处、经营服务处、监察审计处(与党组纪检组合署办公)、机关党委。

1997年,根据中国气象局印发的《江西省气象部门机构编制方案》,省气象局机关内设机构调整为:办公室、业务发展处、科技教育处、计划财务处、人事劳动处、科技服务与产业处(技术装备处)、直属机关党委(与思想政治工作处合署办公)、监察审计处(与党组纪检组合署办公)、离退休干部处。

2001年,按照全国气象部门机构改革工作统一部署,根据中国气象局印发的《江西省国家气象系统机构改革方案》进行机构改革,省气象局机关内设机构调整为8个,分别为:办公室、业务科技处、计划财务处、人事教育处、政策法规处、监察审计处(与党组纪检组合署办公)、机关党委办公室(精神文明建设办公室)、离退休干部办公室。

2006年,根据中国气象局印发的《江西省国家气象系统机构编制调整方案》,省气象局机关内设机构调整为:撤销业务科技处,成立监测网络处、科技减灾处,机关处室调整为9个。

2010年2月,经中国气象局审核批准,对省气象局机关内设机构进行调整:成立应急与减灾处,监测网络处更名为观测与网络处,科技减灾处更名为科技与预报处(气候变化处),人事教育处更名为人事处。至此,省气象局机关内设机构增至为10个,具体设置:办公室、应急与减灾处、观测与网络处、科技与预报处(气候变化处)、计划财务处、人事处、政策法规处、监察审计处(与党组纪检组合署办公)8个职能处室和机关党委办公室(精神文明建设办公室)、离退休干部办公室。政策法规处加挂江西省雷电防护管理局(地方气象机构)的牌子。

直属事业单位

1991 年,省气象局直属事业单位 9 个,其中 5 个正处级直属单位,分别为省气象台、省气候中心、省气象局行政处、省气象科学研究所、省气象学会秘书处;4 个科级直属单位,分别为农业气象试验站、物资供应站、电子设备科、气象仪器鉴定所。

1992 年,省气象局处级直属事业单位调整为:省气象台、省气候中心(与省农气中心合署办公)、省气象局行政管理处(与老干部办公室合署办公)、省气象科学研究所、省气象学会秘书处。

1997 年,省气象局直属事业单位调整为 8 个,均为正处级。分别为:省气象台、省气候中心(江西省气象科技档案馆)、省农业气象中心(省农业遥感信息中心)、省气象信息网络中心、省气象科学研究所、省气象技术装备中心、省气象科技服务中心、后勤服务中心(行政处)。

2001 年,省气象局直属事业单位进行调整,机构数仍为 8 个,分别为:省环境预报中心(省气象台、省气候中心、省农业气象中心)、省气象科技服务中心(省专业气象台)、省气象信息网络中心(省农村经济信息中心)、省气象科学研究所、省气象技术装备中心、后勤服务中心、省气象培训中心(省气象人才交流中心)、省气象国有资产运营中心(省气象财务核算中心)。

2006 年,省气象局直属事业单位进行较大调整:

成立省气候中心;撤并省气象信息网络中心(江西省农村经济信息中心),设立省气象信息中心(省气象培训中心、省农村经济信息中心);将环境预报中心(省气象台、省气候中心、省农业气象中心)更名为省气象台(省环境预报中心、省农业气象中心);在省气象科技服务中心(江西省专业气象台)增挂省气象影视中心牌子;在省气象科学研究所增挂省防灾减灾工程技术研究中心和省环境影响评价中心牌子;将原省气象技术装备中心更名为省大气探测技术中心;将原省气象国有资产运营中心(省气象财务核算中心)更名为省雷电监测预警与防护技术中心(省气象国有资产运营中心、省气象财务核算中心)。

2007 年 10 月,省气象局调整部分直属事业单位,设立省气象局财务核算中心,即省气象局财务核算中心从省雷电监测预警与防护技术中心(省气象国有资产运营中心、省气象财务核算中心)分离出来,由计划财务处归口管理,为省气象局所属非独立法人业务单位,人员编制暂定为 12 名。

2010 年 12 月,中国气象局发文《关于同意江西省气象科技服务中心更名的批复》,省气象科技服务中心(省专业气象台、省气象影视中心)更名为省气象服务中心(省专业气象台、省气象影视中心)。

地(市)气象机构

1991 年,地(市)气象机构共 11 个。其中 6 个正处级地(市)气象管理局和 5 个正处级市气象台。分别为赣州地区、吉安地区、宜春地区、上饶地区、抚州地区、九江市气象管理局和景德镇市、新余市、鹰潭市、萍乡市气象台,南昌市气象台设在省气象台内,两块牌子一班人马。

1997 年,地(市)气象局(台)更名为:九江市、上饶地区、宜春地区、抚州地区、吉安地区、赣州地区、南昌市、景德镇市、鹰潭市、新余市、萍乡市气象局,地(市)气象局的机构规格仍为正处级。

2001 年,11 个地(市)气象局全部更名为市气象局。分别为:南昌市、九江市、景德镇市、萍乡市、新余市、鹰潭市、赣州市、宜春市、上饶市、吉安市、抚州市气象局。

2004 年 8 月,经省气象局、南昌市人民政府研究,决定组建独立的南昌市气象局。与省环境预报中心分离。

2006 年,在赣州、上饶市气象局设省级大气探测技术分中心,实行市气象局与省大气探测技术中心双重领导、以市气象局为主的管理体制。

县(市)气象机构

1991 年,全省县(市)气象机构共 78 个,均以"县(市)气象站(台)"为机构名。具体见表 6 – 1 – 1。

表 6 – 1 – 1   1991 年全省县(市)气象机构设置一览

所属地区(市)	机构名称	机构个数
赣州地区	寻乌县气象站　会昌县气象站　于都县气象站　全南县气象站　石城县气象站　龙南县气象站　兴国县气象站　瑞金县气象站　大余县气象站　南康县气象站　安远县气象站　崇义县气象站　宁都县气象站　信丰县气象站　定南县气象站　上犹县气象站　赣县气象站	17
吉安地区	新干县气象站　峡江县气象站　永丰县气象站　莲花县气象站　吉水县气象站　吉安县气象站　泰和县气象站　井冈山气象台　万安县气象站　遂川县气象站　安福县气象站　永新县气象站　宁冈县气象站	13
宜春地区	樟树市气象站　丰城市气象站　高安县气象站　上高县气象站　靖安县气象站　奉新县气象站　铜鼓县气象站　宜丰县气象站　万载县气象站	9
上饶地区	广丰县气象站　波阳县气象站　横峰县气象站　上饶县气象站　德兴市气象站　弋阳县气象站　铅山县气象站　玉山县气象站　婺源县气象站　万年县气象站　余干县气象站	11
抚州地区	乐安县气象站　崇仁县气象站　临川县气象站　南丰县气象站　金溪县气象站　资溪县气象站　南城县气象站　黎川县气象站　宜黄县气象站　东乡县气象站　广昌县气象站	11
九江市	庐山气象台　修水县气象站　武宁县气象站　瑞昌市气象站　德安县气象站　星子县气象站　湖口县气象站　永修县气象站　都昌县气象站	9
景德镇市	乐平县气象站	1
新余市	分宜县气象站	1
鹰潭市	贵溪县气象站　　余江县气象站	2

续表

所属地区（市）	机构名称	机构个数
萍乡市		0
南昌市	新建县气象站　安义县气象站　进贤县气象站　南昌县气象站	4
合　计		78

1992年，彭泽县气象站恢复机构，1995年7月1日开始观测业务，县级气象机构增至79个。

1993年1月1日，莲花县气象站由吉安地区气象管理局划归萍乡市气象台管理。

1994年1月5日，南昌县气象站（江西省农业气象试验站）由南昌市气象台划归省农业气候中心（江西省农业遥感信息中心）管理。

1997年，县（市）级气象台（站）全部更名为县（市）气象局。南昌县气象局（江西省农业气象试验站）由省农业气候中心（江西省农业遥感信息中心）划归南昌市气象局管理。

2006年1月1日，宁冈县气象局撤销，其观测站搬迁至井冈山市夏坪镇，井冈山为一市两站。省气象局规划在南昌、宜春、九江、玉山、南城、遂川等6个气象局的基础上，组建国家气候观象台，由所在设区市气象局统一管理。设置在县级行政区域的国家气候观象台与所在行政区域的县级气象局实行局、台合一。至2010年，该规划未完成。

2007年4月，经中国气象局批复同意，在九江县、浮梁县、上栗县、芦溪县成立九江县气象局、浮梁县气象局、上栗县气象局、芦溪县气象局，履行本行政区域内气象主管机构的各项法定职责，并承担相应的气象业务、服务工作。新成立的九江县气象局、浮梁县气象局、上栗县气象局、芦溪县气象局实行气象部门与地方政府双重领导，以气象部门领导为主的管理体制，机构规格均为正科级。

至2010年，全省共有县级气象机构82个，具体见表6-1-2。

表6-1-2　2010年全省县（市）气象机构设置一览

所属设区市	机构名称	机构个数
赣州市	寻乌县气象局　会昌县气象局　于都县气象局　全南县气象局　石城县气象局　龙南县气象局　兴国县气象局　瑞金市气象局　大余县气象局　南康市气象局　安远县气象局　崇义县气象局　宁都县气象局　信丰县气象局　定南县气象局　上犹县气象局　赣县气象局	17
吉安市	新干县气象局　峡江县气象局　永丰县气象局　吉水县气象局　吉安县气象局　泰和县气象局　井冈山市气象局　万安县气象局　遂川县气象局　安福县气象局　永新县气象局	11
宜春市	樟树市气象局　丰城市气象局　高安市气象局　上高县气象局　靖安县气象局　奉新县气象局　铜鼓县气象局　宜丰县气象局　万载县气象局	9

续表

所属设区市	机构名称	机构个数
上饶市	广丰县气象局　鄱阳县气象局　横峰县气象局　上饶县气象局　德兴市气象局　弋阳县气象局　铅山县气象局　玉山县气象局　婺源县气象局　万年县气象局　余干县气象局	11
抚州市	乐安县气象局　崇仁县气象局　临川区气象局　南丰县气象局　金溪县气象局　资溪县气象局　南城县气象局　黎川县气象局　宜黄县气象局　东乡县气象局　广昌县气象局	11
九江市	庐山气象局　修水县气象局　武宁县气象局　瑞昌市气象局　德安县气象局　星子县气象局　湖口县气象局　永修县气象局　都昌县气象局　彭泽县气象局　九江县气象局	11
景德镇市	乐平市气象局　浮梁县气象局	2
新余市	分宜县气象局	1
鹰潭市	贵溪市气象局　余江县气象局	2
萍乡市	莲花县气象局　芦溪县气象局　上栗县气象局	3
南昌市	新建县气象局　安义县气象局　进贤县气象局　南昌县气象局	4
合　计		82

人员编制

1991年,全省气象部门人员编制总数为2034名。其中:省气象局机关88名;省气象局直属单位334名;地(市)气象局(台)629名;县级气象站983名。

1997年,全省气象部门人员编制总数为1954名。其中:省气象局机关74名;省气象局直属单位388名;地(市)气象局567名;县(市)气象局925名。

2001年,全省气象部门人员编制总数为1784名。其中:省气象局机关69名,设区市气象局机关189名,全省气象业务系统1526名。

2006年,全省气象部门人员编制为1791名。其中:省气象局机关69名,设区市气象局机关189名,全省气象业务系统1533名。

2007年,中国气象局增核人员编制8名,用于补充新成立的四个县气象局所需人员编制。至此,江西省国家气象系统人员编制增为1799名,其中全省气象业务系统由1533名增为1541名。

参公管理和法人登记

1997年,根据中华人民共和国人事部《关于同意各省(区、市)气象局依照国家公务员制度管理的批复》、中国气象局《关于印发〈各省(区、市)气象局依照国家公务员过渡管理实施方案〉的通知》

和省气象局《关于呈报〈江西省气象局依照公务员过渡管理实施意见〉的函》三个文件,从1997年第三季度,省气象局机关开始依照国家公务员制度管理。

2002年,根据中华人民共和国人事部《人事部关于同意地方国家气象系统副省级及地(市)级气象管理机构依照国家公务员制度管理的复函》、中国气象局《关于印发〈江西省国家气象系统机构改革方案〉的通知》和省气象局《关于印发〈江西省设区市气象局管理机构依照国家公务员制度管理实施细则〉的通知》三个文件,从2002年第三季度,全省各设区市气象局管理机关开始依照国家公务员制度管理。

2001年3月,全省气象机构全部进行事业单位法人登记,全省气象部门共计99个独立事业单位法人。至2010年,全省气象部门增加到111个独立事业单位法人。

截至2010年末,省气象局机关内设10个处室,下辖10个直属处级事业单位,其中2个直属单位为地方气象事业机构;11个设区市气象局为正处级,82个县级气象局为正科级。

第二节　地方气象事业机构编制

省人工影响天气领导小组办公室

1990年7月30日,省政府发文决定,成立省人工影响天气领导小组,张逢雨副省长任组长,省政府副秘书长舒惠国、省气象局副局长姜宜愉、省军区司令部副参谋长史荣记任副组长。领导小组下设办公室,挂靠省气象科学研究所,实行两块牌子一班人员,由姜宜愉兼任办公室主任。

1992年8月6日,省机构编制委员会办公室发文,同意省人工影响天气领导小组办公室(以下简称省人影办)为省气象局所属处级事业机构,核定事业编制11名。省人影办成为江西省气象系统第一个省级地方气象正处级事业机构。2008年,省机构编制委员会办公室《关于印发江西省人工影响天气领导小组办公室主要职责、内设机构和人员编制规定的通知》,明确其工作职责为:在省政府的领导下,管理、指导和协调全省人工影响天气工作。负责宣传、贯彻执行国家和地方人工影响天气工作的方针、政策和法规、规章,拟订全省人工影响天气工作的法规、规章,技术标准和规范;负责制定全省人工影响天气工作发展规划和计划,并组织实施;负责管理、指导和组织实施全省地面、空中人工影响天气作业;负责管理和统一配置全省人工影响天气作业装备、弹药;负责全省人工影响天气工作的安全监督、管理和检查;承担全省人工影响天气重大科技攻关和技术推广。

2008年12月16日,省机构编制委员会办公室发文,再次确定省人影办为省气象局管理的正处级全额拨款事业单位,核定事业编制20名。

省人影办成立后,全省各市级气象局、县级气象局因当地经济建设和社会发展需要,经当地机构编制主管部门审批,陆续成立市、县两级人工影响天气领导小组办公室,成为市、县级地方气象事业机构,并核定人员编制。

省减灾委员会办公室

1996 年 10 月,省政府批准成立省减灾协会,省减灾协会办公室设在省气象局。常务副省长黄智权任协会会长,省人大常委会副主任周慹平、副省长孙用和任常务副会长,省农业厅厅长刘初浔、省财政厅厅长雍忠诚、省水利厅厅长刘政民、省气象局副局长陈双溪、省计委副主任魏应宽、省民政厅副厅长王昭悠、省农办副主任何茂文、省科委副主任曹泽华任协会副会长,陈双溪兼任秘书长。

2001 年 12 月,省政府在省减灾协会的基础上成立省减灾委员会,常务副省长彭宏松任主任,副省长孙用和任副主任,气象、发改委、财政、民政、水利、农业、科技、国土、环保、地震、消防、林业、保监、卫生、建设、工信委、外侨办、广电、统计、交通、铁路、教育、测绘、军区、公安、通信、社联、科协、红十字会等部门领导任委员,省气象局局长陈双溪兼任委员会秘书长。省减灾委员会办公室设在省气象局。

2003 年 11 月,省机构编制委员会办公室发文,确定省减灾委员会办公室为正处级事业机构,核定事业编制 3 名。省减灾委员会办公室成为第二个正处级省级地方气象事业机构。

此后,全省 11 个设区市、82 个县(市、区)相继成立减灾委员会,减灾委员会办公室均设在气象部门,全省自上而下综合减灾管理机构体系全面建立。

2007 年 11 月,省气象局局长常国刚任省减灾委员会秘书长。

2008 年 8 月,因国家减灾委员会办公室设在民政部,常务副省长主持召开减灾工作管理体制协调会,会议决定将省减灾委员会办公室改设在省民政厅,省机构编制委员会办公室同时发文,将省减灾委员会办公室机构及职责由省气象局划归省民政厅,设在各设区市、县气象局的减灾委员会办公室也相继调出。

省雷电防护管理局

2001 年 1 月,省机构编制委员会办公室发文,同意省气象局政策法规处增挂省雷电防护管理局牌子。各设区市气象局、县(市、区)气象局经当地政府批准,也分别增挂市、县雷电防护管理局牌子。雷电防护管理局的工作职责为:负责雷电灾害防御的宏观管理和政策指导;负责防雷减灾安全检查,并组织督查;负责防雷装置检测、新建筑物防雷装置设计审核、施工质量监督和竣工验收工作的监督与管理;负责防雷检测业务系统建设和业务质量考核与管理;负责管理雷电灾害调查、鉴定、评估和雷电灾害风险评估工作;组织推广防御雷电灾害的技术成果。

省气候变化监测评估中心

2008 年 10 月,省机构编制委员会办公室发文,将省减灾委员会办公室更名为省气候变化监测评估中心,仍为省气象局所属正处级全额拨款事业单位,编制 3 名。并明确其工作职责为:开展全省气候变化及极端气候事件监测业务,对全省气候变化成因进行分析研究,开展气候变化对全省农林水、电力、交通、旅游、能源、建筑等敏感行业的影响评估业务工作,服务地方经济建设。

第二章　气象事业管理

从 1993 年开始,省气象局进一步加强气象干部队伍建设,建立了以处级干部队伍思想作风建设、干部选拔任用、奖惩、后备干部管理等系列制度。建立并认真实施了人才队伍建设工作计划,全省气象部门人才队伍发生质的变化,干部职工的学历和职称结构明显改善,博士、硕士研究生和研究员级高工实现零的突破。财务收入由单一的中央财政转为中央财政、地方财政和气象有偿服务收入三部分组成。气象探测业务现代化建设成效显著,探测项目增多,探测手段现代化。产业发展较快,项目不断增多,管理不断规范。省气象局成立巡视组,对处级机构巡视工作形成制度。江西省气象系统被中国气象局和江西省精神文明建设指导委员会联合授予"创建文明行业工作先进系统"称号,并三次获"江西省文明行业"称号,全省气象部门 100% 建成文明单位。6 次获全国气象部门目标考核特别优秀达标单位。基层台站建设促进市、县气象局各项工作上新台阶。国际、国内交流与合作频繁。

第一节　人事管理

干部队伍建设

1993 年 10 月,省气象局印发《以思想作风建设为重点,切实加强处级领导班子建设的意见》,提出处级领导干部要切实抓好学习,努力提高马克思主义素养,进一步建立健全谈话制度,严格民主生活会制度,抓好民主集中制的贯彻执行,抓好领导班子的团结以及抓好党风廉政建设等要求。

1996 年 12 月,省气象局党组印发《江西省气象部门处级领导干部选拔任用工作暂行办法》。1999 年 9 月,省气象局党组对原有办法进行修订,重新印发《江西省气象部门处级领导干部选拔任用工作办法》;2003 年 7 月,结合中共中央关于印发《党政领导干部选拔任用工作条例》,再次对办法进行修订和完善,印发《江西省气象部门处级领导干部选拔任用工作办法》。

1998 年 3 月,省气象局党组印发《江西省气象部门处级领导干部诫勉办法》,强化对处级领导干部的监督管理。

2001 年 1 月,省气象局党组印发《江西省气象部门处级领导班子和处级领导干部考核暂行办法》,对考核内容和标准、考核评议程序以及考核结果使用作详细规定。

2001 年 11 月,省气象局印发《江西省气象局机关及直属单位处级领导干部竞争上岗工作实施方案》,对竞争上岗的职位、基本条件和资格、工作程序和方法等作出规定,规范处级领导干部竞争上岗工作。

2003 年 10 月,省气象局党组印发《江西省气象部门领导班子后备干部工作实施细则》,提出全省气象部门后备干部队伍建设的具体要求。

2007 年 2 月,在全省气象部门开展"加强领导干部作风建设年"活动。

2009 年 6 月,省气象局印发《江西省气象部门处级领导班子后备干部工作规定》,对后备干部的基本条件和资格、后备干部的选拔数量和结构、后备干部的培养和使用以及后备干部的管理等作出规定。

2010 年 4 月,按照"优化结构、严格教育、实践锻炼"的要求,对全省气象部门处级后备干部的培养方式方法以及管理措施进行明确,下发《江西省气象部门处级领导班子后备干部培养办法(试行)》。

人力资源状况

人才问题曾经是制约江西气象事业发展的瓶颈。人才进不来,人才留不住的问题严重。为此,省气象局党组采取"感情留人、事业留人、待遇留人"等措施,并大力加强人员培训、在职进修等工作,对骨干队伍进行重点扶持、培养,逐步提高干部职工的学历和职称水平,人员结构发生重要变化。

1991—2010 年,虽然全省气象部门在职人员总数是减少的,但编外人员却快速增加,由 42 人增至 227 人(表 6-2-1),社会用工开始成为气象部门人力资源的组成部分。

1991 年,全省气象部门的博士、硕士研究生均为零,2010 年分别有 2 人、51 人;20 年间,本科生增长 168%,专科生增长 52%,高中及以下学历人员由 1991 年的 771 人下降至 2010 年的 83 人(表 6-2-2),干部职工学历结构发生较大的变化。

全省气象部门职工的职称水平与学历水平同步提高。1991 年,正研级高工为零,2010 年已有 5 人,副高工程师增长 484%,工程师增长 46%,助工及以下职称人员由 1991 年的 1082 人下降至 2010 年的 496 人,下降 54%(表 6-2-3)。

表 6-2-1 1991、2010 年全省气象部门人才队伍总量

单位:人

年份＼层级	省局机关	省局直属事业单位	市局机关	市局直属事业单位	县级气象局	编外人数	总计
1991	62	346	172	429	1013	42	2064
2010	66	311	163	435	743	227	1945

表 6 - 2 - 2　1991、2010 年全省气象部门学历情况

单位:人

年份＼学历	博士研究生	研究生	大学本科	大学专科	中专	高中及以下
1991	0	0	198	275	775	771
2010	2	51	531	418	175	83

表 6 - 2 - 3　1991、2010 年全省气象部门专业技术职称情况

单位:人

年份＼职称	正研级	高级	中级	初级及以下
1991	0	19	411	1082
2010	5	111	600	496

表 6 - 2 - 4　1991、2010 年全省气象部门离退休人员情况

单位:人

年份＼离退休	离休	退休	退职
1991	44	147	6
2010	18	845	10

人才管理

1997 年,为加强气象业务、科技服务、综合经营三支骨干队伍建设,省气象局制定下发《全省气象部门"三支"骨干队伍建设"九五"实施计划》。

2001 年,为加速高层次人才队伍建设,省气象局制定下发《江西省气象部门高层次人才队伍建设及提高气象队伍整体素质实施细则》。

2004 年,省气象局印发《江西省气象局关于实施人才强局工程的意见》和《江西省气象局关于开展人才战略强化年活动的实施方案》,将加强人才队伍建设提高到重要的位置。

2005 年,省气象局党组印发《中共江西省气象局党组关于进一步加强人才工作的实施意见》。

2009 年,省气象局党组印发《中共江西省气象局党组关于加强气象人才体系建设的实施意见》。提出人才体系建设的总体目标:到 2012 年,在关键业务科研领域培养造就一批领军人才,省级业务科研骨干达到 30 名左右,其中争取有 6 名左右进入中国气象局"双百人选"队伍,成为在全国具有影响力和竞争力的学科带头人;市级业务科研骨干达到 100 名左右;具有本省特色和较强竞争力的创新团队达到 3 个左右;培养一批德才兼备、结构合理的处级领导班子后备干部,处级和县

局领导班子结构不断优化。通过加强教育培训工作,使基层台站人才队伍整体素质和学历层次偏低的状况明显改善。与2008年相比,到2012年,在职职工队伍具有高级专业技术资格人员比例整体提高5%;到2015年,本科及以上学历人员比例整体提高25%左右。到2020年,建设一支适应现代气象业务发展需要的气象人才队伍。全省气象部门各级领导班子结构合理,业务科研骨干在现代气象业务发展和气象科技创新中真正起到引领和辐射作用,人才队伍整体素质明显提高,有利于人才成长的机制体制不断完善,充满生机和活力的气象人才体系基本形成。

2009年,省气象局人事教育处下发《关于组织推荐"业务科研骨干计划"人选的通知》,开展首批省级"业务科研骨干计划"人选的推荐工作。

老干部管理

1992年,省气象局成立老干部办公室(副县级,与省气象局行政管理处合署办公),为直属事业单位。1995年,老干部办公室转入机关,挂靠省气象局人事处。1996年,成立离退休干部处,为机关内设机构。2001年,离退休干部处更名为离退休干部办公室,负责省气象局机关离退休人员的服务管理工作和全省气象部门离退休干部工作的管理指导。

1992年成立老干部管理机构之后,老干部的管理工作不断得到加强。1993年,省气象局下发《江西省气象部门离退休干部管理暂行办法》,规范全省气象部门老干部管理工作。2008年11月,在鹰潭举办"全省气象部门离退休工作业务培训班",对从事老干部管理工作的人员进行较系统的培训。从实行目标管理工作开始,始终将离退休干部工作纳入全省气象工作目标,进行考核。

在日常管理工作中,坚持将落实生活待遇、落实政治待遇、做好思想政治工作、发挥离退休人员余热、搞好困难帮扶服务作为工作重点。

2008年,省气象局离退休干部支部获省委组织部、老干部局授予"红旗支部"奖励;2009年,解中、朱新元两位老干部被评为"全国气象部门离退休干部先进个人";2010年,赵士林被评为全省离退休干部先进个人,受到省委组织部、老干部局表彰。

第二节　计划财务管理

1985年,国务院办公厅印发文件,批准气象部门的专业服务由无偿改为有偿后,气象有偿服务得到快速发展。2001年开始执行的《中华人民共和国气象法》第三条规定:县级以上人民政府应当加强对气象工作的领导和协调,将气象事业纳入中央和地方同级国民经济和社会发展计划及财政预算,以保障其充分发挥为社会公众、政府决策和经济发展服务的功能。县级以上地方人民政府根据当地社会经济发展的需要所建设的地方气象事业项目,其投资主要由本级财政承担。气象台站在确保公益性气象无偿服务的前提下,可以依法开展气象有偿服务。依据以上规定,气象部门的财务收入由单一的中央财政转为中央财政、地方财政和气象有偿服务收入三部分组成。

2007年10月,省气象局设立财务核算中心,由计划财务处归口管理,为省气象局所属的非独立法人业务单位。

2007 年 5 月,省气象局下发《关于组建和完善设区市气象局财务核算中心的通知》,在各设区市气象局组建和完善财务核算中心。11 月,省气象局印发《关于加快组建市级财务核算中心的补充通知》。要求各设区市气象局必须在 11 月 30 日前完成市级财务核算中心的组建工作并投入试运行。12 月下发《关于对设区市局上报财务核算中心实施(组建)方案的批复》,2008 年 1 月 1 日起,县级气象局及市气象局直属单位和企业所有财务收支全部纳入市气象局财务核算中心集中统一核算。

国有资产

台站基础设施　1991 年与 2010 年相关数据比较:中央预算内基本建设投资由 258 万元增加到 3140 万元,增长 12 倍;地方基本建设预算内投资由 20 万元增加到 671 万元,增长 33 倍。全省地方气象事业投入总量,由 226 万元增加到 8659 万元,增长 38 倍;工作用房面积,由 38776 平方米增加到 87668 平方米,增长 2.3 倍;各类车辆由 36 台增加到 262 台,增长 7.3 倍;各类电子计算机由 240 台增加到 2124 台,增长 8.8 倍。

部门资产管理　省气象局先后印发《江西省气象部门房地产产权管理暂行办法》《江西省气象部门固定资产管理暂行办法》《江西省气象部门公用车辆管理暂行办法》《江西省气象部门国有资产使用和处置管理暂行办法》等文件,加强全省气象部门的资产管理。

财务体制

1992 年 5 月,国务院下发《关于进一步加强气象工作的通知》,文件明确提出国家气象事业与地方气象事业协调发展的要求,并提出建立健全与气象部门现行领导管理体制相适应的双重计划体制和相应的财务渠道,合理划定中央和地方财力分别承担基建投资和事业经费的气象事业项目。这是一项由单一的中央计划财务体制转变为中央与地方双重计划财务体制的重大改革。这项改革不仅有利于气象部门双重领导管理体制的巩固与完善,而且对地方气象事业的发展,对形成气象事业的多元化投资结构,发挥重要作用。为贯彻国务院文件精神,1992 年,省政府印发《关于进一步加强气象工作的通知》。1993 年起全省气象基建投资由原来的每年 20 万元提高到 100 万元,气象科技减灾兴农服务体系建设投资 600 万元,解决了省本级气象职工地方津补贴补助,并对气象局报送的当年气象事业项目预算建议书进行审定后,纳入当年省级财政预算基数。与此同时,市、县气象财政投入也取得重要突破。1993 年,全省 70% 的地(市)下发《关于进一步加强气象工作的通知》,部分地(市)、县(市)气象事业发展经费已列入当地国民经济发展计划和财政预算。

1996 年,全省 99% 的地(市)、县(市)建立双重计划财务体制,地方财力总投入达到 814.6 万元,其中列户资金 362.9 万元,专项资金投入 338.4 万元,基建投入 88.8 万元。同年,省气象局下发《关于调整全省气象部门奖励项目设置的通知》,将建立双重计划财务体制工作列入考核奖励。1997 年,省气象局下发《关于调整建立双重计划财务体制奖励基本条件的通知》,提高奖励条件。

1998 年,各级政府地方气象事业对支持力度进一步加大。省政府办公厅下发《江西省人民政府办公厅转发省气象局关于加快发展地方气象事业意见的通知》,明确地方气象事业建设项目和有关经费支持政策。各地(市)、县(市)气象局均在地方财政立了户,地方气象投入较上年增长 30%。

1999 年,地方气象事业投入快速增长,全年总投入达到 2174.79 万元,较上年增加 94.8%,其中省级地方气象事业投入 1103.8 万元,省以下地方气象事业投入为 1070.9 万元。

2006 年,各级气象部门认真贯彻落实国务院《加快气象事业发展的若干意见》,积极争取地方政府出台配套文件和支持性政策。2006 年 11 月 22 日,《江西省人民政府关于加快气象事业发展的意见》印发实施,明确加快气象事业发展的指导思想和奋斗目标,提出十项重点工作、五项能力建设任务以及相应的保障措施,为编制和落实"十一五"规划提供了良好开端。省级气象事业发展五项内容写入江西省"十一五"《规划纲要》,三个重大项目列入《规划纲要》重点工程,年内资金到位726 万元;各设区市气象事业发展均写入当地"十一五"规划,33 个县(市、区)气象局建设项目列入当地"十一五"规划,资金到位 538 万元;由省减灾委牵头、会同有关部门编制的《江西省"十一五"防灾减灾规划》经省政府同意印发;2006 年,各级地方政府共投入区域气象观测站网建设经费627.6 万元,人工影响天气作业专业化分队标准建设经费 200 万元,所有县(市、区)气象局配齐人影作业车辆。全省地方气象事业经费总投入 3878.64 万元,其中市、县两级投入 2891.2 万元,同比增长 21.7%;设区市气象局本级总投入在 100 万元以上的有 6 个,县(市、区)气象局总投入在 10 万元以上有 58 个,其中 30 万元以上 7 个。

据统计,1990 年至 1995 年,全省地方气象事业经费投入共计 3169.93 万元。此后 4 年的投入为:1996 年 814.62 万,1997 年 927.6 万,1998 年 1116.13 万,1999 年 2174.79 万。2000 年至 2010年,地方政府从基础设施建设、业务系统建设、业务维持费、人员经费补助等方面对气象事业的投入逐年增加,各地气象部门把中央、地方事业有机结合,利用中央、地方投资拼盘建设减灾防灾业务楼、新一代天气雷达等重大工程项目,其中省防灾减灾中心项目建设就投入 9693 万元。

重大项目建设规划

从 2001 年起,全省气象部门正式开展五年规划编制工作。当年,省气象局编制并印发"江西省气象事业发展第十个五年计划",制定"江西省气象防灾减灾服务体系、农业气候资源开发利用保护计划、环境气象监测预报服务体系"三项重点工程五年计划。2006 年,编制印发《江西省气象事业"十一五"发展规划》。"十一五"期间,江西省防灾减灾科技中心、江西省空中云水资源开发利用、中尺度自动站网和突发公共事件气象应急响应 3 项重点工程列入省政府"十一五"规划纲要。项目可研批复总投资 29535 万元,实际到位投资 27576 万元。依托三个重点气象工程,建设一批气象现代化项目,提升气象防灾减灾能力,促进全省气象事业快速发展。

预 算

2000 年,气象部门预算编制工作开始改革。编制程序从以前自上而下的代编方式转变为自下而上的汇总方式,从县级气象局开始编制预算,解决预算分配不能细化到具体项目的问题。

2001 年,部门预算编制开始按照基本支出和项目支出编报部门预算,对基本支出实行定员定额,对项目支出实行项目库管理,初步改变按照"基数法"编制预算的方法。

2002 年,印发《中央部门基本支出预算管理试行办法》《中央部门项目支出预算管理试行办法》,正式编制政府采购预算。

2007 年,预算编制实行政府收支分类改革。

2008 年,实行部门预算内部公开,压缩公用经费 5%,出国经费零增长。在预算中落实参公在职人员津贴补贴经费。

2009 年,严格控制三公经费增长,对公务购车、公务用车、公务接待费、出国费实行零增长。启动并实施在昌职工住房货币化分配工作。

2010 年,继续严格控制三公经费增长。预算编报工作在 2010 年度气象部门预算编报考核评比中荣获优秀奖。参公退休人员津补贴得到落实。在预算中安排退休事业人员部分津贴。

重大项目建设资金

"八五"计划期间(1991—1995 年),全省共落实基本建设资金 4703.42 万元,其中 9210 工程,地方资金投入 673.26 万元。

"九五"计划期间(1996—2000 年),全省共落实基本建设资金 3918.9 万元。

"十五"计划期间(2001—2005 年),全省共落实基本建设资金 6954.3 万元,重大工程项目有江西省气象防灾减灾服务体系("彩虹"计划)、环境气象监测预报服务系统、农村工作信息网、农业气候区划开发应用系统等项目。

"十一五"计划期间(2006—2010 年),全省共落实基本建设资金 18086.5 万元。重大工程项目有:中尺度自动站网和突发公共事件气象应急响应工程、江西省空中云水资源开发利用工程、江西省大气成分观测与服务工程、江西省防灾减灾科技中心工程。

2007 年,为了加强和规范全省气象部门重点工程建设,省气象局印发《江西省气象局重点工程项目建设管理办法(试行)》。

2009 年,省气象局印发《省级重点工程建设资金管理办法(试行)》。

第三节 业务管理

业务质量

气象观测和天气预报是气象工作的两项主要业务,是气象工作的重要基础,其工作质量是衡量气象工作好坏的重要标志之一。江西省气象部门始终将气象业务作为气象工作的主业,不断努力提高业务质量。

气象观测业务质量　地面、高空、农业气象观测属全国统一考核项目,采取错情比例(错情/基数)的方式考核。为了激励业务质量提高,中国气象局实行250班无错情评定,省气象局实行百班无错情评定,对获得250班无错情人员授予"全国质量优秀测报员"荣誉称号;获得百班无错情人员授予"全省质量优秀测报员"荣誉称号。1991—2010年,全省共有223人次获得"全国质量优秀测报员"称号;2683人次获得"全省质量优秀测报员"称号。

天气预报预测业务质量　中国气象局考核省气象局项目:

短期天气预报质量:1991—2005年考核24小时晴雨预报、24小时暴雨预报准确率;2006—2010年考核24小时晴雨预报、24小时最高气温预报、24小时最低气温预报准确率。

气候预测质量:1991—2004年考核全年平均月降水趋势预报、全年平均月温度预报准确率;2005—2010年考核月温度和降水预测、汛期温度和降水预测准确率(共26项)。

省气象局对市气象局考核项目:1991—2008年考核24小时晴雨预报、24小时灾害性天气预报、强对流天气预报准确率;2009—2010年考核24小时晴雨预报、24小时最高气温预报、24小时最低气温预报、24小时灾害性天气预报、强对流天气预报准确率。

业务现代化建设

地面自动气象观测站建设　2002年7月,全省16个国家基准、基本站启动自动气象观测站建设,9月30日20时—12月31日20时,自动站开展业务试运行,12月31日20时起正式业务运行,并开始为期两年的人工、自动平行观测期。2003年底,73个一般站完成自动气象观测站建设,12月31日20时起开展业务运行,并进行为期两年的平行观测。平行观测期结束后,全省地面气象观测业务全部实现自动化。

区域自动气象观测站建设　2003年9月,第一批区域自动气象观测站(鄱阳湖区域地面中尺度自动站)开始建设。此后,区域自动气象观测站从鄱阳湖区域扩散至全省。截至2010年12月,全省共建成1415个区域自动气象观测站。

高空气象观测站建设　南昌探空气象观测站:2000年探空雷达型号由701更换为701—X,探空仪仍为59型;2005年探空雷达型号更换为L波段,探空仪型号为GTS1型。

赣州探空气象观测站:2006年探空雷达型号由701更换为59—701,探空仪由59型变更为400兆;2010年探空雷达型号更换为L波段,探空仪更换为GTS1—2型。

雷达气象观测站建设　2001年11月,南昌新一代多普勒天气雷达建成。其后分别建成赣州、吉安、九江、上饶新一代多普勒天气雷达。截至2010年底,全省共建成5部新一代天气雷达和1部移动应急雷达,其中SA型3部,SC型2部。2007年,省气象台、赣州市、吉安市、九江市、上饶市气象局开始正式上传雷达数据资料。

酸雨观测站建设　南昌、庐山、赣州是江西省较早建设的3个酸雨观测站。2006年6月增加宜春、广昌、景德镇3个酸雨观测站。2007年5月增加上饶、泰和、井冈山、萍乡、鹰潭、寻乌6个酸雨观测站。截至2010年底,全省共建成12个酸雨观测站。

负离子观测站建设　2004 年 9 月,全省第一个负离子观测站在资溪县建成后,江西省陆续开展负离子站的建设,截至 2010 年底,共建成南昌、庐山、赣县、寻乌、上饶、宜春、广昌、资溪、泰和、井冈山、萍乡、鹰潭、景德镇、分宜、安福等 15 个负离子观测站。

大气成分观测站建设　2005 年 11 月,中国气象局庐山大气成分观测站建成并运行,1 期工程安装了黑炭气溶胶、空气颗粒物质量浓度和数量浓度观测仪器,2006 年 1 月 11 日正式开始向北京传输资料。

雷电观测站建设　2004 年开始雷电观测站建设,至 2005 年,全省共建成九江、修水、上饶、宜春、鹰潭、赣县、寻乌、泰和、广昌、临川、景德镇、南昌共 12 个雷电观测站,形成覆盖全省的雷电监测网。

紫外线辐射观测站建设　2002 年,建成南昌、景德镇、九江、抚州、赣州、庐山、宜春、上饶、萍乡、吉安、鹰潭、新余等 12 个紫外线辐射观测站。

太阳辐射观测站建设　1991 年 1 月 1 日,建成南昌和赣州两个太阳辐射观测站。2007—2009 年,建成上饶、宜丰、永丰、庐山、南城、宁都、分宜、都昌等 8 个太阳辐射观测站。

GPS/Met 基准水汽监测站建设　2009 年 4 月,建成九江、永修、南昌、进贤、宜春、宜丰、萍乡、新余、景德镇、鹰潭、南城、南丰、上饶、婺源、吉安、井冈山、赣州、寻乌、瑞金等 62 个 GPS/MET 水汽观测站,并于 2009 年 6 月 1 日开始数据传输。

自动土壤水分观测站建设　至 2010 年底,建成 18 个自动土壤水分观测站,其中有 12 个通过验收,并于 2011 年 1 月 1 日正式投入业务运行。自动土壤水分观测仪可以方便、快速地在同一地点进行不同层次观测,并自动上传各层正点的实时观测数据

气象卫星综合应用业务系统(简称 9210 工程)建设　该系统是气象部门"八五"和"九五"期间的国家大型骨干工程,省气象局于 1994 年 12 月成立"江西省气象局 9210 工程办公室"(非常设机构)。1995 年开展培训,1997 年开始安装、调试,1998 年底完成地(市)级建设任务。其中硬件系统包括:VAST、计算机网络系统;软件系统包括:系统软件、数据库及应用软件。根据中国气象局文件要求,全国 9210 工程于 1999 年 12 月 27 日开始正式运行。

业务规章制度

气象观测业务规章制度　2003 年 1 月 1 日开始执行中国气象局下发的《常规高空气象探测规范(试行)》(2003 版)。

2004 年 1 月 1 日开始执行中国气象局下发的新版《地面气象观测规范》《自动气象站业务规章制度》。

2006 年 1 月 1 日开始执行中国气象局下发的《酸雨观测业务规范》。

2006 年 1 月 1 日开始执行中国气象局下发的《生态气象观测规范(试行)》。

2007 年 1 月 1 日开始执行中国气象局下发的《酸雨观测业务规章制度(试行)》。

天气预报业务规章制度　2003 年:制定下发《江西省气象局实施〈中国气象局突发气象灾害预

警信号发布试行办法〉细则》《江西省突发气象灾害预警信号对外发布业务规定(试行)》。

2004年:制定下发《江西省流域洪涝指数、农村雨涝和城市暴雨内涝预报业务暂行规定(试行)》《江西省灾害性天气及其次生灾害落区预报业务暂行规定(试行)》《江西省短时、临近预报业务暂行规定(试行)》。

2005年:制定下发《省、市、县级业务系统工作流程图》《江西省突发气象灾害预警信号发布业务规范》。

2006年:制定下发《江西省干旱监测和影响评价业务规定(试行)》。

2007年:制定下发《关于进一步规范天气预报会商工作的通知》。

2010年:制定下发《关于加强市—县天气预报可视会商工作的指导意见》《全省天气预报可视会商业务规定(试行)》《江西省短时临近预报业务规定》《江西省气象局预报技术总结业务规定(试行)》《江西省气象局省级气象灾害预警发布办法(试行)》。

业务技术竞赛

2000年组织开展全省春播汛期气象服务竞赛。

2004年12月3—4日,为庆祝建局50周年,省气象局举办全省业务竞赛大比拼活动。经过全省层层选拔,104名基本业务和防雷检测技术骨干在南昌参加全省气象部门岗位技能比赛。这是全省气象部门历史上规模最大、比赛项目最广、参与人数最多的一次岗位技能比赛。比赛内容包括地面测报、高空探测、预报服务、县级气象局综合业务、防雷检测等5个项目,考试共11个场次,设立的奖项有42个。

2006年、2008年、2010年省气象局分别举办全省第一届、第二届、第三届地面气象观测业务技能竞赛,为全国第一届、第二届、第三届地面气象观测竞赛选拔人才,考试科目有气象观测(含观云识天)、气象报告编制、计算机综合处理。对获得全省全能第一名的选手申请省总工会授予"五一劳动奖章",全能前三名的选手申请省人社厅授予"技术能手"称号。

2006年组织开展全省主汛期暴雨预报服务竞赛。

2007年在南昌举办第一届全省天气预报技能竞赛。

2009年在南昌举办第二届全省天气预报技能竞赛。

第四节　产业管理

全省气象部门的产业始于20世纪80年代,主要项目为依托气象科技的信息服务和工程服务。进入20世纪90年代之后,气象产业已成为气象事业的重要组成部分,受到各级气象部门的高度重视。气象产业的形成和发展,是气象事业发展和整个社会发展的共同需要,是气象科技与社会需求相结合的产物。既为气象事业的发展注入活力,也为社会发展提供气象保障。

1991—2010年,是气象产业形成和发展的重要时期。防雷减灾技术服务、电视气象节目广告服务、彩球广告服务、121天气预报自动答询、手机短信等重要服务项目都是在这期间形成和发展的。

为了适应和引导气象产业的健康发展,加强规范化管理。1991年1月17日,省气象局成立服务管理办公室,负责全省气象产业的管理、指导、协调等工作。服务管理办公室(后改名为经营服务处、产业发展处)成立之后,先后多次组织召开调研、研讨、交流、座谈会,下发规范产业发展文件,为全省气象产业发展提供政策支持和制度保障。

1991年1月23日,省气象局召开机关、局属单位和创收实体负责人会议,提出大力发展部门产业工作举措:建设好一支队伍,构造好一个机制,培植好一批项目。要求局属单位要带好头。

1993年12月22—24日,全省气象部门经营服务工作会议在遂川县气象局召开,各地(市)气象局及省气象局直属单位分管有偿服务工作的领导和代表40多人参加会议。会议的主要内容是总结交流各地开展有偿服务工作的经验。

1994年1月20日,省气象局召开局直属单位科技服务、综合经营工作会议。8月31日,召开省局直属单位综合经营座谈会。

1997年5月14—15日,全省气象科技产业发展工作会议在上饶召开,会议提出一手抓建设,一手抓营销的产业工作思路。

2007年11月19日,省气象局印发《江西省气象科技服务财务管理实施细则(暂行)》,规范全省气象部门产业收支管理。

影视天气预报广告产业

1994年,经气象部门与广电部门协商,电视天气预报节目改由气象部门制作。该年10月,省气象台设立省气象电视制作部,负责省级和南昌电视天气预报节目的制作。1995年10月,该部更名为省气象影视中心。1998年1月,省气象局成立省气象科技服务中心,2010年12月,省气象科技服务中心更名为省气象服务中心,气象影视中心从省气象台划为省气象服务中心管理。

从1994年气象部门开始承担天气预报电视节目制作以来,一直将其作为公众服务的重要手段,影视天气预报广告产业随着天气预报电视节目发展而发展,快速成为气象产业的重要项目。

提高服务质量:改进制作设备。从家用型设备升级为电视专用设备;改进播出方式。1996年7月1日,南昌电视台的天气预报节目由口播方式改为主持人播报,1997年1月1日,省卫视台的天气预报节目也由气象主持人播报;丰富节目内容。与农业厅、交通厅、公安交警总队、森林防火指挥部、疾病预防中心、国土资源厅等联合开办气象与农业、气象与交通、气象与健康、气象与森林防火等专栏,并开展雷电防护、地质灾害防护、气象与农业生产等科普知识的宣传。开辟《气象科普》《天气回顾》《重要天气报告》《周末天气》《节日天气》等多个栏目,提高电视天气预报节目的收视率。

扩大服务覆盖面:积极向市、县气象局延伸。从1995年开始,电视天气预报广告服务工作随着电视天气预报节目向市县延伸,覆盖到全省所有市县;加强与电视部门的合作。省电视台天气预报节目从最早的一个频道、一个时段逐步拓展到多个频道、多个时段,1995年10月,节目播出时长日原来的 2 分 10 秒延长到 4 分 30 秒。2008 年 3 月,实现中国气象频道本地节目的制作插播,用户可以通过南昌市广电数字网络免费收看中国气象频道节目和每半小时一次的本地气象节目。

提高经济效益:省市县三级气象部门与电视部门开展多种多样的合作方式,南昌市电视台将都市频道、资讯频道的《天气预报》栏目调整到广告黄金时间段播出,江西卫视增加《午间气象》栏目等做法,增强用户做广告的意愿,努力做到电视、气象两部门双赢;拍卖《天气预报》栏目广告发布代理权、向社会公开招聘广告业务人员,挖掘广告市场潜力;加强与广告用户的沟通和宣传,稳定和发展新老用户,在全省 30 多个县市气象节目中开展广告业务联播,提高广告业务的规模化、集约式发展程度;努力满足用户要求。经济效益逐年增长,快速成为全省气象部门产业发展的重要支柱项目。

经过不断的努力,电视天气预报节目已成为收视率高、用户喜爱做广告的重要栏目。

1995 年 11 月,省气象局下发《江西省地市(县)级电视天气预报制作系统投资参考方案》,将地市(县)级电视天气预报制作系统建设提上议事日程,要求各地根据当地电视事业发展状况及投资承受能力,自主选择合适的建设模式,促进电视天气预报节目和广告服务向市县气象局延伸。

1997 年 7 月,省气象局下发《江西省电视气象服务节目广播工作管理办法(试行)》,规范该项工作的运作和管理。

1998 年 12 月和 2009 年 6 月,省气象局举办两届电视气象节目观摩评比活动,多次参加全国的竞赛活动。通过举办和参加竞赛活动,交流经验,促进节目质量提高。

彩球广告产业

20 世纪 90 年代,利用施放气球下悬挂标语,进行广告宣传和庆祝活动是当时社会普遍采取的一种方式。气象部门利用自身的技术优势,率先开展此项服务,并迅速成为气象部门的一项重要产业。随着该项产业的发展,社会力量开始介入,越来越多的广告和喜庆公司开展此项业务。

2001 年,省气象局组织编制氢气球充灌施放企业资质标准。部门内外共有 8 个单位领取氢气球施放充灌资格证。

2002 年 7 月,省气象局印发《关于开展经营性氢气球充灌、施放安全管理专项整治工作的通知》,全面清查和整治氢气球充灌、施放安全问题。10 月,省气象局下发《关于再次开展经营性氢气球充灌、施放安全检查工作的紧急通知》。一年两次部署氢气球充灌、施放安全工作。

2003 年,省政府同意将"升放无人驾驶自由气球或者系留气球的审批"列入当地保留的行政审批项目目录。

2004 年 4 月,省气象局、中国人民解放军某部、省安全生产监督管理局和民航南昌空中交通管理中心联合召开协调会,就加强施放气球安全管理工作进行讨论,进一步明确管理职责,建立日常情况通报制度,完善安全事故应急处理机制,并形成会议纪要。5 月,省气象局印发《加强升放气球安全管理工作会议纪要》。

2009 年 4 月,省气象局印发《江西省施放气球管理实施细则》。细则共分资质与资格、资质条件与认定、施放气球作业申请与审批、管理与监督等四章,全面规范施放气球的管理工作。同月,省气象局印发《江西省施放气球资格证认定与管理办法》,规范施放气球资格证认定工作。

2010年9月,省气象局下发《关于进一步加强施放气球安全管理工作的通知》,就加强施放气球的安全监管工作再次提出要求。

专业、专项气象服务产业

初期的专业、专项气象服务项目主要是中长期天气预报(旬月报)、气候资料等。随着专业、专项气象服务的发展,针对不同服务对象需求而研发制作的服务产品应运而生,产品的专业性明显增强,应用价值也明显提高。

交通、铁路气象服务:提供台风、暴雨、大雾、霾、雨雪冰冻等转折性天气的预报服务。

电力、水库气象服务:提供旱情预报、火险警报、暴雨报告、台风报告、冷空气报告等服务。

气象生活指数预报服务:提供人体舒适度、体感温度、中暑、穿衣、冷饮啤酒、紫外线、雨具、洗涤、空气洁净、钓鱼、游泳、感冒、上下班天气、晨练天气等多个气象生活指数预报服务。

医疗气象服务:与省疾病预防控制中心合作,先后研究开发多个服务产品,对外提供服务。如2002年,建立防控甲型H1N1流感气象服务机制,通过电视天气预报、121电话向社会提供疾病预防服务;如2004年,发布春播健康、关爱生命等专题服务信息,提醒农民如何避免感染水田皮炎、钩端螺旋体病和血吸虫病,小心使用耕田工具,预防疾病和伤害事故的发生,受到广大农民欢迎。如2007年,发布流行性疾病预报预警信息。

此外,还通过了解服务需求,开展部门合作等方式,研发针对性的行业服务产品。为商业储运、消防、供水供电、保险、旅游、环保等部门提供气象专业、专项服务。

1991年,利用农村警报系统(气象警报系统向农村延伸),为农村提供快捷、方便的气象远程服务。

1998年,利用"121"语音合成系统、自动传真分发软件、库区预报自动上网、电子邮件自动分发、图形合成软件等,实现服务产品快速合成和分发。

利用广播、电视、网络、电话等媒体传播快、接收方便的优点,使服务信息的发布速度与现代媒体的发展能力同步。

1992年,省财政厅、省物价局联合下发《关于发布我省气象系统专业服务收费项目及标准的通知》,为专业气象服务收费提供标准依据;

加强对市、县气象局指导:发挥省级专业服务的龙头指导作用,要求省级专业气象服务单位为基层提供服务指导产品,供市、县气象局调用和参考;

强化规范化运行:先后制定《重大灾害性天气服务规范》《灾害天气对外服务规范》,规范重要天气的对外服务。1995年8月1日,转发中国气象局印发的《气象服务工作规定》,并提出执行要求。

电话自动答询服务产业

1996年5月,省气象局与省邮电管理局联合下发《关于做好"121"电话答询气象服务的通知》,决定共同组织开展全省"121"电话答询气象服务业务。1997年10月,江西省气象系统的"121"电话信息服务正式上线运行。2005年6月,"121"电话答询改为"12121"。2010年12月,正式开通"400"气象电话服务。

1997年7月,省气象局制定印发《江西省"121"气象服务工作管理办法(试行)》,全面规范该项服务工作的运作。

防雷技术服务产业

防雷技术服务产业始于1991年,开始的服务项目仅有防雷定期检测和简易的防雷工程服务。后逐步将服务项目拓展到防雷定期检测、防雷跟踪检测、防雷工程安装、雷击风险评估等多个项目。到2010年,防雷技术服务产业已成为全省气象产业最重要的项目,占总创收的80%以上。

防雷装置检测 1991年3月召开的首次全省防雷安全工作会议,正式拉开全省防雷技术服务的序幕。会议通过《江西省防雷安全管理暂行办法》,4月,省劳动厅和省气象局联合下发该办法。

1991年4月,省气象防雷技术服务中心(南昌市气象防雷技术服务部)正式开展避雷装置检测工作。当年,省气象局和省劳动厅、省技术监督局在井冈山市举办两期全省防雷安全技术服务培训班。培训结束后,省劳动厅和省气象局向学员颁发《检测资格证》,省技术监督局和省气象局颁发《质量检验员证》。1992年9月,省气象防雷技术服务中心(南昌市气象防雷技术服务部)正式成立,该机构隶属省气科所。随后,市、县气象局防雷技术服务机构陆续成立并开展工作。

1992年6月,全省第三期防雷安全技术服务培训班在井冈山气象职工培训中心举办,共有40多名气象防雷业务人员参加培训。7月,省劳动厅、省气象局联合下发《避雷装置安全检测暂行规定》,内容包括防雷分类、安全检测、检测设备使用、劳保用品配备、检测表证制发、常用参考资料等。12月,省劳动厅、省气象局联合召开全省第二次防雷安全工作会议。截至1992年,全省已有83个县(市)气象局成立防雷技术服务机构,并对外开展检测服务;专兼结合防雷技术人员达300余人,其中,167人持有省劳动厅、省气象局核发的"避雷装置检测检验资格证"。一年中,各地累计投资近50万元购置防雷检测设备。据不完全统计,全省1992年共检测防雷装置单位近4000家,检测避雷针根数15000余支。

1993年,全省防雷工作有突破性进展,服务收入近50万元。当年,将避雷设施安装、检测等服务项目纳入气象专业有偿服务的收费项目范围,实行统一管理。

1996年,气象部门防雷检测机构首次通过省技术监督局的计量检定、测试能力和可靠性考核,取得计量认证合格证书。同年,省气象局印发《关于切实加强防雷检测工作管理的通知》,要求严格执行《江西省防雷安全管理暂行办法》,做好《避雷装置安全使用认可证》的颁发;坚持持证上岗,按规定做好《避雷装置安全性能检测报告单》填写、检测资料存档,确保检测工作质量;认真做好防雷机构的行政、计量认证工作。

1998年，建立防雷技术服务安全监督机制，实行防雷技术服务岗位责任制，明确安全责任人和质量保证人、劳动保护安全员及消防监督员，制定安全操作实施细则。

1999年，全省全面展开计算机机房防雷装置检测服务。

2000年，省财政厅、省物价局下发《关于核定气象部门收费项目及标准的复函》，文件规定，新建建筑物防雷装置验收费的计费方式是按照新建建筑物的占地面积及楼层高度所必须具备的防雷装置确定检测验收点，再根据检测验收点的数量乘以每个检测点单价，算出总费用。

2004年，省气象局在昌举办首次全省防雷检测业务技能竞赛。

2006年，省雷电防护管理局印发《关于规范全省雷电业务相关流程和表格的通知》，全面规范全省雷电业务相关流程和表格。

2007年，针对防雷技术服务收费政策性强、社会影响广、工作责任重、容易引发投诉的特点，省雷电中心在全省率先制定《建筑物报建及竣工验收防雷装置检测计费工作规程》《建设工程项目防雷装置检测服务费用减免规定》《防雷装置检测（验收）服务承诺制度（暂行）》和《防雷安全监督与技术服务工作督查及责任追究暂行办法》等一系列管理规定。

2008年，省气象局政策法规处组织专家编写完成《江西省建筑物防雷装置检测技术规范实施细则》。此项工作走在全国省级气象部门前列。

2009年，省气象局在昌举办第二次全省防雷检测业务技能竞赛。

2010年，省气象局下发《关于转发省发展和改革委〈关于对转换新建建筑物防雷装置验收计费方式的复函〉的通知》。从文件下发之日起，全省统一转换新建建筑物防雷装置验收费的计费方式，将防雷检测点计费转换为按新建建筑物的建筑面积计费（即"点改面"），全省统一收费标准。计费方式转换后，各类新建建筑物不分防雷等级，全省统一最高收费标准为每平方米2.1元。

防雷专业工程　1991年，省气象防雷技术服务中心检测人员开始兼职尝试安装一些简单小型防雷装置。1992年，该项服务工作划归省蓝天高新技术开发公司负责，从检测人员中抽调部分人员开展跨区域接洽、安装综合防雷工程。安装的防雷工程覆盖厂矿企业、广播电视、电信、易燃易爆场所、银行、证券、学校和企事业单位等多个领域。

1993年，省级防雷公司为90多家液化气库安装电源避雷器。同年参与南昌市新八一大桥防雷工程的设计施工。负责设计电气流程图、电气连接精细图、详实施工图。大桥竣工验收时，防雷项目被评为优质工程。

1999年，成立江西省蓝天雷电防护有限公司，内设设计部、施工部、市场部，从省气象科学研究所、江西省蓝天高新技术开发公司抽调4人组建一支专职的防雷工程安装、咨询服务队伍，随后不断发展壮大。该公司首批取得中国气象局防雷工程专业设计甲级资质和施工甲级资质，率先规范业务技术流程。设计施工图经历手绘草图、手刻蜡纸晒蓝图、CAD辅助设计和CAD防雷专业设计软件设计等多个阶段，研究开发的CAD防雷专业设计软件荣获中国气象局科技应用推广二等奖，推广到全国多个防雷企业和部门使用。

此后，经过培训和考核，省气象局陆续为11个地（市）气象局和部分县气象局颁发防雷施工乙级证书和丙级证书。全省气象部门防雷工程产业蓬勃发展。

雷击风险评估 2005年6月,萍乡市气象局与市云路房地产开发公司签订有偿雷击风险评估合作协议。这是全省气象部门首次开展雷击风险评估有偿服务。

2006年10月,省气象局要求全省各级雷电业务机构应开展雷电灾害调查鉴定和雷击风险评估工作。雷电灾害调查鉴定和雷击风险评估工作自此开始全面起步。

2007年,上高县气象局打破传统模式,在工商管理部门注册成立雷击风险评估所,率先在县级气象部门开展雷击风险评估工作。该局依据中国气象局第8号令《防雷减灾管理办法》中的有关规定,通过与县经济发展服务中心协商,决定对大型建设工程、重点工程、爆炸危险场所等建设项目进行防雷装置设计审核的同时,要求建设方提供雷击风险评估报告。在县经济发展服务中心的支持下,该局随即在气象行政审批窗口设置评估的法规依据和评估流程,经过一段时间的宣传解释,雷击风险评估工作得以在该县顺利开展。通过一年多的实践,上高县雷击风险评估所完成了十几个项目的雷击风险评估工作,不但取得较好的社会经济效益,而且得到用户的好评。建设项目规划选址更易得到相关行政主管部门的审批通过;依据评估结果设计的防雷装置更加科学和安全;量身定做的防雷方案,体系更加完善,经济更加合理。

2008年4月,省防雷中心为江西中航地产有限责任公司南昌中航国际广场总计55132平方米的工程进行雷击风险评估,标志首例大型雷击风险评估项目正式启动。

2010年5月,省气象局下发《关于加强雷击风险评估工作的通知》,要求"具有重大人员伤亡和财产损失风险且涉及公共安全的建设项目需要进行雷击风险评估",并明确具体的项目;同时对雷击风险评估的组织管理、办理流程、评估报告的主要内容等作了规定和要求。当年,全省雷击风险评估项目有重大突破,仅省防雷中心全年就签订雷击风险评估项目15个。在省防雷中心的带动和指导下,各市县均陆续启动该项服务,并很快成为全省雷电防护气象服务产业的重要项目。

2010年8月,防雷检测实用技术暨雷击风险评估技术培训班在南昌举办。来自全省11个设区市气象局及省气象局直属相关单位共126名学员参加此次培训。

第五节 党建和精神文明建设

基层党组织建设

机构情况 1992年10月,召开中共江西省气象局直属机关委员会第四届代表大会,选举产生中共江西省气象局直属机关第四届委员会和局直属机关第三届纪律检查委员会;1997年9月,召开中共江西省气象局直属机关委员会第五届代表大会,选举产生中共江西省气象局直属机关第五届委员会和局直属机关第四届纪律检查委员会;2002年5月,召开中共江西省气象局直属机关委员会第六届代表大会,选举产生中共江西省气象局直属机关第六届委员会和局直属机关第五届纪律检查委员会;2008年6月,召开中共江西省气象局直属机关委员会第七届代表大会,选举产生中共江西省气象局直属机关第七届委员会和局直属机关第六届纪律检查委员会。

中共江西省气象局直属机关第四届委员会书记:潘根发,副书记:徐金长

中共江西省气象局直属机关第三届纪律检查委员会书记:徐金长,副书记:张进贤

中共江西省气象局直属机关第五届委员会书记:毛道新,副书记:张进贤

中共江西省气象局直属机关第四届纪律检查委员会书记:张进贤,副书记:窦晓华

中共江西省气象局直属机关第六届委员会书记:毛道新,副书记:符平恭

中共江西省气象局直属机关第五届纪律检查委员会书记:符平恭,副书记:高溢英

中共江西省气象局直属机关第七届委员会书记:詹丰兴,副书记:王新宏

中共江西省气象局直属机关第六届纪律检查委员会书记:王新宏,副书记:高溢英

党员情况 2010 年与 1991 年相比,省气象局直属机关党员人数增长明显。其中在职党员增长 2.2 倍,离退休党员增长 4.6 倍。

表 6 - 2 - 5 省气象局直属机关党员人数统计表(依据历年年报,不含学生党员)

年度	在职党员(人)	离退休党员(人)	年度	在职党员(人)	离退休党员(人)
1991	190	23	2001	251	
1992	194	27	2002	252	
1993	196	33	2003	263	
1994	213	39	2004	276	
1995	227	44	2005	270	
1996	217	51	2006	291	
1997	218	54	2007	328	
1998	227	66	2008	347	
1999	246	69	2009	369	109
2000	251	73	2010	416	105

注:2001—2008 年离退休党员资料缺失。

主题活动 1991 年,开展机关作风整顿活动;开展向全国气象系统模范工作者陈素华学习活动。

1995 年,开展向孔繁森学习活动;组织学习贯彻李鹏总理在纪念人民气象事业 50 周年大会上的讲话精神。

1996 年,开展"讲学习、讲政治、讲正气"活动;开展向"创业敬业的气象人"陈金水学习活动;开展"为经济建设服务,为基层服务,为群众服务"活动。

1997 年,开展"争做表率"活动。

1998 年,开展"创文明单位(文明处室),做人民好公仆"活动。

2001 年,开展解放思想学习教育活动;开展向潘垦学习活动。

2002年,开展"塑造江西人新形象"活动;开展向优秀党员领导干部汪洋湖学习活动。

2003年,开展向郑培民学习活动;开展机关作风建设活动;组织学习贯彻"三个代表"重要思想;开展"弘扬井冈山精神,兴我美好江西"活动;开展争创基层党建"红旗单位"活动。

2004年,开展入党积极分子队伍建设年活动。

2005年,开展"党员示范岗""党员联系户"活动。

2006年,开展保持共产党员先进性教育活动。

2008年,开展深入学习实践科学发展观活动。

2010年,开展"创先争优"活动。

党风廉政建设

惩防体系建设和党风廉政建设责任制 2002年,省气象局党组印发《关于实行党风廉政教育谈心制度的实施办法》。

2005年,省气象局党组印发《关于落实〈建立健全教育、制度、监督并重的惩治和预防腐败体系实施纲要〉的具体办法》。

2006年,省气象局印发《深化政(局)务公开实施细则》。

2007年,省气象局印发《江西省气象部门局务公开工作考核实施细则(暂行)》。

2008年,省气象局成立惩防体系建设暨落实党风廉政建设责任制工作领导小组和工作小组,印发《党风廉政建设责任制实施细则》和《纪检监察信访监督工作办法(试行)》。省、市、县三级气象局通过建立局长接待日制度、设立政(局)务信息公开专栏、在内外网设立局长信箱等措施,落实党风廉政建设责任制,加强信访监督,及时解决信访举报问题。

2009年,省气象局成立第一届巡视组。开始对全省处级机构进行两年一次的巡视工作。同年,印发《江西省气象局巡视工作暂行办法》《江西省气象局首问负责制、限时办结制、责任追究制的通知》和《江西省气象局政务公开监督制度、政务公开民主评议制度、政务公开预公开制度》。

党风廉政宣传教育和廉政文化建设 开展形式多样的廉政宣教活动和多种载体的廉政文化建设。处以上领导干部带头学习和交流心得,带头上党课;开展读书思廉活动、举办精神文明演讲赛、廉政文化座谈会、形势报告会;在省气象局内网建立廉政文化网页,开办《廉政学习月报》电子刊物;学习革命先辈事迹、组织党员干部廉政宣誓、重温入党申请书,用正能量教育激励干部职工;组织廉政对联、廉政春联、廉政漫画、警句小品、廉政歌曲、廉政书法等征集评比活动。廉政对联得到江西电视台、南昌电视台跟踪采访报道。《廉政学习月报》电子刊物被评为"全国气象部门优秀廉政电子刊物"。在中国气象局开展的十三个党风廉政宣教月活动中,江西省气象部门获得十二次组织奖。

两个"示范点"建设 2009年,省气象局印发《关于开展全省气象部门廉政文化示范点创建活动的通知》和《关于开展全省气象部门局务公开示范点创建活动的通知》。将廉政文化和局务公开工作推上新的台阶,局务公开和廉政文化建设成为基层台站的常态工作和自觉行动,所到之处都能亲身感受。省气象局重视对示范点建设的支持,拨专项给予支持,纪检组走访省、市纪委领导,就创建示范点工作进行沟通,得到地方纪委领导赞扬,要求纪委宣教室加强对气象部门创建活动的指导和实地督导。至2010年底,全省气象部门共建立"局务公开示范点"和"廉政文化示范点"各17个,有15个单位被地方纪委授予"廉政文化示范点",被中国气象局授予"局务公开先进单位"或"局务公开示范点"22个,"廉政文化示范点"2个。

基层台站决策机制和监督机制建设　2009年,省气象局先后下发《关于进一步健全县(市、区)气象局决策机制和监督机制的通知》《关于在县(市、区)气象局建立"三人决策"制度的规定》和《江西省县(市、区)气象局兼职纪检(监察)员管理办法》。按照文件要求,在县级气象局增设纪检(监察)员,建立由局长、副局长和兼职纪检(监察)员三人组成行政决策班子(简称"三人决策")和决策工作机制。凡涉及单位的重大事项必须通过"三人决策"方式。在充分发扬民主、听取意见的前提下,由局长做出决定。各县(市、区)气象局兼职纪检(监察)员的选配,由市气象局党组纪检组负责,会同人事科,按照民主推荐、组织考察、党组审定并公示的方式产生,由市气象局党组纪检组聘任,并上报省气象局党组纪检组备案。兼职纪检(监察)员在聘任期内,享受副科级待遇,按副科级干部进行管理。

内部审计工作　省气象局内审工作由监察审计处负责,各设区市气象局在人事科增挂内审科牌子。全省气象部门有专兼职内审人员19人,其中省气象局3人、设区市气象局16人。平均年龄40岁左右,中高级职称12人。

1994年,省气象局下发《关于在全省气象部门建立离任审计制度的通知》《江西省气象部门领导干部经济责任审计实施办法》《江西省气象部门领导干部任中经济责任审计暂行办法》《江西省气象部门内部审计结果公告暂行规定》等系列规章制度,实现领导干部经济责任审计工作制度化、程序化和经常化。2002年,印发《计划财务部门与内审机构在财务管理和审计监督工作中建立工作联系制度的实施办法》,2006年转发《气象部门交叉审计工作暂行规定》,规定由省气象局审计处组织,各设区市气象局交叉进行审计。通过交叉审计,加强财务管理和风险防控力度。

2005—2007年,内审机构和内审人员共完成审计项目110个,审计金额34748万元,提出合理化建议283条,促进增收节支1588万元。其中,仅2006年对九江新一代多普勒雷达工程结算的审计,审减额322.9万元,审减率达到53.85%;2009年对南昌城市生态监测中心工程审计,审减额77万元,审减率达到26.5%。省气象局审计处从2004年起,连续4年被中国气象局评为全国气象部门内审工作先进单位;2007年至2010年连续获"全省内部审计工作先进单位"称号,1人获2010年"全省内部审计工作先进个人"称号。联网审计走在全国前列,经济责任评价标准探索得到中国气象局肯定。

审计部门还会同省气象局国有资产运营中心对直属经营单位经营业绩情况进行审核,为领导决策提供依据;对气象科技服务的效能情况进行调研,开展效能监察研究;对全省重点工程项目建设过程介入审计监督,包括资格预审、招投标、合同签订、设备采购和工程款支付等;建立和制订资金即时动态监控和预警机制,以确保资金的安全和化解财务风险。

精神文明建设

按照"主题不变、充实内容、一抓到底、务求实效"的要求,省气象局广泛开展文明单位、文明行业、文明台站标兵等各类精神文明创建活动,展现广大气象干部职工开拓进取、积极向上、奋发有为的精神风貌。

1998年9月,中国气象局精神文明建设指导小组通报各省创建文明气象行业进度,江西名列前茅。89个创建单位有88个为文明单位,比例达99%。当年12月,中国气象局和江西省精神文明建设指导委员会联合发文,授予江西省气象系统"创建文明行业工作先进系统"称号,2003年,被评为首届"江西省文明行业"。

截至2010年,全省气象部门100%建成文明单位,其中市级以上文明单位达97%。全省气象系统连续三届获"江西省文明行业"称号。省气象局荣获第一批、第三批"全国文明单位"称号。1996年至2010年,省气象局连续七届获"江西省文明单位"、连续三届获省直机关"十佳文明机关"称号。省气象局机关和局直属各单位连续九届获"省直机关文明单位"称号。井冈山市气象局荣获第一、第二、第三批"全国文明单位"称号。庐山气象局、南昌县气象局、瑞金市气象局、吉安县气象局、安福县气象局、鄱阳县气象局、分宜县气象局、南城县气象局获"全国气象部门文明台站标兵"称号。1997年,井冈山市气象局被中宣部、中国气象局授予"全国气象系统文明服务示范窗口",1999年被中央文明委授予"创建文明行业工作先进单位"。2001年,省气象台被中国气象局授予"文明服务示范单位"。2002年,九江市气象部门被中央文明委、国务院纠风办联合授予全国第三批创建文明行业活动示范点。

文体活动丰富多彩,市、县气象局均建成集教育、培训、文体娱乐于一体的多功能厅、职工之家、离退休干部活动中心、图书报刊阅览室、学术厅。宣传栏、网站、科普走廊等文化建设氛围浓厚。省气象局成立了篮球、羽毛球、乒乓球、网球协会。成功举办职工运动会、文艺会演、征文及演讲等比赛活动。在参加中国气象局和地方组织的各种文体活动中,取得全国气象行业运动会团体第二名,音乐情景剧《那一缕阳光》获第二届全国气象行业文艺会演二等奖,舞蹈《红军阿哥你慢慢走》获省直工委建党九十周年文艺调演二等奖。

气象文化建设

2003年,省气象局相继印发《关于在全省气象部门开展"弘扬井冈山精神,兴我美好江西"主题教育活动的通知》《江西省气象部门加强气象文化建设的实施意见》,并召开全省气象文化建设工作会议。通过研讨、实践和多种方式征集,提出推进气象文化建设的思路和办法,凝练出"管天为民,追求卓越"的江西气象人精神。

2009年2月26日,省气象局召开全省气象文化建设工作研讨会,副局长詹丰兴代表省气象局党组作题为《认清新形势,把握新要求,推进气象文化建设再上新台阶》的主题报告,总结气象文化建设工作,明确今后一段时间气象文化建设工作的目标、任务和要求。

2010年4—6月，省气象局在全省气象部门开展"弘扬气象工作者优良传统与作风"征文活动。8月在南昌举办全省气象部门"弘扬气象工作者优良传统与作风"演讲比赛，设区市气象局、直属各单位推荐的20位选手参加演讲比赛。

第六节　群团工作

工会工作

主要活动　1991年，江西省气象局第一次组团参加全省第八届运动会，报名参加6类7个项目比赛。胡如江获得200米游泳银牌和100米游泳铜牌。

1992年，在全国气象部门《我爱中华，我爱气象》文艺征文评选活动中，省气象台刘兆华创作的相声《我爱气象》获二等奖，赣州地区气象局陈桂龙等创作的《赣南气候歌》获三等奖。

1995年，省气象台职工胡广林向省气象台捐款人民币5万元，设立"江西省气象台气象事业发展基金"。该基金主要用于奖励在省台气象事业发展中有突出贡献的人员。

2007年，省总工会、省人保厅、省气象局联合开展首届天气预报技能竞赛，郭达峰获第一名；参加第二届全国气象行业运动会并获得三金一银三铜、两个第四名、两个第五名和一个第八名的好成绩，另获集体顽强拼搏奖。

2008年，在南昌举办首届全省气象部门职工运动会。来自全省气象部门的20个代表团、430多名运动员，参加田径、篮球、羽毛球、乒乓球、网球五大项29个小项的比赛角逐。

2010年，全省气象部门第二届职工运动会在南昌举行。21个代表团、450余名运动员参加29个项目比赛；省总工会、省人保厅、省气象局联合开展第二届天气预报技能竞赛，郑劲光获第一名。

荣　誉　2006年，魏丽荣获"全国五一劳动奖章"；黄淑娥荣获"江西省五一劳动奖章"；高溢英荣获"全国农林水利系统五一劳动奖章"，张晔荣获"全国农林水利系统工会先进工作者"荣誉称号，省气象局直属机关工会获"全国农林水利系统职工之家"荣誉称号。

2007年，全根元、郭达峰荣获"江西省五一劳动奖章"；省气象局获"全国农林水利系统和谐单位"荣誉称号。

2008年，省气象局获得中国农林水利工会全国农林水利产（行）业劳动奖状；龙余良荣获"全国五好文明家庭"称号，龙余良、何财福、刘镜明荣获"全省五好文明家庭"称号。

2010年，郑劲光被省总工会授予"江西省五一劳动奖章"荣誉称号。

共青团工作

主要活动　1993年3月，省气象局直属机关团委开展学雷锋题词30周年活动和"我喜爱的书"作文比赛活动；在省直机关"希望工程——百万爱心行动"活动中，局机关、直属单位团员青年和干部职工捐款1534.7元，赠书880册。

1993 年 6 月,选举产生共青团江西省气象局直属机关第四届委员会,邓志华任副书记。

1993 年 12 月 10—11 日,举办全省气象职业道德演讲比赛,金溪县气象站张建勋获得一等奖。

1996 年 4 月,开展创建青年文明号评比活动。

1997 年 6 月,召开第五次代表大会,选举产生邓志华为书记、张雪黎为副书记的共青团江西省气象局直属机关第五届委员会

2002 年 5 月,召开共青团江西省气象局直属机关第六次代表大会,选举产生罗伍庆为书记、吴丙午为副书记的新一届团委领导机构。

2003 年 3 月 29—30 日,组织共青团员赴井冈山革命根据地参加主题团日活动。

2009 年 6 月,召开共青团江西省气象局直属机关第七次代表大会,选举产生张建荣为团委书记,邓旭华、李进为团委副书记的新一届团委领导机构。

荣　誉　1993 年,省气象台测报科赖怀猛被团省委授予"优秀共青团员"荣誉称号。

2004 年,省气象局直属机关团委被团中央确定为"全国五四红旗团委创建单位";被团省委评为"全省五四红旗团委";杜筱玲荣获"中国百名优秀青年志愿者"称号;章毅之、刘志萍被评为"全省青年岗位能手"。

2005 年,省气象科技服务中心龙余良被评为"江西省十大杰出青年志愿者";江西信息应用职业技术学院青年志愿者协会被评为"江西省青年志愿者服务优秀集体"。

2006 年,省大气探测技术中心气象计量检定所被评为"全省青年文明号";罗伍庆被评为"全省优秀团干"。

2007 年,省气象台短期预报科被评为"全省青年文明号"。

2010 年,省气象科技服务中心影视制作科被评为"全省青年文明号"。

妇女工作

主要活动　2002 年,开展"素质达标、学习成才"活动;开展"三八"妇女节健身活动。

2003 年,省气象局成立直属机关妇女工作委员会,办公室主任吴涛兼任江西省气象局直属机关妇女工作委员会主任,高溢英兼任副主任。

2003 年 5 月,省气象局开展巾帼文明示范岗创建活动。

2006 年 3 月,省气象局组织参加"妇女权益保障法"知识竞赛活动。

2007 年,省气象局加入江西省农村妇女"双学双比"活动协调小组。

荣　誉　2000 年,新余市气象局周秋英、省气科所魏丽被授予全省三八红旗手,两人于同年被授予第二届江西省"十大女杰"称号。

2002 年,魏丽荣获"江西省创新女标兵"荣誉称号。

2003 年,魏丽荣获"全国女职工双文明建设先进个人"荣誉称号。

2004 年,高溢英荣获"全国农林水利系统先进女职工工作者"荣誉称号,许彬荣获"江西省妇女各行百佳"荣誉称号和"江西省三八红旗手"荣誉称号。

2005 年,省气象科技服务中心影视制作科荣获"全国巾帼文明岗"。

2006 年,陈云如获"江西省三八红旗手";黄淑娥获"江西省知识型职工标兵"荣誉称号;吴涛获"全国女职工巾帼建功标兵"荣誉称号;尹洁获中国农林水利系统优秀女职工称号。

2007 年,高溢英获"江西省巾帼建功优秀工作者"荣誉称号;省气象台预报科获"全国巾帼文明岗"。

2008 年,尹洁获"全国三八红旗手";许爱华获"全省女职工建功立业先进个人",省气象信息中心监控科获"全省女职工建功立业标兵岗";路名芬获"江西省三八红旗手"荣誉称号。

2009 年,路名芬获"全国女职工巾帼建功标兵"荣誉称号;高溢英获"全国三八红旗手"荣誉称号;金米娜获"全省五一巾帼奖"。

2010 年,姜琳获"江西省三八红旗手"荣誉称号;王叙真获"江西省巾帼建功标兵"荣誉称号。

第七节　综合管理

目标管理

1985 年开始,省气象局业务处在业务服务管理工作中,试行目标管理。继后扩展到整体气象工作,省、市、县三级气象部门,层层实行目标管理,取得较好的成效。

1998—2003 年,在全国气象部门开展的年度目标管理考核评比中,江西省气象部门连续六年位于考核总分前五名(1998 年第三、1999 年第四、2000 年第三、2001 年第四、2002 年第四、2003 年第五名),获"特别优秀达标单位"奖,是唯一获此殊荣的省份,受到江西省委书记孟建柱,中国气象局局长秦大河多次表扬。

领导重视、组织严密　建立主要领导亲自抓,分管领导具体抓,综合管理部门专人负责,各职能部门和目标控制单位分工明确,协调配合、责任到人,齐抓共管、上下齐动的领导体制和运行机制。

层层分解,责任到人　把目标任务逐条逐项进行分解,逐级逐层下达,落实到每个岗位;制定完成目标管理任务的保证措施;将目标完成情况与每个人的收入挂钩,与奖优评先挂钩,形成人人有目标、个个有压力,你追我赶、奋力争先的局面。

跟踪管理,狠抓落实　注重目标执行情况的跟踪管理,及时了解和分析研究目标管理工作中的新情况、新问题,采取措施,加以改进,把问题解决在萌芽状态,解决在基层。每月一次分析会、每季一次进度通报、半年初评、年度总评等措施,保证目标任务的完成。

严格考核、奖惩分明　对年度目标考核总分前列的单位和领导班子给予奖励;对获得中国气象局和省气象局创新项目的单位、集体分别给予奖励,给予项目主要负责人记大功、记功奖励;对年度目标管理综合考核不达标的单位领导班子成员给予经济处罚;对目标管理工作出现一票否决事故的直接责任人,给予相应的行政处分;对出现伪造涂改气象观测原始记录等一类责任性业务差错的直接责任人给予开除公职处分,并追究单位主要领导和分管领导的管理责任;在中国气象局的目标考评中,各目标控制处室若出现不该扣分而扣分的情况,取消该处室年度评优资格。

抓住重点,带动全局 对重点项目、薄弱项目和一票否决的项目重点抓,制定严格的保障措施,常抓不懈,防患于未然。

抓好创新,突出特色 瞄准具有国际、国内、部门先进水准的工作,保证创新项目定位的高起点;将工作基础好、有良好实现条件且能够体现出特点的工作确定为创新项目。

基层台站建设

气象业务主业工程、气象服务窗口工程、自我发展活力工程、职工生活小康工程、精神文明风貌工程(以下简称"五大工程")建设是全省气象部门加强基层台站建设、强化对基层管理、促进基层台站全面发展的一项重要管理举措。"五大工程"从1997年开始实施,通过在实践中不断完善、不断升级,在促进基层台站建设工作中发挥了重要作用,取得非常好的效果。

背 景 1996年4月,中国气象局局长温克刚来到江西,提出江西气象部门要再创辉煌的要求。6月,省气象局党组做出《关于再创江西气象事业辉煌的决定》。确定"九五"期间"认清形势、自我加压、攻克难点、再创辉煌"的工作思路,提出再创江西气象事业辉煌的目标,其中包括启动基层气象台站"五大工程"建设。

建设历程 第一阶段:1997年至2004年。1997年3月,全省气象工作会议做出《中共江西省气象局党组关于加强基层建设,进一步搞活县市气象局的决定》,提出以"五大工程"建设为总抓手,夯实气象事业发展的基础,大力加强全省基层气象台站建设。5月13日,印发《关于加强基层建设"五大工程"达标升级考评办法(试行)》。至此,"五大工程"建设在县(市)气象局全面启动。12月9日,经部分修改,印发《关于加强基层建设"五大工程"达标升级考评办法》,1999年3月29日,印发《地市气象局五大工程建设达标升级考评办法(试行)》,"五大工程"建设考评全面覆盖所有市、县气象局。

从2002年下半年开始,省气象局党组按照温家宝总理提出的建设"四个一流"目标和秦大河局长提出的实施"三大战略",在基层台站"五大工程"建设之中,融入"四个一流"和"三大战略"内涵,制定下发《江西省气象部门"四个一流"建设实施方案》,对基层台站"四个一流"建设作出部署。党的十六届三中全会召开后,省气象局党组为突破影响气象事业发展的体制性障碍,加快发展步伐,于2003年底做出《关于贯彻落实十六届三中全会精神,进一步深化部门改革的决定》,要求全省基层台站树立和落实科学发展观,坚持"管天为民、追求卓越",坚持"以人为本、协调发展",坚持"生之者众、食之者寡",促进气象事业全面、协调、可持续发展,基层台站"五大工程"建设内在质量有了新的发展和升级。

第二阶段:2005年至2010年。从2005年开始,按照《中国气象局关于加强基层气象台站建设的意见》和《全国基层气象台站建设指导标准》,省气象局确定继续坚持以"五大工程"建设为总抓手,扎实推进全省基层气象台站建设,并重新制定《全省县(市、区)气象局"五大工程"建设考核评定办法》。新一轮"五大工程"建设内容修改为"气象业务主业工程、气象服务窗口工程、自我发展活力工程、事业发展基础工程、文明和谐风貌工程"。

成　效　第一阶段工作成效。截至 2004 年底,全省共有 75 个台站达标,占台站总数的 84.3%。其中"一级达标"53 个,占台站总数的 59.6%。通过抓基层台站"五大工程"建设,全省气象台站的业务现代化、服务能力、工作条件、人居环境、精神文明、经济实力等综合指数都有明显提高。

气象观测业务质量稳中有升,错比由 1996 年的 0.8‰下降到 2004 年的 0.11‰。

全部建成气象观测自动站和 pcvsat 站,实现省、市、县三级构建在 Internet 上的广域网。

全部建立 121 语音自动答询系统和电视天气预报制作系统,开展气象短信服务。

全部建成农村经济信息网,成立雷电防护管理局、减灾委员会,其办公室均设在当地气象局。

中央和地方的投入加大。国家气象经费投入 2004 年比 1996 年增加 190%,地方气象经费 2004 年比 1996 年增长 250.3%;科技服务与产业可用资金 2004 年比 1998 年翻了两番多。

干部职工年均收入由 1996 年的 5778 元增加到 2003 年的 17166 元,增幅 197%,年均增幅 24%。

办公用房面积增加 14909 平方米,生活用房面积增加 23413 平方米。不少基层台站建成"花园式"台站。

全部建成县级以上文明单位,其中省级文明单位 18 个,比 1996 年增加 17 个;市级文明单位 54 个,比 1996 年增加 44 个。

县(市、区)气象局未发生一起领导干部因腐败问题被查处的案件。

第二阶段工作成效。截至 2010 年底,全省共有 48 个台站达标,占台站总数的 52.2%。

建成 1415 个中尺度区域气象观测站,实现每个乡镇至少建设一个中尺度区域气象观测站目标,建设数量居全国第六。

基层台站气象服务产品达 30 多种,公众天气预报时效延长到 7 天,48 小时分县逐小时要素预报、乡镇 48 小时预报、灾害性天气落区、流域降水、农村雨涝等延伸预报产品业务化。每天制作发布未来 1 小时、3 小时、6 小时降水及强对流天气主观预报和客观预测产品。

初步建成广播、电视、报纸、电话、手机短信、网络、电子显示屏等灾害性天气预警信息发布平台,公共气象服务覆盖面达 90%,专业气象服务覆盖 30 多个行业,每天接受气象服务的公众超过 3000 万人次。

基层台站增加研究生学历 2 人,取得历史突破。本科学历 85 人,高级工程师 8 人,中级职称 375 人,较上个"5 年计划"均有大幅提高。

90% 以上的基层台站初步完成规划目标建设,新建和改造费用 8678.30 万元,新建建筑物 337 栋,总建筑面积 25 万平方米,90% 以上台站实现自来水供水和城市供电,2/3 的台站实现 100% 绿化,其他台站绿化率在 80% 左右。

井冈山市气象局连续两届被中央文明委授予"全国文明单位"荣誉称号;四个基层台站获"全国气象部门文明台站标兵",五个市、县气象局被列为全国气象部门廉政文化示范点、局务公开示范点。

第八节 事业结构调整

新型气象事业结构调整

调整目的 深化内部改革,着力调整队伍结构,即精干基本业务队伍,将多余人力转移到为振兴地方经济建设服务和开展综合经营中去,促进基本气象系统、科技服务、综合经营三部分协调发展。

调整内容 在地(市)气象局(台)建立基本业务、专业专项服务、综合经营等队伍,在县站建立基本业务、综合服务两支队伍。

做 法 1991年,省气象局制定《江西省气象部门事业结构调整规划》,成立结构调整指导小组,提出队伍分流的初步意见,同时在九江市气象局开展"四定"(定岗位、定职责、定考核、定奖惩)试点。取得初步经验后,省气象局统一制定《全省基本业务定员》和《江西省气象部门队伍和人才结构调整实施意见》两个政策性指导文件,用以指导全省面上的队伍结构调整。抓好人员分流前的转岗培训。举办7期远程工作站操作、计算机软件开发及硬件维修、避雷针检测等新技术和实用技术培训班,培训人员300人(次)。当年,全省从事专业有偿服务和综合经营人员已超过职工总数的20%,队伍结构调整任务到位运转的台站达到43%。

1992年,省气象局先后制定搞活台站的5条标准、20条政策和简政放权14条规定。基本业务人员进行再紧缩。开展全员经济承包、目标承包、成本包干等多项运行机制改革试点。

1993年,进一步理顺基本业务、科技服务、综合经营三大部分之间的比例关系,省气象局重新制定基本气象系统定员标准,积极推行人员重新合理配置。全省有34%的职工分流到有偿专业气象服务和综合经营工作岗位。基本业务系统、科技服务、综合经营三大部分新型事业结构已基本形成;建立相应的运行机制。有20多个气象台站将科技服务、综合经营实体实行全额风险经济承包。在基本业务系统中,进行工资总额包干试点和事业费总承包改革试点。制定人、财、物等各项配套改革措施26条,改革气象事业费预算分配办法,实行人员、公用经费按基本业务系统定员,业务经费按气象业务任务的预算拨款;在加快改革、搞活台站的同时,省气象局认真落实中央关于加强宏观控制的重大决策,围绕国有资产管理、预算外收入管理、经营服务实体承包等问题,制定有关强化宏观调控的政策措施,使1992年以来在这些方面出现的一些失控势头得到遏制,保证部门改革沿着正确的方向健康发展。

1994年,全省分流到科技服务、综合经营岗位的气象职工709人,超过全省职工总数的1/3,成立综合经营服务实体90多个。有70多个经营服务实体实行全额风险经济承包责任制。7月,省气象局在井冈山召开首次全省气象部门风险承包研讨会,会议收到论文26篇,与会代表提出许多有关全额风险经济承包责任制的意见。在基本业务系统方面,部分台站进行目标经济包干和岗位工资改革试点。根据基层台站的要求,省气象局再次核定全省气象部门基本业务定员标准,在人事、财务等方面制定支持性政策。全省综合经营全年利润(包括人员工资)超过300万元,较上年递增22%,有4个经营实体创利稳定在10万元以上。

1995年,省气象局下发《稳定基本业务队伍、确保人员分流的具体意见》和《加强宏观调控,支持进一步深化改革的若干政策》,进一步加大人员分流力度,并列入全省年度工作目标,层层分解落实到单位;对运行机制改革进行新的探索。重点在全额风险承包、岗位工资制、目标承包、工资总额包干等模式方面探索。

1997年,按照《中共江西省气象局党组关于深化气象事业战略性结构调整的决定》和《关于深化省局直属单位事业结构调整方案》,重组省气象台、省气科所,新组建省气象科技服务中心。地(市)、县两级气象部门也按照《方案》进行改革。

事业结构战略性调整

调整目的 1999年,中国气象局确定省气象局为全国气象部门事业结构战略性调整试点单位。通过调整,气象部门内部结构更加合理,更能适应事业发展的需要,为全国气象部门改革提供经验。

调整内容 业务技术体制改革、部门企业转机改制、人事和分配制度改革。

做　法 1999年,省气象局制定《事业结构战略性调整试点方案》,确定以业务技术体制改革、部门企业转机改制、人事和分配制度改革为重点。

业务技术体制改革:1998年,省气象局下发《江西省天气预报业务技术体制改革实施方案》和《进一步加快预报业务技术体制改革有关事项的通知》,从1999年元月起,在省、地(市)气象局开展常规天气要素分县指导预报和灾害性天气落区(分县)指导预报。完成全省气象信息传输单轨运行的各项准备;组织实施降水分级、最高、最低气温分县预报,冰雹(强对流)预报、暴雨预报逐级指导业务对比试验;探索建立全省逐级指导预报业务;全省大多数地(市)局建立现代化预报业务流程;县(市)气象局进行综合业务值班试点;基本气象业务系统分流出的人员超过中国气象局下达的目标。

部门企业转机改制:省气象局提出创收实体企业化改制的思路和标准,部分企业进行建立适合部门企业特点的现代企业制度试验。一批先行改制的部门企业实行股权多元化,尝试将按劳分配和按生产要素分配结合起来。萍乡市气象局按照政、事、企三部分进行组织结构调整,组建综合科、气象台和气象科技服务公司;定南县气象局按照"两块牌子、一套人员"的思路进行结构调整,实行事业单位企业化管理。

人事和分配制度改革:省气象局下发《人事、分配制度改革指导性意见》;进行处级领导干部选聘和任前公示制度试点;基本业务系统岗位技能工资改革试验开始起步;萍乡市气象局推行全员合同聘用制。

业务技术体制改革

改革目的 2005年,中国气象局确定江西省气象部门为全国气象部门省以下业务技术体制改革试点单位,通过改革,探索与六条(天气、气候、农业气象与生态、大气成分、人工影响天气、雷电)业务轨道相适应的业务技术体制实现方式。

改革内容 建立多轨道、集约化、研究型、开放式的新型业务技术体制。

做　法 制定全省业务体改试点工作实施方案;成立以省气象局主要领导为组长的业务技术体制改革领导小组和以分管领导为主任的办公室。

明确各业务轨道分工与业务布局,建立新业务技术流程,完成省、市、县三级机构调整、岗位设置和主要人员到位、六大功能体系建设。按照中国气象局的统一部署,坚持"规定动作全面完成,自选动作突出江西特色,全国布局提前完成,科技前沿适度超前"的原则,逐条轨道、逐个体系研究落实。

制定六条业务轨道的建设意见,多轨道业务体系和服务产品不断完善。

天气业务轨道:建立常规气象要素的精细化预报业务系统、省级短时临近预报业务系统和逐日10天滚动预报业务系统,开展省、市、县短时临近预警预报业务,逐日常规要素预报时效从5天延长到7天;

气候业务轨道:建立国家级动力气候模式产品的解释应用系统,开展主要气候灾害的动态监测业务、主要气候事件和气候影响评估业务,增加10天滚动月气候趋势预测、月滚动季气候趋势预测等新的短期气候预测产品;

农业气象与生态业务轨道:以南昌国家级农田生态环境与农业气象试验站为龙头,建成南昌生态环境与农业气象实验室,开展稻田生态监测评估工作,发布生态质量气象评价公报,建立重大农业气象灾害和农业病虫害发生气象条件、预报、预警服务流程,发布农业年景评价和气象——病虫害预测公报;

大气成分业务轨道:庐山大气成分观测站正式开展黑炭气溶胶和可吸入颗粒物的数量浓度和质量浓度观测,开展负氧离子、紫外线、酸雨等监测和评价服务,发布庐山大气成分监测公报;省气科所环评甲级证书通过国家环保总局延续审查,成为全国省级气象部门唯一拥有甲级证书单位;

人工影响天气业务轨道:完成人影作业指挥系统开发,发布省级人影作业条件指导预报;

雷电业务轨道:开展雷电概率预报业务,制作发布全省雷电指导预报。

启动"三站四网"调整。2006年1月1日起,抚州市全部台站和南昌国家气候观象台按调整后的"三站四网"业务运行,全省56个国家气象观测二级站取消人工并行观测,报文传输率达100%;完成全省气象观测业务人员的调整和培训;完成九江、南城国家气候观象台建设的部分前期准备工作;九江新一代天气雷达汛期前投入运行,上饶新一代天气雷达正在加紧建设;完成赣州400兆电子探空仪系统数字化升级;与中国林科院大岗山森林生态站联合,建立省气象局大岗山森林气候生态观测站;与交通、公安部门联合,启动道路和水上交通安全监测预警服务系统建设;与省测绘局、地震局联合,开展建设GPS基准站前期工作;完成2个大气电场观测站、14个负离子监测站、9个酸雨监测站建设。

建立全省各级气象台站的灾情直报业务;建立公众WAP手机气象网站;建成全省新一代天气雷达、自动站、雷电探测的在线监控系统;完成中国气象局到省气象局6M宽带通信线路升级,省气象数字化电视电话会议系统投入运行;完成全国 10 个高空站 400 兆电子探空仪数字化改造任务;进一步优化省、市、县三级业务布局,着力强化上对下的业务、服务、技术和产品指导,市、县两级重点依托省级指导产品开展预报订正和短时临近预报警报,依托公共服务体系抓好多轨道业务产品的应用服务。

完善气象科技创新和人才培训体系,建成气象灾害应急体系。

第九节　考察、交流与合作

国际考察与交流

1996 年

10 月,日本九州大学高桥教授访华,到省气象局参观,并做题为"利用新型探空仪进行季风降水研究"学术报告。

1998 年

5 月,应中国气象局邀请,丹麦气象代表团一行 9 人访华,并到省气象局参观访问。

2000 年

5 月,副省长孙用和率由省减灾委组织的省气象防灾减灾考察团出访美国、加拿大,考察气象防灾减灾部门组织管理、现代化气象监测预警系统建设及多普勒雷达建设应用等情况。省气象局副局长黎健等 4 人随团出访。

2001 年

10 月,由省减灾委办公室组团,省国土资源厅副厅长吕细保为团长、九江市人民政府副市长吕明为副团长的省减灾考察团一行 9 人,赴英国、法国进行防灾减灾考察。

11 月,省人大常委会副主任周慜平率省减灾委组织的省防灾减灾考察团出访瑞士、德国,访问世界气象组织总部和德国。省气象局局长陈双溪等 2 人随团出访。

2002 年

9 月,由省减灾委组团,省减灾考察团赴英国、法国访问,进行综合减灾考察与学术交流。

9 月,省气象局局长陈双溪参加由省政府常务副省长彭宏松率领的省经济友好访问团,赴美国、加拿大考察。

9 月,省气象局副局长李义源率省气象防灾减灾考察团赴美国、加拿大访问考察。

2003 年

7 月,省气象局副局长黎健会晤法国驻武汉总领事德盖义一行。继后黎健应法国驻武汉领事馆邀请,赴湖北武汉出席法国国庆日招待会。

11月,应新西兰、澳大利亚政府邀请,以副省长危朝安为团长,省减灾委员会秘书长、省气象局局长陈双溪为副团长的省农业减灾考察团一行7人赴新西兰和澳大利亚两国,进行农业减灾考察访问。

2004 年

3月,由省气象局、省公安消防总队、省国土资源厅、省财政厅等单位组成的省减灾考察团一行11人赴新西兰、澳大利亚进行为期10天的考察访问。省气象局党组成员、纪检组组长刘祖仑参加考察。

5月,中国科学院、北京师范大学、美国加州大学圣巴巴拉分校、美国密苏里大学、加拿大不列颠哥伦比亚大学10多位专家来省气科所参观。听取该所遥感科研业务情况汇报,与省气科所科研人员进行座谈,就加强交流与合作进行深入探讨。省气象局副局长黎健出席座谈会。

6月,加拿大不列颠哥伦比亚大学博士、美国耶鲁大学森林与环境学院终身教授、中国科学院客座教授李旭辉来省气象局做《森林大气 CO_2 和其他微量气体的交换过程》专题学术讲座。

6月,美国密歇根大学 MarkL. Wilson 教授、鲍曙明博士、Howard Lin 硕士等专家一行在江西师范大学地理与环境学院副院长刘影教授陪同下,来到省气科所参观访问。双方就今后进一步的科研合作进行交流和讨论。

7月,美国宇航局水文科学研究室研究员詹习武来省气象局做《美国 MODIS 和 AMSR – E 遥感数据产品及其应用》专题学术讲座。

8月,省气科所黄淑娥前往美国参加"国际光工程学会第48届年会"。

2005 年

3月,由省减灾委、省气象局组织,省法制办主任杜宝国为团长的省减灾立法考察团赴日本进行综合减灾立法考察。

4月,奥地利风能科学家 H. Dobesch 教授、中国科学院地理所风能研究专家陈沈斌研究员来省气象局访问、讲学和考察。

4月,亚洲防灾中心副主任 Earl Kessler 一行3人来省减灾办、省气象局考察访问。副省长胡振鹏会见 Earl Kessler 一行。

5月,省气象局副局长黎健赴美国,参加商务部组织的国外专业培训计划"自然灾害应急管理培训班"。

7月,省气象台许彬赴泰国参加亚洲备灾中心第13届地区培训,学习基于社区的综合减灾管理知识。

2006 年

4月,亚洲备灾中心专家代表 R. Selvaraju 一行到省气象局参观考察,双方就共同实施气候预测应用国际援助项目达成合作意向。

5月,应南非西开普经济论坛邀请,由省减灾委员会秘书长、省气象局局长陈双溪为团长的省减灾考察团一行7人赴南非、肯尼亚,对两国的减灾、气象业务进行考察。

9月,以省气象局副局长毛道新为团长的省气象科技减灾考察团,应邀赴美国加利福尼亚州空气资源局、加拿大国家气象局进行考察学习和交流。

11月,省气科所殷建敏、黄淑娥赴印度参加SPIE组织第五届亚太地区遥感国际学术交流。共有3篇论文参加"灾害预警诊断方法与管理"分会场交流。

11月,意大利都灵大学气象专家组副主任、瑞士洛桑世界实验室成员Claudio Cassardo教授应邀来省气象局作《陆面过程模型的研究与应用》专场学术报告。

12月,荷兰瓦赫宁根大学退休教授K. Stigter及夫人应中国农业大学邀请来华,到省气科所和省气象台访问,讨论联合申报项目事宜,并进行学术交流。

2007 年

9月,中国科学院南京地理与湖泊研究所、新加坡国立大学地理学院、德国吉森大学国际发展与环境研究中心、中国气象局国家气候中心、长江水利委员会水文局、省气象局联合在南昌赣江宾馆召开《第二届亚洲大河国际研讨会》。

10月,省政协人口资源环境委员会副主任陈双溪率由省减灾委组织的防灾减灾考察团出访巴西、智利、古巴,考察防灾减灾有关情况。

12月,寻乌县气象局曹允飞参加南极科考,负责南极长城站天气测报工作。

8月,应省人工影响天气领导小组办公室邀请,以色列希伯来大学Rosenfeld教授来江西省气象部门访问交流。

2008 年

5月,省气象局副巡视员姚春林率团前往美国、加拿大,开展减灾学习及交流。

6月,美国雷达气象专家Leslie LEMON应中国气象局邀请来华,并于1日来省气象局,为中国气象局培训中心举办的"多普勒天气雷达应用巡回高级讲习班"主讲。

10月,应中国气象科学研究院邀请,荷兰籍教授C. J. Stigter偕夫人J. J. Oltmans来华指导中国气象局业务项目"中国农业气象服务典型案例总结",并于6日到江西进行服务典型案例的实地考察和研讨总结工作。

2009 年

7月,澳大利亚天气与气候研究中心张虎强博士应省气象局、省气象学会、省气候变化监测评估中心邀请做《关于全球变化与区域气候的一些研究》专场学术报告。

7月,加拿大不列颠哥伦比亚大学教授殷永元应邀在省气象局做题为《气候变化影响、脆弱性及适应对策研究方法与应用》专题学术报告。

7月,由德国伯尔基金会(BOELL)资助,CHANGES(国际环境可持续发展研究所)、省气科所和国家遥感科学国家重点实验室联合开展的气候变化适应对策与鄱阳湖生态资源可持续发展研究项目,在省气科所正式启动。

8月,省气科所黄淑娥赴德国柏林,参加欧洲国际遥感会议关于"环境遥感监测、GIS应用和地质"国际学术交流会。

10月,省气候中心殷建敏随科技部团组赴意大利,参加"中意气候变化能力建设培训班"。

11月,省气象局副局长詹丰兴按照中央党校的统一安排,赴韩国考察。

11月,省气象局办公室邓志华、科技减灾处邓世忠,随省山江湖办团组,赴印尼、菲律宾、泰国参加亚洲备灾中心防灾减灾培训。

2010 年

1月,省气象局局长常国刚参加中国气象局团组,赴美国参加"公共气象服务骨干培训"。

5月,省气科所刘熙明赴美国北卡罗来纳州,参加第五届国际计算风工程会议关于"城市风与空气质量"国际学术交流会。

11月,省气象局观测与网络处傅敏宁参加中国气象局团组,赴澳大利亚参加"气象业务管理骨干培训"。

12月,省气象局组织气象监测与预报服务考察团一行7人,赴韩国考察气象监测、气象通信网络、临近预警和短期天气预报等。

12月,省气象局副局长李集明率人工影响天气考察团,赴俄罗斯、瑞典、芬兰访问,学习人工影响天气技术和经验,考察自动气象观测设备。

2010年,省气象局与加拿大哥伦比亚大学、江西师范大学地理环境学院等单位合作,联合开展全球环境基金小额赠款项目"鄱阳湖地区综合湿地资源管理"的研究工作,参加并完成中国环境与发展国际合作委员会2010年主题年会"生态系统管理与绿色发展"的背景报告《生态信息纳入生态系统管理体系》的编写。

国内交流与合作

2001 年

4月,台湾大学地理系教授朱子豪、教授孙志鸿博士、台北市防灾计划办资讯组组长李瑞阳博士一行7人到省气象局参观访问和交流。

4月,中国科学院庄逢甘院士应邀来省气科所参观指导。

5月,副省长孙用和一行10余人应邀参观中国气象局,中国气象局副局长颜宏、刘英金陪同参观国家气象中心、国家气象卫星中心。

2002 年

3月,省气象局副局长毛道新随省农村民间流通协会代表团赴台湾考察农村工作。

3月,省人大常委会副主任钟起煌在省气象局局长陈双溪、副局长黎健陪同下,参观中国气象局及国家气象中心等单位,中国气象局副局长郑国光等领导会见钟起煌一行。

7月,由刘文英教授率领的台湾大气科学代表团到访省气象局,并进行学术交流,副省长胡振鹏会见刘文英教授一行。

2003 年

1月,国家减灾办负责人、中国国际减灾委员会办公室副主任宋志强一行来到省减灾办,考察综合减灾工作。

2月,副省长危朝安在省气象局局长陈双溪陪同下,专程到中国气象局访问。与中国气象局副局长李黄亲切会谈。双方在加强江西气象现代化建设和生态环境监测体系建设等许多问题上取得共识。

2004 年

2月,省防雷中心邀请国内高压防雷知名专家、武汉大学电气工程学院博士生导师文习山教授指导、授课,并聘请文教授为技术顾问。省气象局副局长黎健会见文习山教授,并就加强人才培养、技术指导等交换意见。

4月,省气象局与南昌大学签订合作协议。

5月,省政府举行聘书颁发仪式,聘请中国工程院院士李泽椿为江西信息应用职业技术学院名誉院长。这是省政府首次正式聘任两院院士为江西高校名誉院长。

5月,中国科学院院士李小文一行在省气象局副局长黎健陪同下,参观考察省气科所卫星遥感中心。

6月,省气象局和南京大学签订合作协议。

10月,中国科学院伍荣生院士、丑纪范院士应邀来省气象局做学术报告。

2005 年

2月15日,应台湾中国文化大学邀请,省气象局局长陈双溪率省气象学会代表团一行14人,赴台湾进行灾变天气学术交流,并与台湾中国文化大学理学院联合主办"两岸气象防灾科技研讨会"。

2006 年

3月8日,省长助理熊盛文在省气象局局长陈双溪陪同下,专程前往中国气象局,与中国气象局副局长刘英金、王守荣共商江西气象"十一五"发展大计。

5月,省气象局局长陈双溪率省气象局考察团一行25人,到省林业科学院参观考察。

6月,省气象局和省测绘局联合召开江西省GPS观测网建设与共享协调会。双方就共同建设江西省GPS观测网达成一致意见。

2007 年

4 月,二炮某部首长到省气象局参观省气象防灾减灾指挥中心,并进行交流。

8 月,新华社江西分社与省气象局签署合作协议。新华社江西分社社长徐金鹏、省气象局局长常国刚在合作协议上签字并发表讲话。

11 月,省水利厅党委书记、厅长孙晓山率全体厅领导及有关业务单位领导到省气象局考察调研,并就加强部门合作、加强监测系统统一规划、实现信息共享,构建综合观测系统进行深入交流。

2010 年

10 月,省气象局与省科协联合主办的"防灾减灾与鄱阳湖生态经济区建设同舟论坛",邀请曾庆存、黄荣辉、丑纪范、李泽椿、李崇银、赵思雄 6 位院士出席论坛,并做学术报告。

11 月,省气象台许爱华参加中国气象学会团组,赴台湾参加"2010 年海峡两岸灾害性天气分析与预报研讨会"。

第三章　社会气象活动管理

社会气象活动管理是《中华人民共和国气象法》赋予气象部门的一项重要管理职责,是气象部门为社会提供服务的又一条重要途径,既是气象管理工作的新内容,也为气象事业的发展注入新的活力。各级地方政府高度重视《中华人民共和国气象法》的实施,并出台与之相配套的地方性法规。各级气象部门认真贯彻落实《中华人民共和国气象法》和江西省的相关法规,成立了专门的管理机构,认真履行社会气象活动管理的各项职能,特别是在防雷安全监管方面,省、市、县气象局设置"雷电防护管理局"为全国气象部门首创。各级气象部门严格把好防雷设施建设前、中、后的关口,切实加强重要场所防雷安全监管工作。

第一节　管理机构及职责

管理机构

2001 年 1 月 1 日,《中华人民共和国气象法》正式实施,标志着气象部门开始步入依法发展、依法管理社会的轨道。为了切实履行好《中华人民共和国气象法》等法律法规赋予的职责,2001 年,省、市气象局分别设立政策法规处(科)。设区市气象局设置专门管理岗位,大设区市为 2~3 名、小设区市为 1~2 名专职工作人员。省、市、县三级气象局均组建专(兼)职气象行政执法队伍。同年,省编办以赣编办发〔2001〕5 号发文《关于同意"江西省气象局政策法规处"增挂"江西省雷电防护管理局"牌子的通知》,该机构为全国气象部门首创。

管理机构职责

省气象局政策法规处(江西省雷电防护管理局)职责:负责组织编制气象法规工作的规划、计划,并组织实施;组织气象法规、规章和省气象局规范性文件的起草,并负责相关工作的组织实施;负责气象行政许可工作的综合管理和指导,承担省本级气象行政许可集中受理工作、承担防雷工程专业资质和防雷检测资质的认证与管理工作,负责防雷产品和外省防雷资质进入本省的备案与管理;负责行业自律的监督管理;负责气象行政执法体系建设和气象行政执法的监督管理,指导、协调重大案件行政执法工作,承办省气象局气象行政复议、行政诉讼代理以及法律咨询服务;负责组织气象法制宣传教育和普法工作;归口管理全省气象部门气象科技服务工作,负责气象服务市场活动监督管理,负责气象科技服务政策的研究、拟订、指导、咨询工作;归口管理全省气象部门提供非公益性气象资料工作;归口管理气象标准化、气象软科学、行业管理和政策调研工作;履行省雷电防护管理局的职责,负责雷电灾害防御的宏观管理和政策指导;负责防雷减灾安全检查,并组织督查;负责防雷装置检测、新建建筑物防雷装置设计审核、施工质量监督和竣工验收工作的监督与管理;负责防雷检测业务系统建设和业务质量考核与管理;负责管理雷电灾害调查、鉴定、评估和雷电灾害风险评估工作;组织推广防御雷电灾害的技术成果。

第二节　地方性法规文件

20世纪90年代后期,特别是《中华人民共和国气象法》颁布之后,省、市、县各级政府相继出台有关气象的法律法规,为气象部门管理社会气象工作提供重要的法律依据。

地方性法规

《江西省气象管理规定》(政府规章)　1999年7月26日省政府第89号令颁布实施,2004年废止。

《江西省人工影响天气管理办法》(政府规章)　2000年11月28日省政府第58次常务会议讨论通过,2000年12月29日省政府令第103号颁布实施。

制定背景:人工影响天气工作是一项基础性社会公益事业,为了解决多年来影响这项事业发展不快而存在的困难和问题,省气象局认为必须加快省人工影响天气工作法制建设步伐,真正做到有法可依,依法发展,有必要制定一部政府法规来加强对该项工作的管理。

起草经过:基于制定《江西省人工影响天气管理办法》的目的,首先在原管理办法文本的基础上进行修改、补充和完善,成文后在全省人工影响天气工作研讨会上进行认真研讨,并作进一步补充修改,再征求省人工影响天气工作领导小组每一个成员单位的意见,然后提交第13次人工影响天气工作领导小组会议上审议确定提交稿。经省政府办公厅和省政府法制局做进一步规范后,提交省政府第58次常务会议上审议。

修订:2004年6月28日,省政府第21次常务会议第一次修订,2004年7月1日起施行。第九条修改为:"从事人工影响天气作业的单位,应当符合省气象主管机构规定的条件。"2010年11月1日省政府第42次常务会议第二次修订,2010年11月29日公布实施。将第十条修改为:"利用高射炮、火箭发射装置开展人工影响天气作业,应当由作业地县级以上气象主管机构向有关飞行管制部门提出申请;利用飞机开展人工影响天气作业,由省气象主管机构向有关飞行管制部门申请。申请应当注明拟开展作业的区域与作业点位置、作业时间、作业技术装备与条件等内容,经飞行管制部门审核同意后,方可进行人工影响天气作业。经批准后的作业区域,不得随意变动。确实需要变动作业区域的,应当重新报批";将第十二条第三项修改为:"地面高射炮、火箭作业点为非人口稠密区且无重要、高大建筑设施"。

《江西省实施〈中华人民共和国气象法〉办法》(地方性法规)　2001 年 10 月 19 日省九届人民代表大会常务委员会第二十六次会议审议通过,省人大常委会第 84 号公告颁布,自 2001 年 12 月 1 日起施行。

制定背景:气象事业是国民经济和社会发展的基础性公益事业,党和政府历来十分重视。新中国成立以来,特别是改革开放以来,党和政府制定了一系列有关气象事业发展的政策、法规。1994 年 8 月,国务院颁布《中华人民共和国气象条例》,1999 年 10 月 31 日,江泽民主席签署发布《中华人民共和国气象法》(以下简称《气象法》)。《气象法》的颁布实施,对规范社会气象活动,依法发展气象事业发挥了重要作用。但是,由于《气象法》是针对全国气象事业的普遍情况制定的,只能就气象事业发展中的若干重大问题做出原则性规定;对各地发展气象事业、规范社会气象活动的具体问题,还需要结合本省实际,制定地方性法规进行细化和补充。为此,有必要制定和出台《江西省实施〈中华人民共和国气象法〉办法》(以下简称《实施办法》)。

起草经过:《实施办法》作为 2001 年提请省人大常委会审议的确保项目,在列入省政府立法工作计划以前,省气象局已进行了大量的调查研究工作。省人大、省政府对地方气象立法工作高度重视,并提前介入。2000 年 7 月 16 日,省人大常委会副主任周慤平亲自带队到外省进行气象立法的专题调研,吸收和借鉴兄弟省气象立法经验。

省气象局于 2001 年 1 月 3 日将《实施办法》送审稿报省政府。省政府法制办于 1 月 5 日将《实施办法》送审稿发送省直有关部门和各设区市政府征求意见。2001 年 1 月至 2 月,省政府法制办会同省气象局先后赴抚州、新余、赣州进行调研,并深入边远山区实地考察气象台站。根据有关部门和地方反馈的书面意见及调研情况,对《实施办法》送审稿进行多次修改。3 月 20 日,省政府法制办召开《实施办法》修改稿专家论证会。4 月 24 日,省政府法制办邀请省气象局、省建设厅就《实施办法》修改稿存在的分歧意见进行专门协调。2001 年 7 月 24 日,经省政府第 70 次常务会议讨论通过,形成《实施办法(草案)》。2001 年 10 月 19 日,省九届代表大会常务委员会第二十六次会议通过,省人大常委会第 84 号公告,自 2001 年 12 月 1 日起施行。

《江西省突发气象灾害预警信号发布及传播管理办法》(政府规章)　2005 年 11 月 2 日省政府第 38 次常委会议审议通过,2005 年 12 月 4 日省政府 142 号令颁布,2006 年 1 月 1 日实施。

制定背景:受全球气候变暖影响,全国暴雨、洪涝、干旱、雷电、风雹、高温等气象灾害频发,由此造成的损失越来越大。随着气象现代化建设水平的提高,天气预报的准确率尤其是对突发灾害性天气的监测预报水平得到较大提高。但由于突发灾害性天气发生、消失时间短,危害程度大,如何快速将预报警报告知社会公众,并采取有效防范措施,降低或减少损失就成了当务之急。

2004 年 7 月 10 日,北京出现强雷暴天气,造成全市 40 余处路段发生交通拥堵,21 个路段严重拥堵,至少 8 处立交桥行车瘫痪。7 月 12 日,上海市出现短时雷雨大风,造成 7 死 20 伤的灾情。这两次天气过程,气象部门都做出了比较准确的预测预报,并向有关部门发送强雷雨警报,通过气象预警塔、声讯电话等方式向公众发布信息。但这些常规的办法局限性大,范围也比较小,无法快速全面覆盖大多数人群,结果只能是"预而不警"。北京"7·10"和上海"7·12"暴雨后,中国气象局于 2004 年 8 月 25 日公布《突发气象灾害预警信号发布试行办法》,规范部门内突发气象灾害预警信号发布。至 2005 年,广东、上海、福建等省、市根据中国气象局公布的办法及防御指南,陆续制订或修改了突发气象灾害预警信号发布办法及防御指南,并以政府规章的形式颁布。

江西是自然灾害发生较为频繁的省份之一,每年因灾造成的直接经济损失平均占全省 GDP 的 5%~8%,高达 120 亿元以上,而绝大部分的自然灾害都是气象灾害及其引发的衍生灾害(如森林火灾、山体滑坡、农林病虫害等)造成的,对江西经济社会发展和人民生命财产安全造成严重威胁。2004 年 9 月 30 日,省气象局制定《实施〈中国气象局突发气象灾害预警信号发布试行办法〉细则》,对气象部门内部发布气象灾害预警信号作出规定,但这种规定对社会没有约束力。另外,要达到成功有效的预警,仅有气象部门是远远不够的,还需要政府的领导、相关部门的协调和快速反应。

根据江西气候特征,汛期为灾害性天气多发时段,2005 年 1—6 月,全省多次暴发突发性气象灾害,造成信丰、寻乌、德安等市县人员伤亡和严重经济损失。5 月 11 日,温家宝总理在中国气象局上报的汇报材料上批示:"加强突发性气象灾害预警发布,做好汛期气象服务,是当前气象工作的两项重要任务"。为落实温总理批示精神,使公众及时了解天气警报,采取有效措施减少灾害损失,构建平安和谐江西,制定和规范气象灾害预警信号发布显得尤为必要。

起草经过:2004 年,受省政府委托,省气象局起草《江西省气象灾害应急预案》。在起草过程中,省气象局认为:要做好气象灾害的防御工作,气象灾害预警信息的发布非常重要。2004 年 8 月,省气象局根据《中国气象局突发气象灾害预警信号发布试行办法》,制定《江西省气象灾害预警信号发布及防御管理规定》初稿。2005 年,对初稿进行多次修改,将文件名更改为《江西省突发气象灾害预警信号发布及传播管理办法》(以下简称《办法》),并组织相关专家对《办法》进行论证,形成征求意见稿,征求相关部门的意见。省气象局依法尽量予以吸收,将修改情况书面或电话反馈给提出修改意见的单位或部门。

地方规范性文件

《关于进一步加强气象工作的通知》 1992 年 10 月 8 日,省政府印发《关于进一步加强气象工作的通知》。通知明确规定,凡属地方气象事业项目,其所需基本建设投资和事业经费,分别纳入省、地(市)、县三级基本建设计划和财政预算。

《关于加快发展地方气象事业意见的通知》 1998 年,省政府办公厅《转发省气象局关于加快发展地方气象事业意见的通知》,进一步明确地方气象事业建设项目和有关经费支持政策。

《关于加快气象事业发展的意见》 2006 年 11 月 22 日,省政府印发《关于加快气象事业发展的意见》。明确提出加快多轨道业务发展的十项重点工作、五项能力建设任务及相应的保障措施。

《关于进一步加强气象灾害防御工作的实施意见》 2007 年 12 月 14 日,省政府印发《江西省人民政府办公厅关于进一步加强气象灾害防御工作的实施意见》。全文共 20 条。明确了做好气象灾害防御工作的重要性和总体要求,从提高气象灾害监测预警能力、增强气象灾害应急处置能力、做好气象灾害防范工作、做好气象灾害防御工作的协调保障四个方面提出要求。

《江西省气象灾害应急预案》 2010 年 12 月 28 日,省政府办公厅印发《江西省气象灾害应急预案》。预案适用江西省范围内暴雨(雪)、高温、干旱、雷电、大雾、台风、大风、寒潮、低温、冰雹、霜冻、冰冻、低温连阴雨、霾等气象灾害的防范和应对。明确了气象灾害应急工作的原则、组织体系、监测预警、应急处置、恢复与重建、应急保障、预案管理等具体内容。

第三节　依法行政

行政许可

2004年6月29日,总理温家宝签署国务院第412号令,公布《国务院对确需保留的行政审批项目设定行政许可的决定》,自2004年7月1日起施行。决定取消1项气象行政审批,转变2项行政审批项目的管理方式,设定3项气象行政许可,依法继续实施7项行政许可项目。为进一步加强气象行政许可工作,2004年8月10日,省气象局印发《关于进一步加强气象行政许可工作的通知》,通知取消、调整和保留的气象行政审批项目有:

取消的行政审批项目(1项):气象探测规范的制定和修改。

改变管理方式的行政审批项目(2项):升放无人驾驶自由气球或者系留气球作业人员资格认定;防雷专业技术人员资格认定。

国务院决定设定的行政许可项目(3项):升放无人驾驶自由气球、系留气球单位资质认定;防雷装置检测、防雷工程专业设计、施工单位资质认定;防雷装置设计审核和竣工验收。

依据《气象法》《人工影响天气管理条例》《通用航空飞行管制条例》设定的行政许可项目(7项,与国务院审批办确认):气象技术装备(含人工影响天气作业设备)使用许可证审批;气象台站(含特种观测站)的迁建审批;新建、扩建、改建建设工程避免危害气象探测环境审批;外国组织和个人在我国从事气象活动审批;人工影响天气作业组织资格审批;人工影响天气作业人员资格审批;升放无人驾驶自由气球或者系留气球活动审批。

2009年,按照《江西省人民政府关于进一步精简省级行政审批事项的决定》精神,省气象局对气象部门的行政审批事项进行清理。6月8日,省气象局将经审定的气象行政审批事项对社会予以公布:

省气象局实施的行政许可项目(6项):防雷装置检测、防雷工程专业设计、施工单位资质认定;升放无人驾驶自由气球、系留气球单位资质认定;人工影响天气作业组织资格审批;人工影响天气作业人员资格认定;重要气象设施建设项目审查;气象台站迁移审批。

设区市气象局实施的行政许可项目(4项):升放无人驾驶自由气球、系留气球单位资质认定;防雷装置设计审核和竣工验收;升放无人驾驶自由气球或者施放系留气球活动审批;新建、扩建、改建建设工程危害气象探测环境审批。

县(市、区)气象局实施的行政许可项目(2项):防雷装置设计审核和竣工验收;升放无人驾驶自由气球或者施放系留气球活动审批。

因为建设项目大气环境影响评价使用的气象资料审查是按建设项目环境影响评价分级规定的权限实行审批,即由设区市、县(市、区)审批的环境影响评价由相应的设区市、县(市、区)气象局审查其使用的气象资料,因此设区市气象局涉及投资项目的行政审批事项共有三项,县(市、区)气象局涉及投资项目的行政审批事项有二项。同时要求各地要将本单位所有行政审批项目纳入当地行政审批大厅办理。

非行政许可

江西省气象非行政许可事项共9项,具体事项见表6-3-1。

表6-3-1 江西省气象非行政许可事项汇总表

序号	事项名称	事项属性
1	开展气候可行性论证、雷击风险评估使用气象资料审查	承诺件
2	气候可行性论证报告审批	承诺件
3	防雷产品使用备案	承诺件
4	省外防雷工程设计、施工单位资质备案	承诺件
5	临时气象观测备案	承诺件
6	其他部门新建、撤销气象台站审查	承诺件
7	权限内向境外组织、机构和个人提供气象资料审批	承诺件
8	人工影响天气作业单位之间转让人工影响天气作业设备	承诺件
9	实施人工影响天气作业使用的高射炮、火箭发射装置年检	承诺件

许可工作管理

2001年7月,南昌市气象局在全省气象部门率先进入当地审批办证中心,开始集中受理行政许可审批事项。初期,由于未进入到联审联批的单位之中,行政许可职责未完全履行到位。

2004年,省气象局下发《关于认真学习贯彻〈中华人民共和国行政许可法〉的通知》和《关于进一步加强气象行政许可工作的通知》,要求各设区市、县(市、区)气象局进入当地审批办证大厅集中办理行政审批工作。同年11月,印发《江西省气象局关于启用江西省气象局行政许可专用章的通知》,决定即日起正式启用"江西省气象局行政许可专用章"。该专用章的适用范围是:加盖《江西省气象局行政许可受理通知书》《江西省气象局行政许可不予受理通知书》《江西省气象局行政许可补正申请材料通知书》《江西省气象局行政许可延期通知书》《江西省气象局行政许可决定送达通知书》。由江西省气象局颁发的资质证书和有关审批的决定加盖江西省气象局行政印章。通知要求各设区市、县(市、区)气象局制作启用本单位行政许可专用章,具体的适用范围、式样参照通知执行,印章规格按有关规定执行,并制定行政许可专用章管理办法。

2008年10月,省气象局印发《关于优化气象行政许可工作流程的通知》,要求各设区市、县

（市、区）气象局、省防雷中心根据省委、省政府领导的指示精神,对涉及防雷装置设计审核和竣工验收等气象行政许可项目,压缩时限、精简程序、提高效率。

2009 年 1 月,省气象局印发《江西省气象局关于行政许可审批事项清理的报告》。按照省政府法制办文件精神,为提高行政审批效率,在已公布的九项行政审批中(1. 防雷装置设计审核和竣工验收;2. 升放无人驾驶自由气球或者施放系留气球活动审批;3. 新建、扩建、改建建设工程危害气象探测环境审批;4. 防雷装置检测、防雷工程专业设计、施工单位资质认定;5. 升放无人驾驶自由气球、系留气球单位资质认定;6. 人工影响天气作业组织资格审批;7. 人工影响天气作业人员资格认定;8. 重要气象设施建设项目审查;9. 气象台站迁移审批),采取下放、委托形式对三项许可项目进行精简,精简率为 30% 以上。将原承诺办结期限 20 天简减为 13 天,增加一项行政许可:建设项目大气环境影响评价需使用的气象资料审查。

行政许可工作开展后,许可事项逐年增加。2009 年,全省仅办理防雷装置设计审核与竣工验收行政许可就达 13488 件,对设计方案提出整改意见 2210 条。实现了建设项目防雷行政许可全覆盖,从源头上把好防雷安全关。进入并联审批程序以后,省气象局大力完善和创新许可办证运作机制,制定并在各级气象窗口推行首席代表制、行政委托制、并联审批制、收费“一单清”等制度。积极开展优化投资环境工作,主动压缩许可项目办结时限,缩减许可申请需要提交的材料,精简办事程序,提高办事效率。

2010 年,气象行政审批事项纳入全省重大产业项目绿色通道审批环节。所有设立行政服务中心的设区市、县(市、区)全部设立气象窗口。为监督检查行政审批事项清理成果,省气象局转发《关于印发省行政审批事项清理成果贯彻执行情况监督检查实施方案的通知》,要求各设区市气象局,各县(市、区)气象局对照省气象局《关于公布气象行政审批事项的通知》要求,查找本级保留及省气象局下放行政审批事项的落实情况。

行政执法

执法机构及队伍建设　2005 年 8 月,省气象局下发《关于统一全省气象行政执法队伍名称的通知》,规定设区市气象局执法队伍统一称“XX 市气象行政执法支队”,支队可下设某项目执法大队。县(市、区)气象局执法队伍统一称“XX 县(市、区)气象行政执法大队”。

1999 年 8 月,省气象局举办第一期行政执法培训班,全省气象部门 70 余人参加培训。

2001 年年底,各级气象主管机构全部办理行政执法主体资格证,508 人领取行政执法证;省气象局和 40 多个市、县两级气象局进入当地安全委员会,43 个县(市、区)政府批准在气象局下设雷电防护管理局。

2002 年,开展对法制骨干的培训。省气象局和省政府法制办联合举办法制培训班,全省气象部门 508 人通过培训考试,重新申领省政府统一颁发的《行政执法证》和《执法监督证》。

2005 年 10 月,为贯彻落实国务院《全面推进依法行政实施纲要》,推动气象依法行政工作,省气象局成立“江西省气象依法行政领导小组”,并举办全省气象部门气象依法行政骨干培训班。

2006 年开始,省气象局陆续引进和送培 2 名法律专业硕士研究生和 8 名法律本科毕业生。省、设区市气象局先后有针对性地聘请当地人大、法制办、法院、城市综合执法局、高校或部门内的法律专家,对全省气象执法人员进行轮训。全省气象部门还积极参加中国气象局和地方政府举办的各类执法知识培训。通过轮训,执法人员更深入地理解和掌握了法律法规的内容,熟悉执法流程和执法技巧,执法水平得到有效提高。

2007 年 9 月,全省气象行政执法暨防雷技术服务培训班在南昌举办。各设区市气象局政策法规科科长及防雷技术骨干、各县(市、区)气象局分管防雷技术和依法行政人员及省防雷中心技术人员共计一百余人参加培训。省气象局党组成员、副局长詹丰兴到会讲话。

2007 年止,全省气象执法人员持证上岗人数达 616 名。

2010 年,全省 528 名气象行政执法人员再次通过培训考试,领取《行政执法证》。

执法制度建设 1999 年 10 月,省气象局印发《江西省气象行政执法管理办法》,明确县级以上(含县级)气象局是气象行政执法主体。气象行政执法机关应当接受同级人民政府和上级气象行政执法机关的监督。

2002 年,省气象局和省农业银行联合下发《关于气象执法罚没款收入委托江西农行营业网点代收代缴的通知》,使用省财政厅印制的"江西省罚没现金收据",并要求严格罚没收支两条线;制定下发《江西省气象局关于气象行政执法结案和执法过错责任追究办法》《江西省气象局关于依法行政重大事项报告和备案工作若干规定》《江西省防雷装置质量检测检验资质管理办法》等三项规章。

2004 年 3 月,省气象局全面规范全省防雷执法工作。政策法规处设计制作气象行政执法工作流程图。该图对开展行政执法工作的各项流程作了详细的说明,分为《气象行政执法程序基本流程》《气象行政处罚简易程序》《气象行政处罚一般程序》《气象行政处罚听证程序》《气象行政处罚执行程序》,便于行政执法人员在开展行政执法时,按图索骥,参照使用。

2005 年 8 月,印发《江西省气象局关于全面推进气象依法行政实施意见》。10 月,省气象局发文成立江西省气象依法行政领导小组和领导小组办公室,并要求各设区市气象局成立相应的领导小组和办公室,加强对气象依法行政工作的组织和领导,进一步规范和推进气象依法行政工作。

2006 年,省气象局法规处按照省政府法制办和中国气象局的要求,对气象行政执法职责、依据、权限等进行梳理、分解界定,并汇编成册。印发《江西省气象局行政执法依据梳理、分解、界定和职责划分》。为做好执法责任的落实工作,省气象局法规处按照《中国气象局推行气象执法责任制工作实施方案》精神及省政府法制办相关要求,建立完善行政执法评议考核、执法过错责任追究、执法人员管理和奖励、执法案卷评查等基本制度和执法主体资格管理、执法程序、执法经费保障制等配套制度。

2008 年,根据《中华人民共和国行政处罚法》和《气象行政处罚办法》等有关法律、法规和规章的规定,印发《江西省气象行政处罚自由裁量权规则》和《江西省气象行政处罚自由裁量权细化标准(试行)的通知》。

2010 年,省气象局编印《气象行政执法手册》,规范约束气象行政执法人员的权力,方便执法人员在执法中遇到问题时随时查找,提高工作效率,减少人为失误。

执法装备建设　2005年,省气象局政策法规处下发《关于配发气象行政执法设备的通知》,要求各单位必须指定专人负责和专人使用,以保证高质量记录和保存气象行政执法调查取证及相关工作资料。配发的气象行政执法设备仅用于气象行政执法时对违法违规案件的调查取证和日常有关法律法规重要工作的记录及宣传报道,严禁个人私用和转借他人使用。为切实做好气象行政执法设备的使用与管理工作,2008年10月,省气象局下发《关于做好气象行政执法设备使用及保管工作的通知》。

自2004年以来,在中国气象局的大力支持下,江西省气象部门投资为全省所有设区市、县(市、区)气象部门配备摄像机、照相机、录音笔等基本执法技术设备。2008年,省气象局为11个设区市气象局政策法规科配备笔记本电脑。2009年,省气象局与设区市气象局共同筹资80余万元,为各设区市气象局统一购置气象行政执法专用车。气象行政执法专用车实行统一车型、统一颜色、统一执法标志。执法专用车的配备,使气象行政执法装备上了新台阶,大大提升气象执法的快速机动能力,提升气象部门的执法形象,促进执法工作的顺利开展。

执法成效　行政许可工作开展以来,气象依法管理社会气象活动工作取得明显成就。气象探测环境得到明显改善,保护难度大为减小;防雷减灾工作成效显著,城市建筑防雷设施建设规范、完善,雷击灾害明显减少;升放无人驾驶自由气球或者施放系留气球活动逐年规范,杜绝了事故发生。

2000年之后,以防雷安全、施放气球安全、气象信息传播、气象探测环境保护为重点的气象执法工作已日常化。据统计,仅2002年,全省全年开展气象行政执法1000余次,立案查处25起。

2005年,为加强防雷安全工作的监督管理,组织开展全省性防雷安全执法大检查。各地与安监、建设、教育、房管等部门合作,以安全检查和执法监督相结合的方式,对本地防雷安全重点单位进行全面检查。发现安全隐患和违规问题共700余个,下发整改通知书200余份。同时,通过检查,促进了防雷装置与主体工程"三同时"(同时设计、同时施工、同时验收)制度的落实。

2006年,南昌市中级人民法院终审判决,查处南昌赣建工程质量检测中心非法从事防雷检测一案,11月15日下达强制执行通知书。

资质与资格证

1999年11月,省气象局举办全省防雷检测人员资格考试,参考人员337人,合格116人,合格率仅为34%。

2001年,省气象局组织编制专业气象服务、防雷工程、氢气球充灌施放企业资质标准。当年,部门内外共有69个单位领取防雷检测、设计、施工等级资质证,省、市两级有8个单位领取氢气球施放充灌资格证。

从2000年开始,省气象局陆续制定资质与资格证的管理办法。2001年7月,印发《江西省人工影响天气作业组织资格证管理办法》和《江西省人工影响天气作业人员上岗证管理办法》。2002年5月,印发《江西省防雷装置质量检测检验资质管理办法》。2007年2月,印发《江西省防雷工程专业资质登记备案管理办法》。2009年4月,印发《江西省防雷工程专业技术人员资格管理办法(试行)》《江西省施放气球资格证认定与管理办法》和《江西省施放气球管理实施细则》。2010年4月,印发《江西省防雷工程乙丙级专业资质认定实施细则》和《江西省防雷工程专业资质年检管理办法》。

第四节　普法宣传教育

1994年9月,省气象局、省法制办联合在省政府会议室召开会议,宣传贯彻《中华人民共和国气象条例》,省政府副秘书长、办公厅主任王飚在会上讲话。省直及南昌市40多个部门、单位的领导出席会议。

2001年11月,省人大农委、法工委、省政府法制办、省气象局联合举行《江西省实施〈中华人民共和国气象法〉办法》新闻发布会,省人大常委会副主任周慇平出席会议并讲话。

2003年6至7月,省人大农委对全省贯彻实施《中华人民共和国气象法》《江西省实施〈中华人民共和国气象法〉办法》(简称"一法一办法")情况进行为期两个月的专项检查,解决了一批长期得不到解决的问题。

2003年7月,省人大常委会副主任朱英培出席江西省贯彻落实"一法一办法"执法检查汇报会并讲话,会后率队到赣州市开展气象执法检查。

2003年11月,十届全国人大农委贯彻实施《中华人民共和国气象法》执法调研组一行,在景学勤组长率领下来江西调研。副省长胡振鹏代表省政府汇报贯彻落实《中华人民共和国气象法》的情况;调研组深入到省气象局、吉安市、井冈山市、景德镇市等地进行气象执法调研。

2004年12月,省气象局局长陈双溪参加由全国人大、中国气象局等单位主持,在北京人民大会堂召开的"《中华人民共和国气象法》颁布实施五周年座谈会",并在座谈会上发言。

2006年8月,省气象局印发《江西省气象部门开展法治宣传教育第五个五年规划》。

2010年4月,省气象局下发《关于召开江西省宣传贯彻〈气象灾害防御条例〉和〈国家气象灾害应急预案〉专题电视电话会的通知》。当年,组织开展为期半年的全省气象部门防雷和施放气球法制宣传、行政执法、隐患整治"三项"行动,全年防雷和施放气球没有出现责任性安全事故。完成气象行政审批事项清理工作;完善气象行政审批网上信息发布;开展行政执法案卷评查活动。

第五节　防雷安全监管

江西省是雷电灾害多发省份,防雷安全监管工作是气象部门管理社会气象活动的重中之重。从建筑物防雷装置设计的合理性、建设过程的质量到最后的竣工验收要实行全程跟踪监管,从防雷装置投入使用后年检,到发现问题的整改要做到跟踪监管,监督管理难度大、任务重。在各级政府和有关部门的支持下,特别是随着法规和制度的不断完善,监管工作也不断得到强化。

防雷安全监管制度

1991 年,省劳动厅和省气象局联合下发《江西省防雷安全管理暂行办法》,省气象局印发《全省气象部门防雷技术服务实施意见》,对省、地(市)、县三级防雷机构、职责、人员、技术等方面提出具体要求。

1992 年,省劳动厅、省气象局联合下发《避雷装置安全检测暂行规定》。

1997 年,省气象局印发《计算机场地防雷暂行规范》。

1998 年,省气象局印发《防雷技术服务安全管理规定》。

1999 年,省气象局成立"江西省防雷检测机构计量认证气象评审组"。

2004 年,依据《江西省人民政府关于进一步加强安全生产工作的决定》第十七条之规定,省安全生产监督管理局致函省气象局,同意将防雷安全设施列入新建、改建、扩建项目与主体工程"三同时"(同时设计、同时施工、同时验收)审查内容,并请气象部门参与"三同时"审查。

2007 年,省气象局印发《关于做好新建建筑物防雷安全工作的通知》,要求各建筑单位按要求进行防雷工程的竣工验收工作。

2007 年,省气象局印发《江西省防雷产品登记备案管理办法》。

2008 年,省气象局印发《江西省建筑物防雷装置检测技术规范实施细则》。

重点防雷单位、区域监管

易燃易爆场所监管　全省气象部门坚持将易燃易爆场所的防雷安全作为重要监管对象,每当雷雨季节来临前都要组织全省性防雷安全大检查。1997 年,在南昌市消防支队支持下,130 多个液化气站主动申报检测。

2008 年 4 月,省气象局、省安监局联合发出《关于贯彻落实省政府办公厅〈关于切实做好全省雷电灾害预防工作的通知〉的通知》,并从 4 月 7 日至 5 月底集中开展对易燃易爆、人员密集、弱电设备密集等三类场所的防雷安全大检查;

计算机机房防雷监管　1997 年,省气象局与省公安厅联合发文,开展对金融系统、设计院所等部门计算机场地的防雷检测和防雷工程施工。1998 年,省气象局和省公安厅联合印发《关于加强计算机机房防雷减灾工作的通知》。

保险行业雷击灾害理赔监管　2003 年 6 月,省雷电防护管理局印发《关于人保公司与雷电防护机构合作的通知》,要求各设区市、县(市、区)雷电防护管理局建立与辖区内各人保公司信息互通制度,共同督促承保企业完善防雷设施,参保企业一旦发生雷击事故造成保险财产损失时,应由当地气象主管机构出具雷击证明,并作为保险理赔依据。

学校防雷监管　2004 年 6 月,省减灾委、省教育厅、省气象局联合发出通知,就加强全省学校减灾安全工作作出部署。对气象、消防、教育部门在做好学校防雷安全工作方面提出明确要求。

2008 年 5 月,省气象局、省教育厅联合印发《关于加强全省学校防雷减灾工作的通知》,决定联合开展行动,全面部署全省学校防雷减灾工作。12 月,省气象局、省教育厅联合印发《关于建设中小学防雷减灾示范工程的意见》,并联合召开全省中小学校防雷减灾示范工程建设会议。

2009 年 3 月,省财政厅、省教育厅、省气象局举行联席会议,就落实全省中小学校防雷工程建设有关事项进行磋商。会议决定尽快制定中小学校防雷减灾技术规范和全省中小学校防雷工程建设实施方案,报省政府批准。8 月,根据省政府办公厅《关于印发江西省中小学校舍安全工程实施方案的通知》文件精神,省气象局印发《关于做好中小学校舍防雷安全工作的通知》,要求各级气象部门要根据当地校安办的布置,积极开展防雷安全隐患排查和鉴定工作,确保在规定的时间节点上完成排查鉴定工作。在当地政府 1:1 配套经费的支持下,在全国率先完成全省 60 所中小学校防雷减灾示范工程建设,并全面启动示范工程以外中小学校防雷工程建设。

体育场馆防雷监管 2010 年,省气象局下发《关于做好第七届全国城市运动会比赛场馆防雷安全工作的通知》,并组织省防雷中心对第七届全国城市运动会在昌的 10 处比赛场馆进行专项防雷检查,根据各个场馆的具体检查情况分别提出整改意见。

旅游景区防雷监管 2009 年 4 月,省气象局、旅游局、安全生产监督管理局联合部署全省旅游行业防雷安全自查、检查、隐患整改等工作,要求全省各旅游景区和景点做好防雷设施安装、隐患排查、科普宣传等工作。

农村防雷监管 2007 年 6 月,省减灾委员会、省气象局联合印发《关于贯彻落实孟建柱书记、吴新雄省长指示精神进一步做好雷电灾害防御工作的紧急通知》,要求各级气象部门要进一步加强雷电监测、预警、警报和服务工作,努力减少雷击伤亡。7 月,省减灾委员会、省气象局联合印发《关于进一步做好雷电预警预报信息进村入户工作的紧急通知》,要求采取各种办法、应用多种方式,建立雷电灾害预报警报村组通知制度。

2010 年 4 月,省气象局印发《关于开展 2010 年农村防雷减灾示范工程建设的通知》,在全省部署农村防雷减灾示范工程建设工作。并组织编写《农村防雷示范工程建设的指导意见》,在全省启动农村防雷示范工程建设。

第六节　标准化管理

归口管理部门

2005 年 3 月,省气象局转发中国气象局《关于进一步加强气象标准化工作的意见》,就贯彻落实文件精神提出要求,确定省气象局政策法规处为江西省气象标准化工作归口管理部门,并明确其职责。

2005 年 9 月,经省质量技术监督局批复同意,省气象局成立江西省气象标准化技术委员会。

标准化建设情况

从 2006 年开始,省气象局政策法规处每年都开展标准申报和制定工作,至 2010 年底,已制定完成 7 项气象标准。

表 6 - 3 - 2　1991—2010 年标准化建设情况一览

序号	标准名称	类型(国家气象标准/行业气象标准/地方气象标准)	颁布时间	实施时间
1	江西省双季稻气象灾害指标	DB36/T511 - 2007	2007.04.19	2007.06.01
2	短期天气预报术语	DB36/T512 - 2007	2007.05.17	2007.06.17
3	森林火险气象等级	QX/T77—2007	2007.06.22	2007.10.01
4	寒露风等级	QX/T94—2008	2008.03.22	2008.08.01
5	太阳能资源评估方法	QX/T89—2008	2008.03.22	2008.08.01
6	江西省电力需求气象条件发布等级	DB36/T65 - 2009	2009.10.26	2010.01.01
7	基于 3S 技术的农业气候区划方法	DB36/T593 - 2010	2010.08.18	2010.12.01

第七节　气象行业管理

　　2005 年,中国气象局印发《气象行业管理若干规定》之后,气象行业管理开始走上正轨。省气象局明确政策法规处负责气象行业归口管理工作,其主要职责是组织制定气象行业规划和政策,完善气象行业法规和标准,强化气象行业监督,加强气象行业协调、指导和服务。

　　江西省气象行业管理采取三级行政管理格局,即:省气象局、设区市气象局、县(市、区)气象局。江西有多个行业设置气象机构,开展特定领域的公共气象服务,如民航、军队、水文等,其行业气象机构隶属于相关行业主管部门,接受气象部门的行业管理和业务指导。随着气象服务市场的逐步开放,社会企业也开始参与提供公共气象服务,接受气象部门的行业管理。

行业台站概况

　　截至 2010 年,江西省现有行业气象台站 13 个,其中民航系统 5 个,科研院所 3 个,水利行业 1 个,电力行业 1 个,飞机制造行业 2 个,铜矿行业 1 个,和 2004 年全省行业台站调查结果相比,少了武夷山自然保护区气象站和江西省储备局 673 处气象室。

行业管理主要事件

　　1996 年,省人民政府批转《江西省气象局关于进一步加强气象行业管理工作的报告》,明确江西省各级气象主管部门具有行业管理工作职能。

　　1997 年和 2004 年,分别召开两次全省气象行业管理协调会议。省民航管理局、省水利厅、省林业厅、省电力公司、省铜业公司、昌北民航空管中心、洪都航空工业集团试飞站、景德镇昌河飞机制造公司试飞站、中国科学院红壤生态试验站等单位分管领导出席会议。

2006 年,省气象局政策法规处向各行业台站和其主管部门寄送《气象行业管理若干规定》。

2006 年,省气象局转发中国气象局《做好学习和贯彻实施〈气象行业管理规定〉有关工作的通知》。

2008 年,省气象学会航空气象学委员会在南昌召开航空气象学术交流会。来自空军、民航、航空工业等单位的 20 余位气象科技人员参加会议。

第七篇　各设区市气象概况

1991—2010 年,中国进入改革开放和现代化建设快速发展的新时期,全省气象事业,尤其是基层气象事业也进入发展快车道。全省基层气象工作者围绕当地经济社会发展的需求,坚持气象工作服从和服务于经济社会发展这个大局,坚持将气象服务放在气象工作的首位,坚持气象现代化建设不动摇,采取争取上级支持和自筹资金等多种形式,提高基层气象台站的气象探测手段和对气象灾害的监测能力,提高天气预报和气象服务的能力和效益,提高基层气象台站的发展活力,开创基层气象事业发展的新局面。

20 年间,全省 89 个基层气象台站担负着直接获取大气探测气象资料和信息的重要任务,还担负着向全国、亚洲、全球提供全省大气探测情报的重要工作;担负着向全省各级党政部门、各行各业、人民群众提供气象情报和信息、天气预报和科技咨询的重要工作;担负着履行《中华人民共和国气象法》赋予的职责和任务。

1996 年,全省各级气象台站,按照省气象局确立的再创江西气象事业辉煌的目标和"认清形势、自我加压、攻克难点、再创辉煌"的工作思路,在江西这个经济欠发达的革命老区、贫困地区,在人才、钱财两缺的严峻环境中,坚持"解放思想、实事求是",以"五大工程"建设为抓手,坚持"两手抓、两手硬"的方针,精神文明建设和各项气象业务服务工作同步推进,全省基层气象台站的面貌发生了可喜的变化,职工的幸福指数有了明显提升,气象工作越来越受到各级党政领导的高度重视,越来越受到社会各界和公众的高度关注和好评。

截至 2010 年底,全省基层气象台站实施的"五大工程"建设,共有 48 个台站达标,占台站总数的 52.2%。实现每个乡镇至少建设一个中尺度区域气象观测站的目标,建设数量居全国第六。基层台站气象服务产品达 30 多种,公众天气预报时效延长到 7 天,24 小时晴雨预报 Ts 评分 84.9%,高于全国平均水平。初步建成广播、电视、报纸、电话、手机短信、网络、电子显示屏等灾害性天气预警信息发布平台,公共气象服务覆盖面达 90%。

基层台站增加研究生学历 2 人,取得历史突破。本科学历 85 人,高级工程师 8 人,中级职称 375 人,较上个"五年计划"均有大幅提高。90% 以上的基层台站初步完成规划目标建设,2/3 的台站实现 100% 绿化,其他台站绿化率在 80% 左右。井冈山市气象局连续两届被中央文明委授予"全国文明单位"荣誉称号;四个基层台站获"全国气象部门文明台站标兵",五个市、县气象局被列为全国气象部门廉政文化示范点、局务公开示范点。

第一章　南昌市

南昌市地处江西省中部偏北,东经约 115°27′~116°35′,北纬约 28°10′~29°11′之间;其中,市区位于东经 115°38′~116°03′,北纬 28°35′~28°55′之间。南昌处赣江、抚河下游,地势平坦,湖泊星罗棋布,濒临我国第一大淡水湖——鄱阳湖西南岸,南昌、新建、进贤均有部分地区临鄱阳湖,风力较大,风能资源较丰富,属风能可利用区。

南昌地区有春、秋季短,夏、冬季长的特点,虽然四季长短不同,但季节特征明显,冬冷夏热、秋爽春寒,春夏多雨、秋冬干燥,气候湿润温和、雨量充沛、日照充足,无霜期长、冰冻期短。市内热量丰富、雨水充沛,光照充足,且作物生长旺季雨热匹配较好,为农业生产提供有利气象条件,素有鱼米之乡的美誉。但是,由于每年季风强弱和进退迟早不同,气温变化较大,降水分布不均,高温干旱,低温冷害和暴雨洪涝等气象灾害发生较频繁,给人们生产、生活带来不利影响。

南昌市气象局于 2004 年 8 月从省气象台分立出来。省气象台始建于 1950 年 6 月。1960 年 4 月,江西水文与气象合并,改称南昌水文气象服务台,1970 年 2 月又恢复原名。1973 年 4 月 27 日,经省军区同意,将南昌气象台改称江西省气象局气象台。1988 年 9 月,南昌市气象台成立并与省气象台合署办公,两块牌子、一套人员。2004 年 8 月,经省气象局、南昌市政府研究,决定组建独立的南昌市气象局,并将留在青云谱原址的大气探测部分划归南昌市气象局。

2010 年,南昌市气象局下辖南昌、新建、进贤、安义 4 个县气象局。

2008 年,南昌市气象局、南昌县气象局荣获全省文明单位称号,其他县气象局均荣获市级文明单位称号。

第一节　气候特征

1991—2010 年,南昌市年平均气温 18.0℃,年降水量 1613.7 毫米,汛期(4—6 月)降水量 742.4 毫米。年均暴雨日数 5.8 天,大雾日数 19.7 天,大风日数 4.3 天,雷暴日数 49.9 天,冰雹日数 0.2 天。南昌市历史极端最低气温零下 9.7℃(1991 年 12 月 29 日)。汛期降水最少为 419.3 毫米(2007 年)。

20 年间,南昌共出现 24 次寒潮天气过程,平均每年 1.2 次。出现春分寒的次数有 8 次,平均 2.5 年一遇。平均每年暴雨 6.55 天。平均每年高温 27 天。连续 30 天以上的干旱有 9 年,最长的无降雨日 39 日。年平均雷暴日数 42—55 日。年平均大雾日数 18.8 日。出现 10 次寒露风灾害性天气,其中 1997 年 9 月 19—30 日寒露风持续时间最长(12 天),安义县 9 月 22 日最低气温降至

10.2℃。对全市影响较大的台风有29个,平均每年3个,其中影响最大的是2002年,全年共有5次台风影响全市。

第二节　台站与人员

台站分布　南昌市下设9个气象台、站,5个地面观测站,其中1个国家基本观测站(台),4个一般观测站;1个农业气象试验站,1个高空探测站,1个多普勒雷达站,1个太阳辐射观测站。

南昌观象台地面气象观测站　始建于1950年6月,地址位于南昌市郊青云谱,即北纬28°36′,东经115°55′,海拔高度46.9米,属国家基本气象观测站。

南昌观象台高空气象观测站　始建于1954年1月,地址位于南昌市郊青云谱,即北纬28°36′,东经115°55′,海拔高度46.9米。

南昌观象台天气雷达观测站　始建于2001年9月,地址位于南昌市郊青云谱,即北纬28°35′,东经115°55′,海拔46.9米。

南昌观象台太阳辐射观测站　始建于1959年9月,地址位于南昌市郊青云谱,即北纬28°36′,东经115°55′,海拔46.9米,属太阳辐射二级观测站。

江西省农业气象试验站　始建于1957年1月,原地址位于南昌县莲塘镇省农科院范围内。1968年12月撤销。1980年12月1日重建,与南昌县气象局合署办公。新地址位于南昌县莲塘镇北姚村,即北纬28°33′,东经115°51′,海拔31.9米。该站同时担负农业气象试验和农业气象观测任务,其中农业气象观测属国家一级农业气象观测站。

南昌县气象站　始建于1960年4月1日,原地址位于莲塘镇。1962年5月撤销。1976年1月1日重建,新地址位于莲塘镇北姚村,即北纬28°33′,东经115°51′,海拔高度31.9米。原属辅助气象观测站,1998年1月1日,改为一般气象观测站。

安义县气象站　建于1959年1月1日,原地址位于县城郊外军帐村。1964年1月迁至县城北郊区曹操山,即北纬28°51′,东经115°33′,海拔38.8米。属一般气象观测站。

进贤县气象站　建于1959年1月1日,原地址位于民和镇中山台。1975年1月迁至县城杨家村,即北纬28°23′,东经115°16′,海拔33.2米。属一般气象观测站。

新建县气象站　建于1959年1月1日,原地址位于生米镇。1965年12月30日迁至长埈镇虎形山,即北纬28°42′,东经115°50′,海拔40.0米。属一般气象站。

人员构成　2004年8月与省气象台分离时,南昌市气象局本部只有30人,截至2010年底,南昌市气象局本部有人员编制47人,其中:公务员编制14人,事业编制33人。实有人员42人。其中:公务员13人,事业编制29人。所辖四个县气象局编制41人,实有41人。至2010年底,全市气象部门共有人员83人,其中:硕士6人,占7%;本科46人,占55%;专科23人,占28%;中专及以下8人,占10%。高级工程师15人,占18%;工程师38人,占46%;初级及以下30人,占36%。35岁及以下22人,占26%;36至49岁42人,占51%;50岁及以上19人,占23%。2005年2月新的领导班子到位后,注重加强人才引进和培养,先后引进硕士研究生3人,培养硕士3人。干部职二整体素质明显提高,到 2010 年,本科以上学历占 62% ,比 2005 年提高 37% ;中级以上职称占 64% ,比 2005 年提高 22% 。干部队伍结构不断优化,公开选拔 4 名 35 岁以下的年轻干部到科级领导岗位。高层次人才队伍建设取得突破,先后有 13 人取得高级工程师资格。

第三节　业务与服务

气象观测

区域自动气象站　从 2001 年起,全市先后建设了 91 个加密自动气象站。从 2005 年 6 月 1 日起,加密自动气象站开始上传每小时 1 次的加密观测资料。

建成大气立体监测网　建立由 1 部新一代天气雷达、5 个多普勒天气雷达同步终端、1 部 L 波段探空雷达、5 个国家级大气监测站和 91 个自动气象监测站组成的大气立体监测网。

建成气象综合监测网　建立由 1 个农田生态监测站、1 个负离子观测站、1 个酸雨观测站、1 个土壤墒情观测站、1 个闪电定位站、1 个 GPS/MET 水汽监测站、1 个紫外线观测站、1 个卫星接收站(CMACAST)和 1 个卫星移动气象应急保障系统组成气象综合监测系统。

天气预报

短临天气预报　是利用气象卫星云图、新一代天气雷达、闪电定位系统和地面区域自动观测站资料,2004 年开始定期或不定期制作和发布短临天气预报(0～12 小时),产品以网页的形式挂在气象内网上供各县区气象局调用,2010 年 SWAN 短临预报系统投入业务使用。

短期天气预报　是预报员利用天气学原理,依托现代数值预报技术,通过会商系统与省台预报员进行会商制作出来的短期天气预报(24～48 小时内)。预报的内容有降水、温度、风向风力和各种灾害性天气落区,产品的形式有城镇天气预报、灾害天气预报、气象生活指数预报、山洪地质灾害预报、空气质量预报、火险等级预报等。

中期天气预报　是预报员利用天气学原理,对现代数值预报模式产品进行释用,通过与省台预报员进行会商制作出来的中期天气预报(3～10 天内)。预报覆盖到县,预报的内容有降水、温度、风向风力和各种灾害性天气落区,产品的形式有城镇天气预报,中期天气趋势如一周天气预报,一周农业气象专题预报,旬报。

建成精细化预报业务平台　建立可视会商系统、气象信息监控系统、卫星接收处理系统、气象信息综合分析处理系统、长江中下游灾害性天气预报预警系统、短时临近灾害性天气预报预警系统、灾害性天气监测系统、雷达信息系统和高分辨率数值预报模式产品动力统计实用技术人机交互平台。

建立应急保障体系　建立 1 套市级卫星移动气象应急保障系统和 4 套县级移动气象现场应急保障系统。

气象服务

决策气象服务　先后完成 2008 奥运火炬传递南昌接力、同一首歌、世界低碳大会、金秋经贸月、轨道交通奠基仪式、洪都—英雄大桥通车典礼等重大活动气象保障服务,得到各级党政领导、有关部门和社会公众的广泛认可,先后获得北京奥运火炬南昌传递活动先进集体、全市抗洪救灾先进集体、抗冰救灾先进集体等奖励。

公众气象服务　2007 年建立农经短信、重要天气、农事天气和气象灾害预警信号发布平台。2008 年建立全市气象信息义务员队伍;2009 年设计基于 MAS 机的突发气象灾害预警信息传播应用平台,逐步运用公交、楼宇、站台、出租车、社区等各类社会电子显示屏开展公关服务;2010 年起在南昌电视台 4 个频道播放天气预报(省气象科技服务中心代为制作),在南昌晚报发布天气信息。

重大灾害性天气过程气象服务　全市气象部门大力加强气象灾害的监测、预警、预报和应急服务,有效应对"桑美"超强台风、2007 年严重干旱、2008 年低温雨雪冰冻、2010 年特大暴雨洪涝等重大气象灾害,先后获得中国气象局重大气象服务先进集体、全市抗洪救灾先进集体、抗冰救灾先进集体等荣誉。

气象为农服务　南昌县和进贤县先后被纳入"三农"气象服务专项建设试点。全市建成 212 个乡村大喇叭、41 套电子显示屏,气象信息服务站 79 个,重点服务对象 933 户,农业气象适用技术推广试点基地 4 个。县政府成立气象灾害防御领导小组,出台县级气象灾害防御规划,开展气象应急准备认证工作。与涉农部门建立为农服务信息共享和联合会商机制。编制县级气象灾害防御规划,开展精细化农业气候区划和主要气象灾害风险区划,建立重点用户数据库,根据重点服务对象需求发布乡村气象服务专项服务产品,开展直通式气象服务。

人工影响天气

2003 年出现罕见的伏秋冬连旱,市、县两级气象部门适时开展人工增雨作业,有效缓解高温干旱。2005 年,南昌市气象局建立 5 支标准化的人影作业队伍,到 2010 年拥有指挥及作业人员 3□名,火箭发射系统 10 套、人影业务指挥系统 5 套和火箭弹防爆保险箱 6 个。2008 年至 2010 年全市开展大规模的人工影响天气作业,累计作业 196 次,发射火箭弹 430 枚,增雨 1.8 亿方,取得显著的经济、社会和生态效益。特别是在 2008 年 2 月 17 日新建乐化森林火灾中,人工增雨为控制和扑灭森林火灾发挥重要作用。

第四节　气象管理

社会管理

1988 年 9 月南昌市气象局成立至 2010 年,根据国家和江西省气象法律、法规,南昌市政府制定的政府规章和规范性文件有:《关于南昌市地方气象事业发展的意见》(1993 年)、《南昌市防雷减灾管理规定》(2000 年)、《关于加强气象探测环境保护工作意见的通知》(2005 年)、《关于切实做好防雷减灾工作的通知》(2006 年)。

南昌市第一部地方气象法规是《南昌市防雷减灾条例》(2005 年 8 月 31 日南昌市第十二届人大常委会第三十六次会议通过,2005 年 9 月 23 日省第十届人大常委会第十七次会议批准,自 2005 年 11 月 1 日起施行)。该条例是继青海省西宁市和湖北省之后出台的中国第三部防雷减灾地方性法规。

行政执法   南昌市气象法制机构设立于 1999 年底,行使的行政处罚职权主要集中在气象探测环境保护、施放气球管理、气象资料管理及气象信息传播、防雷减灾管理等,是全省首个设立法制机构的设区市气象局。2010 年全市气象部门共有行政执法持证人员 34 人,行政执法监督人员 4 人,形成基本完善的气象行政执法体系。

行政审批   至 2010 年,全市共受理并批准施放气球 699 个(其中市本级 559 个),受理并批准升放无人驾驶自由气球、系留气球单位资质认定 3 件(县级企业)。四县气象局从进驻行政服务中心至 2010 年,共受理并做出防雷装置设计审核决定 998 件、防雷装置 3528 套;受理并做出防雷装置竣工验收决定 1219 件、防雷装置 3152 套。

综合管理

气象科技服务   南昌市气象局无科技服务项目,相应业务在省科技服务中心和省雷电中心;四县气象局先后从 1985 年开展科技服务材料,证明资料,警报接收机等科技服务,1991 年开展气球广告服务、防雷检测技术服务,1998 年与县电视台开展电视广告制作服务,2002 年 6 月开展"121"气象服务咨询系统,2003 年开始新建建筑物防雷装置设计、审核和竣工验收。

财务管理   南昌市气象局实行与气象部门现行领导管理体制相适应的双重气象计划财务体制,通过中央和地方两条财务渠道合理争取资金支持气象事业的发展。地方气象事业得到南昌市政府的认可和支持,地方气象投入资金稳步增长。

第二章　九江市

九江古称浔阳、柴桑、江洲,是一座具有2200多年历史的江南名城,系我国近代"四大米市"和"三大茶市"之一。九江位于江西的北陲、长江中游南岸、庐山北麓,东滨鄱阳湖,有"江至浔阳九派分"之说;地处东经113°57′~116°53′,北纬28°47′~30°06′,全境东西长270公里,南北宽140公里,总面积1.88万平方公里,占全省总面积的11.3%。九江市下辖10县(市)1山,总人口480万。

九江市属亚热带温暖湿润气候,为东亚季风区,雨热基本同季,年平均气温16.5~17.3℃,年降水量1421.1~1613.8毫米,年日照时数为1573.5~1928.5小时。

九江市气象台站最早建于1885年的九江海关测候所。中华人民共和国成立初期,进入全面建设阶段,到2010年,九江市气象局本部,下辖11个县级气象局:庐山气象台、修水县气象局、武宁县气象局、瑞昌市气象局、德安县气象局、星子县气象局、湖口县气象局、永修县气象局、都昌县气象局、彭泽县气象局、九江县气象局;九江市气象局属省气象局及九江市政府双重领导,以气象部门领导为主的管理体制。

1998年,被国家防汛抗旱总指挥部、人事部、中国人民解放军总政治部评为"全国抗洪先进集体"荣誉称号;1999年,被中国气象局评为"重大气象服务先进集体";2002年,被中央文明办、国务院纠风办评为"全国创建文明行业示范点";2001—2002年,荣获省委、省政府授予"江西省文明行业"荣誉称号,2008年,荣获中国气象局"抗击低温雨雪冰冻灾害气象服务先进集体"荣誉称号。

第一节　气候特征

九江全区处鄱阳湖流域东亚季风区,属于亚热带温暖湿润气候,四季分明。

气　温　1991年1月1日至2010年12月31日,全市年平均气温16.9℃。全市月平均气温呈现明显的月变化特征。1月份全市平均气温为4.3℃,4月份全市平均气温为16.8℃,因春季太阳辐射逐渐增强,升温快,气温的地区差异不明显。7月份全市平均气温为28.3℃,因雨季结束后,受太平洋副热带高压控制,天气晴热,日照充足,所以温度高,地区差异不明显。10月份全市平均气温为18.4℃,温度的分布趋向冬季形势。

全市最冷月1月平均气温4.3℃左右,最热月7月平均气温28.3℃左右。近20年极端最高气温为42.1℃,出现在2003年8月2日修水站,极端最低气温为-16.7℃,出现在1991年12月28日庐山站。

降　水　九江市全区处长江中下游地区,季风气候影响较大,降水量随海拔高度的升高而增加。年平均降水量1559.5毫米,汛期降水量平均为651.2毫米,年降水量低丘平原区(德安)在

1461毫米左右,高丘山区(修水)在1617.8毫米,以庐山年降水量2047.8毫米为最大。降水量区域分布差异明显,年降水量西部山区与庐山山区大,东部平原小。

日照 全市日照时数年平均为1708.8小时,盛夏的7至8月,每月日照时数在210.4至188.1小时,为一年中日照时数最多的时期,平均每天有6~8小时,对秋收作物生长有利。1至2月,每月日照时数却只有90.0小时左右,为一年中日照时数最少的时期。

风 全市常年以偏北风为主。冬季,盛行偏北风,春季,风向不够稳定,南北风交替,以偏北风为主,夏季,受副热带高压控制,多为偏南风,秋季,到了10月份,偏北气流基本控制,为偏北风。风速平原区比西部丘陵山区大,庐山因地势原因,年平均风速为4.5米/秒,平原区如月平均风速大于3.0米/秒的月数。

湿度与蒸发 年平均相对湿度79%左右。3—6月多雨,故全年3—6月的相对湿度最大,每月的相对湿度都有80%至85%;冬季的12月和1月,相对湿度最小,这两个月的相对湿度均为75%左右。其他各月的相对湿度都在75%至80%之间。全市年平均蒸发量为1420.9毫米,比年平均降水量少138.6毫米。

第二节　台站与人员

气象台站 1885年,九江海关设立测候所;1949年后,开始组建全市气象台站。1991年,九江市气象管理局下辖修水、庐山、武宁、瑞昌、永修、德安、星子、都昌、湖口、彭泽(1987年1月因本站附近建水泥厂污染而撤销,1991年重建)等10个县(市、山)气象台(站),1995年更名为九江市气象局。2010年九江市气象局下辖修水、庐山、武宁、瑞昌、永修、德安、星子、都昌、湖口、彭泽、九江县(2007年6月成立)11个县(市、山)气象局。

人员情况 截至2010年底,九江市气象局在职干部职工181人,离退休55人,大专以上学历111人,其中本科学历61人,中级以上职称54人,其中高级职称9人。

九江市气象局从最初的4名党员,发展至2008年底,在职人员中共党员71名,占职工总数的40%以上。2007年6月27日,经中共九江市直属机关工委批准,成立九江市气象局机关党总支,下设4个党支部。

第三节　业务与服务

气象观测

九江的气象观测任务主要由全市11个气象台站承担,市、县两级共有国家气象观测站11个(其中九江县为2010年增建),国家农气观测站2个。1991年后,这些台站延续原有的传统的人工观测项目。进入21世纪,随着气象业务现代化的发展,自动气象站(含区域自动气象站)、闪电定位仪、紫外线、大气成分、风能、太阳辐射、GPS、自动土壤水分、自动气象站观测、闪电定位系统、静止气象卫星接收处理系统、大气成分观测站、VB－S卫星数据广播接收处理系统、PC－VAST地球卫星接收小站、GPS/MET基准站网监测系统、自动土壤水分观测系统等多种气象观测项目相继建成并投入业务运行。2006年3月,九江市气象台取消711型测雨雷达,建成九江新一代多普勒天气雷达,至此,全市综合观测网络基本形成。

天气预报

1991年前,九江市、县两级分别制作当地的天气预报、气候预测及农业气象、农作物产量预报。20世纪90年代初,气象部门进行第一轮业务技术体制改革,省、市、县实行4:2:0.5预报业务分工,县级台站取消大部分天气预报业务任务,仅开展当地的补充订正预报,大部分天气预报业务任务由市气象台承担。1991年后,主要开展的有未来24小时短期天气预报、未来0~6小时短时天气预报、未来3~5天中期天气预报及旬、月、年景长期天气趋势预报,除这些常规的预报外,还开展分县指导预报以及气象—地质灾害、旅游、交通安全、紫外线指数、人体舒适度指数、森林火险等级、空气质量等级、农作物产量、农作物病虫害等级预报等专业、专项天气预报。

气象服务

九江气象服务工作主要围绕全市重大社会活动(含重大工程建设项目)、重要农事季节、重大节假日以及突发公共气象灾害、防灾减灾、趋利避害等方面开展。

决策气象服务　主要为九江各级党、政、军领导和决策部门指挥生产、组织防灾减灾,以及在气候资源合理开发利用和环境保护等方面进行科学决策提供气象信息。服务方式以气象呈阅件、气象情况反映、气象灾害预警等书面材料为主,向党、政、军领导和决策部门提供重大天气过程、突发灾害性天气等专题气象监测、预报、预警信息。同时,为各级防汛抗旱指挥部门提供雨情、风情、水情、旱情等气象监测预报预警信息,为部署防灾抗灾提供科学的决策依据。

公众气象服务　九江市公众气象服务开展包括24、48、72小时天气实况、气温、降水、风向风逐等气象要素预报,每周、每旬气候预测和月气候预报,0~6小时短时临近预报,暴雨、高温、干旱、暴雪等各类气象灾害预警预报,节假日、重大活动等专题气象预报。近年来,随着通信技术装备的现代化和气象科技的不断发展,广播、电视、报纸、手机短信"12121"自动答询电话等多种方式得到普及,防汛抗旱、森林防火灾害预警等服务系统得到应用,全市公众气象服务覆盖范围增大,预报准确率不断提高。

专业气象服务　含紫外线指数、人体舒适指数、城市火险等级、空气质量等级、气象—地质灾害预报等,以及针对交通、水运、电力、旅游、教育、林业、农业、水利等行业的专题气象服务。近年来,随着社会的发展和需要,九江市气象部门加强与相关部门的合作,与九江市植保站联合开展的"棉花病虫害气象等级预报与服务系统研发",在全省率先建立棉花病虫害气象服务信息"进村入户"的长效机制,取得明显的社会、经济效益,于2009年2月通过九江市科技局成果鉴定,达到国内同类研究的先进水平;2010年与九江市海事局联合研发的"水上交通安全气象导航系统",填补省内空白。

气象科技服务 1990年至1997年,开展雷电防护专业服务;1991年前开展专业气象信息服务;1992年开展氢气球广告服务;1994年开展影视天气预报广告服务。

雷电防护技术服务 1990年10月开展防雷装置定期检测、防雷工程安装、雷电灾害鉴定,2001年进入九江市政府行政审批大厅,开展防雷装置设计审核、竣工验收工作。

科技开发应用 1991年前,九江市气象科研工作以单站要素、物候观测、累积经验、网格模式(MOS)等预报为基础进行各类预报方法研究。进入20世纪90年代,九江气象科研工作迈上新的台阶,加强雷达、卫星、区域自动站等新的探测资料的开发与应用,重点围绕天气预报预测、气象灾害防御、应对气候变化等开展专题研究。"雷电临近预报方法研究""道路结冰潜势条件预报预警及防御系统研究""九江环鄱阳湖区生态农业气候资源变化与对策研究""水上交通安全气象导航系统"等一大批贴近业务需求的气象科研课题相继在预报业务服务工作中得到应用,推进全市预报业务工作的发展。2001年,"两湖——洞庭湖、鄱阳湖暴雨预警系统"科研课题荣获湖南省科技进步一等奖;2003年,"九江洪涝灾害预警系统"课题荣获省农科教科技进步三等奖;2009年、2010年九江市气象局"雷电防护综合业务管理系统""水上交通安全气象导航系统"两项研发项目连续两年获省气象局创新工作奖。

第四节 气象管理

社会管理

2006年九江市政府下发《九江市防雷减灾管理办法》,制定"防雷设计审核、跟踪检测、竣工验收等工作实行与主体工程同时设计、同时施工,同时投入使用"的规定。2008年1月市政府办公厅下发《关于加强我市气象探测环境保护的通知》,规定在规划、建设项目审查工作中,会同气象部门共同审批,保护好全市气象观测探测环境。

2001年九江市气象局实施气球资质、资格管理,并实施气球施放活动报批许可。包括行政审批,设有新建防雷装置设计审核和竣工验收、施放气球活动、探测环境保护、施放气球资质认定等四项行政审批,2001年进入政府服务大厅办理。2003年起防雷装置设计审核和竣工验收纳入政府联审联批系列,在市政府行政服务大厅办理。包括:防雷管理、气球管理、探测环境管理、气象资料管理、预报信息发布管理、人工影响天气管理、涉外气象探测管理、气象防灾减灾管理。

综合管理

九江市气象局实行与气象部门现行领导管理体制相适应的双重气象计划财务体制,通过中央、地方和部门创收三条财务渠道合理争取资金支持气象事业的发展。中央、地方部门创收资金全部纳入中央财政预决算管理。地方气象事业得到九江市政府的认可和支持,人影编制人员经费、自动站维持经费、多普勒雷达维持经费和气象保障经费已常态化列入地方每年的预算。

第三章　景德镇市

景德镇市位于江西省的东北部。地处东经 116°54′~117°42′,北纬 28°42′~29°56′之间。境地东接安徽省休宁和本省婺源、德兴市;南邻万年、弋阳县;西连鄱阳县;北与东北同安徽省的东至、祁门县毗连。市区距省会南昌 249 公里,距海岸线 302 公里。古有"江南雄镇"和"二省三郡八县通衢"之称。景德镇是中国历史上四大名镇之一,是驰名中外的"瓷都",1982 年被国务院列为中国第一批历史文化名城。

景德镇市气象局下辖 2 个县(市)气象局(站),分别为乐平市气象局(站)、浮梁县气象局(站)。

1991 年至 2010 年,时值我国改革开放的重要时期,也是景德镇市气象事业获得快速发展的重要阶段。景德镇市气象工作者紧紧围绕瓷都经济社会发展的需求,围绕防灾减灾、服务经济社会发展的大局,坚持将气象服务放在首位,与时俱进,开辟创新,使瓷都气象事业进入全面协调可持续发展的新时期。1993 年,获省气象局集体记功奖励,并荣获中国气象局"全国气象服务先进单位"荣誉称号;1998 年,获景德镇市政府通令嘉奖(抗洪救灾),并获得省气象局集体记大功奖励;1999 年获中国气象局"重大气象服务先进集体"荣誉称号;2005 年,被省气象局、省人事厅联合授予"全省气象工作先进单位"。

第一节　气候特征

景德镇处在黄山、怀玉山余脉与鄱阳湖平原的过渡地带,以中、低山和丘陵为主。东北、西北部多山,群峰林立,岗峦重叠,最高峰海拔 1618.4 米,东南部多丘陵平原。地势由东北朝西南倾斜。源于安徽省祁门的昌江由北向南贯穿景德镇市区,落入鄱阳湖。乐安河则自婺源、德兴由东向西贯穿乐平市境内注入鄱阳湖。

全市属亚热带季风湿润气候区,热量丰富、雨量充沛、光照充足、无霜期长。其基本特征是春秋短而冬夏长,冬冷春寒,夏热秋旱。由于境内地势起伏,相对高度差异较大,各地日照时数和气温均有所不同,具有明显的丘陵山区气候特色。

从热量资源讲,景德镇市春季开始的平均日期是 4 月 2 日,持续时间 71 天;夏季开始的平均日期是 6 月 12 日,持续 91 天;秋季开始的平均日期是 9 月 11 日,持续时间是 59 天;冬季开始的平均日期是 11 月 9 日,持续时间 144 天,短春秋,长冬夏的特征十分明显。

第二节　台站与人员

机构与台站　1952 年 7 月 1 日,江西省浮梁军分区气象站正式建立。1954 年 10 月,浮梁气象站改称江西省景德镇气象站。1972 年 1 月,景德镇气象站升级为景德镇市气象台。1980 年 7 月,景德镇气象台改称气象局,正式明确为正县级单位。1983 年 3 月,乐平县气象站从上饶地区气象局划出,隶属于景德镇市气象局管理。1984 年 1 月,改景德镇市气象局为景德镇市气象台。1992 年 3 月,景德镇市气象台再次改为景德镇市气象局。2007 年 6 月,经中国气象局批复,省局批准,成立浮梁县气象局(站)。

地方机构两个,分别为景德镇市人工影响天气领导小组办公室、景德镇市雷电防护管理局。2002 年成立景德镇市减灾委员会,委员会办公室设在市气象局,2008 年,减灾委员会办公室改为设置在市民政局。

2010 年底止,景德镇市气象局下辖县(市)气象局(站)两个,分别为乐平市气象局(站)、浮梁县气象局(站)。

人员构成　2002 年 4 月,省气象局印发《景德镇市气象局机构改革方案》,管理科室设置为综合管理科,直属事业单位为气象台、科技服务中心、防雷装置质量检测检验所。人员编制 50 名,其中,管理人员 12 名,直属事业单位 27 名,县局 11 名。2007 年 6 月,经中国气象局批复,省气象局批准,成立浮梁县气象局(站)。核定编制 6 名,其中市局直属单位调剂 1 名。2010 年 5 月,景德镇市气局总编制 53 名,参照公务员法管理人员编制 12 名,直属事业单位编制 27 名,县(市)气象局编制 14 名。其中,在参照公务员法管理人员编制总数 12 名中,处级领导干部 4 名(正处级领导干部 1 名,副处级领导干部 2 名,党组纪检组组长 1 名),正科级领导干部 3 名,副科级领导干部 1 名。2010 年底止,在职职工 50 人(含乐平 11 人),退休 11 人(含乐平 1 人)。全市气象部门在职高级工程师 3 人,工程师 13 人,助理工程师 22 人,技术员 6 人。

第三节　业务与服务

气象观测

景德镇地面气象观测站始建于 1952 年 7 月 1 日。1974 年 6 月,景德镇市气象台观测站列为全球气象情报交换站(包括地面和高空气象观测资料均参加全球气象情报交换)。2002 年 9 月 1 日自动气象站开始试运行。从 2002 年 12 月 31 日 20 时后正式进入业务运行。2003 年初,在全省率先使用雷电监测定位系统,进行雷电观测。太阳紫外线的业务工作从 2003 年 4 月 1 日起正式投入使用。2006 年 7 月 1 日为成为国家新增布点酸雨观测站进入试运行。2007 年 1 月 20 日正式开始负离子观测和资料的实时传输。乐平市气象局为二级农气观测站,观测项目有早稻、晚稻、棉花,目前是油菜和辣椒。

　　景德镇市区域自动气象站从 2005 年 11 月开始建设,监测要素分别有单要素(雨量)、两要素(气温、雨量)、四要素(气温、雨量、风向、风速)和六要素(气温、雨量、风向、风速、湿度、气压)四类,至 2010 年底,全市内共建成 57 个区域自动气象站,其中:单要素站 7 个;两要素站 19 个;四要素站 23 个;六要素站 8 个,基本上涵盖景德镇市所有乡镇、中型以上水库以及高速公路等重要地方。

天气预报

　　天气预报制作　每天早晚两次制作发布 1 ～ 3 天天气预报,延续至今。1991 年建成计算机网络远程终端,天气预报已初步实现现代化,彻底摆脱过去"收听预报加看天"的天气预报模式。1998 年 1 月,取消手工绘制天气图,天气图、卫星云图等图形图像信息采用计算机屏幕显示,逐步建立起新的天气预报业务流程。2003 年,micaps2.0 系统投入业务使用。2008 年 3 月,micaps3.0 系统投入业务运行。2008 年 5 月 10 日起"灾情直报 2.0 系统"正式投入业务化运行。

　　天气预报发布　1987 年开始,《景德镇日报》每天刊登当日及次日的天气预报。1989 年 1 月 1 日起,景德镇电视台和景德镇有线电视台每晚发布景德镇地区及周边城市和风景旅游点 24 小时天气预报。1992 年市局建立农村气象科技信息服务体系,传递天气预报、防灾抗灾、防病灭虫、森林防火、科学种田及传达政令等。1994 年通过邮电局开辟利用 BP 机发布天气预报服务。1998 年"121"天气预报自动答询电话正式开通;2005 年,与市电视台、市人民广播电台、报社及移动、联通、电信等相关单位进行及时的沟通,签订突发性气象灾害预警插播协议,全年共对外发布预警信息 35 次。

气象服务

　　决策气象服务　1990 年,将《旬报》《月报》、春播、汛期、寒露风等重要农事季节中长期预报统一改用"气象信息与咨询",以书面形式向地方党政领导、有关部门寄发。1995 年,市政府建立局域网,可随时调看市气象台的天气预报产品。进入 21 世纪,手机短信成为向地方党政领导、有关部门等传递气象信息的重要手段。对于特别重大的灾害性天气警报、预报信息,还会使用电话或当面汇报的形式。重大天气预报服务,采用"气象呈阅件"的书面形式,直接呈送市委、市政府主要领导。

　　公众气象服务　每天早晚两次通过景德镇市广播站(后改为景德镇人民广播电台)发布 1 ～ 3 天天气预报。1987 年开始,《景德镇日报》每天刊登当日及次日的天气预报。1989 年 1 月 1 日起,景德镇电视台和景德镇有线电视台每晚发布景德镇地区及周边城市和风景旅游点 24 小时天气预报。之后随着电视台频道的增加,每个新增频道都会在本市新闻节目之后,播发天气预报。1994 年通过邮电局开辟利用 BP 机发布天气预报服务。1996 年"121"天气预报自动答询电话正式开通,依托电信、移动、联通三家通信运营商,在全市范围内建设灾害预警平台。截至 12 月,全市共有超过 25 万用户订制防灾减灾手机短信,订制率超过 38%。

　　为农气象服务　1993 年 9 月 1 日开始,乐平市气象局为二级农业气象观测站,观测项目为棉花、油菜。2000年10月成立景德镇市农村经济信息中心,组建农村经济信息网业务平台;2006年9月,改版为新农村建设网。2007年组建农村气象灾害信息员队伍。2010年各地乡镇农村气象信息服务站相继挂牌成立。

科技气象服务 一是气象有偿专业服务。1983年后,气象有偿服务在景德镇市和乐平市全面展开,并进入快车道。内容从旬月报、气象保险服务合同到用警报广播开展天气预报、灾害性天气预警信息及停限电信息服务、气球广告、防雷装置定期检测、电视天气广告、防雷工程、"12121"电话咨询、气象短信、固定电话与移动电话外呼等气象科技服务;二是防雷系列服务。从1990年开始,与市劳动局联合在市区开展避雷针安全检测服务。在当地公安部门、消防部门的支持下,开展避雷设施检测和避雷设施安装业务。2003年初,防雷装置检测检验工作进入办证大厅。2010年5月,全市逐步开展雷击风险评估工作;三是应急服务。2006年,景德镇市人民政府办公室下发《景德镇市气象灾害应急预案》,市气象局制定《应急工作规程》,成立突发性公共灾害应急气象服务指挥部,建立健全组织机构。在该年5月8日景德镇市富祥药业有限公司盐酸泄漏事件中接受初步检验,取得良好的气象服务效果;四是开展人工影响天气。1996年,景德镇市用高炮进行人工影响天气作业,主要应用于人工增雨。2000年11月18日,景德镇市气象局首次开展人工消减雨试验,保障瓷博会顺利召开。2000年以来,围绕抗旱、森林防(扑)火、水库增蓄水、城市降温减排、改善生态环境、保障重大社会活动等需要,景德镇市气象局累计开展地面人工影响天气作业120多次,累计增加降水约2亿立方米,直接经济效益约1亿元。

第四节 气象管理

法规建设 景德镇市政府于2001年8月以景德镇市人民政府令第21号,发布《景德镇市防雷减灾实施细则》;乐平市人民政府于2002年3月以乐平市人民政府令第16号,发布《乐平市防雷减灾实施细则》。

社会气象管理 一是升空气球管理:截至2010年底,景德镇市仅有"景德镇市华云气象广告公司"和"乐平市气象局飞虹广告有限公司"具备充灌、施放升空气球的资质和上岗证。二是防雷管理:依法履行防雷安全社会管理职能,景德镇市气象局和乐平市气象局均被列入当地安委会成员单位。每年雷雨季节要对全市各行业各单位特别是易燃易爆场所进行一次防雷安全隐患排查和检测。

综合行政管理 一是目标管理:在省气象局开展的目标管理工作考核评比中,从1998年至2010年的13年里,景德镇市气象局共有11年被评为"优秀达标单位",其中1998年、1999年、2001年、2002年、2005年和2007年荣获全省小设区市局目标管理工作考核第一名。二是"五大工程"建设:1999—2007年,乐平市气象局先后三次被省气象局授予"五大工程"建设一级达标单位和达标单位荣誉称号。2001年4月,省气象局授予景德镇市气象局"全省五大工程建设一级达标单位称号"。

第四章　萍乡市

萍乡市位于江西省西部,东与宜春市、南与吉安市、西与湖南省株洲市、北与湖南省浏阳市接壤。地处东经 113°35′~114°17′,北纬 27°20′~28°0′ 之间。萍乡是江西的"西大门",在赣西经济发展格局中处于中心位置,素有"湘赣通衢""吴楚咽喉"之称。下辖芦溪县、上栗县、莲花县、安源区、湘东区,全市土地面积 3823.99 平方公里,人口 192.50 万。

萍乡市地处亚热带季风气候区,属亚热带湿润季风气候天气类型。全年光照充足,雨量充沛,四季分明,极端最高气温达 41℃,极端最低气温 -9.3℃,年平均气温 17.3℃。降水量时空分布不均,时间上主要集中在 4—6 月,占全年降水量的 42%;空间上南部多于北部,东部多于西部,山区多于平原。

萍乡气象事业从 1954 年 3 月 1 日建立萍乡矿务局周家坊气候站开始,至 2010 年共有 4 个气象机构。萍乡气象管理体制实行省气象局和萍乡市政府的双重领导,以省气象局领导为主的管理体制。

从 1991 至 2010 年,萍乡市气象工作共获集体荣誉上百项,市气象局连续获得 3 届全省文明行业和连续 4 届江西省文明单位荣誉称号,2008 年荣获全省抗洪救灾先进集体、全省抗旱人工增雨先进集体。

第一节　气候特征

气候特点　萍乡属亚热带湿润季风气候区,四季分明,气候温和,光照充足,霜期短,作物生长期长。在平原地带,春、夏、秋、冬四季平均开始日期为:春季 3 月 26 日,季长 70 天;夏季 6 月 4 日,季长 99 天;秋季 9 月 11 日,季长 61 天;冬季 11 月 11 日,季长 135 天。夏冬两季时间较长,夏季昼长夜短,冬季昼短夜长,春秋两季时间较短,各约两个月,其昼夜时间相近。

四季天气　春季湿润温和,天气多变,俗有"春无三日晴"之说。夏季炎热,多阵雨或雷阵雨天气。秋季凉爽、干燥、少雨。冬季寒冷,多雨(雪)天气。春夏两季多雨水,全年降雨量主要集中在夏季,而在夏秋两季交替时期,晴热少雨,蒸发量大,易出现伏、秋旱。1991—2010 年,萍乡地区共出现 17 次寒潮天气过程,平均每年暴雨 5.3 个,局部洪涝年年都有发生,2003 年萍乡出现持续晴热高温天气。萍乡平均每年出现强对流天气 23 次,年平均雷暴日数为 46 天。

第二节　台站与人员

台站建设　1954年3月1日,建立萍乡矿务局周家坊气候站;1956年6月3日,成立萍乡县气象站;1973年2月17日,扩建为萍乡市气象台;1980年4月1日,成立萍乡市气象局(县级);1983年10月15日,萍乡市气象局更名为萍乡市气象台(县级);1993年3月17日,恢复萍乡市气象局名称。

萍乡市气象局下辖县级气象局三个:莲花县气象局、芦溪县气象局、上栗县气象局。

人才队伍　1954年7月至1960年12月,萍乡矿务局周家坊气候站,工作人员长期为2~4人;随着气象事业的快速发展,气象队伍不断壮大,2006年,萍乡市气象局编制35名,其中参照公务员管理人员12名,事业编制23名;2007年因筹建芦溪和上栗县气象局,增加12个编制;加上莲花县气象局的13个编制,全市气象部门总编制数为60名。

第三节　业务与服务

气象观测

萍乡市气象台　1959年7月由萍乡县高坑镇周家坊迁至萍乡市北门外飞机场即北纬27°38′,东经113°51′,海拔高度92.6米,成立萍乡县气象站,为国家一般气象观测站;2007年1月1日起,调整为国家气象观测站二级站;2009年1月1日起,调整为国家一般气象观测站。

芦溪县气象站　2007年4月,中国气象局根据芦溪县政府申请正式批准建立芦溪县气象局(站),为国家气象观测站,实行局、站合一,正科级建制,公益性事业单位,以上级主管为主和地方为辅的双重领导体制。

上栗县气象站　2007年4月,中国气象局根据上栗县政府申请正式批准建立上栗县气象局(站),为国家气象观测站,实行局、站合一,正科级建制,公益性事业单位,以上级主管为主和地方为辅的双重领导体制。

莲花县气象站　1956年11月1日建站,同年12月1日开始地面气象观测,为国家一般站,2007年1月1日升格为国家一级站。2009年1月1日起更名为国家基本气象站;莲花县气象站属农业气象基本站。1979年开展农业气象观测、发报、报表、农业气象实验、农业气象情报和农业气象预报服务工作。

2007年1月1日,莲花县由国家一般气候站调整为国家气象观测站一级站,萍乡市、上栗县、芦溪县为国家一般气象站3个。

区域自动气象站　2005年12月,全市第一批20套2要素(温度、雨量)区域站正式投入业务使用;2006年12月,全市第二批30套区域自动气象站建设正式投入业务使用;2007年12月31日20

时,所有自动气象站进行每5分钟上传一次数据业务切换;到2010年12月,全市共有各类区域自动气象站50套。

天气预报

短期天气预报　1991—2002年,市台应用国内外数值预报产品制作短期晴雨要素预报、暴雨模式预报,使气象预报逐步向客观化、定量化发展,预报准确率稳步提高。2003—2010年,市台应用长沙雷达、卫星、自动站资料,加强对冰雹、强雷雨、飑线、台风等灾害性天气的监测和预报,在气象灾害防御中发挥积极作用。

中期天气预报　1991—2010年,应用国内外数值天气预报的大尺度环流形势预报中期天气过程;同时使用数理统计学方法,制作中期天气预报。1991—2005年7月,每天制作3~5天滚动天气预报,2005年7—11月制作发布3~7天滚动天气预报,2005年11月至今制作3~10天天气预报。

短期气候预测　1991—2010年,依据上级气候预测指导产品,市台根据气象要素历史演变规律,寻找气象要素的周期、相似及韵律关系,运用数理统计方法,制作辖区短期气候预测。

气象服务

决策气象服务　决策气象服务主要由市气象局领导和市气象台承担,内容包括实况监测分析、预警预报预测预估、灾害风险与防御、灾情与灾害分析、极端气候事件监测、气候影响评价、气候资源开发利用等。决策服务产品的形式和内容主要有五类:一是《气象呈阅件》,针对有灾害性天气、持续重要天气过程和重大政治、社会、经济、文体活动时的书面服务产品;二是《专题气象预报》,针对重要转折性天气、重要农事季节、重要节假日天气、春运、春播、高考、中考等重要时期的书面服务产品;三是《萍乡气象专报》,为市委市政府及相关部门提供重大天气过程降水情况及未来趋势预测,手机短信服务产品;四是《气象情况反映》,每旬日[10,20,30(31)]制作下一旬的旬报,重大天气过程预警服务效益评估以及市政府会议关于天气临时材料;五是《气象短信》,不定期地向领导发送重要天气、转折天气、节假日天气、重要活动天气等信息;针对连续影响本市的灾害性天气,开展全程决策服务。

公众气象服务　公众气象服务是气象部门利用电视、报纸、广播、网站、电子显示屏、电话、手机、气象警报系统等媒体向社会公众发布气象预报、警报、预警信号等信息,为经济建设、社会发展和公众日常生活以及防灾减灾的公益性服务。2003年5月15日,市气象台向公众发布暴雨预警:大暴雨于15日晚—16日袭击萍乡地区,城区降水量为102.4毫米,莲花达170.2毫米。造成莲花等地受灾较重。据民政部门统计,全市受灾人口18万,成灾人口10万。农作物受灾面积4000公顷,成灾面积2400公顷,倒塌房屋332间,损坏182间,毁坏公路1千米,直接经济损失1950万元,其中农业损失1530万元。尽管出现山体滑坡,但是由于暴雨预警及时,避免人员伤亡,将灾害程度降到最低。

气象灾害预警　2004年10月1日,萍乡气象部门开始发布气象灾害预警信号。2006年7月

10 日,萍乡市气象局建立市、县两级突发气象灾害预警信息发布平台。与广电、报社、通信等部门通力合作,做好灾害预警信息发布工作;加强与市电视台、电台、萍乡报社、电信、移动、联通等部门联动,开通气象灾害预警信息绿色通道,通过广播、电视、报纸、手机等多种方式免费向公众发布暴雨灾害预警信息,确保公众及时掌握天气预报,提前采取防范措施。

农业气象服务 萍乡市农业气象服务始于 1960 年,20 世纪 80 年代起已全面开展各类农业气象服务分为:定量预报、定期农气情报、不定期农气情报三大类别。2000 年以后,随着萍乡地区产业经济的发展,农业种植大户和果园规模扩大,对农服务范围扩大。气象台会提供农气站、种植大户天气旬报;若有影响农作物的天气过程,则发生前提供天气预报和预警,过程后针对其影响效果给出相应建议。

人工影响天气 萍乡市大范围开展人工增雨抗旱作业主要是 1998、2003 和 2007 年。为了抗旱,在萍乡市人工增雨(后改为人工影响天气)领导小组的部署下,1998 年全市 5 门"三七"高炮在 5 个固定作业点,2003 年高炮固定、火箭机动,2007 以火箭为主,实施人工增雨作业。2003 年、2007 年因人工增雨工作表现突出,分别被江西省人民政府、江西省人工影响天气领导小组评为人工增雨抗旱工作先进集体。根据省人影办的人工消雹作业计划,每年 2 月中旬—5 月中旬为人工消雹时间,全市有两个作业区,分别为芦溪县和湘东区。高炮作业方面,截至 2009 年 7 月,全市共有"双管三七"高炮 4 门,"单管三七"高炮 1 门,火箭发射架 9 台,作业用车 5 辆。主要用于人工增雨抗旱、消雹、森林防火灭火等。2007 年萍乡市旱情严重,市人影办按照市领导"不放过任何一次作业机会"的要求,积极开展人工增雨作业。先后开展抗旱作业 52 次,发射火箭弹 100 余枚,累积增雨量达 5000 万吨,取得直接经济效益 2000 万元。此次人工增雨受到领导和群众好评。

专业专项气象服务 从上世纪 80 年代后期开始以气象旬月报、气象资料服务为主的常规专业气象服务,发展到用警报广播开展天气预报、灾害性天气预警信息及停限电(水)信息服务、气球广告、防雷装置定期检测、电视天气广告、防雷工程、"12121"电话咨询、气象短信、固定电话与移动电话外呼等气象科技服务;还有人工影响天气等专项服务。1997 年 5 月,市气象局与市电视台合作开播电视天气预报栏目,由气象科技服务中心负责制作、发布公众气象服务信息和背景广告。除《天气预报》外,先后开播《生活气象》《环境预报》和《旅游天气》三套气象节目,并全新改版,由主持人现场播报。2003 年 9 月 18 日,省气象科技服务中心与萍乡市气象局、萍乡市移动公司联合利用全省短信气象服务平台 01212,开展气象短信服务,对近 10 万个萍乡市移动用户进行气象短信业务推广,近 300 人定制萍乡气象短信。

防雷技术服务 1991 年 7 月萍乡市劳动局、萍乡市气象台联合成立"萍乡市防雷检测所",同年 8 月 13 日正式开展防雷装置检测工作,年内受检单位 37 个,检测 119 套防雷装置;2002 年开始新建(构)筑物防雷装置图纸设计审核、跟踪检测,安源钢铁有限公司为第一个防雷装置图纸设计审核、跟踪检测单位。1999 年 11 月开始与中国财保萍乡分公司签订第一份防雷工程协议。2000 年 6 月 13 日,开展防雷工程气象服务,拥有国家设计、施工乙级资质。

雷电灾害调查 从 2002 年开始,萍乡市气象局开始进行雷电灾害调查,其中 2003—2006 年雷灾事故最为严重。2003 年共调查雷击事故 2 起,雷灾造成 3 人死亡;2004 年共调查雷击事故 40

起,其中雷灾造成3人死亡,重伤9人,轻伤9人;2005年共调查雷击事故11起,其中雷灾造成2人死亡;2006共调查雷击事故30起,其中雷灾造成7人死亡,伤10人。

雷击风险评估　2005年6月7日,萍乡市气象局与市云路房地产开发公司签订有偿雷电风险评估合作协议。此举开创萍乡市有偿雷电评估服务先河,为推动萍乡防雷减灾工作的全面开展创造良好条件。2010年12月28日,萍乡市政府办公室下发《关于在全市开展雷击风险评估和安装避雷器工作的通知》(萍府办字〔2010〕218号)。

第四节　气象管理

法规建设　2002年1月22日萍乡市人民政府第二次常务会议审议通过《萍乡市防雷减灾管理规定》,于2002年2月1日起施行;2003年2月20日经萍乡市人民政府第7次常务会议讨论通过《萍乡市人工影响天气管理办法》,于2003年3月1日起施行;2008年9月10日,市政府下发《关于进一步加强学校防雷减灾工作的通知》;2010年12月16日,萍乡市政府印发《萍乡市气象灾害防御应急联动工作方案》通知;2010年12月28日,由萍乡市政府印发《关于在全市开展雷击风险评估和安装避雷器工作的通知》。

社会气象管理　2003年4月4日,成立萍乡市气象行政执法支队。主要负责全市气象行政执法有关法律、法规的宣传贯彻和组织实施;承担对全市有重大影响的违反气象法律、法规案件的查处;受理萍乡市行政区域内气象违法案件立案查处工作;对气象违法案件的调查取证,提出处罚建议;协助人民法院强制执行气象违法案件;配合司法机关对涉嫌犯罪案件的调查,提出行政处分建议。2003年5月22日成立萍乡市气象行政执法中队,即气象业务行政执法中队、升放和系留气球行政执法中队、防雷减灾行政执法中队和莲花县气象行政执法中队。自2002年萍乡市所有行政许可、非行政许可审批、办证、收费项目按照规定全部纳入行政服务中心集中办理以来,气象窗口一直实行首席代表制,所有审批项目使用网上审批系统进行网上审批。

"五大工程"建设　莲花县气象局通过抓"五大工程"建设,全局干部职工满腔热情和齐心协力,为"五大工程"建设创建工作打下坚实的基础,整体面貌有很大的改观,形成上下联动,共抓建设的良好氛围,业务服务能力、职工收入水平、工作生活环境、三个文明建设成效得到显著提高。2008年通过省局的验收。

第五章　新余市

　　新余市位于江西省中部偏西,浙赣铁路西段,地处北纬 27°33′~28°05′,东经 114°29′~115°24′。全境东西最长处 101.9 公里,南北最宽处 65 公里,东距省会南昌市 150 公里,东临樟树市、新干县,西接宜春市袁州区,南连吉安市青原区、安福县、峡江县,北毗上高县、高安市。新余市总面积 3178 平方公里,占全省总面积的 1.9%。

　　1991—2010 年,在改革开放的大潮中,新余经济快速发展,为地方气象事业的蓬勃发展奠定良好的基础。该阶段的新余气象工作紧紧围绕当地经济社会发展的需求,提出"在部门创新余特色,在新余创部门特色"的发展理念,以"团结奋进,勇于创新"的工作作风,全面深化气象改革,全力推进气象现代化,不断提升气象服务能力,为新余经济社会又好又快发展提供强有力的科技支撑。

　　2003 年,市气象局荣获省委、省政府授予的"江西省第一届(2001—2002 年度)文明行业"荣誉称号;2004 年,被省政府评为 2003 年度省人工增雨抗旱减灾工作先进单位;2005 年,被中国气象局授予"全国气象部门局务公开先进单位";市气象局 2004 年荣获"省级文明单位"称号,至 2010 年,一直保持省级文明单位荣誉。

第一节　气候特征

　　新余市地处袁河中下游、鄱阳湖平原边缘。下辖一县一区(分宜县,渝水区)。

　　全市属亚热带湿润性气候,具有四季分明、气候温和、日照充足、雨量充沛、无霜期长、严冬较短的特征。年平均气温 18.3℃,7 月份是全年最热时期,月平均气温为 29.4℃,最高气温 40.6℃(2003 年);1 月份是全年最冷时期,月平均气温 5.4℃,最低气温 -8.2℃(1991 年),年平均相对湿度 80%,3 月份高达 84%。年平均降水量 1602.9 毫米,年平均日照时数 1598.8 小时,无霜期 281天,主导风向东北风。

第二节　台站与人员

　　台站建设　新余市气象局(初名新余气候站)始建于 1958 年 10 月 1 日,站址位于新余市城郊贯早村;1963 年 1 月 1 日,由贯早村迁移至城区北门万家山(后更名为新余市抱石大道 719 号),承担国家一般观测站任务。分宜县气象站始建于 1958 年 12 月,承担国家一般气象观测站任务。

　　新余市气象局 1958 年建站时名为新余气候站;1985 年 3 月升格更名为新余市气象台,级别为正处级;1992年10月更名为新余市气象局,级别为正处级。分宜县气象局初名分宜县气象站,1981年4月更名为分宜县气象局,级别为正科级。

人员队伍　1958年10月成立新余气候站时,仅有2人;2006年,全市气象部门定编44人,新余市局35人(其中参照公务员管理人员12名,事业编制23名),分宜县局9人(均为事业编)。截至2010年12月,全市气象部门实有人数44人,其中处级领导4人,科级领导11人,县局科级领导2人;大专以上学历36人,其中本科28人;中级以上职称有28人,其中高级职称4人。

至2010年底,市气象局在职党员25名;市局机关在职党员10名,退休党员9名。

第三节　业务与服务

气象观测

1958年10月1日建站时,新余地面气象观测项目有云、能见度、天气现象、空气温度和湿度、风、日照、雨量和蒸发;1961年1月1日起增加地面0厘米、最高、最低、5厘米、10厘米、15厘米、20厘米的地温观测项目;1966年装备水银气压表,1967年增加气压计;1972年装备使用EL型电接风向风速器;1973年增加温度计和湿度计;2003年1月建成紫外线观测系统;2003年4月建成新一代多普勒雷达同步终端;2004年建成自动气象观测站;2005年建成闪电定位服务系统;2008年建成GPS观测系统;2004年率先完成全市所有26个乡镇自动气象站建设全覆盖。截至2010年底,共建成41个自动气象站,组成中尺度气象监测网。分宜县农业气象观测业务属省级农业气象观测站,目前观测的两种作物分别为苎麻和玉米。1992年开始农气观测,2009年,分宜正式成为国家农业气象二级观测站,观测任务仍然为苎麻和玉米。

天气预报

新余市主要开展有天气预报、农业气象预报、森林火险预报、空气质量预报、紫外线等级预报等。其中天气预报有长期、中期、短期和短时临近预报。从1959年起,每年9月初前后发布春播天气专题预报;1974年起,每年3月底发布汛期、干旱趋势预报,每年9月中旬发布寒露风专题预报;1980年起,每年年底发布全年天气展望;1959年起,每旬的最后一天发布未来10天的天气预报(即旬报),每天对外发布1—3天的天气预报;1974年起,只发布1—2天的天气预报;1974年起,随时发布未来3—12小时预报;1988年起,随时发布1—12小时的短时灾害性和突发性天气预报;2007年开始,汛期每天每3小时发布未来0—6小时的滚动天气预报。市气象台应用国内外数值预报产品制作短期晴雨要素预报、暴雨模式预报,使气象预报逐步向客观化、定量化发展,预报准确率稳步提高。2003—2010年,市气象台应用雷达、卫星、自动站资料,加强对冰雹、强雷雨、飑线、台风等灾害性天气的监测和预报。

气象服务

决策气象服务　新余市的决策气象服务工作主要由市气象局领导和市气象台承担,市气象台制作春播、汛期、干旱等专题预报,经市局领导审核、签发后,通过电话、短信、书面材料、会议等形式向市委、市政府领导和有关部门报告和传递。决策气象服务产品包括:《气象呈阅件》《专题气象预报》《新余气象信息》《旬月报》《一周及周末天气预报》气象短信等,开展全程决策服务。2008 年元月开始,新余市遭遇历史罕见的持续低温阴雨雪和冰冻天气,对新余农业生产、供电供水、道路交通及人们生活带来严重影响,特别是新余农村农业的重点工程建设项目十万亩新余蜜橘面临严重危害。1 月 26 日,市气象局先后启动重大气象灾害Ⅲ级预警应急预案和Ⅱ级预警应急预案,加强天气预报会商,由每天一次增加为二次。通过制作决策服务材料,及时为政府领导的防灾救灾决策工作提供准确的依据;天气预报员每天都与市应急办、春运办、农业、电力等部门联系沟通。市委市政府领导对决策服务高度肯定,分管领导亲自到市气象局表示感谢慰问。

公众气象服务　从 1958 年 11 月开始,新余市气象台每天早、晚通过广播对外播发短期天气预报;1986 年 4 月起在江西电视台播出新余市未来 24 小时城市天气预报;1987 年装备气象警报发射机,每天上、下午播发 2 次天气预报;1992 年 3 月开始在新余电视台播放全市各县(区)天气预报;1998 年开通"12121"气象自动答询电话,随后又增加气象短信、互联网和电子显示屏等媒体播报;遇到有重大节日和重要灾害天气过程时,通过新闻发布会、报纸、电视新闻、短信等方式告知公众,提醒公众及时做好防范措施。2004 年 1 月 28 日新余遭遇大雪天气,针对此次过程,市气象局提前发布雪灾黄色预警信号,同时将防范建议通过手机短信、电视天气预报节目、121、网络、《新余日报》等众多途径向相关部门、农村和社会公众进行及时细致服务。28 日凌晨,一场大雪如期而至,市民纷纷对气象部门的精准服务表示赞赏。

应急减灾服务　2002 年 6 月,新余市政府发文成立市减灾委,为市政府非常设机构,办事机构设在市气象局。其主要职责负责与委员会各成员单位联系,组织各成员单位以及减灾专家组开展减灾活动;2008 年机构改设在民政局,市气象局仅负责气象减灾工作。2006 年,气象应急工作纳入政府应对突发公共事件应急管理体系,《新余市气象灾害应急预案》列入市政府突发公共事件总体预案的专项预案。截至 2010 年 12 月,一是先后出台新余市气象应急及突发公共事件应急气象保障工作规程(试行)等一系列制度,为气象应急工作提供制度保障。二是组建遍布全市各个乡镇的气象灾害信息员队伍。截至 2010 年人数达 512 人,已成为基层气象灾害防御的骨干力量。三是完善气象应急监测网络。建立 46 个遍布全市所有乡镇的区域自动气象站,建设气象电子显示屏 17 套,气象预警大喇叭 147 套。四是完善气象预警信息发布平台。开通气象官方微博"新余天气在线""渝水区气象台"和微信"江西微农",及时通过平台发布气象服务预警信息。五是积极组织和参与气象应急演练。每年结合"防灾减灾日",积极开展气象灾害不同种类的应急演练,提高气象部门为重大气象灾害应急服务的能力。

为农气象服务　新余唯一的省级农业气象观测站设在分宜,所以为农气象服务的大部分工作由分宜县气象局承担,市局气象台承担渝水区部分为农服务。主要开展水稻产量预报、农气情报、农业气象灾害预报、春播气象服务、新农村建设网信息服务等工作。2001 年,建成新余市农经网平台,在全市 8 个试点乡镇布点建设;2002 年全市 86% 的乡镇完成农经网布点建设工作。2006 年 9 月改版为新农村建设网。新余市气象局利用农经网这个平台开辟农业新知识、新技术网上培训。到 2010 年各乡镇气象信息站相继成立。2010 年,渝水区罗坊镇气象信息员胡小梅同志被中国气象局评为"全国群众满意气象信息员"。

专业气象服务　新余市专业气象服务始于 20 世纪 80 年代后期,针对新余市重点工程,积极提供专业气象服务,与新钢、赛维 LDK、赣西等重点企业建立长期的气象服务合作关系,及时为他们提供暴雨、雷电、大风、大雪预报及一周天气预报等有偿气象服务,到 20 世纪 90 年代服务领域不断拓宽,先后拓宽到防雷技术服务、气球广告服务、电视天气预报广告等。1994 年与新余电视台合作,利用"天气预报"节目开展赞助、广告等创收业务。1995 年通过邮电无线寻呼台提供中文群呼天气预报服务。1998 年"121"电话语音自动答询系统正式开通。

防雷气象服务　1992 年 1 月正式开展防雷装置检测工作,2002 年,新余市政府下发《新余市防雷减灾管理规定的通知》,对防雷设施的设计、安装、检测及新建建筑物防雷装置竣工验收的安全管理工作提出具体要求。2004 年 7 月,新余市安全生产委员会对新、改、扩建建(构)筑物装置"三同时"、防雷装置定期检测提出明确要求。2009 年,新余开始开展雷击风险评估业务。

人工影响天气　新余市人工增雨工作始于 1978 年,该年出现 98 天的伏秋连旱。共发射"三七"炮弹 800 发,土火箭 300 枚。为了满足地方人工增雨的需要,1990 年市政府向省政府申请到两门"双管三七"高炮,开展抗旱增雨作业,发射炮弹 1000 发,全市旱情得到解除。截至 2010 年 12 月,全市共有"双管三七"高炮两门,火箭发射架六门,作业用车二辆,主要用于人工增雨抗旱、消雹、森林防火灭火等。最让百姓印象深刻的是 2004 年 7 月 9 日下午,作业人员在城郊开展人工增雨作业,发射人工增雨火箭弹一枚,炮点雨量约 15mm。作业量最多的一年是 2007 年,当年旱情严重,市人影办积极开展人工增雨作业,先后开展抗旱作业 43 次,发射火箭弹 69 枚,累积增雨量达 3672 万吨,取得直接经济效益 1469 万元,当年被评为"全省人工增雨抗旱减灾工作先进集体"。

第四节　气象管理

社会气象管理　一是法律法规建设:1999 年 10 月,省气象局印发《江西省气象行政执法管理办法》,明确县级以上(含县级)气象局是气象行政执法主体,应当接受同级人民政府和上级气象行政执法机关的监督。2002 年 6 月,新余市政府出台《新余市防雷减灾管理规定》。2008 年 4 月,市政府办下发《关于进一步加强气象灾害防御工作的实施意见》,同年 7 月,市政府办印发《关于加强气象探测环境和设施保护工作的通知》。二是明确职责任务:新余气象部门实施的行政许可共四项:升放无人驾驶自由气球、系留气球单位资质认定,防雷装置设计审核和竣工验收,升放无人驾驶自由气球或者施放系留气球活动审批,新建、扩建、改建建设工程危害气象探测环境审批。三是严格行政执法:2008 年 5 月,新余市气象局在"公园一号"高层住宅楼联审联验过程中,发现有多幢楼房超高,将严重影响市局气象探测环境,为此,市局积极采取措施全面协调,及时向开发商进行通报,并以书面结论函报给新余市规划局请求支持,最后将该例影响探测环境的事件消灭在萌芽中。2009年4月,高能集团在观测场附近开发房地产,首次报批联审时因超高未予以通过,并以保护探测环境为由积极向政府及相关部门汇报,通过多次协调最后促成了观测场的搬迁,建设经费全部由高能集团承担。2009—2013年度,新余市气象局连续5年荣获"全市推进依法行政工作先进单位"荣誉称号。

综合行政管理 一是目标管理。自20世纪90年代,省气象局开展目标管理工作以来,新余市气象局结合实际,除不折不扣完成江西省气象局下达的目标任务,还将新余市工作中的重点、难点和薄弱环节,列入气象部门的目标管理,形成有新余特色的目标管理考核体系和工作运行机制。在省气象局开展的目标管理工作考核评比中,年年被评为"优秀达标单位";二是"五大工程"建设。自2000年"五大工程"建设开展以来,市气象局所辖分宜县气象局,此项工作一直走在全省前茅。2006年12月,全省气象部门"五大工程"建设座谈会在分宜县召开,该局被作为"五大工程"的典型进行现场学习观摩。三是财务管理。实行双重计划财务体制,中央和地方资金分别纳入中央财政、地方财政预决算管理。1993年初,市局机关及县局将地方气象列入当地社会发展计划和财政预算。1994年分宜县局列入地方财政预算。

2002年1月,中国气象局局长秦大河在新余市气象局调研时指出:"新余气象干部职工全心全意做好地方气象服务,为地方国民经济建设、社会发展和广大人民群众作出了积极贡献。"

第六章　鹰潭市

鹰潭市位于江西省东北部,地处东经 116°41′~117°27′、北纬 27°50′~28°38′之间,东连弋阳、铅山,西接金溪、东乡,南邻资溪、福建光泽,北界余干、万年。

鹰潭地区属亚热带湿润季风气候,具有四季分明,无霜期长,光照充足但冷暖变化显著,降水丰沛而时空分配不均等气候特点,也存在旱、涝、风雹、冻害等对农业生产不利的气候因素。

鹰潭市气象工作始于 1973 年,为贵溪县鹰潭镇气象站,1986 年升格为地区级气象局,管辖市局本部、贵溪市气象局、余江县气象局。

2007 年、2009 年贵溪市气象局和余江县气象局先后建成“五大工程”建设达标单位。

2006 年、2008 年、2009 年和 2010 年,鹰潭市气象局被评为全省气象部门目标管理工作特别优秀单位。

2006 年,鹰潭市气象局被评为第十届(2004—2005 年度)江西省文明单位;2008 年,鹰潭市气象局、余江县气象局被评为第十一届(2006—2007 年度)江西省文明单位;鹰潭市气象局连续被评为第一届、第二届江西省文明行业。2005 年鹰潭市气象局被中共中央宣传部、司法部联合授予“2001—2005 年全国法制宣传教育先进单位”称号。

第一节　气候特征

鹰潭地区属中亚热带温暖湿润季风气候。具有四季分明,无霜期长,光照充足但冷暖变化显著,降水丰沛而时空分配不均等气候特点,存在旱、涝、风雹、冻害等对农业生产不利的气候因素,也有发展大农业的优越气候条件。

鹰潭市年平均气温 18.6℃,最冷月平均气温 6.1℃,最热月平均气温 30.1℃,鹰潭市历史极端最高气温 41.0℃(1991 年 7 月 23 日),极端最低气温零下 10.4℃(1991 年 12 月 29 日)。雨量充沛,分布不均,年平均降雨量 1877.1 毫米,其中 4—6 月降雨量 861.4 毫米;占全年降雨量的 45.9%。日最大降雨量 201.9 毫米(1998 年 6 月 13 日)。无霜期长,年平均无霜期 280.6 天。全年日照 1685 小时,占可照时数的 38%。年平均风速 2 米/秒,最多风向为 ENE 风。年平均蒸发量为 1477.2 毫米。年雷暴日数 49.3 天。主要气象灾害有洪涝、干旱、雨雪冰冻等。

1998 年 6 月 12—26 日出现连续 15 天的降水集期,其中 13—15 日连续 3 天暴雨,全市江河水位猛涨,出现自 1949 年以来的特大洪水,所有乡镇全部受灾,受灾人口 458600 人,农作物受灾面积 38210 公顷,绝收面积 11213 公顷,造成停产企业 81 个,小(二)型以上水库损坏 117 座,造成直接经济损失 9.54 亿元。

第二节　台站与人员

台站建设　1973 年 1 月 1 日建立鹰潭镇气象站,由鹰潭镇人民武装部和镇革命委员会管理。1980 年 7 月,实行气象部门和地方政府双重领导,以气象部门领导为主的管理体制。1985 年 4 月鹰潭市气象局成立,8 月设立气象台,管理鹰潭市所辖两县气象站,业务工作仍由上饶市气象局代管。1993 年 1 月,鹰潭市气象局开始全面接管全市的气象业务工作。1990 年 8 月 4 日鹰潭市政府成立鹰潭市人工影响天气领导小组,下设办公室,挂靠在市气象局。

人员队伍　市气象局现有在职人员 33 人,退休人员 11 人,其中,中国共产党党员 22 人,占职工总数的 50%。在职人员中本科学历 19 人;高级工程师 4 人,工程师 15 人,助理工程师 14 人;35 岁以下 13 人,36—45 岁 9 人,46—55 岁 9 人,56 岁以上 2 人。

第三节　业务与服务

气象观测

地面观测　建站时每日进行 08 时、14 时、20 时 3 个时次人工观测,并按时编发加密气象观测报告、重要天气报告、气象旬月报、预约航空报和危险报等,制作气象月报表和年报表。2003 年建成 CAWS600 型自动气象站,2004—2005 年进行人工与自动站平行观测;2006 年起进入自动站单轨业务运行。

特种观测系统　2005—2008 年先后建成区域气象观测站网、闪电定位仪、多普勒天气雷达同步终端及延伸系统、雨滴谱观测仪、酸雨观测站、风云 2 号天星数据接收系统、GPS/米 ET 水汽监测站。2009 年农业气象测报系统建设及土壤水分自动观测站建设工作。

气象通讯　1993 年 6 月建立电子计算机远程工作站,开展卫星云图、数值预报产品应用等研究;1997 年气象信息综合分析处理系统 MICAPS 投入业务使用;2005 年建成省—市可视会商系统、多普勒天气雷达同步终端及延伸系统、完善 FY－2 号卫星云图接收处理系统建设。2009 年完成市—县可视会商系统建设。

业务技术体制改革　2005 年,开展业务技术体制改革。按照"建立新型的多轨道、研究型、集约化、开放式业务技术体制"的要求,建立天气、气候、雷电、人工影响天气和农业气象与生态五条轨道业务。建立健全综合观测体系、完善预报预测体系、构建公共气象服务体系、强化信息与技术保障体系四大体系架构。

天气预报

短时临近预报　20 世纪 80—90 年代,短时临近预报主要对突发灾害性天气进行补充订正预报;2005 年以来,鹰潭市气象台加强对灾害性天气的监测和预警,预报产品包括 0—1 小时、1—3 小时、3—6 小时灾害性天气预报及定量降水预报等。

短期天气预报　20 世纪 80 年代,鹰潭市气象台制作未来 2 天内的一般性、灾害性短期天气预报;2008 年 6 月 15 日起鹰潭市气象台增加预报频次,每天 04 时、06 时、10 时、16 时 4 个时次制作并对外发布未来 3 天天气预报。

中期及长期天气预报　从 1989 年开始,实行预报业务结构调整,中、长期天气预报不作为地(市)台的指令性任务。因服务需要,仍坚持制作旬、月气候预测、春播期、汛期的气候预测、年景展望等。

专业预报　主要包括农业病虫害预报、紫外线、空气质量、火险等级预报、人体舒适度预报等。

气象服务

决策气象服务　鹰潭是自然灾害发生频繁的地区,气象部门一直把做好防灾抗灾服务作为自己的首要任务。在服务工作中,围绕对防灾抗灾的关键问题,为政府指挥决策提供咨询服务,争取将灾害的损失减少到最低限度。1998 年 6 月 12—26 日、7 月 18 日—8 月 1 日,鹰潭市先后发生 2 次持续半个月的集中强降雨过程。由于降水集中,强度大,致使信江河水位猛涨,超过万史最高值,达 30.48 米,造成严重的洪涝灾害。由于鹰潭市气象局预报服务准确及时,中国气象局给予先进集体表彰,鹰潭市气象台台长夏长发同志被省政府表彰。

公共气象服务　1993 年 1 月,市电视台每日新闻节目后播放鹰潭市短期天气预报;1997 年自主制作电视天气预报节目,同年“121”天气预报自动答询电话系统投入使用;2000 年 7 月“鹰潭农经网”开通,2006 年 9 月 1 日改版为“鹰潭新农村建设网”;2002 年开通气象短信平台;2004 年开通全省首家“农村经济信息声讯服务系统”,实现天气预报及农经信息进村入户;2005 年,开通电信用户的农经信息声讯服务系统。2009 年,新建 16 块电子显示屏发布气象预警信号。2010 年,建立手机短信决策服务平台,服务对象为市、县、乡、村四级领导、信息员、农民合作社法人等,总人数达 1350 名。

农业气象服务　2004 年 4 月 1 日,开通鹰潭市农经信息声讯服务系统,可通过手机直接拨打“125903121”便可迅速获取农经信息,解决农经信息传播“最后一公里”问题。2009 年,在小英葡萄种植基地建成风向、风速、降水、温度四要素自动气象观测站以及气象电子显示屏,同时开通“鹰潭市农民专业合作社气象服务系统”。2010 年 4 月,贵溪市被中国气象局确定为县级现代农业气象服务试点县。建立 88 个电子显示屏、133 套气象预警大喇叭,并结合电视、新农村建设网、手机短信、“12121”气象声讯自动答询平台等多种方式,共同发布气象灾害预警信息,将预警信息送达农村每一个地区;在久润现代农业示范园、塔桥园艺场、泗沥雷竹示范园共建农田小气候观测站。

专业专项服务　2003 年 9 月 27—28 日,鹰潭市举办全市优质农产品展示展销会,市气象局为农展会提供准确的天气预报服务。市农经网对展会进行现场采访,在第一时间内将农展会的盛况介绍给全国。2004 年,气象局与市国土资源局合作,开展气象—地质灾害预测预报服务。2005 年,与环保部门开展空气质量监测预报服务工作。

气象科技服务 从 20 世纪 80 年代后期开始,以气象旬月报、气象资料服务为主的常规专业气象服务,发展到用警报广播开展天气预报、灾害性天气预警信息及停限电(水)信息服务、气球广告、防雷装置定期检测、电视天气广告、防雷工程、"12121"电话咨询、气象短信、固定电话与移动电话外呼等气象科技服务。2003 年,开展经营性氢气球、飞艇充灌、施放的技术资格审定,获得《江西省经营性氢气球、飞艇充灌、施放技术资格证》书。2004 年,完成气象局电视天气预报制作设备的更新和"121"的升级换代。

人工影响天气 鹰潭市人工增雨工作始于 1978 年,1996 年鹰潭市编委正式下文"同意成立鹰潭市人工影响天气领导小组办公室的批复",明确规定办公室设在市气象局,编制 3 人。2010 年,发展到 20 多个移动火箭作业点,火箭发射架 7 套,雷达 1 部,作业人员 15 人。鹰潭市大范围开展人工增雨抗旱作业主要是 1998、2003、2007 年。2007 年,面对严重的伏、秋、冬三季连旱,共实施人工增雨作业 41 次,发射火箭弹 107 枚,炮弹 65 发。有效增加水库蓄水,缓解旱情。鹰潭市荣获全省人工增雨抗旱减灾工作先进集体。

气象科技研究 自 2003 年以来,市气象局开展省气象局课题、省科技厅课题、市科技局课题、市气象局自筹课题共计 70 余项气象科研工作。由鹰潭市气象局承担的"鹰潭市农村经济信息声讯服务系统"项目获江西省政府农科教奖。"鹰潭市农民专业合作组织气象监测预警服务系统研究""鹰潭市乡村气象服务体系研究与应用"在全市推广应用,属全省首创。

第四节　气象管理

社会气象管理

法制建设 2002 年 10 月 29 日,出台《鹰潭市防雷减灾管理规定》。2003 年 12 月 29 日,鹰潭市政府发出通知转发市气象局呈报的《关于加强农业气候可行性论证工作的意见》。2004 年 6 月出台《鹰潭市人工影响天气管理办法》。2007 年 9 月 2 日,鹰潭市人民政府下发《关于加快气象事业发展的实施意见》。2008 年 8 月,鹰潭市政府出台《加强我市气象探测环境的通知》。

行政审批 2004 年 1 月进驻鹰潭市联合办证服务中心窗口,新建建筑物防雷装置分段检测及竣工验收步入法治化、规范化管理。2009 年 6 月 8 日,实施行政许可共四项:升放无人驾驶自由气球、系留气球单位资质认定;防雷装置设计审核和竣工验收;升放无人驾驶自由气球或者施放系留气球活动审批;新建、扩建、改建建设工程危害气象探测环境审批。

行政执法 2004 年,鹰潭气象局成立以局长为组长的依法行政工作领导小组。2005 年,省气象局统一选购气象行政执法设备,配发给鹰潭市气象局。2007 年开始,每年开展全市气象行政执法工作 30 次左右。贵溪市气象局观测场附近"浙赣大厦"建设项目,由原来 13 层降低到 11 层,以最低限度减少对气象探测环境的破坏。几年来,全市的气象探测环境得到较好的保护。根据《气象法》的有关规定对有关公共场所擅自发布气象信息,如鹰潭宾馆、贵溪铜苑宾馆在其总服务台利用电子显示屏擅自发布天气预报等行为进行查处,责令其改正。对易燃、易爆场所(如加油站、液化气站)、高层建筑(如铜业公司大楼)、人员密集地方(如学校、医院)等重点防雷单位开展防雷安全检查,发出整改通知书10余份,较好消除了各种防雷安全隐患。

安全监管 依法履行防雷安全社会管理职能,鹰潭市气象局被列入当地安委会成员单位。2004年5月份,经市安监督局同意,鹰潭市防雷安全设施列入新建、改建、扩建项目与主体工程"三同时"审查内容。2007年,市气象局、市教育局、市安监局三部门联合组成检查组深入全市中小学校进行防雷减灾工作大检查。同年,开展全市中小学校防雷减灾示范工程建设和全市中小学校防雷装置普查工作。2009年10月27—28日,鹰潭市人大对《气象法》实施情况进行调研,要求各级地方政府进一步加大对气象工作的投入,切实增强气象防灾减灾能力。

综合行政管理

综合管理 20世纪80年代后期开始,鹰潭市探索并调整气象事业结构,建立和完善相适应的运行机制。逐步建立基本业务、有偿专业服务、经营实体"小三块"的事业结构框架;20世纪90年代初期调整为基本业务、科技服务(包括专业有偿服务)、综合经营(产业)"大三块"的事业结构及相应的运行机制;20世纪90年代末又提出建立气象行政管理、基本气象业务、气象科技服务与产业"三部分"的气象事业结构战略性调整。

目标管理 2006年、2008年、2009年、2010年,鹰潭市气象局被评为全省气象部门目标管理工作特别优秀单位。2004年在全市所有条管和窗口单位行风评议中荣获第一名。2005年在全市34家条管单位中行风评议荣获第一名。

五大工程建设 1999年、2002年、2004年,贵溪市、余江县、鹰潭市先后建成"五大工程建设一级达标单位"荣誉称号。2005年开展以新的"五大工程"建设为总抓手的新一轮基层气象台站建设。2007年、2009年贵溪市气象局和余江县气象局建成"五大工程"建设达标单位。

财务管理 1992年国务院、省政府下发《关于进一步加强气象工作的通知》,要求建立双重气象计划体制和相应的财务渠道。全市气象部门逐步建立上级业务部门和当地政府双重计划财务体制。

第七章　赣州市

赣州市位于赣江上游,江西南部,简称"赣南"。东接福建省三明市和龙岩市,南临广东省梅州市、河源市和韶关市,西靠湖南省郴州市,北连本省吉安、抚州两市。赣州市辖2区1市15县和3个国家级经济开发区,总面积3.94万平方公里,人口926.7万,是江西省最大的行政区。本市地处南岭、武夷、罗霄三大山脉交接地区,地势四周高,中间低。地貌以丘陵、山地为主。

1991—2010年,赣州气象人紧紧围绕当地经济社会发展的需求,本着对人民群众生命财产高度负责的精神,以气象防灾减灾为己任,以气象现代化建设为依托,管天为民,兴业奉献,走出一条跨越式发展的道路,开创赣州气象事业的新局面,优质的气象服务赢得党政部门和社会各界、公众的广泛赞誉。

赣州市气象局下辖17个县气象局:寻乌县气象局、安远县气象局、龙南县气象局、定南县气象局、全南县气象局、宁都县气象局、瑞金市气象局、会昌县气象局、石城县气象局、兴国县气象局、信丰县气象局、南康市气象局、大余县气象局、崇义县气象局、上犹县气象局,于都县气象局、赣县气象局。

1996年,赣州市气象局被中国气象局授予"汛期气象服务先进集体"称号;2003年被省政府授予"2002—2003年度文明单位"称号;2003年被省政府评为"人工增雨抗旱工作先进集体";2008年被省政府授予"2006—2007年度省级文明单位"。瑞金市气象局被评为"2007—2008年度全国气象部门文明台站标兵"。

第一节　气候特征

赣州为典型的亚热带丘陵山区湿润季风气候。四季分明,光热充足,雨水丰沛,冷暖变化显著,有涝有旱。主要气候特点有:

春季阴雨连绵灾害多,冷暖交替变化快。春季(3—5月)冷暖空气在华南频繁交汇,天气变化快,时晴时雨;初春雨冷晴暖,仲春雨凉晴热;早稻播种时节,常出现3—5天的低温阴雨天气,导致烂种烂秧。雷雨大风、冰雹、暴雨、强雷电等灾害性天气频现,为全年四季之冠;

夏季降雨前多后少,天气炎热多干旱。6月,强盛的西南季风带来丰沛的水汽,遇冷空气易产生大雨、暴雨,月平均降雨239.8毫米,为全年各月之冠,小流域洪涝、山体滑坡、泥石流等灾害频现。7—9月,受稳定的副热带高压、大陆高压控制,降雨稀少,白天最高气温多在35℃以上;炎热少雨再加之蒸发强烈,常形成程度不一的干旱,严重影响农业生产。夏季,一般有1—2个台风在广东东部到福建中部沿海登陆影响赣州,产生大雨、暴雨和降温,缓解或解除旱情。

秋季空气干燥雨水稀,温和气爽最宜人。受地面高压控制,大气层结稳定,常十天半月滴雨不见,空气干燥,风和日丽,气爽宜人。除雨水稀少影响农业生产外,秋季无其他灾害性天气。

冬季先干后湿少严寒,偶见霜雪冰凌和冻雨。12 月至次年 1 月,受干冷气团控制,赣州日渐变冷,空气干燥,偶见雨雪、霜冻;2 月,西南气流开始活跃,地面冷空气活动频繁,降雨显著增多,受寒潮袭击时,可降雪或冻雨。

第二节　台站与人员

机构变迁　1958 年 4 月,省气象局在赣州设立赣南工作组,作为省气象局的派驻机构,负责赣南和遂川气象站的气象业务管理。1985 年 3 月,更名为赣州地区气象管理局。1997 年 1 月 16 日更名为赣州地区气象局。1999 年 7 月 25 日赣州地区撤地设市,原赣州地区气象局更名为赣州市气象局。至 2010 年底,赣州市气象局下辖 17 个县气象局:寻乌县气象局、安远县气象局、龙南县气象局、定南县气象局、全南县气象局、宁都县气象局、瑞金市气象局、会昌县气象局、石城县气象局、兴国县气象局、信丰县气象局、南康市气象局、大余县气象局、崇义县气象局、上犹县气象局,于都县气象局、赣县气象局。

人员队伍　1991 年底全市气象部门在职人数为 312 人(其中市局 98 人,县局 214 人)。至 2010 年底,全市气象部门在职人数为 224 人(其中市局参公管理人员 21 人,事业单位职工 59 人,县局 144 人)。有高级工程师 13 人,工程师 101 人,初级技术职称人数 94 人;大学本科学历人员 68 名,大专学历人员 98 名,中专学历人员 44 名;中共党员 91 名。还有编外聘用人员 24 人(其中市局编外聘用 1 人,县局编外聘用 23 人)。

第三节　业务与服务

气象观测

观测项目　全市气象观测在维持原来项目的基础上,1990 年 1 月 1 日,赣县酸雨观测站开始观测。2007 年 5 月 1 日,寻乌酸雨观测站开始正式业务运行。2007 年 1 月 20 日,赣县、寻乌负离子观测站观测数据上传。2003 年 3 月,赣县局开展闪电定位仪观测业务。2003 年 6 月,寻乌开展闪电定位仪观测业务。2003 年 1 月,赣州市气象台开展紫外线观测业务。2008 年,赣州、寻乌、石城、瑞金、会昌、兴国、于都、上犹、大余、崇义、安远、定南、全南、信丰、宁都等 16 个站建成 GPS/MET 基准水汽观测站。截至 2010 年底,全市共有国家基本气象站 4 个(赣县、寻乌、龙南、宁都),其中赣县气象局为国家基本气象站资料参加全球交换,寻乌县气象局为国家基本气象站资料参加亚洲情报交换。国家一般气象站 13 个(石城、瑞金、会昌、兴国、于都、上犹、南康、大余、崇义、安远、定南、全南、信丰);城市气候站1个,农业气象观测一级站3个(龙南、南康、宁都),天气雷达站1个(市局本部);酸雨观测站1个、负离子观测站1个、雷电观测站2个(赣县、寻乌),辐射观测站1个(赣县),紫外线观测站1个(市台),GPS/MET基准水汽观测站15个(赣州、寻乌、石城、瑞金、会昌、兴国、于都、上犹、大余、崇义、安远、定南、全南、信丰、宁都)。此外,1959年4月成立赣州黄金机场气象站,沿用至今。1951年6月,陇水气象站由武汉水利水电勘测设计院建设,2002年8月该站撤销。

卫星通信设备 1997年10月,建成1个市级PCVSAT小站。1999年,建成17个县级PCVAST小站后投入运行。2007年,建成18个DVBS系统(原PCVAST系统于2008年停用)。2009年,全面整合原PCVSAT、DVB-S和FENGYUNCast三套卫星广播系统升级合并为一套CMACast(中国气象局卫星数据广播)系统。1999年9月7日停止使用VHF高频电话。

雷达设备 1982年2月,赣州建成713型雷达,1994年进行更新改造,2001年停用。2002年,在赣州布设1部SC型多普勒天气雷达,与全省其他地市所设雷达组成新一代天气雷达站网。2009年,赣县高空雷达由701型改型为L波段(电子探空仪)雷达。

区域自动监测设备 2005年,赣州市、县二级人民政府与气象部门共同投资建设"赣州市中尺度突发性气象灾害自动监测网"。2005年至2010年,全市共建有区域自动气象站302个(其中两要素54个,四要素244个,六要素4个),基本实现每个乡镇建有一个自动气象站。

农业气象观测 2004年6月,南康站增加稻田生态观测。农业气象预报主要是发布农业气象灾害警报,对水稻、油菜等作物做全年生育期评述,对水稻、油菜等作物进行产量预报和粮食总产预报。2009年10月,南康、龙南、宁都增加自动土壤水分观测。2012年增加崇义、会昌、全南、寻乌四个土壤水分观测站。至2010年,全市台站均开展农业气象预报、情报和资料服务,开展农业气候普查和区划、气象科技扶贫、气候可行论证、农业科技开发以及特色产业气候区划等工作,其中龙南、南康、宁都三个站为农业气象观测一级站,主要观测项目有水稻、甘蔗、早大豆、花生、油菜、脐橙、土壤水分和物候等。

雷达气象观测 赣州713型雷达于1982年2月20日正式投入使用,其主要任务是探测云雨回波、监视雷暴、雷雨大风、冰雹、强降水等对流天气的发生、发展及其演变,1994年完成713雷达更新改造。2002年9月,天气雷达更新为新一代多普勒天气雷达(型号为:CINRAO/SC,雷达安装在海拔高度为264米的赣州市马祖岩山顶,距市局4000米。)。该雷达采用全天候工作方式,特定时期24小时不间断开机,自动运行,自动定标,每6分钟1个体扫,可随时提供雷达回波资料,可生成76种产品,对预报短时灾害性天气有重要作用。2005年10月,设立雷达产品共享FTP服务器,完成多普勒天气雷达延伸系统建设并投入业务应用。

高空气象观测 赣州高空气象探测站于1956年1月10日正式开始观测,1991年1月1日开始每日进行07:15、19:15二次观测探空和测风观测,改为其主要任务是收集高空不同层次的温度、湿度、气压及风向风速。1974年6月,国家气象局指定为全球高空气象情报交换站。1998年,高空探测计算机进行换型,由原来的PC-1500型换成微型计算机。高空测风最早使用测风经纬仪。2001年701-A型雷达改造为701—X型雷达,2006年10月1日改造为701-400型测风雷达,使用400兆电子探空仪。2009年,赣县气象局按照中国局制定的"高空气象台站水电解制氢建设要求"

对制氢室进行改造,安装制氢 QDQ2－1 型水电解制氢机。

特种观测　1990 年 1 月和 2007 年 5 月起,赣县和寻乌分别增加酸雨观测项目。酸雨站每日编制和传送日文件,每月编制和传送月文件至省气象信息中心。2003 年,赣县和寻乌增加闪电监测仪,主要监测闪电出现的时间、强度、陡度、电荷、能量等数据,设备实现自动监测,实时上传信息,并与全省其他测点构成闪电定位网。2007 年 1 月 20 日,赣县、寻乌正式开始负离子观测和资料的实时传输。

农业气候普查与区划　1980 年以来,全市先后开展三次农业气候资源普查与农业气候区划,从气候资源角度对农业产业结构进行布局调整;对农业主导产品进行气候论证和区划。2001 年,市气象局在会昌首次利用 3s 技术进行"烟—稻轮种"特色农业气候区划的试点工作。2002 年,开展脐橙气候区划和气候论证工作。2003 年,对赣南烟稻轮作进行调查研究,并运用 GIS 技术开展"赣南发展烟稻轮作的气候区划"。2004 年,对赣南优质早稻进行气候区划。2005 年,对赣南油茶种植进行气候区划。

天气预报

短临天气预报　1982 年,开始制作 12 小时内短时天气预报。2003 年,开始制作 0～1 小时、1～3 小时、3～6 小时、6～12 小时短时临近预报和强对流监测与预报。2007 年,开始制作人工影响天气作业指导预报。

短期天气预报　2003 年,开始制作旅游景点预报。2004 年 4 月 15 日,开始制作发布全市 72 小时以内天气预报。2008 年,开始制作乡镇天气预报。

中期天气预报　2006 年,开始制作发布 3～5 天天气预报。2009 年,开始制作发布 7 天以内天气预报。

科研工作　2005 年,《江西省气象报文传输应急备份系统》《地面测报编发报软件》两个课题通过省气象局验收并在全省使用。2009 年,中国气象局气象科技扶贫专项课题《兴国县低产油茶林改造示范推广》和江西省防灾减灾工程技术研究中心研究基金课题《高温干旱对赣南脐橙果实生长影响的研究》通过验收。20 年来,承担中国气象局、省气象局科研课题、省科技厅课题近百项科研工作。2001 年,《赣南气象防灾减灾计算机服务预警系统》获省气象科技进步奖一等奖。谢远玉参与研究的"e 型杂交水稻不育系 K17eA 及其系列组合选育与应用"获"2009 年江西省农业科教人员突出贡献奖",参与研究的"水稻两用核不育系田丰 S－2 的创制与应用"项目获"2010 年度江西省科学技术进步二等奖"和"赣州市科学技术进步一等奖"。

气象服务

决策气象服务　2004 年 11 月 18—20 日,"世界客家大会"在赣州隆重召开。市气象局开展主动、及时、准确的气象保障服务。9 月初就制定好服务方案,长、中、短期预报相结合,9 月 29 日开始每 5 天发布滚动预报,11 月 10 日为"世客会"又发布"赣州市 10 日—22 日天气趋势与要素预测"专题预报,实况与预报基本相符。由于出色的气象保障服务,受到市委、市政府表彰。2007年6月5日,安远县高云山一小型水库排险决策,为领导确立最佳排险方案,现场分析并提供精细化的天气预报决策服务,最终排险成功,得到国务院领导和省委、省政府领导的肯定性批示。

公众气象服务 1995年6月25日,在中央电视台一套晚间新闻联播后的全国天气预报中播放赣州市短期天气预报。1996年9月2日,天气预报在地(市)无线(有线)台开播,有10个县(市)开办电视天气预报栏目,4个县(市)开通"121"。2004年,在赣州电视台,每周制作一期"一周天气与农情"节目。2005年,市台通过"12121"和与区电台合作每日对外发布9类环境气象指数预报;在《赣州晚报》开辟有公众气象服务专栏"天气与百姓";在《赣南日报》开辟"本市灾害性天气预警预报"发布专栏,同年在《赣南日报》登发"赣州市全年气候公报"。2007年,在赣州电视台(二套)播放18个县(市、区)短期天气预报。

为农气象服务 1996年,结合赣南特色农业,在信丰进行大棚蔬菜生产的农气适用技术开发,在上犹、大余进行中稻再生稻的高产农气适用技术开发,在宁都进行草莓引进与生产的农气技术开发,在南康开展鳗鱼气象服务等。1999年,市局、安远、寻乌、全南、上犹、大余等县局的农业气候资源开发利用、分析论证成果被当地政府采用。2002年,完成气候区划21项,形成全市气候分析论证材料15篇。2008年出现历史罕见的低温雨雪冰冻灾害,编写的"低温雨雪冰冻灾害对赣南脐橙影响评估报告"为领导决策提供科学依据。据不完全统计,该系统投入使用后,每年可减少直接经济损失约2亿元以上。

人工影响天气 二十年来,全市人影作业队伍每年围绕抗旱、森林防(扑)火、烟叶防雹、水库增蓄水、城市降温减排、生态环境建设与保护、保障重大社会活动等需求,市、县气象局积极组织开展地面人工影响天气作业,社会和经济效益明显。2010年,赣州首次实施飞机人工增雨作业,为全市防灾减灾、增加可用水资源、生态环境建设与保护等发挥积极的作用。为保障第四届中国赣州国际脐橙节开幕式暨大型文艺演出现场的顺利进行,赣州市气象局遵照省委省政府、市委、市政府领导的指示,组织实施人工消(减)雨作业,使降水提前落在赣州中心城区以外区域,19时30分起开幕式现场滴雨未下,保障脐橙节顺利开幕,社会反映良好。

气象科技服务 1990—1995年,组建V小时F甚高频气象警报网与供电部门联合开展停限电信息服务。1990年开始,开展避雷针年度安全检测,同时承接防雷工程安装业务。1991年,向社会提供彩球广告服务。1997年,开展电视天气预报栏目广告业务。2003年,开展手机短信天气预报服务。2004年,开展防雷装置设计、图纸审核、施工分段验收职能。2000年,市气象局参加中国气象局组织的"全国第三届电视天气预报制作比赛",荣获全国地市级综合三等奖。2010年,开展雷电灾害风险评估服务,优质的服务更是得到社会各界的广泛认可。

第四节　气象管理

社会气象管理

气象法规建设　2000年,赣州市政府下发《关于切实保护气象探测环境的通知》。2001年,赣州市政府发布《赣州市防御雷电灾害管理规定》(赣州市政府第14号令);2003年,赣州市政府下发《关于进一步加强气象工作的通知》;2006年,赣州市政府下发《赣州市气象灾害应急预案的函》。2007年,赣州市政府出台《关于加快气象事业发展的实施意见》;2008年,赣州市政府办公厅发布《赣州市政府办公厅印发关于进一步加强气象灾害防御工作的实施意见的通知》,赣州市政府下发《关于加强中小学防雷减灾工程建设的意见的通知》。

行政审批与执法　2003年3月,赣州市气象局进入市政办证中心,建立服务窗口,开展行政审批工作。审批内容为:升放无人驾驶自由气球、系留气球单位资质认定;升放无人驾驶自由气球或者施放系留气球活动审批;防雷装置设计审核和竣工验收。2005年执法工作开展以来,赣州市气象执法支队对防雷装置安全、气球施放、气象信息传播、气象探测环境等进行专项检查,对未经验收擅自投入使用、违反《施放气球管理办法》、违法在手机上传播气象信息、违章建筑破坏气象观测环境等相关行为进行查处,有效维护气象法律法规。

综合行政管理

"五大工程"建设　1997年5月,省局制定《关于加强基层建设"五大工程"达标升级考评办法(试行)》,自此全市积极开展"五大工程"建设。至2010年底,先后还有龙南、大余、上犹、南康、兴国、赣县、宁都、定南局8个台站通过省局达标验收。

基础设施建设　20年间,全市先后建成基于互联网的气象通信网络、自动气象监测网、区域气象监测网、新一代多普勒雷达、L波段测风雷达、可视化会商系统、气象综合信息分析预报系统等业务系统,办公、业务用房等基础设施建设进行改扩建,新建马祖岩雷达站、赣州市雷达信息处理中心大楼,新增办公、业务、辅助用房面积约12651平方米。截至2010年末,全市净资产达到5480万元(其中市本级2865万元),固定资产4366万元(其中市本级2014万元)。

计划财务体制与管理　20世纪90年代中期开始,为进一步加强地方气象事业建设,完善气象部门现行领导管理体制和双重气象计划财务体制,1992年国务院和省政府先后下发《国务院关于进一步加强气象工作的通知》《省政府关于进一步加强气象工作的通知》文件,为地方经济建设和社会发展服务的气象业务服务运行维持经费逐步纳入地方财政预算体系。20世纪90年代初期开始,开展气象科技服务,创收部分资金弥补事业发展不足。

第八章　上饶市

上饶市位于江西省东北部,北纬 27.99°~29.7°,东经 116.23°~118.48°之间。东联浙江、南挺福建、北接安徽,处于长三角经济区、海西经济区、鄱阳湖生态经济区三区交汇处,典型的江南鱼米之乡。

至 2010 年底,上饶市气象局所辖上饶市本部、上饶县、玉山县、广丰县、弋阳县、横峰县、铅山县、婺源县、德兴市、鄱阳县、余干县、万年县 12 个市(县)气象局。

1991—2010 年是改革开放的新时期,也是上饶气象事业发展最快的阶段。在省气象局、市委、市政府的领导下,全市气象干部职工凝心聚力、敬业奉献,紧紧围绕当地经济社会发展的需求,始终坚持气象工作服从和服务于国家经济社会发展大局,为当地的经济和社会发展提供有力保障,上饶市气象事业得到长足发展。以“五大工程”建设为抓手,始终坚持“两手抓、两手硬”的方针,台站的面貌发生很大的变化,职工的幸福指数明显提升。气象工作越来越受到各级党政领导的重视,越来越受到社会各界和公众的关注。

1993 年 2 月 22 日,中国气象局、中国气象学会颁发 1990、1991 年气象科技扶贫工作奖,广丰县气象局《应用气象科技改造“四低”促进老区经济发展》项目荣获集体三等奖;2006 年 9 月 23 日,中国气象局、中国气象学会颁发 2004、2005 年气象科技扶贫工作奖,广丰县局《广丰县无籽西瓜栽培的农业气象技术示范推广》项目荣获集体三等奖。

2003 年,全市气象部门为共享江西省(2001—2002 年)文明行业荣誉称号。全市气象部门 12 个单位有 2 个省级文明单位,10 个市级文明单位。2000 年,玉山县气象局荣获“全国气象部门双文明建设先进集体”荣誉称号。截至 2010 年 12 月,全市气象部门 4 个单位获省级文明单位荣誉称号。

第一节　气候特征

地理位置　上饶市位于江西省东北部,自古就有“上乘富饶,生态之都”“八方通衢”和“豫章第一门户”之称。凭借独特的区位优势,牵江浙、出沪宁、携八闽、达粤桂,货畅其流,人行其便,铸就发展大商贸大流通的黄金地段。荣获中国优秀旅游城市、中国最具幸福感城市、中国最佳投资城市等多项城市荣誉。上饶市辖十县一区,代管一市。面积 2.28 万平方公里,人口 760 万。

气候特征　上饶市属中亚热带季风湿润气候。具有四季分明,雨量充沛,日照充足,无霜期较长的特点。全市全年平均气温为 17.3~18.8℃,年最冷(1 月)平均气温为 5.4~6.6℃,极端最低气

温为 -14.3℃；年最热月（7 月）平均气温为 28.1～30.2℃。极端最高气温为 42.1℃。2003 年 7、8 月份，出现 20 年来最热的一年，全市有 4 个县（铅山、上饶县、广丰、横峰）极端最高气温突破历史极端纪录，分别为 42.1℃、42.0℃、41.4℃、41.2℃。还有 3 个县极端最高气温和历史极值持平。全市无霜期为 259～294 天。年日照时数为 1578～1796 小时之间，占可照时数的 40%～47%。全市年平均降水量为 1341～2622 毫米，属全省降水较多地区。1998 年达 2622 毫米，2010 年次之为 2597 毫米。春秋短而夏冬长，春季约 69 天，夏季约 119 天，秋季约 60 天，冬季约 117 天左右。

第二节　台站与人员

台站建设　1948 年 10 月建立玉山气象站；1954 年 12 月 1 日建立鄱阳县气象站（1957 年 1 月 1 日迁至鄱阳镇杉树台城郊）；1955 年 12 月 1 日建立弋阳县气象站；1956 年建立婺源县气象站（1961 年 1 月 1 日迁至茶场乡村）；1957 年建立上饶市气象站（1968 年 1 月 1 日迁至信州区书院路豆芽巷文笔峰），12 月 1 日建立德兴市气象站（1981 年 1 月 1 日迁至银城镇河西狮子山上）；1958 年建立横峰县气象站（1960 年 1 月 1 日迁至城北门窑背郊外），9 月 1 日建立铅山县气象站（1960 年 1 月 1 日迁至河口镇旺子元郊外）；1959 年 1 月 1 日建立万年县气象站（1960 年 1 月 1 日迁至陈营镇）和余干县气象站（1960 年 1 月 1 日迁至琵琶洲郊外），11 月 1 日建立广丰县气象站；1976 年 7 月 1 日建立上饶县气象站。至 2010 年底，上饶市所辖上饶市、上饶县、玉山县、广丰县、弋阳县、横峰县、铅山县、婺源县、德兴市、鄱阳县、余干县、万年县 12 个市、县级气象台站，按照不同业务设有国家基准气候站 1 个，国家基本气象站 3 个，国家一般气象站 8 个。市气象局本部下设的上饶市气象台，承担全市天气预报、农业气象业务服务及指导等工作。

国家级自动气象站　2002 年 8 月底各基准、基本站的自动气象站建设完成，截至 2003 年年底，上饶市已完成包括市台在内的 12 个自动气象站的建设任务，并全部投入正常业务运行，并逐步实现地面气象观测由人工观测向自动观测转变。

区域自动气象站　2006 年 7 月起上饶在全市建立中尺度突发性灾害天气自动监测系统，截至 2008 年底，上饶市县两级政府投入 560 多万元建成 269 个自动气象站，平均每个乡镇有一个自动气象站，把每年近 100 万元的维持经费列入地方财政预算。

行业台站　德兴铜矿气象站 1983 年下半年正式筹建，1985 年 1 月 1 日建立正式观测记录，预报工作是 1986 年 3 月 16 日开始。德兴铜矿气象站共享上饶市气象台欧洲中心传真图、气象卫星云图等资料及天气预报指导业务。上饶市气象局负责对铜矿气象站的气象设备提供、业务培训、天气预报指导等工作。

人力队伍　1992 年全市气象系统离退休人数为 39 人，其中离休 7 人，退休 31 人，退职 1 人。市局本部离休 3 人，退休 13 人，各县局离休 4 人，退休 18 人，退职 1 人。2010 年底，离退休职工 97 人，汉族 96 人，回族 1 人，大专以上学历 8 人，其中本科学历 3 人。具有中级以上专业技术职称 39 人，其中具有高级专业技术职称 2 人，中共党员 44 人，其他党派 2 人。

人工影响天气领导小组办公室　1991 年成立上饶地区人工影响天气领导小组，地区人工影响天气领导小组办公室设在地区气象管理局。1996 年 12 月 28 日,地区机构编制委员会以文明确,同意设立地区人工影响天气领导小组办公室,挂靠地区气象局,为正科级事业单位,核定事业编制5 人。

减灾委员会办公室 2002 年 7 月 10 日成立上饶市减灾委员会,委员会办公室设在市气象局;2002 年 10 月底前,11 个县(市、区)全部成立减灾委员会,并将办事机构设在气象部门。2009 年上饶市减灾委员会办公室机构及职责由市气象局划归市民政局。

第三节 业务与服务

气象观测

地面气象观测 主要观测项目有云、能见度、天气现象、气压、空气温度和湿度、风向和风速、降水、日照、蒸发、地面温度及浅层地温(5～20 厘米)、雪深。部分台站还有电线积冰、雪压、深层地温(40～320 厘米)等观测项目;2002—2003 年先后建成地面自动气象站,实现气压、气温、湿度、风向、风速、降水、地温等要素的自动记录。从 2004 年 1 月 1 日(2003 年 12 月 31 日 20 时后)起正式执行《地面气象观测规范》(2003 年版)。

农业气象观测 余干站观测项目:早晚稻、大豆、油菜、水产、物候(楝、桐、柳、蛙、燕、蝉)、气象水文;婺源站观测项目:单季稻、油菜、茶叶、物候(楝、桃、茶、蛙、燕、蝉)、气象水文;广丰站观测项目:早晚稻、梨、西瓜、物候(楝、桐、桂、蛙、燕、蝉)、气象水文。2009 年广丰、余干、婺源增加自动土壤水分观测。市气象台农业气象业务与服务工作有产量预报、农气情报、农业气象灾害预报、警报发布、农业生产专题服务材料、春播气象服务等。

雷达气象观测 新一代天气雷达观测是气象业务观测的重要组成部分,主要目的是监测和预警灾害性天气,探测重点是热带气旋、暴雨、冰雹、雷雨大风等。每年 3—9 月天气雷达全天时连续立体扫描观测。其他时段实行 10:00—15:00 时连续观测。在天气雷达监测范围内,预报或发现有灾害性天气时,应开机进行连续观测,直至天气过程结束。

特种观测 2004 年广丰县局承担稻田生态环境监测工作。4 月 1 日始,正式开展稻田小气候、土壤肥力和水稻常规等观测。上饶市台观测站 2007 年 1 月 20 日开始负离子观测。2007 年 5 月 1 日开始,正式进行酸雨观测。闪电定位仪于 2007 年 5 月开始正式运行。2008—2009 年在上饶市本部、德兴、广丰、鄱阳、万年、弋阳、玉山建成 7 个 GPS/MET 基准水汽观测站。2009 年 10 月,广丰县增加自动土壤水分观测,建设固定地段自动土壤水分观测站;测定深度为 1 米,分 0～10 厘米、10～20 厘米、20～30 厘米、30～40 厘米、40～50 厘米、50～60 厘米、70～80 厘米、90～100 厘米等 8 个层次;2009 年 11 月余干、婺源筹建作物地段自动土壤水分观测站。

天气预报

常规天气预报 按时效划分有临近、短时、短期、中期、长期预报;按内容划分有一般性天气预报和灾害性天气预报;按性质划分有天气预报和天气警报;按服务对象划分,有公众预报,专业、专项预报与决策预报。从2000年4月开始,市气象台增加雾和雷电预报;2003年4月正式开展紫外线预报;2006年联合环保部门开展城市空气质量预报。

气候影响评价　开展干旱、洪涝等主要气象灾害及寒露风、低温阴雨、雨雪冰冻等极端天气气候事件的气候影响评价。根据2006年3月《省气象局业务技术体制改革实施方案》,气候业务以省级为主,市、县级任务主要是加强对上级气候监测与诊断、短期气候预测、气候影响评价等业务产品的应用,及时反馈情况;开展市、县的相关气候预测专项应用服务;开展市、县区域内气候事件、灾害影响调查,并为当地政府、有关部门和行业、公众提供服务。

气象服务

从上世纪90年代开始,以气象旬月报、气象资料服务为主的常规专业气象服务,发展到用警报广播开展天气预报、灾害性天气预警信息及停限电(水)信息服务、气球广告、防雷装置定期检测、电视天气广告、防雷工程、"12121"电话咨询、气象短信、固定电话与移动电话外呼等气象科技服务;还有人工影响天气等专项服务。服务领域不断拓宽,服务手段不断增强,服务产品更加丰富,产品针对性和精细化水平进一步提高,努力做到"决策服务让领导满意,公众服务让社会满意,专业服务让用户满意",气象服务工作得到各级政府领导和社会公众的认可,满意度不断提高。

决策气象服务　2003年,上饶市遭受连续性暴雨和罕见的高温干旱天气的侵袭,给全市工农业生产造成很大的损失,给人民生活带来很大困难。上饶市气象部门充分发挥气象科技优势,密切注视天气变化过程,准确的预报,及时的服务,赢得全市各级领导、有关部门及广大人民群众的好评。特别是对全市6月24日—28日的连续暴雨、大暴雨过程作出准确的预报,并在连续暴雨过程中做出29日开始我市雨季基本结束,各大、中型水库在防汛同时注意做好蓄水工作的准确预报,为防汛指挥部门的正确决策作出贡献。7月初,市、县气象局向当地政府作出我市进入高温少雨天气,有严重伏旱,建议尽早做好人工增雨的准备工作的书面建议被当地政府采纳。7月18日抓住第一次作业时机,开展大范围人工增雨作业,增雨效果明显,为全市防汛抗旱夺取全面胜利作出突出的贡献。为此,上饶市和德兴、万年、广丰、弋阳、玉山、横峰、上饶县(市)等人民政府纷纷致函省气象局,建议给上述8个气象部门记大功或记功表彰。

公众气象服务　2004年8月13日中午11时,第14号台风"云娜"进入上饶市玉山县境内,给全市带来大风和大到暴雨。这次台风是上饶市有气象资料以来范围最广、力度最强的一次台风。"云娜"台风对上饶市影响巨大,历史罕见。早在8月10日,市气象局即开始关注"云娜"台风,组织气象台全体预报服务人员进行天气预报大会商,以《气象情况反映》形式报送市委、市政府及各县(市、区)委和政府。8月11日,在上饶日报、上饶晚报及上饶电视台等多家新闻媒体发布台风预警消息,提醒公众注意防范大风和局部强降水及引发的灾害。及时的服务为各级领导指挥防灾抗灾赢得了时间,争得主动。8月13日早晨6时,市气象局又组织同金华、衢州和景德镇三市台的天气会商,并把最新的会商结果通报到市委、市政府领导和有关部门。各县(市、区)局也加强抗台气象服务。全市各级人影办及时抓住有利时机,在确保不致灾的前提下,组织全市各级人影办开展人工增雨作业。8月13日,全市先后有八个县(市)开展25次作业,各地作业后普降中到大雨,农田旱情基本解除,水库储水明显增加。大范围的人影作业取得明显的社会效益和经济效益。

专业气象服务 2010年汛期,全市共出现11场暴雨天气过程,平均降雨量1446毫米,比1998年1226毫米多220毫米。上饶气象部门干部职工日夜值班,加密预测预报,对暴雨过程天气做到提前准确预报,先后3次启动重大气象灾害应急响应,发布气象预警信息、实况信息156次,气象手机短信170余万条,为全市防汛抗洪争得主动、赢得时间,为政府科学决策调度、提前采取应对措施提供科学依据和确切的雨情信息,使得全市没有倒一库一坝,大大降低灾害造成的损失,受到社会各界的一致好评。

人工影响天气 1991年成立上饶地区人工影响天气领导小组,地区人工影响天气领导小组办公室设在地区气象管理局,至此,由原地区防汛抗旱指挥部负责的人工影响天气日常工作正式移交给气象部门。到2010年止,全市拥有"三七"高炮10门、31套标准化地面火箭移动作业系统。市气象局和每个县气象局拥有两管车载式及4管各一套火箭作业系统;市局本部、上饶县和广丰县有3套火箭作业系统,鄱阳县有4套火箭作业系统。主要用于农业抗旱、水库蓄水增雨作业;另外还开展防雹减灾、夏季城市降温、森林防(灭)火等人工影响天气作业。

气象现代化建设 1994年7月,建设NOVELL网络服务器和网络路由器,完成全市气象部门局域网组建。1998年8月,全地区NOVELL局域网升级为WindowsNT网,可提供远程访问服务,各用户远程访问时的资料传输速率比NOVELL网络快近一倍,计算机通信转入Windows平台;各县市局联网软件更换后NT网络将取代NOVELL网;实现地—县计算机网络通信。2000年11月至2001年上半年先后完成市、县农村经济信息网的建设,2006年9月改版为新农村建设网。2002年市气象局开通Internet宽带网络,省—市VPN内部网络连接投入业务应用。2002年6月市局建成Notes邮件服务器,7月20日系统正式运行,市局各科室启用Notes系统;并陆续延伸至县(市)局。2003年5月,各县(市)局Notes邮件系统正式运行;全市电子政务系统形成。2005年3月开通省—市2兆SDH专线,用于数据传输系统和可视会商系统。2009年1月,上饶市气象局正式启动市—县天气预报可视会商系统建设。

第四节　气象管理

气象法规建设 2001年8月8日,上饶市人民政府印发《上饶市防雷减灾管理规定》。2003年7月19日,上饶市人民政府印发《上饶市人工影响天气管理规定》。2005年上饶市气象局成立气象行政执法支队。2006年,上饶市政府办公厅印发《上饶市气象灾害应急预案》。2008年6月12日,市政府印发《关于进一步加强气象灾害防御工作的实施意见》。2008年12月,上饶市政府制定《上饶市重大暴雨灾害应急预案》。

行政执法与审批 2002年开展防雷报建和防雷执法,规范防雷装置设计审核、竣工验收行政审批等,共开展气象行政执法30多次。2002年5月27日上饶市气象局第一次进驻上饶市经济发展中心。主要业务:对新建建筑物防雷装置设计图纸审核,要求 10 个工作日审完。2005 年上饶市气象局成立气象行政执法支队,各县(市)气象局也相继成立气象行政执法大队。2008 年 3 月 4 日上饶市人民政府出台"一站式"联合收费管理暂行办法,气象部门收费列入其中的第 14 项。

财务管理　1992 年开始实行地方政府与气象部门现行领导管理体制相适应的双重气象计划财务体制,通过中央和地方两条财务渠道合理争取资金支持气象事业的发展。中央和地方资金分别纳入中央财政、地方财政预决算管理,从 1999 年起,行政事业性收费实行"收支两条线"管理。

目标管理 1988 年开始,全省气象工作实施目标管理考核办法,上饶地区(市)局多次被评为优秀单位。

"五大工程"建设截至 2010 年 12 月,上饶市气象局和 8 个县气象局先后获得"五大工程"建设达标单位称号。全市所有台站环境面貌焕然一新。

第九章　宜春市

　　宜春市位于江西省西北部,地处东经 113°54′~116°27′,北纬 27°33′~29°06′之间。现辖袁州、樟树、丰城、靖安、奉新、高安、上高、宜丰、铜鼓、万载 10 个县市区和宜春经开区、宜阳新区、明月山温泉风景名胜区 3 个特色区;总面积 1.87 万平方千米,约占全省 1/9,列全省第六;总人口 610 万,约占全省 1/8,列全省第三。

　　宜春市处于偏低纬度,具有亚热带湿润气候特点。全市累年平均气温 17.2℃。无霜期平均为 267.9 天。全市年平均降水量 1680.2 毫米,年平均日照时数为 1737.1 小时,平均每天日照时数为 4.83 小时,年平均太阳辐射总量为每平方厘米 105.2 千卡。具有春季虽天气易变,但回暖较早,春夏之交湿润多雨,夏秋间晴热干燥,冬季阴冷,但霜冻期短的特点。四季比较分明,春秋季短而夏冬季长。总的来说,全市气候温暖,光照充足,雨量充沛,无霜期长。

　　中华人民共和国成立后,宜春第一个气象站——宜春气象站,建于 1952 年 7 月 1 日。1955—1959 年全市 9 个县先后建立气象站,实现"县有站,专有台"。

　　1991—2010 年,是我国改革开放和社会主义现代化建设事业承前启后、继往开来的重要时期,对宜春气象事业在新形势下持续、快速、健康发展具有十分重要的指导意义。该时期,新型气象事业结构的框架初步形成,主要是以"五大工程"建设为抓手,始终坚持"两手抓、两手硬"的方针,加快发展气象事业,取得长足进步。全市所有气象台站环境面貌焕然一新,较 20 世纪 90 年代前发生很大的变化。宜春气象业务和服务能力大大提高,市、县两级天气预报业务系统建设成效显著,气象服务领域不断拓宽,气象科研能力进一步增强,基础设施和职工的工作条件得到很大改善,职工的幸福指数明显提升。

　　20 年间,宜春市气象部门荣获省农科教突出贡献奖三等奖 2 项,詹丰兴被授予全国气象系统"双文明"建设劳动模范、全国先进工作者荣誉称号。宜春市气象局 2001—2010 年连续 5 届被评为省级文明单位,2001—2007 连续 3 届被评为"省级文明行业"。

第一节　气候特征

　　地理位置　宜春市位于江西省西北部,地处东经 113°54′~116°27′,北纬 27°33′~29°06′之间。东境与南昌市接界,东南与抚州市为邻,南陲与吉安市及新余市毗连,西南与萍乡市接壤,西北与湖南省的长沙市及岳阳市交界,北域与九江市相邻。境内东西长约 222.75 千米,南北宽约 174 千米。宜春市面积 18680.42 平方千米,占全省总面积 11.2%。

气候特点　宜春市属中亚热带季风气候区,气候呈多样性,天气变化大,四季分明,春秋季短而夏冬季长,冬季冷而夏季热,春季湿而秋季干,热量丰富,降水充沛,日照充足,霜期短。在平原地区春、夏、秋、冬四季分别约长 70 天、99 天、61 天和 135 天。夏冬两季时间较长,夏季昼长夜短,冬季昼短夜长,春秋两季时间较短,各约两个月,其昼夜时间相近。冬季受干冷的冬季风控制,气温低,受冷空气影响,常出现大风降温和雨雪冰冻天气。春季北方冷空气和南方暖湿气流常在宜春上空交汇,天气多变,有时出现低温阴雨天气和雷雨大风、冰雹、强降水等强对流天气,对春耕生产不利。初夏是全市一年中降水最集中的时期,常出现暴雨和连续性暴雨,造成严重的洪涝灾害。盛夏全市主要受副热带高压控制,以晴热高温天气为主,极端最高气温可达 40℃ 以上,连续晴热高温天气会造成全市明显伏旱。秋季,降水少,易出现干旱;有的年份会出现连阴雨天气,对秋收带来不利影响。

宜春主要气象灾害有:暴雨洪涝、干旱、大风、冰冻、雷电、冰雹、大雪、大雾等,以及由气象灾害衍生的山体滑坡、泥石流地质灾害和森林火灾等。

第二节　台站与人员

台站建设　宜春气象站,建于 1952 年 7 月 1 日。1955—1959 年全市九个县先后建立气象站。1979 年 3 月,更名为宜春地区行政公署气象局。1980 年 12 月,宜春地区行政公署气象局改名为宜春地区气象局。1985 年 3 月,省气象局转发省政府办公厅通知,宜春地区气象局改名为江西省宜春地区气象管理局。1996 年 12 月,原宜春地区气象管理局更名为宜春地区气象局。2000 年 8 月,撤地改市,江西省宜春地区气象局改称宜春市气象局。下辖樟树、丰城、高安、上高、万载、宜丰、铜鼓、奉新、靖安 9 个县(市)气象局和袁州区气象局(1968 年 8 月 26 日以前管辖进贤县气象局;1985 年 3 月 15 日以前管辖新余市气象局、分宜县气象局;1988 年 11 月 30 日以前管辖安义、新建县气象局)。至 2010 年底,宜春市所辖樟树、丰城、高安、上高、万载、宜丰、铜鼓、奉新、靖安 9 个县级气象台站,按照不同业务设有国家基准气候站 1 个,国家基本气象站 3 个,国家一般气象站 6 个。市气象局本部下设宜春市气象台,承担全市天气预报、农业气象业务服务及指导等工作。

国家自动气象站建设　国家级自动气象站(简称"国家站",位于气象台站内)建设首先从基准、基本站开始,1952 年 7 月 1 日,宜春市气象台建站启用,之后迁站 3 次,1987 年 1 月 1 日升为国家基准站。2002 年建设自动气象站,2003 年 1 月 1 日开始自动站与人工站正式平行观测。宜春市完成包括市气象台在内的 10 个国家级自动气象站的建设任务,并全部投入正常业务运行;逐步实现地面气象观测由人工观测向自动观测转变。

区域自动气象站建设　简称"区域站",主要建在乡镇一级。建设从 2005 年开始,监测要素分别有单要素(雨量)、两要素(气温、雨量)、四要素(气温、雨量、风向、风速)和六要素(气温、雨量、风向、风速、湿度、气压)四类。2005 年 12 月 1 日在袁州区洪江镇建设了全市第一个区域自动气象站,该站为单雨量站,紧接着全市第一批 42 个区域自动气象站陆续建设完成。截至 2010 年,全市共建设区域自动气象站 171 个并投入业务运行,其中:单要素站 42 个;两要素站 72 个;四要素站 37 个;

六要素站 20 个。分布在全市 10 个县(市、区),基本实现全市各乡镇全覆盖。

人员队伍 1952 年 7 月 1 日,在职 3 人。1991 年底,地区气象局在职职工 77 人。其中:本科学历 10 人,大专学历 14 人,中专及以下学历 53 人;工程师 25 人,助理工程师及以下职称 52 人。1996 年 12 月,总编制数为 166 名,其中各县(市)气象局为 96 名。2010 年底,市气象局在职职工 61 人。其中:研究生 1 人,本科学历 30 人,大专学历 20 人,中专及以下学历 10 人;高级工程师 8 人,工程师 32 人,助理工程师及以下职称 21 人,学历和职称较 1991 年均有明显的提高。

地方机构 1992 年 3 月 17 日,宜春地区行政公署办公室下发宜署办字〔1992〕8 号文件,成立宜春地区人工影响天气领导小组,领导小组下设办公室,设在地区气象局。

第三节 业务与服务

气象观测

地面气象观测 地面气象观测分为人工观测和自动观测两种方式,其中人工观测又包括人工目测和人工器测。主要观测项目有云、能见度、天气现象、气压、空气温度和湿度、风向和风速、降水、日照、蒸发、地面温度及浅层地温(5~20 厘米)、雪深。部分台站还有电线积冰、雪压、深层地温(40~320 厘米)等观测项目;2002—2003 年先后建成地面自动气象站,实现气压、气温、湿度、风向、风速、降水、地温等要素的自动记录。从 2004 年 1 月 1 日(2003 年 12 月 31 日 20 时后)起正式执行《地面气象观测规范》(2003 年版)。

农业气象观测 宜丰国家农业气象一级观测站观测任务为:早晚稻、油菜、花生、猕猴桃、蔬菜、物候(桃、楝、油、蛙、燕、蝉)、气象水文;制作早、晚稻和油菜产量趋势、定量预报。樟树国家农业气象二级观测站观测任务为:水稻、油菜、大豆、花生、生猪、物候(楝、栗、柳、蛙、燕、蝉)、气象水文;制作早、晚稻、粮食总产量趋势、定量预报。市气象台制作早、晚稻,油菜和粮食作物产量趋势、定量预报;对全年农业气象条件和早、晚稻及油菜全生育期气象条件进行评述。另外,还要发布农业气象灾害警报,制作农业气象旬报、月报及春播春种、秋收秋种等专题服务材料等。

特种观测 宜春酸雨观测自 2006 年 7 月 6 日至今,使用仪器型号:雷磁 PHS - 3B 型精密 PH 计、雷磁 DDS - 307 型数字式电导率仪;宜春负离子观测自 2007 年 1 月 20 至 2014 年 1 月 16 日,使用仪器 AIC1000 每日 09 时、16 时观测正、负离子浓度;从 2003 年 4 月 1 日起正式开展太阳紫外线观测、数据上行及预报业务,每 15 分钟上传紫外线数据文件;宜春雷电观测自 2003 年 8 月至今,使用仪器型号:ADTD 实时观测闪电正、负闪并上传数据。

气象现代化建设 宜春市气象部门依靠科技进步,紧紧抓住气象现代化建设不放松,大力提升气象综合实力,全面提高气象监测、预报、预警、服务系统的现代化水平。1995 年,宜春地区气象管理局获得全省气象现代化建设单项优秀奖。1985 年 3 月,地区气象台装配甚高频电话(VHF 对讲机),可与全区 9 个县市气象台站通话。1992 年 10 月实现通过 MODEM 调取省台气象资料和指导预报产品;1994 年 8 月建设 Novell 局域网络系统;1995 年 8 月底,各县局计算机终端全部建成。1998 年 1 月全区第一台 VSAT 卫星小站在地区局安装调试成功。1998 年 6 月,地区局 Novell 局域网升级为 WindowsNT 网,计算机通信转入 Windows 平台;各县市联网由 NT 网络取代 Novell 网。1999 年全区陆续开通电话拨号国际互联网络。2000 年,所有县市局均已配置 PCVAST 卫星单收站;到年底先后完成市、县农村经济信息网的建设(2006 年 9 月改版为新农村建设网)。2002 年市局开通 Internet 宽带网络,省—市 VPN 内部网络连接投入业务应用。2002 年 6 月市局建成 Notes 邮件服务器,7 月 1 日系统正式运行。2003 年 7 月,各县(市)局相继建立 Notes 邮件系统,全市电子政务系统形成。2003 年初宜春气象内网开通,5 月宜春新一代数字化天气雷达监测预警系统建成并投入使用;2004 年建成宜春市局 FY－2B 气象卫星地面接收系统;2005 年 4 月开通省—市 2 兆 SDH 专线,用于数据传输系统,并建成省市级可视会商系统。2005 年底开始区域自动站的建设,2007 年 8 月宜春气象外网开通运行。2009 年 12 月建成市—县可视会商系统,2010 年 8 月 1 日正式投入业务运行。

天气预报

常规天气预报　按时效划分,有临近、短时、短期、中期、长期预报;按内容划分,有一般性天气预报和灾害性天气预报;按性质划分,有天气预报和天气警报;按服务对象划分,有公众预报,专业、专项预报与决策预报。从 2000 年 4 月开始,市气象台增加雾和雷电预报;2003 年 4 月正式开展紫外线预报;2006 年联合环保部门开展城市空气质量预报。

气候影响评价　2007 年以前地(市)、县主要任务是完成(上)半年和年度(含下半年)气候评价,完成重要农事季节或重大气候事件的专题评价两次,即每年必须完成四次评价。县气象局还要按规定的上报时间分别向省气候中心和地(市)局上报气评表;地(市)按规定上报时间向省气候中心上报气评表。2004 年,市地方史志办编制《宜春年鉴(2001—2004 年)》,宜春市局开始提供气象灾害情况,2007 年进一步提供气候影响评价。气候影响评价有利于社会各界进一步了解我市的气候状况,对于农业部门研究气候对农业生产的利弊影响以及有关部门在合理利用、开发、保护气候资源工作中进行决策等方面都具有重要的参考作用。根据 2006 年 3 月《省气象局业务技术体制改革实施方案》要求,气候业务以省级为主,市、县级不再承担日常气候业务任务。

气象服务

全市气象工作者坚持"以人为本、无微不至、无所不在"的气象服务理念,努力做到"决策服务让领导满意,公众服务让社会满意,专业服务让用户满意",不断拓展气象服务领域,不断丰富气象服务产品;紧跟信息与传媒技术发展的步伐,不断创新气象服务手段。气象服务工作得到各级政府领导和社会公众的认可,满意度不断提高。

决策气象服务　1992 年 3 月份以来,靖安县降水持续偏少,尤其是 5 月份降水特少,5 月 1 日至 23 日降水量仅 34.7 毫米,与常年同期相比少近 200 毫米。致使全县水库、稻田缺水,部分早稻田出现干裂,大部分一晚稻田难以翻耕,直接影响一晚按时栽插,还有不少水电站因缺水而不能或减少发电,面对这历史罕见的春旱,靖安县委、县政府召集人武部、水电局、气象局研究,决定实施人工增雨作业。靖安县人工影响天气办公室迅速做好各项准备工作。5月24—25日,当地出现有利的增雨作业天气,由县气象局和水电局领导带队的人工增雨高炮作业队立即抓住时机,进入炮点实施增雨作业,从而打响全省人工增雨第一炮。通过5月24日—25日两次的人工增雨高炮作业,全县雨量大增。24日靖安县为全省雨量高值中心,三爪仑、丁坑口雨量分别为96毫米、111毫米。25日作业后小湾水库3小时雨量达42毫米,24—25日两天全县普降90~180毫米,全县15万亩农田解除旱情,各类水库净增水量1728立方米,可增发电量600万度,经济效益十分可观。靖安县委、县政府领导充分肯定这次人工增雨作业及其效果。

公众气象服务 1994年7月12日受六号台风减弱低压影响,宜春市(今袁州区)出现特大暴雨,二十四小时降雨230毫米,是历史最大值并伴有八级大风,邻县万载也出现大暴雨。这一天,降雨如注、河水猛涨,袁河水位距秀江桥面仅差半米左右,宜春市区水深一尺有余,不少单位泡在水里。晚上八时左右,地委委员、主持行署工作的副专员吴济根和副专员谢锡健一同冒雨来到地区气象局,一是要了解气象信息,以便对防汛工作进行定夺,二是看望24小时坚持工作的气象工作者。市气象局领导向行署领导汇报降雨趋势:"十三日雨停止。"为行署领导决策提供科学依据,受到领导的充分肯定。

专业气象服务 1993年7月25日全市部分地区出现暴雨或大暴雨,市气象台于7月24日下午作出全市有大到暴雨的短期预报,7月25日上午补充发布白天仍有中到大雨,局部暴雨。7月25日实况是奉新、靖安暴雨,铜鼓、万载大暴雨,其他台站中到大雨。7月25日万载县第三次遭遇大暴雨袭击,该县境内的大型水库水位超过警戒线。25日20点30分地委书记、专员等领导从三十把水库打电话给地区防办,指示市气象台当晚做好三十把水库库区的降水预报,21时通过调用卫星云图等资料分析后,果断作出水库今晚到明早零时基本无降水,预报与实况相符合,地委、行署主要领导和地区防办根据我们的预报,当即决定不再加大泄洪,为减轻下游的压力,从22点始减少泄洪量,减轻锦河防汛的压力,取得较好的社会经济效益。由于汛期气象服务中预报准确,服务及时主动,地区气象局和丰城市气象局被地委、行署授予抗洪救灾先进单位称号。

农业气象服务 宜春市气象服务始终坚持把为农服务放在气象工作的首位,充分发挥气象科技优势,依托气象现代化建设,主动参与扶贫开发、科技兴农工作,开展多种形式的服务,为农业丰收,贫困地区脱贫致富作出积极的贡献。1992年初,冷空气频繁造访,出现连续久雨低温"春分"寒和"清明"寒,春播气象服务形势十分严峻,宜春地区气象台于3月30日作出久雨低温结束,四月初转晴回暖,有利于早稻大面积播种的预报,同时《宜春日报》刊登这条消息,事实证明实况与预报吻合,春播预报成功,从而减免烂种烂芽,为提高农业生产经济效益发挥显著作用。

科技气象服务 宜春气象部门从20世纪80年代中期开始以气象旬月报、气象资料服务为主的常规专业气象服务,发展到用警报广播开展天气预报、灾害性天气预警信息及停限电(水)信息服务、气球广告、防雷装置定期检测、电视天气广告、防雷工程、"12121"电话咨询、气象短信、固定电话与移动电话外呼等气象科技服务,以及人工影响天气等专项服务。

防雷气象服务　1991 年 4 月,省劳动厅和省气象局联合下发关于印发《江西省防雷安全管理暂行办法》的通知,宜春市防雷气象服务正式开始。2001 年 3 月,成立宜春市防雷管理局,负责指导和组织管理本行政区域内雷电灾害的防御工作,防雷装置检测、设计、施工资质管理及雷电灾害调查等。2003 年,宜春市防雷管理局在宜春市行政服务中心设立窗口,对外开展工作。宜春先后在省内外设计或施工的防雷工程项目 1000 多个,包括国家级、省级重点工程项目多个,为用户避免雷击灾害造成的生命财产损失,取得显著的社会效益和经济效益。2007 年,宜春市气象局在上高县气象局试点开展雷击风险评估工作,开创江西省县级气象部门开展雷击风险评估的先河,成为当年全省气象部门的创新项目。

人工影响天气　2000 年以后,宜春市各县(市、区)相继配备车载人工增雨火箭架,采用三七高炮和火箭发射增雨弹开展人工增雨作业。2009 年投入 170 万元建设第二套标准化地面火箭移动作业系统,随之,三七高炮逐渐退役,全市只采用火箭发射架增雨弹开展。到 2010 年,配备标准化地面火箭移动作业装备 10 套、37 毫米高炮 6 门,其他火箭移动作业装备 11 套,火箭弹药防爆箱 11套,人工增雨作业,基本建立省、市、县三级高炮、火箭人影作业指挥体系。

第四节　气象管理

气象法规建设　2001 年宜春市政府办公室印发《市气象局关于贯彻落实〈江西省人工影响天气管理办法〉实施意见的通知》《宜春市防雷减灾管理规定》,进一步规范社会防雷管理行为,完善依法行政的各项依据。2003 年市政府下发《关于进一步做好防雷安全工作的通知》;2004 年市政府办公室制定《宜春数字化天气雷达站探测环境和探测设施保护办法》;2007 年市政府印发《宜春市人民政府关于进一步加快气象事业发展意见的通知》;2008 年市政府印发《关于进一步加强气象灾害防御工作的实施意见》。

气象行政执法　2003 年,宜春市人民政府办公室抄告同意将"防雷装置设计审核"纳入市局行政审批项目,在《宜春日报》登载向社会公布后可正式实施审批。气象行政官批事项包括:1. 升放无人驾驶自由气球、系留气球单位资质认定;2. 防雷装置设计审核和竣工验收;3. 升放无人驾驶自由气球或者施放系留气球活动审批;4. 新建、扩建、改建建设工程危害气象探测环境审批。县(市、区)局实施的行政许可共二项(上述第 2、3 项);同时各地先后将行政许可项目纳入当地行政审批大厅窗口办理。

"五大工程"建设　至 2010 年底,共有 6 个气象台站通过省局达标验收。全市所有台站环境面貌焕然一新,较 20 世纪 90 年代前,现代化建设上新台阶,业务和服务能力有较大提高,气象服务领域不断拓宽,基础设施和职工的工作条件得到很大改善,职工的幸福指数有明显提升。

第十章　吉安市

　　吉安位于江西省中西部,古称庐陵、吉州,元皇庆元年(1312)取吉阳、安成首字合称为吉安。2000年5月撤地设市,现辖2区10县1市(即吉州区、青原区,吉安县、新干县、永丰县、峡江县、吉水县、泰和县、万安县、遂川县、安福县、永新县和井冈山市),面积2.53万平方公里,截至2010年底,人口495.97万。

　　1991—2010年,是吉安气象事业发展最快的阶段。吉安气象工作者紧紧围绕当地经济社会发展的需求,始终坚持气象工作服从和服务于国家经济社会发展大局,坚持将气象服务放在首位,坚持气象现代化建设不动摇,努力提高气象服务的能力和效益,开创气象事业发展的新局面。

　　全市气象部门以"五大工程"建设为抓手,始终坚持"两手抓、两手硬"的方针,台站的面貌发生深刻的变化,职工的幸福指数明显提升。气象工作越来越受到各级党政领导的高度重视,越来越受到社会各界和公众的高度关注。至2010年底,全市有9个台站先后被省气象局授予"五大工程"建设达标单位。

　　1998年11月,省政府批准井冈山市气象局为省级文明单位。1999年9月,井冈山市局作为中国气象局推荐的全国"创建文明行业工作先进单位",受到中央文明委的表彰,被授予"全国文明单位"荣誉称号。至2010年底,所属11个县市气象局,有6个为省级或以上文明单位,其中井冈山市气象局为全国文明单位。

第一节　气候特征

　　地理位置　吉安市位于江西省中西部,赣江中游,东接抚州市乐安县和赣州市宁都、兴国县;南邻赣州市赣县、上犹县、南康市;西连湖南省桂东、炎陵、茶陵县和江西省萍乡市莲花县;北靠萍乡市芦溪县和宜春市袁州区、樟树市、丰城市及新余市渝水区、分宜县。地理上介于北纬25°58′32″~27°57′50″,东经113°48′~115°56′之间,南北长218千米,东西宽208千米,国土面积25283平方千米,总人口495万人。2000年5月撤地设市,辖吉州区、青原区、井冈山市和吉安、泰和、万安、遂川、永新、永丰、吉水、峡江、安福、新干等10县。

　　气候特征　吉安市为中亚热带季风湿润气候,其特点是四季分明,冬、夏长,春、秋短。春季回暖较早,但天气变化无常,春夏之交湿润多雨,夏秋间酷热干燥,冬季阴冷,但霜冻期短。总的来说,吉安市气候温暖,光照充足,雨量充沛,无霜期长,具有亚热带湿润气候特征。年平均气温17.2~18.9℃;年平均降水量1436~1718毫米;年平均日照时数1464~1673小时;年平均相对湿度78%~84%;

年平均无霜期日数 274～299 天;最热月 7 月平均气温为 27.5～29.8℃;最冷月 1 月平均气温为 5.5～7.2℃。由于受季风影响,气象灾害较频繁,一年四季均有发生。

第二节　台站与人员

台站建设　1951 年 1 月建立遂川气象站,8 月建立吉安气象站;1956 年 12 月建立莲花气候站(1992 年划归萍乡市管理);1957 年 1 月建立宁冈气象站,11 月建立永新、峡江气候站,12 月建立安福气候站;1958 年扩建吉安气象台、建立井冈山(茨坪)、永丰气候站;1959 年 1 月建立新干、万安、吉水、泰和、吉安凤凰圩(1961 年撤销,1978 年在新县城敦厚镇复建)气候站。至 2010 年底,吉安市所辖新干县、峡江县、永丰县、吉水县、吉安县、泰和县、万安县、遂川县、安福县、永新县、井冈山市茨坪、井冈山市厦坪 12 个县级气象台站,按照不同业务设有国家基准气候站 1 个,国家基本气象站 3 个,国家一般气象站 8 个。市气象局本部下设吉安市气象台,承担全市天气预报、农业气象业务服务及指导等工作。

国家级自动气象站　国家级自动气象站(简称"国家站",位于气象台站观测场内)建设首先从基准、基本站开始,于 2002 年 8 月底完成。至 2003 年年底,吉安市已完成包括市气象台在内的 13 个国家级自动气象站的建设任务,并全部投入正常业务运行,逐步实现地面气象观测由人工观测向自动观测转变。

区域自动气象站　区域自动气象站(简称"区域站",主要建在乡镇一级)建设从 2005 年开始,监测要素分别有单要素(雨量)、两要素(气温、雨量)、四要素(气温、雨量、风向、风速)和六要素(气温、雨量、风向、风速、湿度、气压)四类。至 2010 年底,全市内共建成 209 个区域自动气象站,其中:单要素站 46 个;两要素站 37 个;四要素站 124 个;六要素站 2 个。

人员队伍　1991 年全市有正式职工 250 人,其中本科学历 15 人,大专学历 26 人,中专及以下学历 209 人;工程师 58 人,助理工程师及以下职称 192 人。2010 年底有正式职工 182 人,其中本科学历 68 人,大专学历 74 人,中专及以下学历 40 人;副研级高级工程师 11 人,工程师 115 人,助理工程师及以下职称 56 人,学历和职称较 1991 年均有明显的提高。

地方机构　1991 年 6 月,成立吉安地区人工影响天气领导小组,领导小组办公室设在地区气象管理局。1996 年 11 月,地区机构编制委员会明确,人影办为正科级事业单位,核定事业编制 3 人。2002 年 7 月,成立吉安市减灾委员会,委员会办公室设在市气象局;2002 年 10 月底前,11 个县(市)全部成立减灾委员会,并将办事机构设在气象部门。2005 年 7 月,市机构编制委员会同意在市人工影响天气办公室增挂市减灾委办公室牌子,增加人员编制 1 名。2008 年 8 月,减灾委办公室改为设在民政部门。

第三节　业务与服务

吉安气象部门大力弘扬爱岗敬业精神,加强业务管理和岗位培训,建立考核奖惩机制,使业务质量和水平明显提高;面向需求、合理布局;依靠科技、强化科研;坚定不移地推进气象现代化建设,气象业务综合实力得到增强。

气象观测

地面气象观测　主要观测项目有云、能见度、天气现象、气压、空气温度和湿度、风向和风速、降水、日照、蒸发、地面温度及浅层地温(5～20厘米)、雪深。部分台站还有电线积冰、雪压、深层地温(40～320厘米)等观测项目;2002—2003年先后建成地面自动气象站,实现气压、气温、湿度、风向、风速、降水、地温等要素的自动记录。吉安、遂川、安福等县还承担航空危险天气报告任务。

农业气象观测　泰和国家农业气象一级观测站观测任务为:早晚稻、油菜、蔬菜、物候(楝、桐、栗、蛙、燕、蝉)、气象水文;制作早、晚稻和油菜产量趋势、定量预报。吉安县国家农业气象二级观测站观测任务为:早晚稻、柑橘;制作早、晚稻产量趋势、定量预报和柑橘产量趋势预报。市气象台制作早、晚稻,油菜和粮食作物产量趋势、定量预报;对全年农业气象条件和早、晚稻及油菜全生育期气象条件进行评述。另外,还要发布农业气象灾害警报,制作农业气象旬报及专题服务材料等。

雷达气象观测　1979年9月,地区气象台配备国产711型测雨雷达。1981年2月20日正式投入业务使用,1994年底停止观测。2003年2月10日吉安新一代多普勒天气雷达(CINRAD/SC)建成并开始进行过渡试运行。新一代天气雷达观测是气象业务观测的重要组成部分,主要目的是监测和预警灾害性天气,探测重点是热带气旋、暴雨、冰雹、雷雨大风等。每年3—9月天气雷达全天时连续立体扫描观测。其他时段,实行10:00—15:00时连续观测。在天气雷达监测范围内,预报或发现有灾害性天气时,应开机进行连续观测,直至天气过程结束。

特种观测　2002年11月市气象台建成紫外线辐射观测并开始试运行;2003年3月吉安县新增闪电定位观测,因周边环境影响于2005年1月迁移至泰和县;2004年泰和县承担稻田生态环境监测工作;2007年1月20日起,泰和县、井冈山市正式开始负离子观测和资料的实时传输;2007年2月10日泰和县、井冈山酸雨观测业务开始试运行;2007年10月26日吉安县新增滴潜仪观测项目;2009年11月1日起,吉安县增加土壤水分观测;2010年1月1日起泰和新增自动土壤水分观测业务。

天气预报

常规天气预报　全市气象部门均开展临近、短时、短期、中期、长期天气预报,后根据不同需求,细化为公众天气预报,专业专项天气预报。从2000年4月开始,市气象台增加雾和雷电预报;2003年4月正式开展紫外线预报;2006年联合环保部门开展城市空气质量预报。

现代化与科研　气象现代化是兴业之路。吉安市气象部门立足业务发展需求,依靠科技进步,紧紧抓住气象现代化建设不放松,大力提升气象综合实力,全面提高气象监测、预报、预警、服务系统的现代化水平。实现地面气象观测由人工观测向自动观测的转变;实现气象通信业务从半手工作业到广泛采用计算机,再发展成为计算机网络通信的历史性跨越;新一代天气预报人机交互处理系统(MICAPS)和数值预报产品的广泛应用,使气象预报预测业务实现由传统人工分析为主的定性分析预报方式,向以数值预报产品为基础、以人机交互处理系统为平台、综合应用多种技术方法的自动化、客观化和定量化分析预报方向的变革。1995年前后开发的"天气预报图文编辑系统""远程工作站应用系统"获得1996—1997年度全省软件开发应用成果二等奖(一等奖空缺);"吉安地区气象资料数据库及管理系统"获三等奖;1998年开发的"井冈山旅游气候咨询计算机服务系统"获得1999年度省气象科技进步奖三等奖。部分软件还受到省局和省内外兄弟单位的好评,并得到推广应用。

通信网络建设　1992年10月南昌至吉安STYS计算机实时气象业务服务远程工作站试建成功;1994年7月建设Novell网络服务器和网络路由器,完成全区气象部门局域网组建,取消报务和人工填图业务;1995年6月底,县局计算机终端全部建成,县局可以通过MODEM定时调取地台服务器中的资料和指导预报,标志着县(市)气象业务网络现代化开始起步。1998年5—6月,地局Novell服务器改造为WindowsNT服务器,计算机通信转入Windows平台;各县市建成NT服务器后,地—县间能够主动进行连接,实现了地—县计算机网络通信。

1995年1月江西启动《气象卫星综合应用业务系统(代号:9210工程)》建设项目,要求各地市气象部门分别建设一个小型卫星通信站(简称VSAT小站)及计算机网络系统。1997年9月吉安VSAT卫星小站安装调试成功;1999年9月底前,地区气象台及所有县市局均已配置PCVSAT卫星单收站,气象资料实现同步自动接收。

1998~1999年全区陆续开通国际互联网络Internet。2000年11月至2001年上半年先后完成市、县农村经济信息网的建设(2006年9月改版为新农村建设网)。2002年市局开通Internet宽带网络,省、市、县VPN内部网络连接投入业务应用。2002年6月市局建成Notes邮件服务器,7月10日系统正式运行;2003年7月,各县(市)局Notes邮件系统正式运行;全市电子政务系统形成。2003年吉安气象内网开通。2003年2月新一代多普勒天气雷达建成并投入业务运行。2005年4月开通省—市2兆SDH专线,用于数据传输系统和可视会商系统,建成省市级可视会商系统。2007年开通市—县2兆MSTP通信专线,气象数据实现高速网络传输。2007年8月1日吉安气象外网开通运行。2009年12月建成省—市—县三级可视会商系统,2010年8月1日正式投入业务运行。

气候影响评价　2007年以前地(市)、县主要任务是完成(上)半年和年度(含下半年)气候评价,完成重要农事季节或重大气候事件的专题评价两次,即每年必须完成四次评价。2002年7月29日中共吉安市委机关报《井冈山报》首次刊登"吉安市2002年上半年气候公报",引起公众的关注;至2006年度每年都在该报上发布上半年和年度气候公报。根据2006年3月《省气象局业务技术体制改革实施方案》要求,气候业务以省级为主,市、县级不再承担日常气候业务任务。

业务质量　全市共有3人次被中国气象局授予全国"优秀值班预报员"称号;26人次被授予全国"质量优秀测报员"(连续250个班无错情)称号。

气象服务

决策气象服务 1994年7月12日,吉安行署致函省气象局,函件指出:"继4月底和5月初吉安部分地方遭受龙卷风、冰雹、暴雨袭击之后,6月9日至18日,全区各地又连降大到暴雨和特大暴雨,加上上游赣州地区也连降暴雨,致使我区各地山洪暴发,山塘水库爆满,江河水位猛涨,大片农田被淹,许多村庄和群众被洪水围困,其受灾范围之大,损失之惨重,是中华人民共和国成立以来所罕见的。在这次重大洪涝灾害之前、之中、之后的气象服务中,全区气象部门从领导到群众,日夜坚守岗位,严密组织监测,充分利用现代化设备,以优良的业务技术和主动及时的气象服务,为全区各级党政领导和防汛指挥部门提供大量的预报和情报信息,为我区抗洪抢险提供可靠的决策依据,为抗灾救灾赢得时间和主动权,为灾情损失降到最低程度作出重要贡献。为此,我们特为吉安地区气象局请功。"

公众气象服务 1992年3月,吉安地区出现罕见早汛。各地连降大雨和暴雨,大部分县市月总雨量在400毫米以上,突破历史同期最高纪录,是常年的2倍多;全区赣江沿岸7个县市受重灾,新干、峡江、万安三县城被淹,造成历史上少有的特大洪涝灾害。这次早汛时间之早、来势之猛、水位之高、洪水之大、持续时间之长突破历史同期纪录。吉安地区气象干部职工在抗御这场特大洪涝的战斗中,坚守岗位、日夜奋战,打破常规,做好预测预报和雨情通报,提供优质气象服务,为夺取抗洪抢险胜利作出了贡献。据统计,全区安全转移群众39万多人,没有发生一起因洪水进城进村造成人员死亡事故,没有倒塌一座小(一)型以上的水库,全区共挽回经济损失5884万元,最大限度地减少了灾害带来的损失,灾区社会安定、人心稳定。吉安气象部门受到领导的肯定和表扬。

2008年1月12日至2月5日,吉安市出现历史罕见连续低温雨雪冰冻天气,最长连续雨雪日数和冰冻日数均突破新中国成立以来气象记录;气象部门迅速进入Ⅱ级气象应急响应状态。25—26日,大范围的冻雨天气造成电线结冰,最大直径达24毫米,道路结冰严重,给交通、电力、农业和林业等带来不利影响,给人民群众生活造成严重困难。市气象局主要领导多次参加市委、市政府会议汇报天气情况,准确的天气预报和优质的气象服务为市委、市政府领导指挥抗冰救灾、灾后重建工作作出积极贡献。2008年4月市气象台被吉安市委、市政府授予"抗击低温雨雪冰冻灾害先进集体"称号,并授予"抗冰救灾先进集体"锦旗一面。

专业气象服务 2010年入汛以来,吉安先后出现11次强降雨过程,雨量之大、雨强之强、范围之广均创历史同期之最。6月17日至24日,吉安遭遇入汛以来最强暴雨过程,全市平均降雨量达330毫米,比历史同期偏多3.2倍。连续暴雨导致江河横溢、堤坝出险、农田被淹、群众受困、交通中断,抗洪抢险不断告急!市政府紧急启动防汛Ⅰ级应急响应。气象部门为两次泄洪调度、错开洪峰,确保所有大中型水库不出现大的险情,实现全市安全度汛,提供了科学依据。6月30日,省委常委、省纪委书记尚勇指出:这次抗洪抢险的胜利,归功于各地各部门的协同参与,特别是气象等有关部门的干部和技术人员,坚守岗位,昼夜值班,密切关注灾情变化,科学研判形势,及时上传下达,为领导的决策提供了大量有价值的信息和建议,表现了较高的业务能力,发挥了抗洪抢险参谋部的重要作用。

农业气象服务　1992 年 7 月,宁冈县生产的绞股蓝营养茶荣获全国首届绞股蓝学术研讨和产品展示会"神草杯"二等奖;1995 年 5 月,吉安地区的"莲—萍—渔立体农业技术应用推广"项目被中国气象局、中国气象学会授予气象科技扶贫工作集体三等奖;1997 年 1 月,宁冈县气象局科研项目《井冈山区宁冈县气象科技扶贫开发》荣获中国气象局、中国气象学会气象科技兴农、科技扶贫工作个人奖三等奖;1999 年 8 月,中国气象局和中国气象学会联合表彰奖励 1996—1997 年度全国气象科技扶贫先进单位和个人,吉安地区气象局主持的《井冈山区四县一市特色农业开发的农气适用技术推广》荣获集体二等奖。

人工影响天气　1991 年 6 月,由原地区防汛抗旱指挥部负责的人工影响天气日常工作正式移交给气象部门。截至 2010 年底,全市拥有"三七"高炮 10 门、25 套标准化地面火箭移动作业系统,远程遥控地面烟条播撒系统 1 套(井冈山)。市局和每个县局拥有两管车载式及 4 管(其中峡江、吉安县为 8 管)牵引式各一套火箭作业系统;吉安县有 3 套火箭作业系统。主要用于农业抗旱、水库蓄水增雨作业;另外还开展防雹减灾、夏季城市降温、森林防(灭)火等人工影响天气作业。

2003 年 7 月 28 日下午,井冈山市笔架山附近因闪电雷击引发自燃出现森林火警。火警现场周围为三面悬崖一面陡坡,人迹罕至,水源又远,扑救难度非常大。省委书记孟建柱指示:要把人工增雨作为扑灭井冈山森林火警关键性措施来实施;副省长危朝安亲临一线指挥调度。省、市人影办紧急抽调泰和县、吉安县、峡江县人影作业工具和炮弹,驰援井冈山市实施人工增雨灭火。吉安多普勒雷达 24 小时开机,业务人员 24 小时密切监视天气变化,作业小组 24 小时严阵以待。29 日下午,3 个人工增雨灭火作业组抓住有利时机,实施在火点附近作业 11 次,共发射火箭弹 37 枚,笔架山火点 3 次降下中到大雨,炮点周围黄洋界、茨坪等地也普降中到大雨,受益面积达 500 平方公里,当晚火警得到控制并于次日被完全扑灭。省领导对此次人工增雨灭火效果非常满意。孟建柱书记称赞:人工增雨在扑灭井冈山火警中起关键性作用。7 月 30 日下午,副省长危朝安在省气象局副局长、人影办主任黎健陪同下,到井冈山人工增雨森林灭火作业指挥部,代表省政府、吉安市及井冈山市政府,向参加人工增雨森林灭火的指挥、作业人员表示慰问和感谢。8 月 4 日下午,省委书记孟建柱,省委常委、省委秘书长陈达恒一行,在吉安市委书记吕滨、副市长陈志明等陪同下,到吉安市吉水县醪桥乡人工增雨作业炮点,考察人工增雨工作,看望作业人员。孟建柱书记还摁下火箭发射按钮,发射人工增雨火箭弹,作业影响区随后普降中雨。

第四节　气象管理

社会气象管理

气象法规建设　2000 年 2 月,市气象局成立政策法规科,负责组织协调全市气象社会管理和气象行政执法工作。2001 年 7 月,市编委批复同意市气象局设立"吉安市防雷减灾管理局"。2001 年

2月3日吉安市政府首次出台《吉安市防御和减轻雷电灾害管理办法》,规定市气象主管机构负责本市行政区域内的防雷减灾管理工作。2003年5月市政府印发《吉安市人工影响天气管理办法》,要求县(市、区)政府应设立人影工作领导小组,办事机构设在同级气象主管机构。2006年4月市政府又重新修改下发《吉安市防雷减灾管理办法》,进一步规范社会防雷管理行为,完善依法行政的各项依据。2006年7月市政府办印发《吉安市气象灾害预警信息发布与传播工作实施意见》,明确在气象部门组建市、县两级突发气象灾害预警信息发布平台。2006年9月市政府办印发《关于进一步加强人工影响天气工作的通知》。2008年3月市政府办下发《关于进一步加强气象灾害防御工作的实施意见》;2008年7月市政府办印发《关于加强我市气象探测环境保护的通知》;2010年12月市政府办下发《关于切实做好气象灾害防御应急联动工作的通知》。

行政执法 1999年11月,经吉安行政公署审查,吉安地区气象局符合《中华人民共和国行政处罚法》等有关法律、法规的规定,准予依法行使行政执法权,为地区气象局颁发"行政执法主体资格证";各县(市)局也相继在当地法制部门办理"行政执法主体资格证"。2003年10月,市气象局成立吉安市气象行政执法支队;各县(市)局也相继成立气象行政执法大队。2010年开始,吉安市气象局在全省率先开展"县气象局负责执法检查,市气象局负责行政处罚办案"的气象行政执法新机制模式探索,较好地处理基层县局行政处罚难的问题。受到省推进依法行政工作领导小组表彰。

综合行政管理

事业结构调整 该时期吉安市积极探索并调整气象事业结构,建立和完善相适应的运行机制。20世纪80年代后期逐步建立基本业务、有偿专业服务、经营实体"小三块"的事业结构框架;20世纪90年代初期调整为基本业务、科技服务(包括专业有偿服务)、综合经营(产业)"大三块"的事业结构及相应的运行机制;20世纪90年代末又提出建立气象行政管理、基本气象业务、气象科技服务与产业"三部分"的气象事业结构战略性调整。通过开展气象科技服务,成功地探索出一条拓宽服务领域、将气象科技转化为生产力,提高社会、经济效益的路子,也有效地解决气象现代化建设面临的经费短缺等问题,增强气象事业发展的活力和后劲。

"五大工程"建设 1998年6月,省气象局首次下发"五大工程"建设一级达标单位的通报,吉安地区的井冈山市、遂川县气象局名列其中。至2010年底,先后还有新干、万安、永新、泰和、安福、吉安、吉水等9个台站通过省局一级达标标准验收。

第十一章　抚州市

抚州市地处江西东部,位于北纬 26°29′~28°30′,东经 115°35′~117°18′之间,素有"才子之乡、文化之邦"之美誉。境内主要河流是全省第二大河流——抚河,干流总长 349 公里。总面积约 1.88 万平方公里。

至 2010 年底,抚州市气象局所辖 10 县 2 区气象局,分别是临川区、南城县、广昌县、南丰县、崇仁县、宜黄县、乐安县、黎川县、东乡县、金溪县、资溪县、抚州市高新技术产业开发区气象局,其中南城为国家基准气候站,广昌、南丰为国家基本气象站,其他为国家一般气象站。

1992 年,抚州地区气象局获全国防汛减灾先进集体,并评为省政府人二增雨先进集体。2008、2010 年,市气象局获中国局重大气象服务先进集体。2002 年 3 月至 2010 年 4 月,抚州市气象局连续五届获"省级文明单位"。2001—2007 年度,市气象局连续三届获"江西省文明行业"荣誉称号。

第一节　气候特征

抚州市位于江西省东部。属季风气候区,气候湿润,雨量充沛,光热充足,四季分明,生长季长。春季阴晴不定,雨多风大,日照少,常出现暴冷暴热和长阴雨春寒天气,春末夏初偶尔会降冰雹。夏季大部分地区较酷热。多雷雨,盛夏季节炎热高温。9—10 月,雨量稀少,空气干燥,形成秋高气爽天气。冬季天气寒冷,雨雪纷纷,霜冻和冰冻频繁出现。由于地形复杂,气候多变,旱涝、风雹、雷电和低温天气常有发生。

据 1991—2010 年这 20 年气象观测资料统计,全市年平均气温为 17.1~18.5℃,分布特点是南部高于北部,平原高于山区。常年降水总量 1721.7(乐安)~2047.9(资溪)毫米。年降水量极值以东乡 2010 年 2963.7 毫米降雨为最大,以南丰 2003 年 1064.9 毫米降水为最少。年平均降雪日数为 5.9 天,最多是乐安县达 7.3 天。年日照时数为 1373.9 小时(资溪)~1639.3(金溪)小时。年平均蒸发量为 1408.2 毫米。历年平均霜期 81 天(黎川、南丰)~108(乐安)天。全市一年之中均以静风天数最多,其次是北风或偏北风。夏季盛行南风,秋冬季盛行北风。平均风速仅 1.1(资溪)~3.0(南城)米/秒。

第二节　台站与人员

气象台站　1934 年,南城县建立雨量观测站,这是抚州地区最早设立的单要素气象观测站;

1952—1959 年全区气象台站先后成立,由省气象局直接管理;1957 年 9 月成立抚州地区气象台。1971 年,实行军事管理和各级革委会双重领导并以军事管理为主的管理体制。1980 年 7 月以后,实行气象部门与地方政府双重领导,以气象部门为主的管理体制;1990 年,抚州地区所属气象站一律改为气象局;1997 年 2 月,根据中气人〔1996〕50 号文件精神,将抚州地区气象管理局更名为抚州地区气象局;2000 年 10 月抚州撤地设市,地区气象局改为市气象局。至 2010 年底,抚州市气象局所辖 10 县 2 区气象局,分别是临川区、南城县、广昌县、南丰县、崇仁县、宜黄县、乐安县、黎川县、东乡县、金溪县、资溪县、抚州市高新技术产业开发区气象局。

人力队伍 1991 年在职 201 人,计划外用工 9 人,大专及以上学历 32 人,中专学历 87 人。高级工程师 1 人,工程师 40 人,助理工程师 37 人,技术员 66 人。处级领导 2 人,科级干部 36 人。2010 年定编 158 人,在职 149 人,离退休 83 人,编外用工 16 人。在职人员中研究生学历 1 人,本科学历 46 人,大专学历 59 人;高级职称 8 人,中级职称 75 人;处级领导 6 人,科级领导干部 41 人。从以上数据显示,在职人员逐步减少,退休人员逐年增加。其原因主要是 20 世纪 80 年代后期,由于国家银根紧缩,中央拨款到达市局的经费较少,无法支付市局的日常开销,为了改善办公及生活条件、按时发放职工的工资,市局开始开展综合经营,工作、生活条件艰苦,许多职工选择离职、辞职、调离等。加之国家控制人员编制,人员流失较多,在职职工逐步减少。

第三节　业务与服务

气象观测

地面气象观测 2002 年 8 月,南城、广昌自动观测气象站建成,开展气象观测。2003 年元月,南城、广昌(国家基准站和基本站)自动气象站正式运行。随后其余 9 站由地方政府出资陆续建成自动站。2005 年 3 月前,地方政府发文将全市气象探测环境保护有关文件送城建、规划、土管等部门备案。2006 年 1 月 1 日,抚州成为全国气象部门"三站四网"调整试点单位,南城站被调为观象台,广昌、南丰、临川站被调为一级站,其他 7 站被调为二级站。2008 年底,南城重新被调为国家基准气候观测站,广昌、南丰被调为国家基本气象观测站,其他 8 站被调为国家一般气象观测站。南城、广昌、临川三站承担航危报任务。

农业气象观测 1956—1959 年,抚州各台站先后开展农业气象观测业务。后经反复调整,2008 年底,南丰为农气国家基本站,南丰、南城、广昌、临川为农气情报交换站。

雷达气象观测 1979 年 5 月,地区气象台配备 711 型测雨雷达,探测时间从 2 月至 10 月 31 日,1996 年停止观测。

特种观测 2003 年 3 月、10 月,广昌和临川分别建成 VLF—LF 频段闪电定位系统。2004 年 9 月资溪建成负氧离子监测站。2005 年 8 月南城建成全省首个自动土壤水分观测站。2005 年 12 月,广昌建成大气环境酸雨观测站。2008 年 10 月建成 9 个 GPS/MET 水汽基准站。2009 年 8 月南城建成辐射一级站。2010年12月31日,市气象局气象卫星数据广播接收系统安装调试成功。2008年6月11日,市政府启动市级气象灾害应急系统建设,2009年3月建成。

业务网络建设　1995年抚州市气象局开始建设"9210"工程中的地(市)级小站。1997年5月26日,VSAT小站安装调试成功。1999年"9210"工程全面业务化运行。1996年"711"天气雷达停止使用。1997年停止接收地面天气图、高空图(500百帕、700百帕和850百帕)和日本传真图等。1999年其高频电话停止使用。2001年4月,市气象局建成VPN虚拟专用网关,取消X.25专线,各县气象局建成ADSL,全市通过互联网进行气象信息传输。2001年10月24日,市气象局租用联通专线512K接入Internet。2004年4月26日,市气象台建成省—市天气预报可视会商系统。2004年10月,市气象台在全省第一个开通市——县"E话通"视频系统,初步实现与各县直接会商天气。2007年市气象局实施中国气象局的业务技术体制改革。2009年12月10日,全市建成省—市—县可视会商系统。

天气预报

短临天气预报　利用气象卫星云图、新一代天气雷达、闪电定位系统和地面区域自动观测站资料,2004年开始定期或不定期制作和发布短临天气预报,产品以网页的形式挂在抚州气象内网上供各县区气象局调用,2010年SWAN短临预报系统投入业务使用。

短期天气预报　依托现代数值预报技术,通过会商系统与省台预报员进行会商,其预测预报准确率和精细化水平不断提升,24小时晴雨预报准确率平均达到了90%,48小时晴雨预报准确率平均达到了80%。预报覆盖到乡镇,主要的预报业务平台为MICAPS3.0,预报的内容有降水、温度、风向风力和各种灾害性天气落区,产品的形式有城镇天气预报、灾害天气预报、气象生活指数预报、山洪地质灾害预报、空气质量预报、火险等级预报等。

中期天气预报　中期天气预报是预报员利用天气学原理,对现代数值预报模式产品进行释用,通过与省台预报员进行会商制作而成,预报覆盖到县,预报的内容有降水、温度、风向风力和各种灾害性天气落区,产品的形式有城镇天气预报,中期天气趋势如一周天气预报,一周农业气象专题预报,旬报。

预报业务分工　市台制作短临、短期和中期天气预报。县局调用市台的产品,短临和短期可以订正,中期直接使用。

气象服务

决策气象服务　抚州市决策服务以电话、传真、邮件、短信、书面形式以及当面口头汇报进行。1986年对外决策服务书面刊头统一为《气象信息与咨询》;2000年后,统一用《气象呈阅件》形式直接向市委、市政府领导当面汇报;2005年开始,将决策服务细化为气象信息、气象报告和农业气象三类,其中气象信息类包括《气象信息》《专题气象报告》和《气象预警信号》,主要通过电话和短信等方式向市领导及相关部门报送,气象报告类包括《气象呈阅件》和《重要天气情况》,主要通过纸质、邮件、传真等方式向市领导及相关部门报送。

公众气象服务 20 世纪 50 年代末期,抚州天气预报主要通过广播对外发布开展服务;1984 年 3 月 1 日,江西人民广播电台增播抚州市的天气预报;1986 年 1 月 1 日,江西电视台在每日江西新闻后播放抚州等 11 个城市未来 24 小时天气预报;1991 年 9 月,在抚州电视台晚间新闻联播后开播文字天气预报;1997 年 5 月,地区气象局正式开通模拟信息电视天气预报节目;1997 年 12 月,全地区"121"气象信息自动答询系统全面开通;2004 年下半年开通气象短信服务;2005 年 3 月 20 日,市气象局将县气象局的"121"天气咨询业务整合在一起,统一由市气象台制作发布;2006 年开通气象短信服务平台;2007 年 3 月 16 日,在市委、市政府行政中心大楼电子显示屏中开通气象信息专栏,5 月 15 日,对电视天气预报制作系统进行升级更新,实现数字信号播出;2008 年 7 月 7 日,率先在全省建成室外专用气象电子显示屏两块并发布气象信息。

应急气象服务 2005 年,市气象局首次启动气象服务应急方案,并通过电视台、市广播电台、电子显示屏和短信等多种渠道发布台风蓝色预警信号。2006 年初,市气象局成立应急管理工作领导小组,制定应急工作相关制度和业务流程,建立应对突发事件气象保障组织机构。2007 年建立应急队伍,成立气象灾害应急指挥部,市政府下发《抚州市气象灾害应急预案》,基本形成气象灾害防灾减灾联动机制。2008 年 6 月 11 日,市政府启动市级气象灾害应急系统建设,10 月 30 日市气象局购置气象应急车。2009 年 3 月 30 日,建成抚州市突发公共事件气象应急服务系统,这是全省设区市中第一个建成功能先进的气象应急服务系统。

为农气象服务 1980 年 6 月,抚州地区县级农业气候资源普查工作完成,编写出农业气候手册。1981 年 2 月 11 日,省局将资溪、宜黄等 20 个气象站组成全省农业气象情报网。1991 年 8 月,地区行署以抚行字〔1991〕64 号文批转地区气象局组建全区农村气象警报网的报告,要求各县人民政府抓好落实。1999 年地区气象台在"121"电话中增加 3 个农业气象服务信箱。2000 年市局、南丰、宜黄、资溪县局完成"121"升级并增设农用分信箱,开展农用天气预报试点工作。2001 年 7 月 1 日,市政府下文《关于做好农业气候可行性论证工作的通知》。2007 年,组建一支覆盖全市所有乡镇、行政村、学校和企业等单位的气象灾害信息员队伍,并对气象信息员进行大范围防灾减灾知识培训。2010 年,在全市各县(区)开展农村气象信息服务站建设。

气象科技服务 1998 年 12 月,开展专业气象服务、电视天气预报及广告、防雷工程设计施工和雷击风险评估等服务。经过几年的发展,专业气象服务面从单一农业扩展到建筑、保险、供电、交通、水利、林业、工厂、渔业等几十个行业,服务的项目发展有短中长期预报、灾害性天气预报、财产保险天气鉴定等,服务方式也发展有电话、广播、警报器、BB 机、传真和网络等多种形式。1997 年开始尝试和通讯部门合作,开展通过 168、BB 机信息平台发布天气预报信息服务业务。2000 年开展建筑物防雷设计审核和分段检测业务。2001 年和电信部门联合开通电话 121 天气预报信息业务,2004 年与联通开展手机短信业务,2005 年移动手机短信业务开通。2009 年 121 天气预报信息和手机短信业务进入稳定期。

人工影响天气 1991 年 7 月 10 日,抚州地区行政公署办公室下发《关于成立抚州地区人工影响天气领导小组的通知》(抚行办综字〔1991〕67 号),领导小组下设办公室(设在地区气象局)。一是开展人工增雨:1974 年 8 月 9 日成立抚州地区人工降雨指挥部,在黎川县开展高炮作业 18 次。1978 年 8—9 月,在临川县温泉、金溪县黄通等地开展高炮、土火箭作业。1991 年 7—8 月,临川等 9 县(区)开展高炮作业 56 次。2001 年 4 月—2004 年 6 月,市局、全市各县(区)局先后购置 BL－1 型人影火箭及作业车辆(皮卡车)。2003 年 7 月,东乡、金溪、南城、崇仁县 4 门三七高炮调市气象局统一管理。2003 年 7—8 月,全市共实施火箭人工增雨作业 187 次;8 月 25—27 日,市局及广昌县局火箭作业队分别增援赣州市瑞金市和石城县。2007 年 7—8 月,全市开展大范围、集群式人工增雨作业。2002—2010 年,为洪门水库开展蓄水发电人工增雨服务。二是开展人工消雹:始于 2007 年 4 月,先后在临川、黎川实施作业 3 次。2008—2010 年,广昌、南丰、临川为烟草、柑橘、金银花等特色农业提供防雹保障,效果较明显。据统计,2003—2010 年,共实施作业 1133 次,发射火箭弹 2111 枚,高炮弹 1950 发,直接经济效益达 22.89 亿元,社会效益显著。

综合经营服务　抚州市气象部门综合经营服务始于 20 世纪 80 年代后期,最初称庭院经济,服务项目主要以种植、养殖业为主。1988 年崇仁县气象局开展饲养麻鸡、1989 年黎川县气象局开办木具加工厂拉开全市综合经营服务的大幕。1991 年后,全市综合经营工作发展快速,全区绝大部分气象台站均开展综合经营服务,服务项目扩展到名片、广告、横幅、销售、贩运、商业等服务领域,并取得一定的经济效益。1992 年,地区气象局设立综合经营科,成立劳动服务公司,每科室均开展一个综合经营项目。1993 年全区气象部门成立 12 个注册综合经营实体,超过五分之二人员从事综合经营工作。之后综合经营开始萎缩,到 1994 年底地区气象局只保留干洗店项目,1998 年综合经营项目基本退出舞台,2005 年全市最后一个综合经营项目——南城兰天复印打字店停办。

第四节　气象管理

社会气象管理

法制建设　抚州市地方性气象法规建设始于 21 世纪初,2001 年市政府发布第一部全市地方性气象法规《抚州市防御雷电灾害管理规定》。10 年间,市政府下发涉及防雷、气象探测环境、人工影响天气、气象应急、气象信息发布等领域的地方性法规和规范性文件 10 余个,对推动抚州气象事业发展起到明显作用。

行政执法　抚州市气象行政执法工作起步于 20 世纪 90 年代后期,经过多年发展,气象行政执法工作得到长足发展,机构逐步健全,执法人员素质明显增强,执法能力得到普遍提高。1998 年 3 月,地区气象局第一批 10 位同志获得气象行政执法证。2003 年 4 月,市气象局首次成功处罚市移动公司拒绝接受防雷常规检测一事,之后,县(区)气象局相继开展气象执法工作。2005 年 4 月,市气象局组建执法支队。2005 年后,市气象局先后多次对临川区观测场周边影响气象探测环境的建房行为进行执法,迫使开发商修改规划设计,降低建筑物高度,较好保护气象探测环境。到 2010 年底,全市共有 63 人取得执法证。

防雷监管 2001 年 6 月,抚州市编委批复同意市气象局增设雷电防护管理机构,负责全市雷电灾害防御的组织管理和技术指导工作,开始行使防雷监管职能,并在抚州市气象局法规科增挂雷电防护管理局。2002 年 3 月,市政府行政审批中心设立气象窗口,履行防雷设计审核职能。2004 年 5 月,防雷安全管理纳入新建、扩建、改建项目主体工作流程"三同时"审查内容。次年 10 月,经市政府批准,市气象局成为建筑项目联审联批单位,在市集中办事大厅统一办理审批事宜。目前防雷设计审核按市行政中心的流程规范运行。抚州市气象部门还与安监、住建、房管、工信委、教育等部门进行合作,积极做好防雷安全监管工作,开展防雷安全检查,消除防雷安全隐患。

综合行政管理

财务管理 1980 年 7 月前,气象部门实行计划财务体制,事业经费由中央气象局分配指标、省财政部门拨款。1980 年 7 月以后,实行气象部门与地方政府双重领导,以气象部门为主的管理体制。1992 年建立双重计划财务体制后,全市积极开展科技服务和综合经营,积极主动争取地方政府及财政支持。1997 年,国务院办公厅转发《中国气象局关于加快发展地方气象事业的意见》,明确中央和地方气象事业所承担的权利和义务,提出国家气象事业和地方气象事业协调发展的要求,及相适应的双重计划财务体制要求。

五大工程建设 1997 年开始实施"五大工程"建设,1998 年,乐安、资溪县局获一级达标单位。2003—2004 年,南丰、南城、抚州市局、临川、金溪、广昌、东乡、资溪县(区)局先后获一级达标单位。2006 年省气象局实施新一轮"五大工程"建设考核标准,截至 2010 年底,南丰、广昌、乐安、金溪、南城、临川区、资溪、宜黄等 8 个基层台站获省局"五大工程"建设达标单位称号。

人　物

人物简介

　　潘根发　1936 年 7 月出生于上海市静安区。1954 年 9 月考入南京大学气象专业,1958 年 7 月大学毕业,先后在中央气象台、江西省气象台从事天气预报技术工作。曾任省气象台天气预报科科长;1981 年 1 月取得气象工程师资格;1982 年 10 月,被评为高级工程师;1984 年 7 月加入中国共产党,1983 年 8 月任省气象局副局长,1985 年 10 月任省气象局党组成员、副局长,1988 年 4 月任省气象局党组成员、局长,1989 年 10 月—1996 年 3 月任省气象局党组书记、局长。1993 年,被授予国务院政府特殊津贴专家。1996 年 3 月退休,1998 年病逝。

　　从事天气预报工作 25 年,有丰富的预报实践工作经验,特别是对灾害性和关键性天气的预报把关能力强。1973 年 7 月,率流动气象台赴柘林水库,为省领导决策不炸副坝提供准确预报服务,避免炸坝的重大损失。1973—1977 年,组织与指导暴雨天气预报总结和研究,其成果分别获全国科学大会奖和省科学大会奖。先后有近 10 篇论文在科技刊物上发表或收入大专院校教材中。曾担任省气象训练班的天气学教学工作,主持完成编写《江西主要关键性天气过程环流分析与预报》。

　　任省气象局局长期间,主持设计和实施全省气象现代化建设;1992 年 5 月,中国气象局在九江召开"四个结构调整"改革现场经验交流会,江西探索出的"九江模式",被全国气象部门广为借鉴。

　　陈双溪　1947 年 5 月出生于福建省永春县。1964 年 9 月考入南京大学气象系大气物理专业,1969 年 9 月大学毕业留校待分配,1970 年 8 月—1971 年 11 月在安义 6011 部队农场锻炼,1971 年 11 月起在江西省气象台从事天气预报工作;1982 年 10 月加入中国共产党;1983 年 11 月任省气象局业务处副处长,1985 年 4 月任省气象局业务处处长,1988 年 4 月任省气象局副局长,1988 年 10 月任福建省气象局党组成员、副局长;1993 年 4 月任江西省气象局党组成员(副局级)、南昌气象学校党委书记、校长;1994 年 9 月任省气象局党组成员、副局长,1996 年 3 月任省气象局党组副书记、副局长(主持工作),1997 年 2 月至 2007 年 7 月任省气象局党组书记、局长。

　　1987 年 12 月晋升为高级工程师,1989 年 9 月在中央党校学习 1 年,1999 年,被授予国务院政府特殊津贴专家,2002 年 12 月晋升为研究员级高级工程师。

　　省委第十一次、十二次党代会代表,省第八届、九届政协委员,2007 年 7 月任省政协人口资源环境委员会副主任,中国科协六大代表。

　　长年坚持在气象预报服务第一线,1997 年主持开办的《气象呈阅件》,在为省委、省政府的重要决策服务工作中,发挥了关键作用;主抓的省农村经济信息网、省综合减灾体系、"三农"气象服务、生态环境监测与研究等工作,在全国气象部门处于领先地位。

主持多项省部级重点科研项目,发表技术和管理论文 60 余篇。主编的《合理利用气候资源、发展江西特色农业》《气象与领导》《江西 98 特大洪涝气象分析与研究》《县级气象站新技术培训教材》均在气象出版社出版。

常国刚 1962 年 6 月出生于湖南省长沙县。1978 年考入湖南省气象学校,1982 年元月气象专业大专毕业后参加工作。1988 年 9 月考取中国气象科学研究院天气动力学专业硕士研究生,1991年 5 月毕业,取得理学硕士学位,毕业后到湖南省气象局工作。1992 年 10 月加入中国共产党。1999 年 3 月取得高级工程师任职资格。

1994 年 1 月任湖南省气象局业务科技处副处长,1996 年 8 月任湖南省气象局党组成员、局长助理、业务科技处处长,1999 年 7 月任湖南省气象局党组成员、副局长,2002 年 3 月任湖南省气象局党组副书记、副局长,2004 年 2 月任青海省气象局党组书记、局长,2007 年 7 月任江西省气象局党组书记、局长。

1999 年和 2003 年两次参加中国气象局司局级干部班学习培训;2006 年 9 月—2007 年元月在中央党校地厅班学习;1999 年 11 月到美国参加气象现代化考察培训;2005 年 4 月去法国、德国等国家参加气象现代化考察培训。

主持科技部社会公益类研究专项《三江源湿地的区域气候生态效应监测评估技术》,参与主持国家 863 计划《高分辨率中尺度数值天气预报系统》课题研究。主持和参与主持的《湖南省气象局"八五"实时业务系统建设及其科技攻关项目总体设计》《分中心建设地级系统预报方法研究》《高分辨率中尺度数值天气预报系统》《湖南省气象信息传输应用系统(MITAS)》课题项目,分别获"湖南省科技进步三等奖"。发表论文十余篇,主持编写的《三江源湿地变化与修复》由气象出版社出版。

1994 年被授予"全国优秀青年气象科技工作者"。

中共江西省第十三次代表大会代表。

詹丰兴 1963 年 2 月出生于江西省玉山县,高级工程师。1984 年 7 月毕业于杭州大学地理系气象专业。1984 年 8 月参加工作,1995 年 4 月入党。历任省气象信息网络中心副主任、主任,江西金象信息工程有限责任公司总经理,省气象台台长,南昌市气象局党组书记、局长,国家气象中心主任助理(挂职)。2005 年 1 月任省气象局党组成员、副局长。

主要从事气象事业发展规划、计划的总体设计、组织实施和决策管理,天气预报、气候业务、气象服务等工作把关,现代化建设、重点工程建设、科研开发及管理工作。兼任中国科协气象科学传播专家团队专家、中国气象学会理事、省气象学会理事长、省政协委员、省科协常委、省减灾委员会专家组副组长、省气候变化专家委员会主任、上海台风研究所理事会理事。

2009 年 3 月—2010 年 1 月,在中央党校中青年班学习。

主持和参加司局级以上科技项目 32 项,其中,国家级项目和专题 2 项,省部级项目 21 项,司局级项目 9 项;参加中国气象事业发展战略(现代气象业务卷)、辅导读本及培训讲义编写;主持和参加江西省气象事业发展及重点工程规划、方案 5 个;主持省人大条例编写 2 个;参加编写并出版著作 5 部;发表论文 32 篇,其中核心刊物 9 篇;获司局级以上科技奖励 13 项,其中省部级 5 项;获全国劳动模范、全国气象部门劳动模范、江西省劳动模范、全国优秀青年气象工作者、全国先进生产工作者、省优秀青年学者、中国气象局和省百千万人才、省直十佳人民公仆、省直十大杰出青年提名、记大功等表彰和奖励。

魏　丽　女,1961 年 12 月出生于河南郑州。1982 年 7 月毕业于南京气象学院农业气象系。1982 年 8 月参加工作,先后在四川省气象学校、宜春地区气象局、省气象台、省气象科研所、省气候中心工作;1998 年 10 月入党;1999 年 9 月—2002 年 7 月,在南昌大学计算机技术应用专业研究生班学习,获研究生同等学力。2005 年毕业于南京信息工程大学大气物理学与大气环境专业,获理学博士学位。2003 年获研究员级高级工程师任职资格,同年受聘。2001 年 12 月,任省气象台副台长、省农业气象中心副主任,南昌市气象局党组成员、副局长。2005 年 2 月,任省气象台台长、省农业气象中心主任。2007 年 1 月任省气象局党组成员、副局长,2010 年挂职任中国气象局预报与网络司副司长。

从 1999 年开始,在全国气象系统较早地将遥感、地理信息系统、全球定位系统技术应用于气象灾害监测、国土资源遥感综合调查、农业气候区划、生态环境质量评价、气候资源开发利用等领域,研究成果达国内领先水平,并在各省推广应用。2005 年开始,组织开展暴雨型滑坡灾害形成机理及预测方法研究。在全国较早开展省级暴雨型地质灾害预报业务及相关科研工作,建立单点和区域滑坡灾害预警预报方法,并投入业务应用。主持开展全省稻田生态环境监测与信息服务工作,挂任省气象部门农田生态环境监测服务系统建设首席专家。

主持和参与多项科研项目,并多次获奖。其中省科技进步二等奖 3 项,三等奖 7 项;省政府农科教突出贡献二等奖 1 项、三等奖 8 项;中国气象局科研开发奖 2 项。发表论文 30 会篇。

先后获省“三八红旗手”、省“巾帼英豪”“全国先进女职工”称号和“江西省先进工作者”“全国五一劳动奖章”奖励。2006 年被授予国务院政府特殊津贴专家。

沈德建　1951 年 3 月出生于湖南长沙,高级工程师,大专学历。1970 年 2 月—1971 年 12 月在九江地区永修县共大读中专,获中专文凭。1972 年 4 月—1975 年 9 月在九江地区农科所工作。1975 年 9 月—1978 年 8 月在浙江杭州大学气象专业就读专科,获大专文凭。1978 年 8 月—1983 年 1 月在九江市气象台从事天气预报工作。1983 年 1 月—1984 年 1 月在浙江杭州大学气象专业进修。1984 年 4 月在九江市气象台工作,任副科长,1984 年 9 月入党,1985 年 7 月任九江市气象局办公室副主任,1987 年 2 月任九江市气象局人事科科长,1988 年 3 月任九江市气象台副台长,1993 年 2 月转任气象台台长,2002 年 3 月任九江市气象局人影办主任。

工作期间,参加了在职干部理论学习、人影天气岗位培训、人工防雹技术培训等多种学习。参与的课题《九江市洪涝预警系统》荣获九江市科技进步二等奖。

在九江市气象局工作期间,获多项奖励。1995 年被中国气象局授予“汛期气象服务先进个人”,并被省气象局记大功。2000 年被省政府授予“江西省劳动模范”称号。

陈长文　1950 年 4 月出生于江西高安,中专学历;1968 年 2 月应征入伍,在云南铁道兵某部服役期间,先后担任连队通讯员、营部卫生员、团部打字员、司令部文书、铁道兵西南指挥部机要打字员等工作。服役期间曾获嘉奖和"五好战士"称号。1971 年 3 月退伍,被高安县华林垦殖场留任放映员。1971 年 5 月调入高安县气象站,期间借调到县武装部任文书打字员。1975 年回高安县气象站,先后从事测报、预报、会计、文书等工作。1983 年入党,1985 年 6 月任奉新县气象局副局长,1987 年 2 月任安义县气象局局长、党支部书记,1992 年至 2002 年任丰城市气象局局长、党支部书记。2002 年至 2010 年任丰城市气象局党支部书记。2010 年 4 月退休。

1998 年获省政府"抗洪救灾先进个人"奖励。2000 年被省政府授予"江西省先进工作者"称号。

韩庐生 1954 年 10 月出生于江西庐山。1974 年高中毕业后下放到庐山种羊场,先后担任过放牧员、赤脚医生、食堂管理员和小学教师。1978 年考入南昌气象学校,中专毕业后一直在庐山气象局从事测报工作。期间于 1985 年 9 月—1987 年 7 月,就读南京气象学院,获大专文凭;2006 年 2 月—2009 年 1 月,就读南京信息工程大学函授班,获本科文凭。

庐山气象局属高山艰苦台站,天气变化莫测。面对恶劣的工作环境,韩庐生一直默默地在艰苦的气象测报岗位上安心工作,正因为他的执着和努力,在从事气象测报工作的 29 年中,5 次获得"全国质量优秀测报员"称号,26 次获全省"百班无错奖",连续 39 个月报表预审无错。曾被评为"省气象部门优秀中青年人才",2010 年,被人力资源和社会保障部、中国气象局授予"全国气象系统先进工作者"称号。

李一苏 1928 年 1 月出生于天津市静海县。1946 年 3 月在教育部天津职业班测量科学习,1947 年 2 月结业,在天津市地政局测量队担任测量员,1948 年 12 月—1949 年 8 月赋闲在家;1949 年 9 月—1950 年 4 月,在天津市邮局第 16 代办所任代办员。1950 年 4 月在北京军委气象局清华大学培训班入学并参军,同年 9 月结业,在中南空军司令部气象处实习。1950 年 11 月开始在江西航空站(玉山气象站)从事天气预报工作,1954 年 9 月在省气象局从事天气预报技术工作,曾任天气科科员、气候资料室技术员、气科所应用气候室主任;1979 年取得气象工程师资格,1988 年 3 月晋升为高级工程师;1992 年 5 月退休。

历任省气象学会常务理事、副理事长、省地理学会第一副理事长。

第六、七届全国人民代表大会代表。

从事气象工作 42 年,发表论文多篇。《江西的气候》《雨》《江西农谚》在江西人民出版社出版;《江西农业季节气候》入选江西共大总校教材;《江西的气候变迁与农业布局》被江西农大报收入到《中国历史时期的气候重建》(英文 1 版);《江西农业气候区划》由省农业规划委员会出版。获奖的作品有:《全国近五百年旱涝合集》获全国科学大会奖;《江西近八百年旱涝规律》《江西近八百年冷暖规律》获省科学大会奖;《江西省气候史料》《庐山的气候》获省科普创作一等奖;《庐山的气候与风光》获全国气象科普优秀作品奖;

1964 年,获江西省人民委员会"1963 年度农业先进个人"表彰;1987 年 9 月在南京参加《太湖—琵琶湖中日科技交流会》。

人物名录

1991—2010 年省气象局实职领导干部人员名录

姓　名	籍　贯	职　务	任职时间
潘根发	上海静安	党组书记、局长	1991.01—1996.03
陈双溪	福建永春	党组成员（副局级）	1993.04—1994.09
		党组成员、副局长	1994.09—1996.03
		党组副书记、副局长（主持工作）	1996.03—1997.02
		党组书记、局长	1997.02—2007.07
常国刚	湖南长沙	党组书记、局长	2007.07—2010.12
刘兴安	河北丰南	党组成员、副局长	1991.01—1992.07
王平鼎	江西都昌	党组成员、纪检组长	1991.01—1992.07
		党组成员、副局长兼纪检组长	1992.07—1994.09
		党组成员、纪检组长、	1994.09—1996.08
章国材	江西临川	党组成员、副局长	1991.01—1992.07
		党组副书记、副局长	1992.07—1993.11
姜宜愉	江西南昌县	党组成员、副局长	1991.01—1993.12
毛道新	江苏阜宁	党组成员、副局长	1994.03—1999.01
		党组成员、副局长兼纪检组长	1999.01—2001.12
李义源	江西武宁	党组成员、副局长	1994.09—2003.12
黎　健	江西新余	党组成员	1997.02—1999.01
		党组成员、副局长	1999.01—2006.11
刘祖仑	江西南昌	党组成员、纪检组长	2001.12—2010.12
詹丰兴	江西玉山	党组成员、副局长	2005.01—2010.12
魏　丽	河南郑州	党组成员、副局长	2007.01—2010.12
李集明	河北秦皇岛	党组成员、副局长	2009.02—2010.12

1991—2010 年获国务院、省政府特殊津贴人员名录

序 号	单 位	姓 名	性 别	出生年月	行政级别	学 历	专业技术职称	政治面貌	享受年度	津贴发放
1	省气象科学研究所	吴崇浩	男	1938.08		大学本科	正研		1992	按月
2	省气象科技服务中心	郭有明	男	1946.06		大学本科	正研		1992	按月
3	吉安市气象局	黄玉柱	男	1937.08		大学本科	高工		1992	按月
4	省气象局	潘根发	男	1936.07	正厅	大学本科	高工	中共党员	1993	按月
4	省气象科技服务中心	汪润清	女	1938.01		大学本科	高工	中共党员	1993	按月
5	省气象台	王保生	女	1946.05		大学本科	正研	中共党员	1993	按月
6	省气象台	张延亭	男	1939.03		大学本科	正研	中共党员	1996	一次性
7	省气象局	陈双溪	男	1947.05	正厅	大学本科	正研	中共党员	1998	一次性
8	省气象局	魏 丽	女	1961.12	副厅	研究生博士	正研	中共党员	2006	一次性
9	省气候中心	殷剑敏	男	1962.11	正处	研究生博士	正研	中共党员	2007	一次性

1991—2010 年正研高工人员名录

姓 名	籍 贯	取得任职资格单位	取得任职资格年月
吴崇浩	江西鄱阳	省气象科学研究所	1993.12
张延亭	河南新安	省气象台	1996.01
陆叔鸣	江苏海门	省气象台	1997.10
王保生	湖南岳阳	省气候中心 省农业气象中心	1997.10
曹晓岗	江苏姜堰	省气象台	1999.06
郭有明	江苏张家港	省气象信息网络中心	1999.06

续表

姓　名	籍　贯	取得任职资格单位	取得任职资格年月
陈双溪	福建永春	省气象局	2002. 10
黄淑娥	江西进贤	省气象科学研究所	2003. 10
李玉林	江西兴国	省人工影响天气领导小组办公室	2003. 10
魏　丽	河南郑州	省气象台	2003. 10
殷剑敏	江苏武进	省气象科学研究所	2004. 11
许爱华	浙江杭州	省气象台	2006. 11
尹　洁	辽宁省	省气象台	2006. 11
单九生	江西高安	省气象科学研究所	2010. 05

1991—2010 年获省部级表彰的先进集体名录

年　份	获奖单位	荣誉称号	授予部门
1991	省气象台、抚州地区气象管理局	1991 年度防汛减灾先进集体	国家气象局
1992	省气象台、赣州地区气象管理局、上饶地区气象管理局、抚州地区气象管理局、萍乡市气象台	1992 年全省抗洪抢险先进集体	省政府
1993	修水县气象站	全国先进气象站	国家气象局
1994	上饶地区气象管理局、景德镇市气象局	1993 年气象服务先进集体	中国气象局
1994	省气候中心卫星遥感室	森林防火先进单位	省政府
1995	省气象台、吉安地区气象台、宜春地区气象管理局	1994 年度汛期气象服务先进集体	中国气象局
1996	九江市气象管理局、上饶地区气象管理局、省气象台	1995 年汛期气象服务先进集体	中国气象局
1996	省气象台	1996 年全省抗洪抢险先进单位	省政府
1997	省气象台	全国气象系统先进集体	中国气象局、人事部
1997	九江市气象局、赣州地区气象局	汛期气象服务先进集体	中国气象局
1998	省气象台	重大气象服务先进集体	中国气象局
1998	省气象台、九江市气象局、鹰潭市气象局、瑞昌市气象局	全国防汛抗洪气象服务先进集体	中国气象局
1998	省气象科学研究所	98 全国科技界抗洪救灾先进集体	科学技术部
1999	省气象局、九江市气象局	全国抗洪先进集体	国家防总、人事部、中国人民解放军总政治部

续表

年 份	获奖单位	荣誉称号	授予部门
2000	省气象台、九江市气象局	1999年重大气象服务先进集体	中国气象局
2001	省人影办	重大气象服务先进集体	中国气象局
2003	省气象台	全国气象服务先进集体	中国气象局
2004	省气象局	2003年度全省人工增雨抗旱救灾工作先进单位	省政府
2005	省气象台	2005年全省防汛抗洪先进集体	省委、省政府
2006	省气象台	全国气象工作先进集体	国家人事部、中国气象局
2006	省气象台	2006年全国气象部门重大气象服务先进集体	中国气象局
2006	庐山气象局、南昌县气象局	全国气象部门文明台站标兵	中国气象局
2007	赣州市气象局	全省防汛抗旱先进集体	省委、省政府
2008	省气象台	全省抗击低温雨雪冰冻灾害先进集体	省委、省政府
2008	萍乡市气象局	2008年度全省防汛抗洪先进集体	省委、省政府
2008	九江市气象台	2008年抗击低温雨雪冰冻灾害气象服务先进集体	中国气象局

1991—2010年获省部级表彰的先进个人名录

年 份	获奖人姓名	性 别	单 位	荣誉称号	授予部门
1991	刘吉生	男	宁都县气象站	1991年度防汛减灾先进个人	国家气象局
1991	郑士华	男	靖安县气象站	1991年度防汛减灾先进个人	国家气象局
1992	叶瑞珠	女	省气象台	1992年全省抗洪抢险先进个人	省政府
1992	汪润清	女	省气象科技服务中心	1992年全省抗洪抢险先进个人	省政府
1992	王扬碧	女	省气象科技服务中心	1992年全省抗洪抢险先进个人	省政府
1992	肖明才	男	省气象台	全国气象测报技术能手	国家气象局
1992	严春银	男	省气象台	全国气象测报技术能手	国家气象局
1993	赖胜如	男	南城县气象站	全国优秀气象站站长	国家气象局
1993	齐移民	男	德兴市气象站	优秀气象工作者	国家气象局
1994	汪润清	女	省气象科技服务中心	1993年气象服务先进个人	中国气象局

续表

年　份	获奖人姓名	性　别	单　位	荣誉称号	授予部门
1994	张范允	男	上饶地区气象管理局	全国抗洪模范	中国气象局
1994	汪润清	女	省气象科技服务中心	森林防火先进个人	省政府
1995	夏长发	男	鹰潭市气象台	1994 年度汛期气象服务先进个人	中国气象局
1996	曹晓岗	男	省气象台	1995 年汛期气象服务先进个人	中国气象局
1996	沈德建	男	九江市气象管理局	1995 年汛期气象服务先进个人	中国气象局
1996	廖海泉	男	鄱阳县气象站	全国抗洪抗旱模范	国家防总
1997	吕作范	男	遂川县气象站	全国气象部门双文明建设先进个人	中国气象局
1997	马舒庆	男	省气象台	全国气象部门双文明建设先进个人	中国气象局
1997	邹新红	男	景德镇市气象台	汛期气象服务先进个人	中国气象局
1998	郭达烽	男	吉安地区气象台	重大气象服务先进个人	中国气象局
1998	戴寿申	男	鄱阳县气象局	抗洪抢险功臣	省委、省政府
1998	吴　涛	女	九江市气象局	抗洪抢险先进个人	省委、省政府
1998	王君武	男	上饶地区气象局	抗洪抢险先进个人	省委、省政府
1998	许爱华	女	省气象台	抗洪抢险先进个人	省委、省政府
1998	谢梦莉	女	省气象台	抗洪抢险先进个人	省委、省政府
1998	朱胜瑞	男	抚州地区气象局	抗洪抢险先进个人	省委、省政府
1998	夏长发	男	鹰潭市气象局	抗洪抢险先进个人	省委、省政府
1998	汪洋清	男	景德镇市气象局	抗洪抢险先进个人	省委、省政府
1998	陈鲍发	男	景德镇市气象局	抗洪抢险先进个人	省委、省政府
1998	徐元龙	男	永修县气象局	抗洪抢险先进个人	省委、省政府
1998	陈长文	男	丰城市气象局	抗洪抢险先进个人	省委、省政府
1998	罗树如	男	省气象局	抗洪抢险先进个人	省委、省政府
1998	李三角	男	省气象科技服务中心	抗洪抢险先进个人	省委、省政府
1998	邱小平	男	铅山县气象局	全国防汛抗洪气象服务先进个人	中国气象局
1998	叶瑞珠	女	省气象台	全国防汛抗洪气象服务先进个人	中国气象局
1998	刘水胜	男	鹰潭市气象局	全国防汛抗洪气象服务先进个人	中国气象局
1998	曹晓岗	男	省气象台	98 全国科技界抗洪救灾先进个人	科学技术部
1998	黄淑娥	女	省气科所	98 全国科技界抗洪救灾先进个人	科学技术部

续表

年 份	获奖人姓名	性 别	单 位	荣誉称号	授予部门
2000	李玉芳	女	省气象台	1999年重大气象服务先进个人	中国气象局
2000	文海龙	男	省气象信息中心	1999年重大气象服务先进个人	中国气象局
2000	沈德建	男	九江市气象局	省劳动模范	省政府
2000	陈长文	男	丰城市气象局	省先进工作者	省政府
2001	许爱华	女	省气象台	重大气象服务先进个人	中国气象局
2002	詹丰兴	男	省气象台	省百千万人才	省政府
2002	殷建敏	男	省气科所	省百千万人才	省政府
2003	尹 洁	女	省气象台	全国气象服务先进个人	中国气象局
2005	尹 洁	女	省气象台	2005年全省防汛抗洪先进个人	省委、省政府
2005	朱胜瑞	男	抚州市气象局	2005年全省防汛抗洪先进个人	省委、省政府
2005	俞文秀	男	赣州市气象局	2005年全省防汛抗洪先进个人	省委、省政府
2005	王伟	女	九江市气象局	2005年全省防汛抗洪先进个人	省委、省政府
2005	邓卫华	女	省气象信息中心	2005年全省防汛抗洪先进个人	省委、省政府
2005	胡细根	男	吉安市气象局	2005年全省防汛抗洪先进个人	省委、省政府
2005	魏 丽	女	省气象台	省先进工作者	省政府
2006	许爱华	女	省气象台	2006年全国气象部门重大气象服务先进个人	中国气象局
2006	魏 丽	女	省气象台	省先进工作者	省政府
2006	魏 丽	女	省气象台	全国五一劳动奖章	全国总工会
2007	许彬	女	省气象台	全省防汛抗旱先进个人	省委、省政府
2007	张初江	男	抚州市气象局	全省防汛抗旱先进个人	省委、省政府
2007	王华军	男	吉安市气象台	全省防汛抗旱先进个人	省委、省政府
2008	许爱华	女	省气象台	全省抗击低温雨雪冰冻灾害先进个人	省委、省政府
2008	邓 江	女	于都县气象局	全省抗击低温雨雪冰冻灾害先进个人	省委、省政府
2008	尹 哲	男	九江市气象台	全省抗击低温雨雪冰冻灾害先进个人	省委、省政府
2008	金米娜	女	省气象台	2008年度全省防汛抗洪先进个人	省委、省政府
2008	齐移民	男	德兴市气象局	2008年度全省防汛抗洪先进个人	省委、省政府

续表

年　份	获奖人姓名	性　别	单　位	荣誉称号	授予部门
2008	尹　洁	女	省气象台	2008 年抗击低温雨雪冰冻灾害气象服务先进个人	中国气象局
2008	潘江平	男	省大气探测中心	2008 年抗击低温雨雪冰冻灾害气象服务先进个人	中国气象局
2009	单九生	男	省气科所	省百千万人才	省政府
2009	王怀清	男	省气候中心	省百千万人才	省政府
2010	韩庐生	男	庐山气象局	全国气象系统先进工作者	人力资源和社会保障部、中国气象局
2010	刘小弟	男	赣州市气象台	2009 年重大气象服务先进个人	中国气象局

附　录

《江西省气象管理规定》

《江西省气象管理规定》已经 1999 年 7 月 26 日省人民政府第 30 次常务会议讨论通过,现予发布。

第一章　总则

第一条　为了加强和发展气象事业,防御、减轻气象灾害,合理开发利用和保护气候资源,保障人民生命财产安全,促进经济社会的可持续发展,根据有关法律、法规,结合本省实际,制定本规定。

第二条　在本省行政区域内从事气象探测、预报、防灾减灾、气候资源开发利用和保护、气象科技服务等活动,必须遵守本规定。

第三条　县以上气象主管机构(以下简称气象主管机构)负责本行政区域内的气象工作。气象工作实行上级气象主管机构和同级人民政府双重领导。其他设有气象工作机构的部门,负责管理本部门的气象工作,并接受同级气象主管机构的指导。

第四条　县级以上人民政府应当加强对气象工作的领导,支持气象基础设施建设和气象科学研究,鼓励开展国际、国内气象合作和交流,建立健全防御和减轻气象灾害的工作体系。在发展气象事业、服务地方经济建设中作出突出成绩的单位和个人,由人民政府或者气象主管机构给予奖励。

第二章　气象防灾减灾与气象服务

第五条　气象主管机构应当大力开展气象防灾减灾宣传,增强全社会的防灾减灾意识,普及防灾减灾知识。

第六条　气象主管机构对可能影响国计民生的灾害性天气,应当及时报告同级人民政府,通报有关部门,并提出防灾减灾建议。

第七条　县级以上人民政府和有关部门应当根据气象预报、警报,在可能发生气象灾害的区域内,依法采取各种有效的应急措施,防御、减轻气象灾害可能造成的损失。

第八条　气象主管机构应当及时开展重大天气、气候灾情的调查评估,负责对发生灾害气象成因的鉴定,并及时向同级人民政府报告灾情调查情况。

第九条　气象主管机构负责指导和管理大气雷电灾害的防御工作,大力推广防御雷电灾害的技术成果。

第十条　高层建筑、易燃易爆场所、重要物资仓储场所、电力设施、电子设备、计算机网络和其他需要避雷防护的建筑和设施,必须按照国家规定的有关防雷设计标准和技术规范采取防雷措施。

前款规定的防雷设施竣工时,应当经气象主管机构验收。

第十一条　气象主管机构委托的具有法定资格的防雷检测机构应当定期对防雷设施进行检测,有关单位或者个人应予配合。

第十二条　县级以上人民政府应当加强对人工影响天气工作的领导,并根据实际情况,有组织、有计划地开展人工影响天气工作。

气象主管机构应当制定人工影响天气作业计划,管理、指导和组织实施人工影响天气作业。开展人工影响天气作业所需工作条件和经费,由当地人民政府或者受益者提供。有关部门应当按照职责分工,配合气象主管机构做好人工影响天气的有关工作。

第十三条　从事经营性充灌、施放广告及庆典氢气球、飞艇的单位,应当经气象主管机构技术资格认定后,方可向工商行政管理部门申请注册登记。

在城市中心地带或者人流密集地区举办大型活动,需要大量施放氢气球、飞艇的,主办单位应当提前 7 日向气象主管机构申报。

从事充灌、施放广告及庆典氢气球、飞艇经营活动,应当接受当地公安消防机构的安全监督。

第十四条　从事气象科技服务的单位,应当向省气象主管机构申请领取气象科技服务资格证书(以下简称证书)。申请领取证书应当具备下列条件:

(一)有两名以上具有气象专业中级以上技术职称的专业技术人员;

(二)有必要的仪器、设备;

(三)气象信息直接来源于气象主管机构所属的气象台站;

(四)法律、法规规定的其他条件。

第十五条　省气象主管机构应当自收到申请之日起 30 日内作出批准或者不批准的决定。不批准的,应当告知理由。

从事气象科技服务活动的单位持证书向工商行政管理部门申请注册登记。未取得证书和营业执照的单位,不得从事气象科技服务活动。

第三章　气象探测环境和设施保护

第十六条　气象台站的站址及基础设施的安置应当长期保持稳定。气象台站的探测场地及观测环境、仪器、设施、标志和气象通信的电路、信道、频率等受法律保护,任何单位和个人不得擅自移动、侵占和损毁。

第十七条 气象探测环境应当符合下列要求:

(一)气象台站观测场围栏与四周孤立障碍物的距离,为该障碍物高度的 3 倍以上;

(二)观测场围栏与四周成排障碍物的距离,为该障碍物高度的 10 倍以上;

(三)天气雷达站四周不得有高大建筑物遮挡,在雷达主要探测方向(降水过程的主要来向)上的遮挡物对雷达天线的遮挡仰角不大于 0.5 度,其他方向的遮挡仰角不大于 1 度。雷达周围应当避免电磁干扰。

县级以上人民政府及其有关部门应当采取措施,保护气象探测环境。

第十八条 禁止在气象探测环境保护范围内进行对气象探测有不利影响的工程建设或者其他活动。

因工程建设、城市规划的需要,必须迁移一般气象台站或者其他设施的,建设单位必须提前一年报经省气象主管机构批准;确需迁移国家基准站、基本站的,建设单位必须提前两年报经国务院气象主管机构批准。迁移、重建气象台站所需费用,由建设单位承担。迁移的气象台站应当进行一年的对比观测,方可拆除旧址。

第四章 气象预报与灾害性天气警报

第十九条 气象预报、灾害性天气警报及其他重要气象信息实行统一发布制度。气象主管机构所属的气象台站按照职责分工,统一发布气象预报、灾害性天气警报及其他重要气象信息,其他组织和个人不得以任何形式公开发布。

其他部门所属的专业气象台站,可以向本部门提供专业天气预报。

第二十条 气象主管机构所属的气象台站应当开展城市环境气象预报。

第二十一条 邮电、广播电视等部门应当与气象主管机构密切配合,保证气象通信畅通,及时、准确地传递气象信息。广播电台、电视台因特殊情况确需改变天气预报播发时间的,应当提前告知公众。对气象台站临时发布的对国计民生可能产生重大影响的灾害性天气警报和补充或者订正的气象预报,应当及时增播或者插播。

第二十二条 广播、电视、报刊、声讯服务系统、无线寻呼系统、计算机网络等媒体传播的气象预报和灾害性天气警报,应当是气象主管机构所属的气象台站直接提供的实时气象信息。

未经气象主管机构批准,任何组织和个人不得利用气象信息从事经营性活动。

第五章 气候资源的开发利用与保护

第二十三条 气候资源受国家保护,县以上人民政府鼓励合理开发利用和保护气候资源。县级以上人民政府应当编制合理开发利用和保护气候资源的规划,组织有关部门开发、推广效益显著的气候资源利用项目。

第二十四条　气象主管机构统筹组织气候资源的综合调查、气候区划、气候灾害区划等工作，组织气候监测诊断、分析、评价以及气候变化的研究和应用，定期或者不定期发布气候监测公报。

第二十五条　省气象主管机构负责组织城市规划、国家和省重点建设工程、重大区域性经济开发项目的气象条件可行性论证。

第二十六条　取得环境影响评价资格的气象机构，根据建设单位的要求，进行工程项目的大气环境影响评价。

其他单位承担大气环境影响评价时使用的非气象主管机构提供的气象资料，必须经省气象主管机构审查、鉴证。

第六章　　地方气象事业

第二十七条　气象主管机构应当以国家气象事业为依托，根据地方经济、社会发展需要，大力发展地方气象事业。地方气象事业项目主要包括：

（一）建立省、地气象卫星综合应用业务系统，县级气象防灾减灾系统；

（二）在灾害性天气频繁发生区域，建立灾害性天气局地监测预警系统；

（三）建立人工影响天气综合业务技术系统，改造、完善城乡气象警报系统；

（四）建立决策气象服务、气象卫星遥感、短时灾害性天气雷达监测、森林火险天气预报、电视天气预报制作、天气预报电话自动答询、雷电灾害监测等系统；

（五）建立为农业综合开发、农作物产量预测、农业气候资源开发利用、节水节能和生态环境保护等服务的系统；

（六）国家和省规定的其他项目。

第二十八条　县级以上人民政府应当把地方气象事业的基本建设投资和有关事业经费，纳入本级国民经济和社会发展计划及财政预算。

第七章　　气象行业的监督管理

第二十九条　气象台站网和大型气象仪器设备必须合理布局、统一规划。有关部门根据行业规划新建气象台站、新增大型气象仪器设备，应当与气象主管机构共同论证。

第三十条　各类气象台站应当执行国家统一的气象技术规范。

第三十一条　县级以上人民政府质量技术监督行政部门授权的具有法定资格的气象计量检定机构，应当定期对气象计量器具进行检定。禁止使用未经检定、检定不合格或者超过检定有效期的气象计量器具。

第八章 罚则

第三十二条 违反本规定,有下列行为之一的,由气象主管机构责令改正,并按下列规定予以处罚:

(一)应当采取防雷措施而未采取的,未按照国家有关防雷设计标准和技术规范采取防雷措施的,防雷设施未经气象主管机构验收合格擅自投入使用的,处5000元以上10000元以下罚款;

(二)防雷设施经检测不合格的,给予警告;

(三)未经气象主管机构技术资格认定,从事经营性充灌、施放广告及庆典氢气球、飞艇活动的,处500元以上5000元以下罚款;

(四)未取得证书从事气象科技服务活动的,处1000元以上2000元以下罚款;

(五)擅自向社会公开发布非气象主管机构所属气象台站提供的气象预报和灾害性天气警报的,处1000元以上2000元以下罚款;

(六)未经气象主管机构批准,擅自利用气象主管机构所属气象台站发布的气象信息进行经营性活动的,处5000元以上10000元以下罚款。

第三十三条 使用未经检定、检定不合格或者超过检定有效期的气象计量器具的,由质量技术监督行政部门依法予以处罚。

第三十四条 气象主管机构、防雷检测机构工作人员玩忽职守,致使工作产生重大失误的,由其所在单位或者上级主管机构给予行政处分;构成犯罪的,由司法机关依法追究刑事责任。

第九章 附则

第三十五条 本规定下列用语的含义:

(一)灾害性天气警报,是指行将发生台风、寒潮、大风、大雾、暴雨(雪)、冰雹、雷电等对国计民生有严重危害的天气时,对可能危及的区域以天气预报的形式向公众发布的紧急通报;

(二)气候资源,是指能为人类所能利用的气候条件,如光能、热量、水分、风能等;

(三)人工影响天气,是指为避免或者减轻气象灾害,合理利用气候资源,在适当条件下通过科学技术手段对局部大气的物理、化学过程进行人工影响,实现增雨雪、防雹、消雨、消雾、防霜等目的的活动。

第三十六条 本规定自发布之日起施行。

一九九九年八月三日

《江西省人工影响天气管理办法》

江西省人民政府令

第 103 号

《江西省人工影响天气管理办法》已经 2000 年 11 月 28 日省人民政府第 58 次常务会议讨论通过,现予公布。

省长:舒圣佑

二〇〇〇年十二月二十九日

江西省人工影响天气管理办法

第一条　为了加强人工影响天气作业管理,确保人工影响天气作业安全高效,发挥人工影响天气工作在防御、减轻气象灾害和服务地方经济建设中的作用,根据《中华人民共和国气象法》和其他有关规定,结合本省实际,制定本办法。

在本省行政区域内从事人工影响天气作业和试验研究,应当遵守本办法。

第二条　人工影响天气工作是基础性社会公益事业,应当以防灾减灾为宗旨,服务农业为重点,坚持依靠科技进步,加强人工影响天气作业现代化建设和科学实验研究。实施人工影响天气作业的组织(以下简称作业组织)在确保防灾减灾公益性服务的前提下,可以根据用户要求,依法开展人工影响天气专项服务,所需作业经费按照谁受益谁负担的原则由受益单位承担。

第三条　县级以上人民政府应当加强对人工影响天气工作的领导和办调,并将人工影响天气事业纳入国民经济和社会发展计划。

第四条　县以上气象主管机构在本级人民政府的领导下,负责本行政区域内人工影响天气工作的管理、指导,并组织实施人工影响天气工作。

各级军事部门、驻赣部队和财政、计划、民航、电信、保险等部门和单位,应当配合做好人工影响天气工作。农业、水利、民政等部门,应当及时提供农业灾情、水文等资料,以保障人工影响天气二作及时有效。

第五条　省、设区市及条件具备的县(市、区)人民政府设立人工影响天气领导小组,指挥、协调本行政区域内的人工影响天气工作,其办事机构人工影响天气领导小组办公室(以下简称人影办)设在同级气象主管机构,承办人工影响天气领导小组的日常工作。

第六条　县级以上人民政府或者气象主管机构应当对在人工影响天气工作中做出突出贡献的单位和个人给予表彰和奖励。

第七条　开展人工影响天气工作所需基本建设投资、人员事业经费、专项经费应当纳入同级人民政府的财政预算,并由同级财政部门和人影办负责管理,实行专款专用。

第八条　气象主管机构所属的气象台站,应当做好人工影响天气作业所需的各项气象保障工作,及时提供天气预报、雷达、卫星、气象情报等探测资料与信息。

第九条　作业组织必须具备省气象主管机构规定的资格条件。《人工影响天气工作资格证》由省气象主管机构统一颁发.

第十条　开展人工影响天气工作,应当由市、县(区)人民政府向省人影办提出申请,注明拟开展作业的区域与作业点位置、作业时间、作业技术装备与条件等内容,经省人影办会同空域管制部门审核同意后,方可进行人工影响天气工作。经批准后的作业区域,不得随意变动。确实需要变动作业区域的,应当重新报批。

第十一条　实行人工影响天气工作人员持证上岗制度。省人影办负责组织人工影响天气作业指挥人员和操作人员的培训、考核工作。未取得上岗资格证书的,不得参加作业。

第十二条　进行人工影响天气作业,必须具备下列条件:

有适宜的天气、云层条件;

得到空域管制部门的批准;

作业点为非人口稠密区且无重要、高大建筑设施;

作业点与省人工影响天气指挥中心及空域管制部门的通讯畅通。

作业指挥人员和操作人员持有上岗资格证书;

所使用的发射工具均经过严格检查,并经省人影办确认为合格。

第十三条　作业组织应当按标准建设人工影响天气作业发射工具库房、弹药库,并经当地公安部门审核、验收后方可投入使用;作业点应当设立现场指挥所或者值班室,配置有效的通信工具。

第十四条　作业组织应当建立人工影响天气作业指挥系统,提高人工影响天气作业技术水平。

第十五条　作业组织在实施作业前必须按照空域申请的有关规定向空域管制部门提出作业空域申请。空域管制部门在接到作业组织的空域申请后,应当及时批复。作业时间内进行作业。作业完成后,应当及时向空域管制部门报告完毕。

人工影响天气作业点的设置和作业工具的发射方位与方向,必须符合《中华人民共和国民用航空法》和《中华人民共和国飞行基本规则》中的有关规定。作业组织收到空域管制部门停止对空射击作业指令后,必须立即停止对空射击作业。

第十六条　人工影响天气作业专用装备,必须符合国务院气象主管机构规定的技术标准,并由省人影办统一购置,计划供应。其他任何部门、单位或者个人,不得购置或者转让。有故障的作业工具及过期炮弹、火箭弹,不得使用。

炮弹、火箭弹等人工影响天气作业专用装备的调运,应当由人影办提前向同级公安部门提出申请,公安部门应当依法及时予以审批。

人工影响天气作业专用装备的维护、保存、运输,必须按照《中华人民共和国民有爆炸品管理条例》和《民兵武器装备管理条例》中的有关规定执行。省人影办负责组织对人工影响天气作业专用装备进行年检。年检合格的,继续使用;年检不合格或者经检修达不到规定标准的,必须报废,不得将其转让。

第十七条 作业组织应当将作业时间、作业用剂量、作业前后天气实况、作业效益等如实记录;对人工影响天气作业效果应当科学评估,并将作业情况、技术总结、效益评估等按规定上报省人影办。

第十八条 各级人民政府应当加强人工影响天气作业的安全工作。实施人工影响天气作业的组织应当加强作业实施过程中的安全管理,确保作业安全。在实施人工影响天气作业过程中造成人员伤亡、财产损失或者引发有关权益纠纷的,由县级以上人民政府组织有关部门进行调查和鉴定,并做好事故的善后处理及协调工作。

第十九条 各级人民政府应当依法保护人工影响天气作业环境、装备与设施。任何组织和个人不得在人工影响天气作业环境规定范围内,进行对人工影响天气作业有不利影响的活动;不得侵占、损毁和擅自移动人工影响天气作业装备与设施。

第二十条 省人影办应当组织人工影响天气技术的国内外学术交流、重大项目攻关申报、科矿与技术筛选、新技术推广应用与开发等活动,完善人工影响天气作业的技术手段和技术方法,提高人工影响天气科学技术水平。

第二十一条 违反本办法规定的,由气象主管机构依照《中华人民共和国气象法》的规定予以处罚。

第二十二条 本办法中下列用语的含义是:

人工影响天气,是指为避免或者减轻气象灾害,合理利用气候资源,在适当条件下通过科学手段对局部大气的物理、化学过程进行人工影响,实现增雨(雪)、防雹、消雨、消雾、防霜等目的的活动。

人工影响天气作业基础设施,是指人工影响天气作业场地、通信传输设施及其他的仪器、设备等。

人工影响天气作业专用装备,是指人工影响天气作业和试验专用的高炮、炮弹,焰弹,火箭弹、火箭发射装置以及催化剂、催化剂发生器等。

第二十三条 本办法自公布之日起施行。

《江西省实施
〈中华人民共和国气象法〉办法》

(2001 年 10 月 19 日江西省第九届人民代表大会常务委员会第二十六次会议通过,2001 年 12 月 1 日起施行)

第一章　总则

第一条　为实施《中华人民共和国气象法》,结合本省实际,制定本办法。

第二条　县以上气象主管机构(以下简称气象主管机构)在上级气象主管机构和同级人民政府领导下,负责管理本行政区域内的气象工作。其他有关部门所属的气象工作机构,应当接受同级气象主管机构对其气象工作的指导、监督和行业管理。

第三条　气象工作应当把公益性气象服务放在首位,气象台站应当主动为各级人民政府决策、防御和减轻气象灾害、国防建设提供公益服务;及时向社会提供公众气象预报、灾害性天气警报及其他重要气象信息。

第四条　从事气象业务活动,应当遵守国家制定的气象技术标准、规范和规程。

第五条　县级以上人民政府应当以国家气象事业为依托,根据当地社会经济发展需要,大力发展下列地方气象事业:

(一)建立省、设区的市气象卫星综合应用业务系统和县级气象防灾减灾系统;

(二)建立灾害性天气多发区监测预警系统;

(三)建立人工影响天气综合业务技术系统,改造、完善城乡气象警报系统;

(四)建立洪涝、干旱等重大气象灾害防御决策服务系统;

(五)建立气象卫星遥感、短时灾害性天气雷达监测、电视气象预报、天气预报电话自动答询等服务系统;

(六)建立森林火险、雷电、大雾等灾害监测系统;

(七)建立农业气候资源开发利用、节水节能等气象服务系统;

(八)建立农作物区域布局、农业新技术和新品种推广,以及农作物产量预测等气候可行性论证的服务系统;

(九)建立气象科技培训和科研系统;

(十)其他地方气象事业项目。

第六条　县级以上人民政府应当把地方气象事业的基本建设纳入同级国民经济和社会发展规划,并将地方气象事业经费纳入同级财政预算,以保障其发挥为社会公众、政府决策和经济发展服务的功能。

第七条　气象台站在确保公益性气象无偿服务的前提下,可以按照国务院财政和价格主管部门以及省人民政府财政和价格主管部门的规定开展气象有偿服务。国务院另有规定的,从其规定。

第八条　对下列在气象工作中做出突出贡献的单位和个人,县级以上人民政府、气象主管机构或者本单位应当给予奖励:

(一)重大灾害性天气预报准确及时的;

(二)人工影响天气作业安全高效的;

(三)气候可行性论证成果被采用,并产生明显社会经济效益的;

(四)研究或者推广气象科技成果成绩突出的。

第二章　气象设施与气象探测环境

第九条　省气象主管机构应当根据国务院气象主管机构编制的气象设施建设规划,结合本省实际,组织有关部门编制气象探测设施、气象信息专用传输设施、大型气象专用技术装备等重要气象设施的建设规划,报省人民政府批准后实施。

第十条　气象台站的探测场地及其环境、仪器、设施、标志和气象通信的电路、信道、频道等受法律保护,任何组织或者个人不得侵占、损毁或者擅自移动。

第十一条　国家基准气候站、基本气象站、一般气象站等的气象探测环境,必须符合国务院气象主管机构规定的技术要求。

第十二条　各级人民政府应当采取措施,按照法定标准划定气象探测环境的保护范围,并纳入城市规划或者镇规划、村庄规划。

住房城乡建设等部门在办理建设项目审批手续时,对不符合国家规定的气象探测环境保护标准的建设项目,不予审批。

新建、扩建、改建建设工程,应当避免危害气象探测环境;确实无法避免的,建设单位应当事先征得省气象主管机构的同意,并采取相应的措施后,方可建设。

第十三条　在气象探测环境保护范围内禁止下列危害气象探测环境的行为:

(一)设置障碍物、进行爆破和采石;

(二)设置影响气象探测设施工作效能的高频电磁辐射装置;

(三)从事其他影响气象探测的行为。

第十四条　未经依法批准,任何组织或者个人不得迁移气象台站;确因实施城市规划或者国家重点工程建设,需要迁移国家基准气候站、基本气象站的,应当由建设单位或者项目法人报经所在地设区的市气象主管机构签署意见,经省气象主管机构审核后,报国务院气象主管机构批准;需要迁移其他气象台站的,应当由建设单位或者项目法人报经所在地县(市)气象主管机构签署意见,经设区的市气象主管机构审核后,报省气象主管机构批准。迁移、重建气象台站所需费用,由建设单位承担。

前款气象主管机构签署意见、审核的时间,分别不超过7个工作日和10个工作日,省气象主管机构审批的时间,不超过20个工作日。

迁移的气象台站应当按照国务院气象主管机构的规定进行对比观测后,方可拆除旧址。

第三章　气象预报与灾害性天气警报

第十五条　公众气象预报、灾害性天气警报实行统一发布制度。气象主管机构所属的气象台站按照职责向社会发布公众气象预报、灾害性天气警报,其他组织和个人不得以任何形式向社会发布。

其他部门所属的专业气象台站,可以向本系统提供专业气象预报。

第十六条　气象主管机构所属的气象台站应当采用先进的气象科学技术,提高公众气象预报和灾害性天气警报的准确率,并根据需要发布农业气象预报、城市环境气象预报、火险气象等级和空气质量等专业气象预报。

第十七条　通信、广播电视等部门应当与气象主管机构密切配合,保证气象通信畅通,及时、准确地传递气象信息。广播电台、电视台应当安排天气预报的定期播发时间,因特殊情况确需改变天气预报播发时间的,应当事先征得有关气象台站的同意,并提前告示公众;对气象台站临时发布的对国计民生可能产生重大影响的灾害性天气警报和补充、订正的气象预报,应当及时增播或者插播。

第十八条　广播、电视、报刊、通信、互联网、电子广告牌等媒体向社会传播的气象预报和灾害性天气警报,必须使用气象主管机构所属的气象台站直接提供的实时气象信息,并标明发布时间和气象台站的名称。

通过传播气象信息获得的收益,应当提取一部分支持气象事业的发展。具体提取比例和提取办法由当事人在合同中约定。

第四章　气象灾害防御

第十九条　县级以上人民政府应当组织有关部门编制气象灾害防御规划,加强气象防灾减灾工程和基础设施建设,健全气象灾害防御体系,避免、减轻气象灾害可能造成的损失。

第二十条　气象主管机构应当加强气象防灾减灾宣传,普及防灾减灾知识,增强全社会的防灾减灾意识。

第二十一条　气象主管机构应当组织开展重大灾害性天气、气候灾情调查评估和灾情气象成因鉴定,并及时向本级人民政府报告。气象主管机构所属的气象台站应当将气象灾害情报和预报及时向本级人民政府报告,并通报有关部门,为防灾减灾提供决策依据。

第二十二条　县级以上人民政府应当加强对人工影响天气工作的领导,将人工影响天气工作纳入当地气象灾害防御规划,提供所需的条件和经费。气象主管机构应当加强对人工影响天气工作的管理和指导。

实施人工影响天气作业的组织,必须具备省气象主管机构规定的条件;实施人工影响天气作业时,应当严格遵循作业程序,使用符合国务院气象主管机构要求的设备、器材、弹药。

第二十三条　气象主管机构应当加强对本行政区域内防雷减灾工作的管理、监督,其他有关部门所属的防雷减灾机构,应当接受同级气象主管机构的行业管理,共同做好防雷减灾工作。

第二十四条　下列场所或者设施必须安装雷电灾害防护装置(以下简称防雷装置):

(一)建筑物防雷设计规范规定的一、二、三类建(构)筑物;

(二)石油、化工等易燃易爆物品生产或者贮存场所;

(三)电力生产设施和输配电系统;

(四)通信设施、广播电视系统、计算机信息系统;

(五)法律、法规、规章和防雷技术规范规定必须安装防雷装置的其他场所和设施。

第二十五条　防雷装置的设计、施工必须符合国家有关的技术标准和规范。

对防雷装置实行设计审核和竣工验收制度。建筑物防雷设计规范规定的一、二类建(构)筑物和本办法第二十四条第二项至四项所列场所或者设施的防雷装置,未经主管机构审核同意和验收合格的,不得施工和投入使用。

第二十六条　防雷装置应当由具有法定资质的防雷检测机构定期进行检测。其中,建筑物防雷设计规范规定的一、二类建(构)筑物和本办法第二十四条第三项、第四项所列场所或者设施的防雷装置,每年检测一次;其他防雷装置的检测按照省人民政府的规定执行。防雷装置所在单位应当向防雷检测机构申报检测。

第五章　气候资源的开发利用与保护

第二十七条　县级以上人民政府应当根据本地区的气候特点,编制合理开发利用和保护气候资源的规划,组织有关部门开发、推广效益显著的气候资源利用项目,建立和健全气候资源开发利用的决策咨询工作体系。

气象主管机构应当根据本级人民政府的规划,向本级人民政府和有关部门提出利用、保护气候资源和推广应用气候资源区划等成果的建议。

第二十八条　省气象主管机构应当根据气候变化状况,在全省公开发行的报刊上适时发布气候监测公报。

第二十九条　气象主管机构应当组织对城市规划、国家或者省重点建设工程、重大区域性经济开发项目和大型太阳能、风能等气候资源开发利用项目进行气候可行性论证。

具有大气环境影响评价资质的单位进行工程建设项目大气环境影响评价时,应当使用符合国家气象技术标准的气象资料。

第六章 法律责任

第三十条 违反本办法第十二条第二款规定的,由同级人民政府责令有关部门改正。

第三十一条 违反本办法规定,有下列行为之一的,由有关气象主管机构按照权限予以处罚:

(一)违反第十条、第十三条规定的,责令停止违法行为,限期恢复原状或者采取其他补救措施,可以并处1000元以上1万元以下罚款;情节严重的,可以并处1万元以上5万元以下罚款;

(二)违反第十五条第一款、第十八条第一款、第二十九条第二款规定的,责令改正,给予警告,可以并处一万元以上二万元以下罚款;情节严重的,可以并处二万元以上五万元以下罚款;

(三)违反第二十二条第二款规定,不具备省气象主管机构规定的条件实施人工影响天气作业,或者使用不符合国务院气象主管机构要求的设备、器材、弹药的,责令改正,给予警告,可以并处一万元以上十万元以下罚款。

(四)违反第二十五条第二款规定,防雷装置设计未经审核同意擅自施工的,或者防雷装置未经验收或者经验收不合格擅自投入使用的,责令改正,给予警告;

(五)违反第二十六条第一款规定,防雷装置应当接受定期检测的单位拒绝接受法定检测机构检测的,责令改正,给予警告;拒不改正的,可以并处1000元以上1万元以下罚款。

第三十二条 有本办法第三十条、第三十一条所列违反本办法规定的行为,造成损失的,依法承担民事责任;构成犯罪的,依法追究刑事责任。

第三十三条 气象主管机构工作人员玩忽职守,或者其所属气象台站工作人员违反规章制度,导致重大漏报、错报公众气象预报、灾害性天气警报,以及丢失或者毁坏原始气象探测资料、伪造气象资料等事故的,依法给予行政处分;致使国家利益和人民生命财产遭受重大损失,构成犯罪的,依法追究刑事责任。

第三十四条 防雷检测机构工作人员玩忽职守,未按本办法第二十六条规定检测防雷装置或者检测错误造成事故的,依法给予行政处分;造成损失的,依法承担民事责任;构成犯罪的,依法追究刑事责任。

第七章 附则

第三十五条 本办法下列用语的含义是:

(一)气象设施,是指气象探测设施、气象信息专用传输设施、大型气象专用技术装备等。

(二)气象探测,是指利用科学手段对大气和近地层的大气物理过程、现象及其化学性质等进行的系统观察和测量。

(三)气象探测环境,是指为避开各种干扰保证气象探测设施准确获得气象探测信息所必要的最小距离构成的环境空间。

(四)气象灾害,是指台风、暴雨(雪)、寒潮、大风(沙尘暴)、低温、高温、干旱、雷电、冰雹、霜冻和大雾所造成的灾害。

（五）人工影响天气,是指为避免或者减轻气象灾害,合理利用气候资源,在适当条件下通过科技手段对局部大气的物理、化学过程进行人工影响,实现增雨雪、防雹、防雾、消雨、消雾、防霜等目的的活动。

（六）空气质量预报,是指在天气预报的基础上,预测可能出现的污染物浓度。

（七）防雷装置,是指接闪器、引下线、接地装置、电涌保护器及其他连接导体等防雷产品和设施的总称。

第三十六条　本办法自 2001 年 12 月 1 日起施行。

《江西省人民政府关于加快气象事业发展的意见》

赣府发〔2006〕26 号

各市、县(区)人民政府,省政府各部门:

为贯彻落实《国务院关于加快气象事业发展的若干意见》(国发〔2006〕3 号),加快我省气象事业发展,现结合我省实际,提出如下意见:

一、充分认识加快气象事业发展的紧迫性和重要性

我省地处亚热带季风气候区,是全国气象灾害最严重的省份之一。暴雨、洪涝、干旱、风雹、雷电、高温、冰冻、大雾等气象灾害,及其引发的地质灾害、森林火灾、农作物病虫害、流行病传播等,直接威胁广大人民群众的生命财产安全,严重影响全省经济社会的发展。据统计,全省每年因气象灾害造成的经济损失约占全省国民生产总值的 2% 至 4%。随着我省经济社会不断发展,农业、林业、水利、交通、电力等系统和行业,对气象保障服务和气候资源利用的需求越来越迫切。气象事业是科技型、基础性社会公益事业,加快我省气象事业发展,对于趋利避害,预防和减轻自然灾害造成的损失,保障国家和人民生命财产安全,促进经济社会可持续发展具有十分重要的意义。

二、加快气象事业发展的指导思想和奋斗目标

（一）指导思想。以邓小平理论、"三个代表"重要思想为指导,全面贯彻落实科学发展观,坚寻公共气象的发展方向,按照一流装备、一流技术、一流人才、一流台站的要求,进一步强化气象观测基础,提高预测预报水平,加快科技创新,丰富气象服务内涵,提升气象事业对经济社会发展、国家安全和可持续发展的保障与支撑能力,为建设"创新创业江西、绿色生态江西、和谐平安江西"提供一流的气象服务。

（二）奋斗目标。到 2010 年,初步建成结构合理、布局适当、功能齐备的综合气象观测系统、预测预报系统、公共服务系统和科技支撑保障系统,灾害性天气的预报准确率在现有基础上提高10%,气象服务覆盖面达到95%,使气象整体实力得到进一步提升;到2020年,全面建成结构完善、功能先进的气象现代化体系。

三、充分发挥气象在经济社会发展中的综合保障作用

(一)做好公共气象服务工作。各级气象主管机构要通过改善服务手段、拓宽服务领域、增加服务产品、提高服务质量,不断满足经济社会发展对气象信息的迫切需要。尤其要拓宽气象信息发布渠道,扩大发布范围,最大程度地使气象信息进农村、进社区、进企业、进学校。有关部门要积极配合气象主管机构做好气象预警信号的传播工作,通过报纸、广播、电视、互联网、手机短信等多种有效形式,及时、准确地发布气象预警信息。

(二)做好气象灾害应急服务工作。各级政府要组织编制气象灾害防御规划,建立健全由政府组织协调、各部门分工负责的气象灾害应急机制,及时应对突发气象灾害,最大限度地减少重大气象灾害造成的损失。有关部门要重点强化气象灾害预报功能,切实加强气象灾害的监测、调查和影响评估的能力建设,增强对地质灾害、农作物病虫害、森林病虫害等自然灾害和有害物质泄漏扩散、区域环境污染、生态破坏等突发公共事件的气象预警与应急保障能力。广泛宣传和使用气象灾情报告专用电话号码,快速收集气象灾情信息。各乡镇、村委会、社区、企业、学校等要落实责任人,负责气象预警信息的接收、传播和气象灾情信息的收集整理与报告。各级气象主管机构要密切监视气象灾害,及时做好灾情的科学评估,为防灾减灾提供科学依据。

(三)做好农业气象服务工作。要进一步提高乡镇天气预报准确率,引导广大农民科学安排农业生产和有效防御自然灾害。加强天气、气候和气候变化对我省粮食安全的影响研究及应对工作。开展精细化农业气候区划和农业气候可行性论证,指导农业科学调整种植结构,提高农产品产量和质量。建立粮食安全气象预警系统,进一步完善农业气象灾害预警、评估和粮食产量预测业务,开展农作物重大病虫害发生发展趋势预报。各地在开展社会主义新农村建设、农田水利基本建设、交通基础设施建设时,要认真考虑气象因素的影响,充分听取气象主管机构的意见。要加快建立农村气象警报服务网络,使气象灾害警报信息能及时进村入户,最大限度地保护广大农民群众的生命财产安全,减轻气象灾害造成的损失。

(四)做好城市、环境和公共卫生气象监测与服务工作。要开展城市气象灾害监测预警服务,及时发布城市气象灾害信息,扩大预警信息覆盖面。加强气象与城市建设、环境保护、卫生等部门的合作,积极开展天气、气候和气候变化对城市建设、环境污染、疾病发生规律等方面的影响评价和应对措施综合研究,开展病毒传播、大气环境质量、大气污染扩散和危险化学品泄漏的气象监测预报和评估,为突发公共卫生事件、环境事件、安全事故等提供应急气象保障服务。

(五)做好交通安全气象保障工作。气象、公安、交通、民航、铁路等部门要加强协作,建立健全交通安全气象保障工作机制,共同加强交通安全气象监测配套设施建设,开展交通气象预警服务,为运输业、渔业和旅游业等的安全和交通安全事故应急救援提供实时气象保障。加强航空气象业务体系建设,提升航空气象服务能力。

(六)做好防雷安全工作。各级政府要把加强防雷装置建设作为预防雷电灾害的重要基础,加强易燃易爆场所、航空、广播、电视、计算机信息系统、电力设施、通信设施和各类人口聚集场所防雷设施的建设,严格落实防雷责任制,加强防雷知识的科学普及。要针对农村雷击伤亡事故多的特点,加快建设农村雷击灾害高发区域的防雷装置。要严格执行新建、改建、扩建项目防雷装置与主体工程同时设计、同时施工、同时投入使用的制度。认真执行防雷装置定期检测制度,主动申报防雷装置的定期检测,对产品质量不合格、安装不规范的,要及时整改。防雷工程设计必须认真执行国家有关技术规范,施工单位必须主动接受气象主管机构的监督和指导,严格按照设计方案进行施工,未经验收合格的,不得投入使用。遭受雷电灾害的有关单位和城乡居民,要及时向当地政府及气象主管机构报告灾情,并协助做好雷电灾害的调查、鉴定和上报工作,严禁迟报、漏报和瞒报。

(七)做好人工影响天气工作。要建立省、市、县三级人工影响天气指挥和作业体系,适时、适当开展扑灭森林火灾、降低空气污染等级、减轻城市高温天气灾害等人工影响天气应急作业。要在农业用水、城市供水、工业用水缺乏地区以及高森林火险等级林区,积极组织开展人工增雨作业。要增加地面人工影响天气作业点,在易旱地区、大型库区、农作物主产区和重点林区建设作业基地,逐步建立和完善飞机、火箭、高炮相结合的立体作业体系。要加强空中云水资源的监测评估和开发,加强消雹、消雾、消雨等试验研究和探索,逐步实现人工影响天气工作由单纯的增雨抗旱向抗旱减灾、防雹减灾、空中云水资源开发和生态环境建设与保护等多领域转变。

(八)做好气候资源的普查和规划利用工作。要加强气候资源的普查工作,对重点地区进行区域高分辨率普查,形成完整的气候资源数据库,并在此基础上重新进行气候资源区划。气象主管机构要负责组建太阳辐射、电力强度监测网,开展风能、太阳能资源的普查和可利用资源评估工作,为制订和修订风能、太阳能资源开发利用规划提供科学依据,为风电场的勘察、选址和太阳能的开发提供技术支持,为风电场的建设、运行、调度和太阳能的利用提供实时气象监测和预报服务。

(九)做好气候可行性论证工作。气象主管机构要依法组织对城市规划、国家和省重点工程、重大区域性经济开发项目进行气候可行性论证,避免和减少气象灾害、气候变化对工程项目的实施和重要工程设施造成不良影响,或对城市气候资源造成破坏而导致局部地区气象环境恶化,确保项目建设与生态和环境保护相协调。省气象主管机构要会同省有关部门抓紧制定气候可行性论证的具体实施办法。

(十)做好气候变化、生态气象和大气成分服务工作。要深入开展气候变化对生态、环境、能源、水资源和公共卫生安全等的影响评估以及应对措施研究,不断提高适应与减缓气候变化的能力。各级气象主管机构要应用卫星遥感,加强对自然灾害、农作物、森林、大气成分、水体、土地等的生态气象监测,及时发布生态气象监测公报。加强对温室气体、气溶胶、紫外辐射、负离子、酸雨、臭氧等大气成分的监测、分析和预报,为保持气候系统和生态环境的稳定提供服务。有关的工程建设项目在进行大气环境影响评价时,应当按规定使用气象主管机构提供或者经其审查的气象资料。

四、加强气象综合服务能力建设

(一)加强综合气象观测能力建设。各级政府要将综合气象观测系统纳入经济社会发展规划,不断提高综合气象观测能力和水平。要大力加强气候观测系统和天气雷达、雷电监测网、生态气象观测网、农业气象观测网、大气成分观测网、交通气象监测网,以及设在城区、乡镇、农村和重点林区的中尺度自动气象站网等基础设施建设。全省要力争在3年内实现每个乡镇至少布设1个自动气象站,满足局地中小尺度突发性气象灾害监测和预警的需要。省、市两级要尽快建立车载气象灾害应急观测系统

(二)加强气象信息共享能力建设。要加强气象及相关信息的共享能力建设,为预测气象灾害提供科学依据。气象主管机构要负责气象信息的共享工作,充分发挥气象信息网络资源优势,建立连通相关部门的气象信息存储、分发、共享平台,国土资源、农业、林业、水利、民政、测绘、地震、环保、交通、铁路、民航等有关部门,要充分利用气象信息平台,积极提供和共享气象相关的信息。

(三)加强气象预测预报能力建设。要加强气象预测预报系统建设,加大硬件设备和软件系统建设力度,不断提高天气、气候预测预报的准确率。以省防灾减灾科技中心建设为依托,建立和完善灾害性天气短时临近预报预警系统、精细化天气预报系统、旱涝灾害短期气候预测系统、相关灾害气象预警系统、交通等专业气象预警系统、大气污染、病毒扩散和危险品泄漏气象预警系统等建设,增强应对各种自然灾害和突发公共事件的气象服务能力和水平。

(四)加强公共气象服务能力建设。各级政府要把公共气象服务系统纳入政府公共服务体系建设的范畴,进一步强化气象公共服务职能,加快气象事业现代化进程。加强气象短信平台、电视天气预报节目制作系统、天气预报12121系统、气象警报广播网等公共气象服务系统建设。有条件的地方,市、县两级要在人口密集的场所和居民区设立气象灾害预警电子显示屏。在气象灾害易发时期,各级广播电视部门要增加气象信息播放的时间和频率,及时插播气象灾害预警信号。

(五)加强气象科技创新能力建设。在实施我省重大科技计划中重视气象领域的科学研究,切实加大对气象领域高新技术研究、开发的支持力度,加快气象科技成果的应用和推广。加强气象开放实验室、科研机构基础设施、野外科学试验基地、气象科技基础条件平台等科技设施建设。要重点支持气象及相关灾害的监测预警技术开发研究,提升我省防御气象灾害的能力。

五、提高气象工作总体水平

(一)加强对气象工作的领导。各级政府要高度重视气象事业的发展,切实加强对气象工作的领导,认真研究解决涉及气象事业发展的问题。对未设立气象机构的县,根据实际需要,由所在设区市气象局商当地政府视情组建。各地还应根据人工影响天气和防灾减灾工作的需求,建立健全人工影响天气和防灾减灾组织机构,充实必要的专兼职人员。

(二)加大财政投入力度。各级政府要根据当地社会经济发展需要,大力发展地方气象事业。要将地方气象事业的基本建设投资纳入同级国民经济和社会发展规划,把地方气象事业发展和增强气象能力建设纳入同级财政预算,以保障其充分发挥为当地政府决策和经济社会发展服务的功能。各级财政要切实加大对气象事业的投入力度,建立健全稳定增长的地方气象事业财政投入机制。要加大对重大气象工程、气象科学研究和技术开发项目建设运行的投入力度。按国家有关规定做好气象部门职工的养老、医疗、失业、生育和工伤等社会保障工作。

(三)加强气象法制工作。推进气候资源开发利用、雷电灾害防御等法规建设,加强气象执法体系建设,规范气象行政执法行为。坚持依法行政,依法管理和规范气象监测预警、人工影响天气、雷电灾害防护、气候资源开发利用、气候可行性论证、气象信息发布、施放气球等活动。要依法强化气

象主管机构的社会管理和公共服务职能,严格按照国家规定保护好气象设施及探测环境,严禁非法从事气象探测活动。加大气象法制宣传,加强气象科学知识普及,提高全社会气象法律意识。加强气象业务的标准化工作,质量技术监督部门要将综合气象观测、气象仪器设备和气象服务技术等气象地方标准,作为公益性项目予以支持。

(四)加强人才队伍建设。要将气象人才培养规划纳入当地人才发展规划和人才建设计划中,加大对气象人才培养和引进的政策支持力度。逐步建立人才评价考核机制、教育培养机制、竞争激励机制等,营造优秀人才脱颖而出的环境。

(五)加强管理和统筹规划。要按照合理布局、有效利用的原则,统筹编制和实施重要气象设施、气象台站的建设与布局规划,推进气象资源的合理配置、高效利用和信息的有效共享,充分发挥投资的总体效益,避免重复建设。要进一步建立健全气象行业管理协调机制,气象主管机构以外部门所属的气象工作机构,应当接受同级气象主管机构对其气象工作的指导、监督和行业管理。各有关部门新建气象台站和重要气象设施,应当按照气象行业管理的有关规定和标准、规范,经省气象主管机构审查同意。

《江西省气象灾害应急预案》

(2005 年 11 月,由省政府办公厅正式印发,2010 年 12 月
第一次修改,2018 年 2 月 5 日修订发布)

目　录

1 总则

1.1　编制目的

1.2　编制依据

1.3　适用范围

1.4　工作原则

2 组织体系

2.1　省级应急指挥机制

2.2　地方应急指挥机制

2.3　部门联动机制

3 监测预警

3.1　监测预报

3.2 预警信息发布

3.3 预警准备

3.4 预警知识宣传教育

4 应急处置

4.1 信息报告

4.2 响应启动

4.3 分部门响应

4.4 分灾种响应

4.5 现场处置

4.6 社会力量动员与参与

4.7 信息公布

4.8 应急终止或解除

5 恢复与重建

5.1 制订规划和组织实施

5.2 调查评估

5.3 征用补偿

5.4 灾害保险

6 应急保障

7 预案管理

8 附则

8.1 气象灾害预警标准

8.2 名词术语

1 总则

1.1 编制目的

建立健全气象灾害应急响应机制，提高气象灾害防范、处置能力，最大限度地减轻或者避免气象灾害造成人员伤亡、财产损失，为全省经济和社会发展提供保障。

1.2 编制依据

依据《中华人民共和国突发事件应对法》《中华人民共和国气象法》《中华人民共和国防洪法》《中华人民共和国防汛条例》《自然灾害救助条例》《地质灾害防治条例》《中华人民共和国森林防火条例》《中华人民共和国抗旱条例》《人工影响天气管理条例》《气象灾害防御条例》《江西省实施〈中华人民共和国防洪法〉办法》《江西省实施〈中华人民共和国气象法〉办法》《江西省森林防火条例》《江西省地质灾害防治管理办法》《江西省人工影响天气管理办法》以及《国家气象灾害应急预案》《江西省突发公共事件总体应急预案》《江西省自然灾害救助应急预案》《江西省防汛抗旱应急预案》《江西省突发地质灾害应急预案》等法律、法规、规章和规范性文件，结合江西实际，制定本预案。

1.3　适用范围

本预案适用于江西范围内暴雨(雪)、高温、干旱、雷电、大雾、台风、大风、寒潮、低温、冰雹、霜冻、冰冻、低温连阴雨、霾等气象灾害事件的防范和应对。

因气象因素引发水旱灾害、地质灾害、森林火灾等其他灾害的处置,按省有关专项应急预案进行处置。

1.4　工作原则

以人为本、减少危害。把保障人民群众的生命财产安全作为首要任务和应急处置工作的出发点,全面加强应对气象灾害的体系建设,最大程度减少灾害损失。

预防为主、科学高效。实行工程性和非工程性措施相结合,提高气象灾害监测预警能力和防御标准。充分利用现代科技手段,做好各项应急准备,提高应急处置能力。

依法规范、协调有序。依照法律法规和相关职责,做好气象灾害的防范应对工作。加强各地、各部门的信息沟通,做到资源共享,使气象灾害应对工作更加规范有序、运转协调。

分级管理、属地为主。根据灾害造成或可能造成的危害和影响,对气象灾害实施分级管理。灾害发生地人民政府负责本地区气象灾害的应急处置工作。

及时响应,自行启动。根据气象灾害监测预报预警信息,按气象灾害影响程度和范围,及其引发的次生、衍生灾害类别,有关部门立即按照其职责和预案,自行启动应急响应机制。

2　组织体系

2.1　省级应急指挥机制

发生跨设区市级行政区域大范围的气象灾害,并造成较大危害时,由省政府决定启动相应的省级应急指挥机制,统一领导和指挥气象灾害及其次生、衍生灾害的应急处置工作:

——台风、暴雨、干旱引发江河洪水、山洪灾害、溃涝灾害、干旱灾害等灾害,由省防汛抗旱总指挥部负责指挥应对工作。

——台风、暴雨引发山体滑坡、崩塌、泥石流等地质灾害,由省地质灾害应急指挥部负责指挥应对工作。

——暴雪、冰冻、低温、寒潮、高温,严重影响交通、电力、能源等正常运行,由省发展改革委启动煤电油气运保障工作协调机制;严重影响通信、重要工业品保障、农牧业生产、城市运行等方面,由相关职能部门负责协调处置工作。

——气象灾害受灾群众基本生活救助工作,由省减灾委统筹、省民政厅实施。

2.2　地方应急指挥机制

对上述各种灾害,各级人民政府要先期启动相应的应急指挥机制或建立应急指挥机制,启动相应级别的应急响应,组织做好应对工作。省有关部门按职责分工进行指导。

雷电、大风、霜冻、大雾、冰雹、低温连阴雨、霾等灾害,由各级人民政府启动相应的应急指挥机制或建立应急指挥机制负责处置工作,省有关部门按职责分工进行指导。

2.3　部门联动机制

建立气象部门与发展改革、工业与信息化、公安、民政、国土资源、交通运输、住房和城乡建设、铁道、水利、农业、卫生、教育、环保、地震、旅游、民航、安全监管、林业、广播电视、保险监管、粮食、电力、通信管理以及军队、武警等部门之间的气象及气象次生、衍生灾害监测预报预警服务部门联动机制,加强部门之间的信息沟通,做到资源共享,实现气象灾害预警服务与各部门防灾减灾工作的有效衔接,使气象灾害应对工作规范有序、运转协调:

——各单位根据气象防灾减灾工作需要,明确本单位气象灾害防御责任部门,并确定相关职能处室负责人或具体管理人员为本部门气象灾害防御联络员。

——各单位联络员负责组织本部门气象灾害监测预报预警信息接收和气象灾害应急联动工作;负责组织制定本部门气象灾害应急响应工作规程;负责收集并向气象部门反馈本部门对气象灾害监测预报预警服务工作的意见和建议,以及本部门防御气象及其次生、衍生灾害信息;协助气象部门在本单位开展气象灾害防御宣传;协助气象部门开展相关气象灾害调查分析;积极参加气象灾害应急演练,以及相关知识培训和专题考察、调研等活动。

——气象部门负责向联络员和相关单位发送天气趋势信息;遇突发性、灾害性、转折性天气气候事件,及时提供气象灾害监测预报预警和预警解除信息,以及可能发生的气象灾害影响评估信息;定期或不定期征求各部门对气象灾害预警预报服务工作的意见和建议;组织开展气象灾害防御知识宣传;组织开展气象灾害影响评估调查等。

——气象部门负责建立联络员定期会晤制度,每年定期组织召开联络员会议。会议的主要议题包括:总结、交流上年度各部门气象防灾减灾工作经验和体会;总结、交流各部门对气象灾害监测预报预警信息的使用情况、应用效益,以及对改进监测预报预警服务的意见和建议;气象部门通报本年度气象灾害趋势预测;交流本年度各部门气象灾害防御工作打算;其他有关气象灾害防御联络工作事项。

——气象部门负责建立气象灾害防御多部门联合会商和新闻发布会制度。预计灾害性天气气候事件将影响我省,可能对我省经济社会发展造成一定影响时,气象部门应根据可能产生影响的行业情况,联合组织有关部门进行气象灾害防御会商,必要时将会商情况报送省政府。对涉及公共安全的,需要社会公众知晓的气象灾害防御信息,可联合召开新闻发布会,向社会公众及时发布,积极引导社会公众做好气象灾害防御工作,最大程度减少或避免气象灾害损失。

——根据气象灾害防御工作需要,各单位应加强信息共享,按照相互合作、共同促进原则,组织开展跨地区、跨部门的气象灾害联合监测预报预警,积极开展气象灾害及次生、衍生灾害影响成因分析和防御对策联合研究。

3 监测预警

3.1 监测预报

3.1.1 监测预报体系建设

县级以上人民政府应当根据气象灾害防御的需要,加强气象灾害应急监测系统建设,健全应急监测和气象灾害信息报告队伍,完善气象灾害监测设施,整合完善气象灾害监测信息网络,实现信息共享。各有关部门要按照职责分工,加强新一代天气雷达、气象卫星、水文监测预报等建设,进一步完善和优化区域气象观测站、雷电监测站、水汽观测站等气象灾害自动监测站网,健全天基、空基、地基同步立体气象监测系统,提高对气象灾害及其次生、衍生灾害的综合监测能力;建立和完善气象灾害预测预报体系,加强对灾害性天气事件的会商分析,做好灾害性、关键性、转折性重大天气预报和趋势预测。

3.1.2 信息共享

气象部门建立健全气象灾害监测预报预警信息通报制度和报送流程,及时发布气象灾害监测预报预警信息,并通过气象及气象次生、衍生灾害监测预报预警服务部门联动机制,与发展改革、工业与信息化、公安、民政、国土资源、交通运输、住房和城乡建设、铁道、水利、农业、卫生、教育、环保、地震、旅游、民航、安全监管、林业、广播电视、保险监管、粮食、电力、通信管理以及军队、武警等相关部门实现灾情、险情等信息的实时共享。

3.1.3 灾害普查

县级以上人民政府应当组织气象部门建立以社区、村镇为基础的气象灾害调查收集网络,对本行政区域内发生的气象灾害的种类、次数、强度和造成的损失等情况开展气象灾害普查、风险评估和风险区域工作,编制气象灾害防御规划。

3.2 预警信息发布

3.2.1 发布制度

气象灾害预警信息发布遵循"归口管理、统一发布、快速传播"原则。气象灾害预警信息由气象部门负责制作并按预警级别分级发布,其他任何组织、个人不得制作和向社会发布气象灾害预警信息。

3.2.2 发布内容

气象部门根据对各类气象灾害的发展态势,综合预评估分析确定预警级别。预警级别分为Ⅰ级(特别重大)、Ⅱ级(重大)、Ⅲ级(较大)、Ⅳ级(一般),分别用红、橙、黄、蓝四种颜色标示,Ⅰ级为最高级别。具体分级标准见附则。

气象灾害预警信息内容包括气象灾害的类别、预警级别、起始时间、可能影响范围、警示事项、应采取的措施和发布机关等。

3.2.3 发布途径

建立和完善多种手段互补的气象灾害预警信息发布系统,发布气象灾害预警信息。同时,通过广播、电视、报刊、互联网、手机短信、电子显示屏、有线广播等相关媒体以及一切可能的传播手段,及时向社会公众发布气象灾害预警信息。紧急情况下,经气象部门授权,各级广播、电视以及电信、移动、联通等通信部门要采取增播、插播、群发等方式播发气象灾害预警信息。涉及可能引发次生、衍生灾害的预警信息,通过气象及气象次生、衍生灾害监测预报预警服务部门联动机制,利用有关信息共享平台向相关部门发布。

各级人民政府要结合实际,加强气象灾害预警信息传播设施建设,逐步在学校、机场、港口、车站、旅游景点等人员密集公共场所,高速公路、国道、省道等重要道路和易受气象灾害影响的桥梁、涵洞、弯道、坡路等重点路段,以及农牧区、山区等建立起畅通、有效的预警信息发布与传播渠道,并加快建设气象灾害预警信息显示系统,设置气象灾害预警信息显示塔或电子显示牌等装置,有效扩大预警信息覆盖面。对老、幼、病、残、孕等特殊人群以及学校等特殊场所和警报盲区,应当采取有针对性的公告方式。

气象部门组织实施人工影响天气作业前,要及时通知相关地方和部门,并根据具体情况提前公告。

3.3 预警准备

各地、各部门要认真研究气象灾害监测预报预警信息,密切关注天气变化及灾害发展趋势,依法依规及时采取措施,开展必要的处置工作。预警级别达到规定标准后,有关责任人员应立即上岗到位,组织力量深入分析、评估可能造成的影响和危害,尤其是对本地区、本部门风险隐患的影响情况,有针对性地提出预防和控制措施,落实抢险队伍和物资,做好启动应急响应的各项准备工作。

3.4 预警知识宣传教育

各级人民政府和相关部门应做好预警信息的宣传教育工作,普及防灾减灾知识,增强社会公众的防灾减灾意识,提高自救、互救能力。

4 应急处置

4.1 信息报告

有关部门按职责收集和提供气象灾害发生、发展、损失以及防御等情况,及时向当地人民政府或相应的应急指挥协调机构报告。各地、各部门要按照有关规定逐级向上报告,特别重大、重大突发事件信息,要在规定时间内及时报告省人民政府。

4.2 响应启动

按气象灾害影响程度和范围,及其引发的次生、衍生灾害类别,省有关部门要立即启动应急响应机制,并按照职责做好各项应急响应工作。

当同时发生两种以上气象灾害且分别发布不同预警级别时,按照最高预警级别灾种启动应急响应。当同时发生两种以上气象灾害且均没有达到预警标准,但可能或已经造成损失和影响时,根据不同程度的损失和影响,在综合评估基础上启动相应级别应急响应。

4.3 分部门响应

当气象灾害造成群体性人员伤亡或可能导致突发公共卫生事件时,卫生部门依据《江西省突发公共卫生事件应急预案》和《江西省突发公共事件医疗卫生救援应急预案》启动应急响应。当气象灾害造成地质灾害时,国土资源部门依据《江西省突发地质灾害应急预案》启动应急响应。当气象灾害造成重大环境事件时,环境保护部门依据《江西省突发环境事件应急预案》启动应急响应。当气象灾害造成水上船舶险情及船舶溢油污染和引发水上灾害时,交通运输部门依据《江西省处置水上突发事件应急预案》启动应急响应。当气象灾害引发水旱灾害时,防汛抗旱部门依据《江西省防汛抗旱应急预案》启动应急响应。当气象灾害引发城市洪涝时,水利、住房城乡建设部门依据相关应急预案启动应急响应。当气象灾害造成涉及农业生产事件时,农业部门依据《江西省农业重大自然灾害突发事件应急预案》启动应急响应。当气象灾害引发森林火灾时,林业部门依据《江西省处置重特大森林火灾应急预案》启动应急响应。当气象灾害引发生产安全事故时,安全监管部门依据

《江西省安全生产事故灾难应急预案》启动应急响应。当气象灾害造成煤电油气运保障工作出现重大突发问题时,省发展改革委员会启动煤电油气运保障工作协调机制。当气象灾害造成重要工业品保障出现重大突发问题时,省工业和信息化委员会依据相关应急预案启动应急响应。当气象灾害造成严重损失,需进行紧急生活救助时,民政部门依据《江西省自然灾害救助应急预案》启动应急响应。

发展改革、公安、民政、工业和信息化、财政、交通运输、铁路、水利、商务、电力等有关部门按照相关预案,做好气象灾害应急防御和保障工作。新闻宣传、教育、科技、住房城乡建设、广电、旅游、法制、保险监管等部门做好相关行业领域协调、配合工作。公安消防部队、民兵预备役、地方群众抢险队伍等,要在地方政府统一指挥下,做好抢险救援工作。当地驻军、武警部队按照有关规定参加抢险救灾工作。

气象部门进入应急响应状态,加强天气监测、组织专题会商,根据灾害性天气发生发展情况随时更新预报预警,并通过气象及气象次生、衍生灾害监测预报预警服务部门联动机制,及时通报相关部门和单位,依据各地、各部门的需求,提供专门气象应急保障服务。

4.4　分灾种响应

当启动应急响应后,各有关部门和单位要加强值班,密切监视灾情,针对不同气象灾害种类及其影响程度,及时采取应急响应措施和行动。新闻媒体按要求随时播报气象灾害预警信息及应急处置相关措施。

4.4.1　台风、大风

气象部门加强监测预报,及时发布台风、大风预警信号及相关防御指引,适时加大预报时段密度。

防汛部门根据台风风险评估结果和预报情况,与有关地方政府共同做好危险地带和防台能力不足的危房内居民的转移,安排其到安全避台场所。

民政部门负责受灾群众的紧急转移安置并提供基本生活救助。

住房城乡建设部门采取措施,巡查、加固城市公共服务设施,督促有关单位加固门窗、围板、棚架、临时建筑物等,必要时可强行拆除存在安全隐患的露天广告牌等设施;通知高空等户外作业单位做好防风准备,必要时停止作业,安排人员到安全场所避风。

卫生部门加强各项卫生应急准备工作,组织做好伤员医疗救治和卫生防病工作。

交通运输、农业部门不同风力情况发出通知,督促指导港口、码头加固有关设施,督促所有船舶到安全场所避风,督促船主采取措施防止船只走锚造成碰撞、搁浅;督促运营单位暂停运营、妥善安置滞留旅客;通知水上、水下等户外作业单位做好防风准备,必要时停止作业,安排人员到安全场所避风。

教育部门根据防御指引、提示,通知幼儿园、中小学和中等职业学校做好停课准备,避免在突发大风时段上学、放学。

民航部门做好航空器转场,重要设施设备防护、加固,做好运行计划调整和旅客安抚安置工作。

电力部门加强电力设施检查和电网运营监控,及时排除危险、排查故障。

农业部门根据不同风力情况发出预警通知,指导农业生产单位、农户和畜牧水产养殖户采取防风措施,减轻灾害损失;林业部门密切关注高火险天气形势,会同气象部门做好森林火险预报预警,指导开展火灾扑救工作。

旅游部门对景点的旅游活动提出预警,必要时关闭景点,或停运观光缆车,以确保安全。

各单位加强本责任区内检查,尽量避免或停止露天集体活动;居民委员会、村镇、小区、物业等部门及时通知居民妥善安置易受大风影响的室外物品。

相关应急处置部门和抢险单位随时准备启动抢险应急响应。

灾害发生后,民政、防汛、气象等部门按照有关规定进行灾情调查、收集、分析和评估工作。

4.4.2 暴雨

气象部门加强监测预报,及时发布暴雨预警信号及相关防御指引,适时加大预报时段密度。

防汛部门进入相应应急响应状态,组织开展洪水调度、堤防水库工程巡护查险、防汛抢险及灾害救助工作;会同地方各级人民政府组织转移危险地带以及居住在危房内的居民到安全场所避险。

民政部门负责受灾群众的紧急转移安置并提供基本生活救助。

教育部门根据防御指引、提示,通知幼儿园、中小学和中等职业学校做好停课准备,尽量避免在暴雨时段上学、放学。

住房城乡建设、水利等部门做好城市内涝排水工作。

卫生部门采取措施,加强疫情监测和预警,开展各项医疗救治和救灾防病工作。

电力部门加强电力设施检查和电网运营监控,及时排查清除危险故障。

公安、交通运输部门对积水地区实行交通引导或管制。

民航部门做好重要设施设备防洪、防渍工作。

农业部门针对农业生产做好监测预警,落实防御措施,组织抗灾救灾和灾后恢复生产。

国土资源部门加强负责降水型地质灾害监测,与气象部门会商并联合发布降水型地质灾害等级预报。对地质灾害易发区和重要设施加强监控,采取紧急处置措施,防止灾害造成损失。

旅游部门对景点的旅游活动加强防范和预警,必要时停止旅游活动,关闭景点和设施。

施工单位必要时暂停在空旷地方的户外作业。

相关应急处置部门和抢险单位随时准备启动抢险应急预案。

灾害发生后,民政、防汛、气象等部门按照有关规定进行灾情调查、收集、分析和评估工作。

4.4.3 暴雪、冰冻、霜冻

气象部门加强监测预报,及时发布雪灾、霜冻、道路结冰等预警信号及相关防御指引,适时加大预报时段密度。

公安部门加强交通秩序维护,注意指挥、疏导行驶车辆;必要时,关闭易发生交通事故的结冰路段。

电力部门注意电力调配及相关措施落实,加强电力设备巡查、养护,及时排查电力故障;做好电力设施设备覆冰应急处置工作。

交通运输部门提醒公路车辆做好防冻措施,提醒高速公路、高架道路车辆减速;会同有关部门根据积雪情况,及时组织力量或采取措施,做好公路清扫和积雪融化工作。

民航部门做好机场除冰扫雪、航空器除冰等工作,以保障运行安全;做好运行计划调整和旅客安抚、安置工作,必要时关闭机场。

住房城乡建设、水利等部门组织做好供水系统等防冻措施。

卫生部门加强各项卫生应急准备,组织做好伤员医疗救治和卫生防疫防病工作。

住房城乡建设部门加强危房检查,会同有关部门及时动员或组织撤离可能因雪压倒塌的房屋内的人员。

民政部门负责受灾群众和紧急转移安置,并为受灾群众和公路、铁路等滞留人员提供基本生活救助。

农业部门组织对农作物、畜牧业、水产养殖等采取必要的防护措施。

相关应急处置部门和抢险单位随时准备启动抢险应急预案。

灾害发生后,民政、气象等部门按照有关规定进行灾情调查、收集、分析和评估工作。

4.4.4 寒潮

气象部门加强监测预报,及时发布寒潮预警信号及相关防御指引,适时加大预报时段密度;了解寒潮影响,进行综合分析和评估工作。

民政部门采取防寒救助措施,特别对困难群众、流浪人员等做好防寒防冻工作。

住房城乡建设、林业等部门对树木、花卉等采取防寒措施。

农业部门指导果农、菜农和畜牧水产养殖户采取一定的防寒和防风措施,做好牲畜、家禽和水生动物的防寒保暖工作。

卫生部门采取措施,加强低温寒潮相关疾病防御知识宣传教育,并组织做好医疗救治工作。

交通运输、渔业等部门采取措施,提醒水上作业的船舶和人员做好防御工作,并加强水上船舶航行安全监管。

相关应急处置部门和抢险单位随时准备启动抢险应急预案。

4.4.5 高温

气象部门加强监测预报,及时发布高温预警信号及相关防御指引,适时加大预报时段密度;了解高温影响,进行综合分析和评估工作。

电力部门注意高温期间的电力调配,落实保障措施,保证居民和重要电力用户用电;根据高温期间电力安全生产和电力供需情况,制定拉闸限电方案,必要时依据方案执行拉闸限电措施;加强电力设备巡查、养护,及时排查电力故障。

住房城乡建设、水利部门做好用水安排,协调上、下游水源,保证群众生活生产用水。

建筑、户外施工单位做好户外和高温作业人员的防暑降温工作,必要时调整作息时间,或采取停止作业措施。

公安部门做好交通安全管理,提醒车辆减速,防止因高温产生爆胎等事故。

卫生部门采取积极应对措施,全力做好由高温气象条件引发的中暑事件的卫生应急处置工作;协调相关部门,做好食品安全监管和食物中毒事件处置工作。

农业、林业部门指导紧急预防高温对农、林、畜牧、水产养殖业的影响;加强监控,做好森林火灾预防和扑救准备工作。

相关应急处置部门和抢险单位随时准备启动抢险应急预案。

4.4.6 干旱

气象部门加强监测预报,及时发布干旱预警信号及相关防御指引,适时加大预报时段密度;了解干旱影响,进行综合分析和评估工作;适时组织开展人工影响天气作业,减轻干旱影响。

农业、林业部门指导农林、畜牧、水产养殖生产单位采取管理和技术措施,减轻干旱影响;加强监控,做好森林火灾预防和扑救准备工作。

水利部门加强旱情、墒情监测分析,合理调度水源,组织实施抗旱减灾等方面的工作。

卫生部门采取措施,防范和应对旱灾所引发的突发公共卫生事件,做好食品安全监管和食物中毒事件处置工作。

民政部门采取应急措施,做好救灾人员和物资准备,并负责因旱缺水缺粮群众的基本生活救助。

相关应急处置部门和抢险单位随时准备启动抢险应急预案。

4.4.7 雷电、冰雹

气象部门加强监测预报,及时发布雷雨大风、冰雹预警信号及相关防御指引,适时加大预报时段密度;适时组织人工防雹作业;灾害发生后,有关防雷技术人员及时赶赴现场,做好雷击灾情的应急处置、分析评估工作,并为其他部门处置雷电灾害提供技术指导。

住房城乡建设部门提醒、督促施工单位必要时暂停户外作业。

卫生部门加强各项卫生应急准备,组织做好伤员医疗救治和卫生防疫防病工作。

电力部门加强电力设施检查和电网运营监控,及时排除危险、排查故障。

民航部门做好雷电防护,保障运行安全;做好运行计划调整和旅客安抚安置工作。

农业部门针对农业生产做好监测预警、落实防御措施,组织抗灾救灾和灾后恢复生产。

安监部门督促安委会成员单位做好雷电防御工作,监督高危行业、企业落实雷电防御措施;参与、协调雷击事故的抢险、救灾工作。

旅游部门及时做好景点的雷电防护,向旅游者发出预警,暂停户外娱乐项目,并做好防范工作。

各单位加强本责任范围内检查,停止集体露天活动;居民委员会、村镇、小区、物业等部门提醒居民尽量减少户外活动和采取适当防护措施,减少使用电器。

相关应急处置部门和抢险单位随时准备启动抢险应急预案。

4.4.8 大雾、霾

气象部门加强监测预报,及时发布大雾和霾预警信号及相关防御指引,适时加大预报时段密度;了解大雾、霾的影响,进行综合分析和评估工作。

公安部门加强对车辆的指挥和疏导,维持道路交通秩序,必要时视情关闭大雾影响严重的路段。

交通运输部门组织开展交通滞留和事故的加密监测,及时发布公路交通运输信息,加强水上船舶航行安全监管。

电力部门加强电网运营监控,采取措施尽量避免发生设备污闪故障,及时消除和减轻因设备污闪造成的影响。

民航部门做好运行安全保障、运行计划调整和旅客安抚安置工作。

卫生部门做好相关疾病防治和突发事件医疗救治工作。

相关应急处置部门和抢险单位随时准备启动抢险应急预案。

4.4.9　低温、低温连阴雨

气象部门加强监测预报,及时发布低温、低温连阴雨预警信息及相关防御指引,适时增加预报发布频次;了解低温、低温连阴雨影响,开展综合分析和评估。

农业、林业部门指导农林、畜牧、水产养殖生产单位采取管理和技术措施,减轻低温连阴雨影响。

水利部门指导各地做好排涝降渍工作,组织开展水利调度、堤防水库工程巡护查险、防汛抢险和灾害救助。

卫生部门采取措施,防范应对因低温连阴雨引发的突发公共卫生事件。

民政部门采取应急措施,做好救灾人员和物资准备。

相关应急处置部门和抢险单位随时准备启动抢险应急预案。

4.5　现场处置

气象灾害现场应急处置由灾害发生地人民政府或相应应急指挥协调机构统一组织,各部门依职责参与应急处置工作。包括组织营救、伤员救治、疏散撤离和妥善安置受到威胁的人员,及时上报灾情和人员伤亡情况,分配救援任务,协调各级各类救援队伍的行动,查明并及时组织力量消除次生、衍生灾害,组织公共设施的抢修和援助物资的接收与分配。

4.6　社会力量动员与参与

气象灾害事发地的各级人民政府或应急指挥协调机构可根据气象灾害事件的性质、危害程度和范围,广泛调动社会力量积极参与气象灾害突发事件的处置,紧急情况下可依法征用、调用车辆、物资、人员等。

气象灾害事件发生后,灾区的各级人民政府或相应应急指挥协调机构组织各方面力量抢救人员,组织基层单位和人员开展自救和互救;邻近的设区市、县(市、区)人民政府根据灾情组织和动员社会力量,对灾区提供救助。

鼓励自然人、法人或者其他组织(包括国际组织)按照《中华人民共和国公益事业捐赠法》等有关法律法规的规定进行捐赠和援助。审计监察部门对捐赠资金与物资的使用情况进行审计和监督。

4.7　信息公布

公布气象灾害信息应及时、准确、客观、全面,灾情公布由有关部门按规定办理。

信息公布形式主要包括权威发布、提供新闻稿、组织报道、接受记者采访、举行新闻发布会等。

信息公布内容主要包括气象灾害种类及其次生、衍生灾害的监测和预警,因灾伤亡人员、经济损失、救援情况等。

4.8 应急终止或解除

气象灾害得到有效处置后,经评估,短期内灾害影响不再扩大或已减轻,由气象部门发布灾害预警级别降低或解除预警,启动应急响应的机构或部门降低应急响应级别或终止响应。省级应急指挥机制终止响应须经省人民政府同意。

应急响应结束后,相关部门和单位应当及时补充应急救援物资和设备,检修技术装备,重新回到应急准备状态。

5 恢复与重建

5.1 制订规划和组织实施

受灾地区县级以上人民政府组织有关部门制定恢复重建计划,尽快组织修复因灾倒损民房,被破坏的学校、医院等公益设施,以及交通运输、水利、电力、通信、供排水、供气、输油、广播电视等基础设施,使受灾地区早日恢复正常的生产生活秩序。

发生重大、特别重大灾害,超出始发地人民政府恢复重建能力的,省人民政府组织制定恢复重建规划,出台相关扶持优惠政策,给予相应资金支持,帮助受灾地区开展生产自救、重建家园;同时,依据支援地方经济能力和受援方灾害程度,建立地区之间对口支援机制,为受灾地区提供人力、物力、财力、智力等各种形式的支援。积极鼓励和引导社会各方面力量参与灾后恢复重建工作。

5.2 调查评估

灾害发生地人民政府或应急指挥协调机构应当组织有关部门对气象灾害造成的损失,以及气象灾害的起因、性质、影响等进行调查、评估与总结,分析气象灾害应对处置工作经验教训,提出改进措施。灾情核定由各级民政部门会同有关部门开展。灾害结束后,灾害发生地人民政府或应急指挥协调机构应将调查评估结果与应急工作情况报送上级人民政府。重大、特别重大灾害的调查评估结果与应急工作情况,应逐级报至省人民政府。

5.3 征用补偿

气象灾害应急工作结束后,县级以上人民政府应当及时归还因救灾需要临时征用的房屋、运输工具、通信设备等;造成损坏或无法归还的,应按有关规定采取适当方式给予补偿或做其他处理。

5.4 灾害保险

积极引导和鼓励企事业单位、社会团体和公民参加气象灾害事故保险。保险机构应当按保险责任,主动、迅速、准确、合理地进行保险理赔。保险监管机构依法进行灾区有关保险理赔和给付的监管。

相关保险公司应当根据气象部门提供的气象灾害监测、预警等有关信息,督促投保单位做好灾前各项防灾减损工作,尽可能减少气象灾害事件造成的损失。

相关气象业务单位应当根据有关规定为受灾单位或个人出具气象灾害损失评估报告,为相关保险机构进行气象灾害保险理赔提供参考依据。

6 应急保障

以公用通信网为主体建立跨部门、跨地区气象灾害应急通信保障系统。灾区通信管理部门应及时采取措施恢复受损通信线路和设施,确保灾区通信畅通。

交通运输、铁路、民航部门应当完善抢险救灾、灾区群众安全转移所需车辆、火车、船舶、飞机的调配方案,确保抢险救灾物资运输畅通。

工业和信息化部门应会同相关部门做好抢险救灾所需的救援装备、医药和防护用品等重要工业品保障方案。

民政部门加强生活类救灾物资储备,完善应急采购、调运机制。

公安部门保障道路交通安全畅通,做好灾区治安管理、救助和服务群众等工作。

农业部门做好救灾备荒种子储备、调运工作,会同相关部门做好农业救灾物资、生产资料储备、调剂和调运工作。地方各级人民政府及其防灾减灾部门应按规范储备重大气象灾害抢险物资,并做好生产流程和生产能力储备有关工作。

地方各级财政对达到《江西省自然灾害救助应急预案》规定的应急响应等级的灾害,根据灾情及自然灾害救助相关规定给予相应支持。

7 预案管理

本预案由省政府办公厅修订与解释。

预案施行后,随着应急救援相关法律法规的制定、修改和完善,以及《国家气象灾害应急预案》的修订,部门职责或应急工作发生变化,或者应急过程中发现存在问题或出现新情况,省政府应急办应适时组织有关部门和专家进行评估,及时修订完善本预案。

县级以上地方人民政府及其有关部门应根据本预案,制定本地区、本部门气象灾害应急预案。

本预案自印发之日起实施。

8 附则

8.1 气象灾害预警标准

8.1.1 Ⅰ级预警

(1)台风:预计未来 24 小时将有强台风、超强台风影响我省,并可能对我省造成巨大影响。

(2)暴雨:过去 24 小时内全省有 35 个及以上县(市、区)出现暴雨天气,并造成严重影响,且预计未来 24 小时上述地区仍将出现暴雨天气。

(3)暴雪:过去 24 小时内全省有 20 个及以上县(市、区)出现 20 毫米以上降雪,且积雪深度 20 厘米以上,并预计未来 24 小时上述地区仍将出现 10 毫米以上降雪。

(4)干旱:全省有 60 个及以上县(市、区)达到气象干旱等级中度干旱以上,并造成严重影响,且预计干旱天气或干旱范围进一步发展。

(5)各种灾害性天气已对群众生产生活造成特别重大损失和影响,超出我省处置能力,需要由国务院组织处置的,以及上述灾害已经启动Ⅱ级响应但仍可能持续发展或影响其他地区的。

8.1.2 Ⅱ级预警

(1)台风:预计未来 24 小时将有台风影响我省,并可能对我省造成重大影响。

(2)暴雨:过去 24 小时内全省有 30 个及以上县(市、区)出现暴雨天气,并造成严重影响,且预计未来 24 小时上述地区仍将出现暴雨天气。

（3）暴雪：过去24小时内全省有15个及以上县（市、区）出现15毫米以上降雪，且积雪深度15厘米以上，并预计未来24小时上述地区仍将出现5毫米以上降雪。

（4）冰冻：过去24小时内全省有40个及以上县（市、区）已持续出现冰冻天气，或过去24小时内全省16个国家基准（本）站中有8个及以上县（市、区）已持续出现电线积冰直径超过6毫米，且预计未来24小时上述地区仍将出现冰冻天气或电线积冰持续。

（5）寒潮：预计未来48小时全省有50个及以上县（市、区）平均气温或最低气温下降15℃以上，并伴有6级及以上大风，最低气温降至2℃以下。

（6）高温：过去48小时内全省有30个及以上县（市、区）连续两天出现39℃及以上高温天气，且预计未来48小时上述地区高温天气仍将持续。

（7）干旱：全省有50个及以上县（市、区）达到气象干旱等级中度干旱以上，并造成重大影响，且预计干旱天气或干旱范围进一步发展。

（8）大风：预计未来24小时全省有15个及以上县（市、区）可能受大风影响，平均风力可达8级以上，或者阵风10级以上。

（9）灾害性天气已对群众生产生活造成重大损失和影响，以及上述灾害已经启动Ⅲ级响应但仍可能持续发展或影响其他地区的。

8.1.3　Ⅲ级预警

（1）台风：预计未来24小时将有强热带风暴影响我省，并可能对我省造成很大影响。

（2）暴雨：过去24小时内全省有25个及以上县（市、区）出现暴雨天气，造成较大影响并且暴雨天气可能持续。

（3）暴雪：过去24小时内全省有10个及以上县（市、区）出现10毫米以上降雪，且积雪深度10厘米以上，并预计未来24小时上述地区降雪天气仍将持续。

（4）冰冻：预计未来24小时全省有30个及以上县（市、区）将持续出现冰冻天气，或预计未来24小时全省16个国家基准（本）站中有5个及以上县（市、区）将持续出现电线积冰直径超过6mm。

（5）寒潮：预计未来48小时全省有50个及以上县（市、区）平均气温或最低气温下降13℃以上，并伴有5级及以上大风，最低气温降至4℃以下。

（6）高温：过去48小时内全省有30个及以上县（市、区）连续两天出现38℃及以上高温天气，且预计未来48小时上述地区高温天气仍将持续。

（7）干旱：全省有40个及以上县（市、区）达到气象干旱等级中度干旱以上，并造成较大影响，且预计干旱天气或干旱范围进一步发展。

（8）大雾：预计未来24小时全省有40个及以上县（市、区）将出现能见度小于500米的雾，其中有20个及以上县（市、区）将出现能见度小于200米的雾；或者已经出现并可能持续。

（9）大风：预计未来24小时全省有10个及以上县（市、区）可能受大风影响，平均风力可达7级以上，或者阵风9级以上。

（10）低温连阴雨：过去72小时内全省有20个及以上县（市、区）连续三天出现低温连阴雨天气，预计未来48小时上述地区低温连阴雨天气仍将持续（3月1日—4月30日）。

（11）各种灾害性天气已对群众生产生活造成较大损失和影响，以及上述灾害已经启动Ⅳ级响应但仍可能持续发展或影响其他地区的。

8.1.4　Ⅳ级预警

（1）台风：预计未来24小时将有热带风暴影响我省，并可能对我省造成较大影响。

（2）暴雨：预计未来24小时全省有20个及以上县（市、区）将出现暴雨天气，造成较大影响；或者已经出现并可能持续。

（3）暴雪：预计未来24小时全省有10个及以上县（市、区）将出现10毫米以上降雪，且积雪深度5厘米以上。

（4）寒潮：预计未来48小时全省有50个及以上县（市、区）平均气温或最低气温下降10℃以上，并伴有5级及以上大风，最低气温降至6℃以下。

（5）高温：预计未来72小时全省有30个及以上县（市、区）连续三天出现37℃及以上高温天气；或者已经出现并可能持续。

（6）大雾：预计未来24小时全省有40个及以上县（市、区）将出现能见度小于1000米的雾，其中有20个及以上县（市、区）将出现能见度小于500米的雾；或者已经出现并可能持续。

（7）霜冻：预计未来24小时全省有40个及以上县（市、区）将出现霜冻天气。

（8）雷电：预计未来24小时全省有30个及以上县（市、区）发生雷电活动的可能性非常大，并可能造成较大灾害，或者过去24小时内全省有30个及以上县（市、区）已经受雷电活动影响，且可能持续。

（9）霾：预计未来24小时全省有40个及以上县（市、区）将出现霾天气。

（10）冰雹：预计未来24小时全省有5个及以上县（市、区）将出现冰雹，并可能产生较严重灾害；或者过去24小时内已经出现并可能持续。

（11）低温连阴雨：过去24小时内全省有20个及以上县（市、区）已经出现低温连阴雨天气，预计未来48小时上述地区低温连阴雨天气仍将持续（3月1日—4月30日）。

（12）各种灾害性天气已对群众生产生活造成一定损失和影响。

由于各种灾害在我省不同地区和不同行业造成影响程度差异较大，各地、各有关部门应根据实际情况，结合以上标准，在充分评估基础上，适时启动相应级别的灾害预警和应急响应。

8.1.5　多灾种预警

当同时发生两种以上气象灾害且分别达到不同预警级别时，按照各自预警级别分别预警。当同时发生两种以上气象灾害，且均没有达到预警标准，但可能或已经造成一定影响时，视情进行预警。

8.2　名词术语

台风是指生成于西北太平洋和南海海域的热带气旋系统，其带来的大风、暴雨等灾害性天气常引发洪涝、风暴潮、滑坡、泥石流等灾害。

暴雨一般指24小时内累积降水量达50毫米或以上，或12小时内累积降水量达30毫米或以上的降水，会引发洪涝、滑坡、泥石流等灾害。

暴雪一般指 24 小时内累积降水量达 10 毫米或以上,或 12 小时内累积降水量达 6 毫米或以上的固态降水,会对农林业、交通、电力、通信设施等造成危害

寒潮是指强冷空气的突发性侵袭活动,其带来的大风、降温等天气现象,会对农牧业、交通、人体健康、能源供应等造成危害。

大风是指平均风力大于 6 级、阵风风力大于 7 级的风,会对农业、交通、水上作业、建筑设施、施工作业等造成危害。

低温是指气温较常年异常偏低的天气现象,会对农牧业、能源供应、人体健康等造成危害。

高温是指日最高气温在 35 摄氏度以上的天气现象,会对农牧业、电力、人体健康等造成危害。

干旱是指长期无雨或少雨导致土壤和空气干燥的天气现象,会对农牧业、林业、水利以及人畜饮水等造成危害。

雷电是指发展旺盛的积雨云中伴有闪电和雷鸣的放电现象,会对人身安全、建筑、电力和通信设施等造成危害。

冰雹是指由冰晶组成的固态降水,会对农业、人身安全、室外设施等造成危害。

霜冻是指地面温度降到零摄氏度或以下导致植物损伤的灾害。

冰冻是指雨、雪、雾在物体上冻结成冰的天气现象,会对农牧业、林业、交通和电力、通信设施等造成危害。

低温连阴雨是指低温阴雨天气连续 3 天以上并将持续,对农业将产生影响,可能出现烂种烂秧、作物病害等。

大雾是指空气中悬浮的微小水滴或冰晶使能见度显著降低的天气现象,会对交通、电力、人体健康等造成危害。

霾是指空气中悬浮的微小尘粒、烟粒或盐粒使能见度显著降低的天气现象,会对交通、环境、人体健康等造成危害。

《江西省突发气象灾害
预警信号发布及传播管理办法》

（本办法由省政府办公厅颁布，自二〇〇六年一月一日起施行）

第一条　为规范突发气象灾害预警信号（以下简称预警信号）的发布及传播，有效防御和减轻气象灾害，保护国家和人民生命财产安全，根据《中华人民共和国气象法》《江西省实施〈中华人民共和国气象法〉办法》，结合本省实际，制定本办法。

第二条　在本省行政区域内发布及传播预警信号，应当遵守本办法。

第三条　本办法所称预警信号，是指气象主管机构所属气象台站（以下简称气象台站）为有效防御和减轻突发气象灾害向社会公众发布的警报信息图标。预警信号由名称、图标、含义三部分构成，预警信号及防御指南的具体内容，按照国务院气象主管机构的有关规定（附后）执行。

按照灾害的严重性和紧急程度，预警信号总体上分成一般（Ⅳ级）、较重（Ⅲ级）、严重（Ⅱ级）、特别严重（Ⅰ级）四级，颜色依次为蓝色、黄色、橙色和红色，同时以中英文标识。

当同时出现或者预报可能出现多种气象灾害时，可按照相对应的标准同时发布多种预警信号。

第四条　本省预警信号分为台风、暴雨、暴雪、寒潮、大风、高温、干旱、雷电、冰雹、霜冻、大雾、霾、道路结冰等。

市、县级气象主管机构所属气象台站发布预警信号的类别，由省气象主管机构统一确定，并报中国气象局备案。

第五条　县以上气象主管机构负责本行政区域内的预警信号发布及传播的管理工作。

农业农村、林业、水利、交通运输、住房和城乡建设、应急管理、广播电视、新闻出版、电信、文化和旅游等行政主管部门应当按照各自职责，配合做好预警信号的传播工作。

第六条　县级以上人民政府及其有关部门应当组织开展气象灾害预警和防御宣传，增强社会公众对气象灾害的防御意识，提高防御、自救和互救能力。

乡镇人民政府、街道办事处应当确定人员，协助气象主管机构、民政部门开展气象灾害防御知识宣传、应急联络、信息传递、灾害报告和灾情调查等工作。

第七条　预警信号实行统一发布（包括补充、订正和解除）制度。县级以上气象主管机构所属气象台站统一发布预警信号，并指明气象灾害的区域。各气象台站只能发布本预报服务责任区内的预警信号，其他任何组织或者个人不得以任何形式向社会发布预警信号。

省气象台与各设区市气象台、设区市气象台与县（市、区）气象台站应当加强预警信号发布前的预报会商和预警信号发布后的信息沟通，保证上级气象台与下级气象台站预警信号发布的一致性。

第八条　各级气象主管机构应当制定预警信号制作、发布的具体程序，并报上级气象主管机构审批，确保制作发布工作规范、有序。

各气象台站应当及时、准确发布预警信号,并根据天气变化情况,及时更新或者解除预警信号。

第九条 各气象台站应当通过广播、电视、报纸、电信(包括气象声讯电话、手机短信和网络等)等媒体及时发布预警信号,并将有关信息及时报告本级人民政府,通报有关行政主管部门和电力、交通、水利等公共设施管理服务单位。

第十条 广播、电视、报纸、电信等媒体向社会公众播发预警信号时,应当完整、准确地使用气象台站直接提供的实时预警信号,并标明发布时间和气象台站的名称,不得更改预警信号的内容和关键用语。

预警信号播发的具体办法,由省气象主管机构会同省广播电视、新闻出版、电信主管部门制定。

第十一条 县级以上人民政府和有关行政主管部门收到Ⅰ级、Ⅱ级预警信号的信息报告、通报后,应当及时通知下级有关人民政府、行政主管部门和单位;突发气象灾害可能发生地的乡镇人民政府、街道办事处应当及时通知有关村(居)民委员会。

电力、交通、水利等公共设施管理服务单位收到预警信号的信息通报后,应当及时做好防御工作。

第十二条 县级以上人民政府应当建立和完善气象灾害预警信号发布系统,并根据气象灾害防御的需要,在交通枢纽、公共活动场所等人口密集区域和气象灾害易发区域建立灾害性天气警报、气象灾害预警信号接收和播发设施,并保证设施的正常运转。

教育、铁路、民航、交通运输、公安、住房和城乡建设、文化和旅游、生态环境等部门和单位设置的专业电子显示牌,应当及时接收、显示预警信号。

第十三条 对违反本办法的行为,由气象主管机构按照有关法律、法规的规定予以处罚。

第十四条 气象台站的工作人员玩忽职守,导致预警信号漏报、错报的,依法给予处分;构成犯罪的,依法追究刑事责任。

第十五条 收到预警信号后,有关单位工作人员玩忽职守,不按要求及时传播,情节严重的,依法给予行政处分;构成犯罪的,依法追究刑事责任。

第十六条 本办法自二〇〇六年一月一日起施行。

编纂始末

　　第二轮《江西省志·气象志（1991—2010）》的编纂工作，自2012年3月31日成立编纂委员会，至今已逾9年。2012年6月15日，拟定编纂篇目，报省地方志编纂工作委员会办公室（以下简称省地方志办）审核批准。2012年8月13日，省气象局正式印发实施方案和编纂篇目，明确编纂工作的指导思想、工作任务、具体步骤和时间安排。2012年9月6日，省气象局召开编纂工作部署动员会和编纂人员培训班，全省各设区市气象局、省局直属各单位、机关各处室分管领导和专（兼）职编纂人员80余人参加培训。标志着第二轮《江西省志·气象志（1991—2010）》的编纂工作正式启动。

　　按照省气象局实施方案的要求，《江西省志·气象志（1991—2010）》编纂工作，分资料收集整理和志稿撰写两个阶段进行：

　　2012年9月至2016年6月，由各设区市气象局、局直属各单位、机关各处室按照任务分工，指定专人，进行相关资料的收集、资料长编的整理等基础性工作。局修志办采取召开汇报会、推进会和通报等多种形式，加强业务指导和实地督导，不断推进资料收集工作。

　　2016年7月开始，全面启动第二轮《江西省志·气象志（1991—2010）》的编写工作。省气象局先后聘请了几位退休同志，承担气象志的撰写。编写工作采取主编负总责、副主编分工负责制。主编邓晓明负责篇目设置与全志统稿把关，并承担"目录""概述""编纂说明""大事记"、第七篇"各设区市气象概况"、附录、"编纂始末"等内容的撰写；副主编罗初元承担第一篇"气候"、第二篇"探测、通信和装备"的撰写；副主编马中元承担第三篇"天气预报"、第四篇"气象服务"、第五篇"气象科技与教育"中的第一章"气象科学研究"的撰写；副主编林景辉承担第五篇"气象科技与教育"中的第二章"职业教育"、第三章"气象学会"、第六篇"气象管理"和"人物"的撰写；图照的收集、整理及编排由罗初元、邓晓明完成。黄莉萍完成部分资料的收集及整理工作。省气象局修志办于2019年底完成《江西省志·气象志（1991—2010）》初稿。

　　经过《江西省气象志》编纂委员会全体成员两次内审、修志办二次修改，于2020年3月30日，形成《江西省气象志（初审稿）》，上报省地方志办公室审定；2020年8月5日，省地方志办公室组织专家，对《江西省气象志（初审稿）》进行评审并通过（参加人员：甘根华　詹丰兴　孙国栋　张棉标　杨沂柳　王小军　孟秀　许爱华　聂秋生　赖怀猛　钟微　邓晓明　罗初元　马中元　林景辉）；之后，局修志办根据专家评委的修改意见再进行修改，形成《江西省气象志（复审稿）》，于2020年11月23日上报省地方志办公室；2021年1月7日，省地方志研究院组织专家，对《江西省气象志（复审稿）》进行评审并通过（参加人员：甘根华　詹丰兴　孙国栋　张棉标　杨沂柳　王小军　孟秀　许爱华　聂秋生　赖怀猛　钟微　邓晓明　罗初元　马中元　林景辉）；之后，局修志办根据专家评委的修改意见再进行修改,形成《江西省气象志(验收稿)》,于 2020 年 11 月 23 日上报省地方志办公室;2021 年 5 月 8 日,《江西省志·气象志(1991—2010)》通过省地方志研究院组织的验收(参加人员:甘根华　孙国栋　梅宏　胡长春　王怀清　张瑛　王小军　孟秀　赖怀猛　钟微　邓晓明　罗初元　马中元　林景辉);2021 年 6 月交付出版社出版。

由于气象与各行各业关系密切,这期间,省气象局修志办还为本轮省志的其他分志提供了约一百万字的相关资料;为中央军委编纂的《军事地理志》提供了 25 万多字的相关资料。共计为其他分志提供了约 125 万多字的相关资料。

此次《江西省志·气象志(1991—2010)》编纂过程中,自始至终得到省地方志办领导和专家的亲切关怀和指导帮助,得到省气象局领导的高度重视和人力、物力和财力上的保障,得到省局机关各处室、局直属各单位、各设区市气象局和全省广大气象工作者的大力支持,在此一并表示衷心感谢。

修志是一项系统工程,由于我们缺乏经验,加上编者水平有限,虽竭尽全力,但难免出现错误和遗漏之处,敬请读者批评、指正。

编　者

2021 年 5 月

图书在版编目（CIP）数据

江西省志.气象志：1991—2010 / 江西省地方志编
纂委员会编.--南昌：江西人民出版社,2021.12
ISBN 978-7-210-13641-5

Ⅰ.①江… Ⅱ.①江… Ⅲ.①江西-地方志 ②气象-
工作概况-江西-1991 -2010 Ⅳ.①K295.6 ②P468.56

中国版本图书馆 CIP 数据核字（2021）第 279529 号

江西省志·气象志:1991—2010
　　江西省地方志编纂委员会　编
出版总监:张德意　梁　菁
出版总协调:涂如兰
责任编辑:胡　滨
责任印制:潘　璐
特约编辑:王建平
书籍设计:同异文化传媒
出版发行:江西人民出版社
经　　销:各地新华书店
地　　址:江西省南昌市三经路 47 号附 1 号
编辑部电话:0791-86893196
发行部电话:0791-86898815
邮　　编:330006
网　　址:www. jxpph. com
E－mail:jxpph@ tom. com
2021 年 12 月第 1 版　2021 年 12 月第 1 次印刷
开　　本:889 毫米×1194 毫米　1/16
印　　张:31.75　插页:9
字　　数:791 千字
书　　号:ISBN 978-7-210-13641-5
定　　价:636.00 元
承　印　厂:深圳市精彩印联合印务有限公司
赣版权登字-01-2021-870